Nöropsikolojik Rehabilitasyon

Nöropsikolojik Rehabilitasyon

Teori, Modeller, Terapi ve Sonuçlar

Barbara A. Wilson

Fergus Gracey

Jonathan J. Evans

Andrew Bateman

Çeviri Editörleri:
Prof. Dr. Lütfü Hanoğlu
Fatma Girgin Kardeş
Özden Erkan Oğul

Nöropsikolojik Rehabilitasyon
Teori, Modeller, Terapi ve Sonuçlar

Orijinal Adı
Neuropsychological Rehabilitation Theory, Models, Therapy and Outcome
Cambridge University Press

Yayıncı
İstanbul Medipol Üniversitesi
Kavacık Mah. Ekinciler Cad. No.19
Kavacık Kavşağı - Beykoz 34810 İstanbul

Çeviri Editörleri
Prof. Dr. Lütfü Hanoğlu
Fatma Girgin Kardeş
Özden Erkan Oğul

Mizanpaj
Sertan Vural

Kapak
Levent Karabağlı

Baskı
Pınarbaş Matbaacılık ve Reklam Hiz. San. ve Tic. Ltd. Şti.
Rami Kışla Cad. Topçular İş Merkezi No: 88/192 Eyüp / İstanbul

1. Baskı
Ağustos 2018

ISBN
978-605-4797-18-9

İçindekiler

Katkıda bulunanlar

Andrew Bateman: Nöropsikolojik Rehabilitasyon için Oliver Zangwill Merkezi'nde Klinik Yönetici ve Araştırma Direktörü, Princess of Wales Hastanesi, Ely, Cambridgeshire, ve MRC Biliş ve Beyin Bilimleri Ünitesi'nde Fahri Klinik Ortak, Cambridge, UK.

Susan Brentnall: Nöropsikolojik Rehabilitasyon için Oliver Zangwill Merkezi'nde İş ve Uğraş Terapisti Yöneticisi, Princess of Wales Hastanesi, Ely, Cambridgeshire, UK.

Sarah Connell Brighton ve Sussex Üniversite Hastanesi'nde NHS Trust Asistan Psikolog, Sussex, UK.

Jacqui Cooper Nöropsikolojik Rehabilitasyon için Oliver Zangwill Merkezi'nde Uzman İş ve Uğraş Terapisti, Princess of Wales Hastanesi, Ely, Cambridgeshire, UK.

Joanna Cope Nöropsikolojik Rehabilitasyon için Oliver Zangwill Merkezi'nde Asistan Psikolog, Princess of

Jonathan J. Evans Medikal Psikoloji Bölümü'nde Uygulamalı Nöropsikoloji Profesörü, Glasgow Üniversitesi, UK. Aynı zamanda NHS Greater Glasgow ve Clyde'da Fahri Danışman Klinik Psikolog, UK ve Nöropsikolojik Rehabilitasyon için Oliver Zangwill Merkezi'nin ilk Klinik Direktörü idi.

Fergus Gracey Nöropsikolojik Rehabilitasyon için Oliver Zangwill Merkezi'nde Klinik Psikoloji Yöneticisi, Princess of Wales Hastanesi, Ely, Cambridgeshire ve MRC Biliş ve Beyin Bilimleri Ünitesi'nde Fahri Klinik Ortak, Cambridge, UK.

Clare Keohane Nöropsikolojik Rehabilitasyon için Oliver Zangwill Merkezi'nde Konuşma ve Dil Terapisi Uzmanı, Princess of Wales Hastanesi, Ely, Cambridgeshire, UK

Donna Malley Nöropsikolojik Rehabilitasyon için Oliver Zangwill Merkezi'nde İş ve Uğraş Terapis Uzmanı, Princess of Wales Hastanesi, Ely, Cambridgeshire, UK. Aynı zamanda Nörolojik Uygulama Bölümü'nce (resmi olarak NANOT) Uzmanlık Bölümü için Doğu Anglia bölgesi temsilcisi ve Beyin Yaralanması Forumu'nun komite üyesi.

Rachel Megoran Nöropsikolojik Rehabilitasyon için Oliver Zangwill Merkezi'nde Uzman İş ve Uğraş Terapisti, Princess of Wales Hastanesi, Ely, Cambridgeshire, UK.

Siobhan Palmer Nöropsikolojik Rehabilitasyon için Oliver Zangwill Merkezi'nde Klinik Psikolog, Princess of Wales Hastanesi, Ely, Cambridgeshire, UK.

Leyla Prince Clare Keohane Nöropsikolojik Rehabilitasyon için Oliver Zangwill Merkezi'nde Konuşma ve Dil Terapisti, Princess of Wales Hastanesi, Ely, Cambridgeshire, UK

Kate Psaila Cambridgeshire Öğrenme Güçlüğü Ortaklığı'nda Klinik Psikolog, Ida Darwin Hastanesi, Fulbourn, Cambridgeshire, UK.

Carolyne Threadgold Nöropsikolojik Rehabilitasyon için Oliver Zangwill Merkezi'nde Asistan, Princess of Wales Hastanesi, Ely, Cambridgeshire, UK.

W. Huw Williams Klinik Nöropsikoloji Doçenti ve Klinik Nöropsikoloji Merkezi'nin Direktörü, Psikoloji Okulu, Exeter Üniversitesi, UK.

Barbara A. Wilson Nöropsikolojik Rehabilitasyon için Oliver Zangwill Merkezi Kurucusu, Princess of Wales Hastanesi, Ely, Cambridgeshire, UK. Aynı zamanda Biliş ve Beyin Bilimleri Ünitesi Medikal Araştırma Konseyi'nde uzman bilim insanı (konuk statüsü), Cambridge, UK.

Giles Yeates Kafa Yaralanması Servisi Topluluğun'da Klinik Psikolog, Buckinghamshire NHS PCT, Aylesbury, Bucks ve Nöropsikolojik Rehabilitasyon için Oliver Zangwill Merkezi'nde Fahri Klinik Psikolog, Princess of Wales Hastanesi, Ely, Cambridgeshire, UK.

Önsöz

Nöropsikolojik rehabilitasyon son birkaç on yılda çoğunlukla klinik anlayışta ve deneyimde çok büyük bir büyüme gösterdi. Son yıllarda, müdahalelerin etkisini destekleyecek elde edilebilir en iyi bilimsel kanıta yaslanan kanıt-temelli rehabilitasyona olan ihtiyaç hakkında pek çok tartışma olageldi. Kanıta dayalı rehabilitasyona yapılan vurgu sıklıkla klinik yargının karşısında durduğu şeklindedir. Oysa bunlar aslında tıbbi bakımın tamamlayıcılarıdır ve özürlü bireyin tedavisinde uygun prensipleri ve teknikleri uygulamak için klinik yargı gereklidir. Ek olarak, kanıta dayalı tedavi nihayetinde tedavinin etkili olması için belirleyici olan uygun tedaviyi sağlamak amacıyla danışanın değerleri, tercihleri ve karar verme süreçlerindeki hedeflerini de içermelidir.

Barbara Wilson, Fergus Gracey, Jonathan Evans, Andrew Bateman ve meslektaşlarının çalışmaları, güncel nöropsikolojik rehabilitasyon temelinde bilimsel kanıt, klinik yargı ve danışan merkezli hedefleri birleştirdiği için eşsizdir. Nöropsikolojik rehabilitasyonun etkililiği için kanıtları tartışırken, üretken araştırmacılar oldukları kadar deneyimli klinisyenler de olan yazarlar rehabilitasyonun terapistlerin, engelli kişinin ve ailesinin katılımını hatta buna destek ve teşvik temeli olarak müdahaleyi bireyin cemaatine de genişletmeyi gerektiren interaktif bir süreç olduğunu vurgular. Bu yaklaşımda elde edilen prensipler ve örnekler danışana kendine has zayıflıklarının, güçlü yönlerinin, motivasyon, kişilik ve kaynaklarının onaylanması yoluyla birey olarak danışana yaklaşma için bir çerçeve sağlar.

Rehabilitasyonun etkililiği rehabilitasyonun danışanın kişisel hedeflerine ulaşmasına yardımcı olma becerisi ve bireyin günlük işlevselliği ve yaşam kalitesindeki belirleyiciliği bağlamında değerlendirilir ve bu prensipler nöropsikolojik rehabilitasyonun planlanmasına ve uygulanmasına rehber olur.

Bütün bu prensiplerin ve uygulamaların Nöropsikolojik Rehabilitasyon için Oliver Zangwill Merkezinde bütünleştirici bir tedavi modeli içinde geliştirilmesi en etkileyici olanıdır. Bu önemli başarı en azından iki sebepledir. Birincisi; Merkez, tedavinin önemli bir bileşeni olarak terapötik ortam sağlar. Terapötik ortam tüm etkili tedavilerde ortak faktörler olan ve bireysel tedavi tekniklerine dayanan spesifik, deneysel temelli müdahallerde bile anlamlı bir rolü olan danışanlar arasında bir çekim algısı oluşturur, danışanlar ve terapistler arasındaki ilişkiyi pekiştirir. İkincisi, Oliver Zangwill Merkezinde sağlanan tedavi; öğrenilen teoriyi, bilişsel yeniden düzenleme prensiplerini, bir düzenleme ve danışan-yönelimli klinik aktivite değerlendirme yöntemi olarak hedef planlamayı kullanmada görülen teori ve uygulamayı birleştirmeyi teşvik etmektedir.

Sonuçta rehabilitasyonun hedefi, insanlara anlamlı ve dolu yaşamlar sağlamaya yardımcı olmaktır. Bu muazzam bir girişimdir ve herhangi biri doğru bir iş birliği çabası olmadan bunu başaramaz. Bu hacim bu çabayı mümkün kılan ve nasıl etkili bir nöropsikolojik rehabilitasyon içine çevrileceğini gösteren teknikler, prensipler ve değerler içinde bir pencere sağlar.

Keith Cicerone

Sunuş

Nöropsikolojik rehabilitasyon bilişsel, duygusal ve davranışsal bozuklukları olan insanların psikolojik, sosyal, boş zaman aktiviteleri, iş veya günlük yaşam işlevselliği alanlarında maksimum potansiyellerine ulaşmalarını sağlamak ile alakalıdır. Bu kitapta biz, rehabilitasyon için bütüncül yaklaşımın en etkilisi olduğunu düşünenler tarafından takip edilen güncel rehabilitasyon yaklaşımlarını ele alıyoruz. Rehabilitasyon için bütüncül yaklaşımı bilişsel, duygusal, davranışsal bir olgu olarak dinamik şekilde birbirleriyle ilişkilerinin farkındalığı olarak tarif ettik. Sonuç olarak, tüm bu işlevlerin disiplinler arası bir takım tarafından beyin yaralanması rehabilitasyonunda entegre bir yolla ele alınması gerekiyor. Biz kuvvetle inanıyoruz ki rehabilitasyon pek çok farklı alandan çerçeveler, teoriler ve modellerin katkıda bulunduğu geniş bir teorik temele gerek duyar. Bir teorik modelle sınırlanmak zayıf klinik pratiğe sebep olur. Biz rehabilitasyon için ana teorik yaklaşımları ve geçen yaklaşık 20 yılda rehabilitasyondaki temel değişimleri tartışıyoruz. Buna rağmen bu kitabın ana hedefi kendileri ve aileleri için en çok önemsenen hedeflere ulaşmaları için beyin yaralanması olan insanlara yardım etmek için pratik yaklaşımları sunmaktır.

Kitapta dört kısım bulunmaktadır:

Birinci kısımda, nöropsikolojik rehabilitasyonun arka planını ve rehber prensiplerini gözden geçiriyoruz. Bu Ely, Cambridgeshire, United Kingdom'da Nöropsikolojik rehabilitasyon için Oliver Zangwill Merkezinin bütüncül programının bir özetini içeriyor. Amerika'dan Yehuda Ben-Yishay ve George Prigatano ve Danimarka'dan Anne-Lise Christensen'in çalışmalarından etkilenen bu program edinilmiş, ilerlemeyen beyin yaralanması olan yetişkinlerin karşılaştığı bilişsel, duygusal, ve sosyal problemleri hedefleyen grup terapilerini ve bireysel terapileri birleştirir.

İkinci kısımda, Merkez'de yürütülen çeşitli grupları ve bu grupların yapısının varolan tanımlarını tartışıyoruz. Bunlar, öncelikle eğitimsel (Beyin Yaralanmasını Anlama Grubu), spesifik olarak bilişsel problemlerle uğraşan gruplar (Dikkat ve Hedef Yönetme Grubu, Hafıza Grubu), sosyal beceriler (İletişim Grubu), beyin yaralanmasının duygusal sonuçları (Duygu durumu Yönetme Grubu), ailelerle çalışma ve becerileri ve stratejileri biraraya getirmeyi gerektiren gruplar (Proje Grubu, Haber Bülteni Grubu, İş ve Bağımsız Yaşam Grupları, Psikolojik Destek Grubu) içerir.

Üçüncü kısım, birinci kısımda anlatılan prensiplerin pratiğe nasıl uygulandığını göstermek için dokuz detaylı bireysel vakayı içerir. İlk altı vaka yoğun holistik programın görünümlerini yansıtmak için seçilmiştir. Sonraki üç vaka yoğun programa katılımlarını engelleyen zorlukları olan bireylerle çalışmayı tarif eden vakalardır.

Final kısmı Merkez'in klinik etki, araştırma çıktısı ve eğitmi içeren çeşitli çıktılarının ölçümünü içermektedir. Burada kapsamlı bütüncül rehabilitasyon programının etkisini ölçmenin engellerini tartıştık ve özellikle Keith Cicerone, James Malec ve meslektaşlarının çalışmalarından etkilendik.

Nöropsikolojik rehabilitasyon sadece multidisipliner değil aynı zamanda interdisipliner de olduğu için pek çok sağlık hizmeti uzmanının bu kitaptan faydalanacağını umuyoruz.

Ana izleyiciler muhtemelen klinik nöropsikologlar, klinik psikologlar, dil ve konuşma terapistleri, mesleki terapistler, psikiyatristler, nörologlar, fizyoterapistler, sosyal çalışmacılar ve hemşirelerdir. Kitabı ilgi çekici bulabilecek diğer gruplar ise özellikle kafa travmalı insanların yakınları, beyin yaralanmalı insanların kendileri, genel uzmanlar ve öğretmenlerdir.

Barbara A. Wilson

Türkçe Baskı İçin Önsöz

1990'larda Bakırköy Ruh ve Sinir Hastalıkları Hastanesinde nöroloji asistanlığımın son ve nöroloji uzmanlığımın ilk yıllarından itibaren temel ilgi alanım nörolojik hasarlar sonrası ortaya çıkan bilişsel işlev bozuklukları oldu. Bilişsel bozukluklara olan ilgi hemen peşi sıra onların tedavisine, geri döndürülme, düzeltilme imkânlarının

araştırılmasına yöneliyor doğal olarak. Nörolojide klasik tedavi yaklaşımı olan medikal tedaviler ile maalesef uzun zamandır ciddi bir başarı sağlanamadı. Bu durum çok erken bir dönemden itibaren ilgimi dünyada da yeni ortaya çıkmaya başlayan "bilişsel rehabilitasyon" alanına çekmişti. Bilişsel rehabilitasyon konusunda ülkemizde de bir şeyler yapılması gerekliliği, her zaman zihnimdeki ana temalardan biri oldu. Ancak bu düş, gerçekleşme yoluna girebilmek için 2016 yılına kadar beklemek zorunda kaldı. İstanbul Medipol Üniversitesinin kuruluşundan kısa bir süre sonra, üniversitenin tanıdığı olanaklar çerçevesinde bir "Bilişsel Rehabilitasyon" polikliniği kurmak, ardından ülkemizde bu hastalara yardım edebilecek sağlık personelini yetiştirebilecek bir yüksek lisans programı açmak nasip oldu. Ne mutlu bana ki, 2. yılımızda 20 yüksek lisans öğrencisi ile çalışmaktayım. Burada, bu kitabın editörlüğünü ve bölüm çevirmenliklerini üstlenen ve bu alanda gayret göstermeye değeceğine inanan öğrencilerim/arkadaşlarıma, gerçekleşenler için çok şey borçlu olduğumu söylemem gerek. Onlar sayesinde aslında tüm bunlar mümkün oldu.

Bu adımları atarken, hedeflerimizden biri de dünyada bu alanın saygın temsilcisi olan kuruluşları örnek almak, mümkün olduğunca onlar ile ilişkiler geliştirmekti. Bu çerçevede, söz konusu kurumların en ünlülerinden biri olan Oliver Zangwill Bilişsel Rehabilitasyon Merkezi ile birlikte nisan 2016 da "Bilişsel Rehabilitasyonda Yeni Yaklaşımlar" başlıklı, TÜBİTAK destekli bir workshop düzenledik. Bu workshop çerçevesinde ülkemizde bu alanın farklı kesimlerinde çalışan, farklı disiplinlerden bilim insanlarını bir araya getirmeye, bilişsel rehabilitasyonun güncel olarak öne çıkan farklı uygulama alanları üzerinde karşılıklı bilgi alışverişinde bulunmaya çalıştık.

Elinizdeki kitap bu çabaların diğer bir ürünüdür. Yüksek lisans ile eğitim ve deneyim kazandırma çabalarının mutlaka uygun teorik ve pratik kitaplar ile desteklenmesi gerektiğine inanıyoruz. İlk kitabımız bu nedenle temel eserlerden birinin çevrisi oldu.

Teşekkür ile bitirmek istiyorum, öncelikle bu önemli kitabın Türkçe basımı için izin veren Oliver Zangwill yetkililerine ve kitabın yazarlarına, çeviri fikrini ortaya atan ve kitabın editörlüğünü yapan Özden Oğul Erkan ve Fatma Girgin Kardeş'e ve tüm çeviri ekibine teşekkür ederim.

Yine her şeyin, tüm bu hayallerin gerçekleşmesi için zemini oluşturan, bizleri bir araya getiren vakıf başkanımız Dr. Fahrettin Koca'ya, bizleri bilimsel açıdan baştan itibaren destekleyen rektörümüz Prof. Dr. Sabahattin Aydın'a teşekkür borçluyum. Tüm öğrencilerime ve çalışma arkadaşlarıma teşekkür ederim.

Saygılarımla,

Prof. Dr. Lütfü Hanoğlu

1. Kısım

Arka Plan ve Teori

Nöropsikolojik Rehabilitasyonun Kapsamlı Bir Modeline Doğru

Barbara A. Wilson ve Fergus Gracey, çeviren: Fatma Girgin Kardeş

Giriş

Son 25 yıldır nöropsikolojik rehabilitasyonda bir dizi çok önemli değişiklik oldu. İlk olarak, günümüzde 1970'ler ve 80'lerde olduğundan çok daha fazla iş birliği var. Doktorlar, terapistler ve psikologlar rehabilitasyon programlarından hastaların ne ummaları gerektiğini ve ne ümit edebileceklerini artık biliyorlar. Birinci olarak, şimdi biz ailelerle ve hastalarla rehabilitasyondan ne ümit edeceklerini tartışıyoruz ve en azından kısmen de olsa uzlaşmaya çalışıyoruz. İkinci olarak, rehabilitasyon alıştırma ve egzersiz yapma yaklaşımından çok daha ileriye taşındı. Biz insanları bir bilgisayar veya çalışma kitabı önüne oturtup bu egzersizleri yaptırmanın bilişsel ve daha da önemlisi sosyal fonksiyonlarında gelişmeyle sonuçlanacağı inancını artık kabul edilebilir bulmuyoruz. Üçüncü olarak rehabilitasyon çalışanları şimdi rehabilitasyon programlarını planlarken hedef düzenleme yaklaşımını takip ediyor. Danışanlar, aileler ve çalışanlar uygun hedefler üzerinde müzakere yapıyor ve bunlara nasıl ulaşılabileceğini belirliyorlar. Dördüncüsü, kafa travmasının bilişsel, duygusal, sosyal ve davranışsal sonuçlarının birbiriyle bağlantılı olduğu ve bunların rehabilitasyon sürecinde ele alınması gerektiği konusunda farkındalık gittikçe artıyor. Beşincisi, teknoloji bilişsel problemlerin telafi edilmesinde insanlara hiç olmadığı kadar yardımcı oluyor. Altıncısı, kafa travması ve yaralanmasını takiben meydana gelen nöropsikolojik problemleri yaşayan insanların karşılaştığı çok miktarda ve kompleks zorluklarla başa çıkmada yeterli olan tek bir model, teori ya da sistem olmadığı günümüzde yaygın olarak kabul ediliyor. Bunun yerine, nöropsikolojik rehabilitasyona ihtiyacı olan insanlar için en iyi sonuçları almamızı sağlamak amacıyla birden çok model, teori ve sistem kullanmaya ihtiyacımız var. Rehabilitasyonun, kafa travması yaşamış insanların sağlık servisi çalışanlarıyla ve diğerleriyle bir beyin hasarının sonucundaki eksikliği hafifletmek ya da iyileştirmek için beraber götürdükleri bir süreç olduğunu görebiliyoruz. Rehabilitasyonun temel amacı maluliyeti olan insanların refah seviyelerini optimuma çıkarmayı sağlamak, günlük yaşam problemlerine etkisini azaltmak ve onların kendilerine en uygun koşullarda çevrelerine dönmelerine yardım etmektir.

Rehabilitasyona etkisi olan pek çok teori, model ve sistem içinde, belki de kognitif işlemleme, duygu, sosyal etkileşim, davranış ve öğrenme olarak isimlendirilen beş alan temel öneme sahiptir. Bu alanların her birini temsil eden örnekler aşağıda ifade edilmiştir. Multidisipliner takım çalışmasının organizasyonu ile ilgili modeller sunulmuştur. Ölçme, modelleri ve teorileri, iyileşme ve telafi etme de göz önünde bulundurulmalıdır. Bu alanların bakış açısını temsil eden modellerin ele alınmasını takiben, aşağıda söz edilen modelleri kaynaştırma girişimiyle nöropsikolojik rehabilitasyonun kapsamlı deneysel bir modeli sağlanmıştır.

Bilişsel işleyişin teorileri ve modelleri

Birkaç bilişsel işleyiş modelinin rehabilitasyonda yardımcı olduğu kanıtlandı. Örneğin, dilin model ve teorileri 15 yıldan daha fazla süredir afazisi olan insanların rehabilitasyonunda etkili oldu. Gerçekten de, rehabilitasyona ilk damga vuran belki de bu alandaki bu modellerin etkisiydi (Byng ve Coltheart, 1986). Coldheart bir hasarın tedavi edilmesinde o hasarın doğasının tamamen anlaşılması ve bunun için normalde bu fonksiyonun nasıl gerçekleştirildiğinin bir temsilinin akılda tutulması gerekliliğini vurguladı. Böyle bir temsilin yokluğunda hangi çeşit tedavinin uygun olduğunun belirlenmesi mümkün değildir. Coltheart ve diğerleri kognitif rehabilitasyonun kognitif nöropsikolojinin teorik modellerine yaslanması gerekliliğine inanmaktadırlar. Biz yukarıda belirttiğimiz sebeplerle bunun çok sınırlayıcı olduğuna inanıyoruz, bununla birlikte bilişsel işleyiş modelleri danışanlarımızın kognitif anlamdaki güçlü ve zayıf yönlerini anlamada ve tanımlamada gereklidir. Başka bir deyişle bu modeller gerekli fakat yeterli değiller. Bu görüş Caramazza (1989), "*terapötik strateji seçimimizi kısıtlamaya hizmet eden heceleme (veya okuma sistemi, isimlendirme sistemi, cümle anlama sistemi ve daha fazlası) sisteminin yapı teorisi hakkında spesifik bir şey yoktur. Yalnızca bir hasarın belki locusunu (yer) "bilmek"... bir terapötik stratejiye bunu özelleştirmemize izin vermez. Bunu yapmak sadece hasarlı sistemin yapı teorisini değil, ayrıca ve daha da önemlisi, belli müdahale yöntemleri sonucunda bu hasarlı sistemin değiştirilebilme yollarının teorisini de gerektirir*"(p.382) dediğinde daha da ileri götürüldü.

Bu modeller bize insanların günlük yaşam problemlerini tanımlamadığı veya bir özel problemi nasıl tedavi edeceğimiz hakkında bilgi vermediği gibi nasıl rehabilite ettiğimizi de söylemez. Bunun yerine onlar bize birazcık da olsa bilişsel hatalı işleyiş modelinin ne olduğunu söylemektir. Onların gücü, gerçekte yürütmek istediğimiz herhangi bir programda bilişsel kısıtlamaların ne olduğunu bize söylemelerinde yatmaktadır; ayrıca onlar (modeller) süreçlerin kavramsallaştırılması, sağlam bilişsel işleyiş hakkında öngörüde bulunmak ve bozukluğu hastalara, yakınlarına ve çalışanlara açıklama imkânı sağlar. Bazı modeller hasarın tanımlanmasında değer biçilmezdir. Örneğin, *okumanın çift "rota modeli"*ni (the dual route model of reading) (Colheart, 1985) alalım. Bu model birinin yazılı bir kelimeyi okuyabilmesi için en az iki yol olduğunu varsayar; leksikal (veya bütün-kelime rotası) ve harfleri seslere dönüştürmek için fonolojik rota. "Mint" kelimesini alalım. Bu rota ile okunabildiği gibi, m-i-n-t olarak İngilizcenin normal fonetik kurallarına uyarak seslendirebiliriz ve aynı zamanda bu kelime dağarcığımızda bilinen bir kelimedir. Karşıt olarak, "fint" kelimesi, İngilizcede bulunmayan anlamsız bir kelime, sadece fonolojik rota yoluyla okunabilir. Bizim kelime dağarcığımızda değildir çünkü daha önce bu kelime ile karşılaşmamışızdır. Buna rağmen "pint" kelimesini doğru okumak için bilgi dağarcığımızı kullanırız. Eğer kelime-ses kurallarını veya fonolojik rotayı kullanırsak bu kelimeyi mint kelimesiyle kafiyeli olarak yanlış okuruz.[1] Colheart bu modelini geliştirirken, fonolojik rotanın hasarlı ancak leksikal rotanın hasarlı olmadığı, ya da tam tersi hastalar bulunabileceğini öngördü. Bu noktada bu tarz hastalar henüz tanımlanmamıştı, bu yüzden Colheart bir tarama testi hazırladı ve nörolojik olarak hasarlı hastalarla çalışan klinik psikolog ve konuşma terapisti meslektaşlarına bu tarama testini uygulamalarını istedi. Bu olduğu zaman, Colheart'ın bu-

1. Çevirenin notu: Burada İngilizcede kelimelerin yazıldığından farklı okunuşu ile ilgili bir açıklama yer almaktadır. Mint kelimesi İngilizcede "mint" olarak okunur, fint kelimesi de fonolojik olarak "fint"olarak okunur ancak pint kelimesi fonolojik olarak değil anlamına bakılarak "paynt" olarak okunur.

lacağımızı öngördüğü hastalar bulundular. "Fint" gibi anlamsız kelimeleri okuyamayanlar şimdi "fonolojik disleksi" olarak adlandırılıyor ve "pint" gibi düzensiz okunan kelimeleri okuyamayanlara da "görünüş disleksisi" olarak isimlendiriliyor. Bu model sadece bu fenomeni açıklamamızı sağlamadı, son 20 yıl ve daha fazlasında okuma problemlerinin ölçümünde de derin değişimlere sebep oldu. 1970'lerde okuma becerisinin nöropsikolojik ölçümlerinin çoğu (en azından İngiltere'de) The Schonell Graded Word Reading Test gibi kelime listelerinden ve okuduğunu anlama yeteneğine bakan The Neale Analysis of Reading Ability'den oluşuyordu. Biz şimdi düzenli ve düzensiz kelimeler, somut veya soyut kelimeler, söylemin parçaları, kelime uzunluğu, edinme yaşı ve daha fazlasını içeren çok daha çeşitli okuma becerilerini ölçmekteyiz. Bu muazzam değişim okuma ve dil teorilerinin direk sonucu olarak meydana geldi. Çünkü bu modeller günlük problemler yerine bozukluğu tanımlamaya yöneldiler, bize insanları nasıl rehabilite edeceğimizi söylemezler; bize biraz bozuk işleyiş modelini ve spesifik bir problemin nasıl tedavi edileceğini söylerler.

Bilişsel işlemleme modelleri sadece dilde rol oynamadı. Baddeley ve Hitch'in etkili Working Memory Modelini alalım, bu model başka bir şey yerine geçene kadar geçici olarak öne çıktı, ki hala günümüzde de kullanışlıdır. Bu bizim hafıza bozukluklarını kavramsallaştırmamızı, bir insanın niçin normal anlık hafızası varken veya normal fonolojik döngüye (phonologycal loop) sahipken ara verme ya da kesilmeden sonra problem yaşadığını veya normal vizyo-spasyal işlevleri varken yürütücü işlevlerinin zayıf olmasını anlamamızı sağladı. Gerçekten de, Working Memory modelinin "Merkez Yürütücü" bileşeni ve Norman ve Shallice (1980) tarafından ileri götürülen Denetleyici Dikkat Sistemi (Supervisory Attentional System)'nin benzer kavramsal bakış açısı Dysexecutive Sendromun (daha yaygın olarak Frontal Lob Sendromu) anlaşılmasında ve ölçülmesinde önemli etkide bulundu. Bu, Problem Çözme Grubu (6. Bölüm) ardından daha fazla ele alınacak.

Diğerleri yanında dikkat, algı ve yüz işlemleme modellerinin hepsi bilişi ve beyin hasarı yaşamış insanların bilişsel bozukluklarını anlamada bize yardım etmede rol oynadılar. Nöropsikolojik rehabilitasyona başvuran hastada hasarın ne olduğunu ve neyin sağlam olduğunu iyice kavramak amacıyla bu bilişsel işleyişin anlaşılmasına ihtiyacımız var, ama tekrar bilişsel işleyişin tüm resmin sadece bir parçası olduğunun anlaşılmasını vurguluyoruz. Biliş ve duygu arasındaki etkileşimin araştırılması mental sağlık (Harvey ve arkadaşları. (2004) kapsamlı sistematik bir inceleme ortaya koydular) alanında devam ettiği için, nöropsikoloji için yeni bir tartışma ortaya çıktı. Bu, bir durumun sosyal ve duygusal belirleyiciliğine uygun olarak ortaya çıkan, statik olmaktan çok akışkan ve dinamik olan bilişin görünüşlerinin nörolojik problemleri olan danışanları anlamaya, terapi veya rehabilitasyon yapmaya çalışırken nasıl modellendirileceği ve ölçüleceğidir.

Duygusal işleyişin teori ve modelleri

Yaklaşık olarak son 15 yıldır, beyin yaralanmalarının duygusal sonuçlarının yönetilmesi ve iyileştirilmesinin önemi gittikçe arttı. Prigatano (1999) duygusal durumlarla baş edemezsek rehabilitasyonun muhtemelen başarısız olacağını iddia eder. Sonuç olarak, duygunun teori ve modellerini anlamak başarılı bir rehabilitasyon için elzemdir. Sosyal izolasyon, anksiyete ve depresyon beyin yaralanmaları yaşayanlarda ortaktır (Fleminger ve diğerleri, 2003; Wilson; 2004). McKinlay ve diğerleri (1981) kafa travmalarından sağ kurtulanların üçte ikisinin anksiyete ve depresyon yaşadıklarını düşündüler. Seel ve diğerleri (2003) kafa travmalı 666 hastane dışı örneklemde yaralanmadan 10'dan 126. aylara kadar değerlendirme yaptılar ve %27'sinin majör depresyon bozukluğu teşhis kriteriyle karşılaştıklarını buldular. Evans ve Wilson (1992) devam eden hafıza gruplarındaki insanlarda anksiyetenin ortak olduğunu buldular. Kopelman ve Crawford (1996) hafıza kliniğine ard arda yapılan 200 başvurudan %40'ının klinik depresyon yaşadığını buldular. Bowen ve diğerleri (1998), kafa travması geçirenlerin %38'inin duygudurumu bozukluğu yaşadıklarını buldular. William ve diğerleri (2003) kafa travmasını takiben post travmatik stres bozukluğu yaygınlığı oranının %3'ten %27'ye kadar olduğunu buldular. Kendi çalışmalarında onlar 66 kafa travması geçiren kişiden %18'inin post travmatik stres bozukluğu ile ilişkili semptomları yaşadıklarını buldular. Deb ve diğerleri (1999) hasardan 1 yıl sonra 164 kafa travması geçiren hasta ile International Classification Disease (ICD-10) kullanarak yaptıkları teşhise yönelik görüşmelerde, bu hastaların %21,7'sinin psikiyatrik hastalık olarak tanı konulabilir olduğunu buldular.

Gainotti (1993), beyin hasarları sonrasındaki duyusal ve psikososyal problemlerin nedenlerini üç ana faktöre ayırdı. Bunlar, öncelikle nörolojik faktörlerden kaynaklanan; ikinci olarak psikolojik faktörlerden ve üçüncü olarak da psikososyal faktörlerden kaynaklananlardır.

Nörolojik faktörler

Beyin sapı hasarı olan birinin "katastrofik reaksiyon" (veya patalojik gülme ve ağlama) olarak adlandırılan hızla birbirini takip eden gözyaşından gülmeye savruluşu birinci tip sebebe örnek olabilir. Anasognosia[2] veya bir kişinin hasarın farkındalığındaki yoksunluk sıklıkla organik bozulma sebebiyle olur. Farkında olmama konusunda önemli bir kitap 1991'de (Prigatano ve Schacter) yayınlandı; bu kitap anosognosianın varlığını gösteren pek çok mantıki çıkarım içerir. Gainotti (1993) de farkında olmamayı bazı ayrıntılarıyla ele alır. Fronto-temporal-limbik yol'daki hasar veya bozulma etkinin düzenlenmesi ve deneyimlenmesindeki değişimle de ilişkilendirilir (örn: Starkstein ve Robinson, 1991; Eames and Wood, 2003). Hesaba katılması gereken diğer model ve teoriler Robinson ve Starkstein (1989) tarafından tanımlanan premorbid kişilik ve nörolojik, fiziksel ve biyokimyasal modellerdir. Bu beyin yaralanmaları ardından neden duygusal problemlerin meydana geldiği meselesine vurgu yapar, ama duygusal ve duygudurum bozukluklarının psikolojik ve psikososyal sebeplerini anlamada fazla yardım sunmaz. Artan sayıda bilişsel işleyiş, duygu ve sinirbilim temeliyle alakalı araştırmayla, Bilişsel Davranışsal Psikoterapi alanı bazı yardımcı fikirler sunmaktadır.

Psikolojik faktörler

Gainotti'nin üç parçalı sınıflandırmasında (Gainotti, 1993) ikinci sebep kişisel tutumlardan yetersizliğe doğru gidişi içeren psikolojik ve psikodinamik sebeplerden kaynaklanan duygusal problemlerin yeridir. Goldstein (1959) katastrofik reaksiyonun bireyin durumlardan veya aktivitelerden geri çekilme veya kaçınması yoluyla meydana gelebileceğini işaret ederek beyin hasarlarında duygusal tepkiyi ilk tanımlayanlar arasındaydı. Bu, korkuların sürdürülmesine hasarsız fonksiyonların kullanılamaması yoluyla engelliliğin artmasına sebep olur. Ben-Yishay (2000) bunu "kişinin mutlak varlığına tehdidin davranışsal belirtisi" olarak tanımlar. Bir örnek, disleksiya edinmiş ve okuma ediniminin kaybıyla depresyonla bir-

2 Anasognosia: Kişinin vücudundaki fonksiyon bozukluklarını anlayamaması

likte öz güven yok olması ile neticelenmiş, okumaktan ve akranlarına karışmaktan kaçınan ve durumu depresyonunun sürmesi ve diğer becerilerinin de kaybolması ile sonuçlanan birini varsayalım. İnkar etme de yaralanmadan sonraki duygusal sonuçlardan etkilenen psikolojik süreçlerle alakalı olarak düşünülür. Hastalar bir seviyede yetersizliklerinin farkındadırlar, ama onları kabul etmeyi beceremezler. Caplan (1987) inkar etmenin okunabilir raporunu sağladı. İnkar etme beynin herhangi bir hasarı olmadığı durumlarda gerçekleşebildiği için, en azından (bazı durumlarda) organik olmayan sebebi olmalıdır (Gainotti, 1993). Post travmatik stres bozukluğu (ki aşağıda tartışıyoruz) da bu bölüme uygun olacaktır. Gelecekte ne olabileceği korkusu, geçen birkaç dakikada ne olmuş olabileceği hatırlanmadığı için panik yaşama, fiziksel görünüşteki değişim sebebiyle işlevselliğin kaybı ve öz güven düşüklüğü üzüntüsü hepsi bu duygusal değişimlere yol açmış olabilir. Bunlarla başa çıkmayı ve aralarındaki ilişkileri biçim ve kategori içine alıp sonuçlandıran, bazıları Golfrey ve diğerleri (1996)'nin stres-değerlendirme-başa çıkma modelinde özetlenen, anlamlı sayıda araştırma bulunmaktadır. Bu yaklaşımlar terapötik olarak bilişsel davranışsal modele yönelik olmak noktasında birleşerek, bilişsel içerik (düşünceler, inanışlar, değerlendirmeler, öngörüler vs.) duygu ve davranış arasındaki ilişkileri hipotez olarak alınırlar.

Beck'in çok etkili kitabı "Bilişsel Terapi ve Duygusal Bozukluklar" 1976'da ortaya çıktığından beri, Bilişsel Davranışsal Terapi (BDT) psikoterapötik prosedürlerin en önemli ve en geçerlilerinden biri oldu (Salkovskis, 1996). Beck'in modelinin gözden geçirilmiş bir versiyonu 1996'da ortaya kondu (Beck, 1996). Onun en güçlü olduğu yönlerden biri, BDT'nin ilk takipçilerinin genel araştırma çabalarına dayalı karşılaştıkları engellere karşı klinik olarak anlamlı ve uygulanabilir araştırma bulguları ve modelleri geliştirmesi oldu. Bu, mental sağlık problemlerinde (depresyon, kaygı bozuklukları, şizofreni) uygulanabilen bir dizi model ve sağlık problemlerinde (örneğin. Ağrı, kanser) düzenlemeler sonucunu getirdi. Bilişsel duygusal ve Bilişsel Davranışsal Terapi alanındaki gelişmeler arasında kurulan köprülere işaret etmek şimdi üzüntü ve derin düşüncelere dalmak gibi duygusal süreçlerin hafıza, dikkat ve yürütücü sistemlerdeki kesintiyle beraber bulunduğu fikrini ortaya atıyor (Harvey ve diğerleri, 2004). Bu süreçlerin en azından bozukluğun kırılganlığı içinde Beck tarafından tanımlanan negatif "öz inanç"lar (Beck ve diğerleri, 1976) kadar önemli olduğu düşünülüyor. Beyin hasarı sonrasında BDT içine dikkat eğitme becerilerinin dahil edilmesinin etkililiği artırdığına (Mateer ve diğerleri, 2005) dair bazı kanıtlar var. Hislerin değiştirilmesinin ve öfkenin ifade edilmesinin (örn. Paul Gilbert (2000) zihin eğitiminde merhametin kullanımı) yolları hakkındaki yeni fikirlere temelde psikoterapinin araştırmaları odaklanıyor ve bilişsel sinirbilim de önderlik ediyor. Bilişsel-duygusal ve BDT araştırmalarındaki bu ana akımdaki gelişmeler beyin hasarı geçirmiş insanlar için uygulanmaya hazır olgunluktadır.

William ve diğerleri (2003) kafa travması geçiren iki kişide BDT'nin kullanımını ele alırlar. Bunlardan biri kullandığı arabayla trafik kazası geçiren ve kız arkadaşının ölümüne neden olan genç biriydi. Diğeri bir tren yolculuğu sırasında ciddi bir saldırıya uğramış genç bir kadındı. Onun vakasını ve tedavisini bu kitapta daha sonra açıklıyoruz (Caroline, 15. Bölüm). William ve diğerleri kafa travması sonrası PTSB için olası mekanizmaları ele alırlar. Bu durumlar birbirini dışlayan durumlar olarak düşünülmekteydi çünkü hayatta kalan kişi canlı içsel bilişler ve kaçınma davranışı geliştirerek (Sbornone ve Leither, 1995) olaya dair hafıza kaybı gerçekleştiriyor olacaktı. Ancak, PTSB'nin olay için bilinç kaybı olmasa da ortaya çıkıyor olduğu göz önünde tutulursa, PTSB semptomlarına neden olan travmayla alakalı materyallerin nasıl işlenebileceğine dair iki temel aracı mekanizma olabilir. Birincisi, hayatta kalan kişiler çarpmış oldukları arabada kapana kısılmış oldukları veya diğer içsel dalıp gitmelerine kaynaklık edebilecek ikincil deneyimler gibi travmaları için "hafıza adalarını" anımsıyor olabilirler (McMillan 1996). İkincisi, hayatta kalan kişiler içsel düşünceler üretmelerine ve kaçınma davranışlarına kaynaklık etmeye hizmet eden benzer durumlara maruz kaldıklarında belki travma olaylarının parçalarını hatırlıyor olabilirler (Brewin ve diğerleri, 1996). Sosyal sinirbilim ve duygunun bilişsel sinirbilimi alanındaki gelişmeler bu tip süreçleri içeren beyin sistemleri hakkında düşünmemize imkan sağlıyor. Örneğin, Joseph LeDoux (1996) tarafından önerilen korku işlemleme modeli nörolojik seviyede olay için bilinç kaybıyla birlikte PTSB'nin nasıl gerçekleşmiş olduğunu anlamamıza izin verir (Brewin, 2001'e bakınız, McNeil ve Greenwood (1996) bir kafa travması geçirmiş kişinin, olaya dair dekleratif hafızası olmamasına rağmen aşırı uyarılma içinde, travma olayına benzer olaylardan ve kazanın olduğu yoldan kaçındığını gösterdi. Onlar eğer bir olay beklenmedik ama biyolojik olarak anlamlı ise ve bu nedenle duygusal belirginliği varsa, olayın beynin dekleratif hafızanın depolandığı alanındaki kesintiye (bakın: Markowitsch, 1998) rağmen depolanmasına (veya hafızada iz bırakması) neden olabileceğini iddia ettiler. Böyle bir görüş korkunun koşullanması nedeniyle PTSB görüşüyle uyumlu olabilir. Travmatik deneyimlerden sorumlu mekanizma yüksek kortikal işlevlerden (bakın: Bryant, 2001) bağımsız olarak yol alıyor olabilir. Joseph LeDoux tarafından önerilen model frontal alanların önceden edinilmiş koşullanmış korku tepkisini azaltmada etkili olduğunu iddia eder. King 2000 bir vakada yürütücü işlevler eksikliği olan beyin hasarı sonrasında PTSB'nin varlığını gösterdi. Standart maruz bırakma ve yeniden yapılandırma (BDT modelinden) yaklaşımı uygulandı ama travmanın detaylı hikaye edilmesi yazarların "duygusal tepkinin perseverasyonu"dedikleri bir şeyle sonuçlandı. Organik beyin hasarının bağlamı içinde gerçekleştiğinde iyi anlaşılmış psikiyatrik bozukluğun değişmesi hakkındaki bu tartışma, beyin hasarlı olanlarla çalışırken BDT'den türetilenler gibi duygusal bozukluk modellerinin uygulanmasında tedbirli olunması gerekliliğinin altını çizer. Gelecekteki araştırma çabaları bu gibi durumlara uyumlu terapötik modeller inşa etmede yardımcı olmayı gerektirmektedir.

Geleneksel BDT alanının içe dönüklüğü ve sinirbilim biliş ve duygu içeren beyin sistemlerinin temel bilimiyle entegre olmayla uğraştıkları için, duyguların, davranış ve daha yüksek bilişin düzenlendiği sosyal bağlamın işlemlenmesinin merkezde olması daha kolay anlaşılır olmaktadır. Bu fikirler, sosyal bağlamın farkındalık (Schönberger, 2006; Yeates ve diğerleri, 2007), kimlik (Cloute ve diğerleri, 2008) ve refah (Haslam ve diğerleri, 2008) üzerindeki etkisinin altını çizen son yıllardaki çalışmalarla desteklendi. Böylece aile üyelerini içeren UK yasal rehberi (National Service Framework for Long Term Conditions, Department of Health, 2005) sosyal bağlama derinlemesine bağlı olan biliş ve uyum sağlama modellerinin önemini vurgulayan teoretik destek tarafından takip ediliyor.

Bunun sonucunda, hasar önceki kişiliğin, kültür, inançlar, değerler, hedefler, yaşam tarzı, ve deneyimlerin etkisi Gainotti (1993) tarafından açıkça ele alınmamış bir görüşken, gittikçe artan sayıda çalışmayla bu fikirler bir derecede burada temsil ediliyor. Sonraki tartışma Moore ve Stambrook (1995), Tate (2003), Williams (2003) ve Yeates ve diğerleri (2007) tarafından gerçekleştirildi.

Sosyal faktörler

Gainotti (1993) tarafından ortaya atılan üçüncü kategori psikososyal nedenlerden ileri gelen problemleri içerir. Buna bir örnek, beyin hasarı sonrası bütün arkadaşlarını ve meslektaşlarını kaybeden ve dolayısıyla sosyal olarak izole olan biri gösterilebilir. Beyin hasarının rehabilitasyonunun sonuçları hakkında düşünürken sosyal modelleri dahil etmenin ihtiyacı farkedilerek diğerlerinin sosyal yargısı ve bunun kendilik üzerindeki etkisi (Nochi, 1998), sosyal grup üyeliğinin (Haslam ve arkadaşları, yayında) önemli rolüne ek olarak beyin vurgulanagelmiştir.

Psikanaliz alanı, beyin hasarının sonuçlarını anlamak için aşikar bir seçim olarak genellikle düşünülmez, sosyal ve duygusal sinirbilim araştırmalarının ışığında yeni ilgi çekiyor. Bu yaklaşım genellikle intrapsişik anlayış ile birlikte olan sosyal ve kişilerarası anlayışa bilişsel-davranışsal modellere verilenden daha güçlü bir vurgu getirir. Kafa travması geçiren insanların tedavisinde bunun destekçisi olarak iyi bilinen biri Prigatanodur. O, yaklaşımını Ben-Yishay'ın çevreye yönelik yaklaşımına ve Jungiyan psikoterapiden fikirleri bütünleştirmeye dayanan yaklaşımını Principles of Neuropsychologycal Rehabilitation'da (Nöropsikolojik Rehabilitasyonun Prensipleri) (Prigatano, 1999) tanımlamıştır. Yükselen Nöro-Psikanaliz hareketi açık araştırmalar, teori ve psikanalitik teori ile sinirbilim arasında klinik bağlantılar aramaktadır. Kaplan-Solms ve Solms'un (2002) "Clinical Studies in Neuropsychoanalysis" kitabı bu gelişen alanda kendi sınırlarını çizmiştir. Antonio Damasio (örneğin 1998)'nun ve Frith ve Wolpert (2003)'in fikirleri de biyolojik, psikososyal ve sosyal faktörlerin sistemlerinin bazı entegrasyonlarına imkan verir.

Öyle gözüküyor ki bizim biyolojik, psikolojik ve sosyal tabanlı üç parçalı sistemimizin parçalarına ayrılması gittikçe zorlaşıyor ve biliş ve duygunun birbirinden ayrılması hakkındaki fikirlerin sürdürülmesi de eşit şekilde zorlaşıyor. Bu bakımdan biyolojik ve sosyal olarak aracılık ettiği gibi daha yüksek psikososyal işlevlerin gelişimine ilişkin Vygotsky'nin (1960/1978) fikirleri belki yeni cesaret verici bir ışıkla görülebilir.

Davranışın teori ve modelleri

Davranışsal Psikolojinin model ve teorileri 40 yıldan uzun bir süredir nöropsikolojik rehabilitasyonda kullanılmaktadır. Onlar rehabilitasyona bazı çok kullanışlı ve etkili teorik katkılar sağladılar, sadece kesintiye uğramış davranışların anlaşılması, yönetilmesi ve tedavi edilmesinde değil, aynı zamanda bilişsel hasarların iyileştirilmesinde de (Wilson, 1987, 1991, 1999; Wilson ve diğerleri, 2003). Onlar sadece kesintiye uğramış davranışların anlaşılması, yönetilmesi ve tedavi edilmesinde değil, aynı zamanda bilişsel hasarların iyileştirilmesinde de (Wilson, 1987, 1991, 1999; Wilson ve diğerleri, 2003) rehabilitasyona bazı çok kullanışlı ve etkili teorik katkılar sağladılar. Davranış teorileri nöropsikolojik rehabilitasyonda değerlidir çünkü ölçme, değerlendirme tedavi etme ve rehabilitasyonun etkililiğinin ölçülmesinde yarar sağlarlar.

Davranış teorilerinin içerdiği prensipler sosyal ve deneysel psikolojideki (Franks ve Wilson, 1975) araştırmalardan gelir. Bunlar sonraki bölümde ele aldığımız öğrenme teorisini içerir. Prensipler, değişimi getiren biyolojik prosedürlerin kullanımından ziyade çevresel değişim ve sosyal etkileşimi içerir. (Franks ve Wilson, 1975).

Kazdin ve Hersen (1980) davranışsal yaklaşımı takip edenlerin dört temel özelliğe sahip olduklarını iddia eder:

i) Tedavinin ve müdahale tekniklerinin deneysel değerlendirilmesine dair güçlü söz birliği
ii) Terapötik deneyimlerin adaptif veya prososyal davranışları öğrenmede imkan sağlaması gerekliliğine genel inanış
iii) Tedavinin işlevsellikte ve dolayısıyla tekrarlanabilir terimlerle özelleştirilmesi
iv) Açık görülebilir davranışlara özel bir vurgu yaparak çoklu-cevap tarzları vasıtasıyla tedavinin etkilerinin değerlendirilmesi (p.287)

Davranışsal yaklaşımlarının altında yatan teorik çerçeve öğrenme teorisi, nöroplastisite, bilgi işlemleme, dil, psikiyatri ve diğerlerini içeren pek çok alandan gelir. Teorik desteğin bu zenginliği ve kompleksliği ve klinik tedavi davranışsal tıbbın geniş bir hasta, problem ve durum alanında uygulanabileceği anlamına gelir. Çok çeşitli davranışsal değerlendirme ve tedavi tekniği olmasına rağmen, ortak temaları kullanma eğilimindedirler. Birincisi, hepsi güvenilir ve geçerli ölçüm araçlarının gelişimiyle ilgilidir. Pearce and Wardle (1989) bu araçların davranışsal bilim insanlarının ayırt edici özelliği olduğuna inanırlar. İkincisi, diğer disiplinlerle bağlantılı olma davranışsal tıbbın diğer bir özelliğidir. Öğrenme güçlüklerindeki başlangıcından diyabet, kronik ağrı, obezite, bağımlılık ve beyin hasarları gibi pek çok medikal durumdaki geniş uygulamalarına kadar davranışsal bilim insanları sıklıkla başarılı olmak için bu bağlantıları kritik biçimde önemli yapan multidisipliner ve interdisipliner takımlar içinde çalışırlar. Üçüncüsü, tüm davranışsal metotlar tedavinin etkinliğinin dikkatli bir şekilde izlenmesini ve değerlendirilmesini içerir. Bu sıklıkla kişisel düzeyde yapılır ve tek vakaya dayalı deneysel dizaynın yaygın kullanımı davranışsal psikolojiden kaynaklandı (Wilson, 1987).

Wilson ve diğerleri (2003), nöropsikolojik rehabilitasyonun davranışsal yaklaşımları hakkındaki bir kitapta beyin hasarlı insanların tedavisinde davranışsal metotların başarısının nedenlerini aşağıdaki şekilde belirmişlerdir, şöyle ki:

1) Hasta popülasyonumuzda kullanmak için adapte edebilecek veya değiştirebilecek problemli davranışları azaltan veya istenen davranışları artıran pek çok teknik bulunmaktadır.
2) Terapinin hedefi, amacı ve gayesi her programın başında açıkça ortaya konur. Tanımlamalarına terapi sonunda ulaşan yorumlayıcı psikoterapinin aksine, davranışsal yaklaşımlar hedeflerini sürecin başında belirler. Bunun yanında, hedefler açık, küçük ve genellikle başarılması kolaydırlar.
3) Değerlendirme ve tedavi diğer programlardan farklı olarak davranışsal tedavide sıklıkla birbirinden ayrılamaz. Örneğin, nöropsikolojik ya da bilişsel değerlendirme genellikle tedaviyle ilgili değildir ya da dolaylı olarak ilgilidir. Zeka testlerinde ve hafıza testlerindeki düşük skorlar tedavi için hedef alınmaz; biz insanlara bu testleri geçmeyi öğretmeyiz. Skorlar kişinin bilişsel olarak güçlü ve zayıf yanlarını anlamamıza yardım etmede önemlidir ve müdahalemizi uygun şekilde planlamamıza yardım eder ama günlük yaşam problemleri, ailelerin nasıl baş edeceği, beyin yaralanması olan insanların ne başarmak istediği veya çevrenin nasıl davranışı etkileyebileceği ile ilgili herhangi bir detay hakkında bize bilgi vermez. Bu bilgiler için tedavi stratejisinin bir parçası olan davranışsal değerlendirmelere uygulamalıyız.
4) Davranışsal müdahaleler sürekli izlenir. Ölçümlemeler olmadan davranış değişimi veya tedavinin etkisi hakkında sübjektif ve sezgisel düşüncelere düşme tehlikesindeyiz. Nöropsikolojik rehabilitasyonda en değerli değerlendirme tekniklerinden bazıları davranışsal tıp alanında geliştirilen tek vakaya dayalı deneysel dizaynlardır. Bu dizaynlar bize değişimin doğal iyileşmeden mi (veya diğer spesifik olmayan sebeplerden mi) yoksa bizim müdahalemiz sebebiyle mi olduğunu açıklığa kavuşturmamıza yardım eder.
5) Davranıssal yaklaşım içinde tedaviyi kişiselleştirmek mümkündür ve bu özellikle bilgisayar temelli bilişsel tekrar eğitme ve hafıza egzersizleri gibi "paket tedavi"programlarına muhtemel olarak cevap vermeyecek beyin hasarlı hastalarda yardımcı olur. Bu "paket"programlar, beyin hasarlı insanların bilişsel, sosyal, duygusal ve davranışsal programlarının karmaşık karışımları hesaba katılarak tasarlanmamıştır ve olasılıkla uygun şekilde değerlendirilememiş olabilirler. Bunun tersine, davranışsal program kişinin

biyolojik durumunu, tetikleyici olayları, olayların sonuçlarını, sosyal faktörleri ve kişinin faal olduğu çevreyi hesaba katar. Aynı genel alanlardaki lezyonlar her zaman aynı semptomları ve eski haline getirme potansiyelini göstermez (Finger and Stein, 1982), bu nedenle daha kişiye yönelik terapi yaklaşımı gerekmektedir, "bir kişinin sadece lezyonunun özellikleri göz önünde bulundurulmaz, aynı zamanda motivasyon, yaş, deneysel hikayesi ve beynin geri kalanının durumu gibi faktörler de hesaba katılır" (Finger ve Stein, 1982).

6) Davranışsal yaklaşımlar tedavi programını tasarlarken bir dizi prensip ve takip edilecek yapı sağlar. Görev analizi (task analysis), hedef belirleme, uygun ve detaylı değerlendirmeler, kayıt etme, izleme ve programın değerlendirilmesi psikolog, terapist ve öğretmenlere takip edecekleri güvenilir bir kılavuz sunar.
7) Çok sayıda çalışma nöropsikolojik rehabilitasyonda davranışsal yaklaşımın başarısına tanıklık eder (örneğin: Taylor ve Persons, 1970; Lincoln ve diğerleri, 1982; Alderman, 1996; Wilson, 1999)

Öğrenmenin model ve teorileri

Öğrenme Teorisi davranışsal terapi ve davranış değişimleri ve biyolojik, bilişsel ve sosyal psikolojiden gelen diğer temel teorik etkilerin temel taşlarından biridir (Martin, 1991). Yine de orijinal davranışsal tedavilerın öğrenme teorisinden oluştuğuna dair küçük bir şüphe vardır. Eysenck (1964) örneğin, davranışsal terapiyi "insan davranış ve duygularının modern öğrenme teorisinin kurallarına göre faydalı bir yolla değiştirilmesi girişimi" (s.1) olarak tanımlar. Wolpe (1969) onun "adaptif olmayan davranışların değiştirilmesi amacıyla deneysel olarak belirlenmiş öğrenme prensiplerinin kullanımı" (s.vii) olduğunu söyler. Martin (1991) "pek çok terapötik tekniğin gelişimi için ilham öğrenme literatüründeki teori ve bulgulardan gelmektedir" (s.2) der. Kimble (1967)'nin geniş kabul gören öğrenme tanımı öğrenmenin ödüllendirilen uygulamaların bir sonucu olarak meydana gelen görece kalıcı davranış değişiklikleri olduğunu söyler. Erken davranış değişimi tekniklerine götüren en önemli öğrenme teorileri klasik ve daha da önemlisi edimsel koşullanmadır. Watson (1913) ve Skinner (1938 ve 1953) isimleri belki de edimsel koşullanma ile en çok birarada bulunan isimlerdir ama Rescorla (1966), Lovaas (1967) ve Kazdin (1978) gibi kişiler ciddi gelişimsel öğrenme güçlükleri yaşayan insanlarla yaptıkları çalışmalar yoluyla edimsel koşullanma prensiplerini klinik uygulama içine getiren en önemli isimlerden bazılarıdır. Bugün edimsel koşullanma teorisinin prensiplerinden etkilenen rehabilitasyondaki çoğu psikolog geçmişin katı davranışçılığına bağlı değildir. Bunun yerine, onlar beyin hasarlı danışanlarına uygun hale getirmek için bu prosedürleri değiştirirler veya görev analizi, şekillendirme prosedürleri ve davranışsal değerlendirmeler gibi tamamlayıcı unsurların sadece bazı parçalarını kullanırlar. Bunun yanında, öğrenme teorileri beyin hasarlı bireyler için en iyi klinik uygulamayı sağlamak girişimi içinde sıklıkla diğer teorik güdümlü yaklaşımlarla birleştirilir.

Rehabilitasyonda çok etkili olan öğrenme teorilerinden biri ilk kez Terrace (1963) tarafından tanımlanan hatasız öğrenmedir (errorrless learning). Hatasız öğrenme, insanlar yeni bir beceri veya yeni bir bilgi edinmeyi öğrenirken mümkün olduğu kadar hata yapmasını engellemeye dayalı bir öğretmen tekniğidir. Deneyerek ve hata yaparak öğrenme yerine, davranış yerleşene kadar doğru cevaplar verilir veya gösterilir. Bunu desteğin ve teşviklerin dereceli olarak azaltılması takip eder. Başka bir deyişle, bu hatanın yok edilmesi veya azaltılması için görevin yönlendirilmesine dayanan bir yaklaşımdır. Tipik olarak, görevler kademeli bir şekilde hem gerçek yaşama yakınlığı hem de terapi boyunca dikkati sürdürmesini daha zorlaştırır (bu hatayı artırabilecek olsa bile). Terrace'ın çalışması güvercinlerleydi ama hatasız öğrenme prensipleri kısa sürede gelişimsel öğrenme bozukluğu yaşayan insanlarda (Sidman ve Stoddard, 1967; Cullen, 1976; Walsh ve Lambert, 1979) kullanılmak üzere adapte edildi. Hala öz bakımın ve öğrenme güçlüklerinde bilişsel becerilerin öğretilmesinde yaygın olarak kullanılmaktadır, bilişsel rehabilitasyonda kullanımı sadece son zamanlarda yaygınlaşmaktadır (Oysa Wilson (1981) 1970'in sonlarından beri bu alandaki kullanımını tanımlamıştı). Hatasız öğrenmenin bilişsel rehabilitasyonda şimdi kabul edilmesinin sebebi ikinci bir teorik güç yani örtük öğrenme (mesela bilinçli hatırlamanın olmadığı öğrenme) araştırmalarının ortaya çıkmasıdır. Ciddi hafıza problemleri olan insanların task veya beceriyi daha önceden gördüğüne dair bilinçli hiç bir hatırlaması olmasa da bazı becerileri veya bilgileri normal şekilde ya da normale yakın şekilde öğrenebileceklerini uzun yıllardır biliyoruz. Örtük hafızanın kişinin maruz kaldığı daha önceki bilgileri bilinçli olarak hatırladığı açık hafızanın tersi olduğu bilinir. 1994'te, Baddeley ve Wilson ilerlemeyen beyin hasarı sonrasında ciddi hafıza bozukluğu olan insanlar için hatasız öğrenmenin hata yaparak öğrenmeden daha iyi olduğunu gösterdiler. İlk çalışma onların sağlam (veya göreceli olarak sağlam) örtük öğrenme sistemini aktifleştirdiği için hatasız öğrenmenin hafıza bozukluğu olan kişilerde etkili olduğunu belirten bir teorik çalışma idi. Hatalarımızdan faydalanmak için hatalarımızı hatırlamaya ve bunun için de episodik hafızaya ihtiyacımız olduğu iddia ediliyordu. Bu sistemin yokluğunda kişi hatayı yok etmede iyi olmayan örtük hafızaya bel bağlamak zorundadır. Bu koşullarda onları güçlendirmemek veya ödüllendirmemek için hatalardan kaçmak daha iyidir. Page ve diğerleri (2006) hatasız öğrenmede örtük hafızanın önemini doğrulamışlardır.

Wilson ve diğerleri (1994) ciddi hafıza problemleri olan çeşitli insanlarda günlük yaşam tasklarını öğretmek için hatasız öğrenmenin etkisini gösterdiler. Grup değişik teşhisler (örn, kafa travması, inme, ensefalit) almış, değişik yaşlardaki ve hasar sonrası farklı zamanlara sahip insanlardan oluşuyordu. Linda Clare ve meslektaşları yaptıkları bir dizi çalışmada Alzeimer tipi bunaması olan hastalarda da pratik, günlük bilgileri öğretmede hatasız öğrenmenin faydalı bir metod olduğunu gösterdiler (Clare ve diğerleri, 1999, 2000, 2001). Bazı örneklerde, hastalığın ilerlemesine rağmen öğrenilen bilgi takip eden 1-3 yıl aynen kalmaktaydı. Potansiyel olarak bu, erken/orta evre Alzheimer hastalığında hastalık ilerlerken (muhtemelen pratik yaparak) korunabilecek bazı pratik bilgilerin öğretilebileceğini iddia eden ve bunamalı hastaları kurumsal bakım veren yerler dışında daha uzun tutmaya yarayabilecek önemli bir klinik bulgudur.

Günümüzde hatasız öğrenme ile ilgili pek çok araştırma çalışması sonuçlarından ilki öncelikle hafıza problemleri olan insanlar için deneme-ve-hata öğrenmesinden daha üstün olduğudur, ikinci olarak aktif katılım zorunludur; üçüncüsü, öğrenme teorisinden ve hafıza rehabilitasyonundan diğer prensipler tedavi içinde birleştirilmelidir; dördüncüsü hatasız öğrenmenin hafıza dışındaki bilişsel problemler (örneğin dil) yaşayan insanlar için seçilecek bir yöntem olup olmadığı veya diğer problemler (örneğin, motor sorunlar) için en iyi/daha iyi metot olup olmadığı tam net değildir.

Yukarıda vurgulanan davranışsal prensipler ve öğrenmenin bilişsel modellerine ek olarak, öğrenmenin tedavi uygulamaların veya klinik seansların ötesinde genelleştirilmesinin ve zamanla devam ettirilmesinin garanti edilmesine ihtiyaç vardır. Basamaklama stratejisi kullanımı ve uygun bağlamda beceri eğitimi içeren genelleştirme eğitimi, çevresel destekler ve değişimler bir çoğu için tek seçenek iken, bazıları daha derin bir kişisel değişim ve ayarlama sürecine girebilir. Bilişsel davranışsal terapi alanındaki gelişmeler (Bennett-Levy ve diğerleri, 2004) ve altta yatan araştırma temeli (örneğin, Teasdale ve Bernard, 1993; Conway ve Pleydell-Pearce, 2000) bizim deneyimleme sürecimizi anlamlandırmamıza ve kişisel olarak belirgin amaca yönelik aktiviteye özellikle duygusal sıkıntı içinde olanlara rehberlik eden bilişsel temsillerimiz içindeki değişimleri çözümlememizde deneysel öğrenmenin önemine dikkat çeker. Carver ve Scheier (1990); hedef süreci duygu yatırımı kişisel öneme sahip hedef yönelimli aktivite ve bu hedefle ilişkimizin güncel durumu arasındaki çelişkinin duygularımızı belirlediğini iddia eder. Bir hedefe ulaşmada engellerle karşılaşmak gerilim ve kızgınlığa neden olurken, böylesi bir hedefe iyi bir ilerleme kaydetmenin iyi duygu durumunun temelini oluşturduğu düşünülür. Böylece, rehabilitasyon pratiğinde aktivite, kişisel anlamlı hedefler, beklenti ve inançlar ve kimlik arasındaki ilişkiye odaklanan hem teorik ve hem de araştırma zemini var. Joanna McGrath (McGrath ve King, 2004) ve Mark Ylvisaker (Ylvisaker ve Feeney, 2000) bu prensipleri terapi ve rehabilitasyon yaklaşımı içine genişlettiler. Hem sosyal bağlam, yani danışanın anlamlı etkinliğine dahil edilir veya açıkça bu etkinlikle bağlantılandırılır, hem de altta yatan inançlar, değerler, benlik veya kimlik temsiliyetleriyle ilişkilendirilen öğrenmenin önemi rehabilitasyon ve terapi ile gerçekleştirilir. Bu prensipler 4. Bölümde ve bu kitapta sunulan bazı vakalarda, örneğin Judith (17. Bölüm) ve Yusuf (16. Bölüm) ile çalışmamızda tanımlandığı gibi daha detaylı gözden geçirildi.

Diğer faydalı model ve teoriler: Değerlendirme, iyileşme ve telafi etme

Değerlendirme

Değerlendirme bir kişi ve onun durumu hakkındaki bilgilerin sistematik şekilde toplanması, düzenlenmesi ve yorumlanması olarak tanımlanabilir. Aynı zamanda sonraki durumlardaki davranışların öngörülmesi ile ilgilenilir (Sundberg ve Tyler, 1962). Yukarıda bahsedilen bilişsel işlemleme modellerinden türetilmiş pek çok nöropsikolojik değerlendirme modeli ve yaklaşımı vardır. Diğer değerlendirme modelleri; 1) istatistik analize dayalı psikometrik yaklaşımını, 2) Hangi beyin bölgesinin hasarlı ve hangisinin sağlam olduğunun değerlendirilmesinin araştırılmasını yapan lokalizasyon yaklaşımını, 3) Gerçek yaşam problemlerini önceden tahmin etme girişiminin olduğu ekolojik olarak geçerli yaklaşımı içerir. Bu yaklaşımlar bir kişinin bilişsel olarak güçlü ve zayıf yönlerinin bir resmini çizmemize izin verebilse bile, günlük yaşam problemlerinin doğası ve hangi probleme değinilmesi gerektiği hakkında yeterli detayları tam olarak belirlemede, ailenin nasıl başa çıkacağını veya problemin depresyon, kaygı veya yorgunluk tarafından şiddetlenip şiddetlenmeyeceğini bize söylemede yetersizdirler. Davranışsal ve işlevsel değerlendirme standart testlerden elde edilen bilginin tamamlanmasını gerektirir. Wilson (2002) yaklaşımları çok detaylı bir biçimde tartışır.

İyileşme

Beyin hasarlı kişilerde gelecekte daha fazla bir iyileşme bekleniyorsa, biz bunu rehabilitasyondan önce bilmeliyiz ki herhangi bir davranış değişiminden tedavinin mi yoksa iyileşmenin mi sorumlu olduğunu tespit etmeyi deneyebilelim (Wilson ve diğerleri, 2000). Doğal iyileşme bazen tedavinin başlangıcında sabit bir temel olduğu garanti edilerek göz ardı edilse de, iyileşme teorileri beraber çalıştığımız insanlarla ne olabileceğini anlamamıza yardımcı olur. Beynin hasarlanması ardından ilk birkaç dakikadaki iyileşme belki de yapısal hasar eşlik etmeyen fonksiyon bozukluğunu yansıtır. Birkaç gün sonraki iyileşme büyük ihtimalle vasküler bozulma veya ödem ya da metabolik enzim aktivitesinin baskılanması gibi geçici yapısal anormalliklerinin çözülümü sebebiyledir. Birkaç yıl içerisindeki iyileşme rejenerasyon, diarchisis veya plastisite yoluyla başarılabilir. İyileşme ile ilgili daha detaylı bir tartışma için bakınız; Whyte (1990), Wilson (1998) ve Robertson ve Murre (1999). Hem akut olarak ve hem de zaman içerisinde nörotransmiter değişiklikleri çalışmaları da mümkün hale geldiği için bazı nörokimyasalların olası koruyucu ve toksik etkileri de tanımlanmaktadır. Örneğin, ilgi çekici bazı araştırmalarda, Don Stein ve ekibi (örn Stein, 2001) yaralanma sonrası akut iyileşme sürecinde östrojenin potansiyel nörokoruyucu etkisini tanımladılar. Akut dönemde nörokoruyucu tedavi kullanımının yapılmasının akut faz sonrasında rehabilitasyonun etkisine dair hüküm vermek için daha iyi bir matris sağlayabileceği önerisi yapıldı. Hasar sonrası nöroplastisiteyi ve erken iyileşmeyi etkileyen faktörlerin araştırılması erken dönemdedir ama akut ve akut sonrası dönemdeki rehabilitasyon için önemli sonuçlar sağlayabilir.

Telafi Etme

Telafi etme beyin hasarı bulunan insanların günlük yaşamla başa çıkmalarını sağlayan temel araçlardan biridir. Wilson ve Watson (1996) organik hafıza problemi olan insanlarda telafi edici davranışları anlamak için bir çerçeve tanımladılar. Bu çerçeve Bäckman ve Dixon (1992) tarafından geliştirildi ve daha sonra Bäckman ve Dixon tarafından (1999) değiştirildi. Onlar telafi edici davranışların gelişimin dört bölüme ayırır şöyleki: kaynaklar, mekanizmalar, formlar ve sonuçlar. Wilson (2000) bu çerçeveyi çeşitli bilişsel sorunların telafisine dikkat ederek kullanmaya devam etti. Evans ve diğerleri (2003) hafıza problemleri için telafileri iyi kullanmanın öncül faktörlerini araştırdı. Temel öncülller yaş (genç insanlar daha iyi telafi ediyor), sorunun ciddiyeti (çok ciddi hasarları olan insanların telafi etmesi daha zor), hasarın özelleşmesi (daha yaygın bilişsel sorunlar daha spesifik hasarlardan daha zor telafi ediliyor) ve stratejilerin hasar öncesi kullanımı (hasar öncesi bazı telafilerin kullanımı daha iyi telafi etmeyi sağlıyor) olarak görülüyor.

Bu daha fazla çalışma gerektiren bir alandır. Eğer çok zorluk çekmeden telafi edebilecek kişileri öngörebilirsek, spontan olarak telafiyi daha az sağlayabilecek insanlara yardım edecek şekilde rehabilitasyonumuzun amacını belirleyebiliriz.

Organizasyon Modelleri

Beyin hasarları sonrası oluşan kompleks ihtiyaçların anlaşılmasında artış olduğu için, iyileşme ve rehabilitasyon süreçlerinin en azından bazı aşamalarında çeşitli profesyonel girdilerin sıklıkla gerekli olduğu daha açık hale geliyor. Bir grup uzmanın aynı veya en azından örtüşen hedeflerle farklı beceri ve farklı profesyonel geçmişlerine rağmen, kurulu organizasyonel araştırmalara karşıt olmasının yanı sıra farklı beceri ve farklı profesyonel geçmişlerine rağmen, aynı veya en azından örtüşen hedefleri olan bir grup uzmanın rehabilitasyonun etkililiğini az bir çaba ile gerçekleştirebileceklerini düşünmek naiflik olurdu. Son yıllardaki disiplinlerarası ekiplerin çalışmaları disiplinlerarası olmanın daha iyi sonuçları garanti etmediğini öne sürüyor (Fay ve diğerleri, 2006). Onların bulguları multidisipliner bir ekip içinde gerçekleştirilecek daha kapsamlı becerilerin potansiyel yararlarına izin veren ekip süreci kalitesinin anahtar faktör olduğunu ileri sürer. Grup süreci ve takım-işlevi modelleri; paylaşılan mental modeller, vizyon, anlayış, değerler, mentalite veya "yüksek" hedefler açısından tanımlanan çeşitli faktörlerin önemiyle bir noktada birleşiyor. Dönüşümsellik (refleksivite) ve güvenlik de önemli faktörler olarak görülüyor. Böylece bu alan, rehabilitasyon çabasının yapılandırılmış ve organize olması, görüşmelerin doğası, sıklığı, katılım ve yapısının ve dökümantasyonun ortak bir anlayışla sürdürülmesi yollarının değerlendirilmesinde öncülük eder.

Kullanılabilecek modellerin yelpazesini yansıtarak ve biyopsikososyal alanlar içindeki yeni geliştirilen araştırma bulguları hakkında derinlemesine düşünürsek, organik temelli nörolojik ve nöropsikolojik değişikliklere ile biliş, arzu, sosyal etkileşim ve kimlik modellerini bütünleştiren modeller hakkında düşünmenin gerekli olduğu görünür. Kişisel ve sosyal olarak anlamlı etkileşimler ve aktivite bağlamı içinde sıkı sıkıya çakılıp kalmış kapsamlı bir rehabilitasyon yaklaşımının, hem organizasyon ve takımın entegrasyonu için bir sistem, danışan ve ailenin modelleri uygulamasına, hem de geniş bir model yelpazesi gerektirdiğini biri iddia edebilir.

Kapsamlı bir nöropsikolojik rehabilitasyon modeline doğru

Bu bölümü, bu teori ve modelleri ve daha başkalarını Figür 1.1'deki gibi daha kapsamlı bir rehabilitasyon modeli içinde birleştirme girişimiyle sonuçlandırıyoruz.

Bilişsel bozukluğu olan bir kişi ve onun ailesi ile başlayarak, beyin hasarlı kişinin (ve diğer aile üyelerinin) premorbit kişiliği ve yaşam stili bu insanların ihtiyaçları ve istekleri üzerinde ve dolayısıyla sunulan rehabilitasyon üzerinde etkili görülüyor. Sonuç olarak mülakat yoluyla olsun, önceki sonraki özellikleri karşılaştırma ölçümlerinden birini uygulamak yoluyla olsun premorbit yaşam tarzının ve davranışlarının değerlendirilerek ortaya çıkarılması istenen bir durumdur. BICRO (Brain Injury Community Rehabilitation Outcomes, Powell ve diğerleri, 1998) hastalığın önceki-sonraki özelliklerini tanımlamaya çalışır ve EBIQ (European Brain Injury Questionnaire, Teasdale ve diğerleri, 1997) son ay içinde deneyimlenen semptomları içeren bir kontrol listesidir. Hasar öncesi inançlara, değerlere ve hedeflere, kişisel ailevi ve kültürel bakımdan odaklanan bir klinik görüşme de desteklenmektedir.

Beyin hasarının doğası, yaygınlığı ve ciddiyeti tespit edilmelidir. Bu bilgiler hastane notlarından ve/veya başvuru formlarından, nörolojik değerlendirme ve görüntüleme çalışmalarından elde edilebilir. Nöropsikolojik değerlendirme de bu tabloya eklenebilir. Eğer kişiler zaman içinde özellikle şüphelenilen durumun tespiti için izlenirse faydalı olur. Skorlardaki artışın basitçe pratikleşme etkisiyle olabileceği, skorda değişiklik olmamasının belki bir bozulmayı maskeleyebileceği yani geçerli bilgi sağlamayabileceği yani tekrar edilen nöropsikolojik değerlendirmenin göz önünde bulundurulmalıdır. (Wilson ve diğerleri, 2000). Takip eden iyileşme özellikle beyin hasarlı kişinin yaralanmasından sonraki erken günlerde, haftalarda veya aylarda görülüyorsa dikkate alınmalıdır. İyileşme teorileri burayla alakalıdır. Beyin hasarının sebebi de alakalıdır. Örneğin, kafa travmalı hastalar ensefalit olan birinden daha uzun sürede iyileşme gösterebilir (Wilson, 1998)

Rehabilitasyonda en önemli işlerden biri güncel problemlerin tanımlanmasıdır. Bu problemleri tanımlarken birinin ele alabileceği pekçok teorik çerçeve vardır. Güçlü ve zayıf kısımların profilini göstermede bize yardım eden standardize edilmiş testlerden gelen bilgi, problemlerin günlük yaşama nasıl etki ettiğinin resmini veren fonksiyonel veya davranışsal değerlendirme ve klinik görüşmelerden alınan bilgiyle tamamlanmalıdır.

Bilişsel, duygusal, psikososyal ve davranışsal problemler, daha detaylı modellere referans verme yoluyla daha titiz değerlendirilmelidir. Dil, okuma, hafıza, yürütücü işlevler, dikkat ve algı modelleri, bilişsel güçlü yönler ve hasarlar hakkında bilgi sağlayabilirler. Bilişsel-davranışsal araştırmalardan ve psikoterapiden türetilen modeller duygusal ve psikososyal problemlerin anlaşılmasına katkıda bulunabilirler. Öncülleri tanımlamaya yarayan fonksiyonel analiz gibi bir davranış modeli, güncel davranışın ayrıntılarıyla belirlenmesi ve verilen bir davranışın sonuçlarını saptamamız, bozulmuş veya uygun olmayan davranışların daha iyi kavramsallaştırılmasını sağlar. Yaralanma beyin hasarı olan insanın ailesini ve sosyal ağlarını etkilediği için, bağlanma modeli ve sistemik model de değişen ilişkileri ve iletişim yollarını ve bunların nasıl kazara uyum sağlamada, davranış değişikliğinde ve hizmet alımında engel oluşturabileceğini anlamak faydalıdır.

Bir formülasyon geliştirmek için veya faktörler arasındaki etkileşim örüntüsü ve etkisini açığa çıkartan hipotezin oluşturulması için kullanılacak problem ve modeller tanımlandı mı, bir kişi rehabilitasyon stratejilerine karar verebilir. Bir hastayla çalışan farklı uzmanların olduğu klinik pratikte, organizasyon ve bu bilgilerin paylaşımı uğraştırıcıdır. Bu zorluklarla karşılaşmanın araçlarından biri, dahil olan farklı uzmanların pratiklerine rehberlik eden modellere uygun toplanan değerlendirme materyallerinin sistematik paylaşımı ve organizasyonu vasıtasıyla olur. Örneğin, yaralanma öncesi kişisel uğraş ve aile bilgilerini (Kişi ve hasar hakkında düşünmek için ortam), yaralanmanın doğasının detayları ve bilişsel, duygusal, fiziksel ve iletişimsel sonuçlarını, varolan problemlerin ve sosyal katılımın kısıtlanmasını anlayarak bir taslak oluşturmak için takım bir araya getirilebilir.

Bu kitapta daha sonra göreceğimiz gibi, bu süreç takım, danışan ve ailenin yaralanma sonrası ve rehabilitasyonda karşılaşacakları problemlerin paylaşılmasında ve anlaşılmasında değerli bir başlangıç noktası sağlar.

Sonraki adım uygun hedeflerin belirlenmesini içerir. Rehabilitasyonun ana hedeflerinden birinin insanları onlara en uygun çevre içine döndürebilmek olduğunu düşünürsek, beyin yaralanması olan insanlar, aile üyeleri ve rehabilitasyon çalışanları müzakere sürecine dahil olmalıdır. Ana hedefler hasarın, aktivite kısıtlılıklarının ve sosyal katılımın iyileştirilmesi girişimi olabilir. Gelişme sürecinde hasarlara odaklanmak için uygun bir zaman ve evre olsa da bilişsel rehabilitasyonla ilgili hedeflerin çoğu aktivite ve sosyal katılıma yönelir. Herhangi bir amacı gerçekleştirmek için kesinlikle birden fazla yol vardır. Rehabilitasyon çabası kaybolan işlevi geri kazandırmayı veya anatomik organizasyonun yeniden düzenlenmesini kolaylaştırmayı da amaçlayabilir. Rehabilitasyon aynı zamanda insanların geriye kalan becerilerini daha etkili kullanmalarına, final hedefleri (fonksiyonel adaptasyon) için alternatif yol bulmalarına, problemlerinin etrafından dolaşmak için çevresel değişiklikleri kullanmaya veya bu yöntemlerin bir kombinasyonunu kullanmaya yardım edebilir. Dünya Sağlık Örgütü modelinde (modelin faydalı bir temsili ve uzantısı için bakın Wade 2005) rehabilitasyon çabaları alanın veya işlev seviyesine (örneğin, bozukluk, aktivite veya sosyal kısıtlanma)veya kişilik veya sosyal kontekse (örneğin, bu bağlamların diğer önemli olanlarının yanı sıra danışanın inançlarını, değerlendirme ve duygularını içermesi) yönelmiş olarak görülebilir. Bizim paylaştığımız formülasyon genellikle takıma, danışana ve aileye nerede değişiklik yapılabildiği hakkında düşünmeye yardım eder. Hangi yöntem seçilirse seçilsin, öğrenme teorilerinin farkında olunmalıdır. Baddeley'in sözleriyle "Öğrenme yöntemleri olmayan bir rehabilitasyon teorisi, makinesi olmayan bir araçtır" (Baddeler,

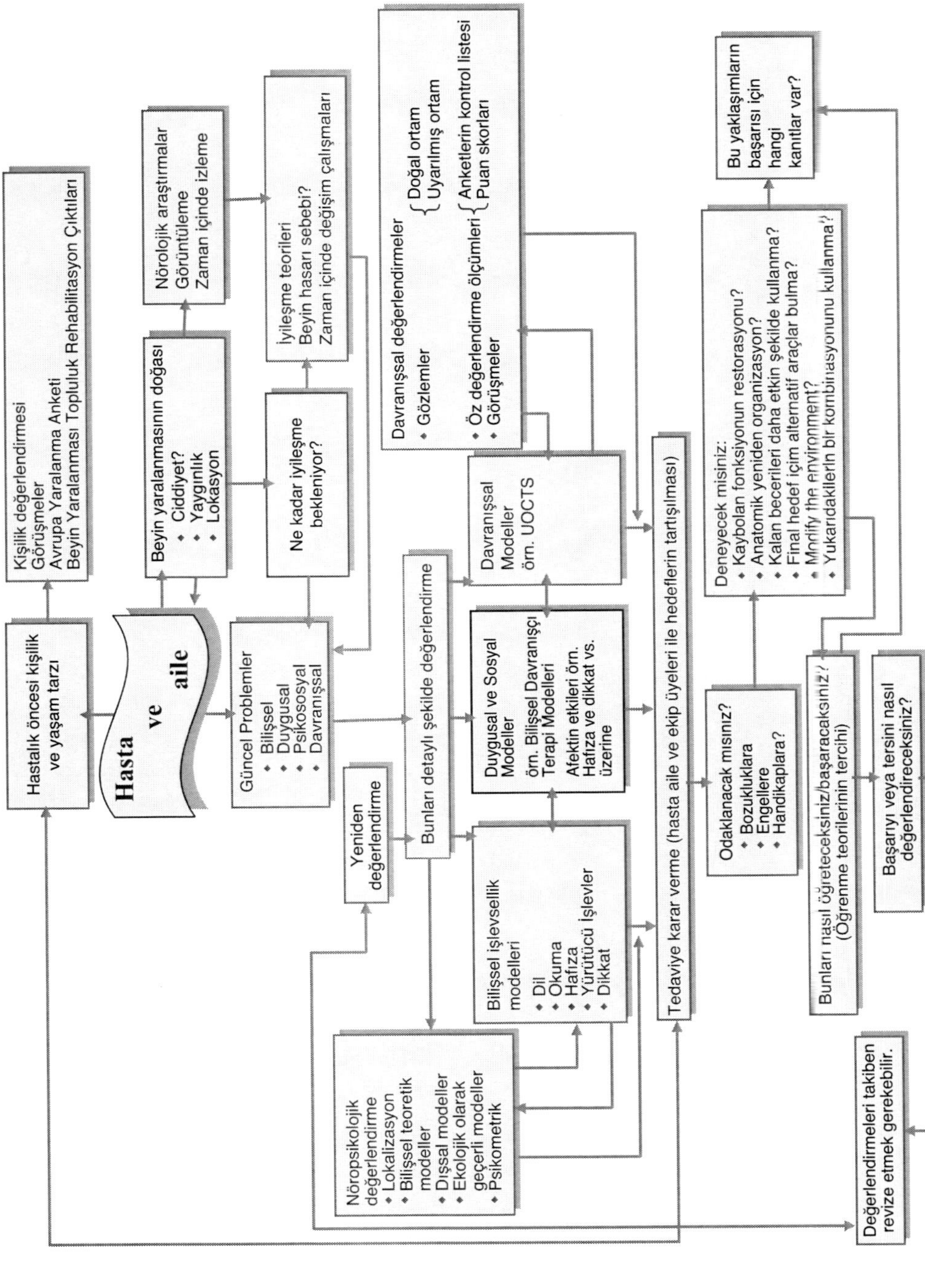

Figür 1.1 Bilişsel rehabilitasyonun kapsamlı bir modeline doğru Psikoloji Yayınını (Taylor and Francis) Hove izniyle üretildi. UOCTS= Uyaran, Organizma, Cevap, Tutarlılık ve sonuçlar

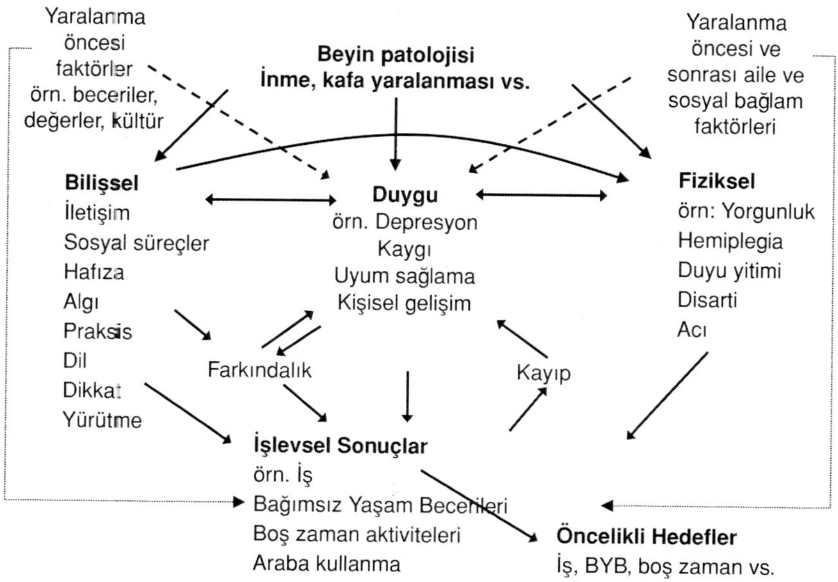

Figür 1.2 Beyin yaralanmasının biyopsikososyal modelinin sonuçları Jon Evans (2006) tarafından tanımlananlara dayanır. Bu format Oliver Zangwill Merkezi'nde takım, arasında sonuçların değerlendirilme haritası, danışan, aile ve uzmanlar arasında ortak bir formülasyon veya anlayış geliştirmek için kullanılır. BYB: Bağımsız yaşam becerileri.

1993, s.235). Davranış değişimi, duygusal düzenleme ve kimlik hakkındaki son çalışmaların ışığında, bir kişi Mark Ylvisaker'in çalışmasındaki (Ylvisaker ve Feeney, 2000) gibi bu öğrenme nosyonunu yaralanma sonrası kimliğin tekrar inşa edilmesini içerecek şekilde genişletebilir.

Bu yaklaşımların başarısı için kanıtlar hesaba katılmalıdır. Final soru, başarıyı veya tersini nasıl en iyi şekilde değerlendireceğimizdir. Whyte'ın (1997) sonuçlar müdahalenin seviyesi ile uyumlu olmalıdır görüşünü düşünelim. Eğer bir sakatlığa veya aktivite seviyesine müdahale ediliyorsa o zaman sonuçların ölçümü sakatlığın ölçümü ve benzerleri olmalıdır. Çoğu rehabilitasyon aktivite azlığı ve sosyal katılım kısıtlamaları ile ilgili olduğu için, çıktıların ölçümü bu alandaki değişimleri yansıtmalıdır, örneğin bazı şeyleri unutan biri şimdi bir şeyler yapmayı ne kadar hatırlar? İkinci bölümde detaylı şekilde anlatılacağı gibi, bu değişimleri direk değerlendiren çalışmalar mevcuttur (Wilson ve diğerleri, 2001). Varolan problemleri etkilediği için formülasyonda önerilen hipotezin değerlendirilmesi ile ilgili de olabilir. Bu ölçümleri içine alan bazı klinik vakalar kitabın sonraki bölümlerinde ele alındı (örneğin, bakın 15. ve 17. bölüm). Bu bölümün ve kesinlikle kitabın son mesajı; teori, bilimsel metodoloji ve klinik ilginin kombine edilmesi sadece mümkün değil aynı zamanda da gereklidir.

Kaynakça

Alderman, N. (1996). Central Executive Deficit and Response to Operant Conditioning Methods. Neuropsychological Rehabilitation, 6, 161–86.

Bäckman, L. and Dixon, R. A. (1992). Psychological Compensation: A Theoretical Framework. Psychological Bulletin, 112, 259–83.

Bäckman, L. and Dixon, R. A. (1999). Principles of Compensation in Cognitive Neurorehabilitation. In D. T. Stuss, G. Winocur and I. H. Robertson, eds., Cognitive

Neurorehabilitation: A Comprehensive Approach. Cambridge: Cambridge University Press, pp. 59–72.

Baddeley, A. D. (1993). A Theory of Rehabilitation Without A Model of Learning is a Vehicle Without An Engine: A Comment on Caramazza and Hillis. Neuropsychological Rehabilitation, 3, 235–44.

Baddeley, A. D. and Hitch, G. (1974). Working memory. In G. H. Bower, ed. The Psychology of Learning and Motivation. Vol. 8. New York: Academic Press, pp. 47–89.

Baddeley, A. D. and Wilson, B. A. (1994). When Implicit Learning Fails: Amnesia and The Problem of Error Elimination. Neuropsychologia, 32, 53–68.

Beck, A. T. (1976). Cognitive Therapy and The Emotional Disorders. New York: Meridian.

Beck, A. (1996). Beyond Belief: A Theory Of Modes, Personality, and Psychopathology. In P. M. Salkovskis, ed., Frontiers of Cognitive Therapy. New York: The Guilford Press, pp. 1–25.

Bennett-Levy, J., Butler, G., Fennell, M. et al. (eds.) (2004). Oxford Guide to Behavioural Experiments in Cognitive Therapy. Oxford: Oxford University Press.

Ben-Yishay, Y. (2000). Post-acute Neuropsychological Rehabilitation: A Holistic Perspective. In A. L. Christensen and B. P. Uzzell, eds., Critical Issues in Neuropsychology, International Handbook of Neuropsychological Rehabilitation. Netherlands: Kluwer Academic Publishers, pp. 201–20.

Bowen, A., Neumann, V., Conners, M., Tennant, A. and Chamberlain, M. A. (1998). Mood Disorders Following Traumatic Brain İnjury: İdentifying the Extent of The Problem and The People at Risk. Brain Injury, 12, 177–90.

Brewin, C. R. (2001). A Cognitive Neuroscience Account of Posttraumatic Stress Disorder and its Treatment. Behaviour Research and Therapy, 39, 373–93.

Brewin, C. R., Dalgleish, T. and Joseph, S. (1996). A Dual Representation Theory of Posttraumatic Stress Disorder. Psychological Review, 103(4), 670–86.

Bryant, R.A. (2001). Posttraumatic Stress Disorder and Mild Brain Injury: Controversies, Causes and Consequences. Journal of Clinical and Experimental Neuropsychology, 23, 718–28.

Byng, S. and Coltheart, M. (1986). Aphasia Therapy Research: Methodological Requirements and Illustrative Results. In E. Hjelmquist and L. N. Lilsson, eds., Communication and Handicap.

Hillsdale, NJ: Lawrence Erlbaum Associates,pp. 383–98.

Caplan, B. (1987). Rehabilitation Psychology Desk Reference, Rockville MD: Aspen.

Caramazza, A. (1989). Cognitive Neuropsychology and Rehabilitation: An Unfulfilled Promise? In X. Seron and G. Deloche, eds., Cognitive Approaches in Neuropsychological Rehabilitation. Hillsdale: Lawrence Erlbaum Associates, pp. 383–98.

Carver, C. and Scheier, M. (1990). Origins and Function of Positive and Negative Affect: A Control Process View. Psychological Review, 97, 19–36.

Clare, L., Wilson, B. A., Breen, E. K. and Hodges, J. R. (1999). Errorless Learning of Face-name Associations in Early Alzheimer's Disease. Neurocase, 5, 37–46.

Clare, L., Wilson, B. A., Carter, G. et al. (2000). Intervening with Everyday Memory Problems in Dementia of Alzheimer Type: An Errorless Learning Approach. Journal of Clinical and Experimental Neuropsychology, 22, 132–46.

Clare, L., Wilson, B. A., Carter, G., Hodges, J. R. and Adams, M. (2001). Long-term Maintenance of Treatment Gains Following A Cognitive Rehabilitation İntervention in Early Dementia of Alzheimer Type: A Single Case Study. Neuropsychological Rehabilitation, 11, 477–94.

Cloute, K., Mitchell, A. and Yates, P (2008). Traumatic Brain Injury and The Construction of Identity: A Discursive Approach. Neuropsychological Rehabilitation, 18, 651–70.

Coltheart, M. (1985). Cognitive Neuropsychology and Reading. In M. Posner and O. S.M. Marin, eds., Attention and Performance XI. Hillsdale: Lawrence Erlbaum Associates, pp. 3–37.

Coltheart, M. (1991). Cognitive Psychology Applied to The Treatment of Acquired Language Disorders. In P. Martin, ed.,

Handbook of Behavior Therapy and Psychological Science: An Integrative Approach. New York: Pergamon Press, pp. 216–26.

Conway, M. and Pleydell-Pearce, C. W. (2000). The Construction of Autobiographical Memories in The Self-Memory System. Psychological Review, 107(2), 261–88.

Cullen, C. (1976). Errorless Learning Condition with The Retarded. Nursing Times, 25th March; 72 (12), suppl., 45–7.

Damasio, A. R. (1998). Emotion in the Perspective of An Integrated Nervous System. Brain Research Reviews, 26, 83–6.

Deb, S., Lyons, I., Koutzoukis, C., Ali, I. And McCarthy, G. (1999). Rate of Psychiatric Illness 1 Year After Traumatic Brain Injury. American Journal of Psychiatry, 156(3), 374–8.

Department of Health (DoH) (2005). National Service Framework for Long Term Conditions. London: DoH.

Eames, P. E. and Wood, R. Ll. (2003). Episodic Disorders of Behaviour and Affect After Acquired Brain Injury. Neuropsychological Rehabilitation, 13(1), 241–58.

Evans, J. (2006). Theoretical Influences on Brain Injury Rehabilitation. Presented at the Oliver Zangwill Centre 10th Anniversary Conference. Available at: www.ozc.nhs.uk.

Evans, J. J. and Wilson, B. A. (1992). A Memory Group for Individuals with Brain Injury.

Clinical Rehabilitation, 6, 75–81. 17

Evans, J. J., Wilson, B. A., Needham, P. A. And Brentnall, S. (2003). Who Makes Good use of Memory Aids? Results of a Survey of People with Acquired Brain Injury. Journal of the International Neuropsychological Society, 9, 925–35.

Eysenck, H. (1964) Experiments in Behaviour Therapy. New York: Macmillan. Fay, D., Borrill, C., Amir, Z., Haward, R. andWest, M. A. (2006). Getting the Most out of Multidisciplinary Teams: A Multi-Sample Study of Team Innovation in Health Care. Journal of Occupational and Organizational Psychology, 79(4), 553–67.

Finger, S. and Stein, D. G. (1982). Brain Damage and Recovery. Research and Clinical Perspectives. New York: Academic Press.

Fleminger, S., Oliver, D. L., Williams, W. H. and Evans, J. J. (2003). The Neuropsychiatry of Depression After Brain Injury. Neuropsychological Rehabilitation, 13, 65–87.

Franks, C. M. and Wilson, G. T. (eds.) (1975). Annual Review of Behaviour Therapy: Theory and Practice. Vol. 3. New York: Brunner/Mazel.

Frith, C. D. and Wolpert, D. M. (eds.) (2003). The Neuroscience of Social Interaction: Decoding, Imitating and Influencing the Actions of Others. Oxford, UK: Oxford University Press.

Gainotti, G. (1993). Emotional and Psychosocial Problems After Brain Injury. Neuropsychological Rehabilitation, 3, 259–77.

Gilbert, P. (2000). Social Mentalities: İnternal 'Social' Conflicts & The Role of Innerwarmth & Compassion in Cognitive Therapy In P. Gilbert and K. G. Bailey, eds., Genes on the Couch: Explorations in Evolutionary Psychotherapy. London: Brunner-Routledge.

Godfrey, H., Knight, R.G. and Partridge, F. (1996). Emotional Adjustment Following Traumatic Brain İnjury: A Stress-appraisalcoping Formulation. Journal of Head Trauma Rehabilitation, 11(6), 29–40.

Goldstein, K. (1959). Notes on The Development of My Concepts. Journal of Individual Psychology, 15, 5–14.

Harvey, A., Watkins, E., Mansell, W. And Shafran, R. (2004). Cognitive Behavioural Processes Across Psychological Disorders. Oxford: Oxford University Press.

Haslam, C., Holme, A., Haslam S. A. et al. (2008). Maintaining Group Memberships: Social Identity Continuity Predicts Well Being After Stroke. Neuropsychological Rehabilitation, 18(5), 671–91.

Kaplan-Solms, K. and Solms, M. (2002). Clinical Studies in Neuro-Psychoanalysis. 2nd edn. London: Karnac.

Kazdin, A. E. (1978). History of Behavior Modification: Experimental Foundations of Contemporary Research. Baltimore: University Park Press.

Kazdin, A. E. and Hersen, M. (1980). The Current Status of Behaviour Therapy. Behaviour Modification, 4(3), 283–302.

Kimble, G. A. (1967). Foundations of Conditioning and Learning. New York: Appleton Century Crofts. Kopelman,

M. and Crawford, S. (1996). Not All

Memory Clinics are Dementia Clinics. Neuropsychological Rehabilitation, 6, 187–202.
LeDoux, J. E. (1996). The Emotional Brain: The Mysterious Underpinnings of Emotional Life. New York: Simon & Schuster.
Lincoln, N. B., Pickersgill, M. J., Hankey, A. I. and Hilton, C. R. (1982). An Evaluation of Operant Training and Speech Therapy in The Language Rehabilitation of Moderate Aphasics. Behavioural Psychotherapy, 10(2), 162–78.
Lovaas, O. (1967). Behaviour Therapy Approach to The Treatment of Childhood Schizophrenia. In J. Hill, ed., Minnesota Symposia on Child Psychology. Minneapolis: University of Minnesota Press.
Markowitsch, H. J. (1998). Cognitive Neuroscience of Memory. Neurocase, 4(6), 429–35.
Martin, P. R. (ed.) (1991). Handbook of Behavior Therapy and Psychological Science: An Integrative Approach. New York: Pergamon Press.
Mateer, C. A., Sira, C. S. and O'Connell, M. (2005). Putting Humpty Dumpty Together Again. The Importance of Integrating Cognitive and Emotional Interventions. Journal of Head Trauma Rehabilitation, 20(1), 62–75.
McGrath, J. and King, N. (2004). Acquired Brain Injury. In J. Bennett-Levy, G. Butler, M. Fennell, A. Hackman and M. Mueller, eds. Cognitive Therapy. New York: Oxford University Press, pp. 331–48.
McKinlay, W. W., Brooks, D. N., Bond, M. R., Martinage, D. P. and Marshall, M. (1981). The Short-term Outcome of Severe Blunt Head Injury as Reported by Relatives of the Injured Persons. Journal of Neurology, and Neurosurgery, and Psychiatry, 44, 527–33.
McMillan, T. M. (1996). Post-traumatic Stress Disorder Following Minor and Severe Closed Head Injury: 10 Single Cases. Brain Injury, 10, 749–58.
McNeil, J. E. and Greenwood, R. (1996). Can PTSD Occur with Amnesia for The Precipitating Event? Cognitive Neuropsychiatry, 1, 239–46.
Moore, A. D. and Stambrook, M. (1995). Cognitive Moderators of Outcome Following Traumatic Brain Injury: A Conceptual Model and Implications for Rehabilitation. Brain Injury, 9, 109–30.
Nochi, M. (1998). 'Loss of self' in the Narratives of People with Traumatic Brain Injuries: A Qualitative Analysis. Social Science & Medicine, 46(7), 869–78.
Norman, D. A. and Shallice, T. (1980). Attention to Action: Willed and Automatic Control of Behaviour. Chip Report 99. University of California San Diego, Center for Human Information Processing.
Page, M., Wilson, B. A., Shiel, A., Carter, G. and Norris, D. (2006). What is The Locus of The Errorless-Learning Advantage? Neuropsychologia, 44, 90–100.
Pearce, S. and Wardle, J. (1989). The Practice of Behavioural Medicine. Oxford: Oxford University Press.
Powell, J. H., Beckers, K. and Greenwood, R.(1998). The Measurement of Progress and Outcome in Community Rehabilitation After Brain Injury: Towards İmproved Outcome. Archives of Physical Medicine and Rehabilitation, 79, 1213–25.
Prigatano, G. P. (1999). Principles of Neuropsychological Rehabilitation. New York: Oxford University Press.
Prigatano, G. P. and Schacter, D. L. (1991). Awareness of Deficit After Brain Injury. New York: Oxford University Press.
Rescorla, R. A. (1966). Predictability and Number of pairings in Pavlovian Fear Conditioning. Psychonomic Science, 4, 383–4.
Robertson, I. H. and Murre, J.M. J. (1999). Rehabilitation After Brain Damage: Brain Plasticity and Principles of Guided Recovery. Psychological Bulletin, 125, 544–75.
Robinson R.G and Starkstein S. E. (1989). Mood Disorders Following Stroke: New Findings and Future Directions. Journal of Geriatric Psychiatry, 22, 1–15.
Salkovskis, P. M. (ed.) (1996). Frontiers of Cognitive Therapy. New York: Guilford Press.
Sbordone, R. J. and Leiter, J. C. (1995). Mild Traumatic Brain İnjury does not Produce Posttraumatic Stress Disorder. Brain Injury, 9, 405–12.
Schönberger, M., Humle, F., Zeeman, P. and Teasdale, T. (2006). Patient Compliance in Brain Injury Rehabilitation in Relation to Awareness and Cognitive and Physical

Improvement. Neuropsychological Rehabilitation, 16, 561–78.

Seel, R. T., Kreutzer, J. S., Rosenthal, M. et al. (2003). Depression After Traumatic Brain Injury: A National Institute on Disability and Rehabilitation Research Model Systems Multicenter Investigation. Archives of Physical Medicine and Rehabilitation, 84, 177–84.

Sidman, M. and Stoodard, L. T. (1967). The Effectiveness of Fading in Programming a Simultaneous form Discrimination for Retarded Children. Journal of the Experimental Analysis of behavior, 10, 3–15.

Skinner, B. F. (1938). The Behaviour of Organisms: An Experimental Analysis. Acton: Copley Publishing Group.

Skinner, B. F. (1953). Science and Human Behaviour. New York: Macmillan.

Starkstein, S. E. and Robinson, R. G. (1991). The Role of the Frontal Lobes in Affective Disorder Following Stroke. In H. S. Levin, H. M. Eisenberg and A. L. Benton, eds., Frontal Lobe Function and Dysfunction. New York: Oxford University Press, pp. 288–303.

Stein, D. (2001). Brain Damage, Sex Hormones and Recovery: A New Role for Progesterone and Estrogen? Trends in Neurosciences, 24 (7), 386–91.

Sundberg, N. D. and Tyler, L. E. (1962). Clinical Psychology. New York: Appleton-Century-Crofts. 19

Tate, R.L. (2003). Impact of Pre-injury Factors on Outcome After Severe Traumatic Brain Injury: Does Post-traumatic Personality Change Represent an Exacerbation of Premorbid Traits? Neuropsychological Rehabilitation, 13, 43–64.

Taylor, G. P. and Persons, R. W. (1970). Behavior Modification Techniques in a Physical Medicine and Rehabilitation Center. Journal of Psychology, 74, 117–24.

Teasdale, T. W. and Barnard, P. J. (1993). Affect, Cognition and Change: Re-modelling Depressive Thought. Hove: Lawrence Erlbaum Associates.

Teasdale, T. W., Christensen, A. L., Wilmes, K. et al. (1997). Subjective Experience in Braininjured Patients and Their Close Relatives: A European Brain Injury Questionnaire Study. Brain Injury, 11, 543–63.

Terrace, H. S. (1963). Discrimination Learning with and without 'Errors.' Journal of Experimental Analysis of Behaviour, 6, 1–27.

Tiersky, L. A., Anselmi, V., Johnston, M. V. et al. (2005). A Trial of Neuropsychological Rehabilitation in Mild-spectrum TBI. Archives of Physical Medicine and Rehabilitation, 86, 1565–74.

Vygotsky, L. S. (1960/1978). Internalisation of Higher Psychological Functions. In M. Cole,

V. John-Steiner, S. Scribner and E.Souberman, eds., L. S. Vygotsky Mind in Society: The Development of Higher Psychological Processes. Cambridge MA: Harvard University Press, pp. 52–7.

Wade, D. T. (2005). Applying the WHO ICF Framework to the Rehabilitation of Cognitive Deficits Rehabilitation. In P. W. Halligan and D. T. Wade, eds., Effectiveness of Rehabilitation for Cognitive Deficits. Oxford: Oxford University Press, pp. 31–42.

Walsh, B. F. and Lamberts, F. (1979). Errorless Discrimination and Fading as Techniques for Teaching Sight Words to TMR Students. American Journal of Mental Deficiency, 83, 473–79.

Watson, J. B. (1913). Psychology as the Behaviourist Views it. Psychological Review, 20, 158–77.

Whyte, J. (1990). Mechanisms of Recovery of Function Following CNS Damage. In M. Rosenthal, E. R. Griffith, M. R. Bond and J. D. Miller, eds., Rehabilitation of the Adult and Child with Traumatic Brain Injury, 2nd edn. Philadelphia: FA Davis and Co., pp. 79–87.

Whyte, J. (1997). Assessing Medical Rehabilitation Practices: Distinctive Methodologic Challenges. In M. J. Fuhrer, ed., The Promise of Outcomes Research. Baltimore: Paul H Brookes Publishing Co., pp. 43–59.

Williams, W. H. (2003). Neuro-rehabilitation and Cognitive Behaviour Therapy for Emotional Disorders in Acquired Brain Injury. In B. A. Wilson, ed., Neuropsychological Rehabilitation: Theory and Practice. Lisse: Swets and Zeitlinger, pp. 115–36.

Williams, W. H., Evans, J. J. and Wilson, B. A. (2003). Neurorehabilitation for Two Cases

of Post-traumatic Stress Disorder Following Traumatic Brain Injury. Cognitive Neuropsychiatry, 8, 1–18.
Wilson, B. A. (1981). A Survey Of Behavioural Treatments Carried out at a Rehabilitation Centre. In G. Powell, ed., Brain Function Therapy. Aldershot: Gower Press, pp. 256–275.
Wilson, B. A. (1987). Rehabilitation of Memory. New York: Guilford Press.
Wilson, B. A. (1991) Behaviour Therapy in the Treatment of Neurologically Impaired Adults. In P. R. Martin, ed., Handbook of Behaviour Therapy and Psychological Science: An Integrative Approach. New York: Pergamon Press, pp. 227–52.
Wilson, B. A. (1998). Recovery of Cognitive Functions Following Non-progressive Brain Injury. Current Opinions in Neurobiology, 8, 281–7.
Wilson, B. A. (1999). Case Studies in Neuropsychological Rehabilitation. New York: Oxford University Press.
Wilson, B. A. (2000). Compensating for Cognitive Deficits Following Brain Injury. Neuropsychology Review, 10, 233–43.
Wilson, B. A. (2002). Assessment of Memory Disorders. In A. D. Baddeley, M. D. Kopelman and B. A. Wilson, eds., Handbook of Memory Disorders 2nd ed. Chichester: John Wiley, pp. 617–36.
Wilson, B. A. (2004). Theoretical Approaches to Cognitive Rehabilitation. In L. H. Goldstein and J. McNeil, eds., Clinical Neuropsychology: A Guide to Assessment and Management for Clinicians. Chichester: John Wiley, pp. 345–66.
Wilson, B. A. and Watson, P. C. (1996). A Practical Framework for Understanding Compensatory Behaviour in People with Organic Memory Impairment. Memory, 4, 465–86.
Wilson, B. A., Baddeley, A. D., Evans, J. J. and Shiel, A. (1994). Errorless Learning in the Rehabilitation of Memory Impaired People. Neuropsychological Rehabilitation, 4, 307–26.
Wilson, B. A., Watson, P. C., Baddeley, A. D., Emslie, H. and Evans, J. J. (2000). Improvement or Simply Practice? The Effects of Twenty Repeated Assessments on People with and Without Brain Injury. Journal of the International Neuropsychological Society, 6, 469–79.
Wilson, B.A., Emslie, H.C., Quirk, K. and Evans, J. J. (2001). Reducing Everyday Memory and Planning Problems by Means of a Paging System: A Randomized Control Crossover Study. Journal of Neurology, Neurosurgery, and Psychiatry, 70, 477–82.
Wilson, B. A., Herbert, C. M. and Shiel, A. (2003). Behavioural Approaches in Neuropsychological Rehabilitation. Hove: Psychology Press, pp. 33–48.
Wolpe, J. (1969). The Practice of Behavior Therapy. Oxford: Pergamon.
Yeates, G., Henwood, K., Gracey, F. And Evans, J. (2007). Awareness of Disability After Acquired Brain Injury (ABI) and The Family Context. Neuropsychological Rehabilitation, 17(2), 151–73.
Ylvisaker, M. and Feeney, T. (2000). Reconstruction of Identity After Brain Injury. Brain Impairment, 1, 12–28.

2 Nöropsikolojik Rehabilitasyonun Etkinliğine Dair Kanıtlar

Barbara A. Wilson, çeviren: Fatma Girgin Kardeş

Giriş

Birinci bölümde tartıştığımız gibi, nöropsikolojik rehabilitasyon beyin hasarının duygusal, davranışsal ve motor sonuçlarının bir dereceye kadar hafifletilmesi veya iyileştirilmesi ile alakalı olarak düşünülse de, nöropsikolojik rehabilitasyonun temel rolünün belki de beyin hasarından kaynaklanan bilişsel eksikliklerin tedavisi olduğunu söylemek doğrudur. "Bilişsel Rehabilitasyon" terimi tam olarak nedir? Kesinlikle hafıza, dikkat, problem çözme, iletişim, algısal ve boyutsal eksikliği içeren bir dizi değişik bilişsel işlevler hedeflenir. Bilişsel fonksiyonları geri koyma metotlarını ve telafi edici metotları öğretmeyi kapsamalıdır. Günlük yaşamda karşılaşılan problemlerin azaltılması ile de ilgili olmalıdır. 1. Bölümde belirtildiği gibi, rehabilitasyonun, hasarı olan insanı, terapötik çalışanları ve mümkünse akraba ve daha geniş bir topluluğun üyelerini içeren interaktif bir süreç olduğunu fark etmemiz gerekir. Bu görüşlerin sonucu olarak, bilişsel rehabilitasyonun bir nörolojik yaralanmadan kaynaklanan bilişsel eksikliğin iyileştirilmesi veya hafifletilmesi için beyin hasarlı insanların sağlık hizmetleri uzmanlarıyla çalışması yoluyla gerçekleştirilen bir süreç olduğunu iddia ediyoruz. Burada temelde travmatik beyin hasarı (TBH), ensefalit, hipoksik beyin hasarı veya inme gibi prograsif olmayan yaralanmadan muzdarip insanlarla ilgileniyoruz. Bu, Alzheimer gibi prograsif durumları olan kişiler için rehabilitasyonun değerini inkar etmek değildir ve biz bu alanda yapılan bazı değerli çalışmaları kabul ediyoruz (Clare ve Woods, 2001). Prograsif olsun, non-prograsif durumdaki insanlarda olsun, rehabilitasyon beyin hasarlı insanlara ve ailelerine onları anlamak, kelimenin tam anlamıyla mutabık kalmak, ikinci yol belirlemeye veya en uygun çevrede olabildiği kadar işlevsel durumda olmalarını sağlamak amacıyla bilişsel hasarlarını azaltmaya yardımcı olmalıdır.

Bilişsel rehabilitasyonun gelişiminin kısa tarihçesi

Rehabilitasyonun temeli çok eskilere gider, 1862'de Smith tarafından elde edilen (Walsh tarafından tanımlandı, 1987) Edwin Smith'in ameliyat papirüsü dokümanının tanıklığı gösteriyor ki beyin hasarının tedavisinin izleri MÖ 2500-3000 yıllarında Eski Mısıra kadar sürülebilir. Simith'in papirüsünden örnekle Walsh'ın sunduğu, bugün bizim anladığımız rehabilitasyondan ziyade daha çok medikal yaklaşımla alakalıdır. Modern zaman rehabilitasyonu büyük ihtimalle kafasından yaralanmış askerlerin hayatta kalma oranlarındaki artış sonucu olarak Birinci Dünya Savaş sırasında başladı (Goldstein, 1942). Almanya'daki nöropsikolojik rehabilitasyonu ele alan bir incelemede, Birinci Dünya Savaşı sırasında özel askeri hastanelerde geliştirilen rehabilitasyon prosedürlerinin çoğunun bir ölçüde bugün hala kullanıldığını iddia eder (Pose ve diğerleri, 1996). Kafasından vurularak yaralanan hayatta kalmış askerlerin rehabilitasyonu hakkındaki ilk kitap (Poppelreuter, 1917) psikoloji, nöroloji ve psikiyatri arasında disiplinlerarası bir yaklaşımı savunur. Bu kitap 1914-1916 arasında Almanya'da görülen 700 askerin bir grubunun görsel hasarlarının tedavisini ele alır. Sonraki yıl yayınlanan bir yazıda, Poppelreuter (1918) hastaların eksikliklerinin etkisi konusundaki kendi içgörülerinin önemini vurgular.

Goldstein de (1942) Birinci Dünya Savaşı hakkında yazar ve beyin hasarı sonrası bilişsel eksikliklerin ve kişilik problemlerinin öneminden bahseder. Kendi hemşerisi Poppelreuter Golstein arasında, Golstein bu terimi kullanmasa da bugün bilişsel rehabilitasyon dediğimiz stratejileri ilk kullanan kişilerden biridir (Prigbitano, 1986). 1918'de Goldstein (Posein alıntısı, 1996) kaybolan işlevin geri getirilmesi denemeyi mi veya kaybolmuş ya da hasarlanmış işlevin telafi edilmesine mi karar verileceğiyle ilgileniyordu. Bu tartışma bugün de devam ediyor. Aynısı Goldstein'in modern rehabilitasyonun diğer bir önemli kısmı olan iş terapisine (mesleki terapi) olan ilgisi için de söylenebilir.

İkinci Dünya Savaşı sırasında, Luria (1963) Sovyetler Birliği'nde ve Zangwill (1947) Birleşik Krallık'ta ikisi de beyin yaralanması yaşamış askerlerle çalışıyorlardı. Luria'nın nöropsikolojik rehabilitasyona katkısını ele alan bir yazıda, Christensen ve Caetano (1996) Luria'nın nöropsikolojik rehabilitasyon metodlarını geliştirmesinde İkinci Dünya Savaşının en önemli faktör olduğunu idda eder. Golstein (1942) gibi Luria ve Zangwill de hasarlı olanı telafi etmek için sağlam beceriyi kullanma yoluyla "fonksiyonel adaptasyon" prensibine sıkı sıkıya inandılar. Luria (1963), Luria ve diğerleri (1969) ve Zangwill (1947) tarafından ileri götürülen bu fikirler sundukları içgörü için bugün okunmaya değerdir. Diğer şeylerin yanında Zangwill tekrar öğretim prensibini ortaya atar ve rehabilitasyonun üç temel yaklaşımı olarak telafi etme, yerine koyma ve direk tekrar eğitiminden bahseder. Amerika Birleşik Devletlerinde İkinci Dünya Savaşı sırasında en etkili isimler ikisi de Afazili insanlarla çalışan Cranich ve Wepman (Cranich, 1947; Wepman, 1951) ve beyni delip geçen yaralanmalara sahip olan insanlar için günlük tedavi programı oluşturan Aita'ydı (Aita, 1946; 1948).

Bir sonraki büyük ilerleme İsrail'deki altı-gün savaşları sonucunda görüldü (Najenson ve diğerleri, 1974; Ben Yishay, 1978). Sonuncusu Ben Yishay'ın yaklaşımının kaynaklarının, terapötik ortam konseptinin gelişiminin ve düşüncesinin arkasındaki felsefenin bazı detaylarını anlatır. Ben Yishay'ın terapötik ortam programını geliştirdiği zamanlarda USA'da yol trafik kazası geçirmiş ve hayatta kalmış çok sayıdaki kişi bulunması Kaliforniya'daki Rancho Los Amigos Hastanesi gibi özel rehabilitasyon merkezlerinin gelişimini teşvik etti (Malkmus ve diğerleri, 1980). "Bilişsel Rehabilitasyon Programı" olarak isimlendiren ilk program New York'taki Diller'ın programıydı (Pritagano, 1986). Diller ve Ben-Yishay 20 yıldan fazla birlikte yakın olarak çalıştılar ve ilkiİsrail programında kurulan Ben-Yishay'ın ana destekçilerinden biriydi. Prigatano'nun Oklahoma şehrindeki programı da bütüncül yaklaşımı (aşağıda anlatılan) benimseyen Ben-Yishay'dan (Prigatano, 1986) fazlasıyla etkilendi. Prigatano sonra onun programını Phoenix, Arizona'ya taşıdı. Christensen aynı programı 1985'de Danimarka Kopenhag'da açtı . (Christensen 1985'de Danimarka Kopenhag'da benzer bir program açtı)(Christensen ve Teasdale, 1995) ve Wilson ve iş arkadaşları 1996'da İngiltere Cambridgeshire'da (Cambridge bölgesinde) Nöropsikolojik Rehabilitasyon için Oliver Zangwill'i (merkezini) açtılar (Wilson ve diğerleri, 2000).

Nöropsikolojik ve bilişsel rehabilitasyon uygulaması: değişik yaklaşımlar ve etkiler

Gianutsos (1989) bilişsel rehabilitasyonun nöropsikoloji, uğraş terapisi, konuşma ve dil terapisi ve özel eğitimi içeren karışık bir akrabalıktan doğduğunu iddia eder. Diğerleri değişik görüşleri muhafaza ederler. Örneğin McMillan ve Greenwood (1993), rehabilitasyonun klinik nöropsikoloji, davranışsal analiz, bilişsel tekrar eğitimi ve grup ve bireysel psikoterapiden yararlanması gerektiğine inanır. Bazıları sadece bir "aile"nin gerekli olduğuna inanır: örneğin Coltheart (1984) rehabilitasyon programlarının tedavi edilecek bozukluğun doğasının teorik analizine dayandırılması gerektiğini söyledi. Mitchum ve Berndt (1995) bilişsel rehabilitasyonun tedavi için hedef olarak alınan bozukluğun doğasının teorik analizini temel alan rasyonel terapilerin gelişimiyle ilgili olması gerektiğini savunur.

Bilişsel rehabilitasyonda çalışan kişilerin bazıları bu modellerin kendi başlarına yeterli olmadığına inanırlar ama çoğunun uygun tedavi tasarımı için teorik modellerin gerekli olduğuna inandıkları görülür. Bazen bir teorik modelin neyi oluşturduğu konusunda anlaşmazlık olur. Örneğin Gianutsos (1991) bilişsel rehabilitasyonun, bilişsel psikolojinin teorilerinin Kafa Travması Bozukluklarının rehabilitasyonuna uygulanması olduğunu iddia eder. Bilişsel rehabilitasyon alanların sadece TBI'lı kişiler olmadığı gerçeğinin dışında, Gianutsos'un yaklaşımı, hastaların bilgisayarda bilişsel egzersizleri (Gianutsos, 1981-1991) yapmasıyla gerçekleşen tekrarlı pratik yaklaşımından yana olduğu için bilişsel psikoloji teorilerinden etkilenmiş gözükmez. Bu yazılarda bilişsel sinirbilim teorilerinin çok az kanıtı vardır. Aynı şekilde Robertson (1991) ileri sürülen bazı teorilerin değerlendirme ve terapiye rehberlik eden başlıkların toplamlarından daha fazlası olmadığını iddia eder. O bu yaklaşımların sezgisel his yapabileceğini ama teorik model olmadıklarını kabul eder.

Burada ele alacağımız yaklaşım Diller (1978), Ben-Yishay (1976) ve Prigatano (1986)'nın öncülük ettiği bütüncül yaklaşımdır. Bu yaklaşımın bileşenlerinin savunucuları, beyin hasarının bilişsel sonuçlarını onun duygusal, sosyal ve işlevsel sonuçlarından ayırmayı anlamsız olarak görür. Duygusal olarak nasıl hissettiğimiz nasıl düşündüğümüzü, nasıl hatırladığımızı, nasıl iletişim kurduğumuzu ve problem çözdüğümüzü etkiler, aynı zamanda nasıl davrandığımızı da, bu işlevlerin birbiriyle bağlantılı olduğunu, sıklıkla ayırmanın zor olduğunu ve rehabilitasyonda hepsiyle uğraşmamız gerektiğini kabul etmemiz gerekir. Bütüncül programların çoğu danışanın farkındalığını artırma, bilişsel hasarları azaltma, telafi etme becerileri geliştirme ve mesleki danışmanlık sağlama ile ilgilenir. Bu programların hepsi bireysel ve grup terapilerin karışımını sunar. araştırmalarının konusu olmuşlardır"(Diller, 1994). "Şimdiye dek bütüncül programların başarısına dair reddedilemez kanıtlar olmasa da, görülüyor ki etkinlik üzerinde diğer yaklaşımlardan daha çok araştırmaların konusu olmuşlardır" (Diller, 1994). Üstelik, Cope (1994) kapsamlı rehabilitasyonun beyin hasarlı hastaların engellerinin azalmasında tatmin edici farklılıklar yarattığına dair oldukça ikna edici kanıtların var olduğuna inanır. Böylece, bilişsel rehabilitasyon pek çok yolla gerçekleştirilir. Bu farklı yaklaşımların güçlü yönlerini birleştirmek ilerlemek için büyük ihtimalle doğru yoldur.

Bilişsel rehabilitasyonun klinik olarak etkili olduğunun kanıtı

Araştırma dizaynı problemleri

Tıpkı ameliyatlar veya farmakoloji prosedürleri hakkında "ameliyat işe yarar mı?" veya "ilaç işe yarar mı?" gibi genel sorular sormadığımız gibi, "rehabilitasyon işe yarar mı?"sorusunu da sormamalıyız. Herhangi bir araştırma sorusu eğer cevap verilebilir ise sorulmalıdır. "Bu iki metottan hangisi daha iyi hatırlamaya yol açar?" veya "Psikolojik destek grubunda olanlar boş zaman etkinliği terapi grubunda olanlardan daha mı az duygusal problem bildiriyor?" gibi daha spesifik sorular olmalıdır. Biz hangi rehabilitasyon programının, hangi stratejilerin veya tekniklerin hangi koşullar altında, hangi insanlar için işe yarar olduğunu bulmalıyız.

Pek çok sağlık ekonomisti, yöneticisi, bilim adamı ve diğerleri rehabilitasyonun etkisini değerlendirecek sadece bir yol olduğuna inanırlar ve bu da rastgele, kontrollü, tercihen çift-kör yöntemli testler kullanmaktır. Oysaki Mai'nin (1992) belirttiği gibi rehabilitasyonda çift-kör koşullarının uygulanması zordur. Terapist ve psikologlar verdikleri tedavide kör olamazlar ve vakaların çoğunda hastalar da aldıkları tedaviye kör olamazlar. Buna rağmen bazı vakalarda değerlendirme yapan kişinin hangi tedavinin uygulandığını bilmediği tek-kör deneylerin yürütülmesi mümkündür (bakın, örnek olarak, Wilson, 1997). Kafa Travması Rehabilitasyonu Takibat Altkomisyonu (National Institute of Health, Ulusal Sağlık Kuruluşu 1998) rehabilitasyon çalışmalarının değerlendirmesinin; sadece programları değerlendiren araştırmacıların programı uygulayan klinisyenler olmadığı yerleri içermesi gerektiğini önerir.

Tabi ki RCTs'nin[3] (çift-kör yöntemi konusundaki daha tartışmalı kararı bir kenara bırakırsak) bir yeri var ve bazı araştırmalar sadece bu yolla yürütülebilir. Bununla beraber biz bilişsel rehabilitasyonu değerlendirmek amacıyla sadece RCTs değil, çeşitli araştırma tasarımları kullanmalıyız. Andrews (1991)'in dediği gibi RCT "...kullanılacak bir araçtır, tapınılacak bir tanrı değil" (s.5). O sözlerine şöyle devam eder, "tasarımı basit, belirgin değişimlerin beklendiği, dahil olan faktörlerin nispeten spesifik olduğu, sonuçları muhtemelen etkileyen ilave değişkenlerin sayısı az olduğu ve rastgele prosedür tarafından dengelenme beklentisi olabilecek" (s.5) araştırmalarda RCT mükemmel bir araçtır. Ne yazık ki, çoğu rehabilitasyon çalışması daha karmaşıktır ve randomizasyon genellikle imkansızdır. Örneğin, bütün danışanlar için bütüncül bir program sağlamayı taahhüt eden bir rehabilitasyon merkezinde rehabilitasyon almayan ya da değişik tedaviler alan bir kontrol grubuna sahip olmak zor olacaktır.

RCTs'yi, neredeyse imkansız değilse bile, çok zor yapan diğer önemli bir faktör, rehabilitasyon çalışmalarında hastaları tedavi alan ve tedavi almayan olarak rastgele ayırmanın etikliğidir. Örneğin, bir çalışmada (Wilson ve diğerleri, 1994) bulduk ki, özel kafa yaralanması hizmetleri olmayan genel koğuşlara alınan ciddi kafa yaralanması olan kişilerde kontraktürlerin, inhalasyon pnömonisi ve davranış problemlerinin gelişmesi olasılığı özel koğuşa alınanlardan daha fazlaydı. Bu alandaki araştırmaların daha sıkı yürümesi amacıyla rastgele yöntemle tedavi alan veya almayan olarak insanları gruplara atamak ayarlaması imkansız olmasa bile zor olacaktır.

---

3 RCTs: Randomized, Controlled Trials

Toplam içinde hala az olsa da, rehabilitasyon müdahalelerini değerlendiren RCT tasarımıyla yürütülen çalışmaların sayısında dereceli bir artış var. Daha önceki araştırmalardan biri, spesifik bir soruyu yani beyin hasarına sahip hastaların problem çözme eğitiminden (PST) spesifik olmayan eğitime göre daha fazla yararlanıp yararlanmadığını incelemiştir (von Cramon ve diğerleri 1991). Çalışmadaki hastalar testlerle, gözlemleme ve oranlama ölçekleriyle değerlendirilmiş planlama, organizasyon ve problem çözmede zorluk yaşayan hastalardı. Onlar dönüşümlü olarak spesifik PST veya hafıza eğitimi (MT) gruplarına atandılar. Prosedürler açıkça belirlenmişti ve tedavi sonrası değerlendirme ölçümlerinde PST'ye atananlar MT'ye atananlardan anlamlı şekilde ve yaygın yüksek fayda gördüler. Daha güncel bir çalışmada Robertson ve diğerleri (2002) tek taraflı ihmali olan insanlarda ekstremite Aktivasyon Tedavisine (LAT) baktılar. İkinci grup algı eğitimine ilave LAT alırken bir grup ihmal hastası sadece algı eğitimi aldı. Hastalar kör değerlendirici tarafından hem işlevsel ölçümler hem de standardize testlerle 3 ay ve 6 ay sonra değerlendirildiler. Sonuçlar gösterdi ki sol-taraf motor işlevi, LAT alan grupta daha anlamlı şekilde gelişme gösterdi. Şüphesiz RCTs bazı soruları cevaplamada bir yere sahip, buna rağmen klinik etkinin daha geniş bir resmini inşa etmek amacıyla anketler, doğrudan gözlemler, tek vaka deneysel tasarımları gibi diğer metodolojileri de göz önünde bulundurmalıyız (Wilson, 1997).

Rehabilitasyonun etkisini değerlendirmekle ilgili bir diğer zorluk; rehabilitasyonun amacı test skorlarını artırmak olmamasına ve bu testlerin bilişsel veya nöropsikolojik rehabilitasyonu değerlendirirken kullanmak için en iyi sonuç ölçümleri olmaması gerçeğine rağmen standardize edilmiş nöropsikolojik testlerin genellikle ölçüm sonuçları olarak kullanılması durumu ile bağlantılıdır. Rehabilitasyonun en temel amaçlarından biri eksikliği olan insanları onlara en uygun çevrede mümkün olabildiği kadar işlevsel yapabilmek olduğu için standardize testlerdeki skor değişimi bilgisi bize istediğimiz bilgiye vermeyecektir. JC, yoğun hafıza kaybı olduğunu bildiğimiz hasta (Wilson ve diğerleri, 1997b) 12 yıl boyunca hiçbir standardize test üzerinde hiçbir gelişme gösteremedi, yine de telafi edici destekler ve stratejilerin kullanımında çok iyi olması sayesinde kendi başına yaşayan, kendi çalışan ve tamamen bağımsız biri oldu. Birçok standarda göre, bu sonuçlar gerçekten çok iyi, ancak standartlaştırılmış testler başarı ölçütü olarak kullanılmış olsaydı, JC gerçek hayattaki olağanüstü başarısı yerine tamamen başarısız olmuş olacaktı.

Yayınlanmış kanıtlar

Chestnut ve diğerleri (1999) bilişsel rehabilitasyon sorusu ile ilgileniyorlardı. Onlar bilişsel rehabilitasyonla ilgili 114 makaleyi spesifik bir soruyu cevaplama girişimi içinde değerlendirdiler: "Kafa travmasından muzdarip insanlar için telafi edici rehabilitasyon uygulaması sonuçları iyileştirir mi?" 114 makalenin sadece 32 tanesi etkililik değerlendirmesinde final seçimine ulaştı. Geri kalanlar inceleme makaleleri, salt tanımlayıcı olan, 5'den daha az katılımcısı olan ve diğerleri gibi çeşitli sebeplerle dışlandı. 32'den on biri ilgili sağlık sonuçlarını ölçen 5'i ve ortalama sonuçları ölçen 6'sı ile RCTs idi. Raporun yazarları "küçük boyuttaki çalışmalar ve çalışılan müdahalelerin dar aralığı ile birlikte, araştırmaya katılan hastaların temsil edilebilirliği konusundaki bilginin eksikliği bu çalışmaların bulgularını genel olarak bilişsel rehabilitasyon pratiğine uygulamayı zorlaştırıyor" (s.55) sonucuna vardı. Başka bir deyişle, gözden geçirilen RCTs'ler bize bilişsel rehabilitasyonun etkililiği hakkında büyük bir fikir birliğini ifade etmez.

Aynı çalışmanın sonraki raporunda yazarlar, bilişsel rehabilitasyonun istenen sonuçları günlük işlevlerdeki gelişme olmasına rağmen, pek çok sonuç ölçümlerinin test skorları (123 değişik bilişsel test bu çalışmalarda tanımlandı) gibi ara ölçümler olduğu sonucuna vardılar. Test skorlarındaki gelişmenin günlük-yaşam işlevlerinde iyileşmeyi öngörmeye yarayıp yaramadığı) sorusunun cevabında, yazarlar "...ortalama ölçümler ve işlerlik arasında bir bağlantı olsa da, ilişkinin güçlü olmadığı" sonucuna vardılar. Biz test skorlarını kullanmanın hikmetini onların ortalama veya direk olup olmadıklarına hiçbir biçimde bakmaksızın sorguluyoruz, ve bunun yerine rehabilitasyon terapistlerinin tedavilerinin final çıktılarını (nihai sonuçlarını) göz önünde bulundurmaları gerekliliğini öneriyoruz. Whyte (1997) sonuç ölçümünün müdahalenin seviyesiyle uyumlu olması gerektiğini iddia etti ki gayet mantıklı. Buna rağmen, nöropsikolojik rehabilitasyonun nihai amacının insanların onlar için değerli aktiviteler içine mümkün oldukça katılımını sağlamak olduğundan dolayı, sonuçlar bu bakımdan ölçülmelidir.

Basit bir çağrı cihazının gündelik sorunları azaltıp azaltamayacağını öğrenmek istediğimiz kendi çalışmalarımızdan birinin (Wilson ve ark., 1997a) kanıtladığı gibi günlük işlevselliği doğrudan ölçmek mümkündür. Çağrı cihazları bilişsel problemler yaşayan insanların günlük yaşam sorunlarını azaltmak için kullanılabilecek pek çok telafi edici yardımcıdan biridir. Belli tip, Neuro Page, bir çağrı cihazının etkisini belirlemek için bir dizi çalışma yaptık. İlk çalışmada (Wilson ve diğerleri, 1997a) her bir danışan hatırlamak istediği ya da hatırlaması gereken şeyleri ve bunların olması gereken zamanını seçti. Daha sonra bunlar tedavi için hedeflendi. 15 danışan ve onların ailesi ile gerçek hayatta karşılaştıkları belirli problemleri tespit etmek için görüşmeler yaptık. Temel 6 hafta boyunca, 15 danışan her biri bir aile üyesi ile kendi seçtikleri hedef davranışları gerçekleştirmeyi hatırlayıp hatırlamadıkları kayıt etti. Tüm grup için ortalama başarı oranı hatırlanacak hedeflerin toplamda %37'si idi. Daha sonra danışanlara kemerlerine takılan bir çağrı cihazı sağlandı. Kişilere hedef davranışlarını hatırlatmak için hedef mesajlar (örneğin "ilacını al"veya "köpeği besle") gönderildi. Tüm grup için çağrı cihazının kullanıldığı 12 hafta boyunca hatırlanan hedef için başarı oranı %85'e fırladı. 12 hafta sonra, çağrı cihazı geri çekildi ve danışanlar sonraki 3-4 hafta boyunca izlendi. Bu süreçte başarı oranı %74 oldu, böylece bir düşüş olsa da performans yine de temel durumdan yukardaydı. Gerçekte bazı danışanlar 12 haftalık çağrı cihazı safhasında rutinlerini öğrendiler. Temel dönem ve tedavi dönemleri arasında başarı oranı sadece tüm grup için anlamlı şekilde artmadı, aynı zamanda her kişi için de iki dönem arasında istatistiksel olarak anlamlı bir artış oldu.

Bu başarılı pilot çalışmadan sonra biz bazı danışanların rastgele önce çağrı cihazına atandığı ve diğerlerinin rastgele önce bekleme listesine atandığı çapraz tasarım kullandığımız RCT yürüterek devam ettik. Birkaç hafta sonra, çağrı cihazı olanların bekleme listesine dönüştüğü, bekleme listesindekilerin çağrı cihazı aldığı bir çaprazlama oldu. Önceki gibi, çağrı cihazı alanların bağımsızlık ve günlük işlevsellikte anlamlı olarak gelişebildiklerini gösterdik (Wilson ve diğerleri 2001).

Bu şekilde günlük yaşam davranışlarının direk ölçülmesinin bilişsel rehabilitasyon stratejileriyle gelen değişimleri göstermede çok güçlü bir yol olduğunu iddia ediyoruz. Biz danışanlar ve onların ailelerinin tanımladığı günlük yaşam problemlerini hedefledik ve birkaç hafta boyunca bunları ölçtük ki böylece kontrol dönemini (kişinin kendi kontrollerini yaptığı) edindik, açıkça belirlenmiş bir müdahale sağladık ve çağrı cihazı kaldırıldığında da danışanları izledik. Bununla birlikte, çağrı cihazının teşhis grubu bakımından, entelektüel beceriler ve yaralanma sonrası geçen zaman açısından geniş bir aralıktaki insanlarda etkili olduğunu gösterdik. Cihaz, günde bir kez veya günde pek çok kez kullanılabilir ve çalışmadaki hafıza sorunları yaşayanların günlük yaşam kalitelerinde gerçek değişiklik yapan esnek bir araçtır.

Gerçek yaşam hedeflerini çözmeye çalışmak ve spesifik bir çerçeve içinde kişiselleştirilmiş programlar bilişsel rehabilitasyon için ilerlenecek yoldur diye düşünüyoruz. Clare ve iş arkadaşları (Clare ve diğerleri, 1999, 2000, 2001) bu prensipleri Alzheimer hastalığı olan insanlara da uyguladılar. Danışan ve ailesi hedefleri seçti ve sonra hatasız öğrenme prensiplerini (1. Bölümde tarif edilen) bu vakada kullanarak, yeni bilgiler öğretebileceğimiz bir yol bulduk.

Chesnut ve diğerleri (1999) "...sağlık ve iş üzerine bilişsel müdahalenin direk bir etkisini gösteren güçlü ve yeterli kanıtların yokluğu.... ve bilişsel testlerdeki performans ve travma sonrası çalışma ve üretkenlik arasındaki ilişkinin birbiri ile uyumlu olmadığını (s.63 ve 64)"belirttiler. Onların "bilişsel rehabilitasyon etkili mi?" sorusuna bizim cevabımız, cevap verilebilmesi için sorunun çok genel olduğu ve bu soruyu sormanın (ve cevaplamanın) başka yollarına bakmamız gerektiğidir. Örneğin, biz bazı tedavi prosedürlerinin etkililiğini değerlendirebiliriz. Biz halihazırda yapılan bazı çalışmaları tanımladık ve başkaları da var. Örneğin Donkervoort ve diğerleri (2001) strateji eğitimi alan apraksili hastaların günlük yaşam aktivitelerinde genel uğraş terapisi alanlardan daha büyük gelişme gösterdiklerini buldular. Fasotti ve diğerleri (2000) bilginin aşırı yüklenmesi ile başa çıkmak için Zaman Baskısı Eğitimi alan kafa yaralanması olan hastaların konsantrasyon eğitimi alanlardan daha iyi olduğunu buldular. Bunlar ve başka çalışmalar son yıllarda çeşitli sistematik incelemelerin konusu oldu. Cicerone ve meslektaşları bilişsel rehabilitasyon için hemen yeniledikleri (Cicerone ve diğerleri, 2005) kanıta dayalı bir inceleme yürüttüler (Cicerone ve diğerleri 2000). Aynı şekilde Avrupa Nöroloji Topluluğu Federasyonu aynı literatürü kapsamlı şekilde inceledi (Cappa ve diğerleri 2005). İki grup da inceleme için, hangi bozuklukların alındığı konusunda farklılıklar olsa da, müdahalenin hangi bilişsel bozukluğa odaklandığı bakımından çalışmaları gruplama yaklaşımını aldı. Cicerone ve diğerleri dikkat, vizyospasyal işlevsellik, apraksi, dil ve iletişim, hafıza ve yürütücü işlevler (işleyiş ve problem çözme) bozukluklarının iyileştirilmesine yönelen çalışmalara baktılar. Bazı çalışmaların, aynı anda bir çok bilişsel alana yönelmeyi amaçlayan müdahaleleri incelediğini bilerek , Cicerone ve diğerleri bu çalışmaları ayırarak incelediler ve bununla birlikte kapsamlı-bütüncül bilişsel rehabilitasyon çalışmalarını diğer bir kategori yaptılar. Cappa ve diğerleri afazi, tek taraflı alan ihmali, dikkat bozukluğu, hafıza, apraksi ve akalkuli çalışmalarını incelediler. İki inceleme de klinik pratik (farklı öneri sistemleri kullanarak) için öneri üretti. İncelemelerden gelen bulgular ve öneriler ikisinde nispeten benzerdi. Her iki inceleme de kanıt tabanının, çok azının yürütülen iyi kalitede RCTs ile nispeten az kalacağının altını çizer. Buna rağmen, ikisi de klinik uygulama için bazı açık önerilerin yapılabileceğine dair yeterli kanıt olduğu sonucuna vardılar. Örneğin, bu alandaki çoğu çalışmanın fonksiyonel sonuçları ölçmediği bilinmesine rağmen bilişsel-linguistik müdahaleler bazlı afazi terapisi etkili olarak görüldü. Tek taraflı ihmal için ekstremite aktivasyonunun göz önünde bulundurulması önerisiyle görsel tarama eğitimini destekleyen kanıt vardır. Hafıza için, hafif bozukluklar için strateji eğitimi, orta ve ciddi hasarlar için elektronik araçları da içeren dış yardımcıların kullanımı önerilir. Dikkat eksikliği ve apraksi için strateji eğitimi önerilir. Problem çözme ve yürütücü işlev bozukluğu için öz-eğitim ve sözel öz-düzenleme becerilerinin geliştirilmesini vurgulayan eğitim yaklaşımları önerilir. Kapsamlı-bütüncül bilişsel rehabilitasyon programları hakkında, Cicerone ve diğerleri ulaşılabilen kanıtlara dayanarak bilişsel ve kişilerarası müdahaleler ile entegre olmuş kapsamlı-bütüncül bilişsel rehabilitasyon programlarının akut sonrası ortadan ciddiye kadar kafa travması yaşamış insanların tedavisi için önerildiği sonucuna vardılar.

Rehabilitasyonun etkisini değerlendiren diğer tasarımlar

Tek vakalar ve küçük grup deneysel tasarımlar, rehabilitasyonun etkililiğini göstermekte genellikle faydalıdır. Örneğin, Wilson (1999) silah yaralanması sonrası tamamen okuma yetisini kaybetmiş bir adama 5 yıl sonra nasıl başarılı bir şekilde okumanın öğretildiğini ve bu adamın 13 yaş seviyesinde okuyabildiğini tanımlar. Tek vaka deneysel tasarımlarının önemi tedaviye kişinin cevabını değerlendirmemizi sağlamasından, danışan zaman içinde değişim gösteriyorsa görülmesi ve herhangi bir değişimin doğal iyileşmeden mi yoksa müdahalenin kendisinden mi olduğunun anlaşılmasını sağlamasındandır. Başka bir deyişle, biz tedavinin etkilerini kendiliğinden iyileşmeden ve diğer spesifik olmayan faktörlerden ayırabiliriz. Rehabilitasyonun kişiler için planlandığını düşünürsek, değerlendirme grup seviyesinde olduğu kadar kişi bazında da olmalıdır ve kişi veya grup çalışması seçimi yine cevap verilmesi gereken soruların çeşidine bağlı olacaktır. Örneğin, biz bir kafa yaralanması olan insanın dikkat eğitimi programından faydalanıp faydalanmadığını bulmak istiyorsak öyleyse tek vaka deneysel tasarımı kullanmamız gerekecektir. Eğer belirli bir prosedürden kaç kişinin faydalanıyor göründüğünü bulmak istersek bir grup çalışması yürütmeyi isteyeceğiz.

Bir grup çalışması bizi zorunlu olarak grup içindeki herhangi belirli bir danışanın herhangi bir müdahaleden faydalanıp faydalanmıyor olduğu hakkında bilgilendirmeyecektir, çünkü grup içindeki her birey muhtemelen hasarların farklı kombinasyonuna sahiptir, muhtemelen farklı motivasyonları vardır, ve hasarlarının ciddiyetinin seviyesi gruptaki diğer bütün kişilerden farklıdır. Grup çalışmaları ortalama performansını çıkardığı için kişisel farklılıklar maskelenir. Ama diğer taraftan tek vaka deneysel tasarımları grup tasarımının doğasında var olan problemlerden kaçınır. Onlar, genellikle kişinin bilişsel rehabilitasyon boyunca gelişimini değerlendirme kabiliyetleri için özel olarak seçilirler ve tabi ki göz önünde bulundurdukları bilimsel metodolojileri kadarıyla saygı duyulurlar (Hersen ve Barlow, 1982; Kazdin, 1982; Gianutsos ve Gianutsos, 1987). Bir kişi çalışması bir grup çalışmasını tamamlayacak bilgiyi sağlayabilir ve kesinlikle iki yaklaşım da eşit itibarda tutulmalıdır. Büyük grup çalışmaları kişisel çeşitliliğin bölüştürülmesi gerektiğinde istenir; tek vaka (ve küçük grup) çalışmaları her birey bir zaman diliminde izlendiğinde, her hareket onların kendi kontrolünde olduğunda ve kontrol grup yerine temel durumlar kullanıldığında tercih edilebilir.

Tek vaka ve küçük grup çalışmalarında sıklıkla yöneltilen eleştiri, bulgularının sadece bireysel olgulara uygulanmasından dolayı genelleme kapasitelerinin yokluğunu işaret eder. Bu eleştiri tamamen haklı değildir ve metodoloji olarak büyük grup çalışmalarını tercih eden eleştirmenler tarafından kullanılabilir, ki bu çalışmalar genelleştirme sağlamaz çünkü sonuçlar ortalama olarak alındığından çoğu ortalamadan farklı olan kişilere uygulanamaz. Biz bireysel katılımcılardan genelleme yapılamayacağı iddiasının yanlış olduğunu tartışacağız. Nöropsikolojinin tüm tarihi böyle genelleme örnekleri sağlar. Broca'nın hastası "Tan"-dan (Broca, 1861) HM'e (Scoville ve Milner, 1957) nöropsikolojideki diğer klasik vakalara (Code ve diğerleri, 1996, 2002), biz bireysel hastalardan sadece hayli bilgi öğrenmedik ayrıca bu tek vakaların bulgularına dayanarak nasıl belirli sendromları teşhis edeceğimizi de öğrendik.

Hersen ve Barlow (1982) "tek vaka deneyinden genelleştirme yapmanın temelini artırmak için, klinisyen çok sayıda hastadan sonuçlar almak suretiyle, basitçe aynı deneyi benzer hastalarla pek çok kez tekrar etmeli" (s.57) der. Gianutsos ve Gionutsos (1987) genelleştirilebilirliğin, genelleştirmeyi etkilemesi beklenebileceği değişkenler arasındaki kontrol edilmiş değişikliklerin sistematik tekrarlama yoluyla tespit edilebilmesinin sadece tek vaka tasarımları ile olduğunu iddia ederek daha da ileri gider. Bu tarihsel ve çağdaş bulgular ışığında, genelleştirmeyi sistematik olarak değerlendirmemize izin verme kabiliyetiyle tek vaka deneysel tasarımlarının bilişsel rehabilitasyonun etkisi ile ilgili olanları yoluyla benimsendiğini iddia edeceğiz.

Genel Prensiplerin Oluşturulması

Bu bölümde bilişsel rehabilitasyonda bazı terapötik tekniklerin etkili olduğunu gösterdik ve tek vaka deneysel tasarımlarının etkililik oluşturulması arayışında veya farklı rehabilitasyon tekniklerinde daha geniş bir şekilde uyarlanabilen bir metodoloji sunduğunu ileri süreriz. Bilişsel rehabilitasyon alanında tespit edilmiş olan bazı genel prensiplerin taslağını çizmek de mümkündür. Örneğin, alıştırmalar ve egzersizler yoluyla kaybolan işlevi geri getirmeye çalışan bir zamanlar yaygın olan tekniğin, en azından gerçek yaşam görevlerine genelleştirme yeteneği açısından, (Robertson, 1990; Sturm ve Willmes, 1991; Sloan ve Ponsford, 1995) etkisiz olduğu gösterilmiştir. Kendi kendine tekrarlama etkili bir öğrenme tekniği değil (Baddeley, 1997). Hafıza terapisi alanında aralıklı gözden geçirme şeklindeki dağınık pratiğin (yayılmış tekrarlama olarak da bilinir), ezberle tekrarlamadan daha iyi bir öğrenme yöntemi olduğu gösterilmiştir. (Camp, 1989; Moffat, 1989; Clare ve Wilson; 1997). Görsel görüntüleme de, isim öğrenme için ezber tekrarlama metodundan daha etkilidir ve öğrenilecek yüzlerin teşhir edilmesi daha da yararlıdır (Wilson, 1987; Downes ve diğerleri; 1997). PQRST olarak bilinen strateji (s.86'ya bakın), yazılan materyalin hatırlanmasının artırılmasında dosdoğru tekrarlamadan daha iyi (Wilson, 1987). Son zamanlardaki yeni öğrenmede belki de en heyecan verici çalışma 1. Bölümde tarif edilen hatasız öğrenme alanında oldu. Bu yöntemin etkililiği hafıza-sorunlu insanlarda ikna edici bir şekilde açıkça gösterildi (Baddaley ve Wilson, 1994; Wilson ve diğerleri, 1994; Wilson ve Evans, 1996; Squires ve diğerleri, 1997). Girişimle ve hatalı öğrenme veya hatalardan öğrenme, eğer biri makul episodik hafızaya sahipse oldukça iyi ama yeterli hafıza işlevine sahip olmayanlar için hata yapmak hatalı cevabın güçlenmesine yol açabiliyor.

Bilişsel rehabilitasyonun klinik etkililiğinin özeti

Rehabilitasyonun bilişsel işlevselliği geliştirebildiği görüşünü destekleyen artan sayıda kanıt bulunmaktadır (Robertson, 1999). Rehabilitasyon programları insanlara sıkıntılarını telafi etmeyi öğreterek (Wilson ve Watson; 1996) veya daha etkili öğrenmelerine yardım ederek (Baddeley ve Wilson, 1994; Wilson ve diğerleri, 1994; Downes ve diğerleri, 1997), veya plastisite ve egzersizlerin sonucunda fonksiyonun restorasyonunu (veya kısmen restorasyonu) gerçekleştirerek (Robertson ve diğerleri, 1995; Sturm ve diğerleri, 1997; Robertson ve Murre, 1999) işe yarayabilirler. Robertson (1999) daha büyük lezyonlarda iyileşmenin altında daha büyük olasılıkla telafi süreçleri yatarken, restorasyonun nispeten küçük lezyonlar sonrasında mümkün olduğuna inanır. Bu fikir Poppelreuter'nin (1917) önerisiyle benzer olsa da, Robertson görüşlerini iyileşmeyi öngörmeyi amaçlayan bağlantıcı (connectionist) modellere dayandırdı. Plaut (1996) da iyileşmeyi öngörmek için bağlantıcı (connectionist) bir modeli kullanır ve yeniden öğrenmenin ve genelleştirmenin derecesinin önemli ölçüde lezyon yerine bağlı olarak değişeceğini ve bunun dolayısıyla beyin hasarı sonrası gelişmenin doğasını ve çeşitliliğini anlamak için bir çıkarım olduğunu iddia eder. Hem Zangwill (1947) hem de Luria (1963) İkinci Dünya Savaşı boyunca her iki tekniğin rehabilitasyonun önemli unsurları olduğuna inanmalarına rağmen, Plaut'un modelinin, telafi etmektense tekrar eğitmeye yöneldiği görülür.

Rehabilitasyonun maliyet-etkililiği için kanıtlar

Çoğu ülke rehabilitasyonun klinik durumlar yanında ekonomik anlamda çaba harcamaya değer olup olmadığı ile ilgilendi (McCarty, 1999, Diller, 2000; Prigatano ve Pliskin, 2002). Wood ve diğerleri (1999) nörologlar, beyin cerrahları ve diğerleri arasında oldukça fazla şüphe görülmesi ama rehabilitasyonu sağlayan bazı çalışanlar arasında da büyük ilgi olması ile nörorehabilitasyonun klinik ve maliyet-etkililik hakkındaki uluslararası görüşün ayrıldığını iddia ederler. Wood ve diğerleri direk ve dolaylı iki tip maliyetten söz ederler. Direk maliyet terapinin hazırlığını ifade eder, dolaylı maliyetler çalışılmayan zaman, hastalık yardımı ve benzeri sosyal yükleri ifade eder. Bu kategorileri akılda tutarak, rehabilitasyonun maliyet etkinliği olup olmadığını düşünelim.

145 beyin hasarlı hasta ile yapılan bir Amerikan çalışmasında (Cope ve diğerleri, 1991), ciddi beyin yaralanması olan hastalar için rehabilitasyon sonrası tahmin edilen bakım maliyetlerindeki tasarruf 27.000 £ (40 500 $)'ın üzerindeydi. Her gün 24 saat bakım gerektiren hasta sayısı rehabilitasyon sonrası %23'den %4'e düştü. Bir Danimarka çalışması (Mehlbye ce Larsen, 1994) yatılı olmayan programlara katılan hastalar için sağlık ve sosyal bakım harcamalarının 5 yılda zararın telafi edildiğini rapor etti. Beyin hasarı olan insanların rehabilite edilmemesinin maliyeti çoğunun nispeten normal yaşam beklentisi içindeki gençler olduğunu düşünürsek de önemlidir (Greenwood ve McMillan, 1993). Cope (1994), akut sonrası rehabilitasyon programlarının maliyet-yarar temelinde desteklenmesini haklı çıkaracak yeterli tasarruf oluşturabildiğini iddia eder. Tamamen başka bir açıdan, West ve diğerlerinin çalışması (1991) bir destek programına katılan kafa travmalı insanların 58 haftalık iş destekleme programı sonrası program giderlerinden daha fazlasını kazandıklarını belirttiler. Bununla birlikte, sonuçta hizmeti finanse etmiş olan vergi ödeyenler için iki buçuk yıl sonra net bir kazanç oldu. Bu işine geri dönebilen aile üyelerinin kazançları gibi dolaylı maliyetleri içermedi. Bistany (1988) tarafından bildirilen üç vaka çalışması özelleşmiş bir rehabilitasyon programı ve rehabilitasyon olmadığı durumda yıllık ve hayat boyu harcamaları tahmin etti ve beklenen üç kişiden her biri için yaklaşık bir milyon US doların üzerindeydi.

Wood ve diğerleri (1999) 76 ciddi beyin hasarı olan insana akut sonrası nörodavranışsal kamu hizmeti programlarının klinik ve maliyet-etkililiklerini saptamak istedi. Büyük çoğunluğunun yaralanmaları merkeze girişlerinden iki yıl önceden daha fazladır sürmekteydi ve en az altı ayı rehabilitasyonda geçirdiler. Gelişen sosyal çıktılar ve bakım saatlerinden tasarruf bakımından, en iyi maliyet-etkililik tedarikinin kafa hasarının ilk iki yılı içinde rehabilitasyon sağlanması olduğu bulundu. Yine de yaralanma sonrası iki yıldan fazla olsa da klinik ve maliyet-etkililik bakımından rehabilitasyon hala değerlidir.

Aynı zamanda rehabilitasyon servisinin farklı bileşenlerinin maliyetini tahmin etmek mümkündür. Örneğin, yukarıda bahsedilen çağrı cihazı UK Ulusal Sağlık Servisi ve Sosyal Servis için tasarruf edilen para olarak gösterildi (Wilson ve Evans, 2002). Bir danışan (aslen Evans ve arkadaşları, 1998 tarafından tanımlanan) ailesine bir mola sağlamak için her üç ayda bir bir haftayı süreli bakımda geçirdi. Onun yerel sağlık uzmanı haftalık 3.500 £, yani yıllık 14.000 £ bunun için ödeme yaptı. Çağrı cihazına sahip olduğundan beri süreli bakıma hiç ihtiyaç duymadı, böylece 6 yılı aşkın bir süre onun sağlık uzmanı 84.000 £ tasarruf etti.

Aynı sistemle kafa hasarından 7 yıl sonra görülen başka bir danışan çağrı cihazı ile bağımsız olarak yaşamayı öğrendi (Wilson ve diğerleri, 1999). 16 haftalık bir araştırma projesine katıldıktan sonra (2 hafta temel, çağrı cihazı 7 hafta ve 7 hafta temel-sonrası izleme), genç adam Sosyal Servis tarafından sağlanan 24 saatlik bakım ile kendi evine taşındı Bakıcılar için tahmini harcama (Wood ve diğerleri, 1999 temel alınarak) saatte 7 £ yani günde 168 £, haftada 1.176 £ ve yılda 61.152 £'di. 3 ayda, adam 24 saatlik iki bakıcı yerine 12 saatlik bir bakıcı ile idare edebilir hale geldi ve böylece Sosyal Servis masrafları yarıya düştü.

Çağrı cihazları araştırması tamamlandığında sağlık uzmanları Birleşik Krallık genelinde insanlar için bir klinik servis düzenlemesi yaptılar. Bunun maliyeti aylık her danışan için 60 £'di. Bu bir çağrı cihazı kiralama, yayın saati, programı yürüten çalışanın maaşına katkı, genel masraflar ve sistemi geliştirene telif hakkı ücretini içeriyordu. Bu bazı aileler için bulunması epey bir miktar olsa da, danışanların çoğu sağlık ve sosyal servis tarafından finanse edildi. Uzun süreçte para pek çok yolla büyük ihtimalle yeniden kurtarılmış oldu, sadece hastanede kalmanın azalması ve bakıcı sayısının azalması sayesinde değil, aynı zamanda güvenilir şekilde ilaçların alınması, hastane ziyaretlerinin daha az kaçırılması ve aile üyelerinin işlerine dönebilmesi sayesinde de. Hizmete katılan ilk 40 kişinin anketlerinde (Wilson ve diğerleri, 2003), İngiltere ve İskoçya'dan 26 sağlık uzmanının çağrı cihazı için insanları yönlendirdiğini, hepsinin bütçe elde ettiğini ve çoğu teşhis grubunun en büyük tek grup olan kafa travması ile temsil edildiğini gösterdi. Her hafta gönderilen 33 değişik tip mesajdan en sıklıkta olanı ilaç almanın hatırlatılması idi; 380 oryantasyon mesajını (örneğin o günün hangi gün olduğu ve saatin ne olduğu hakkındaki hatırlatıcılar gibi) ve 193 yemek ile ilgili mesajı (örneğin, öğle yemeğini paket yapma, kahvaltı etme gibi) takiben 514 ilaç mesajı her hafta gönderildi. Her hafta gönderilen en az sıklıktaki mesajlar, haftalık 8 tane gönderilen ulaşımla (örneğin taksi çağırma) ve her hafta 4 kez gönderilen ekonomi (banka bakiyesini kontrol etme gibi) ile ilgili olanlardı. Bir adam haftada sadece iki mesaj istedi, bir başka ekstrem örnek, bir kadın haftada 147 mesaj istedi. Şimdi Birleşik Krallıkta, Uzun Dönem Durumları için Ulusal Hizmet Çatısındaki (National Service Framework for Long Term Conditions) (Sağlık Departmanı, 2005) belgelerde ve Tıp ve Sağlık Bakımı Düzenleme Ajansı- Medicines and Healthcare Regulatory Agency (2004) tarafından NeuroPage hizmetini içeren yardımcı teknolojilere ulaşımının tanınması cesaret vericidir.

Yapılacak çok şey olmasına rağmen, nöropsikolojik rehabilitasyon programlarının ekonomik olarak etkililiği hakkında ve ayrıca günlük yaşamlarında klinik yardıma ihtiyacı olanların yaşam kalitesinde gelişimi anlamlı biçimde gösteren artan sayıda kanıt vardır.

Kaynakça

Aita, J. A. (1946). Men with brain damage. American Journal of Psychiatry, 103, 205–13.

Aita, J. A. (1948). Follow-up Study of Men with Penetrating Injury to the Brain. Archives of Neurology and Psychiatry, 59, 511–16.

Andrews, K. (1991). The Limitations of Randomized Controlled Trials in Rehabilitation Research. Clinical Rehabilitation, 5, 5–8.

Baddeley, A. (1997). Human Memory: Theory and Practice. Hove: Psychology Press.

Baddeley, A. D. and Wilson, B. A. (1994). When Implicit Learning Fails: Amnesia and the Problem of Error Elimination. Neuropsychologia, 32, 53–68.

Ben-Yishay, Y. (ed.) (1978). Working Approaches to Remediation of Cognitive Deficits in Brain Damaged Persons. Rehabilitation Monograph No. 59. New York: New York University Medical Center.

Bistany, D. V. (1988). Cost Benefits of Rehabilitation Programmes. In A. L. Christensen and B. P. Uzell, eds., Neuropsychological Rehabilitation. Boston:

Kluwer Academic Publishers, pp. 87–101.
Broca, P. (1861). Nouvelle Observation D'aphemic Produite per une Lesion de la Moité Postérieur de Deuxième et Troisième Circonvolutions Frontales. Bulletin of the Society of Anatomy of Paris, 36, 398– 407.
Camp, C. J. (1989). Facilitation of New Learning in Alzheimer's Disease. In G. Gilmore, P. Whitehouse and M. Wykle, eds., Memory and Aging: Theory, Research and Practice. New York: Springer, pp. 212–25.
Cappa, S. F., Benke, T., Clark, S. et al. (2005). EFNS Guidelines on Cognitive Rehabilitation: Report of an EFNS task force. European Journal of Neurology, 12, 665–80.
Chesnut, R. M., Carney, N., Maynard, H. et al. (1999). Summary Report: Evidence for the Effectiveness of Rehabilitation for Persons with Traumatic Brain Injury. Journal of Head Trauma Rehabilitation, 14(2), 176–88.
Christensen, A. L. and Caetano, C. (1996). Alexander Romanovich Luria (1902–1977): Contributions to Neuropsychological Rehabilitation. Neuropsychological Rehabilitation, 6, 279–303.
Christensen, A. L. and Teasdale, T. (1995). A Clinical and Neuropsychological Led Postacute Rehabilitation Programme. In M. A.
Chamberlain, V. C. Neuman and A. Tennant, eds., Traumatic Brain Injury Rehabilitation: Initiatives in Service Delivery, Treatment and Measuring Outcome. New York: Chapman and Hall, pp. 88–98.
Cicerone, K. D., Dahlberg, C., Kalmar, K. et al. (2000). Evidence-based Cognitive Rehabilitation: Recommendations for Clinical Practice. Archives of Physical Medicine and Rehabilitation, 81, 1596–615.
Cicerone, KD., Dahlberg, C., Malec, J. F. et al. (2005). Evidence-based Cognitive Rehabilitation: Updated Review of the Literature from 1998 through 2002. Archives of Physical Medicine and Rehabilitation, 86, 1681–92.
Clare, L. and Wilson, B. A. (1997). Coping with Memory Problems: A Guide for People with Memory Impairments and Their Relatives and Friends. Bury St Edmunds: Thames Valley Test Company.
Clare, L. and Woods, B. (eds.) (2001). Neuropsychological Rehabilitation: Special Issue on Cognitive Rehabilitation in Dementia. Hove: Psychology Press. Clare, L., Wilson, B. A., Breen, E. K. and Hodges, J. R. (1999). Errorless Learning of Face-name Associations in Early Alzheimer's Disease. Neurocase, 5, 37–46.
Clare, L., Wilson, B. A., Carter, G. et al. (2000). Intervening with Everyday Memory Problems in Dementia of Alzheimer Type: An Errorless Learning Approach. Journal of Clinical and Experimental Neuropsychology, 22, 132–46.
Clare, L., Wilson, B. A., Carter, G., Hodges, J. R. and Adams, M. (2001). Long-term Maintenance of Treatment Gains Following A Cognitive Rehabilitation Intervention in Early Dementia of Alzheimer Type: A Single Case Study. Neuropsychological Rehabilitation, 11, 477–94.
Code, C., Wallesch, C. W., Lecours, A. R. And Joanette, Y. (eds.) (1996). Classic Cases in Neuropsychology. UK: Routledge.
Code, C., Wallesch, C. W. Joanette, Y. And Lecours, A. R. (eds.) (2002). Classic Cases in Neuropsychology. Vol. 2. UK: Routledge. Coltheart, M. (1984). Editorial. Cognitive Neuropsychology, 1, 1–8.
Cope, N. (1994). Traumatic Brain Injury Rehabiliatation Outcomes Studies in the United States. In A. L. Christensen and B. P. Uzell, eds., Brain Injury and Neuropsychological Rehabilitation: International Perspectives. Hillsdale, NJ: Lawrence Erlbaum Associates, pp. 127–36.
Cope, D. N., Cole J. R., Hall, K. M. and Barkan, H. (1991). Brain Injury: Analysis Of Outcome in A Post-acute Rehabilitation System. Brain Injury, 5, 111–39.
Cranich, L. (1947). Aphasia: A Guide to Retraining. New York: Grune & Stratton. Department of Health (2005). The National Service Framework for Long Term Conditions. London: DoH.
Diller, L. L. (1976). A Model for Cognitive Retraining in Rehabilitation. The Clinical Psychologist, 29, 13–15.
Diller, L. L. (1994). Changes in Rehabilitation over the Past 5 Years. In A.-L. Christensen and B. P. Uzzell, eds., Brain Injury and Neuropsychological Rehabilitation: International Perspectives. Hillsdale, NJ: Lawrence Erlbaum Associates, pp. 1–15.
Diller, L. (2000). Post-stroke Rehabilitation

Practice Guidelines. In A. L. Christensen and B. P. Uzzell, eds., International Handbook of Neurophysiological Rehabilitation. New York: Kluwer Academic/Plenum Publishers, pp. 167–82.
Donkervoort, M., Dekker, J., Stegmann-Saris, F. C. and Deelman, B. G. (2001). Efficacy of strategy training in Left Hemisphere Stroke Patients With Apraxia: A Randomized Clinical Trial. Neuropsychological Rehabilitation, 11 (5), 549–66.
Downes, J. J., Kalla, T., Davies, A. D.M. et al. (1997). The Pre-exposure Technique: A Novel Method for Enhancing the Effects of Imagery in Face-name Association Learning. Neuropsychological Rehabilitation, 7, 195–214.
Evans, J. J., Emslie, H. and Wilson, B. A. (1998). External Cueing Systems in the Rehabilitation of Executive Impairments of Action. Journal of the International Neuropsychological Society, 4, 399–408.
Fasotti, L., Kovacs, F., Eling, P. A.T. M. And Brouwer, W. H. (2000). Time Pressure Management as a Compensatory Strategy Training After Closed Head Injury. Neuropsychological Rehabilitation, 10(1), 47–65.
Gianutsos, R. (1981). Training the Short- and long-term Verbal Recall of a Postencephalitic Amnesic. Journal of Clinical Neuropsychology, 3(2), 143–53.
Gianutsos, R. (1989). Foreword to Introduction to Cognitive Rehabilitation. In M. Sohlberg and C. Mateer, eds., Introduction to Cognitive Rehabilitation: Theory and Practice. New York: Guilford Press, pp. 7–8.
Gianutsos, R. (1991). Cognitive Rehabilitation: A Neuropsychological Specialty Comes of Age. Brain Injury, 5, 363–8.
Gianutsos, R. and Gianutsos, J. (1987). Single Case Experimental Approaches to the Assessment of Interventions in Rehabilitation Psychology. In B. Caplan, ed., Rehabilitation Psychology, Rockville: Aspen Corporation, pp. 453–70.
Goldstein, K. (1942). After-Effects of Brain Injuries in War: Their Evaluation and Treatment. New York: Grune & Stratton.
Greenwood, R. J. and McMillan, T. M. (1993). Models of Rehabilitation Programmes for The Brain-injured adult – II: Model Services and Suggestions for change in the UK. Clinical Rehabilitation, 7, 346–55
Hersen, M. and Barlow, D. (1982). Single Case Experimental Designs. Oxford: Pergamon Press.
Kazdin, A. E. (1982). Single Case Research Designs. New York: Oxford University Press.
Luria, A. R. (1963). Restoration of Function After Brain Injury. New York: Pergamon Press.
Luria, A. R, Naydin, V., Tsvetkova, L. S. And Vinarskaya, E.N. (1969). Restoration of higher cortical function following local brain damage. In P.J. Vinken and G.W. Bruyn, eds., Handbook of Clinical Neurology: Disorders of Higher Nervous Activity. Amsterdam: North Holland Publishing, 3, pp. 368–433.
Mai, N. (1992). Discussion: Evaluation in Constructing Neuropsychological Treatments. In N. von Steinbüchel, D. Y., von Cramon and E. Pöppel, eds., Neuropsychological Rehabilitation. Berlin: Springer-Verlag, pp. 96–9.
Malkmus, D., Booth, B. and Kodimer, C. (1980). Rehabilitation of the Head Injured Adult: Comprehensive Cognitive Management. Downey: Professional Staff Association of the Rancho Los Amigos Hospital Inc.
McCarthy, M. (1999). Purchasing Neurorehabilitation in the UK National Health Service. Neuropsychological Rehabilitation, 9, 295–303.
Medicines and Healthcare Regulatory Agency (2004). Memory Aids and Techniques. MHRA Evaluation Report, MHRA 04151. London: DoH.
Mehlbye, J. and Larsen, A. (1994). Social and Economic Consequences of Brain Damage in Denmark. In A. L. Christensen and B. P. Uzzell, eds., Brain Injury and Neuropsychological Rehabilitation: International Perspectives. Hillsdale, NJ: Lawrence Erlbaum Associates, pp. 257–67.
Mitchum, C. C. and Berndt, R. S. (1995). The Cognitive Neuropsychological Approach to Treatment of Language Disorders. Neuropsychological Rehabilitation, 5, 1–16.
Moffat, N. (1989). Home-based Cognitive Rehabilitation with The Elderly In L. W. Poon, D. C. Rubin and B. A. Wilson, eds., Everyday Cognition in Adulthood and Late Life. Cambridge: Cambridge University

Press, pp. 659–80.
Najenson, T., Mendelson, L., Schechter, I., David, C., Mintz, N. and Groswasser, Z. (1974). Rehabilitation After Severe Head Injury. Scandinavian Journal of Rehabilitation Medicine, 6, 5–14.
National Institutes of Health (1998). Rehabilitation of Persons with Traumatic Brain Injury. NIH Consens Statement 1998 Oct 26–28; 16(1): 1–41. Available at http://odp.od nih.gov/consensus/cons/109/109-statement.htm.
Plaut, D. (1996). Relearning After Damage in Connectionist Networks: Towards A Theory of Rehabilitation. Brain Language, 52, 25–82.
Poppelreuter, W. (1917/1990) Disturbances of Lower and Higher Visual Capacities Caused by Occipital Damage. (J. Zihl and L. Weiskrantz Trans) Oxford: Clarendon Press. Poppelreuter, W. (1918). Die psychischen Schadigungen durch kopfschuß im Kriege 1914/1916, Bd II: Die Herabsetzung der körperlichen Leistungfähigkeit und des Arbeitswillens durch Hirnverletzung im Vergleich zu Normalen und Psychogenen. Voss, Leipzig. (British Journal of Ophthalmology, 2, 353–84).
Poser, U., Kohler, J. A. and Schönle, P. W. (1996). Historical Review of Neuropsychological Rehabilitation in Germany. Neuropsychological Rehabilitation, 6(4), 257–78.
Prigatano, G. P. (1986). Personality and Psychosocial Consequences of Brain İnjury. In G. P. Prigatano, D. J. Fordyce, H. K.
Zeiner et al., eds., Neuropsychological Rehabilitation After Brain Injury. Baltimore; London: The Johns Hopkins University Press, pp. 29–49.
Prigatano, G. and Pliskin, N. H. (2002). Clinical Neuropsychology and Cost-Outcome Research: An Introduction. Hove: Psychology Press.
Robertson, I. H. (1990). Does Computerized Cognitive Rehabilitation Work? A review. Aphasiology, 4, 381–405.
Robertson, I. H. (1991). Use of Left Versus Right Hand in Responding to Lateralized Stimuli in Unilateral Neglect. Neuropsychologia, 29, 1129–35.
Robertson, I. H. (1999). Theory-driven Neuropsychological Rehabilitation: The Role of Attention and Competition in Recovery of Function After Brain Damage. In D. Gopher and A. Koriat, eds., Attention and Performance XVII: Cognitive Regulation of Performance: Interaction of Theory and Application. Massachusetts: MIT Press, pp. 677–96.
Robertson, I. H. and Murre, J. M.J. (1999). Rehabilitation After Brain Damage: Brain Plasticity and Principles of Guided Recovery. Psychological Bulletin, 125, 544–75.
Robertson, I. H., Tegnér, R. , Tham, K., Lo, A. and Nimmo-Smith, I. (1995). Sustained Attention Training for Unilateral Neglect: Theoretical and Rehabilitation Implications. Journal of Clinical and Experimental Neuropsychology, 17, 416–30.
Robertson, I. A., McMillan, T. M., MacLeod, E., Edgeworth, J. and Brock, D. (2002). Rehabilitation by Limb Activation Training Reduces Left-sided Motor Impairment in Unilateral Neglect Patients: A Single-blind Randomized Control Trial. Neuropsychological, Rehabilitation, 12(5), 439–54.
Scoville, W. B. and Milner, B. (1957). Loss of Recent Memory After Bilateral Hippocampal Lesions. Journal of Neurology, Neurosurgery and Psychiatry, 20, 11–21.
Sloan, S. and Ponsford, J. (1995). Managing Cognitive Problems Following TBI. In J. Ponsford, S. Sloan and P. Snow, eds., Traunatic Brain Injury: Rehabilitation for Every Day Adaptive Living. Hove: Lawrence Erlbaum Associates, pp. 130–6.
Squires, E. J., Hunkin, N. M. and Parkin, A. J. (1997). Errorless Learning of Novel Associations İn Amnesia. Neuropsychologia, 35, 1103–11.
Sturm, W. and Willmes, K. (1991). Efficacy of a Reaction Training on Various Attentional and Cognitive Functions in Stroke Patients. Neuropsychological Rehabilitation, 1(4), 259–80.
Sturm, W., Willmes, K., Orgass, B. and Hartje, W. (1997). Do Specific Attention Deficits Need Specific Training? Neuropsychological Rehabilitation, 7, 81–103.
von Cramon, D. Y., Matthes-von Cramon, G. and Mai, N. (1991). Problem Solving Deficits in Brain İnjured Patients: A

Therapeutic Approach. Neuropsychological Rehabilitation, 1, 45–64.
Walsh, K. (1987). Neuropsychology: A Clinical Approach. Edinburgh: Churchill Livingston.
Wepman, J. (1951). Recovery from Aphasia. New York: Ronald Press.
West, M., Wehman, P., Kregel, J. et al. (1991). Costs of Operating a Supported work Programme for Traumatically Brain-injured Individuals. Archives of Physical Medicine and Rehabilitation, 72, 127–31.
Whyte, J. (1997). Assessing Medical Rehabilitation Practices: Distinctive Methodologic Challenges. In M. J. Fuhrer, ed., The Promise of Outcome Research. Baltimore: Paul H. Brookes Publishing Co., pp. 43–59.
Wilson, B. A. (1987). Rehabilitation of Memory. New York: Guilford Press.
Wilson, B. A. (1997). Research and Evaluation in Rehabilitation. In B. A. Wilson and D. L. McLellan, eds., Rehabilitation Studies Handbook. Cambridge: Cambridge University Press, pp. 161–87.
Wilson, B. A. (1999). Case Studies in Neuropsychological Rehabilitation. New York: Oxford University Press.
Wilson, B. A. and Evans, J. J. (1996). Error Free Learning in the Rehabilitation of Individuals with Memory Impairments. Journal of Head Trauma Rehabilitation, 11, 54–64.
Wilson, B. A. and Evans, J. J. (2002). Does Cognitive Rehabilitation Work? Clinical and Economic Considerations and Outcomes. In G. Prigatano and N. H. Pliskin, eds., Clinical Neuropsychology and Cost-Outcome Research: An Introduction. Hove: Psychology Press, pp. 329–49.
Wilson, B. A. and Watson, P. C. (1996). A Practical Framework for Understanding Compensatory Behaviour in People with Organic Memory Impairment. Memory, 4, 465–86.
Wilson, B. A., Baddeley, A. D., Evans, J. J. And Shiel, A. (1994). Errorless Learning in The Rehabilitation of Memory Impaired People. Neuropsychological Rehabilitation, 4, 307–26.
Wilson, B. A., Shiel, A., Watson, M., Horn S. And McLellan, L. (1994). Monitoring Behaviour During Coma and Post-traumatic Amnesia. In A. L. Christensen and B. P. Uzzell, eds., Brain Injury and Neuropsychological Rehabilitation: International Perspectives. Hillsdale, NJ: Lawrence Erlbaum Associates, pp. 85–98.
Wilson, B. A., Evans, J. J., Emslie, H. And Malinek, V. (1997a). Evaluation of NeuroPage: A New Memory aid. Journal of Neurology, Neurosurgery, and Psychiatry, 63, 113–15.
Wilson, B. A., J. C. and Hughes, E. (1997b). Coping with Ammesia: The Natural History of a Compensatory Memory System. Neuropsychological Rehabilitation, 7, pp. 43–56.
Wilson, B. A., Emslie, H., Quirk, K. and Evans, J. (1999). George: Learning to Live Independently with NeuroPage-. Rehabilitation Psychology, 44, 284–96.
Wilson, B. A., Evans, J. J., Brentnall, S. et al. (2000). The Oliver Zangwill Centre for Neuropsychologial Rehabilitation: A Partnership Between Health Care and Rehabilitation Research. In A. L. Christensen and B. P. Uzzell, eds., International Handbook of Neuropsychological Rehabilitation. New York: Kluwer Academic/Plenum, pp. 231–46.
Wilson, B. A., Emslie, H. C., Quirk, K. And Evans, J. J. (2001). Reducing Everyday Memory and Planning Problems by Means of a Paging System: A Randomized Control Crossover Study. Journal of Neurology, Neurosurgery, and Psychiatry, 70, 477–82.
Wilson, B. A., Scott, H. Evans, J. J. and Emslie, H. (2003). Preliminary Report of a NeuroPage Service Within a Health Care System. NeuroRehabilitation, 18, 3–8.
Wood, R. L.I., McCrea, J. D., Wood, L. M. And Merriman, R. N. (1999). Clinical and Costeffectiveness of Post-acute Neurobehavioural Rehabilitation. Brain Injury, 13, 69–88.
Zangwill, O. L. (1947). Psychological Aspects of Rehabilitation in Cases of Brain Injury. British Journal of Psychology, 37, 60–9. 36

3 Nöropsikolojik Rehabilitasyonu Planlama ve Değerlendirmenin Bir Yolu Olarak Hedef Oluşturma

Barbara A. Wilson, Jonathan J. Evans ve Fergus Gracey, çeviren: Fatma Girgin Kardeş

Giriş

Biz rehabilitasyonu nasıl planlamalı ve değerlendirmeliyiz? Biz burada rehabilitasyonun başarısını planlamanın, yönlendirmenin ve ölçmenin en uygun yolunun hedef belirleme süreci vasıtasıyla olduğunu iddia ediyoruz. Eğer nöropsikolojik rehabilitasyon öncelikle beyin hasarlı insanların onlar için değerli aktivitelere etkili katılımını sağlayabilmek ile ilgili ise o halde biz kişinin rehabilitasyon programının çıktılarını programın kişinin bireysel hedeflerini başarmasını sağlayıp sağlamadığı bakımından ölçmeliyiz. Eğer sonuç kişisel hedefler bakımından belirlenirse, Bu durumda rehabilitasyon programının spesifik bileşenleri planlarken, bu hedeflerin ana odaklar olması gerektiği mantıklıdır.

Çıktıların değerlendirilmesi ile ilişkili olarak, eğer birisi belirli bir bilişsel işlevin iyileştirilmesini amaçlayan spesifik bir müdahale tedavisini değerlendiriyorsa, o zaman sonuç ölçüsü olarak bu bilişsel işlevin değerlendirilmesi faydalıdır. Buna rağmen, spesifik bir tedavinin değerlendirileceği zaman bile hangi müdahalenin danışanın günlük yaşamındaki işlevselliğinin iyileştirmesini ölçecek şekilde genişletmek önemlidir. Bilişsel veya nöropsikolojik rehabilitasyon programlarını değerlendirmeyi amaçlayan bazı çalışmalar onların temeli olarak ya da yalnızca sonuç ölçümü olarak standardize nöropsikolojik testleri kullanır. (bakınız, örneğin, Carney ve diğerleri tarafından incelenen çalışmalar, 1999). Biz, programın planlanmasında olsun ya da değerlendirmesinde olsun bu testlerin tek başlarına kullanımının yanlış olduğunu iddia ediyoruz. Programı planlama bakımından bunları kullanmak yanlıştır çünkü rehabilitasyonun amacı kendi başına test skorlarının iyileşmesi değildir, çünkü test performansı ve gerçek yaşam becerileri arasındaki ilişki sadece tutarlıdır; bunları rehabilitasyonun sonuç veya etkililiğini yargılamak için kullanmak aynı sebeplerle yanlıştır. Bu testler kişinin bilişsel güçlü ve zayıf yanlarını bir profilini sağlasa da, nöropsikolojik eksikliği olan kişinin günlük yaşamla nasıl başa çıkacağı hakkında önemli bir fikir söylemez. Ne bize beyin hasarlı kişinin ve ailesinin nasıl başarılı olacağını söyler ne de onlar için neyin önemli olduğunu. Eğer test skorları gerçek-yaşam becerilerinde yetkinliği yansıtıyorsa, öyleyse bu farklı bir hikaye olacaktır, ama test skorları ve gerçek yaşam işlevselliği arasındaki ilişki belirsizdir (Scordone ve Long, 1996). İkisi arasında en iyi ihtimalle direk olmayan bir ilişki vardır, en kötü ihtimalle hiçbir ilişki yoktur (Wilson, 1996). "Jay"örneğini ele alalım (Wilson, 1999); ciddi hafıza sorunları olan, tamamen bağımsız tek başına yaşamını sürdürebilen genç bir adam. O işini sürdürür ve kendi vergi formlarını tamamlar. O bütün bunları yapabiliyor çünkü telafi etme stratejilerini mükemmel bir organizasyon ve planlama becerisi ile çok etkili şekilde kullanır. Rehabilitasyonda çalışan neredeyse herkes "Jay"i bir rehabilitasyon başarısı olarak tanımlar ama eğer standardize testler başarısını ölçmek için kullanılsaydı herhangi bir uzun süreli hafıza testindeki sıfır skoruyla "Jay" bir başarısızlık örneği olurdu. Bu nöropsikolojik testler rehabilitasyonda önemsizdir demek değildir. Tabi ki de önemlidir. Onlar bize her bireyin güçlülüğünün ve zayıflığının bir haritasını oluşturmamıza izin verir, bilişsel olarak imkansız olan stratejilerden kaçınmamıza izin verir ve klinik, bilimsel ve teorik olarak ilişkili spesifik soruları sorabilmemizi sağlar ama onlar programların planlanmasında veya rehabilitasyonun başarısının belirlenmesinde temel araçlar değildir. Hedef belirlemenin rehabilitasyon programlarını planlama için bir araç sağladığını ve hedeflerin başarısının ölçülmesinin rehabilitasyon programının etkililiğinin değerlendirmek için önemli bir araç olduğunu iddia ediyoruz.

Rehabilitasyon dışında işletme ve spor alanında hedef belirlemenin kullanımı üzerine olan çalışmaların uzun bir geçmişi var. Hart ve Evans (2006) bu literatürü ve onun beyin yaralanması rehabilitasyonuyla uyumluluğunu tartışırlar. Locke ve Latham (2002) özellikle pazarlama, eğitim ve spordaki 30 yıldan fazla zamandır yapılan hedef belirlemeyle ilgili çalışmaların ve meta-analitik incelemelerin ve uygulamalarının bulgularını özetlediler. Onlar hedef belirlemenin performans geliştirdiğine dair güçlü bulgu olduğu sonucuna varırlar (satış veya imalat üretimi gibi işletmeyle alakalı performanslarda veya spor ile ilgili başarılarda). Hedef belirlemenin davranışı etkilediği pek çok mekanizmanın olduğunu ileri sürerler. Hedefler, dikkati hedefle alakalı aktivitelere yönlendirerek ve hedefle alakasız aktivitelerden uzaklaştırarak bir fonksiyonun yönlendirilmesine hizmet eder. Hedefler daha fazla istenen davranışlar için daha az istenenlere göre daha fazla çaba harcanmasını sağlayan harekete geçirici etkiye sahiptir. Hedefler aynı zamanda zor hedefler için daha uzun süreli çaba gösterilmesini sağlayarak sebat etmeye etki eder. Son olarak, hedeflerin heyecan, keşif, vazife ile ilgili bilginin ve stratejinin kullanımını sağladığı düşünülür.

Locke ve Latham'ın ve diğerlerinin çalışması spesifik hedeflerin, belirsiz hedeflerden "elinden gelenin en iyisini yap" hedeflerinden daha iyi performans sağladığını tespit etmiştir. Buna rağmen beyin hasarlı hastaların rehabilitasyonunda bu kanıt sınırlıdır, aynı prensiplerin uygulanabileceğine dair öneriler vardır. Hedef belirlemenin çok basit bir örneği olarak, Gauggel ve Fischer (2001), 45 beyin hasarlı kişiyi rastgele iki gruba ayırdı. Her grup Purdue Pegboard test ile değerlendirildi. Bir gruba "elinden gelenin en iyisini yap" gibi genel bir hedef verildi. Diğer grup için "hızını 20 saniye artırmayı dene" şeklinde spesifik bir hedef belirlendi. Spesifik hedef verilen grup genel hedef verilen gruptan anlamlı olarak daha iyi performans gösterdi. Gauggel ve arkadaşları aynı sonuçları mental aritmetik (Gauggel ve Biliano, 2002) ve tepki süresi (Gauggel ve diğerleri, 2001) içeren diğer görevler için de buldular.

Hedef teorisi, uzun-dönem hedefleri ile bir seri kısa-dönem hedefinin birleştirilmesinin sadece uzun-dönem hedeflerinden daha etkili olduğunu iddia eder (Latham ve Seijts, 1999). Uzun-dönem hedeflerle ilgili ilerleme açısından geri bildirim, hedef başarma için önemli bir moderatör olarak görülür ve beyin hasarlı danışanlar ve önemli bilişsel bozuklukları olanlar için düzenli geri bildirim önemlidir. Kısa-dönem hedeflerin kullanılması belirlenen uzun-dönem hedeflerle ilgili ilerlemenin açık işaretlerini hesaba katmaya izin verir. Bu, danışanın güncel durumu ve eksilen hedefleri arasında bir aralık hissi deneyimlemesini sağlar. Carver ve Scheier'in (1990) Kontrol Teorisi Modeli açısından, güncel durum ve hedef durum arasındaki tutarsızlığın azalması duygusal üzüntüyü azaltmada çok önemli olarak görülür. Rehabilitasyon alanında, McGrath ve Adams (1999) tarafından rehabilitasyondaki 82 hasta ile yapılan bir çalışma rehabilitasyondaki ilerlemenin (hedef belirleme ve başarma vasıtasıyla) kaygıdaki azalma ile ilgili olduğunu gösterdi.

Hedef başarmanın diğer moderatörü hedef hedefe bağlılıktır. (Locke ve Latham, 2002). Rehabilitasyon dışında, hedefin mantığı açıkça anlaşıldığı ve kabul edildiği sürece insanların hedef belirleme sürecine katılmasının zorunlu olmadığı gösterilmiştir. Ama bir danışanın bir hedefe kendini adadığından emin olmanın belki de en kolay yolu danışanın hedef belirlemeye katılmış olmasıdır. Açıkça, hedefin anlamı veya doğasının önemi mühimdir -danışanlar onlar için önemli olan şey ile çatışan bir amaca doğru yönlendirilirlerse hüsrana uğrayacaklar veya üzüleceklerdir. Biz bunu, potansiyel olarak faydalı stratejilere direnç gösteriyor ve reddediyor görünen danışanlarla çalışırken sıklıkla görürüz. İtiraz yaralanmaya "teslim olma" stratejisinin kullanımını içerebilir. Buna rağmen danışanlar bu (böyle) duygusal durumları kolayca ifade etme becerisine her zaman sahip değildir. Conway'in (2005) kendi-hafıza modeli, güncel hedefe yönelik aktivite ve kimlik arasında aşikar bağlantılar kurar. Beyin yaralanması sonrası kimlikle ilgili yeni bir çalışma (Cantor ve diğerleri, 2005) güncel kendiliğin(kişiliğin) ve yaralanma öncesi kişiliğin sınıflaması açısından özbenlik çelişkisinin nasıl psikolojik sıkıntıyı önceden haber verdiğini vurguladı. Gracey ve meslektaşları (Gracey ve diğerleri, 2008) edinilmiş beyin hasarı olan danışanların hasar-sonrası kendiliklerini anlama yollarını değerlendirmek için Oliver Zangwill Nöropsikolojik Rehabilitasyon Merkezi'nde kullanılan, kişisel kavramlar (kişisel psikolojik yapıya) (Kelly, 1955) dayanan bir metot yayınladı. Becerilerdeki (örneğin bilişsel zorluklar) ve duygulardaki (örneğin duyguların doğası ve yoğunluğu) değişikliklere ek olarak danışanlar diğerleriyle ilişkilerinde kendilerini yorumlamak için hasar öncesiyle alakalı ve spesifik aktiviteler bağlamında deneysel kavramları tanımladılar. Bu nedenle belki de kişisel olarak belirgin hedeflerin bilinçsiz sunumlarının yaralanma sonrası tehlike altında olabileceği aşikar olur. Dikkatle tanımlanmış ve kişisel anlamları olan hedeflerin belirlenmesi tek başına rehabilitasyon boyunca psikoterapinin çok pratik bir şeklini temsil edebilir.

Bazı danışanlar için, bilişsel bozukluk özellikle hafıza bozukluğu onların hedeflerini ve/veya mantıklı açıklamalarını hatırlama becerilerini etkileyecektir. Bu nedenle bunları hatırlamak için desteğe ihtiyaç duyabilirler. Hart ve diğerleri (2002) danışanların hedeflerini kaydettikleri bir dışsal hafıza desteği, bir Ses Düzenleyici kullandılar. Bu Ses Düzenleyicisi onları zaman zaman hedeflerini gözden geçirmeleri için teşvik etti ve bunun terapi hedeflerini daha iyi hatırlamalarını sağladığına dair bulgular vardır.

Kendi kendine yeterlilik de hedef üstlenme için önemlidir. Eğer biri bir hedefi başarabileceğine inanıyorsa o hedefe yönelik çalışması inanmayan birinden muhtemelen daha fazladır. Burada yeniden kısa-dönem hedeflerin kullanımı ve ilerleme hakkında sık geribildirim, kendi kendine yeterlilik hissinin artışı için ve böylece hedefler doğrultusunda çalışma motivasyonunun artışı için kullanışlı olabilir.

Hedef teorisi bu nedenle spesifik, zorlu hedefler belirlendiğinde rehabilitasyon üretkenliğinin veya sonuçlarının en fazla olması gerektiğini iddia eder. Hedefler için mantıklı açıklamalar danışan için açık olmalıdır, hedeflerin belirlenmesine danışanın da dahil edilmesi veya hedef için anlaşılabilir mantıklı bir açıklama sağlanması tercih edilebilir olmalıdır. Danışanlar kısa-dönem hedeflere olduğu kadar uzun-dönem hedeflere de sahip olmalıdır. Gelişime dair geribildirim için sık sık fırsat olmalıdır. Danışanların hedefe yönelik ilerlemelerinde olduğu kadar ilerlemelerin hedefe yönelik yapılmasının yanı sıra danışanların hedeflerinin ve mantıklı açıklamalarının hatırlanmasında da desteklenmeye ihtiyaçları olabilir.

Pratikte hedef planlama

McMillan ve Sparks (1999) hedef planlamanın serebral palsi, spinal yaralanma, gelişimsel öğrenme güçlükleri, psikiyatrik problemler, spor yaralanmaları ve edinilmiş beyin hasarını içeren farklı tanı gruplarıyla rehabilitasyonda birkaç yıldan beri kullanıldığını bize hatırlatırlar. Aynı zamanda bu endüstride ve diğer klinik dışı uygulamalarda da kullanılagelmektedir.

Hedef planlama basit olduğu, pratik günlük problemlere odaklandığı, kişinin ihtiyaçlarına göre uyarlandığı ve birçok sonuç ölçümleri ile gerçek yaşam fonksiyonları arasındaki yapay ayırımdan kaçındığı için) rehabilitasyon programlarında artan bir şekilde kullanılmaktadır.

Houts ve Scott (1975) ve McMillan ve Sparkes (1999) hedef planlama yaklaşımının pek çok prensibini ortaya koyarlar. Birincisi, hasta kendi hedeflerinin belirlenmesine dahil olmalıdır. İkincisi, hedefler mantıklı ve danışan merkezli olmalıdır. Üçüncüsü, bir hedefe ulaşıldığı zaman hastanın davranışı tanımlanmalıdır. Dördüncüsü, hedeflere ulaşılırken kullanılan yöntem planı okuyan herhangi birinin ne yapılacağını anlayacağı bir tarzda ayrıntılı olarak açıklanmalıdır. Ek olarak, hedefler spesifik ve ölçülebilir olmalıdır ve belirli bir ulaşma tarihi olmalıdır. Rehabilitasyon merkezlerinin çoğunda, kısa dönemli hedefler belirlenen uzun dönemli hedefleri başarmak için her hafta veya on beş günlük basamaklar şeklinde belirlenirken uzun dönemli hedefler hasta veya danışanın programdan sonraki zamanda ulaşması beklenen hedeflerdir.

McMillan ve Sparkes (1999) Londra'daki Wolfson Rehabilitasyon Merkezi'nde sürdürdükleri hedef planlama sürecini tanımlarlar (diğer programlar bu temel tasarımdan daha az veya daha çok seviyede türemiştir, örneğin Oxford'da Rivermead Rehabilitasyon Merkezi'nin kullandığı yaklaşımın tanımı için bakın, Wade (1999a)). Tipik olarak bir yönetici kişi belirlenir. Bu kişi bütün toplantıları yönetmeli, toplantıları uzlaşılmış bir zaman sınırı içinde tutmalı, takım üyelerinin katılım amaçları ve kalış süreleri hakkında açık olmalarını sağlamalı, rehabilitasyon takımının aktif bir üyesi olmalı ve dokümantasyonun tamamlandığından emin olmalıdır. Yönetici aynı zamanda tüm ilgili kısımların iyi iletişim içinde olmasını sağlamalı vaka sunumlarına katılmalı, raporları koordine etmeli, danışanları, akrabalarını ve takım çalışanlarını gerçekçi olmaları konusunda cesaretlendirmeli ve ve taburculuk tarihine kadar değişiklikler için ilgili kişilerle açık tartışmalar yapmalıdır. Detaylı değerlendirme periyotlarını takiben, ilk hedef planlama görüşmesi yapılır, bir problem listesi oluşturulur ve potansiyel uzun süreli hedefler tanımlanır. Bunlar daha sonra danışan ve ailesiyle tartışılır ve final hedefler üzerinde tartışılır ve fikir birliğine varılır. Hem uzun süreli hem kısa süreli hedefler dokümante edilir. Eğer bu faydalı görülürse, danışan ve dahil olan aile üyelerine takip eden haftada veya on beş güne kadar ulaşılacak kısa dönem hedeflerin bir kopyası verilir. Her hafta veya her iki haftada bir rehabilitasyon takımı ile 30 dk'lık görüşmelerle gelişim gözden geçirilir. Sonraki kısa süreli hedefler belirlenir ve eğer gerekirse ilave uzun süreli hedefler eklenir. Eğer kısa süreli ve uzun süreli hedeflerden herhangi birine ulaşılamazsa veya kısmen ulaşılırsa, bunun sebepleri kaydedilir. Bir hedefe ulaşmada başarısız olmanın dört temel kategorisi vardır: 1) danışan/hasta veya bakım verenle ilgili sebepler (örneğin, danışanın iyi olmaması), 2) çalışanla ilgili sebepler (örneğin, hastalık süresince çalışanın yokluğu), 3) içsel yönetimden kaynaklı sebepler (örneğin, ulaşımın sağlanamaması), 4) dışsal yönetimden kaynaklı sorunlar (örneğin, rehabilitasyon masraflarının fonlarının çekilmesi, rehabilitasyon alıcısı tarafından kaynakların geri çekilmesi?).

Bizim merkezimizde, Oliver Zangwill merkezi, hedefler danışan, aile ve rehabilitasyon çalışanları arasında detaylı değerlendirmenin yapıldığı ilk iki hafta boyunca görüşülür. Wilson ve arkadaşları (2002) hem kafa yaralanması hem de inme geçiren bir adam için başarılı bir hedef planlama yaklaşımını tarif ederler. Bu adam, Peter ve onun programı 13. Bölümde ele alındı. Programımızdaki temel sonuç ölçümlerinden biri ulaşılan hedeflerin yüzdesidir. Biz bunu para kazanılan bir işe dönüş, bağımsız yaşam ve psikososyal ölçümler gibi daha geleneksel sonuç ölçümlerinin yanında kullanıyoruz. Bu ölçümler vaka çalışmalarını sunduğumuz kitabın 3. bölümünde ele alınacaktır.

Hedef planlama yaklaşımının avantajları McMillan ve Sparkes (1999) tarafından ayrıntılı bir şekilde açıklandı. Öncelikle, bu basittir. İkincisi, rehabilitasyona girişin hedeflerini açık hale getirir. Üçüncüsü, danışan odaklıdır. Dördüncüsü, takım uyumunu destekler. Beşincisi, sonuç ölçülmesini içeriyor. Altıncısı, sonuç ölçümü ve danışan odaklı aktivite arasındaki yapay ayrımı kaldırıyor. Yedincisi, denetleme amacı için kullanışlı ve sekizincisi geniş çaplı çalışan eğitimi gerektirmez. Bazı dezavantajları da var, örneğin hedef planlama tüm olası çıktıların sistematik olarak toplanmış verilerini sağlamaz, hedefleri çok kolay yapmak mümkündür ve başarı başkanın iyiliğine ve deneyimine bağlıdır. Yine de bu problemlerin üstesinden gelinebilir. Birincisi, hedef planlama kullanılan tek sonuç ölçümü olmamalı, yani diğer sonuçlar ve veriler hedef planlamadan gelen verilerle eş zamanlı olarak toplanabilir. Williams ve diğerleri (1999) kısıtlamaların azalmasını ve aktivitelerin ve topluma katılımın artışını gözden geçirmek için bir dizi ölçüm kullanırlar. İkincisi, çalışanların eğitimi, deneyimsiz bir başkan veya takım üyeleri ile problemleri azaltabilir. Biz bir hedef planlama görüşmesi/programı başkanlığını üstlenmeden önce yeni çalışmaya başlayan personellerin birkaç hafta boyunca deneyimli personelleri takip ettiği bir çıraklık sistemi yürütüyoruz. Üçüncüsü, amaçları daha kıyaslanabilir yaparak onları ağırlıklandırmak için hedefe ulaşmayı ölçme (GAS, bakın Malec, 1999) kullanılabilir.

Malec (1999) bazı detaylarda GAS'ı tartışır. Bu, sağlık programlarını değerlendirmek için 1968'de Kiresuk ve Sherman tarafından sunulan bir yöntemdir. Beyin hasarı servislerinin yanı sıra toplum akıl sağlığı merkezlerinde, psikiyatrik hastanelerde, yatılı hasta programlarında, madde bağımlılığı programlarında, aile terapi ve geriyatrik programlarda kullanılmaktadır. Yöntem bize rehabilitasyonun odaklandığı büyük ölçüde kişiselleştirilmiş hedeflerin başarısını belirleme imkanı sağlar. Hedefler bir kere tatmin edici şekilde müzakere edildiğinde, hedeflerin göreceli önemini yansıtmak için etkiler her bir hedefe yönelik olarak uygulanabilir. Herkes olmasa da rehabilitasyon çevrelerinde ağırlıklandırılmış hedeflerin hikmetine inanılır. Örneğin Grenville ve Lyne (1995) hedef belirleyicilerin hedeflerin değerleri veya önceliği konusunda hedeflerin doğası hakkında olduklarından daha az hemfikirde olmasının iyi bir fikir olmadığını söylerler. Ayrıca bir program içindeki kişileri veya programları birbiri ile karşılaştırırken eşit ağırlıktaki hedeflere sahip olmak arzu edilebilir olsa da bireysel hastaları ve takım üyelerini cesaretlendirme ve morallerini düzeltme amacıyla kişisel seviyede göreceli olarak ulaşılması kolay bazı hedeflere sahip olmak kötü bir fikir değildir. Yaşlıların söylediği gibi "başarılar kadar hiç bir şey başarıya ulaştırmaz". Wade (1999b) hedeflerin çeşitli seviyelerde oluşturulması gerektiğini iddia eder.

Hedef başarma ölçeklendirmesi, Malec'e (1999) göre aynı zamanda hangi hedefe ulaşılması gerektiğini içeren ve yukarıda tanımlanan hedef belirleme süreciyle aynı olan bir süre sonu belirlemeyi de gerektirir. GAS temel hedef belirleme programıyla farklılaştığında kişi sonucun "beklenen"seviyesini (sıfır olarak belirlenir) bildirmeli ve daha sonra ulaşılanın bu beklenen seviyede, seviyenin altında veya üstünde olduğu belirlenebilir. Malec'e (1999) göre "beklenen"seviye "danışanın belli bir zaman içinde mantıklı ama olağanüstü derecede çaba harcamadan başarabileceği duygusu içinde gerçekçi olan hedef başarısının seviyesidir"(sayfa 257). Sağlanan örnek hafıza defterinin kullanımıdır. "Beklenen"seviye, danışanın hatırlanacak bilgileri kaydetmek için zamanın %50-74'ünde defteri kullanmasıdır. Eğer buna ulaşılırsa skor "0"olur. Eğer danışan kitabı zamanın %25-49'unda kullanırsa skor -1 olur, bundan daha az kullanırsa skor -2 olur. Eğer kitap zamanın %75-89'unda kullanılırsa skor +1 olur ve bunun üstünde herhangi bir düzey +2 olur. Malec bu yaklaşımın kısıtlılıklarını fark eder, örneğin çoğu sistem hatırlanacak bilgilerin kaydedilmesinde kullanılan bir defterin zamanının %49 ile %50 arasındaki farkı ayırmaya yetecek kadar duyarlı olmayacaktır. Yine de, Malec GAS'ın çıktılarının değerlendiren diğer sağlık ölçümlerinden daha duyarlı olduğunu destekleyen verileri sunar. O aynı zamanda GAS skorlarını T skorlarına dönüştüren bir formül de sağlar ve GAS T skorlarının normal dağılma eğilimde olduğunu gösterir. O, GAS'ın rehabilitasyonda değerli bir metodoloji olduğunu iddia eder çünkü (1) o zaman-sınırlı programlardaki gelişimin gözlenmesine imkan verir, (2) takım toplantı planlarına yardım eder, (3) devam etmekte olan rehabilitasyonun planlanmasına ve karar vermeye planlarına yardım eder, (4) danışan, diğer önemli kişiler, yönlendirenler ve fon kaynaklarının ile öz ve alakalı iletişimini sağlar (5) sosyal desteğin sağlanmasına rehberlik etmeye yardım eder, (6) programın değerlendirme aracıdır, (7) daha doğru bir kendini fark etmeye(?) teşvik eder, (8) beyin yaralanmalı üst düzey metakognitif becerilerindeki bozuklukları olan insanların hedef belirleme için kapasitesini yeniden geliştirmeye yardım eder.

Beaumont ve diğerleri (1999) de değiştirmeye çalıştığımız şeydeki değişimin standart ölçümlerinin kullanılabilir olmayabileceğini iddia ederek; bireylerin karşılaştırılmasının hem danışanların ihtiyaçlarının ve hem de kişisel programların çeşitliliği nedeniyle zor olduğunu ve çıktıların ölçülmesinin gerekli olduğu bağlamın belirlenmesinin gerekliliği, örneğin rehabilitasyon biriminde, rehabilitasyon bitiminden sonra, işte vb nedeniyle nöropsikolojik rehabilitasyonda hedef belirlemeyi desteklerler. Ek olarak, herhangi bir ölçümleme müdahalenin disiplinler arası doğasını yansıtmaya ihtiyaç duyar bu nedenle psikologların kullandığı ölçümler diğer terapistlerin kullandıklarından farklı olabilir. Yapılandırılmış hedef belirleme kesinlikle bu problemlerin çoğunu önler.

Hedef belirlemenin etkinliği için kanıtlar

Biz hedef belirlemenin rehabilitasyonda planlama ve sonuçları değerlendirme metodu olarak mantıklı olduğunu iddia ettik. Hedef belirlemenin etkili olduğuna dair çok sayıda kanıta değindik ama Wade'in (1998) işaret ettiği gibi rehabilitasyon bağlamında(içeriğinde) hedef belirlemenin faydaları üzerine az çalışma vardır. Wade (1998) o zamanda "zaten hedef planlamayı kullanan ekiplerde hedef planlamayı kullanmaya devam etmeyi destekleyen belki de yeterli kanıt olduğunu düşündü. Buna rağmen eğer henüz üstlenilmemişse planlama için bir değişiklik gerekmesine dair yeterince güçlü kanıtların olduğunun kesinliği azdır. "(p.275). Hedef belirlemenin etkililiği çalışmalarının güncel sistematik bir incelemesi (Levack ve diğerleri, 2006) Wade ile aynı sonuca vardı. Levack ve diğerlerinin incelemesinden sonra yayınlanan ve Holliday ve diğerleri (2007) tarafından yapılan daha güncel bir çalışma, nörolojik rehabilitasyon ünitesinde yatan hastalarda "olağan uygulama" hedef belirlemeyi "artırılan katılım" hedef belirleme ile karşılaştırdı. Çalışma sonucu üzerinde) Fonksiyonel Bağımsızlık Ölçeği (FBÖ), Londra Handikap Ölçeği ve Genel Sağlık Anketi (28 maddelik versiyonu:28)) 1hedef belirlemede artan katılımın etkisine baktı. Onlar aynı zamanda hastaların amaç belirleme katılım hissiyatlarını, amaçları ile alakasını ve ayrıca rehabilitasyon süreci ile hastaların genel tatminlerini ölçtüler. "Olağan uygulama", hedeflerin hasta ile değerlendirilmesi ve tartışılmasını takiben tedavi eden terapist tarafından belirlenen hedefler vasıtasıyla hedef belirlemeye dahil edildi. Artırılan katılım, programa kabulden önce (aile veya arkadaş yardımı ile) kısmen hasta tarafından tamamlanan ve daha sonra hastanın terapist ile birlikte tamamladığı "Hedef belirleme çalışma kitabı"nın kullanımına odaklandı. Çalışma kitabı, hastanın aktivite ve katılım alanlarını önceliklestirmesini ve rehabilitasyonda üzerinde çalışacağı spesifik görevleri tanımlamasını ister. Holliday ve diğerleri iki yaklaşım arasında fonksiyonel sonuçlar bakımından farklılık olmadığını ama artmış katılım grubundaki hastaların hedeflerin belirlenmesi bakımından daha fazla seçenekleri olduğunu hissettiklerini, hedeflerin daha uygun olduğunu ve rehabilitasyon sürecinden genel memnuniyet seviyesinin olağan uygulama grubundakilerden daha fazla olduğunu bildirdiler. Bu çalışma hedef belirleme çalışmalarının hastaların rehabilitasyon sürecindeki deneyimlerinin ölçülmesi üzerine odaklanmasa bile en azından içermesi gerektiği gerçeğinin altını çizer. Holliday ve diğerleri kişi için anlamlı olacak şekilde verilen bakımın "büyük olasılıkla uzun süreli bağlılığı" sağlayacağına veya kişinin kendi evinde ve toplulukta yeni öğrenilmiş becerilerin dönüşümüyle sonuçlanacağına işaret eder.

Diğer durumlarda hedef belirleme

Standart hedef planlama programı uygulanmadığı şartlarda veya durumlarda bile, tedavi hedef belirleme ve değerlendirmenin kullanılması mümkündür. Ne zaman bir kişinin beyin hasarının neden olduğu veya olmadığı bir problemle ilgili yardıma ihtiyacı olsa, genellikle kural olarak işlevsel olarak problemi tanımlamak ve bir hasarın işlevsel görüntüsünü tedavi etmek bir testle ölçülen hasarları veya daha genel bir zorluğu tedavi etmekten daha kolaydır. Bu nedenle tedavinin amacını "hafızayı iyileştirmek", "dikkat bozukluğunu azaltmak" veya "motivasyonu geliştirmek" olarak almak yardımcı olmaz. "Bay Brown'a her yemek sonrası defterini kontrol etmesini öğret", "Paul sandalyesinden ayrılmadan önce iş terapisi görevlerinde 15 dk çalışmalı" ve "Linda'nın ilerleme kaydettiğini görebilmesi için belge düzeltmeli" gibi spesifik bir hedef belirlendiyse başarının elde edilmesi daha muhtemeldir. Bu şartlarda, bir temel belirlemek, performansı ölçmek ve değişimin gerçekleşip gerçekleşmediğini belirlemek mümkündür (Wilson, 1991). Bu yaklaşıma karşı bazen yapılan iddialardan biri, sebeptense semptomun tedavi edildiğidir. Bu iddia doğru olsa bile, altta yatan sebebi tedavi etmenin bizi bir yere götürdüğüne dair genellikle az kanıt vardır. Örneğin hafıza rehabilitasyonunda, altta yatan hasarın tedavi edilmesinin hafızanın genel düzelmesini sağladığına dair ikna edici kanıt yoktur (Glisky ve Shacter, 1986, Wilson, 1995). Ayrıca hedef belirleme yaklaşımı ile birlikte, insanları stimülasyon veya kişi altta yatan problemi tedavi ettiği zaman kullanılan genel stratejiler yoluyla genel gelişmeyi başarmayı denemekten alıkoyan bir şey yoktur. Kişi eğer iki yaklaşımı da aynı anda kullanıyorsa kullandığı ölçümler hakkında dikkatli olmalıdır, ama ilerleme ve günlük problemlerin azalmasında hedef belirleme ve hedefe ulaşma daha verimlidir. Bazı durumlarda bazı hedefler genel gelişmeyi sağlar. Örneğin Wilson (1999)'da anlatılan Jenny, bir ata binme kazasından oluşan ciddi kafa yaralanmasından sonra okuma becerisini tamamen kaybetmişti. Onun okumayı iyileştirmesi "y" harfini okumayı öğrenme olarak adlandırılan tek bir hedefle başladı. Bu birkaç hafta aldı ve diğer harfler her seferde bir tane şeklinde gösterildi ve sonra harf kombinasyonları öğretildi (örn, "oa", "igh"). En sonunda Jenny çoğu kelimeyi okumayı öğrendi ve 12,5 yaş okumasına ulaştı. O zevk için de okumayabaşladı. Bu vakada kısa-adım-hedef-yönelim programı yapıldı ve en azından kısmen altta yatan hasar da iyileştirildi.

Bilimsel olarak saygı duyulan ve klinik amaca uygun şekilde hedefleri belirleme ve rehabilitasyonu değerlendirme mümkündür. Örneğin, Clare ve meslektaşlarının çalışmasını (Clare ve diğerleri, 1999, 2000, 2001) alın. Onlar Alzheimer hastalığı (AD) olan insanlarla çalıştılar. İlk çalışmada, altı yıl önce Alzheimer teşhisi konmuş bir adam bowling kulübündekiarkadaşlarının isimlerini tekrar öğrenmek istedi. Her isim ayrı, kısa-süreli bir hedef oldu. Adama her seferde bir isim öğretildi. Başlangıç olarak arkadaşlarının fotoğraflarından çalıştırıldı. Hatasız öğrenme, ipuçlarının ortadan kaldırılması ve aralıklı geri kazanım (ayrıca genişleyen prova olarak da bilinir) olarak adlandırılan üç rehabilitasyon stratejinin kombine edilmiş olduğu bir prosedür kullanıldı. Hatasız öğrenme birinci bölümde anlatıldı (Wilson ve diğerleri, 1994). İpuçlarının ortadan kaldırılması (Glisky ve diğerleri, 1986) ipuçlarının veya teşviklerin dereceli olarak yavaş yavaş kaybolması yöntemidir. Örneğin, adam Caroline ismini öğrenirken, ilk olarak tüm ismi kopyaladı sonra son harfin olmadığı (Carolin-) ismi kopyaladı ve son harfi tamamlamak zorundaydı; sonra son iki harf kaldırıldı (Caroli--) ve benzer şekilde devam etti. Aralıklı geri kazanım veya genişleyen prova(pratik) (Landauer ve Bjork, 1978) dereceli olarak aklında tutmayı içeren bir stratejidir. Bu şekilde, bilgi sunulur ve hemen test edilir, sonra kısa bir süre aralığında belki birkaç saniye içinde test edilir, sonra nispeten biraz daha uzun gecikme ve benzer şekilde. Bu üç metotla birlikte davranış dizaynları arasında çoklu yoklama modeli (multiple baseline) alışmayı tedavi etkisinden ayırmak için kullanıldı (Wilson, 1987). Başlangıç öğrenme aşamasından sonra, genelleştirme ölçüldü, kişi fotoğraflarla kulübüne alındı ve fotoğraftaki kişiyi bulması ve psikoloğa kişiyi ismiyle tanıtması istendi. Bu noktada başarısı %100'e yakındı. Sonraki üç ayda, altı ayda ve dokuz ayda AD (azheimer) ilerliyor olmasına rağmen başarısı daima %100'dü. 2000 çalışmasında, Clare ve diğerleri AD'li hastalarla (Alzheimer) bir küçük grup çalışması yürüttüler ve kullanışlı günlük bilginin öğrenilmesinin mümkün olduğunu gösterdiler. Her hasta tedaviden sonra başlangıç dönem süresinde olduğundan anlamlı şekilde daha iyiydi ve bunlardan bazıları gelişmeyi sonrasında da korudu. Bu çalışmalar hakkında önemli şeylerden biri danışanlar ve aileler amaç ve hedeflerini kendileri seçtiler. İlk kişiden meslektaşlarının isimlerini, başka birinden duvar takvimini kullanmayı, bir diğerinden torunlarının doğum günlerini yeniden öğrenmesi ve benzeri şeyler istendi. Engelli kişinin doğal ilgisinin az olduğu bazı deneysel materyallerle çalışmak yerine danışanların yardım istediği şeyler üzerinde çalışmak çok daha iyidir. Herhangi bir bilişsel rehabilitasyon programının bunu yapması yine de zordur. Eğer uygun temel alınırsa ve uygun data kaydedilirse bilimsel olarak saygın bir yolla rehabilitasyon programımızı planlayabilir ve değerlendirebiliriz.

Biri bunların bazen 'sadece' tek vaka çalışmaları olduğu argümanını duyabilir ve insanları rehabilitasyonun değerine ikna etmek için daha fazla sayıya ihtiyacımız var. Bu bakış açısıyla mücadele etmek için, 2. Bölümde söylediğimizi tekrar edeceğiz, yani ilk önce tek vaka dizaynları tamamen kabul edilebilir ve saygın dizaynlardır (Harsen ve Barlow, 1976; Kazdin, 1976; Wilson, 1987). İkinci olarak, bu çalışmaları genellemek mümkündür; biri sonuçları diğer hastalarla tekrar edebilir. Gerçekten Gianutsos ve Gianutsos (1987) bunun genelleştirmeyi sağlamanın en iyi yolu olduğunu iddia eder, çünkü büyük grup çalışmaları bize ortalaması alınmış sonuçlar verir ve hiç kimse bu grup ortalaması ile muhtemelen aynı değildir. Yine de sadece daha büyük örneklem sonuçlarını kabul eden şüpheciler vardır, bu yüzden üçüncü nokta tek vaka dizaynlarının bazen hedef planlama yaklaşımını takip etmenin de mümkün olduğu daha geniş, randomize kontrollü çalışmalarının yolunu açtığıdır. Örneğin, daha önce anlatılan NeuroPage çalışmamızda olan budur. Biz küçük bir grup dizaynıyla birleştirdiğimiz ve sonra randomize kontrollü bir çalışmaya taşınan pek çok tek vaka çalışmasıyla başladık.

Sonuç

Bu bölümün sonucu olarak, bireyler için rehabilitasyonu yapılandırmanın ve klinikle alakalı problemlerle başa çıkmayı sağlamanın en iyi yollarından biri olarak hedef belirlemeyi öneriyoruz. Bu yaklaşım aynı zamanda rehabilitasyonun başarısını değerlendirmeyle de birleştirilmelidir. Wade'in (1999b) dediği gibi 'iyi rehabilitasyon pratiği anlamlı ve zorlayıcı ama başarılabilir hedeflerle oluşturulmalıdır' (s.41).

Kaynakça

Beaumont, J. G., Connolly, S. A. V. and Rogers, M. J. C. (1999). Inpatient Cognitive and Behavioural Rehabilitation: Assessing the Outcomes. Neuropsychological Rehabilitation, 9(3), 401–11.

Cantor, J. B., Ashman, T. A., Schwartz, M. E. et al. (2005). The Role of Self-discrepancy Theory in Understanding Post-traumatic Brain Injury Affective Disorders: A Pilot Study. Journal of Head Trauma Rehabilitation, 20(6), 527–43.

Carney, N., Chesnut, R. M., Maynard, H. et al. (1999). Effects of Cognitive Rehabilitation on Outcomes for Persons with Traumatic Brain Injury: A Systematic Review. Journal of Head Trauma Rehabilitation, 14, pp. 277–307.

Carver, C. and Scheier, M. (1990). Origins and Function of Positive and Negative Affect: A Control Process View. Psychological Review, 97, 19–36.

Clare, L., Wilson, B. A., Breen, E. K. and Hodges, J. R. (1999). Errorless Learning of Face-name Associations in Early Alzheimer's Disease. Neurocase, 5, 37–46.

Clare, L., Wilson, B. A., Carter, G. et al. (2000). Intervening with Everyday Memory Problems in Dementia of Alzheimer Type: An Errorless Learning Approach. Journal of Clinical and Experimental Neuropsychology, 22, 132–46.

Clare, L., Wilson, B. A., Carter, G., Hodges, J. R. and Adams, M. (2001). Long-term Maintenance of Treatment Gains Following A Cognitive Rehabilitation Intervention in Early Dementia of Alzheimer Type: A Single Case Study. Neuropsychological Rehabilitation, 11, 477–94.

Conway, M. A. (2005). Memory and The Self. Journal of Memory and Language, 53(4), 594–628.

Gauggel, S. and Billino, J. (2002). The Effects of Goal Setting on The Arithmetic Performance of Brain Damaged Patients. Archives of Clinical Neuropsychology, 17 283–94.

Gauggel, S. and Fischer, S. (2001). The Effect of Goal Setting on Motor Performance and Motor Learning in Brain-damaged Patients. Neuropsychological Rehabilitation, 11(1), 33–44.

Gauggel, S., Leinberger, R. and Richardt, M. (2001). Goal Setting and Reaction Time Performance in Brain-damaged Patients. Journal of Clinical and Experimental Neuropsychology, 23(3), 351–61.

Gianutsos, R. and Gianutsos, J. (1987). Single Case Experimental Approaches to The Assessment of Interventions in Rehabilitation Psychology. In B. Caplan, ed., Rehabilitation Psychology, Rockville: Aspen Corporation, pp. 453–70.

Glisky, E. L. and Schacter, D. L. (1986). Longterm Retention of Computer Learning by Patients with Memory Disorders. Neuropsychologia, 26, 173–8.

Glisky, E. L., Schacter, D. L. and Tulving, E. (1986). Computer Learning by Memory Impaired Patients: Acquisition and Retention of Complex Knowledge. Neuropsychologia, 24, 893–906.

Gracey, F., Palmer, S., Rous, B. et al. (2008) 'Feeling Part of things': Personal Construction of self After Brain Injury. Neuropsychological Rehabilitation, 18(5), 627–50.

Grenville, J. and Lyne, P. (1995). Patient-centred Evaluation. Journal of Advanced Nursing, 22, 965–72.

Hart, T., and Evans, J. J. (2006). Self-regulation and Goal Theories in Brain Injury Rehabilitation. Journal of Head Trauma Rehabilitation, 21(2), 142–55.

Hart, T., Hawkey, K. and Whyte, J. (2002). Use of a Portable Voice Organizer to Remember Therapy Goals in TBI Rehabilitation: A within Subjects Trial. Journal of Head Trauma Rehabilitation, 17(6), 556–70.

Hersen, D. H. and Barlow, D. H. (1976). Single Case Experimental Designs: Strategies for Studying Behaviour Change. New York: Pergamon Press.

Holliday, R., Cano, S., Freeman, J. A. And Playford, E. D. (2007). Should Patients Participate in Clinical Decision Making? An Optimised Balance Block Design Controlled Study of Goal Setting in A Rehabilitation Unit. Journal of Neurology, Neurosurgery, and Psychiatry, 78, 576–80.

Houts, P. S. and Scott, R. A. (1975). Goal Planning with Developmentally Disabled Persons: Procedures for Developing and Individual Client Plant. Hershey: Department of Behavioral Science,

Pennsylvania State University College of Medicine.
Kazdin, A. (1976). Statistical Analysis for Single-case Experimental Designs. In D. Barlow and M. Hersen, eds., Single Case Experimental Designs. New York: Pergamon Press, pp. 265–316.
Kelly, G. A. (1955). The Psychology of Personal Constructs. Vol. 1 and 2. New York: Norton. Kiresuk, T. J. and Sherman, R. E. (1968). Goal Attainment Scaling: A General Method for Evaluating Comprehensive Community Mental Health Programmes. Community Mental Health Journal, 4(6), 443–53.
Landauer, T.K. and Bjork, R.A. (1978). Optimal Rehearsal Patterns and Name Learning. In M.M. Gruneberg, P. E. Morris and R.N. Sykes, eds., Practical Aspects of Memory. London: Academic Press, pp. 625–32.
Latham, G. P. and Seijts, G. H. (1999). The Effects of Proximal and Distal Goals on Performance on a Moderately Complex Task. Journal of Organizational Behavior, 20, 421–9.
Levack, W. M. M., Taylor, K., Siegert, R. J. et al. (2006) Is Goal Planning in Rehabilitation Effective? A Systematic Review. Clinical Rehabilitation, 20, 739–55.
Locke, E. and Latham, G. (2002). Building A Practically Useful Theory of Goal Setting and Task Motivation. American Psychologist, 57 (9), 705–17.
Malec, J. F. (1999). Goal Attainment Scales in Rehabilitation. Neuropsychological Rehabilitation, 9(3/4), 253–75.
McGrath, J. and Adams, L. (1999). Patientcentred Goal Planning: A Systemic Psychological Therapy? Topics in Stroke Rehabilitation, 6, 43–50.
McMillan, T. M. and Sparkes, C. (1999). Goal Planning and Neurorehabilitation: The Wolfson Neurorehabilitation Centre Approach. Neuropsychological Rehabilitation, 9(3), 241–51.
Sbordone, R. J. and Long, C. J. (eds.) (1996). Ecological Validity of Neuropsychological Testing. Delray Beach: Gr Press/St Lucie Press, Inc.
Wade, D. T. (1998). Evidence Relating to Goal Planning in Rehabilitation – Editorial. Clinical Rehabilitation, 12, 273–5. Wade, D. T. (1999a). Goal Planning in Stroke Rehabilitation: What? Topics in Stroke Rehabilitation, 6(2), 8–15.
Wade, D. T. (1999b). Case-mix in Rehabilitation: Alternative Ways of Achieving the Same Goals. Clinical Rehabilitation, 13 (3), 183–5.
Williams, W. H., Evans, J. J. and Wilson, B. A. (1999). Outcome Measures for Survivors of Acquired Brain Injury in day and out Patient Neurorehabilitation Programmes. Neuropsychological Rehabilitation, 9, 421–36.
Wilson, B. A. (1987). Rehabilitation of Memory. New York: Guilford Press.
Wilson, B. A. (1991). Long Term Prognosis of Patients with Severe Memory Disorders. Neuropsychological Rehabilitation, 1, 117–34.
Wilson, B. A. (1995). Management and Remediation of Memory Problems in Brain Injured Adults. In A. D. Baddeley, B. A.
Wilson and F. N. Watts, eds., Handbook of Memory Disorders. Chichester: Wiley, pp. 451–79.
Wilson, B.A. (1996). Cognitive Functioning of Adult Survivors of Cerebral Hypoxia. Brain Injury, 10, 863–74.
Wilson, B. A. (1999). Case Studies in Neuropsychological Rehabilitation. New York: Oxford University Press.
Wilson, B. A., Baddeley, A. D., Evans, J. J. And Shiel, A. (1994). Errorless Learning in The Rehabilitation of Memory Impaired People. Neuropsychological Rehabilitation, 4, 307–26.
Wilson, B. A., Evans, J. J. and Keohane, C. (2002). Cognitive Rehabilitation: A Goal Planning Approach. Journal of Head Trauma Rehabilitation, 17, 542–55.

4 Oliver Zangwill Merkezi Nöropsikolojik Rehabilitasyon Yaklaşımı

Barbara A. Wilson, Fergus Gracey, Donna Malley, Andrew Bateman ve Jonathan J. Evans, çeviren: Fatma Girgin Kardeş

Giriş

Nöropsikolojik Rehabilitasyon için Oliver Zangwill Merkezi (OZC) 1996'da açıldı ve Yehuda Ben-Yishay ve George Prigatano tarafından geliştirilen Amerikan bütüncül yaklaşımını model aldı. Sonra 1954 ve 1984 arasında Cambridge Üniversitesi'nde Psikoloji profesörü Oliver Louis Zangwill'in adını aldı. O, aynı zamanda ikinci dünya savaşı süresince Edinburg'da beyin yaralanmalı askerlerle çalışırken Büyük Britanya'da beyin yaralanması rehabilitasyonunun öncülerinden oldu. Merkez, Ben-Yishay (1978), Prigatano ve diğerleri (1986) ve Teasdale tarafından ortaya konulan prensiplerin çoğunu izledi ve aynı zamanda Birleşik Krallık'ta uygulanan klinik psikolojinin ciddi "bilimsel uygulayıcı" modelinden anlamlı şekilde etkilendi.

Beyin yaralanması rehabilitasyonuna bütüncül yaklaşım '... aynı kaldığı oranda faaliyet alanının ötesine geçen, yüksek derecede spesifik ve sınırları çizilmiş müdahalelerin genellikle bilişsel iyileştirme terimi altında toplandığı iyi entegre olmuş müdahalelerden meydana gelir" (Ben-Yishay ve Prigatano, 1990; p.40). Bütüncül yaklaşım, hislerimiz ve düşüncelerimiz davranışımızı etkilediği için beyin yaralanmasının bilişsel, duygusal ve sosyal sonuçlarını ayırmanın anlamlı olmadığının farkındadır. Ben-Yishay (1978) modeli rehabilitasyonda danışan veya hastanın takip edeceği hiyerarşik evreleri izler. Bu evreler; yükümlülük, farkındalık, hakimiyet, kontrol, kabullenme ve kimliktir. Kişi ve grup seansları bu evreler yoluyla çalışmayı etkinleştirmeyi sağlar.

Oliver Zangwill'in kökeni içimizden birinin (BAW) Phoenix Arizona'da Prigatano'nun biriminde birkaç hafta geçirdiği 1993'e kadar gider. Benzer bir merkezin Birleşik Krallıkta açılması fikri bu ziyaret sırasında başladı. 1993 Nisan'ında yerel National Health Servise Trust ile görüşmeler başladı. Bazı hatalı başlangıçlar ve geçici başarısızlıklarla, ve Medical Research Council'in desteğiyle Merkez'in ilk adımını atmak için izin almak 3 yıl sürdü. 1996 Haziran'ında ekibimizin ilk üyesi ile görüştük ve ilk danışanlarımızı kabul etmeden ve Kasım 1996'da resmi olarak açılmadan önce 3 aylık çalışan eğitimi ve program planlaması düzenledik.

Oliver Zangwill'in yapısı

Phoenix biriminde olduğu gibi, bizimki de konaklamasız bir merkezdir. Danışanlar birkaç hafta süresince haftada dört veya beş kez (yoğun evrede) gelirler ve sonra birkaç hafta boyunca haftada iki yada üç kez geldikleri yeniden entegresyon evresine başlarlar. Bu süre boyunca çalışma dünyasına yeniden giriş yapmaya, daha sonra da eğitime ve daha fazla bağımsız olmaya başlarlar. Bunun nasıl yapıldığı kitabın daha sonra bireysel danışanlar üzerine olan bölümlerinde (bölüm 13-21) bulunabilir. Biz ilerlemeyen beyin (nonprogresif) hasarı olan insanların bilişsel, sosyal, duygusal ve fiziksel ihtiyaçlarını ve aynı zamanda ailelerinin gereksinimlerini karşılamak için yüksek kalitede rehabilitasyonu sağlamayı amaçlıyoruz. Nihai hedef, hem evde, hem toplumda ve üretici çalışmada maksimum seviyede bağımsız işlevselliği sağlamaktır. Merkezin yerel National Health Service Trust ile ortaklığı olduğundan, biz aynı zamanda en son araştırma bulgularına başvuruları, servisimizin değerlendirilmesini ve nöropsikolojik rehabilitasyonu geliştirme yollarını da bulmaya çalışıyoruz.

16-60 yaşları arasında ilerlemeyen (nonprogresif) beyin yaralanması olan insanları kabul ediyoruz. Çoğu hasta travmatik beyin yaralanması geçirmiş olanlar, ama biz aynı zamanda inme, ensefalit, menenjit, anoksik beyin yaralanması veya diğer beyin yaralanmaları olan danışanlara da sahibiz. Yaralanma sonrası altı ay kadar geçmiş çok az sayıda danışan ve yaralanmadan beş ya da daha fazla yıl geçmiş olan az sayıda danışan olsa da danışanlarımızın çoğu yaralanmadan en az 2 yıl sonra gelirler. Çoğunlukla, onlar bazı konaklamalı veya konaklamasız rehabilitasyona katılmışlardır ama yoğun, kapsamlı, bütüncül bir rehabilitasyon programı olmamıştır. OZC'ye katılmak genellikle insanlara optimum seviyede işlevselliklerini başarmayı denemede yardım etmek için son şans olarak görülür. Birebir çalışan-danışan oranına bağlı olarak biz aynı zamanda sekiz danışan alırız. Bu alışılmadık ve ayrıcalıklı bir pozisyonda olmak gibi görülse de, muhtemelen başarımızın sebebidir. Çalışan-danışan oranı aynı zamanda yenilikçi müdahalelerin geliştirilebilmesi ve alandaki diğer çalışmalara yayılabilmesi amacıyla klinik çalışmamızı planlama ve yürütmede daha titiz olmamızı sağlar. İkametlerinin sonunda, biz danışanlarımızın beyin yaralanmasına dair bir anlayış geliştirmelerini ve bunun günlük yaşamlarında sonuçlarını göstermelerini umarız. Onlar aynı zamanda beyin yaralanmasından kaynaklanan bireysel güçlü yanlarının ve zayıflıklarının farkındalıklarını da göstermeliler. Bütün danışanların beyin yaralanmasının spesifik sonuçları için strateji geliştirmeleri ve uygulamaları, bu stratejileri kullanarak kendi performanslarını denetlemeleri ve bunları Merkez'den kendi topluluk ortamlarına taşımaları beklenir. Pek çok danışan programlarının sonucu olarak farklı hisler tarif ederler, örneğin bazılarının yaralanma sonrası kim olduğu hissi yanında eski kendisinin geri geldiği gibi. Biz beyin yaralanması ve beyin yaralanmasının kişinin kendisi ve etrafındakiler için sonuçları arasındaki ilişkiyi anlamalarına yardım etmek için akrabaların ve danışan için önemli kişilerin beyin yaralanmalı kişiyle ortak bir anlayış ve destek geliştirmelerine yardım ederiz.

Oliver Zangwill'de çalışan ekibin her biri beyin yaralanmalı kişilerle rehabilitasyonda uzmanlaşmış üç klinik psikolog, iki buçuk iş terapisti, bir buçuk dil ve konuşma terapisti ve bir fizyoterapistten oluşur. Ek olarak iki psikoloji uygulama asistanı (psikoloji mezunu), bir rehabilitasyon asistanı ve bir yöneticiden oluşan ekibe sahibiz. Dışarıdan gelen fonlar uygunsa bir araştırma asistanı atanır. Genellikle etrafta araştırma projelerinde çalışan başka insanlar veya deneyim kazanan başka ülkelerden öğrenci veya ziyaretçiler olur. Klinik yöneticisi medikal biri değildir ama takımımızın daimi üyesidir. Bir psikolog, bir konuşma ve dil terapisti ve bir fizyoterapist hepsi bu pozisyonu tutar. İki haftada bir klinik yapan bir nöropsikiyatristimiz ihtiyaç olduğunda katılan bir nöroloğumuz var. Danışanlarımız medikal olarak sabit oldukları için sürekli bir medikal kişiye ihtiyaç duymadığımız akılda tutulmalıdır. Hastanede başka bir yerde küçük bir yaralanma birimimiz var ve biz oradaki çalışanlara başvururuz, örneğin, eğer bir danışanımız nöbet geçirirse. Ayrıca ihtiyaç olursa danışanlarımızı gören bir yerel temel bakım hekimimiz var.

Oliver Zangwill Merkezi klinik program

Rehabilitasyonu düzenlemek: Rehabilitasyon sürecinin "y-biçimli" modeli

Çeşitli modeller ve farklı profesyonel yönelimleri aynı anda danışan ve ailesine ve ihtimal diğer uzmanlara duyarlı olarak düzenlemek önemli bir zorluk ortaya koyar. Yeni gelişen literatürü kullanarak kimlik değişimi ve rehabilitasyon, var olan bütüncül yaklaşım, hedef belirleme modelleri, eğitimsel modeller, organizasyonel süreç ve grup süreci modellerine bakarak biz rehabilitasyon çabamızı düzenlemek için sistemler geliştirmeye başladık. Danışanın güncel durumunu anlamaya yardım etmek için değerlendirme sonuçlarını paylaşmada kullandığımız çerçeve 1. Bölümde (Figür 1.2) bulunur ve bunlardan birine örnektir.

Danışanların zorluk alanlarının etkileşim içinde olduğu disiplinler arası rehabilitasyon sağlamanın engellerini ele almak girişimi içinde, hedef belirleme düzenlemesi ve işlev odakları anlamlı hedefler (örneğin işe dönme) üzerine çalışmayla iş hedefli bozulmuş süreçlerin (örneğin biliş veya duyguyla ilgili) koordinasyonunun düzenlenmesi için kullanılan yaklaşımlar geliştirildi. Daha önce bahsedilen yeni ortaya çıkan araştırmaları inceleyerek biz danışan tarafından geçirilen değişim süreci üzerine takım çalışması sürecinin disiplinler arası haritasını çıkarmaya yardım etmek için 'Y-biçimli' modeli geliştirdik. Y'nin iki dalı ilk olarak sırasıyla 'bozukluk" ve "sosyal katılım"seviyelerinde temsil edilen iş olarak kavramsallaştırıldı. Biz bunu danışan açısından psikolojik (anlam, kimlik, anlayış, beklentiler, etkileşimler, süreçler) ve sosyal (roller, aktiviteler, kavramlar, ilişkiler) uyuşmazlıkları çözümlemek için değişim sürecini vurgulamak amacıyla geliştirdik ve figür 4.1'de bu gösteriliyor. Model, danışanlar için anlamlı ve kişisel düzenleme süreçlerine duyarlı olan, bir entegrasyon yönteminde takım çalışmasına yardım etmede büyük ölçüde işe yararlılığı bakımından ölçülen süreçte çok işe yarıyor.

Model, hasar sonrası kimlik değişimine (Tyerman ve Humphrey, 1984; Nochi, 1998, 2000; Cantor ve diğerleri., 2005) hasar-öncesi kendilik temsiliyetleri (beklentiler, yetenekler, hedefler, değerler vb) ve hasar-sonrası gerçek (öneğin, kısıtlama, unutma ve işte olmama) arasında uyuşmazlığa dayanan eğilimi başlangıç noktası olarak alıyor. Goldstein (1959) ve Ben-Yishay (2000) "felaket tepkisini" bu hasar-sonrası değişimlerin "tehdidine" bir duygusal cevap olarak tanımlıyor. Bazı danışanlarımızın davranışını, genellikle kaçma vasıtasıyla, bilişsel, duygusal, veya sosyal olan, bu tehdidin sıkıntısıyla başa çıkma girişimi ve benlik algılarının devamlılığını sürdürmeye çalışmak açısından anlamaya başlayabiliriz. Y'nin tepesi programın başındaki uyuşmazlığın derecesini temsil eder. Bazı danışanlar bu uyuşmazlığı deneyimler, bunu yoğun derecede sıkıntılı bulurlar ve bunun üzerine yansıtırlar, diğerleri bu sıkıntıdan başarılı bir şekilde kaçarlar veya baskılarlar ve değişimleri bildiremeyecek kadar bilişsel olarak kısıtlıdırlar. Bu gibi sonuçlar altında uyuşmazlık daha çok diğerleriyle etkileşim içinde tamamlanan bir şeydir. Bu akrabaların beyin hasarlı kişinin hesabına mücadelesiyle ve beyin hasarlı kişinin onların gerçeğine doğru diğerlerine yönelme girişimiyle şekil alabilir (Yeates ve diğerleri, 2007). Danışanların bu iki pozisyon arasında gidip geliyor gibi görünmesi genellikle vuku bulur.

Bu uyuşmazlığı ele almaya nasıl başlarız? Y'nin ortasında temsil edilen dairesel süreç bilişsel modeller (örneğin, Teasdale ve Barnard, 1993; Conway, 2005), bilişsel davranışsal terapi'de (BDT) davranış deneylerinin (örneğin, Bennett-Levy ve diğerleri, 2004) kullanımı ve Vygotsky'nin (1960/1978) öğrenme ve gelişim hakkındaki fikirleri tarafından etkilenen bir güdümlü öğrenme sürecini ifade eder. Bu düşünce Ylvisaker ve Feeney (2000) ve McG-

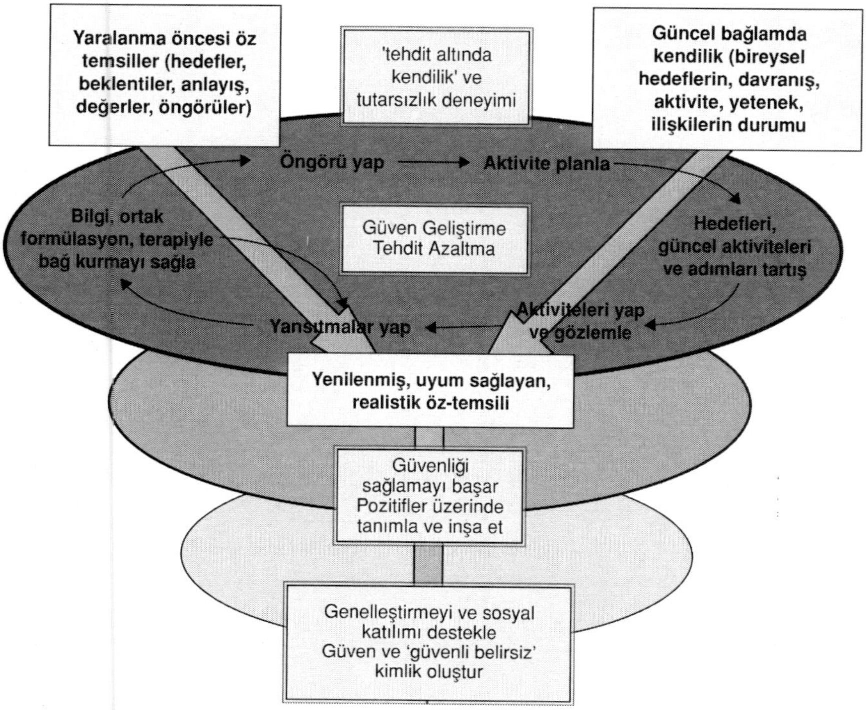

Figür 4.1 Rehabilitasyonun 'Y-biçimli' işlem modeli. Y'yi oluşturan yeşil oklar sosyal ve bireysel kimlik algısının entegrasyonu yoluyla çelişkilerdeki azalma sürecini gösterir. Bütüncül modelden (yeşil kutular) etkilenen bir rehabilitasyon süreci sosyal ve bireysel öz-tutarsızlıklara (sarı kutular) dayanan kimlik değişiminin işlemlenmesiyle ve bilişsel davranışsal terapideki davranışsal deneyler uygulanarak (pembe elipsler ve oklar) deneysel öğrenme ile birlikte gösterilir . Renk paletine de bakın.

rath ve King (2004) tarafından tanımlanan yaklaşımlarda bulunur. Burada biz bu fikirleri ayrıntılandırıyoruz ve onları, bir ego-kimlik gelişimi modeli yanında rehabilitasyonda gerekli taslakların hiyerarşisini tanımlayan Ben Yishay'ın (1978) modeliyle karşılaştırılabilir bir çerçeve içine yerleştiriyoruz. Bu farklı yaklaşımlara mahsus olan öğrenme ve gelişimin "dialektik sarmal" veya deneyim ve biliş arasındaki etkileşim içinde ilerleme görüşüdür. Hem BDT yaklaşımları hem de Vygotsky'nin yazısı iş birliğine vurgu yapar. Vygotsky çok fazla zor olmayan hedeflere ulaşmaya destek sağlayan "proksimal gelişim bölgesi" olmasının gerekliliğine özellikle önem verir. Teasdale ve Barnard'ın (1993) Bilişsel Altsistemlerin Karşılıklı Etkileşimi modeli psikolojik önermeden ziyade, sezgide ortaya çıkmaya ihtiyaç duyan psikolojik terapide sürekli değişimin nasıl olduğuna vurgu yapar. Bu modelde önermesel altsistemin, deneyimlerin temsili ve kendilik algısının gelişimi ile ilgili olduğu söylenir. Anlamın önermesel düzeyi yalın gerçekler ve bilgilerle uğraşır ve bu ille de sezgisel temsillerin işleme yoluyla davranış dürtüleri kapasitesine sahip değildir. Bu birinin bir şeyi (örneğin, spor salonuna gitmek sağlığım genellikle iyi olur) nasıl "bildiğini" ama davranışı gerçekleştirmede yetersiz oluşunu açıklar. Conway'in (2005) kendi-hafıza sistemi modeli otobiyografik hafızanın geçmiş deneyimlere dayanarak bilgi sağladığına vurgu yapar. Bu geçmiş deneyimi güncel anlam verme ve hedef seçme ile eş zamanlı olarak bağlayan bir temsiliyet olarak bir "çalışan benlik" şekli durumu için kullanılır. Birlikte bu fikirler aktivite, deneyim, anlam ve kimlik arasında yeni bağlantılar yapmak için desteklenmiş, iş birlikçi çalışmayı gösterir, uyuşmazlığı azaltmaya yardım edebilir ve hem içsel olarak ve hem de ilişkiler içinde öğrenmeyi destekler. Danışanların kendilerini çalışanlar ve akranları tarafından anlaşılmış ve desteklenmiş hissettikleri ve hedeflerinin, tercihen danışanların kendileri tarafından (en azından onlarla birlikte) doğru düzeyde belirlendiği güvenli bir "terapötik ortam" oluşturmak yoluyla, tehdit reaksiyonla beraber olan uyarılmanın azalabileceği ve danışanların durumları hakkında farklı düşünmeye başlayabileceği varsayılır. Psikolojik formülasyon geliştirmek, ortak bir anlayış ve davranışsal deneylerin (Bennett-Levy ve diğerleri, 2004) uygulanması bize danışan ve diğerleri yanında bir takım olmamızı, danışanların kendi becerileri, kendileri ve diğerleri hakkında yapabileceklerini öngörme ve bunları sistemli ve güvenli şekilde keşfetmeye başlamaları üzerine düşünmeye olanak sağlar. Tekrar eden bir döngü formuyla ilişki esas adımlar: öngörülerde bulunmak, öngörüleri test edecek veya keşfedecek deneyler veya tasklar oluşturmak, taskı gözlemlemek ve geri bildirimde bulunmak ve ilk öngörü ile ilişkili olarak sonuçları yansıtmak, bundan sonra yeni öngörülerde bulunmaya yönelmek ve buna benzer. Takımın farklı üyeleri gerekli olan yeteneklere bağlı olarak bu adımların her birine dahil olabilirler. Bir aktivite bir kez tamamlandığında refleksiyonlar "bu benim yetenek ve becerilerim hakkında ne söylüyor", "bu bu stratejinin kullanışlılığı hakkında ne söylüyor" veya "bu benim hakkımda ne söylüyor" üzerine yapılabilir. Bu yaklaşım edinilmiş beyin hasarını takiben (McGRath ve King, 2004) BDT uygulamasında, sağlık problemlerine ve özürlülüğe uyarlanmasında (Silver ve diğerleri, 2004) özellikle savunulur. Rehabilitasyonun başında, deneyler beyin hasarı hakkında bilgi tedarik etme ve üzerine düşünme, rehabilitasyon sürecine eklemlemeyi geliştirmeyi (Ben Yishay'ın terimi ile "genleşebilirlik") içerebilir. Sonraki deneyler canlandırmalar, kullanılan stratejinin test edilmesi veya danışanın inanç ve beklentilerini aynı zamanda oluşturulan becerilerini yeniden değerlendirilmesini, kolaylaştıran diğer aktiviteleri içerebilir. 'Y'nin tepesindeki 'ayrı' tarafları bir araya geldiğinden, danışanlar hasar-öncesi kendilikleri, diğerleri ve dünya temsiliyetleri ile hasar sonrası yaşamlarının yeni gerçekliğine adapte olmaya başlarlar. Bu genellikle kolay yapılmaz ve çoğu danışan endişe veya düşük ruh hallerinde artış olduğunu belirtir. Buna rağmen, bununla çalışmak zor iken, eğer bu anlaşılır ve beklenirse onlar için daha az endişe verici olur. Kaybedilenler ve değişiklikler için yas tutmanın ihtimali başlayabilir, hedeflerine doğru ilerlemelerine yardım eden araçlar olarak stratejiler danışana daha cazip gelebilir ve diğerleriyle etkileşimde yardımcı olmayan kaçış ve çatışma süreçleri değişmeye başlayabilir. Bu noktadan itibaren, her danışan ona "güvenli belirsizlik"(Mason, 1993) hissiyatıyla hayatını yaşamasına, hepimizin yaptığı ve sorun olmadığını öğrendiğimiz gibi aynı anda riskler almaya ve başarısız olmasına izin veren bir dayanak tesis eder. Danışanlar ve yakınları genellikle bazı boyutta "eski kendisinin geri geldiği"ne dair bir his bildirir. Bizim deneyimimizde, danışan bir veya iki spesifik işlevsel alanda yoğun çalışmanın ve kendileri hakkında yeni bir "doğru" ve "olasılık" öğrenmesinin sonucu olarak bu hissi geliştirir gibi görünmektedir. Buna rağmen, daha ilerisi sosyal katılımın diğer alanlarına genelleştirmeyi destekleme tipik olarak temin edilir. Bir kere danışan daha "uyumlu" kimlik hissini elde etmeye başladığında, elde edilen kazanımların ve değişimin desteklenmesi için bir "pozitif formulasyon" veya "kimlik haritası" (Ylvisaker ve Feeney, 2000) geliştirmek için spesifik müdahaleler kullanılabilir. Danışanın deneyimlerine dayanan böyle belirgin bir pozitif formulasyon geliştirmekle biz danışanlar ve daha geniş topluluktaki alakalı diğer kişilerle paylaşılan ortak bir anlayışın somut araçlarını elde etmeyi amaçlarız. Bu bize elden edilen kazanımlar ve başarısızlıkları yönetmek için şablon veya kılavuz sağlayabilir.

Sonraki deneyler yeni veya alternatif inançları, beklentileri veya varsayımları (Mooney ve Padesky, 2000) geliştirmeye veya sağlamlaştırmaya girişebilirler. Danışanların kendilerine ve kimlik algılarının gelişimine özgü temel mesajları içeren bir yolculuk veya mücadele için bir metafor tanımlamaları sıklıkla desteklenir. Bu metaforlar güçlü klinik araçlar ortaya koyabilirler. Bu prensipler bu kitapta Yusufla (16. Bölüm) ve onun "iş ve hayat için kuralları" ve Judith'in (Bölüm 17) hasar sonrası yaşama "U dönüşü yaklaşımı" çalışmamızı tanımlayan sonraki bölümlerde gösterildi.

Değişim sürecinden hedef planlama ve sosyal sonuçları: Rehabilitasyonun altı ana bileşeni

1999'da Prigatano "bütüncül nöropsikolojik rehabilitasyon birbiriyle alakalı beş aktiviteden oluşur; bir terapötik ortam veya topluluk oluşturmak, bilişsel rehabilitasyon veya eğitim, psikoterapi, aile üyelerinin devam eden dahiliyeti ve eğitimi ve koruyucu deneme çalışması" yazdı (Prigatano, 1999, s.178-9). Son araştırmaları gözden geçirme sürecinde ve sosyal etkileşim, biliş ve duygunun yeni gelişen modellerinde, yerleşik bütüncül rehabilitasyon literatürüne yeni ışık getirmek için, takım Prigatano tarafından 2008'de gözden geçirilen (s.985-6) Biz disiplinlerarası ekibimizin 1996'da Merkez açıldığından beri nasıl çalıştığını kendimiz için dile getirmek istedik. Birleşik Krallık bağlamında belki de bizim programımızın nasıl geliştiğini yansıtan Prigatano'dan (2008) bazı farklılıklar var. Buna rağmen biz Oliver Zangwill bütüncül programının ana bileşenlerini tanımlayan altı aynı başlığı kullandık. Bu bileşenler, danışanların değişim süreci için her birinin merkezi olduğu, burada bir karışımı verilen sosyal etkileşim, duygusal ve işlevsel kısıtlamayı öneriyoruz. Bu altı ana bileşen "anlamlı işlebsel aktivite", "psikolojik terapiler", "ailelerle çalışma", "terapötik ortam", "öğrenme stratejileri ve beceri geliştirme", "ortak anlayış" başlıkları altında tarif ediliyor. Bu ana bileşenler burada rehabilitasyon programının misyonu içinde temsil edilen kavramların daha somut dile getirilmesiyle pratiğe yol göstermek için spesifik dokümanlar ve yukarıda tarif edilen rehabilitasyonun Y-biçimli modeli arasında bir bağlantı sağlamayı hedefler. Bu ana bileşenler arkasındaki düşüncemiz aşağıda tanımlanıyor.

Terapötik ortam

Bütüncül rehabilitasyondaki "Terapötik ortam" ayarlama sürecine ve sosyal katılımın artışına maksimum desteğin oluşması amacıyla tüm çevrenin (fiziksel, organizasyonel ve sosyal bakımdan) düzenlenmesi anlamına gelir. Emniyet, güven ve destek hissi bütüncül rehabilitasyon programında ortamın kalbindedir. Temel olarak hepimiz sosyal yaratıklarız. Bilişsel, duygusal ve iletişimsel becerilerimiz elbette ki boş zamanlarımızdaki ve işimizdeki aktivitelerimizle alakalıdır ama bunun ötesinde ailemizle, arkadaşlarımızla ve meslektaşlarımızla ilişkilerimiz mental sağlığımız ve refahımız için en önemli şeydir. Bu roller yoluyla hayatın anlamını ve kimlik algımızı kazanırız. Ortam-yönlendirmeli rehabilitasyon bunu şu şekilde çalışarak tanır:

- Farkındalık ve anlayışın iyileştirilmesi,
- Danışanın yaşamının pratik alanlarındaki hasarın etkilerinin azaltılması ve
- Kimlikte değişimlerin hafifletilmesi zorunlu olarak sosyal bağlamda meydana gelir.

Ortam-yönlendirmeli yaklaşımın (Ben-Yishay, 2000) arkasındaki teori danışanın kimliğinin bozulmuş algısıyla izole olmuşluk hissinden uzaklaşması ve sonra ortamın içinde kendileri ve diğerlerine dahil olma hissi ve yeniden iletişimin elde edilmesidir. Rehabilitasyonun daha sonraki aşamasında ve takip etme süresinde danışanlar bunu kendi sosyal dünyası içinde inşa ederler ve genişletirler. Sosyal bağlam "anlamı", "anlamlı işlevsel aktiviteye" getirebilir.

Beyin hasarlı insanlar yapısal olmayan çevrelerde kendilerini organize etmeyi zor bulabilir. Ortam her gün için danışanların rehabilitasyona daha dolu katılabilmelerini sağlayan yapılandırılmış ve öngörülebilir bir zaman tablosu sunar. Bu bizim sıklıkla davranışlarımızı büyük ihtimalle saygı duyulan akranların etkisi nedeniyle değiştirdiğimiz sosyal psikolojiden bilinir. Bu yüzden klinisyenlerin kişisel ve grup temelli çıktılarına ek olarak programdaki danışanlardan biri diğerine değişim için yardım edebilir. Bazı grup aktivitelerinde danışanların beraber çalışması beklenir. Bu hem "ortak anlayışa" hem de birinin diğerine karşı duyduğu paylaşılan sorumluluğa yardım eder. Bu danışanlar diğerleriyle çalışma ilişkileri üzerinde davranışlarının direk etkisini öğrendikleri için değişim süreci üzerinde diğer önemli etkidir. Araştırma diğerleriyle ilişkilerimizin kalitesinin duygusal, bilişsel ve davranışsal işlevselliğimizi etkilediğini gösterir. Danışanın topluluğunda uygulanan spesifik bilişsel ve duygusal durumlara yönelen kişisel müdahalelerin bir serisinin "ortam yönelimli" rehabilitasyon ile aynı hedefi başaracağı iddia edilebilir. Bu yaklaşımlar bazı danışanlar için çok uygun olabilir. Buna rağmen, yeni tarihli bir inceleme araştırmanın bütüncül rehabilitasyonun sosyal ve iş aktivitesinin artışı bakımından pozitif sonuçlar gösterdiğini de belirtiyor. Bu yaklaşım en az bir yıllık hasar sonrası olan ortadan ciddiye edinilmiş beyin hasarlı insanlar için savunulabilir (Cicerone ve diğerleri, 2005 Sarajuuri ve diğerleri, 2005). Ek olarak, bizim deneyimimiz ve sonuç verileri bu bütüncül yaklaşımın özellikle aynı zamanda karmaşık, birbirini etkileyen zorluklar deneyimleyebilen hafiften ortaya TBI'lı insanlara özellikle uygun olduğunu iddia eder. Programın "ortak anlayışın" gelişimi ile ilgili ana bileşeni ortamın gelişimi bakımından anahtardır. Danışanlar, sadece medikal veya psikolojik bağlamda değil kişisel olarak da, anlaşılmış olduklarını hissetmeye başladıkları için bu güvenli ve destekleyici bir atmosferi teşvik etmeye başlar. Programın fiziksel düzenlemesi de örneğin tüm danışanlar ve çalışan ekibin rutin bir rehabilitasyon aktivitesi zaman çizelgesine sahip olmasının sağlanması, çevrenin kendi kendine yeten ve fazla mücadeleci olmaması, Merkezin günlük işleyişi içinde tüm katılımcıların (danışanlar, çalışan ekip ve ziyaretçiler) dahil olmasını amaçlayan rutin toplantılar olması önemlidir. Sürecin bir kısmı bunu sağlamak için kullanılır, ben Yishay'ın (1978, 2000) Prigatano (2000) ve Christensen ve Teasdale (1995) önerilerini yansıtarak. İşbirlikçi çalışma üzerine çok güçlü bir vurgu var ve ek olarak pratik hedef planlama seansları: çalışan ekip çalışmanın duygusal etkisini yansıtmak ve takım ve danışan gruplarının güvenli ortamının gelişimini temin etmek için düzenli olarak toplanır.

Paylaşılan anlayış

Paylaşılan anlayış kavramı klinik pratikteki "formülasyon"un kullanımından (Butler, 1998) gelir. Bir formülasyon belirlenmiş teorilerden ve danışan ve ailesinin kendi kişisel görüşleri, deneyimleri ve hikayeleriyle en iyi kanıtlardan türetilen bir modelin birleşimi olan müdahale için bir harita veya rehber olarak görülür. OZC'de bu konsepti bütün bireysel klinik çalışmalarımıza ve rehabilitasyon deneyiminin bir bütün olarak nasıl düzenleneceğine uygularız. Bu konsepti paylaşılan takım vizyonunu, açık değerleri ve hedefleri kapsayan takım felsefesi içine genişletiyoruz. Araştırma ve teorileri anlamak, bilgimizi ve deneyimimizi diğer uzmanlar ve ailelerle paylaşmak, servisin akran denetimi ve eski danışanlarımızın görüş ve katkıları geliştirmeye çalıştığımız paylaşılan anlayışın ilave görünüşleridir. "Rehabilitasyon şimdi beyin hasarlı kişi, ailesi/bakıcısı ve sağlık servisi çalışanları arasındaki ortaklık olarak görülüyor" (Wilson, 2003, s.294). Böyle bir ortaklık danışan, aile ve klinik takımı arasındaki paylaşılan bir anlayışa dayanır.

Biz disiplinlerarası bir takım içinde paylaşılan anlayışın gelişimini etkili takım çalışmasının temeli olarak görürüz. Takımlar herkes takımın hedefleri ve gerekçeleri hakkında paylaşılan bir anlayışa sahip olduğunda en iyi şekilde çalışır. Beyin hasarı rehabilitasyonunda bir takım teori ve yaklaşımların gerekli olduğu fark edildi (Wilson, 2003). Bu bir dizi disiplinin katılımını gerektirir. Paylaşılan anlayış alakalı yaklaşımların ve müdahale rehberinin entegresinin araçlarını sağlar. Danışanlara ve ailelere bilgi verilmiş seçimler yapma yetkisi vermek de paylaşılan anlayışın gelişimini gerektirir. Çalışan bir ittifak "hastanın bağımlı, iyileşme döneminde olan bir kişiden daha tamamıyla işlevsel, bağımsız bireye geçişi için hayati" (Prigatano ve diğerleri, 1089, s.155) olarak görülür. Bundan danışan ve aile için spesifik ve anlamlı yeni çözümlerin meydana gelmesine izin veren, beyin hasarının karmaşık engellerine anlam vermenin yeni bir yolu, ortaya çıkar. Danışan ve aile bu anlayış ve çözümlerin gelişiminde iş birliği içinde ise yaptıkları değişimlerin daha uzun sürmesi beklenir. Danışan ve aile rehabilitasyonu umut, destek, öz savunma ve değişen kimlik hissini çözmeye yardım eden kendilerini veya durumlarını görmenin yeni bir yoluyla tamamlayabilir. Bu anlayış, programdaki diğer akranlarına, terapötik ortamı desteklemeye ve Merkez'deki ortak anlayış algısına yayılır. Bizim servisimizin kullanıcılarını dinleyerek araştırmayı klinik uygulamaya getirerek ve yaratıcı şekilde düşünerek biz alandaki uygulamamızı geliştirmek ve yenilemeyi ve anlayışımızı diğerlerine yaymayı amaçlarız.

Paylaşılan anlayışı ve bilgi değiş tokuşunu geliştirmek ve sürdürmek için bir dizi süreç vardır:

1. İş birlikçi klinik formülasyon
2. Her danışana tahsis edilmiş kişisel program koordinatörü (IPC veya 'birincil terapist')
3. Düzenli takım toplantıları ve paylaşılan dokümanları içeren disiplinler arası takım çalışması
4. Danışan, onun ailesi (uygun olan) ve disiplinler arası takımı kapsayan bir hedef belirleme süreci
5. Daha önce Merkezde karar alma, değerlendirme ve yeni servis kullanıcılarıyla iletişime katılan danışanları kapsayan kullanıcı grubu
6. Aile katılımı
7. Araştırma, eğitim ve profesyonel gelişim

Anlamlı, işlevsel, hedef yönelimli aktiviteler

Anlamlı işlevsel aktiviteyi kastederken, biz sosyal katılım içim temel form olan tüm günlük aktiviteleri kastederiz. Bunlar işsel, eğitimsel, eğlendirici, sosyal ve bağımsız yaşam alanı olarak kategorize edilebilir. Bu alanlara katılım yoluyla biz yaşamlarımıza amaç hissi ve anlam kazanırız. Günlük yaşamda bunun hakkında bilinçli olarak düşünmesek de aktivitelerimiz bireysel olarak bizim için anlamlı ve bu yüzden kimlik algımıza katkıda bulunan bazı hedeflere veya isteklere ulaşmamızı sağlar.

Rehabilitasyonun ilk hedefi bireylere hasar sonrası mümkün olduğu kadar dolu bir yaşam, gelecek için bir umut hissi olanağını sağlamaktır. Rehabilitasyonda danışan, aileleri ve genel toplum için pratik odak noktası, sosyal ve pratik rolleri ve aktiviteleri hedefleme kritiktir. Modeller en geniş anlamıyla "uğraş" hakkında düşünmemize yardım etmek geliştirildiler, örneğin "proje yönelimli müdahale" (Ylvisaker ve diğerleri 1999). Bunlar uzmanlar için bireylerin hem pratik bağımsızlıklarını hem de kendini gerçekleştirmelerini başaracak yollar sağlar.

Hedef belirleme bir danışan-yönelimli klinik aktivite düzenleme ve değerlendirme metodudur. Rehabilitasyon boyunca motivasyonu ve duygu durumunu iyileştirme için yardımcı olduğu bilinir, kişiler için hasar-sonrası durumlarındaki değişikliği fark etmek zor olabilir bu nedenle başından sonuna ilerlemenin eksikliğinde hayal kırıklığını veya baskıyı azaltır (McGrath ve Adams, 1999). Spesifik, ölçülebilir, pratik hedefler belirlemek danışan, aile/bakıcı, diğer uzmanlar ve rehabilitasyon takımı arasında paylaşılacak olan ilerlemeye bakarak açık geri bildirime imkan verir. Paylaşılan anlayış veya formülasyonun kullanımıyla ve rehabilitasyonun Y-biçimli modeliyle birlikte, hedef belirleme kimin neyi yapmakla sorumlu olduğunu netleştirmeye yardım eder. Servis ve takım için bu hedefleri belirlemek programın danışanlara hedeflerine ulaşmada yardım etmede ne kadar etkili olduğunu değerlendirmemize izin verir. Danışanların kendi hedeflerini belirlemeye dahil olmasının rehabilitasyon sonrasında kazanımları korumalarına yardım ettiğine dair de kanıtlar vardır (Bergquist ve Jacket, 1993; Webb ve Glueckauf, 1994).

İş birliği ile belirlenen hedefler zorluklar ve kaynakların 'paylaşılan anlayışını' geliştirmek için danışanlar ve onlar için anlamlı olan diğer insanlar ile birlikte çalışmayı içerir. Aynı zamanda, bağımsız yaşam becerileri, iş, çalışma, sosyal yaşam ve boş zaman aktiviteleri alanında onlar için önemli olan roller, değerler, beceriler, davranışlar ve çevreler belirlenir. Günlük aktivitelerimiz ve rollerimizin karmaşık olduğunun ve pratik becerilerimiz, etrafımızdaki insanlar ve kendimiz, diğerleri ve dünya hakkındaki hislerimiz tarafından etkilendiğinin farkındayız. Bu bağlamda, rehabilitasyon programının tüm yönleri danışanların yaşamlarının bu pratik alanlarında değişim yapmalarına olanak sağlamayla ilgilidir. Bu süreçte kullanılan anahtar teknikler: hedef belirleme, formulasyon, aktivite analizi, yansıtma, problem çözme ve davranış deneyleridir (McGrath ve King, 2004). Nihali amaç danışanların hasarları sonrasındaki yaşamları tarafından mahvolmuşluk algısının yerine gelecek için umutla bir umutla spesifik hedeflerle ilgili daha etkili başa çıkma becerileri geliştirmeleri ve bu becerilerin daha sonraki uygulamaları ve genelleştirmelerini hazırlamalarıdır.

Bu teknikler Merkez'de, yerel toplulukta ve danışanların kendi evlerinde hem birebir hem de grup belirlemeleri ile yürütülür. Danışanlar programlarının sonuna geldiğinde, danışanlara ve ailelere destek vermeye devam eden uzmanlarla, örneğin vaka yöneticisi, topluluk takımları, engelli çalışma danışmanı ve destek işçileri, artan yakınlıkta bir bağ olur. Bu kazanımların tutulmasının sağlanmasına ve kişinin hayatı değiştiği ve ilerlediği için yeni hedef alanlarına genelleştirilmesine yardımcı olur.

Telafi edici stratejiler ve becerilerin yeniden edinilmesini öğrenme

OZC rehabilitasyon programına katılan tüm danışanlar disiplinler arası değerlendirme yoluyla tanımlanmış olan bazı süregiden zorluklara sahiptir. Alanlar biliş ve iletişim (örneğin, hafıza, dil, dikkat, problem çözme, algı), psikolojik baş etme (örneğin, duygu düzenleme) ve fiziksel (örneğin, yorgunluk, kondisyon ve dayanıklılık) ihtisaslarını içerir. Bu alanlardaki problemler etkili ve yararlı tarzda 'anlamlı işlevsel aktivitelere' katılım becerilerini etkiler. Araştırma kanıtları (Cicerone ve diğerleri, 2005) ve klinik deneyim bazı spesifik işlev alanları yeniden eğitim için yatkın olabilse de bu uzun dönemli zorlukları hedef almanın en etkili yolunun, bozulan işlev için telafi edici stratejilere başvurmak yoluyla olduğunu öne sürer. Yeniden eğitim iletişim, dikkat, uzamsal ihmal ve okumayı içeren spesifik bozulmalar (Cicerone ve diğerleri, 2005) ve fiziksel formun gelişmesi için yardımcı olur. Rehabilitasyonun amacı danışanların uzun dönem hedefler olarak tanımlanan arzu ettikleri rollere ve aktivitelere katılımlarını sağlayabilmektir. Telafi edici stratejiler ve becerilerin yeniden eğitimi danışanların hedefleriyle alakalı deneyler veya projelere katılım yoluyla, çoğu strateji ve becerinin program sonrası diğer aktivitelere uygulanabileceği varsayımıyla üstlenilir. Telafi edici stratejiler beynin temel bir fonksiyonu etkin çalışmadığında ve birkaç şekil alabildiğinde kişilerin arzu edilen hedeflere ulaşmasını sağlayan alternatif yollardır. Bunlar aşağıdakileri içerir:

1. Bilişsel telafi (örneğin, sözlü hafıza zorluklarını telafi için görsel imgelem kullanımı; dürtüsellik ve öfke yönetimi için mental rutin kullanımı ve etkili iletişim sağlamak için berraklaştırma);
2. Hatasız öğrenme veya yeni bilgi veya becerilerin öğreniminin daha etkili olmasını sağlayan aralıklı yeniden düzeltme zenginleştirilmiş öğrenme teknikleri;
3. Harici yardımlar (örneğin, hafıza problemlerini yönetmek için günlük kullanma; egzersiz rutinlerini hatırlamak için kontrol listesi; görevlerde dikkati artırmak için alarmlar; sohbetin yolunda gitmesi için ipucu kartları;
4. Çevresel adaptasyon, bilişsel talepleri azaltmak amacıyla ilgili çevrenin değiştirilmesi (örneğin, sakin, konsantrasyona yardım etmek için dikkat dağıtıcı olmayan odada çalışmak; önemli sohbetler için daha az yorgunluğu bekleme).

Yeniden eğitim spesifik beyin işlevi veya becerisi performansını iyileştirmeye ve özel görev ve aktivitelerde performansı ilerletmeye girişir. Yeniden eğitim aynı zamanda, öhasardan beri işte olmamak nedeniyle veya fiziksel kondisyon eksikliği gibi kullanımın yokluğuyla kaybolan becerileri ele almaya yardım eder.

Bozuklukları yönetme ve beceriler inşa etmek için öğrenme stratejileri süreci danışanlara iyi bir farkındalık geliştirmek için destek olunması ve zorluklarının doğasının anlaşılmasıyla başlar. Bu grup çalışması (örneğin, Beyin Hasarının Anlaşılması (UBI), Strateji Uygulama veya Proje Grupları, Bağımsız Yaşama, Biliş, İletişim ve Duygu durumu Grupları) ve takım üyeleri ile bireysel seanslar yoluyla başarılır. Deneyler ve projeler düzenlemek, objektif geri bildirimler elde etmek ve yukarıda tanımlanan 'Y-biçimli' süreçle deneyimleri yansıtmak yoluyla danışanlar becerileri ve durumlarının hakkında olabildiğince etkili olmak için farkındalık geliştirmek için cesaretlendirilirler. Danışanlar başlangıçta Merkez içinde, ve sonra evde ve topluluk ortamında aktivitelere katılımı keşfetme olanaklarını tanıma ve stratejileri öğrenmek için cesaretlendirilir. Sağlanan deneyimler tarafından 'Psikolojik müdahale' ile yansıtılan ve öğrenilen ve son olarak 'anlamlı fonksiyonel aktivite' içinde beslenen bu çalışma, böylece sosyal katılımı ve kimlik algısının iyileşmesini de içerir.

Psikolojik müdahaleler

Psikolojik müdahaleler bireylerin veya ailelerin spesifik ihtiyaçlarına yönelen formülasyon-temelli çalışmaları yönlendirmekte kullanılmış spesifik psikolojik modellere dayanır. Bu modellerden gelen yaklaşımlar takım üyelerinin pozitif değişim ve spesifik problemleri çözme içinde danışanla bağlantı kurabilme yollarını sağlar. Edinilmiş beyin hasarlı insanlar öfkelerini yönetmede zorlanmaktan, depresif veya kaygılı olmaktan, hasarla gelen yavaş yavaş kabullenmeyle zorlukları tanımlamaktan ve kişisel ve sosyal ilişkilerde aksama yaşamaktan şikayet edebilirler. Hasar-sonrası değişimlere bağlı olan endişeyi (veya katastrofik reaksiyon) kişi bazı durumlardan veya engellerden kaçmayla veya diğerleriyle etkileşimde değişiklikle yönetebilir. Literatür ve klinik deneyim bize edinilmiş beyin hasarlı insanların çoğunun zamanla değişebilen ve rehabilitasyona bağlanma becerisine ve yaşam rollerinde ve işlevlerinde en iyi potansiyellerine ulaşmalarına engel olan bir dizi duygusal ve davranışsal değişim deneyimlediğinin bilgisini verir. Tehdit edildiği, değişen veya kaybolan kimlik (Tyerman ve Humhrey, 1984; Nochi, 1997, 1998) veya diğerleri tarafından yanlış anlaşılmış veya yargılanmış olduğu hissi (Nochi, 1998) yaygındır. Beyin hasarını takiben duygular, davranış, kimlik ve farkındalık aşağıdaki altı geniş alandan etkilenir (Williams, 2003):

1. Biyolojik, organik ve "vücut süreci" faktörleri, örneğin: acı, nörolojik hasarın tipi ve yeri, bilişsel bozukluk;
2. Hasar-öncesi faktörler, örneğin: önceki yaşam tarzı, kimlik, roller, hedefler, başa çıkma, ilişkiler;
3. Başa çıkma yöntemleri, örneğin: zorluklardan kaçma veya alkol kullanma;
4. Değişen duruma uyum sağlama, örneğin: hasar ve onun sonuçları;
5. Diğer insanlar ve onların tepkileriyle ilişkiler
6. Sosyal bağlam ve çevre (örneğin: ev veya iş, sosyal durumlar, topluluk) ve faydalı bilgilerin ulaşılabilirliği.

Beyin hasarının psikolojik sonuçlarının karmaşık ve birbirini etkileyici olduğu anlaşılır. Bu sonuçlar sıklıkla kişinin günlük yaşamında, rehabilitasyonda ve aile ve uzmanları içeren etrafındaki insanlarla sorunlarla varolurlar. Kapsamlı bir rehabilitasyon servisinle bu sonuçlar kişiyle ilgili tüm klinik takımın üyeleri tarafından anlaşılmalı ve ele alınmalıdır. Genel popülasyonda mental sağlık durumlarını ele alan bilişsel, davranışsal, aile ve kişiler arası terapiler, eğitsel ve grup yaklaşımlarının kullanımına dair iyi kanıtlar var. Beyin hasarı sonrası psikolojik terapiler için kanıt limitli, ama bütüncül yaklaşımlar ve bunların duygusal adaptasyon ve bilişsel strateji ve becerilerin kullanışlı olabileceğine dair bazı öneriler var (Cicerone ve diğerleri, 2005; Tiersky ve diğerleri, 2005). Detaylı değerlendirme ve formülasyon danışan, aile, rehabilitasyon takımı ve diğerleri ile bir 'paylaşılan anlayış' başlangıcı inşa etmenin araçlarını sağlar (bakın Figür 1.2, 1. Bölüm). Hasarlı kişinin kim olduğunu, aileyi ve kültürü ve hasar sebebiyle doğan problemleri anlamakla, altta yatan problem alanları tanımlanır ve disiplinler arası takımın farklı üyeleri tarafından ele alınır. Amaç danışanın "fenomenolojik sahası"yla bağlantı kurmak (Prigatano, 2000), ve birlikte hasarla ilişkili spesifik kişisel anlamlar üzerine düşünmektir. Psikolojik müdahaleler rehabilitasyon aktivitesi yapısı ve organizasyonunun, kendi başına, işlevsel alanda danışanlar tarafından üstlenilen ve içinden beslenen, bütünleyici bir parçasıdır.

Birbirine bağlı olan ve içinde beslenen, işlevsel alanlarda danışanlar tarafından üstlenilen deneyler ve projeler içinde psikolojik Müdahaleler rehabilitasyon aktivitesinin yapısının ve organizasyonunun ayrılmaz bir parçasıdır. 'Terapötik bir ortam' oluşturmak ve 'anlamlı işlevsel aktiviteler' ile uğraşma fırsatları sunmak yoluyla, biz değişim için güvenli ve destekleyici bir bağlam sağlamayı amaçlarız. Değişim süreci anlaşılır şekilde zaman içinde çetin bir süreçtir ve bir dizi psikolojik müdahale ile desteklenir:

1. Danışan ve klinik psikolog arasında bireysel psikolojik terapi seansları
2. Danışan, akrabalar ve terapistleri içeren aile danışmanlığı
3. Psikoloji endişelere dayanıksızlığın olabildiği süreçleri hedefleyen bireysel rehabilitasyon seansları
4. Nöropsikolojik danışma ve müdahale, örneğin: ilaç
5. Beyin hasarının duygusal sonuçları hakkında genel bilgi ve danışanlar, bakıcılar ve akrabalar için stratejiler sağlayan grup seansları
6. Hem grup hem resmi olmayan durumlarda, beyin hasarı deneyimine sahip diğer insanların deneyimlerini paylaşma imkanı

7. Engel oluşturan durumlara cevap vermenin yeni yollarını keşfetmek için, program süresince öğrenmenin entegre olduğu 'deney' veya proje temelli gruplara ve bireysel çalışmaya dahil olma imkanı

Kullanılan spesifik psikolojik yaklaşımlar ve teknikler, bilişsel ve davranışsal psikoterapiler, destekleyici ve eğitim danışmanlığı, grup psikoterapisi, sistemik yaklaşımlar, motivasyonel görüşme, kişisel inşa psikolojisi ve öyküsel ve pozitif psikoloji model ve terapilerini içerir.

Ailelerle ve bakıcılarla çalışmak

Aileler ve bakıcılar rehabilitasyonda bazen "sonradan akla gelen fikir"e benzer hisler belirtirler. Bileşik Krallıkta (National Service Framework for Long Term Conditions: Department of Helath, 2005) en son politika ailelerin ve bakıcıların edinilmiş beyin hasarı sonrası nasıl ciddi bir yük deneyimlediklerine vurgu yapar ve destek sağlanmasını önerir. Farklı tarzda pek çok destek sağlanabilir. Biz aile ve bakıcılarla çalışmamızı bilgi sağlama, akran desteği için imkan sağlama, rehabilitasyonun aile ve bakıcıları kapsaması ve bireysel aile danışmanlığı veya terapisi sağlama bakımından tanımlarız. Biz açıkça beyin hasarının sadece kişilere değil etraflarındakilere de etkisini 'dalga' tesiri olarak görürüz. Biz aynı zamanda bu etkilerin aileden aileye ve zaman içinde değiştiğini de kabul ederiz. Araştırma akraba ve bakıcıların rollerin ve finansal statünün değişimine cevap vermede nasıl şaşkınlık, gerginlik, belirsizlik, izolasyon ve asabiyet deneyimlediklerini vurgular. Çocuk akrabaların ihtiyaçları çok önemlidir ama genellikle ihmal edilir. Bakıcılar aile üyelerinden, arkadaşlardan, gönüllü veya para ödenen destek çalışanlarından olabilirler. Bu grupların üst üste gelen ve kesintiye uğrayan ihtiyaçları karşılanmamış ihtiyaçların seviyesi nedeniyle ve aile ve bakıcıların hasar sonrası başa çıkma ve ayarlamayı etkileyen bağlamın çok önemli bir parçası olduğundan çalışmamızda birleştirildi.

Akrabalarla ve bakıcılarla çalışmanın danışanın bireysel rehabilitasyonuna destek sağlamada yardımcı olabileceğini öneren kanıtlar var. Sadece danışanla değil aynı zamanda aile bakıcılarla paylaşılan bir anlayış geliştirildiğinde onlar terapötik ortamın bir parçası olurlar. Bu rehabilitasyonda öğrenmeden evde ve yerel topluluklarında beceri ve rol geliştirmeye geçişi, dolayısıyla sosyal katılımı kolaylaştırır. Ailelerle çalışma için spesifik müdahalelerin etkisini destekleyen araştırmalar, çok ihtiyaç olmasına rağmen yetersizdir (Oddy ve Herbert, 2003). Bizim aile üyeleriyle ilişkimiz aşağıdaki yollarla olur:

1. Aile ve bakıcıları değerlendirme ve rehabilitasyona dahil etme
2. Aile üyeleri bütün raporların bir kopyasını edinebilirler (danışanın izni söz konusudur)
3. Aile üyeleri ne gerektiği hakkında ve nasıl dahil olabileceklerini anlamak için programdaki ilk başlangıç gününe katılmaya davet edilirler.
4. Aile üyeleri ve diğerler destek sağlayanlar resmi hedef belirleme ve değerlendirme sonrası gözden geçirme toplantılarına, rehabilitasyondaki anahtar aşamalara davet edilirler.
5.- IPC özellikle aile üyeleriyle altı-aylık rehabilitasyon programı süresince ortalama on beş günde bir bağlantı kurar.
6. Aileler paylaşılan anlayışı kolaylaştırmak için hem merkezdeki hem de ev ortamındaki danışma seanslarına katılmaya davet edilebilirler.
7. 'Beyin hasarını anlamak' bilgisini sağlamak için özellikle uzman olmayanları hedefleyen bir eğitim günü yılda dört kez yürütülür. Aynı zamanda referans bilgilerine ulaşılır, örneğin: merkezdeki kitap, broşür ve videolar.
8. Devam eden 'yakınlar grup'u ile akran desteği için imkan sağlamak
9. Bireysel danışmanlık ve terapi sağlamak

Bu temel bileşenler ve bahsedilen çalışmaların bazıları 2. Ana Bölümde (grup çalışması) ve 3. Ana Bölümde (klinik vakalar) açıkça konuşuldu. Burada biz değerlendirme ile başlayan rehabilitasyon sürecinin tanımlamasıyla devam ediyoruz.

Değerlendirme ve rehabilitasyon prosedürleri

Yönlendirmeyi takiben (genellikle danışman doktor, bir psikolog, bir meslek veya konuşma terapisti veya bireysel hasar avukatı) danışanlar bir günlük ön değerlendirme için gelirler. Danışanların çoğuna bir akraba eşlik eder. Hem danışan hem de akrabası, takımın iki üyesi ile görüşülür (birlikte ve ayrı ayrı), danışana bazı standardize testler uygulanacak ve her iki taraf da bazı anketleri tamamlayacaktır. Danışan, akraba ve çalışan günün sonunda bulguları tartışmak için bir görüşmeye katılır ve sonraki aşamanın, detaylı iki haftalık değerlendirme uygulanıp uygulanmayacağına karar verirler. Biz danışana problemleriyle ilgili yardım edebileceğimizi hissetmeliyiz ve danışan katılmaya ve sonraki aşamada belirlenen karşılıklı karar verilen bazı hedeflere yönelik çalışmaya istekli hissetmeli.

İki haftalık detaylı değerlendirme grupların bazılarına katılımla beraber standardize testler, işlevsel değerlendirme, karşılıklı görüşmeler ve anketler (Bölüm 14'den 19'a da tanımlanan) ve olası hedeflerin düşünülmesini içerir. Klinik psikoloji, meslek terapisi, dil ve konuşma terapisi, fizyoterapinin dört ana disiplininin her birinden bir üye tipik olarak detaylı değerlendirmeye dahil edilir. Her disiplin kendi değerlendirmelerini yapacak, danışanların Merkez'deki diğerleriyle nasıl ilişkilendirileceği gözlemleyecek, grup içinde nasıl başa çıkacaklarını ve bireysel aktiviteleri gerçekleştirmeleriyle görecek ve danışanların tüm programdan faydalanıp faydalanmayacağını düşüneceklerdir. Resmi hedef planlama süreci bu zaman süresince başlar. Bu hedef belirleme sisteminin amacı ve nasıl başarılacağının ayrıntılarıyla belirlenmesi her danışanın programına açık bir yönelim sağlaması ve herkesin programı gözlemesine yardımcı olmaktır. Uygun hedefler danışan, akrabaları veya ilgili diğerleri (sevgili) ve personel üyeleri ile görüşmeler yoluyla tanımlanır. Hedefler program boyunca genişletilir veya ayarlanır ama ilk, ön hedefler detaylı değerlendirme periyodunun sonunda görüşülür.

Her danışan kendi IPC'sine sahiptir. Takımın herhangi bir daimi ve profesyonel olarak kalifiye üyesi bu rolü alabilir ve biz personel üyelerinden birine aynı zamanda iki danışandan fazlasını atamamayı sağlamaya çalışırız. İkinci bir IPC ek destek veya gerektiğinde yokluğun telafi edilmesini sağlamak için atanır. Danışanlar bir kez programa girdiklerinde, iki haftalık değerlendirmeyi takiben programın bireylerin ihtiyaçlarını karşılamasını koordine etmesini sağlamak için kendi kişisel IPC'leri ile tanışırlar. IPC danışan ve diğer takım üyeleri, akrabalar, ilgili diğerleri (sevgili) veya danışanın programına dahil olan herhangi aktör arasında bağlantıyı sağlayan kişidir.

Hedefleri doğrulama ve gerekirse düzenleme için bir erken görüşme olur. Bunlar IPC tarafından haftalık olarak ve yaklaşık 15 günde bir takım tarafından izlenir ve gözden geçirilir. Belirlenen hedeflerin kopyaları danışanlara verilir ve gerçekleştirilen ilerleme kişisel dosyalarında tutulur. Raporlar şu şekilde yazılır: 1. İlk bir günlük değerlendirme, 2. İki haftalık değerlendirme, 3. Programın yoğun kısmında, 4. Program sonunda 5. Üç aylık, altı aylık ve on iki aylık incelemelerde.

Danışanlarımızın yaklaşık %60'ı kendi yerel sağlık yetkilileri tarafından (örneğin: daimi ikamet yeri) ve %40'ı kişisel hasara avukatları tarafından finanse edilir. Kendi kendini finanse eden kişiler, kural olarak, sadece ülke dışından olanlardır. Biz katılma aşamasının düzgün gitmesini sağlamadaki zorluklar nedeniyle yurt dışından danışanları cesaretlendir-

Tablo 4.1: Danışan zaman çizelgesi örneği

Zaman	Pazartesi	Salı	Çarşamba	Perşembe
10.00-10.20	Halk Buluşması	Halk Buluşması	Halk Buluşması	Halk Buluşması
10.20-10.50	IPC (Donna)	Hayat Becerisi Grubu	İş Hedefi (Donna)	Bilişsel Grup
10.50-11.20	↓	↓	↓	↓
11.20	**Kahve Ortak Oda**	**Kahve Ortak Oda**	**Kahve Ortak Oda**	**Kahve Ortak Oda**
11.40-12.10	Psikolojik Destek Grubu	↓	Bilişsel rehabilitasyon (Fergus)	Psikolojik Terapi (Siobhan)
12.10-12.40	↓	↓	↓	↓
12.40	**Öğle Yemeği**	**Öğle Yemeği**	**Öğle Yemeği**	**Öğle Yemeği**
1.40-2.10	Bilişsel Grup	Bireysel İletişim Çalışması (Leyla)	Duygu Durumu Yönetimi Grubu	Bağımsız seans
2.10-2.40	↓	↓	↓	↓
2.40	**Çay**	**Çay**	**Çay**	**Çay**
3.00-3.30	UBI Grup	Strateji Uygulama Grubu	Bağımsız Yaşam Becerileri Hedefi (Jacqui)	Haftalık Gözden Geçirme
3.30-4.00	↓	↓	↓	↓

mesek de kabul ehvenişer olduğunda özellikle aile üyelerinden biri onlara eşlik edebiliyorsa veya Birleşik Krallık'ta bir akrabaları varsa nadiren diğer ülkelerden insanlara sahibiz. Ön veya detaylı değerlendirmelerden sonra uygun olduğu düşünülmeyen bu insanlar için biz sonrasında nereye gidecekleri üzerine öneri sunuyoruz.

Danışanın günü sabah 10'da başlar ve öğleden sonra 4'te biter. Dakiklik hem personel hem de danışanlar için bir (ayrıca onlar için bir rehabilitasyon hedefi de olabilen) beklentidir ve herkes her hafta gözden geçirilen haftalık bireysel zaman çizelgesine sahiptir. Tipik bir danışan zaman çizelgesi örneği tablo 4.1'de görülebilir.

Program yatışlı olmadığı için bazı danışanlar her gün araba, otobüs veya tren ile seyahat ederler. Duraktan alma ve geri götürme şeklinde ulaşım sağlanır. Uzakta yaşayan diğerleri için biz bölgede yatak ve kahvaltılı bir kalacak yer veya küçük bir hotel bulmada yardım ederiz (bu rehabilitasyonlarının bir parçası olarak görülür). Nadiren fiziksel olarak bağımlı veya amnezik bir danışan başka bir yerde hastanede kalacak veya bir aile üyesi bir apartman kiralayacak ve birkaç ay için taşınacaktır. Bu zamanda, programın olmadığı saatlerde danışana spesifik destek sağlamak için bir destek çalışanı ayarlanabilir. Bu destek tipik olarak sosyal vay duygusal doğadadır ama pratik zorluklara da genişleyebilir, örneğin yemek hazırlama veya yerel bölgeye uyum sağlama. Hafta boyunca kalacak yer gereksinimi olan danışanların çoğu hafta sonu evlerine dönerler.

Programın içeriği

Bireysel seanslar

Günlük bireysel seanslar her danışanın ihtiyacına göre planlanır. Meslek terapisi seansları ikinci aşama için iş deneyimi ayarlama gibi sosyal katılım alanlarını yönettiği kadar yorgunluk yönetimi veya hafıza gelişimi ve planlama sistemleri gibi becerileri içerebilir. Aynı şekilde dil ve konuşma terapisi seansları altta yatan ifade etme, kavrama veya sosyal iletişim veya sosyal boş zaman aktiviteleri, işlevsel alanlarda yönelimi sağlamak zorlukları ile altta yatan zorlukları ele alır.

Psikoterapi seansları genellikle egzersiz yönetiminin belirlenmesine ve mümkün olduğu kadar danışanları fiziksel alanda toplumsal çalışmaya katılımını desteklemeye odaklanır. Klinik psikoloji seansları hem bilişsel rehabilitasyon ve hem psikolojik terapiyi kapsar. Müdahaleler protokol temelli iken, rehabilitasyon asistanları rehabilitasyon aktivitesini yürütebilir. Psikologların desteklemek ve takım müdahalesine rehberlik etmek ve duygusal bozuklukları ele almak için formulasyon geliştirmeye spesifik sorumlulukları olmasına rağmen uzmanların ve sunduklarının arasında bazı çakışmalar bulunur, Seanslar bu bölümde daha önce tanımlandığı gibi deneyler ve projeler yoluyla bağlantılandırılırlar. Disiplinler arası çalışma ortak anlayışın geliştirilmesi ve devam ettirilmesi yoluyla, daha önceden yine söylendiği gibi başarılır.

Grup seansları

Yukarıda belirtildiği gibi, tüm danışanlar hem grup terapisi hem bireysel terapi alırlar. Grup seanslarının çoğu bir seminer formatında yürütülür. Grup liderinin bir bildirisi vardır ve tahtada, kağıt tahtasında yada PowerPoint slaytlarıyla bilgi sunar. Danışanlar konuyla ilgili not alır, soru sorar ve deneyimlerini paylaşırlar ve bir birlerine açıklama teklif ederler. Becerileri pratiğe dökmede yardım etmek, farkındalık yaratmak veya küçük davranışsal deneyler yoluyla öngörüleri test etmek için bilgi verme egzersizlerle karıştırılır. Her haftanın başında toplu buluşmada, çalışanlar gruplarda gündeme gelecek konuların önceden gösterimini yaparlar ve danışanlar not-alma rolünü paylaşırlar. Not-alıcı sonra haftada tanımlanan ve tartışılan, öğrenilen temel konular ve düşüncelerin olduğu haftanın sonunda buluşmada tartışmayı kolaylaştırır. Not alıcıdan bir seansın sonunda seansı özetlemesi ve önceki seansın temel noktalarının ne olduğunu gruba söylemesi istenebilir. Eğer varolan ilişki durumlarını düzeltebileceğimizi hissedersek biz grupları da değiştirebiliriz. Örneğin danışanlara hafıza, dikkat, düşünme hızı ve görsel işlemleme gibi bilişsel problemlerinin farkında olmaları ve bunların çeşitli yazma ve sözlü görevlerde işlevselliği nasıl etkileyebileceğini keşfetmeleri amacıyla Bilişsel Strateji Grubuyla güne başlardık. Danışanlara ihtiyaçları ile alakalı çeşitli telafi etme stratejileri öğretilir ve bu stratejileri pratik etme imkanı verilir. Bilişsel Strateji grubundaki görevleri günlük yaşam aktivitelerine taşımaları da cesaretlendirilir. Bu yüzden, eğer biri görsel tarama görevinde zorluk yaşadıysa, ona bunun süpermarket veya mutfakta nasıl etkileyebileceği sorulur. Operasyonun ikinci yılı boyunca, yine de danışanların bu seanslardan öğrendiklerini genelleme yapmasında çabaladıkları fark edildi ve bu yüzden daha fazla işlevsel göreve odaklanma konusunda anlaşıldı. Biz danışanların kendilerinin planlama ve organize etmelerini desteklemelerine daha aktif olarak ihtiyaç olduğunu belirledik ve bu nedenle sonra tüm danışanların gün için kendi planlarıyla gitmeleri ve ne yapacakları ve onu ne zaman yapacaklarını hatırlamaları için bir sisteme sahip olmalarının sağlanması şeklinde bir Günlük Grubu ile günü başlattık. Güncel olarak, grupları içeren program boyunca deneysek öğrenme modeli uygulamayı amaçlarız. Örneğin, şimdi 'Strateji Uygulama Grubu' gibi danışanın grupla birlikte üzerinde çalıştıkları projeler sağlayan işlevsel grupları dahil ediyoruz. Bu aktivite farkındalık ve stratejileri test etme için fırsat geliştirmenin aracı olarak kullanılır. Bilişsel gruplarda ve duygu gruplarında deneysel öğrenmeye çok büyük vurgu yaparız, bu nedenle bilgi sunulur, tartışılır, bir egzersiz yürütülür ve yansıtmalar yapılır. Bireysel psikoterapötik, iletişimsel, bilişsel ve işlevsel çalışmaları kolaylaştırmak için takım üyeleri danışanlar grup egzersizlerini yapabilirler.

Disiplinler arası stilde bir çalışma takip etmeyi denediğimiz ve farklı meslekler (profesyonel uzmanlığın kullanımını hala sürdürürken) arasında sınırları bulanıklaştırdığımız için gruplarımızın çoğu herhangi bir profesyonel çalışan ile yürütülebilir. İstisnalar daima iki kalifiye klinik psikolog tarafından yürütülen Psikolojik Destek Grubu ve daima konuşma ve dil terapistlerinden biri tarafından yürütülen İletişim Grubu'dur. Geçmişte meslek terapistlerinden biri tarafından önderlik edilen Bağımsız Yaşam Becerisi Grubu ve fizyoterapist tarafından yürütülen Fiziksel Fitness Grubu yürüttük. Diğerlerinin hepsi personelin herhangi bir eğitimli bir üyesi tarafından yürütülebilir ve grup liderlerini düzenli olarak dönüşümlü şekilde değiştiririz. Hem bilginin bağlantılandırılması hem aktivite ve anlam prensipleri hem de spesifik içerik (beceriler ve başlıkları kapsar) yukarıda belirtilen 'Y-biçimli' değişim sürecini kolaylaştırmak için zorunludur. Programda yürütülen temel gruplar (Kitabın 2. kısmında tanımlanan):

- Toplu Görüşme
- Haftalık Gözden Geçirme
- Beyin Hasarını Anlama Grubu
- Bilişsel Grup 1 (Dikkat ve Hedef Yönetme)
- Bilişsel Grup 2 (Hafıza)
- Psikolojik Destek Grubu
- Duygu durumu yönetme Grubu
- Strateji Uygulama Grubu/ Proje Grubu
- İletişim ve Sosyal Beceri Grubu
- Akrabalar ve Bakıcılar Grubu
- Kullanıcı Grubu

İş deneyimi

Programın yoğun kısmı süresince, danışanlar şimdiki rehabilitasyonları tamamlandıktan sonraki gelecek planları hakkında düşünmeye teşvik edilirler. Eğer maaşlı işlerine dönmek bir opsiyonsa o zaman programın entegre etme aşamasında iş deneyimi fırsatı ayarlanabilir. Bu pratikte nadir olsa da, en iyi durum işverenin bir işi açık tutmasıdır. Bu durumda meslek terapisti (OT) işveren ile bağlantı kurar, özel görevler ve iş için gereken beceriler ve hasarın sonuçlarının bu alanları nasıl etkileyebileceğini tanımlar ve danışan ve takımla danışanın işle alakalı becerilerini ve davranışlarını en iyi hale getirmek için telafi edici stratejileri tanımlamak üzerine çalışır. Eğer hiçbir iş danışana açık değilse mümkünse tanımlanan mesleki ilgileri alanı içinde bir gönüllü çalışma deneyimi tanımlanır. Bir kere spesifik çalışma alanı oluşturulduğunda, meslek terapisti bu yeri sağlayan ile iletişim kurar, risk değerlendirmesi yürütür ve rolleri ve Merkez, danışan ve iş deneyimi sağlayıcısı arasındaki beklentileri netleştiren bir iş alanı anlaşması oluşturur. Değerlendirme formları iş veren ve danışan tarafından ayrı ayrı tamamlanır ve takımla tartışılır (Bölüm 12'ye bakın). Meslek terapisti iş verenle düzenli iletişimde olma yoluyla iş deneyimini izler ve program-sonrası için gerçekçi mesleki hareket planı yapması için danışana destek olacak geri bildirimi vermede kullanır. Topluluktaki destek aktörleri bu planın sürdürülebilmesini sağlamak tanımlanır. İş deneyimi danışanın maaşlı çalışma için potansiyelini değerlendirmek için kullanılabilir ve aynı zamanda danışana merkezdeki grup seansları ve bireysel seanslar boyunca öğrendiği stratejileri genelleme imkanı verir. İş deneyimi danışanın stratejileri ve becerileri test etme ve Merkez içinde başlayan deneysel öğrenmelerini genişletme böylece değişim sürecinin devamını sağlaması için yeni bir çevre oluşturur. İyi kalitede geri bildirim sağlamak süreç için hayatidir. Eğer gerekirse danışan iş için gereken becerilerin ne olduğunu görmek için personelin bir üyesi tarafından izlenebilir veya danışan nasıl şeyler yapıldığını görmek için bir çalışanı izleyebilir. Başlangıçta danışanlar muhtemelen Merkeze devam ederken, iki gün iş yerine iş deneyimi içine dahil edilir. Merkezde danışanlar iş ile ilgili herhangi bir zorluğu tartışma ve deneyimi daha başarılı yapmak için geliştirilmeye ihtiyaç duyulan herhangi bir beceriyi pratik etme imkanına sahiptirler. Bazen danışanlar bir iş yerine başlamadan önce İş Becerisi Grubu yürütebiliriz (Bölüm 12'ye bakın).

Oliver Zangwill Merkezinde diğer aktiviteler

Merkezde genellikle yaklaşımımızı öğrenmeye gelen bir ülke dışı ziyaretçi olur. İlk ziyaretçimiz bir yıl boyunca kalan İtalya'dan bir Nörolog'tu. Ziyaretçilerin çoğu üç ay kalır birkaçını saymak gerekirse Japonya, Almanya, Danimarka, Tayland, Çin, İsviçre ve Arjantin'den terapistler ve öğrenciler oldu. Biz aynı zamanda araştırmalarla da ciddi şekilde ilişkiliyiz. En son araştırma bulgularını kullanarak hem uygulama ve hem de yeni değerlendirme ve tedavi prosedürleri geliştirme imkanına sahibiz. Çalışmalarımızın en başarılı serilerinden biri 2. Bölümde tanımlanan NeuroPage çalışmasıydı. Farklı dikkat eğitimi stratejilerinin karşılaştırılması, danışanlarımızın uzun dönem izlenmesi, farklı hafıza destek tiplerinin karşılaştırılması, duygu ve benlik algısı değişimlerinin tedavisi, klinik değerlendirme ve sosyal iletişimin yönetimi ve yeni standardize değerlendirme prosedürlerinin geliştirilmesi gibi diğer araştırmalar yeni tedavi tekniklerinin ve stratejilerinin incelenmesini içerir.

Sonuç

Hiç şüphe yok ki bizim merkezimiz gibi birimlere tüm dünyada şiddetle ihtiyaç duyuluyor. Beyin hasarlı çok az kişi bu tarz bir rehabilitasyon deneyimi imkanına sahip. Greenwood ve McMillan'ın (1993) Sağlık Departmanı tarafından görevlendirilmiş bir raporda dediği gibi '... beyin hasarı mağdurları için uzmanlaşmış rehabilitasyon servislerinin yokluğu bir normdur' (s.250). 2. Bölümde vurguladığımız gibi onlar rehabilitasyonun klinik ve ekonomik etkililiğinin destek kanıtlarına rağmen bu durumun olmasının 'kederli bir şekilde uygunsuz' olduğunu söyleyerek devam ederler. İlerlemeyen beyin hasarı sonrası bilişsel işlevselliğin iyileşmesine dair bir inceleme (Wilson, 1998) rehabilitasyonun bilişsel işlevselliğin iyileşmesine katkıda bulunabildiğini (Ponsford, 1997; Merzenich ve diğerleri, 1996; Tallal ve diğerleri, 1996; Katz ve Wertz, 1997; Robertson, 1999; Wilson ve Watson, 1996) veya plastisite ve egzersiz yoluyla işlevselliğin onarımının veya kısmi onarımının başarılabildiğini ortaya koydu. Robertson (1999), daha büyük lezyonlarda iyileşmenin altında muhtemelen telafi edici süreçler yatarken, küçük lezyonlardan sonra onarımın mümkün olabildiğini ortaya koyar. Kolb (1995) dil becerisinin diğer bilişsel işlevlerden daha büyük bir iyileşme eğilimi gösterdiğine inanır. Dikkat eksikliği de özellikle tek taraflı ihmallerle alakalı (Robertson ve diğerleri, 1995) bazı koşullarda spesifik eğitime cevap verebilir (Sturm ve diğerleri, 1997). Yine de beyin hasarı sonrası yaşamlarının çoklu engelleriyle mücadele eden danışanların ve ailelerin ihtiyaçlarını karşılamak için tek başına bilişsel rehabilitasyondan daha fazlası zorunludur. Bu bölümde Yehdua Ben-Yishay tarafından tanımlanan temel prensiplere dayanan belirlenmiş bütüncül veya ortam-yönelimli yaklaşımın bir ilerleme ve uyarlamasını tarif ettik. Organizasyonel engellere olduğu kadar sosyal, duygusal, bilişsel ve işlevsel ihtiyaçların karmaşık etkileşimini ele almak için güncel araştırmalar ve pek çok psikososyal teorinin iç görülerinden gelen müdahalelerle birleştirdik. Yine de bilişsel ve duygusal değişimler, sosyal bağlam ve rehabilitasyondaki değişim arasındaki karşılıklı etkileşimi keşfetmek için gelecek araştırmalar gereklidir. Ayrıca, bütüncül müdahalenin aktif bileşenlerini tanımlamak bizim merkezimizde ve diğerlerinde ortaya konduğu gibi daha az harcama etkisi ve klinik olarak daha fazla etkili, toplum bazlı programların hazırlanmasına yardımcı olabilecektir.

Kaynakça

Bennett-Levy, J., Butler, G., Fennell, M. et al. (eds.) (2004). Oxford Guide to Behavioural Experiments in Cognitive Therapy. Oxford: Oxford University Press.

Ben-Yishay, Y. (ed.) (1978). Working Approaches to Remediation of Cognitive Deficits in Brain Damaged Persons. Rehabilitation Monograph No. 59. New York: New York University Medical Center.

Ben-Yishay, Y. (2000). Post-acute Neuropsychological Rehabilitation: A Holistic Perspective. In A. L. Christensen and B. P.

Uzzell, eds., Critical Issues in Neuropsychology, International Handbook of Neuropsychological Rehabilitation. New York: Kluwer Academic/Plenum Publishers, pp. 127–36.

Ben-Yishay, Y. and Prigatano, G. (1990). Cognitive Remediation. In E. Griffith, M. Rosenthal, M. R. Bond and J. D. Miller eds. Rehabilitation of the Adult and Child with Traumatic Brain Injury. Philadelphia: FA Davis, pp. 393–409.

Bergquist, T. F. and Jacket, M. P. (1993). Awareness and Goal Setting with The Traumatically Brain Injured. Brain Injury, 7 (3), 275–282.

Butler, G. (1998). Clinical formulation. In A. S. Bellack and M. Hersen, eds., Comprehensive Clinical Psychology. New York: Pergamon Press, pp. 1–24.

Cantor, J. B., Ashman, T. A., Schwartz, M. E. et al. (2005). The Role of Self-discrepancy

Theory in Understanding Post Traumatic Brain Injury Affective Disorders: A Pilot Study. Journal of Head Trauma Rehabilitation, 20(6), 527–43.

Christensen, A. L. and Teasdale, T. (1995). A Clinical and Neuropsychological Led Postacute Rehabilitation Programme. In M. A. Chamberlain, V. C. Neuman and A. Tennant, eds., Traumatic Brain Injury Rehabilitation: Initiatives in Service Delivery, Treatment and Measuring Outcome. New York: Chapman and Hall, pp. 88–98.

Cicerone, K. D., Dahlberg, C., Malec, J. F. et al. (2005). Evidence-based Cognitive Rehabilitation: Updated Review of the Literature from 1998 through 2002. Archives of Physical Medicine and Rehabilitation, 86 (8), 1681–92.

Conway, M. A. (2005). Memory and The Self. Journal of Memory and Language, 53(4), 594–628.

Department of Health (2005). The National Service Framework for Long Term Conditions. London: DoH.

Goldstein, K. (1959). Notes on The Development of My Concepts. Journal of Individual Psychology, 15, 5–14.

Greenwood, R. J. and McMillan, T. M. (1993). Models of Rehabilitation Programmes for The Brain-injured Adult - II: Model Services and Suggestions for Change in the UK. Clinical Rehabilitation, 7, 346–55.

Katz, R. C. and Wertz, R. T. (1997). The Efficacy of Computer-provided Reading Treatment for Chronic Aphasic Adults. Journal of Speech and Language Hearing Research, 40(3), 493–507.

Kolb, B. (1995). Brain Plasticity and Behaviour. Hillsdale, NJ: Lawrence Erlbaum.

Mason, B. (1993). Towards Positions of Safe Uncertainty. Human Systems, 4, 189–200.

McGrath, J. and Adams, L. (1999). Patientcentred Goal Planning: A Systemic Psychological Therapy? Topics in Stroke Rehabilitation, 6, 43–50.

McGrath, J. and King, N. (2004). Acquired Brain Injury. In J. Bennett-Levy, G. Butler, M. Fennell et al., eds., Oxford Guide to Behavioural Experiments in Cognitive Therapy. New York: Oxford University Press, pp. 331–48.

Merzenich, M. M., Jenkins, W. M., Johnston, P. et al. (1996). Temporal Processing Deficits of Language-learning Impaired Children Ameliorated by Training. Science, 271(5245), 77–81.

Mooney, K. A. and Padesky, C. A. (2000). Applying Client Creativity To Recurrent Problems: Constructing Possibilities and Tolerating Doubt. Journal of Cognitive Psychotherapy, 14(2), 149–61.

Nochi, M. (1997). Dealing with the "Void": Traumatic Brain Injury as a Story. Disability&Society, 12(4), 533–55.

Nochi, M. (1998). "Loss of self"in the Narratives of People with Traumatic Brain Injuries: A Qualitative Analysis. Social Science&Medicine, 46(7), 869–78.

Nochi, M. (2000). Reconstructing Selfnarratives in Coping with Traumatic Brain Injury. Social Science & Medicine, 51(12), 1795–1804.

Oddy, M. and Herbert, C. (2003). Intervention with Families Following Brain Injury: Evidenced-based Practice. Neuropsychological Rehabilitation, 13(1/2), 259–73.

Ponsford, J. (1995). Mechanisms, Recovery and Sequelae of Traumatic Brain Injury: A Foundation for the REAL approach. In J. Ponsford, S. Sloan and P. Snow, eds., Traumatic Brain Injury: Rehabilitation for Everyday Adaptive Living. Hove: Lawrence Erlbaum Associates, pp. 1–31.

Prigatano, G. P. (2000). Rehabilitation for Traumatic Brain Injury. The Journal of the American Medical Association, 284, 1783.

Prigatano, G. P. (2008). Neuropsychological Rehabilitation and Psychodynamic Psychotherapy. In Morgan, J. E., and Ricker, J.H. Textbook of Clinical Neuropsychology. New York: Taylor & Francis, pp. 985–95.

Prigatano, G. P., Fordyce, D. J. and Zeiner, H.K. (1986). Edwin A. Weinstein's contribution to Neuropsychological Rehabilitation. Neuropsychological Rehabilitation, 6(4), 305–26.

Robertson, I. H. (1999). Theory-driven Neuropsychological Rehabilitation: The Role of Attention and Competition in Recovery of Function After Brain Damage. In D. Gopher and A. Koriat, eds., Attention and Performance XVII: Cognitive Regulation of Performance: Interaction of Theory and Application. Cambridge: MIT

Press, pp. 677–96.
Robertson, I. H., Tegnér, R., Tham, K., Lo, A. and Nimmo-Smith, I. (1995). Sustained Attention Training for Unilateral Neglect: Theoretical and Rehabilitation Implications. Journal of Clinical and Experimental Neuropsychology, 17, 416–30.
Sarajuuri, J. M., Kaipio, M. L., Koskinen, S. K. et al. (2005). Outcome of A Comprehensive Neurorehabilitation Program for Patients with Traumatic Brain Injury. Archives of Physical Medicine and Rehabilitation, 86(12), 2296–302.
Silver, A., Surawy, C and Sanders, D. (2004). Physical Illness and Disability. In J. Bennett-Levy, G. Butler, M. Fennell et al., eds., Oxford Guide to Behavioural Experiments in Cognitive Therapy. New York: Oxford University Press, pp. 310–27.
Sturm, W., Willmes, K., Orgass, B. and Hartje, W. (1997). Do Specific Attention Deficits Need Specific Training? Neuropsychological Rehabilitation, 7, 81–103.
Tallal, P., Miller, S. L., Bedi, G. et al. (1996). Language Comprehension in Languagelearning Impaired Children Improved with Coustically Modified Speech. Science, 271(5245), 81–4.
Teasdale, J. D. and Barnard, P. J. (1993). Affect, Cognition and Change: Re-modelling Depressive Thought. Hove: Lawrence Erlbaum Associates.
Tiersky, L. A., Anselmi, V., Johnston, M. V. et al. (2005). A Trial of Neuropsychological Rehabilitation in Mild-Spectrum TBI. Archives of Physical Medicine and Rehabilitation, 86, 1565–74.
Tyerman, A. and Humphrey, M. (1984). Changes in self-concept Following Severe Head İnjury. International Journal of Rehabilitation Research, 7(1), 11–23.
Vygotsky, L. S. (1960/1978). Internalisation of Higher Psychological Functions. in M. Cole, V. John-Steiner, S. Scribner and E. Souberman, eds., L. S. Vygotsky Mind in Society: The Development of Higher Psychological Processes. Cambridge MA: Harvard University Press, pp. 52–7.
Webb, P.M. and Glueckauf, R. F. (1994). The Effects of Direct Involvement in Goal Setting on Rehabilitation Outcome for Persons with Traumatic Brain Injury. Rehabilitation Psychology, 39, 179–88.
Williams, M. (2003). Neuro-rehabilitation and Cognitive Behaviour Therapy for Emotional Disorders in Acquired Brain Injury. In B. A.
Wilson, ed., Neuropsychological Rehabilitation: Theory and Practice. Lisse: Swets and Zeitlinger, pp. 115–36.
Wilson, B.A. (1998). Recovery of Cognitive Functions Following Non-progressive Brain Injury. Current Opinions in Neurobiology, 8, 281–7.
Wilson, B. A. (1999). Case Studies in Neuropsychological Rehabilitation. New York: Oxford University Press.
Wilson, B. A. (2003). Goal Planning Rather Than Neuropsychological Tests Should be used to Structure and Evaluate Cognitive Rehabilitation. Brain Impairment, 4(1), 25–30.
Wilson, B.A. and Watson, P.C. (1996). A Practical Framework for Understanding Compensatory Behaviour in People with Organic Memory Impairment. Memory, 4, 465–86.
Yeates, G., Henwood, K., Gracey, F. and Evans, J. (2007). Awareness of Disability After Acquired Brain İnjury (ABI) and the Family Context. Neuropsychological Rehabilitation, 17(2), 151–73.
Ylvisaker, M. and Feeney, T. (2000). Reconstruction of Identity After Brain Injury. Brain Impairment, 1, 12–28.
Ylvisaker, M., Feeney, J. and Feeney, T. J. (1999). An Everyday Approach to Long-term Rehabilitation After Traumatic Brain İnjury. In B. S. Cornett, ed., Clinical Practice Management for Speech Language Pathologists. Gaithersburg: Aspen Publishers, pp. 117–61.

2. Kısım

5

Grup Müdahaleleri
Beyin Yaralanmasını Anlama (BYA) Grubu

Barbara A. Wilson, Andrew Bateman ve Jonathan J. Evans,
çeviren: Yrd. Doç. Dr. Özden Erkan Oğul

Giriş

Beyin yaralanmasını anlama grubu, tartışılabilir, Oliver Zangwill merkezindeki (OZM) nöropsikolojik rehabilitasyona dair en önemli grup programıdır. Belki de, kişilerin kendilerine ne olduğunu, beyin yaralanmasından nasıl etkilenmiş olduklarını ve ne çeşit iyileşme beklediklerini anlamalarına yardım etmenin esas yoludur. Bu bilgi farkındalığın ve kendine saygının artmasının temelini oluşturur ve 4. Bölümde tanımlandığı gibi hem "ortak anlayışın" hem de güvenli bir "terapötik çevre" geliştirme sürecine önemli ölçüde katkıda bulunur. Diğer gruplar beyin yaralanmasının (ör; hafıza, dikkat ve emosyonel problemler) sonuçlarını daha detaylı olarak içermesine rağmen, BYA grubuna aşılamaya çalıştığımız kabul etme ve anlama olmaksızın diğer grupların başarılı olma olasılığının daha az olduğu düşünülür.

Merkezin felsefesinin merkezi, mümkün oldukça kişilerin güçlü ve zayıf yanlarına dair iyi bir farkındalık geliştirmelerine ve kendilerini savunmayı öğrenmelerine fırsat vermektir. Beyin yaralanmaları, özellikle problemleri fark etmeyi, anlamayı ya da onlara cevap vermeyi daha fazla zorlaştıran kognitif bozukluklar bağlamında şaşırtıcı bir deneyim olabilir. Kişilerin büyük çoğunluğu için, beyin yaralanması ve onun sonuçları hakkındaki bilgi kişinin buna dair önceki deneyimleri ile sınırlıdır. BYA grubunun amaçlarından biri beyin yaralanmasının sonuçlarını normalleştirmektir. Eğitici, seminer tarzı düzenleme beyinin nasıl çalıştığı ve yaralanmadan nasıl etkilenebileceğini tanımlamak için kullanılır. Seminer şekli (formatı); kişileri doğrudan kendi yaralanmalarının sonuçları ile yüzleştirmek yerine, beyin yaralanmasının birçok sonucu olabileceği ve onu etkileyen bu sonuçları kişinin öğrenme ve tanıma fırsatına sahip olduğu duygusunu aktarır. Ayrıca diğerlerinin farkındalık ve keşfetme sürecine model oluşturan kişiler aracılığı ile grup içinde tartışmalar yapılır. Bu, 4. bölümde tanımlanan "Y şekilli modeli" öğrenmenin döngüsel sürecini takip eder. Bu sayede, rehabilitasyonun erken fazında, kişiler sıklıkla güvenli bir ortam içinde yeni olasılıkları hayal etmeye başlayarak (davranışsal deneyimlere dayanan "bilgi") yeni bilgiyi keşfetme ve yansıtma ile uğraşırlar. Kişiler genellikle yaşadıkları bir zorluğu (ör; dikkat zorlukları) fark ettikleri zaman yorum yapacaklardır. Grubun başka bir amacı, beyin yaralanması ile ilgili teknik dilin bir kısmını belirtmek ve onlara açıklık getirmektir. Kişiler kendileri hakkındaki raporları okumuş fakat içeriği tam olarak anlamamış olabilirler. Onlara daha önceden terminoloji açıklanmamış olabilir. Bu yüzden grubun bir amacı, mümkün olduğunca kişilerin beyin yaralanmaları ile ilgili dil ile rahat olmalarına olanak sağlamaktır. "Beyin hasarlı" olma ya da kognitif bozukluklara sahip olma ile bağlantılı etiketlenme devam eder. Grubun ilerideki amacı kişinin yaralanma ve bozukluklar arasındaki ilişkiyi ve yaşayacağı zorlukları anlamasına olanak sağlamaktır.

Kişiler sıklıkla ne olduğunu anlamak ve grubu kısa süreli görmek için 2 hafta detaylı değerlendirmeleri sırasında BYA grubuna katılmaya başlamalarına rağmen, aslında müfredat kişiler tam bir programa başladıkları zaman başlar. Herkesin BYA grubuna katılması gereklidir. Bu grup genellikle haftada 1 saatlik seanslar ile yaklaşık 8 hafta sürer. Bununla beraber, katılımcıların öğrenme tarzı ve kapasitelerine bağlı olarak, biz dağılımı farklı olarak da organize etmekteyiz. Örneğin; BYA grubunun toplantıları yarım saatlik seanslar halinde haftada 4 kezi kapsayabilir. Yapılanma bir ölçüde kişinin ihtiyaçlarına ve çalışma hızına bağlıdır ama gerekirse her iki durumda da grup 12 hafta boyunca yoğun fazda çalışabilir. Grup genellikle 4-6 hasta ve farklı disiplinlere ait 2 personelden oluşur. Grup çalışması bireysel seanslar içerisinde hastaların kendi kişisel portföyünü oluşturmaya başlaması sırasında desteklenir. Bu portföy için önerilen şablon Ek 5.1' de sunulmuştur.

Her toplantının başında grup lideri herkese gruba hoşgeldiniz der ve birinden en son ne söylendiğini özetlemesini ister. Her toplantıdaki bilgiler genellikle bir bilgisayar projektörü kullanılarak sunulur. Tartışma ve sorular her zaman, özellikle hastanın kendi deneyimi ile ilgili bir şey sunulduğu zaman cesaretlendirilir. Slaytlara ek olarak, grupta daima bir beyin modeli ve video-teyp örnekleri gibi görsel-işitsel destek vardır ve uygun olduğunda grup egzersizleri kullanılır. Bazen toplantılar, öğrenilen bilgiyi güçlendirmeye çalışan bir sorgulama ile sonlanır. Her bir hastaya kendi dosyalarına koymaları için basılı bir metin gibi toplantıya ait bir materyal verilir.

Müfredat

Müfredat için 3 ana bölüm vardır: nöroanatomi, yaralanmanın mekanizmaları ve iyileşmenin mekanizmaları. Dolayısıyla muhtemelen, 2 seans nöroanatomi, 3 seans yaralanmanın mekanizmaları ve 3 seans iyileşmenin mekanizmaları üzerinde harcanılacaktır. Biz katılımcıları kişisel ilgilerine dair konuları sormaları için davet ederiz. Bu bazı toplulukların bir dizi konu hakkında ekstra bilgi istedikleri anlamına gelir. Örneğin son gruplar "kafa yaralanmasını" ve "demans" riskini, "değişen uyku ve rüyaları" ve "ses algısı ve gürültüye duyarlılığı" içeren toplantılar istemiştir.

Biz gerekirse seans sayısını artırarak ya da azaltarak, bireysel hastalar için en iyi hızda çalışarak ve gerektiği gibi materyal ekleyerek ya da adapte ederek daima esnek olarak hazırlandığımızı vurgulamayı istememize rağmen şimdi bu gruplar için kişisel seans planlarına dair bazı örnekler sunuyoruz.

Birinci Toplantı: Öğrenmek için motivasyon oluşturma

Ek 5.1 bu toplantı için yazılı metni içermektedir. Bu oturum gruba katılmak için motivasyonu oluşturmak ve öğrenme çıktılarını netleştirmek için planlanır. Katılımcılar beyin hasarı hakkında bilgi edinmek isteme nedenlerini tartışmak için davet edilir. Biz zamanın bir kısmını grubun önceliklerini tanımlamak ve bazı öğrenme çıktılarını belirtmek için anketle harcarız. Bu toplantı sonrasındaki ev ödevinin amacı hazırlanan müfredatta listelenmeyen başlıkları tanımlamaktır (Toplantıyı derinlemesine düşünmek için biraz zaman ayırın ve "Benim beyin hasarım hakkında anlamak istediğim şey…?" açıklamasını tamamlayın).

İkinci ve Üçüncü Toplantılar: Nöroanatomi

Kişiler grupta karşılanırlar, son toplantıdan ev ödevleri tartışılır ve daha sonra toplantının ana amaçları özetlenir. İlkin kişilerin beyin anatomisi ile tanıştırılması ve kullanılan terminolojiye alıştırılması vardır. İkinci olarak, kişiler farklı tip yaralanmalar ve hastalıklar (ör; travmatik kafa yaralanmaları, inme ve ensafalit) sırasında beynin nasıl zarar görebileceğini öğreneceklerdir. Üçüncü amaç beyin yaralanmasındaki iyileşme mekanizmalarını anlamayı geliştirmektir ve dördüncü amaç beynin farklı alanlarının hasarının sonuçlarının öğrenilmesidir. Herhangi bir soru ve tartışma konusu ileri sürülür sürülmez beyin ve kafatası anatomisinin bir şekli gösterilir. Oturum lideri kranium, serebral kortex, serebellum, beyin sapı, spinal kord ve serebrospinal sıvının pozisyon ve fonksiyonlarını tanımlamak için bunu kullanır. Bu her zaman mevcut olan beyin modellerine başvurma ile desteklenilir. (Adam, Rouilly'den ulaşılabilecek (www.adam-rouilly.co.uk/) bir dizi yararlı yüksek kaliteli modeller vardır.) soru ve cevaplar baştan sona cesaretlendirilir. Hastalara yazılı metinlerde sağlanan tüm bilgileri tekrarlamakta fayda vardır ve ayrıca hastalar not almaları için cesaretlendirilir. Anatomi eğitimini desteklemek için kullanılabilir bazı çok iyi web tabanlı kaynaklar vardır. Ör; Tüm beyin atlası (Johnson ve Becker, 1995-1999) ayrı ayrı özelliklerin tanınmasına yardım eden anlaşılır oklar ile eşzamanlı trans-axial, sagital ve koronal manyetik rezonans görüntüleri sağlar. Biz güncel tıp dergilerinden edinilebilir görüntüleri kullanmayı da yararlı bulduk. Ör; Nakayama ve arkadaşları (2006) kapalı travmatik kafa yaralanmalı bireyleri incelemek için difüzyon tensör manyetik rezonans görüntüleme kullandı. Biz kişilerin ak madde yolaklarını daha iyi anlamasına olanak vermesi bakımından onların makalesini ve görüntülerini yararlı bulduk ve bazen onların rutin CT taramalarının yalnızca yeni görüntüleme teknikleri kullanılarak görülebilecek önemli değişiklikleri göstermediğine işaret edildi. (Makalede kullanılan görüntülemelere dair power point slaytlarına makalenin internet sitesinden ulaşılabilir, http://jnnp.bmj.com/).

Son yıllarda, kişilerin bir CD-ROM üzerinde kendi beyin tarama görüntülerinin bir kopyasını başvurdukları hastaneden elde edebilmeleri mümkün olabilmektedir. Biz genellikle ayrı bir seansta, görüntülere ve nöroradyoloğun raporuna bakarız. Seçilen bir resmi bastırırız ve temel özellikleri ile ona etiket koyarız. Bu, yaralanmış olabilecek beyin bölgeleri ve onların fonksiyonlarına dair güncel anlayış arasındaki ilişkiyi açıklamak için daha fazla fırsat sağlar. Bu yaklaşım; son zamanlarda farkındalığın geliştiğini ve benzer kısa bir müdahaleden sonra anksiyete ve depresyonun azaldığını gösteren Robert ve arkadaşları (2006) tarafından yapılan küçük bir çalışmada bir miktar araştırma desteği bulmuştur.

Aralıklı bilgi alınmasına olanak sağlamak için özet çizelgesi

Her haftanın başında topluluk toplantısında, bir kişi gruba geri bildirim vermek için gönüllü olur. Bütün gruplara "özet sayfaların" sunulması ile bilgi alma ve bilginin kodlanması desteklenir ve bunlar haftalık görüşmelerde bariz bir şekilde geri bildirimler için kullanılabilir. Özet sayfalar her seansın sonunda kullanılır. Grup, gönüllülerin haftalık görüşmelerde hatırlanacak ana noktaların ne olacağına karar vermesine yardım etmek için cesaretlendirilir.

Dördüncü ve Beşinci Toplantılar: Yaralanmaların mekanizması

Bu bölüm, merkezde görülen kişilerin karşılaştıkları en olası beyin hasarının 5 tipine dair bir tartışma ile başlar. Bunlar: (1) Travmatik kafa yaralanması, (2) vasküler olaylar (subaraknoid kanama ve rüptüre olmuş anevrizmaları içeren stroke), (3) infeksiyonlar (genellikle ensefalit), (4) hipoksi (beyne oksijen eksikliğinden kaynaklanan beyin hasarı) ve (5) beyin tümörleridir.

Bununla beraber, hastalarımızın yaklaşık %70'inin uzun süreli böyle bir yaralanması olduğu için travmatik kafa yaralanmasını anlamaya daha fazla zaman ayrılır.

Grup hafif, orta ve ciddi kafa yaralanmasının sıklığını öğrenir ve gereken şekilde daha fazla istatistik sunulur. Ayrıca, üyeler kafa yaralanmasının sınıflaması içindeki açık ve kapalı kafa yaralanmalarına dair bilgi edinir. Kapalı bir beyin yaralanmasından sonra beynin en sık hasarlanan alanına dair bir şekil gösterilir ve hastalar kendi yaralanmalarına dair anladıkları hakkında konuşmaya teşvik edilir.

Altıncı Toplantı: Yaralanmanın ciddiyeti ve yoğun bakım deneyimi

Bir sonraki toplantı yaralanmanın ciddiyetini sınıflamanın farklı yönleri üzerinde odaklanır. Ciddiyeti sınıflandırmanın en yaygın iki yolu sunulur: Biz klinisyenlerin komanın derinliği ve süresini ve travma sonrası amnezinin (TSA) uzunluğunu ölçtüğü şekli ana hatlarıyla belirtiriz. Bazı hastaların onlara ne olduğunu anlamak için yoğun bakım notlarını incelemeye istekli olduklarını gördük. Bazen bu süreç boyunca yatak yanında akrabalar ya da hemşire tarafından bir günlük tutulmaktaysa, kişinin kayıtlı olan bu periyottaki hafıza parçalarının örtüşmesi için kişisel planda çalışmak mümkün olmaktadır. Biz kesinlikle bu tip günlüğün tutulmasına olanak sağlamak için akut sektördeki meslektaşlarımızı teşvik edeceğiz.

Grup, travmatik beyin yaralanmasının patoloji ve fizyolojisini inceler. Bunun amacı belgelenmiş olan araştırmaların ve müdahalelerin anlaşılmasına katkıda bulunmaktır. Bazı bireyler için gerekli detay seviyesi, ilaç çizelgesinin incelenmesini ve onların bakımı hakkında çeşitli kararların ne zaman, nerede ve kim tarafından verildiğinin belirlenmesini içermektedir.

Diğer tip beyin travmaları tartışılır. Hastalardan elde edilen geri bildirim şunu gösterdi: beyin hasarının diğer tiplerinin öğrenilmesiyle, hastalar kendi bilgilerinde göreceli olarak uzman haline geldikleri için, akranlarının problemlerini de anlarlar ve bu Merkez'de ya da Headway'da buluştukları diğer kişiler ile iletişime geçilebilmesi bakımından değerlidir.

Yedinci ve Sekizinci Toplantı: İyileşmenin mekanizması

Beyin yaralanmasını anlama grubunun son toplantıları iyileşmenin mekanizması ile ilgilidir. Bu; (1) nörolojik iyileşme, (2) koma, (3) komadan sonra meydana gelenler, (4) Travma sonrası amneziden sonra ortaya çıkanlar (PTA), (5) yaralanmanın ciddiyeti ve iyileşmenin süresi, (6) farkındalığın geliştirilmesi ve değişim, (7) farkındalığın yönetilmesi ve (8) hayata devam etme gibi başlıklar altında düşünülür. Güncel bilimsel çalışmaları içeren bu konuları gösteren kaynakların yararlı olduğu tespit edilmiştir

Dokuzuncu Toplantı: Diğerleri kendi beyin yaralanmalarını nasıl anlamıştır?

Bu toplantı, hastanın bağımsız olarak üstlenmeyi isteyebileceği ve sonraki aylarda elde edebileceği iş üzerinde karar verme sürecini başlatmak için kullanılır. Bazı hastalar başkasının beyin yaralanmasına dair deneyimi hakkında bir film izlemeyi yararlı bulmaktadırlar. Böyle bir film Ağustos 2004'de BBC 4'de gösterildi ("Storyville: Ben şimdi kimim?" başlıklı (David, 2003) film travmatik beyin yaralanmasından muzdarip olan, iyi bilinen (İngiltere'de) BBC muhabiri Sheena McDonald vasıtasıyla yaralanma sonrası değişikliklerin bir incelemesiydi. O "o farklı olmalı" şeklindeki fısıltılara meydan okur ve kendi beyin yaralanmasının kendisine ve çevresindekilere olan etkisini aile üyeleri ve iyileşmesinin daha erken dönemlerinde ona bakan klinisyenler ile yaptığı görüşmeler yoluyla gösterir. Hastalarımızın bazısı anlaşılabilir şekilde bunun izlemek için zor bir film olduğunu düşündü ve film geniş bir yelpazedeki duygusal reaksiyonları (ör; kızgınlık, sempati, hayal kırıklığı, minnettarlık) uyandırmıştı. Bununla beraber, biz hastaların gelecekte kendilerini nasıl açıklamak isteyeceklerine dair hastaların ilgisini çekebilecek çeşitli nedenler için bunun yararlı bir egzersiz olabileceğini hissettik. Psikolojik terapi uygulayan klinik psikolog ile işbirliği yoluyla sunulan film tarafından yürütülen "davranışsal deneyim" doğasının düşünülmesi; zihinde öğrenmenin belirli bir noktasıyla filmi izlemek için hazırlanmasına ve tahminde bulunmasına yardımcı olabilir. Filmi izledikten sonra hastaların filme verdikleri reaksiyonlarının doğasından dolayı onlardan bilgi almak için zaman gereklidir ve eğer bir davranışsal deneyim olarak kullanılırsa bu psikolojik terapide ya da diğer ilgili toplantılarda ayrı ayrı takip edilebilir.

"Ortak anlayış"ın gelişimi, bazı hastalar ile yaralanma hakkında somut bilgi üzerindeki çalışmadan ya da olaylara dair bir zaman çizelgesi oluşturmadan elde edilebilirken, diğerleri için bu çok karışık ya da onların verilen amaçlarına uygunsuz olabilir. Kompleks bilginin basitleştirilmesi ve aktarılması yoluyla mecazi sunumların geliştirilmesi standart bilişsel terapi oluşturmada desteklenmektedir ve yine hastalarımızın bir çoğu tarafından yaralanma sonrası kendi sezilerinde spontan olarak kullanılmaktadır. Bizim temel portföyümüzden farklı olan bir iş yapmayı seçen önceki hastalardan sanat projelerine dair örnekler topladık. Bunlara bakmak için biraz zaman ayırmak birçok hastaya ilham olmuştur. Örneğin; bir hasta, Richard, bir subaraknoid kanamadan dolayı hastanedeki döneminden öncesi, hastane dönemi ve hastane dönemine kadar hayatının farklı aşamalarından fotoğrafların bir montajını, karışık bir medya kurgusunu oluşturmak için isminin harflerini kullandı (Bundan bir alıntı için bkz şekil 5.1).

Bu kitabın kapağı bir hastanın sanat eserinden başka bir örnek sunar. Stuart ciddi hafıza ve planlama sorunları yaşadı. Bunlar ile birlikte bilişsel engelli biri olarak geleceği hakkında düşünmek için hem bilişsel hem de motivasyonel engelleri vardı. Başlangıç olarak, onun beyin hasarına yol açan hastalığın öncesi, sonrası ve hastalık boyunca kendinin bir tanımını detaylandıran beyin yaralanmasını anlama projesi için yaklaşık 3 bölüm düşünmüştü. Bununla beraber psikolojik tedavide yer alan çalışma kapsamında; bunun potansiyel olarak "kişilik çelişkisini" sürdürmeye ve kesin, gerçekçi ve yararlı bir şekilde gelecek hakkında düşünme ile ilişkili tehditten kaçınmaya izin verdiği görüldü. Bu Stuart üzerinden yansıtıldı ve böylece onun beyin yaralanmasını anlama projesi bir seferde kendi geçmiş ve geleceğini düşünme deneyimi olarak ortaya çıktı (Duygusal uyumu kolaylaştırmak için gerekli olduğuna inandığımız için).

Stuart öncelikle onun yaralanma öncesi ve yaralanma sonrası kişiliklerini ağaçlar gibi tanımlamayı düşünmüştü ve bu yüzden kendisini temsil etmenin bir yolu olarak tek bir ağacı kullanmayı denemesi kabul edildi. Herhangi bir davranışsal deneyimle olduğu gibi, kuralcı olmaktan ziyade merak ve keşfetme duygusu ile tereddütle bunun içine girildi. Stuart hızlıca bu proje ile ilgilendi. O, bir çalışma ile ilgili hedef için bir hafıza stratejisi olarak "zihin haritalarını" kullanmış bulunmaktaydı (bkz bölüm 7, Hafıza grubu) ve bu gelişen beceri üzerine dayandırabildi. O kendi köklerini, duyguları, mantığı ve kişiliği (güven, kararlılık, mizah) kendisine dair arka plandaki temel gerçekleri olarak tanımladı. Onun başarıları, beyin hasarına rağmen asla çürümeyen, "daima taze" kalan kalıcı başarıları olarak tanımladığı meyveler (onun lise sınav sertifikaları) gibi gösterilmiştir. Bazı dallar (yapraksız) geçici kayıpları temsil eder. Birçok vakada yeni filizler ortaya çıkıyor olmasına rağmen, onun yaralanması tanımladığı yerde budanmış dallar yeteneklerinin değiştiğini betimler.

Ayrıca, Stuart farklı durumların büyümeyi nasıl etkileyeceği hakkında konuşabiliyor ve güneş ışığı, yağmur ve toprağın onun hayatında neyi temsil ettiğini tanımlayabiliyordu. Bu fikirler ona desteğin ve hakkında anlaşılabilir şekilde kararsız hissetmiş olduğu stratejilerin (kişiler, beceriler, durumlar açısından) gelecekte kullanımını tartışmasına yardım etti.

Bundan dolayı, "ağaç motifi" olarak beyin yaralanmasını anlama projesi, yaralanmadan dolayı kaybetmemiş olduğu ve halen gurur duyabileceği birçok yaşam kazançları olduğunu görmesi için ona yardım etti. Aynı zamanda, yeni ve devam eden büyüme kavramı onun programının diğer safhalarında gelecek hakkında daha yararlı olmaya ve somut görüşmelere başlaması için onun bu benzetmeyi kullanmasına izin verdi.

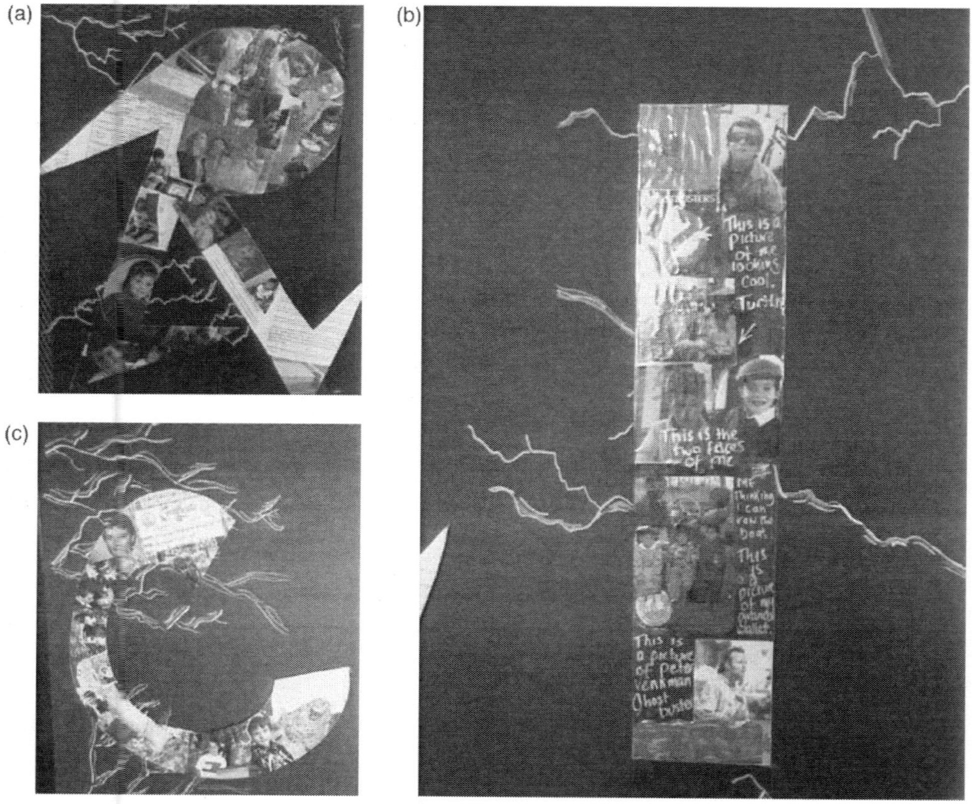

Figür 5.1: Sanat yoluyla "Ben kimim?" araştırması (keşfi): Richard beyin yaralanmasının öncesinde ve sonrasında yaşamındaki önemli olayları ayrıntılarıyla açıklamak için ismindeki harfleri kullanarak bir zaman çizelgesi oluşturdu. Bu şekil, her bir harfin yaklaşık olarak 1m uzunluğunda durduğu onun çalışmasından bir alıntıyı gösterir. Richard Harrison'ın sanat çalışması, onun izniyle.

Bağımsız ve denetlenen toplantılar

Resim ya da diğer bireysel yaratıcı çalışma

Yukarıda bahsedildiği gibi, her bir hasta ona ne olduğunu ve yaralanmanın, hastalığın ve hasarın sonuçlarını açıklamak için bir portfolyo oluşturur. Portfolyonun hazırlanması ve tamamlanması ayrı ayrı ve bağımsız toplantılarda yapılır ve bu beyin yaralanmasını anlama grubuna bir destektir. Biz ek 5.1'de portfolyoyu tamamlamanın çeşitli şekilleri için bazı boş şablonlar sunarız. Dört ana bölüm vardır: hastaların hiçbiri 4 bölümün hepsini tamamlamaz. Tamamlandığı zaman hastalar, rehabilitasyonlarının amaçlarına bağlı olarak beyin yaralanmasının etkisini diğerlerinin anlamasına yardım etmek için bunu bir aile üyesine, işverene, iş arkadaşına ya da personele sunar. Bu genellikle rehabilitasyon programının parçası olarak hastadan ulaşması beklenen amaçlardan biridir (ör; X, kişinin bireysel program koordinatörü tarafından onaylandığı şekilde beyin yaralanmasının yapısı ve sonuçlarını işverenine doğru bir şekilde açıklayabilecektir). Program devam ederken ve toplumla bütünleşme aşamasına doğru ilerlerken, hasta ortak anlayışlarını mevcut ve yeni kavramlar içerisine yaydığı için bilgi edinme ve bu bilginin geliştirilen beceriler ile bütünleşmesi, farkındalık ve güncellenen kimlik duygusu hasta, takım ve diğerleri için merkezi bir kaynak haline gelir. Bu, stratejilerin (bkz Yusuf, bölüm 16), Steven'nın ağacı gibi benzetmelerin, daha detaylı "pozitif formülasyonların" (bkz Judith, bölüm 17) ya da ortak anlayışın ve çevresel ve içeriksel değişiklikleri yapmayı desteklemeye dair tavsiyelerin (Simon ile çalışmamızdaki gibi, bölüm 18 ve Adam bölüm 19) kişiselleştirilmiş bir "alet kutusu" şeklini alabilir.

Sonuçlar

Bu grup, programın diğer bütün unsurlarını etkiler ve Y-şekilli modelde Y'nin birleşiminde betimlendiği gibi, katılanların günlük hayatında stratejileri uygulaması ile bilgiyi bütünleştirmesi için sıçrama tahtası sağlar. Katılanların kendileri ve kendi durumları hakkındaki bilgisi üzerine güven sağlamak için planlanılan programın bir aşaması olarak, bu "Uzman Hasta programı (UHP)" yaklaşımını destekleyen Sağlık Departmanı (2006) ile tutarlıdır. Günümüzde grup, EPP'dan farklıdır çünkü grup meslek dışı olan kişi ya da hasta önderliğinde değildir. Bununla beraber gelecekteki gruplara yardım etmek için katılımcıların eğitimi yoluyla böyle bir grupta daha geniş katılım sağlanabilir.

1. toplantıda kullanımı önerilen form üzerinde kaydedilen puanlardaki değişiklikleri kullanarak izolasyonda grubun sistematik değerlendirmesi (bkz ek 5.1) henüz denenmemiştir ve bu gelecekteki araştırmalar için bir hedeftir. Bu formların ön incelemesi, programın 12 haftasına kadar hastaların rutin olarak kendi bilgileri hakkında daha güvenli hissettiğini gösterir. Hem kendi hem de diğerleri ile tutarsızlığın azalmasının ve sosyal katılımla ilgili hedef alanlarda performansın gelişiminin gerçekten bu gruptaki katılıma bağlı olup olmadığını tespit etmek önemli bir zorluktur.

Sonuçta; bu grup ortak bir anlayış geliştirme konusunun bir parçası olarak bir bireyin beyin yaralanmasının detaylarına dair araştırma yapmanın gerekliliğini vurgular. (4. Bölüm). Ayrıca, bu grup için kullandığımız malzemeler bakım verenler ve yakınları için bizim yılda 4 kez merkezde devam ettirdiğimiz Beyin Yaralanmasını Anlama Çalıştayı için kullanılır. (aileler ve bakım verenlerin temel unsuruyla çalışmamızın bir parçası olarak, bkz 10. Bölüm). Bu, ortak anlayışın merkezin dışına yayılması için bir yoldur.

EK 5.1: BYA Grubunda Birinci toplantıda kullanılan yazılı materyallerin örnekleri: Beyin yaralanması hakkında bilgi edinmek için motivasyonun oluşturulması

Beyin Yaralanması Sürecini Anlama Programı

Bu belgenin amacı bu programı öğrenmeye dair bazı seçenekleri özetlemeye yardımcı olmaktır.

Arka Plan (Geçmiş)

Beyin yaralanmasını anlama bizim yaklaşımımız için şu anlamlara gelir:

- Beyin ve yaralanmanın etkisi hakkında bilgimizin (ve bilginin eksikliğinin) paylaşımı
- Patolojiyi (hastalık sürecini) anlama
- Bilişsel sonuçları anlama
- Emosyonel sonuçları anlama

Bu bilgi paylaşımının uyum sağlama ve anlamlandırma ile yardımcı olabileceği Oliver Zangwill ekibinin görüşüdür.

Tam başlangıçta, bir negatif odak riski hakkında -olası tüm problemleri listeleme- ya da potansiyel olarak büyük bir müfredat tarafından ezilme hissi konusunda endişe duymak normaldir.

Bununla beraber, genel amaçlar; kişinin kim olduğunu, kendisi hakkında duygularını anlaması ve yeni şeyler keşfetmek için genelde rehabilitasyon programında ve verilen durumlarda stratejilerin ya spontan ya da istendiğinde kullanımı yoluyla hastaların sonuçların yapısını anladığını göstermesi için kendini temsil etmesi hakkındadır- (beyin yaralanmasının yapısını ve sonuçlarını açıklayabilmek)

Öğrenme Metotları

Seminer sunumları
Portfolyo tamamlama
Akranlara Sunum – afiş (poster) ile veya sözlü
Sanat eseri veya video hazırlama
Bir zaman çizelgesi oluşturma
Filmlerden veya kurgulardan benzetmeler bulma
Rehber eşliğinde okuma
Önceki değerlendirme bulguları
Benim beyin görüntülemelerim ile çalışma

Beyin Yaralanmasını Anlamanın Amaçları

Kişiden kişiye değişecektir.

Önerilen Müfredat

1. BYA nedir? Genel Bakış
2. Anatomi
3. Diğer genel bilgiler ör; yaralanmanın tipleri (açık-kapalı yaralanmalar, vs), yaralanmanın ciddiyeti (PTA, GCS) (Bunu 2 oturuma yaymak gerekebilir)
4. "Şimdi ben kimim?" filmini izleme
   Hastalara bilgi sağlamasının yanı sıra özellikle kendi deneyimleri hakkında konuşma fırsatı veren daha sonraki 4 hafta. Diğer gruplara gönderme yaparak kendinize dair şefkatli bir anlayışı cesaretlendirme.
5. Beyin sarsıntısı sonrası sendromu
6. Subaraknoid kanama
7. Enfeksiyon-Ensefalit
8. Özet, sağlanması gereken başka herhangi bir bilgi, kişilerin öğrenmiş oldukları şeyi yansıtma, bireysel projeler için ajanda oluşturma.

Diğer seçenekler şunları içerebilir:
İyileşme sürecini, yorgunluğu ya da diğer gruplarda ele alınması planlanmamış diğer semptomları araştırma;
Söylentiler ve riskler;
Günümüzdeki araştırma ya da gelecekteki araştırma;
Fizyoloji ve biyokimya ve ilaçlar
… …

Öğrenme Çıktıları

Bir BYA grubundan elde edilebilecek bir dizi sonuç burada listelenmiştir:
(a) Beyin yaralanmasını anlama, davranışlarda değişiklikler ve stratejilerin kullanımı yoluyla gösterildi.
(b) Bir dizi olası stratejinin farkında olma
(c) Beyin hasarı hakkında bilgiyi araştırabilme ve yorumlayabilme
(d) Bilgiyi günlük yaşama uygulayabilme
(e) Bilgi hakkında çoklu bakış açısı sağlama
… … …

HEDEFLER	ŞU ANKİ BİLGİ BİRİKİMİNİZDEN NE KADAR MEMNUNSUNUZ?	SİZİN İÇİN NE KADAR ÖNEMLİ?
Beyin yaralanması hakkında bilgi edinmek İçin 12 haftaya kadar..........		
a) Kendimi ve niçin terslikler olduğunu daha iyi anlayabilirim.		
b) Kendimi daha toleranslı hissedebilirim.		
ci) Böylece merkezdeki kişilere ne olduğunu açıklayabileceğim.		
cii Böylece aileme olayları açıklayabileceğim		
d) Böylece beni tanımayan kişilere açıklama yapabileceğim.		
e) Böylece gelecekte başvuracağım bazı bilgilere sahip olacağım.		
f) Böylece gelecekte daha fazla araştırma yapacağım yeri bileceğim.		
g) Böylece ben özgeçmişimde bir poster / makale/ paragraf hazırlayabilirim.		
h) Böylece ben hastane notlarımı anlayabilirim.		
ı) En son araştırmalardan haberdar olmak		
j) Araştırmacılara tavsiyede bulunabilme		
k) Beyin yaralanması olan diğer kişilere yardım etme		
l) OZC internet sayfasına/ kitabına katkıda bulunma		
m) Headway toplantısında konuşma		
n) Başka amaçlar		

Portföy hazırlama örneği için şablonlar

1a. Beyin yaralanmamın bilişsel sonuçları

Benim....... ile problemlerim var. (ör; hafıza, dikkat, dil)	Bu şu anlama gelir......	Bu sorunun ortaya çıktığı zamana pratik bir örnek .....

1b. Beyin yaralanmamın duygusal/davranışsal sonuçları

Benim....... ile problemlerim var. (ör; öfke, endişe, depresyon)	Bu şu anlama gelir......	Bu sorunun ortaya çıktığı zamana pratik bir örnek .....

1c. Beyin yaralanmamın fiziksel sonuçları

Benim....... ile problemlerim var. (ör; kısıtlı hareket, ağrı, yorgunluk)	Bu şu anlama gelir......	Bu sorunun ortaya çıktığı zamana pratik bir örnek .....

2. Strateji tabloları: Zorluklarım için kendi başlarına ya da diğer stratejiler ile birleştirerek kullanabileceğim çeşitli stratejilerden yararlanabilirim.

Benim....... ile problemlerim var. ör; hafıza, dikkat (her problem ayrı şekilde)	Kullanabileceğim stratejiler	Bu problem için bu stratejileri kullandığım zamana pratik bir örnek .....

3. Duruma Özel Strateji Tabloları

Durum:

Bilişsel/duygusal/fiziksel talepler (ör; hafıza, sinirlilik, yorgunluk, kaygı, planlama)	Kullanmam gereken stratejiler

4. Alana Özgü Strateji Tabloları

4a. Ev/ev hayatı ile ilgili görevleri ve aktiviteleri yürütmek için kullandığım stratejiler şunlardır:

Görev, aktivite ya da ihtiyaç alanı	Kullanmam gereken stratejiler

4b. İş/çalışma hayatı ile ilgili görevleri ve aktiviteleri yürütmek için kullandığım stratejiler şunlardır:

Görev, aktivite ya da ihtiyaç alanı	Kullanmam gereken stratejiler

4.c. Sosyal yaşam ile ilgili görevleri ve aktiviteleri yürütmek için kullandığım stratejiler şunlardır:

Görev, aktivite ya da ihtiyaç alanı	Kullanmam gereken stratejiler

4.d. Boş vakit ilgilerim ile ilgili görevleri ve aktiviteleri yürütmek için kullandığım stratejiler şunlardır:

Görev, aktivite ya da ihtiyaç alanı	Kullanmam gereken stratejiler

Dokuzuncu Toplantı: Diğerleri beyin yaralanmalarını nasıl anladı?

BYA Grubu

Görev, zihinde aşağıdaki sorular ile beraber "Şimdi ben kimim?" BBC filminin bir kaydını izlemektir:

1. Sheena kendi beyin yaralanmasını anlama hakkında nasıl yol aldı?
2. Onun başardığını düşünüyor musunuz?
3. Ne öğrendi?
4. Filmin hangi bölümünden çok hoşlandın?
5. Filmin hangi bölümünü çıkarabilirsin?
6. Filmin hangi bölümü daha çok seninle ilgiliydi?
7. Eğer film sana herhangi bir fikir verdiyse- ya da senin beyin yaralanmanı anlamanı geliştirdiğini nasıl göstereceğine dair başka bir fikrin varsa; Senin BYA projen için ne yapmak istersin?

Bireysel Proje Çalışması Fikirleri

Beyin Yaralanmasını Anlama Portföyü: İstenen bilginin zemini

- Bana ne oldu ve ne zaman oldu?
- Ne tip bir yaralanmam var? (ör; travmatik beyin yaralanması, inme, vs.)
- Beynimin hangi alanları zarar gördü ve nasıl hasarlandı? (ör; frontal loba kontüzyon)
- Ben hastanedeyken bana ne oldu? (ör; ameliyatlar, görüntüleme işlemleri)
- Hastanede ne kadar kaldım?
- Benim Glasgow Koma Skalam neydi? Komanın ve travma sonrası hafıza kaybının (eğer alakalıysa) uzunluğu neydi ?
- Bu neyi gösterir?
- Beyin hasarımın en başından bu güne hangi müdahaleler yapıldı? (ör; yatarak rehabilitasyon, ayaktan tedavi, Headway)

Kaynakça

David, C. (2003). Who am I now? BBC Four Storyville. Available at:www.bbc.co.uk/bbcfour/documentaries/storyville/who-am-i.shtml (accessed April 2008).

Department of Health (2006). Our Health, Our Care, Our Say: A New Direction for Community Services. CM6737. London:HMSO.

Johnson, K. A. and Becker, J. A. (1995–1999). The Whole Brain Atlas. Available at: www.med.harvard.edu/AANLIB/home.html (accessed April 2008).

Nakayama, N., Okumura, A., Shinoda, J. et al.(2006). Evidence for White Matter Disruption in Traumatic Brain Injury Without Macroscopic Lesions. Journal of Neurology, Neurosurgery, and Psychiatry, 77, 850–5.

Roberts, C. B., Rafal, R. and Coetzer, B. R. (2006). Feedback of Brain-imaging Findings:Effect on Impaired Awareness and Mood in Acquired Brain Injury. Brain Injury,20(5), 485–97.

6 Bilişsel Grup, 1. Bölüm: Dikkat ve Hedef Yönetimi

Jonathan J. Evans, çeviren: Prof. Dr. Gonca Bumin

Giriş

Hafıza, dikkat ve yürütücü bozukluklar Oliver Zangwill Nöropsikolojik Rehabilitasyon Merkezine gönderilen hastaların en yaygın bilişsel bozukluğudur ve bu nedenle onlar Kognitif Grubun odağıdır. Bu grubun amacı bilişsel problemleri tedavi etmek için kullanılabilen stratejileri deneyimlemek ve bilgi kazanmanın yanı sıra bu alanlarda kişilerin kendi zorlukları hakkında daha iyi farkındalık geliştirmelerine yardım etmektir. Bölüm 5'te tanımlanan Beyin Yaralanma Grubunu Anlama (BYGA) gibi grup formatı hastaların kendi problemlerini ve yararlı gördükleri stratejileri tartışma yoluyla birbirlerinin yanı sıra grup yöneticisinden de öğrenmelerini sağlar.

Grup; dikkat ve yürütücü fonksiyonlara (hedef belirleme yönetimi ve problem çözme gibi terimleri kullanmak için başvurulan) odaklanma ile başlar ve daha sonra hafızayı gözden geçirerek ilerler.)Bu bölüm grubun birinci kısmını tanımlayacaktır; (D&HY ve bunlar ile ilişkili olangünlük zorluklar çok fazla iç içe girdiği için bu kavramlar birlikte ele alınacaktır. Dikkat ve yürütücü fonksiyon bozukluklarında tedavinin etkisini gösteren kanıtları düşünerek başlıyoruz.

Dikkat ve yürütücü fonksiyonların rehabilitasyonu: Kanıta dayalı

Dikkat ve yürütücü fonksiyonların rehabilitasyonu ile ilişkili kanıt nispeten azdır. Bu eğitim(bilgisayarlı bilişsel eğitim programlarının) programlarının fonksiyonel aktivitelerdeki performansa genellenip genellenmeyeceği ile ilgili daha az kanıt olmasına rağmen bilgisayarlı bilişsel eğitim programlarını kullanarak özel dikkat fonksiyonlarının eğitiminin yararlı olabileceği ile ilgili bazı kanıtlar vardır (Sturm *ve ark.*, 2002). Dikkat problemlerinin kompanse (telafi) edilmesi veya tedavisi için stratejilerin kullanılmasında eğitimin faydalı olduğu ile ilgili kanıt güçlüdür (Cicerone *ve ark.*, 2005). Park ve Ingles tarafından yapılan meta-analiz (2001) dikkat bozukluğu olan kişilerin fonksiyonel aktivitelerdeki performansının eğitim ile iyileştirilebileceği hipotezini desteklemek için iyi kanıtlar olduğunu belirtmektedir. Fonksiyonel aktiviteler üzerinde direk olarak çalışma ile hastalar dikkat zorluklarını kompanse etmek için strateji geliştirebilir veya bazı vakalar daha az bilinçli dikkat gerektiren görevler gibi belirli görevlerde daha becerikli olabilir ve dikkat zayıflığı nedeniyle daha az hata yapabilirler.Sürdürülen dikkatin özel fonksiyonel görevlerde dereceli olarak şekillendirilmesi ile eğitilebileceğine yönelik bazı kanıtlar vardır (İnceleme için Manly (2004) bakınız). D&HB grubunda dikkat bölümü; dikkat ve konsantrasyonla ilgili kişilerin kendi zorluklarının daha iyi farkına varmasını, dikkati yönetmek için hangi stratejilerin günlük durumlara uygulanabileceğini ve dikkati daha iyi anlamayı geliştirmek için kişilere yardım etmeyi amaçlar.

Bazı çalışmalar grup temelli beceri eğitim yaklaşımlarını kullanmanın yürütücü fonksiyonlarda artış sağladığını belirtmektedir ve D&HY grubunun yapısını oluşturmada bu literatürden faydalandık. Örneğin von Cramon *ve ark.* (1991) ve von Cramon ve Matthes-von Cramon; (1992) ismi "problem çözme terapisi (PÇT)" olan grup temelli bir yaklaşım tanımlamıştır. Tedavinin amacının daha çok genel dürtüsel yaklaşımın tersine hastaların problemleri çözme, duruma adapte olma ve adım adım işlemleme yaklaşımında yeterliliğini sağlamaktır. Terapi açıkça D' Zurilla ve Goldfried'in (1971) mental sağlık problemi olan yetişkinlere duygu durum yönetiminde etkili olabilecek problem çözme çerçevesini işaret eder. Tedavi grubunun özel amacı problem çözmenin her bir ayrı aşamasını başarmak için hastaların yeteneğini artırmaktır. Görevler aşağıdaki alıştırma becerileri için tasarlanır:

1. Problemleri belirleme ve analiz etme
2. Önemsiz ve ilgisiz verilerden problem çözümü ile ilişkili bilgiyi ayırma
3. Uygun şekilde birbiri ile kombine edilebiliyorsa birbiri ile ilişkili farklı parçalar arasında ilişkiyi tanımlama
4. Fikirler/çözümler üretme
5. Bir problemi çözmek için farklı mental tasarımları kullanma
6. Çözümün uygulanmasını izleme ve çözümleri değerlendirme

Von Cramon *ve ark.* (1991) PÇT alan bir hasta grubunu, grup temelli hafıza terapisi alan kontrol grubuyla karşılaştırdı. Araştırmacılar PÇT alan hastaların; hafıza grubundaki kontrol hastalarıyla karşılaştırıldığında genel zeka ve problem çözme testlerinde daha iyi olduğunu gösterdiler. Von Cramon *ve ark.* günlük durumlara genellemeyle ilgili mevcut kanıt olmamasına rağmen eğitimsiz test görevlerinde problem çözme becerilerinin bazılarında genelleme olduğunu gösterdiler.

Rath *ve ark.* (2003) problem çözme eğitimi alan 27 hastanın sonuçlarını "geleneksel tedavi" alan 19 kontrol grubu hasta ile karşılaştırdı. Genel bilişsel iyileştirme eğitimi ve psikososyal çalışma ile kombine edilen geleneksel tedavi haftada 2-3 saat şeklinde 24 seans uygulandı. Problem çözme grubu da birebir 24 seans olacak şekilde haftada 2 saatlik grup şeklinde yapıldı. İlk 12 seansta odak noktası Rath ve ark.'nın "problem oryantasyonu" olarak tanımladığı konuydu. Bu fazda affektif reaksiyonlar, tutum ve beyin yaralanması sonucu kaynaklanan problemlerle baş etme konuları üzerinde duruldu. İkinci 12 seans daha önce von Cramon grubunun tanımladığı farklı problem çözme aşamaları ile daha spesifik problem çözme eğitimi üzerinde odaklandı. Grubun etkisi nörofizyolojik testler, anketler ve bağımsız bir değerlendirici tarafından puanlanan problem çözme senaryosu ve rol oynama ile ölçüldü. Rath *ve ark.* problem çözme eğitim grubunda Wisconsin Card Sorting Test performansında, problem çözme becerilerinin öz değerlendirme oranlamasında, net düşünme ve emosyonel düzenlemede ve belki de en önemlisi rol oynamalı senaryodaki gözlemci puanlamasında iyileşme olduğunu buldular. Düzelme ayrıca 6 aylık takipte de devam etti.

Bu nedenle günlük problemleri çözmek için sistematik bir yaklaşım olarak katılımcıları cesaretlendiren ve problem çözme sürecinin her bir aşamasına odaklanan grup temelli yaklaşımın etkisine yönelik bazı olumlu kanıtlar vardır.

Hedef yönetimi veya problem çözme süreci için önemli olan çalışma hafızası için bir metafor olarak mental karatahta kavramını D& HY grubuna dahil ettik. Levine ve ark. (2000) Robertson (1996) tarafından belirlenen hedef yönetimi eğitiminin (HYE) kullanımını tanımladı. HYE tekniği Duncan'ın (1986) "hedef ihmali" kavramından temel aldı. Prensip frontal lob lezyonu olan hastaların problem çözümü (ve hedefe ulaşma) ile ilgili genel hedef listelerini (veya hedef altı) oluşturmada başarısızlığı ve/veya ana hedefleri veya diğer hedeflerini başarmak için ilerlemeyi gözlemlemede başarısızlıktır. Mental karatahta, çalışan hafızada görevlerin ve bunların daha alt gruplarının nasıl yazıldığını göstermek için kullanılır. Eğitim hasta için tanımlanan bazı aşamalardan oluşur: (1) Dur! Sor, "Ne yapıyorum" Mental karatahtayı kontrol et, (2) Başarılması gereken ana görev ve hedefleri tanımla, (3) Hedefi başarmak için gereken adımları ve aşamaları listele (4) Adımları öğren (5) Adımları uygula (6) Mental karatahtayı kontrol et ve sor "Planladıklarımı yapıyor muyum?" Levine *ve ark.* (2000) travmatik beyin yaralanmalı bir grupta ve herpes simplex ensefaliti olan bir kadın olguda HYE' nin etkisi için bazı kanıtlar sağladı. Oliver Zangwill D& HY Grup Merkezinde hedef yönetim ve problem çözme yaklaşımlarını kombine ettik.

Grubun tanımlanması

Bilişsel grup rehabilitasyon programının ilk 12 haftasında uygulanır. Grubun ilk yarısı dikkat ve hedef yönetimi; ikinci yarısı ise hafızayı içerir. Bununla birlikte her konu için ayrılan seans sayısı esnektir ve gruptaki hastaların ilerleme hızına bağlıdır. Bilişsel Grup haftada bir kez toplanır molalarla birlikte 2 saate kadar uygulanır. Grup genellikle bir psikolog ve bir yardımcı psikolog tarafından yürütülür (fasilite edilir). Her danışanın gruptaki materyalleri incelemesi, kendisi ile ilişkili grupta hangi konuların tartışılacağı, günlük yaşamında grupta tartışılan stratejileri nasıl uygulayacağını belirlemek için bireysel olarak ilave en az 40 dakikası vardır.

Dikkat ve hedef yönetim grubunun içeriği için genel ana hatlar aşağıda verilmiştir ve hastanın ihtiyacına göre daha hızlı ve daha yavaş sunulmasına rağmen 6 seans olarak uygulanır. Seansların çoğu (1) eğitim/bilgi ve (2) dikkat ve hedef yönetimi ile ilgili bir pratik görevi kapsar. Bazı seanslar bir ev ödevini de içerebilir. Eğitim bölümü tepegöz kullanarak bir yürütücü (fasilitatör) ile tartışmayı içerir.

Tüm hastaların dikkat ve hedef yönetiminin tüm alanlarında zorluk yaşamadığı kabul edilmelidir ve grubun bazı yönleri diğerlerinden daha az ilişkili olabilir. Dahası dikkat ve yürütücü bozukluklardan kaynaklanan bazı zorlukları ile iyi baş eden hastalar olabilir. Bununla birlikte grubun en önemli faydası grup fasilitatörü tarafından sunulan stratejileri hastaların onaylamasıdır.

Grup programı dikkat üzerinde odaklanma ile başlar; yürütücü fonksiyonları tartışma ile devam eder ve daha sonra iki alanın çakıştığı konulara odaklanılır. Tüm grupla birlikte katılan hastalar arasında tartışmaya da büyük önem verilir.

Seans 1

Eğitim

- Giriş ve grubun amaçları
- Dikkat nedir?
    - Dikkat teriminden kişiler ne anlıyor?
    - Dikkatin tanımlamaları
- Dikkatin fonksiyonları
    - Dikkat güneşi- Dikkati gerektiren birçok bilişsel fonksiyonun görsel açıklaması
- Dikkati etkileyen faktörler neler?
    - Dikkati etkileyebilen genel faktörler
    - Beyin yaralanması gibi dikkati etkileyen durumlar

- Beyin yaralanmasını takiben dikkatle ilgili yaygın görülen problem örnekleri
- Dikkat tipleri
  - Seçici
  - Sürekli dikkat

İlk hafta grubun amacı hastaların farklı dikkat tiplerinin olduğu (beyin yaralanması ile farklı derecelerde etkilenebileceği) ve beyin yaralanmasının dikkati nasıl etkilediğini (örneğin yorgunluk, çevre, stres, ağrı) daha iyi anlamalarını sağlamaktır. Bu bilgi dikkat yönetiminde bir temel sağlamak için tasarlanır.

Uygulamalı görevler

Dikkatin farklı tiplerini göstermek için birçok uygulamalı görev yapılır. Örnekler sürekli dikkat ile ilgili bilgisayarlı görev, diğerleri konuşurken biriyle sohbet etme (seçici dikkat), birisiyle sohbet ederken oyun kartlarını sınıflandırma (bölünmüş dikkat) ve harita üzerinde seçilen yerleri bulma (seçici dikkat)

Ev ödevi

Kısa Dikkat Testi (ek 6.1 e bakınız) - Katılımcılara farlı durumları gösteren, bu durumda herhangi bir zorluk yaşayıp yaşamadığını ve ne tip dikkat gerektirdiğini soran kısa bir anket verilir. Örneğin;

> Gürültülü bir kalabalığın içindeyseniz, sizinle konuşan kişiyi dinlerken zorluk yaşıyor musunuz? Evet/Hayır
> Film izlerken veya kitap okurken kafanızı toplayabiliyor musunuz? Evet/Hayır
> Bunun ne tip dikkati daha fazla gerektirdiğini düşünüyorsunuz?

Kendini izleme günlüğüne giriş

Bireysel çalışmalarının bir parçası olarak hastalardan dikkat veya problem çözme/hedef yönetimi ile ilgili deneyimledikleri bir problemi örnek olarak basılı bir izlem sayfasına yazmaları istenir. Bunun amacı günlük yaşamda dikkat/problem çözme ile ilgili hastaların farkındalıklarını artırmaya başlamaktır.

Seans 2

Ev ödevini gözden geçirme

Grup dikkatle ilgili test görevini gözden geçirmeyle başlar. Genellikle bu seans dikkat tipleri ve beyin yaralanması sonrası en fazla zorluk olan dikkat alanları tartışması ile devam eder. Daha sonra dikkatin nöroanatomisi üzerinde kısaca odaklanılan eğitim bölümü ile devam eder ve tekrar beyin yaralanmasının nasıl zorluklara neden olduğu konusuna önem verilir.

Eğitim

- Dikkatin anatomisi
- Beyin yaralanması ve dikkat problemleri ilişkisi
- Mental karatahta kavramına giriş
  - mental karatahtaya yazma
  - mental karatahtayı kontrol etme

Anatomi bölümü dikkatle ilişkili beynin farklı parçalarının farklı fonksiyonlarını gösteren basit fikirler sunar. Çoğu hastanın tüm detayları hatırlayamayacağı düşünülür fakat bu çalışmanın dikkatin farklı türleri, beyin yaralanması ile farklı şekilde etkilenebileceği ve farklı stratejilerin gerekli olduğu konusunda mesajların pekiştirilebileceği ümit edilir. Gruba daha sonra Robertson'un (1996) HYE'den köken alan mental karatahta kavramı anlatılır. Bu gerçekten hastaların kolayca kavradığı yararlı bir kavramdır ve dikkat ve hedef yönetimi arasında bir bağlantı oluşturmak için kullanılır. Mental karatahta mental çalışma alanı ve çalışan bellek için yararlı bir benzerliktir. Hastalara sürekli dikkatin mental karatahtadaki şeyleri nasıl koruyacağı, seçici dikkatin karatahtaya nasıl bir şeyi koyacağı ve diğerlerini koruyacağı, bölünmüş dikkati karatahta üzerine birden fazla şey koyacağı ve ikisi arasına anahtar düğmesi koyacağı anlatılır.

Benzerlik dikkatle ilişkili problemlere-seçici dikkatle ilişkili zorluklara da uygulanır ve sadece birine odaklanmak zordur. Sürekli dikkat zorlukları karatahta üzerindeki bir şeylerin karıştırıldığı ve başka bir şeyle yer değiştirdiği anlamına gelir. Kavram mental karatahta üzerinde idare edilen çoklu görev gereken farklı durumları da göstermek için kullanılabilir. Bununla ilişkili bir örnek çoklu görev gereken yemek hazırlamaydı. Bunu daha fazla göstermek için adı "çikolata sürpriz şirketi" olan uygulamalı bir görev yapıldı.

Uygulamalı görev

Çikolata Sürpriz Şirketi. Bu görev 20-30 dakika sürer. Senaryo hastaların hepsinin çikolata şirketinin çalışanı olduğu şeklindedir. Her kişiye bir kimlik (satış görevlisi, muhasebeci, insan kaynakları müdürü) ve alıştırma süresince tamamlanması gereken bir seri görev (mektup yazma, şekilleri dizme, telefon görüşmesi yapma, sayıları kontrol etme) verilir. Görevleri takiben hastalarla mental karatahta fikri ile yapılan bağlantılar ve kendiliğinden kullandıkları stratejiler (örneğin yazılı bir planı kullanma) ve bu görevler sırasında ne kadar başarılı oldukları tartışılır.

Ev ödevi

Hastalardan mental karatahtayı kullandıkları yerin olduğu bir örneği not almaları ve bir sonraki hafta bunu gruba getirmeleri istenir. Birkaç alt görevin olduğu çoklu bir görev örneği ile açıklama yapılır.

Seans 3

Ev ödevinin gözden geçirilmesi

Grup ev ödevinin tartışılması ile başlar. Hastalardan önceki hafta verilen çoklu görev örneğini tanımlamaları istenir. Tipik örnekler yemek hazırlama, alışverişe gitme, çocukları okula hazırlama, araba kullanma gibi görevleri içerir.

Eğitim

- Dikkat yönetimi için stratejilerin açıklanması
  - Dış çevre
  - İç çevre
  - Yorgunluk/uyku yönetimi
  - İlgi oluşturma (örneğin PQRST aşağıya bakınız)

Programın bu bölümü dikkatle ilgili zorlukların yönetimi için fikirler sunar. Dikkat dağıtıcı gürültü (TV, radyo, kişiler) ve görsel dikkat dağıtıcılar (dağınıklık, yapılması gereken diğer şeyler) gibi potansiyel dikkat dağıtıcıların yönetiminde daha iyi olmak için kişileri cesaretlendirmek amacıyla dış çevreye odaklanmayla başlar. Kişiler konsantrasyona yardım için ev çevresi ve iş/çalışmayı organize etmek için cesaretlendirilir. Kişilerden birbirlerini desteklemek için bunu yaptıkları örnekleri vermeleri istenir. Örneğin bir kişi tıbbi-yasal bir değerlendirmesinin olduğunu belirtti ve gürültülü fanın konsantrasyonu olumsuz etkilediği için kapatılmasını istedi. Bu hastada bu ricayı yapmak için güveninin olması büyük bir başarıydı. Bu hastada kafa yaralanması, konsantrasyon zorlukları ve yönetim stratejileri konusundaki bilgisi arasındaki ilişkinin daha iyi anlaşılması mümkündü.

İç çevre ile ilişkili stratejiler dikkat ve konsantrasyonla ilişkili fiziksel sağlığın (örneğin ağrı) ve duygunun önemine işaret eder. Bağlantılar Mood Yönetim Grubunda yapılan çalışmalar ile yürütülür. İlişkili alanlardan biri uyku ve yorgunluk yönetimidir. Hastalar için "uyku hijyeni" temel prensip olarak düşünülür. Benzer şekilde, yorgunluk yönetim yaklaşımındaki prensipler de vurgulanır. Bu görevler için gerekli zaman ve bağlantılar bir mola ve göreve hemen veya daha sonra dönülüp dönülmeyeceği ile ilgili bir gözden geçirme ile devam eder. İlginç olmayan görevler için devamlı dikkatin sürdürülmesi ile ilgili bir tartışma vardır. Bu durum aşağıda tanımlanan uygulamalı bir görev ile gösterilir. Bir görevde ilgi düzeyini yönetmek bu prensip aracılığıyla açıklanır. Özel bir durumda bu yöntemin bir örneği PQRST tekniğidir. Bu teknik özellikle çalışma durumlarında uygulanabilen (genel bir tartışmayı desteklemek için gazeteden haberlerin maddelerini hatırlamaya yardım etmek amacıyla kullandığımız) bir bellek stratejisidir (Wilson, 1987). Kısaltması Öninceleme (texti okumak için göz gezdirme) Soru (Parça okunduğunda cevaplanması için bazı sorular tanımlama) Okuma (texti okuma), Açıklama (Sorulara cevap verme) ve Test (metin için bellek testi). Bu görev hakkında düşünmenin bir yolu okunan parçanın anlamını artırmak için bir yöntem sunmaktır.

Uygulamalı görev

Hastalara 2 tane video klip gösterilir. Birisi Tedious'tur (biz video klip kullandık) bir tanesi de dikkati toplamak için çok ilginçtir (örneğin Yıldız Savaşları gibi bir filmden bir klip). Hastalardan uyanıklık düzeyi ile ilişkili olarak konsantrasyon için gerekenler ve iki klipi izleme deneyimleri üzerinde yorum yapmaları istenir.

Ev ödevi

Hastalara 2 tane gazete makalesi verilir. Biri sıkıcı (örneğin devletin finansal politikası hakkında bir makale) diğeri daha ilginç (örneğin kafa yaralanmasından iyileşen bir adam hakkında bir makale) olarak düşünülür. Hastalardan makaleleri okumaları ve görevler arasında konsantrasyon yeteneklerinin nasıl değiştiğini yansıtmaları ve her makaleden ne kadar hatırladıklarını söylemeleri istenir.

Seans 4

Ev ödevinin gözden geçirilmesi

Sıkıcı ve ilginç makale görevi gözden geçirilir; dikkat ve konsantrasyonla ilişkili anlamlı bir görevin önemi daha fazla tartışılır. Ders çalışma gibi oldukça özel durumlar için PQRST gibi tekniklerin kullanımı ile görevlerin daha anlamlı şekilde nasıl yapılacağı tartışılır.

Eğitim

- Dikkat eğitimi
  - Sürekli dikkat
  - Bölünmüş dikkat
- Diğerlerine dikkat problemlerini açıklama

Eğitim bölümü ilk olarak dikkat "eğitimi" tartışması üzerine odaklanır. Verilen mesaj görevi yapmak için sürekli dikkat yeteneğini eğitmenin mümkün olabileceğidir fakat bu en iyi ilgi duyulan özel bir görev üzerinde çalışma ile yapılabilir. Örneğin uzun süre okuma yeteneğini geliştirmek için çalışılıyorsa bilgisayar görevleri üzerinde çalışmaktansa okuma görevi üzerinde eğitim yapmak ve bunu kitap okumaya genellemek en iyisidir. Konsantrasyon yeteneğini (özel bir görevde) artırmak için sunulan ana fikir bir görev üzerinde dereceli olarak zamanın uzatılması ile başarılabilir. Buradaki anahtar kavramlardan biri dikkatin farkındalığını artırmaktır. Dikkat sıklıkla dağılabilir fakat görevin azaltılması ile düzeltilebilir. Bu gruptaki genel eğitim çalışmalarının çoğunun dikkatin farkındalık düzeyinde artışla veya diğer bir deyişle metakognitif becerilerde düzelme ile ilişkili olduğuna inanıyoruz.

Bölünmüş dikkatle ilişkili olarak her bir hastanın yaşamında ilişkili özel görev durumlarına odaklanmayı tekrar öneriyoruz. Sunulan ana strateji bir görevle başlamak ve dereceli olarak ikinci bir göreve geçmeden önce bu görevdeki beceri düzeyini artırmaktır. Buradaki düşünce bir görevdeki beceri düzeyini artırmak ve görev için gereken dikkati azaltmaktır. Bu bölümde daha sonra tanımlanan vaka olan David bu prensibi çok açıkça gösteriyor.

İlerideki bölüm diğer kişilerin dikkat problemleri ile nasıl en iyi şekilde başa çıktığını anlatıyor. Bu bölüm dikkat dağınıklığı ile bağlantılı olarak kendine güvenmesi ile dış çevreyi idare etmesi ile ilişkilidir. Bu durum bazen diğerlerine bir açıklamayı, dikkat, dikkat yönetim stratejileri ve beyin yaralanması arasındaki ilişkiyi iyi anlamayı gerektirir. Bu seans için uygulamalı görev; dikkat problemlerini diğerlerine açıklamayı amaçlayan hastaların rol oynama görevidir.

Uygulamalı görev

Rol değişimi ile eşleşmeyle rol oynama. Her hastadan dikkat/konsantrasyon zorluklarını açıklamaları ve eşleştikleri diğer hasta ile geribildirim vermesi sağlanır.

Seans 5

Eğitim

- "Yürütücü işlev" kavramına giriş
- Yürütücü işlevin anatomisi-frontal loblar
- Beyin yaralanmasından sonra yaygın görülen problemler
- Hedef yönetim (HY) çerçevesine giriş
- Çerçevenin kullanılacağı zaman
- Hedef yönetimi adım 1: ana hedefi saptama

Beynin yürütücü işlevleri bir orkestra şefi veya bir şirketin yönetici şefine benzer şekilde iki metaforla gösterilir. Her ikisinin temel rutin görevlere (şirketin veya orkestranın) direk olarak dahil olmaktan ziyade yönetim, stratejik veya planlama rolü olduğu söylenebilir. Her ikisi şirket veya orkestranın ana amaçlarına ulaşmak için sorumlu olunan gerektiğinde problem tespiti ve problem çözme ile denetleme aktivitelerini gerektirir. Bu benzerlikler yoluyla seans hedef yönetimi ve problem çözmenin amaçlarına odaklanır. Yürütücü işlevlerin anatomisinin tartışılması frontal lobların bu roldeki önemiyle sınırlıdır. Daha sonra yürütücü işlevlerin yaygın görülen zorlukları tartışılır: 1) zayıf gözlem (bir problemi fark etmeme veya hedeflerime ulaşmama yardım etmemek için ne yapıyorum?) ve 2) hedefe yönelik davranışı başlatma zorluğuna neden olan planlama kaybı (örneğin problemleri çözmek için bir şey yapmada başarısızlık) veya "düşünmeden hareket etme" veya dürtüsel olmaya eğilim

Hedef yönetimi çerçevesi hastaların problem çözmesini desteklemek için geliştirildi. Bu şekil 6.1. de görülmektedir.

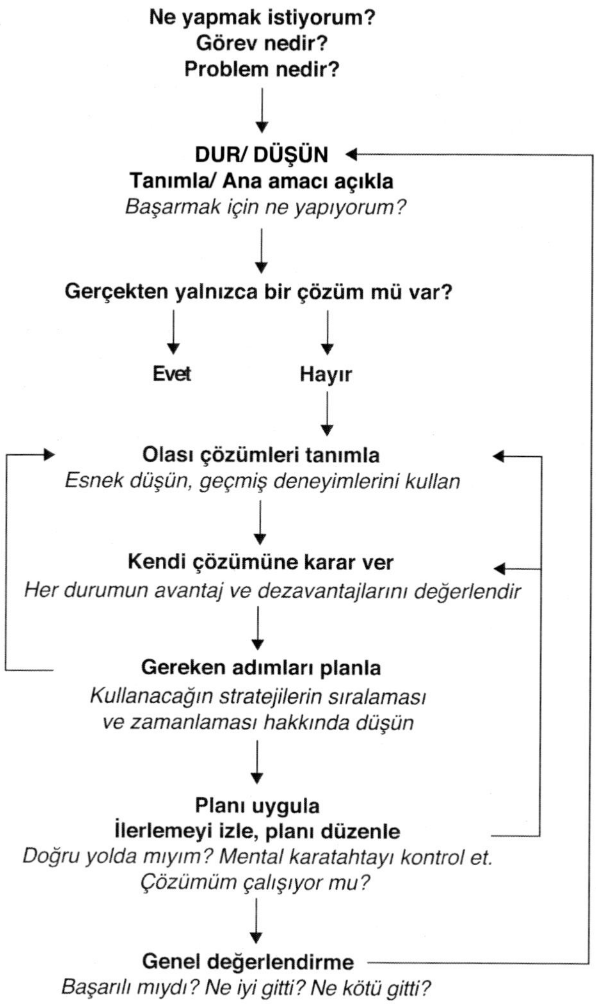

Figür 6.1: Hedef Yönetim (problem çözme) çerçevesi (Evans 2003).

Hastalara bazı uygulamalı görevleri tamamlamada kullanılan boş bir şablon kopyası verilir. Bu şablon bireysel seanslarında hastalar tarafından saptanan problemler için de uygulanır. Bu şekil 6.2 de gösterilmektedir. Hedef yönetimi çerçevesi bireysel seanslar ve sonraki grup uygulamaları için hastaların daha iyi anlamalarını sağlamak için kağıt üzerinde sunulur. Bu yaklaşımın bazı potansiyel çözümlerin olduğu problem çözme durumlarında kullanılabileceği belirtilmektedir fakat görevin tamamlanması gereken durumlarda bazı adımlar gerekmektedir. Sadece önemli yaşam problemleri değil aynı zamanda günlük görevler için de uygulanır. Sonraki birkaç seansta gerekli her bir adım üzerine odaklanılır. Seansın başında birinci adımda hipotetik senaryoları kullanan bazı uygulamalı görevler ile ana amaç tanımlanır.

1. Ana Hedef ____________________

1. Alternatif çözümler	2. Artılar	3. Eksiler

3. Karar ____________________

4. Plan

	Başarı ☑	Başarısızlık ☒
Birinci Adım ____________________	☐	
İkinci Adım ____________________	☐	
Üçüncü Adım ____________________	☐	
Dördüncü Adım ____________________	☐	
Beşinci Adım ____________________	☐	
Altıncı Adım ____________________	☐	

5. ve 6. İzlemeyi ve değerlendirmeyi hatırla ! İyi gidiyor mu?
Gitmiyorsa planı değiştirmeye ihtiyacınız var mı?

Figür 6.2. Hem hipotetik hem de gerçek yaşam problemlerinde hedef yönetim çerçevesini uygulamak için hastalar tarafından kullanılan form

Uygulamalı görev

Ana amacın tanımlanması. Bu egzersizin amacı hem bir problemin varlığının farkına varmanın önemi hem de problemden ortaya çıkarılan ana hedefi açık olarak belirtmektir. Bir hipotetik senaryo seti sunulur. Hastalardan boş bir hedef yönetim formunu kullanarak mevcut problemlerden ortaya çıkarılan ana hedefi tanımlamalarına odaklanmaları istenir. Aşağıda problem senaryosunun bir örneği verilmiştir:

> Genç futbol takımı için bir seyahat organize ediyorsunuz. Cumartesi günü takım 60 mil uzaklıktaki bir futbol sahasında oynayacak. Siz genellikle otobüsle gidiyorsunuz. Kick off öğleden sonra saat 3.00'te. Herkes sizin evinizde saat 12.00'de toplanacağını biliyor. Günlerden Cuma akşamı ve otobüs şirketi de size az evvel telefonla tüm şoförlerin grevde olduğunu söyledi.

Örnek senaryolar Ek 6.2. de sunuldu.

Ev ödevi

Hastalardan kendi yaşamları ile ilgili bir problemi hedef yönetim formunu kullanarak belirlemeleri ve bu problemle ilgili olarak ana hedeflerini tanımlamaları istenir. Gerekliyse bu görevi tartışmak için bireysel seanslarını da kullanmaları istenir.

Seans 6

Ev ödevinin gözden geçirilmesi

Hastalardan problemlerini tartışmaları ve ana hedeflerini belirlemeleri istenir. Ana hedef konusunda açık olmanın ve bunu her zaman akılda tutmanın önemi vurgulanır.

Eğitim

- Hedef yönetim adımları 2-5
  - (2) Olası çözümleri tanımlama
  - (3) Artı eksileri tartma
  - (4) Karar verme
  - (5) İzleme ve ilerlemeyi değerlendirme
- Mental karatahta ile bağlantılar

Bu seansta odak daha çok dürtüsel yaklaşımdan kaçınarak problemler için olası çözümleri düşünmede daha etkili olmak için hastalara yardımı başlatmaktır. Hedef yönetim çerçevesinin kullanımı senaryolarla gösterilir ve daha sonra hastalardan hipotetik senaryolar üzerinde çalışmaları ve eşli şekilde çerçeveyi kullanarak uygulama yapmaları istenir.

Mental karatahta kavramını kullanarak mental kontrol rutini fikri hedefe ulaşmak için hem hedefler hem de adımlara dikkati sağlamayla ilişkili olarak tartışılır. Hastalar aşağıdakileri kullanarak mental kontrol rutini (Levine ve ark. 2000 tarafından tanımlanan hedef yönetim eğitimine bağlı olarak) geliştirmek için düşündürülür:

DUR!
DÜŞÜN
MENTAL KARATAHTAYI KONTROL ET

Uygulamalı görev

Çerçeveyi kullanarak eşli şekilde senaryoları uygulama.

Ev ödevi

Hastalardan daha önce hiç yapmadıkları bir şeyleri yapma hedeflerine ulaşmak için hedef yönetim çerçevesini kullanmaları istenir.

Seans 7

Ev ödevinin gözden geçirilmesi

Hastalardan daha önce yapmadıkları bir şeyler hakkında ne yapacakları konusunda gruba bir sunum yapmaları istenir. Bu sıklıkla ana hedef hakkında çok açık olmanın önemi tartışması şeklinde yürütülür. Hastalara sıklıkla başarması zor olan (örneğin paraşütle atlama) veya dramatik bir şeyleri yapmaları hakkında açıklama yapılır ve daha sonra bir hafta içinde yapabileceği bir şeyleri belirlemeleri istenir. Diğer hastalar da daha önce yapmadıkları olağan bir aktiviteyi veya eylemi tanımlayarak görevi başarırlar. Bu durum kişilere ana hedef ve çözüm yaratmanın (beyin fırtınası) önemini vurgulamak için iyi bir fırsat sağlar. Benzer şekilde hastalar hedefi, tamamlanan adımları ve "dur-düşün" yöntemini kullanarak başarısızlığı rapor edebilir.

Bu grubun içeriği zamanla gelişti ve şüphesiz gelişmeye devam edecek. Hastaların geribildirimleri ve grup fasilitatörünün deneyimleri ile kısmen modifikasyonlar yapıldı. Dahası hem dikkat hem de yürütücü zorlukları tedavi etmek için stratejiler ve yaklaşımlarla ilişkili olarak literatürde daha fazla kanıt ortaya çıktı.

Grubun etkisi için kanıt

Grup etkili midir? Bütüncül nörofizyolojik rehabilitasyon programının bir parçası olarak etkili olup olmadığını saptamak için (diğer program bileşenlerinin altında veya üstünde) tek bir grubun etkisini izole etmek zordur. Bununla birlikte Miotto ve ark. tarafından yapılan son bir çalışmada yürütücü bozuklukların kanıtına yönelik olarak bir grup hasta için tek başına bir müdahale uygulandı. Bu çalışmada 3 grup katılımcı karşılaştırıldı - bir grup 10 hafta boyunca dikkat ve hedef yönetim programı aldı. İkinci gruba beyin yaralanmasının bilişsel, davranışsal ve sosyal sonuçları ve mental karatahtayı kullanarak bilişsel egzersizler için önerileri içeren bir bilgilendirici buklet verildi. Kişilerin bukleti dikkatli okuyarak evde önerilen egzersizleri uygulamaları istendi. Üçüncü grup yalnızca ihtiyaç olduğunda fizyoterapi gibi geleneksel tedavi aldı. Bu çalışma yalnızca dikkat ve hedef yönetimi grubunun hem standardize nörofizyolojik değerlendirmelerde hem de günlük yürütücü zorlukları değerlendiren yürütücü fonksiyon bozukluğu anketinde yürütücü işlevlerde önemli düzelmeler olduğunu gösterdi. Bu çalışma ayrıca problem çözme ve hedef yönetimine yönelik stratejileri öğretmeye odaklanan grup temelli müdahalelerin yürütücü işlevleri iyileştirmede etkili olabileceğine dair kanıt sağlamaktadır.

Bilişsel Grubun dikkat ve hedef yönetim fazının sonuna gelinerek Bölüm 7 de hafıza problemleri üzerinde durulacaktır.

Vaka örneği: David

Aşağıdaki vaka örneği; programın bir parçası olarak Dikkat& Hedef Yönetimi grubuna devam eden bir hasta olan David'i tanımlar. Dikkat ve yürütücü zorlukları yönetmek için hedeflere yönelik stratejilerin nasıl uygulandığını gösterir. David 34 yaşında sağ internal kapsül infarktı ile sonuçlanan bir serebrovasküler olay geçirdi. David kimya mühendisiydi. Akut olarak hastaneye kabulünü takiben iç hasta rehabilitasyonu aldı ve ardından yaralanma sonrası 4 ay eve geri döndü. İşine geri dönemediği için emekli oldu. Yaralanmadan sonra 11 ay Oliver Zangwill Merkezine refere edildi. Rapor edilen ana problemler:

- Mental yorgunluk
- Aynı anda birden fazla işi yapmada zorluk
- Sürekli dikkatte zorluk (ya çok kolay dikkati dağılıyor ya da bir şeye kilitlenip total olarak odaklanıyor)
- Sol tarafındaki şeylere çarpma
- Zaman kavramında zorluk
- Birşeyleri organize etme ve geleceği düşünmede zorluk
- Birşeyleri başlatmada zorluk (yapmaya niyet ediyor fakat yapamıyor)

Nörofizyolojik değerlendirme sözel ve sözel olmayan muhakeme ve bellek becerilerinin genel olarak tatmin edici olduğunu gösterdi. Görsel olarak kalabalık ve dinamik çevrelerde yalnızca tipik olarak görülmesine rağmen ihmalin devamı ile ilgili biraz kanıt vardı. Bununla birlikte seçici, bölünmüş ve sürekli dikkatin görsel testlerini etkileyen önemli dikkat problemleri vardı. Planlama ve strateji uygulama testlerinde de zorluk gösterdi. Alışık olunmayan bir yemeği planlama ve hazırlamayı içeren bir uygulama testinde görevi tamamladı fakat dikkat (araştırdığı bir ögeyi fark etmede başarısızlık) ve problem çözme de (örneğin bir ögenin yerini bilemediğinde uygun şekilde cevap vermeme) zorluğa dair kanıtlar gösterdi. Hobilerinden biri radyo dinlerken sevdiği minyatür askeri figürleri boyamaktı. Bununla birlikte yaralanmadan beri bu iki işi aynı anda yapmak onun için imkânsızdı. Birkaç deneme yaptı ancak boyamayı bıraktı. Bu durumundan dolayı hayal kırıklığına uğradı ve kendine güvenini kaybetti. Bu durum eşiyle olan ilişkisini de etkiledi. David'in başlatma ve kendine güven azlığı eşiyle karşılıklı ilişkisini azalttı.

David ve eşiyle birlikte ekip aşağıdaki program hedeflerini oluşturdu:

1. David 2 haftalık değerlendirme raporu ile tutarlı şekilde beyin yaralanmasının sonuçlarını doğru şekilde anlayacak
2. David beyin yaralanmasının eşiyle olan ilişkisine etkisini doğru anlayıp rapor edecek ve bu ilişkiyi daha etkili yönetmek için kullanacağı stratejileri belirleyecek
3. David; kendisi, eşi ve klinik ekip tarafından puanlanan sosyal ve fonksiyonel durumlarda problem çözme stratejilerini etkili kullanmayı gösterecek
4. David; kendisi, eşi ve klinik ekip tarafından puanlanan sosyal ve fonksiyonel durumlarda dikkat stratejilerini etkili kullanacak
5. David ailesi ile sosyal ve serbest zaman durumlarında oluşan negatif otomatik düşüncelerini yönetecek ve özel durumlarda kendini güvenli olarak puanlayacak
6. David bağımsız olarak haftalık planını yapacak ve aşırı yorgunluk olmadan aktivitelerin %80 ini başarılı şekilde tamamlayacak
7. David ev bütçesi ile ilgili sorumluluk alacak ve hemfikir olunan aylık bütçe içinde kalacak
8. David kişisel gelişim planı yapacak ve gönüllü bir işe girecek
9. David haftada iki kez fiziksel bir serbest zaman aktivitesine katılacak

Hedefler; kavrama ve farkındalığın geliştirilmesi süreci, psikolojik ayarlama ve ruhsal durumun yönetimi, bilişsel bozukluk için kompansatuar stratejilerin geliştirilmesi, fonksiyonel, gerçek yaşam durumlarında uygulanan stratejileri yansıtır. Bu programın bir parçası olarak David bilişsel zorlukları kompanse etmek için kullanılan stratejiler ve sonuçları, beyin yaralanmasını kişisel olarak rapor etmeyi geliştirmek için bireysel program koordinatörüyle birlikte çalışmanın yanı sıra UBI grubuna da katıldı. David vakasında bilişsel bozukluğun iki ana alanı dikkat ve yürütücü fonksiyonlardı. David daha önce tanımlanan gruba katıldı ve kişisel olarak ilişkili stratejileri geliştirmek için bir psikolog ile çalıştı. Dikkat problemleri için iki yaklaşım alındı. Biri defisitleri kompanse etmek için özel stratejileri kullanmak; diğeri ise bu görevlerdeki dikkat yükünü azaltmak için özel görevlerde performansı eğitmekti. David sürekli dikkat zorluklarını kompanse etmek ve dikkat dağınıklığını azaltmak için çevresini daha iyi idare etmeyi öğrendi. Örneğin arkadaşları ziyarete geldiğinde uygun müziği (sakin ve ortama uygun) seçiyordu. David ayrıca dikkatini kontrol etmek ve elindeki göreve dikkatini yeniden odaklamak için bir mental rutin geliştirdi. Bu rutini başlatmak için 15 dakika aralıklarla alarmlı saat kullandı. Bilişsel durum ve duygu durumu yönetme stratejilerinin birlikte kullanıldığı iyi bir örnek film izlemeydi. Yaralanma öncesi sevdiği aktivitelerden biri eşiyle birlikte bir filmi izlemekti. Bununla birlikte yaralanma sonrası bu durum oldukça zordu ve konsantre olmakta zorluk çekiyordu. Filmde kalmak için kendisini zorlamaya gayret ederken kendisiyle de mental bir savaş içine giriyordu. Ama kendisiyle bu savaş dikkat dağıtıcı ve zordu. Neredeyse her zaman izlemekten vazgeçiyor ve kendisini kötü hissediyordu. Burada kullanılan yaklaşım 15 dakika sonra mental kontrolün kullanımıydı. "Hala konsantre olabiliyor muyum?", "Eğer olamıyorsam dikkatimi mi toplamak istiyorum yoksa ara mı vermek istiyorum?" Ara vermek ve istediğinde tekrar filme geri dönmek için video kayıtlı filmler kullandı. Bununla birlikte dikkatini yeniden odaklamaktan çok genelde ara vermek istiyordu. Bazı aktiviteler için göreve kilitlendiğini fark etti. Bilgisayar oyunu oynarken bu daha sık oldu. Problem periferal uyarıyı takip edemediği ve zaman akışının olduğu ikili görevle ilişkili görünüyordu. Bu durumlarda bir dış alarm kullandı (elektronik bir düzenleyici üzerinde)

İkili görev problemlerinin sonucu olarak Davidin belirlediği 2 özel durum badmington oynama ve minyatür figürleri çizmeydi. Badmington oynarken atışı yapmak ve puanı takip etmek zordu. Yaralanma öncesi bunları kolayca yapıyordu. Bu vakada atış yapmadaki fiziksel sürecin yerini şimdi daha çok bilişsel kaynaklar (otomatik değildi ve daha çok bilinçli dikkat gerektiriyordu) almıştı. Çözüm oldukça kolay oldu. David atış yapma sürecine odaklanması, bunu düzenli yapması ve fiziksel görevdeki beceri düzeyini geliştirmesi için cesaretlendirildi. Daha sonra fiziksel performansı düzeldiğinde dereceli olarak atış yapabildi ve skorları takip edebildi. Benzer bir yaklaşım şekilleri boyarken de uygulandı. Oldukça sessiz bir ortamda kısa sürelerle bu aktiviteyi yapmaya başladı. Daha sonra dereceli olarak klasik müzik ardından lirik müzik eşliğinde, daha sonra da konuşma içerikli radyo programları eşliğinde yapmaya başladı.

Problem çözme ve hedef yönetimi ile ilişkili olarak bazı alanlarda zorluğu vardı. Standard değerlendirmelerde belirlenen bazı zorluklara rağmen; çoğu uygulamalı durumlarda problemleri çözmek için kanıtları vardı. Bununla birlikte yeteneği ile ilişkili güvenini kaybetti ve istediği eylemi başlatmada önemli zorlukları vardı. Bu nedenle David hedef yönetimi çerçevesi kullanılarak edildi. David bu çerçevenin yapılandırılmış yaklaşımını (yazma yerine mental olarak yapabileceği şekilde) yararlı buldu. Sürecin resmiyeti kendine güveninin gelişmesine de yardım etti. Elektronik organizerini kaybetme gibi problemlerle baş etmede de bu çerçeveyi kullandı ama eşiyle hafta sonu planını yaparken konaklama planında sıkıntı yaşadı. Görevi başlatma ile ilgili zorlukları kompanse etmek için kendi kendine öğretim yaklaşımı adapte edildi. David kendi kendine "sadece yap" ifadesini kullandı. Bu ifade artmış görev sayısını takip edebilmesi için yeterli dikkati sağlamasına neden oldu. Önemli bir konu bilişsel bozukluğun etkisini azaltmada duygu durumla ilişkili faktörlerin rolü idi. Başa çıkma stratejileri ve araçları eylemi başlatmayı kolaylaştırmada önemli bir faktör idi. Stratejilerin geliştirilmesi ile birlikte David fonksiyonel hedeflere odaklandı ve stratejileri uygularken güveni de gelişti. Bu sonuçları farklı durumlarda uygulayabilirdi. "Heritage Trust"ta gönüllü bir işe başladı. Uygun zamanlamayla aktiviteleri yapmak için elektronik organizer kullanan bir sistem geliştirdi. Aile bütçesi ile ilgili rolü üstlendi. Haftada bir kez fiziksel aktiviteye katıldı. Problem çözme ve aktiviteyi başlatmayla ilgili güven düzeyi arttı. Böylece kendisini eşiyle ilişkisinde eşit görüp eşine daha az bağımlı hissetti.

Özetle David günden güne fonksiyonları üzerinde dramatik etkisi olan dikkat ve yürütücü işlevlerinde nispeten daha az bozukluk gösterdi.

Shallice ve Burgess'in (1996) denetleyici dikkat sistemi modeli ile ilişkili olarak David'in ana bozuklukları dikkat ve eylemin izlenmesi ve planların uygulanması ile ilişkili olduğu düşünülebilir. Bu bilgi eylemi başlatmayı (örneğin "sadece yap!" stratejisi) ve izlemeyi (örneğin mental kontrol rutini) düzeltmeye odaklanmış stratejilerin geliştirilmesine yol açmıştır. Güven kaybına rağmen gerçek planlamada çok az zorluğu vardı ve güveni geliştirmek için problem çözme çerçevesinin kullanımı yararlıydı.

Ek 6.1: Dikkat Testi

- TV izlerken ya da aynı anda müzik dinlerken sizinle konuşan birisini dinlemekte zorlanıyor musunuz? Evet/Hayır
  Bu aktivitenin ne tip dikkat gerektirdiğini düşünüyorsunuz? ____________
- Birisini dinleme ve aynı anda yazı yazmakta zorlanıyor musunuz? Evet/Hayır
  Bu aktivitenin ne tip dikkat gerektirdiğini düşünüyorsunuz? ____________
- Gürültülü ve kalabalık bir yerde olduğunuzda sizinle konuşan birini dinlemekte zorlanıyor musunuz? Evet/Hayır
  Bu aktivitenin ne tip dikkat gerektirdiğini düşünüyorsunuz? ____________
- Televizyon izlerken telefonda birisiyle konuşmakta zorlanıyor musunuz? Evet/Hayır
  Bu aktivitenin ne tip dikkat gerektirdiğini düşünüyorsunuz? ____________
- Kitap okurken veya film izlerken aklınız başka yere gidiyor mu? Evet/Hayır
  Bu aktivitenin ne tip dikkat gerektirdiğini düşünüyorsunuz? ____________
- Cümlenin ortasında söyleyeceğiniz şeyi unutuyor musunuz? Evet/Hayır
  Bu aktivitenin ne tip dikkat gerektirdiğini düşünüyorsunuz? ____________
- Telefon defterinden bir numarayı bulmada zorlanıyor musunuz? Evet/Hayır
  Bu aktivitenin ne tip dikkat gerektirdiğini düşünüyorsunuz? ____________

Ek. 6.2: Dikkat ve hedef yönetim grubunda kullanılan hipotetik problem senaryo örnekleri

1. Akşam saati size yemeğe gelecek bir grup arkadaşınız var. Haftalık alışveriş parasını yemek için harcadınız. Yemek hazırlamaya başlıyorsunuz ve ocak çalışmıyor. Ev sahibiniz gelecek hafta ocağı değiştireceğini söyledi. Misafirler bir saat içinde gelecek.

2. Lokal hayır kurumunun bir okula yeni bilgisayar satın almak için parası var. Ancak 200 pounda daha ihtiyaçları var. Kitap ve kasetleri satarak paralarını artırmak istiyorlar.

Cuma günü araçta bir ön satış olacak. Kitap ve kasetlerinizden ayrılmak istemiyorsunuz ama yardım etmeye söz verdiniz.

3. Üç arkadaşınızla birlikte ebeveynlerinizle aynı bölgede bir ev kiralamak istiyorsunuz. Evin kirası yakında bitiyor ve ev sahibi kirayı yenilemeyi reddetti ve ay sonuna kadar evi boşaltmanızı istiyor. Siz ve partneriniz iki haftalığına Peak Bölgesinde bir tatil ayarladınız. Ücrette artış ve terfi içeren bir iş ilanı yayınlandı. Bu durum farklı bir kasabada bir ofise taşınmak anlamına geliyor.

4. Alışveriş için şehre gittiğinizde bir arkadaşınızla karşılaştınız. Sabah alışverişi ve birlikte yemek yedikten sonra yorulmaya başladığınızı ve arkadaşınızın konuşmasını dinleyemediğinizi ve konuşmasını bırakmasını istediğinizi fark ettiniz.

5. Oğlunuz ve eşi gün boyu kalmaları için torunlarınızı sizin evinize getiriyor. Birlikte piknik yapmak, çocuk havuzuna girmek, beyzbol oynama gibi tüm aileyle birlikte aktivite yapmayı planlıyorsunuz. Bununla birlikte sabah çok gürültü olduğunu ve aktivitelerin hızının çok fazla olduğunu ve torunların gürültüsü ile kendinizi irite hissettiğinizi düşünüyorsunuz. Torunlarla günün geri kalanında dinlenmek istiyorsunuz ve onları üzmek istemiyorsunuz.

6. Her yıl doğum günümü aynı gün doğum günü olan okul arkadaşım Julie ile kutlarım. Genellikle diğer okul arkadaşlarımızla bir şeyler içmek veya yemek yemek için dışarı çıkarız. Bu yıl bazı yeni arkadaşlarımı gerçekten davet etmek istiyorum. Çoğu arkadaşıma doğum günüm olduğunu zaten söyledim. Bununla birlikte Julie bu yıl da grup olarak hafta sonu bir yerlere gitmek istiyor. Bu güzel bir fikir gibi geliyor fakat ben yeni arkadaşlarımla da doğum günümü geçirmek istiyorum.

Kaynakça

Cicerone, K.D., Dahlberg, C., Malec, J.F. et al. (2005). Evidence-based Cognitive Rehabilitation: Updated Review of the Literature from 1998 through 2002. Archives of Physical Medicine and Rehabilitation, 86, 1681–92.

Duncan, J. (1986). Disorganisation of Behaviour After Frontal Lobe Damage. Cognitive Neuropsychology, 3, 271–90.

D'Zurilla, T.J. and Goldfried, M.R. (1971). Problem Solving and Behaviour Modification. Journal of Abnormal Psychology, 78(1), 107–26.

Evans, J.J. (2003). Rehabilitation of Executive Deficits. In B.A. Wilson, ed., Neuropsychological Rehabilitation: Theory and Practice. Lisse: Swets & Zeitlinger, pp. 53–70.

Levine, B., Robertson, I.H., Clare, L. et al. (2000). Rehabilitation of Executive Functioning: An Experimental-clinical Validation of Goal Management Training. Journal of the International Neuropsychological Society, 6(3), 299–312.

Manly, T., Heutink, J., Davison, B. et al. (2004). An Electronic Knot in the Handkerchief: 'Content Free Cueing' and The Maintenance of Attentive Control. Neuropsychological Rehabilitation, 14(1–2), 89–116.

Miotto, E., Evans, J.J., Souza, M.C. and Scaff, M. (in press) Rehabilitation of Executive Functioning: A Controlled Cross-Over Study of An Attention and Problem-Solving Group Intervention. Neuropsychological Rehabilitation.

Park, N. and Ingles, J.L. (2001). Effectiveness of Attention Rehabilitation After Acquired Brain Injury: A Meta-Analysis. Neuropsychology, 15(2) 199–210.

Rath, J.F, Simon, D., Langenbahn, D.M., Cherr, R.L. and Diller, L. (2003). Group Treatment of Problem-solving Deficits in Outpatients with Traumatic Brain Injury: A Randomised Outcome Study. Neuropsychological Rehabilitation, 13(4), 461–88.

Robertson, I.H. (1996). Goal Management Training: A Clinical Manual. Cambridge: PsyConsult.
Shallice, T. and Burgess, P. (1996). The Domain of the Supervisory Process and Temporal Organisation of Behaviour. Philosophical Transactions: Biological Sciences, 351, 1405 –12.
Sturm, W., Fimm, B., Cantagallo, A. et al. (2002). Computerised training of Specific Attention Deficits in Stroke and Traumatic Brain Injury Patients: A Multicentre Efficacy Study. In M. Leclecq and P. Zimmerman, eds., Applied Neuropsychology of Attention. Hove, UK: Psychology Press, pp. 365–80.
von Cramon, D.M. and Matthes-von Cramon, G. (1992). Reflections on The Treatment of Brain-injured Suffering from Problemsolving Disorders. Neuropsychological Rehabilitation, 2(3), 207–29.
von Cramon, D.M., Matthes-von Cramon, G. and Mai, N. (1991). Problem-solving Deficits in Brain-injured Patients: A Therapeutic Approach. Neuropsychological Rehabilitation, 1(1), 45–64.
Wilson, B.A. (1987). Rehabilitation of Memory, New York: Guilford Press.

7 Bilişsel Grup, 2. Bölüm: Bellek

Jonathan J. Evans, çeviren: Yrd. Doç. Dr. Erol Yıldırım

Giriş

Bellek problemleri, edinsel beyin hasarına bağlı olarak ortaya çıkan ve en sık bildirilen bilişsel kayıplardandır. Başarılı bir bellek performansı dikkat, bellek ve yürütücü/yönetici işlevler gibi farklı bilişsel sistemlerin etkileşimiyle ilişkili olduğundan, beynin fiziksel veya işlevsel bütünlüğünü etkileyen herhangi bir durum kişinin hatırlama becerisini farklı biçimlerde etkileyebilmektedir. Dahası, anksiyete veya depresyon gibi duygudurum bozuklukları konsantrasyonu bozduğu gibi belleği de olumsuz yönde etkilemektedir.

Hatırlama zorlukları, günlük yaşam aktivitelerini bozduğu gibi eğlenceye, sosyal ve mesleki aktivitelere düzgün bir şekilde katılma becerisini de bozmaktadır. Bellek problemleri bazılarında hafif düzeyde olur ve bu durum onların günlük yaşamında sadece ufak çaplı sıkıntılara yol açar. Limbik sistem yapılarındaki bozulmanın da eşlik ettiği amnezi sendromu olan diğer kişiler ise bellek bozuklukları nedeniyle ciddi oranda zor durumda kalırlar. Bu insanlar yapacaklarını unutur (örneğin ilaçlarını alma, ocaktaki yemeğin altını kapatma, faturaları ödeme, randevularına riayet etme, bir selamı iletme gibi), kendilerine söylenenleri unutur, diğer insanların isimlerini unutur, eşyalarını (örneğin anahtarlarını veya otoparkta arabasını) nereye koyduğunu unutur, yolları hatırlamada veya yeni işler öğrenmede zorlanır, kişisel deneyimlerini hatırlamada zorlanır vesaire. Bu tür sorunlar kişide hayal kırıklığına yol açar, kendine güveni azaltır ve dahası kişiyi başkalarına bağımlı kılar.

Bellek rehabilitasyonu ile ilgili olarak kanıtlar bize ne söylüyor? Araştırmaların çoğunda tutarlı olarak bildirilen bir şey var ki o da belleğin "yalın hafıza egzersizleri" ile ilerleme göstermediğidir (Sohlberg and Mateer, 2001; Cicerone et al., 2005). Günlük işlevselliğin ilerlemesi için bellek egzersizleri yapmak tek başına yeterli olmamaktadır. Birçok telafi stratejisi var ancak bunlar en basit şekliyle "içsel" ve "dışsal" stratejiler olarak ayrılabilir. İçsel stratejiler, bilginin belleğe kaydını güçlendiren ve bazı ezberleme tekniklerinden oluşan, hastanın geriye kalan öğrenme kapasitesini artırmaya yarayan stratejilerdir. Dışsal stratejiler ise dış destekler (günlük tutma, elektronik aygıtlar, NeuroPage® gibi) ve çevresel değişikliklerden oluşur. Wilson ve Watson'un (1996) daha önceki bir çalışmasının tekrarı niteliğindeki çalışmasıyla Evans ve ark. (2003), beyin hasarına bağlı olarak bellek problemleri yaşayan 100 kadar kişiyle çalışmışlar; en fazla ajanda kullanmak, listeler yapmak, not defteri ve günlük tutmak gibi dış destekler ile adımların (eşyaları, örneğin anahtarları en son nerede bıraktığını hatırlamaya çalışarak) zihinsel olarak sırayla izlenmesi biçimindeki (en çok uygulanan) hatırlama stratejilerinin kullanıldığını ortaya koymuşlardır. Yapılan çalışmada diğer "içsel" stratejilere çok az başvurulduğunu ve elektronik hatırlatma aygıtlarının kullanımının ise, en azından araştırmanın yapıldığı yıllarda, oldukça sınırlı olduğunu belirtmek gerekir.

Bellek problemleri ve hedef belirleme

Oliver Zangwill Merkezi Nöropsikolojik Rehabilitasyon programındaki hastalar, özellikle günlük yaşamlarındaki bellek problemlerini idare edebilmek için bir hedef belirlemektedirler. İşlevsel amacıyla uyumlu olarak hastalarla birlikte belirlenen hedefler, hastaların günlük işlerinin çoğunu kendi başlarına gerçekleştirebilmeleri anlamına gelmektedir (örneğin bağımsız yaşam aktivitelerinin en az yüzde sekseninde başarılı olacak şekilde bellek ve planlama sistemlerini kullanmaları). Böyle bir hedef hasta ve ekibin, kişinin günlük yaşamda tamamlaması gereken belli görevleri tespit etmesini sağlar (kişinin zorluk yaşadığı şeylere odaklanarak). Bellek ve planlama 'sistemi'ne yapılan atıf, çoğu hasta için, çeşitli günlük hatırlama görevlerinin üstesinden gelmede kullanılan bir sürü strateji veya araç/destek olacağı gerçeğinin altını çizer.

Kime (2006), bellek problemlerinin telafisi için insanlara nasıl yardım edileceğiyle ilgili pratik ve oldukça işe yarar izahatlar yapmaktadır. Onun yaklaşımı Oliver Zangwill Merkezi'nde uygulanan, önce hastanın hatırlaması gerekenlerin belirlendiği ve sonra da hastanın bu ihtiyaçlarının karşılanması için bir bellek sisteminin geliştirildiği programla aynıdır. Bu merkezde, bahsedilen amaç doğrultusunda işi yürüten çoğu zaman bir meşguliyet terapistidir ancak ekibin çeşitli üyeleri de bu sürece katkıda bulunabilmektedir. Amaç, hastanın günlük yaşamını sürdürürken problem yaşadığı belli bazı işlere odaklanarak, ne gibi bir hatırlama zorluğu yaşadığının belirlenmesidir. Dahası, günlük yaşamdaki diğer aktivitelerde olduğu gibi mesleki, sosyal ve eğlence aktiviteleriyle alakalı diğer hedeflere ilişkin hatırlama güçlüklerine de odaklanılacaktır. Bazı hastalar için, hasta daha karmaşık aktivitelerle karşılaşmaya başladığında artacak güçlükler ve farkındalığı da hesaba katmak suretiyle, strateji sistemi ve destekler program ilerledikçe olgunlaşacaktır.

Bellek grupları

Bir grup yazar, grup ortamında uygulanacak bellek rehabilitasyonunun potansiyel faydasını tartışmıştır. En son Craik ve ark. (2007), yaşlılarda bilişsel rehabilitasyonun grup halinde nasıl uygulanacağını tarif etmişlerdir. Bu çalışma, beş-altı kişilik bir grupla uygulanmakta ve bellek modülüne ilaveten başka modüller de içermektedir. Diğer modüller hedef yönetimi ve psikososyal eğitime odaklanır. Bellek eğitiminin odağı, organizasyon ve bellek yetilerini geliştirmeye dönük çeşitli strateji ve teknikleri öğrenmek şeklinde tanımlanmıştır. Oturumlar, belleğin karmaşıklığı ve onun beyin işlevleri ile ilişkisine dair eğitimleri de içermektedir. Katılımcılar, farklı bellek formlarını ve hatırlama-unutmayı etkileyen faktörleri öğrenmektedirler. Kişilerin kendi hatırlama güçlükleri hakkında farkındalık oluşturmaları, sonrasında dış destek kullanma ve akabinde de bilgilerin daha derin ve anlamlı bir şekilde kodlanması için içsel stratejiler kullanma becerilerine odaklanılmaktadır. Bu destek ve stratejilerin kullanımı pratiğini teşvik için de ev ödevlerinden faydalanıldı. Craik ve ark., tüm bilişsel grup programlarının, hem ikincil bellek hem de stratejik işlemleme bakımından ilerleme ile sonuçlandığına dair kanıtlar göstermişlerdir. Eğitimi hem içsel hem de dışsal stratejilere odaklanmayla birleştiren bu grup formatı, Wilson ve Moffat (1984), Berg ve ark. (1991) ve Evans ve Wilson (1992) tarafından da tarif edilmiştir. Grup formatının en büyük faydası, hastaların diğer hastalardan öğrenmek suretiyle kendi problemleri ve stratejileri hakkında farkındalık geliştirmeleri için fırsat sunmuş olmasıdır. Farkındalık geliştirme açısından bakıldığında, hastaların, diğer insanların da kendi günlük problemlerinden bahsetmelerini duymaları, onları kendi zorlandıkları hususlar üzerinde düşünmeye teşvik etmektedir. Dahası, bazı hastaların başkalarının kendi problemlerini kabullendiklerini görmesi, onların da kendi problemlerini kabullenmelerini kolaylaştırmaktadır. Ayrıca strateji kullanımı açısından bakıldığında, hastanın belli bir strateji veya desteğin kullanılmasının ne kadar işe yaradığını başka hastadan duyması, bir profesyonelin önerisine rağmen hala var olan tereddütleri giderip o stratejileri kendilerinin de denemesi konusunda ikna edici olmaktadır. Başka hastalardan gelecek belirli geribildirimler, farkındalığı ve akran teşvikini kolaylaştırabilmekte veya hastanın kendisi için faydalı olabilecek yöntemleri denemesi yönünde baskı unsuru olabilmektedir.

Bu nedenle, edinsel beyin hasarlı kişiler için bellek rehabilitasyonu yaklaşımının en etkili yaklaşım biçimi olduğuna dair kanıtlara dayanarak, Oliver Zangwill Merkezinde kişilerin önemli günlük aktivitelere katılımına odaklanıldığından bu amaca yönelik olarak bir bellek grubu formatı geliştirildi ve Merkez kurulduğundan beri bu format uygulanageldi.

Oliver Zangwill Merkezi bellek grubu

Altıncı bölümde tartışıldığı üzere Bellek Grubu 'bilişsel grup' fikrinin daha geniş bağlamında oluşturulmuştur. Bellek Grubu üç büyük parçayı bir araya getirir – bellek ve bellek problemleriyle ilişkili eğitim, içsel stratejiler ve dışsal destekler. Bellek Grubu, diğer zaman kısıtlayıcıları ve katılımcıların ihtiyacını da gözeterek esnek olmakla beraber, altı haftalık bir süre boyunca, haftada bir kere iki saatliğine toplanır. Hastanın, gruptan elde edilen materyali gözden geçirmesi ve böylece grupta tartışılan konuların kendisiyle ilişkisini anlaması, ayrıca grupta ele alınan stratejileri kendi günlük yaşamına nasıl uygulayacağını görmesi için her hastanın haftada en az bir defa katılması gereken 60 dakikalık ilave bir oturumu vardır.

İlk oturumda hastalara grubun amaçları sunulur. Bu amaçlar;

1. Belleği öğrenme ve kendi bellek problemlerini anlamaya başlama
2. Yapılmış olan bazı değerlendirmelerin arkasındaki maksadı anlama
3. Farklı bellek stratejilerini tartışma
4. Bellek stratejilerini uygulama
5. Kişinin kendi problemleriyle ilişkili olarak bellek stratejilerini uygulama ve değerlendirme.

Her bir oturumdan sonra gruptan birisinin, bir sonraki oturumun başlangıcında kendisine verilen materyalle ilgili kısa bir özet sunmak üzere gönüllü olması istenir. Hastaya, içine notlar alabileceği boşluklar olan broşürler verilir.

Bellek eğitimi

İzleyen konular hafta hafta verilirken geniş bir zemin oluşturması amacıyla eğitim bileşeni ilk olarak sunulabilir. Ya da her bir spesifik başlık her oturumda ayrı ayrı sunulabilir; böylece bazı hasta grupları her hafta, eğitimleri, deneyimleri (bizim stratejileri deneme) ve reflektif (grup tartışması) bileşenlerine göre oluşturulabilir. Bu, katılım gösteren hastaların (örneğin katılımcının bilişsel kaybının ağırlığına bağlı olarak) durumuna göre değişir. Burada her bir bileşeni hafta hafta veriliyormuş gibi tarif ediyoruz. Hastalara kısa süreli bellek, çalışma belleği veya uzun süreli belleği de içeren farklı bellek biçimleri anlatılır. Semantik ve epizodik arasındaki fark, açık veya örtük bellek farkı ve ileriye veya geriye dönük bellek arasındaki farklar açıklanır. Dahası belleğin görsel, sözel, koku, tat ve kinestetik gibi farklı modaliteleri de açıklanır. Basit beyin çizimleri ile beynin ilgili kısımları ile farklı bellek biçimleri ilişkisi izah edilir. Kayıt, tutma ve geri getirme gibi farklı bellek süreçleri tartışılır. Arkasından da katılımcılara farklı bellek bozuklukları anlatılır ve bununla ilgili amnezi, post-travmatik amnezi, anterograd amnezi, retrograd amnezi ve konfabülasyon gibi terimler açıklanır.

Grubun sonraki oturumu belleğin nasıl değerlendirildiğini tartışır. Farklı testlerle farklı bellek formlarının nasıl değerlendirildiği açıklanır. Bu, daha sonra yapılacak testleri bozmasın diye, o zamana kadar bellek testlerinden geçmiş kişilerle yapılır. Bu uygulamada amaç, hastaların kendi detaylı değerlendirme raporlarının içeriğinin daha iyi anlaşılması için onlara destek vermektir.

Bellek problemlerinin sebepleri açıklanır ve ne tür edinsel beyin hasarlarının (örneğin kafa travması, inme, anoksi, ensefalit, tümör) hangi bellek problemlerine yol açabileceği izah edilir.

Sonra, beyin hasarına ilave olarak belleği bozabilecek birçok faktör tartışılır. Bunlar;

- Dikkat ve konsantrasyon
- Bilgi işlemleme hızı
- Planlama ve organizasyon bilgisi
- Vizyo-spasyal ve algısal beceriler
- Dil
- Engellenme/negatif düşünceler
- Stres/anksiyete
- Tükenmişlik
- Alkol/madde vb.
- Motivasyon
- Çevre

Beyin hasarından sonra en sık karşılaşılan bellek problemleri izah edilir (örneğin belli bir süreden sonra bazı şeyleri hatırlama güçlüğü, yeni şeyleri öğrenme problemleri gibi), ayrıca sağlam kalan bellek türleri de vurgulanır (örneğin bir şeyin nasıl yapıldığının hatırlanması, çok eskiye ait bir şeyin hatırlanması gibi). Bunlar, bellek problemlerinin daha genel ve özel günlük yansımalarıyla ilgili tartışmaya zemin hazırlar. Bu problemler;

- Kendine ne söylendiğini unutma
- Aynı soruyu tekrar tekrar sorma
- Bir hikâyeyi veya aktiviteyi tekrarlama
- İsimleri unutma
- Eşyaları koyduğu yeri unutma
- Yeni yollar öğrenme ve yolu kaybetme
- Bir şey yapmayı unutma
- Rutindeki bir değişikliği unutma
- Plan yapamama veya planı takip edememe
- Dezorganize olma
- Belleğindeki güçlükleri fark edememe veya hatırlamama.

Hastalar, kendi bellek sorunlarını grup ortamında izah etmeleri için cesaretlendirilir. Bunu kolaylaştırmak için de hastalardan 'Bellek Anketi'ni tamamlamaları istenir. Bu anket, onların hangi işleri yaparken zorlandıklarını ve bu işleri hatırlamak için başka bir önlem alıp almadıklarını sorgulamaktadır. Bu ankette şunlar sorulur:

- Yıl
- Ay
- Uzun süredir tanıdığı kimselerin isimleri
- Daha önce bir iki kere karşılaştığı insanların isimleri
- Uzun süredir tanıdığı kimselerin yüzleri
- Daha önce bir iki kere karşılaştığı insanların yüzleri
- İyi bildiği bir yere nasıl gidileceği
- Daha önce bir iki kere gittiği yere nasıl gidileceği
- Bir şeyi koyduğu yer
- Kendisine söylenen şey
- Okuduğu şey
- İlaçlarını takip edip etmediği
- Genel olarak yapmak zorunda olduğu bir şey
- Gitmek zorunda olduğu bir randevusu
- Diğer problemler...

Hastaların kendi bellek (ve diğer bilişsel) bozuklularını daha iyi anlama sürecindeki esas nokta Beyin Hasarı Anlama (BHA) Grubu'nun (5. Bölüm) bir parçası olup, takımın bir elemanıyla yaptıkları bireysel oturumlarla desteklenmiş çalışmalardır. Hastalara izlem dosyaları verilir ve türünü de belirterek onlardan karşılaştıkları problem örneklerini bu dosyalara kaydetmeleri istenir. Hastalardan aynı zamanda ne tür bir yetersizliğin (örneğin bellek, dikkat, planlama vb) bu problemlerin ortaya çıkmasına sebep olduğunu tespit etmeleri istenir. Bunu yapmak hasta için her zaman kolay olmaz ama hastalar, sorunu tekrar düşünmeleri ve soruna sebep olan faktörleri daha iyi aktarmaları için teşvik edilebilir.

Genel eğitimin sonlarına doğru bellek problemlerinin nasıl yönetileceği konusuna odaklanılır. Hastaların, kendi yaşamlarındaki bellek sorunlarını günden güne en iyi nasıl yönetecekleri hususunda ana çizgileri belirlemeye yönelik, belleğin adeta bir kas gibi egzersizlerle güçlendirilemeyeceği gerçeği tartışılır. Bu ana çizgiler:

- Eğitim ve etkili bir izlem ile kişinin kendi bellek sorunlarını anlaması
- Zayıf yanların üstesinden gelebilmek için kişinin bellek sistemindeki güçlü yanlarından faydalanma
- İşe yarayan ve tutarlı kullanılan stratejiler bulma ve kullanma
- Çevreye uyum sağlama
- Planlı hareket etme ve belli bir düzen kurma
- Tükenmişliğe maruz kalmamak için hızını ayarlama.

Hafıza oyunları, bellek egzersizi olarak değil ama belleğin farklı biçimlerini gösterme ve stratejilerin uygulanması tartışmalarını canlandırması bakımından faydalı olabilir. Nesnelerin bir tepsiye koyulduğu ve kısa bir süre bakıldıktan sonra üzeri örtülen tepsinin içindekilerin oyuncu tarafından hatırlanması şeklinde oynanan Kim oyunu gibi veya ters çevrilmiş bir deste kartın ön yüzleri ikişerli olarak tek tek açılmak suretiyle her denemede kartın eşini bulma şeklinde oynanan Eşini Bul oyunu (Pelmanism) gibi oyunlar faydalı olabilir. Bellekteki problemler ile başa çıkmanın en etkili yolunun bellek yetersizliğini telafi eden bu tür stratejilerin kullanımı olduğu ana mesajını güçlendirme adına her iki oyun da strateji kullanmanın bellek performansını nasıl artırdığını göstermek için kullanılabilir. Evans ve Wilson'ın (1992) belirttiğine göre gruba katılanlar, çoğu zaman oyunlardan keyif aldıklarını, zorlayıcı bellek görevlerinde başarı elde etmenin (ve gruba devam ettikleri süre boyunca oyunlarda giderek daha başaralı olmalarının) kendilerine güvenlerini artırdığını belirtmişlerdir.

Grubun devamında birçok durumda uygulanabilecek stratejiler bulmaya odaklanılır ve "içsel" stratejiler başlar, sonrasında da dış destekler ve çevreyi değiştirme ile ilgili tartışmalarla devam eder.

İçsel stratejiler

Bellek Grubu'nun ikinci aşamasında içsel bellek stratejilerine odaklanılır. Bu stratejiler bazı durumlarda bilginin daha etkili kodlanmasını ve dolayısıyla sonradan daha kolay hatırlanmasını kolaylaştıran tekniklerdir. Ancak bu tekniklerden bazılarının işe yarar olması için düzenli ve gayretli bir şekilde uygulanması gerektiğinin altı çizilmektedir. Bu tekniklerden bazıları genel öğrenme ilkeleriyle ilişkili olup (örneğin bağlantı kurma) birçok durumda uygulanabilirken diğerleri ise oldukça spesifik olup sadece belli öğrenme durumlarında işe yaramaktadır (örneğin GSOAT). Bu teknikler, nasıl etkili olduklarını gösteren kaynaklarla ve ayrıca eğitime dâhil edilme sebepleriyle birlikte ve bunların nereden bulunacakları bilgisiyle aşağıda kısaca açıklanmıştır.

Bağlantılar kurma

Bellek araştırmalarındaki en esaslı bulgulardan birisi bilgi ne kadar anlamlı ise onun o kadar kolay hatırlanacağıdır (Craik ve Lockart, 1972; Baddeley, 199, s.85). 'Anlamlı'dan kastedilen, bir şeyin kişi ile ilişkili olması ve o şeyin kişinin daha önceki bilgileriyle ilişkilendirilebilmesidir. Bilginin daha anlamlı hale getirilmesi ve kişinin daha önceki bilgisiyle aktif bir şekilde ilişkilendirilmesi suretiyle belleğin güçleneceği prensibi izah edilmiştir. Aşağıda, buna dair pratik örnekler sunulmuştur:

- Yeni bir işi zaten yapılagelen bir alışkanlıkla bağlantılandırarak hatırlamak; ilaçları her yemekten sonra almak gibi.
- Yeni tanıştığınız birisinin ismini öğrenirken daha önce tanıdığınız aynı isimdeki bir arkadaş veya sanatçıyı düşünmek.
- Yürüyüş ayakkabılarını kapının önüne çıkararak o gün bir arkadaşınızla yürüyüşe çıkacağınızı hatırlamak.
- Bu GSOAT (Orj. PQRST) tekniği (ne olduğu sonra açıklanacak) aslında, bir şeyi okurken onunla ilgili cevap vermeye dönük soru sormak suretiyle bilginin daha derin olarak işlenmesidir.

Görsel imgeleme

Bu, hatırlamaya destek olması için birçok modaliteyi işin içine katmak suretiyle geriye kalan becerileri en iyi şekilde kullanmak anlamına gelir (özellikle sözel bellek yetersiz hale gelmişse). Anlamlılıkla ilgili olarak yukarıda bahsedilen çoğu araştırma, eğer bir bilgi görselleştirilebiliyorsa, tümüyle verbal veya soyut olan diğer bilgilerden daha kolay hatırlanabileceğini göstermiştir. Bu nedenle eğer bir sistem veya her iki sistem (sözel veya görsel) birden hasarlanmışsa, mümkün olduğu yerde görsel imgeleme yapmayı da deneyerek her iki sistemi kullanmaya çalışmak daha iyi bir yol olacaktır. Pratik örnekler şu şekildedir:

- İsimleri öğrenmek (örneğin insan veya sokaklar) - Az sayıdaki insanın ismini öğrenmek, birbirinden ayrı ve rast gele iki bilgi (yüz ve isim) arasında bağ kurmak gerektiğinden zordur. Görsel imgeleme farklı şekillerde kullanışlı olabilir. Örneğin, bir kişinin görünüşü ile ismi arasında bir şekilde ilişki kurulabilir. Clare ve ark. (2003) Alzheimer hastalığı olan bir adama kendi sosyal çevresindeki insanların isimlerini öğretmek için diğer tekniklerle bir arada bu tekniği kullanmışlardır.

- Yol bulma - En temel yol bulma stratejisi belli nirengi noktalarını kullanmak ve 'bilişsel harita' (yolların zihinsel bir haritasını) oluşturmaktır. Bu işi iyi yapanlar her iki stratejiyi de birlikte kullanır (Kato ve Takeuchi, 2003). Her ne kadar bu temel stratejiler çoğu kişiye bilindik gelse de bir hastalık/hasar öncesi bazı kimseler buna yeterince dikkat etmemiş olabilir ve hasar sonrası bunları bilinçli bir şekilde kullanmayı akıl edemeyebilir. Hatta Lloyd'un (2006) yaptığı yeni bir çalışma, hastaların belli noktaları öğrenme veya bilişsel harita oluşturma stratejilerinden birini kullanmaya teşvik edilmeleri onların yolu hatasız öğrenme yaklaşımından edindikleri faydayı artırmadığını göstermiştir (hatasız öğrenme ile ilgili tartışmalar için aşağıya bakınız). Nirengi noktalarını öğrenme veya bilişsel harita oluşturma stratejilerini teşvik etmek belki de sadece bazı insanlarda işe yaramaktadır. Belleği ağır hasarlı olan kişiler strateji ile ilgili ve ilgisiz olsun herhangi bir bilgiyi hatırlayamayacağı için bu teknikler onlarda işe yaramayacaktır.
- Yapılacaklar - insanlar, bir şeyi daha sonra yapmaya niyet ettiğinde (örneğin alışverişe giderken doğum günü kartını posta kutusuna atmak gibi) kendilerini o işi yapıyormuş gibi hayal etmeleri konusunda teşvik edilir. Buradaki esas nokta yapılacak işle bir hatırlatıcı (örneğin yolda giderken görülen posta kutusunun kendisi) arasında bağ kurmaktır.
- Alışveriş listeleri - her ne kadar alınacak şeyleri hatırlamada görsel imgeleme işe yarasa da biz genellikle yazılı bir liste kullanmalarını tavsiye ediyoruz.

Kümeleme

Bu, bilgiler kümelendiğinde çalışma belleğinin daha verimli çalıştığıyla ilgili ilkedir (örneğin telefon numarasının rakamlarını 7 8 1 2 6 2 8 şeklinde tek tek hatırlamak yerine 781 26 28 gibi gruplandırmak).

Mental iz sürme

Genelde bir şeyi nereye koyduğunuzu bulmak için, sırayla yaptığınız şeyleri, işlemleri ve aklınızdaki düşünceleri takip etmektir. Örneğin:

- Günlüğümü nereye koymuştum?
  - Odaya gelmeden önce resepsiyona uğrayıp kayıt yaptım, ondan önce de arabadaydım. Günlüğü resepsiyonda mı unuttum? Hayır, kâğıtları imzaladım ama onu yanımda getirmemiştim. Arabada mı bıraktım acaba? Onu arabaya getirdim mi ki? Bir düşüneyim, arabaya binmeden önce neredeydim? Evdeydim, günlüğü yerinden aldığımı hatırlıyorum, kapıyı kilitledim ve merdivenlerden inerken günlüğüm elimdeydi. Arabaya binerken elimdekileri arka koltuğa koymuştum.
  - Günlük arabada.

Hatasız öğrenme

Genelde insanlar yaptığımız hatalardan bir şeyler öğrendiğimizi söyler; eğer bir hata yaparsanız onu unutmazsınız ve bir dahaki sefere bu hatanızı hatırlayıp aynısını yapma olasılığınız azalır. Fakat ciddi sayıda araştırma, yeni bir şey öğrenirken hata yapmaktan kaçınmanın belleği kusurlu kişiler için en iyisi olduğunu göstermektedir (Kessels ve DeHaan'ın (2003) meta-analiz çalışmasına bakın). Belleği hasarlı olduğu için kişi daha önce yaptığı hatayı hatırlayamayacak ama bir yandan da eğer hata yaptıysa hazırlama belleği (İng. priming) etkisiyle aynı hatayı tekrar yapma olasılığı artacaktır. Şu örnekler bu bilginin kullanımına örnektir:

- Yeni bir şeyi veya aleti öğrenirken talimatları detaylıca incele ve otomatikleşene kadar yönergeleri takip et.
- Yeni bir yerin yolunu öğrenirken eğer mümkünse ilkinde yanına yolu iyi bilen birini al ve belli yerleri kafanda işaretle.

GSOAT (Orj. PQRST)

Bu bir araştırma tekniğidir ve bazı durumlarda faydalı olabilmektedir. Klasik çalışma biçimlerinde (örneğin bir bölümün veya makalenin içeriğini öğrenip ezberlemede) ve sosyal bir ortamda bir gazete köşe yazısını hatırlama gibi işlerde işe yarayabilir. Bir yazıya bakıp:

- **Gözden geçirme** – bilgileri gözden geçir, burada genel olarak neden bahsediliyor?
- **Soru sorma** – bu yazıyı okuyarak hangi sorulara cevap bulmayı amaçlıyorsun?
- **Okuma** – oku!
- **Açıklama** – sorularına bulduğun cevapları söyle.
- **Test etme** – makaledeki bilgileri ne kadar iyi hatırlıyorsun?

Eğer bu teknik hasta için faydalı olacaksa bunu kullanmaları için kendilerine eğitim verilir. Biz, bu tekniğin hastaların çoğuna uygun olmadığını ancak küçük bir grupta oldukça faydalı olduğunu gördük. Buna bir örnek, ortopedik bir ameliyattan sonra anesteziden ayılırken oksijensiz kalan bir üniversiteliydi. Belleği oldukça hasar görmesine karşın bu kişinin genel zihinsel kapasitesi korunmuştu. Üniversiteye dönmeye kararlıydı ama daha önce kayıtlı olduğu programın dersleri çok zor olduğundan başka bir programa kaydoldu. GSOAT tekniğinin sınava çalışırken epeyce faydalı olduğunu keşfetti. İlk önce bir lisans programını bitirdi ve arkasından da yüksek lisans yaptı.

Kavram haritaları

Bu da temel bir çalışma tekniğidir ve farklı durumlarda da kullanılabilmektedir. Bir kavram haritası, esasen kelime, resim ve renkleri kullanarak hatırlanacak bilgileri kâğıda 'ağacın dalları' gibi yerleştirmek ve ardından bu kavram haritasını (görsel ve sözel bellekle) düşünerek esas bilgileri hatırlamaktır. Burada amaç birçok modaliteyi (görsel, sözel ve uzamsal) kullanarak bilginin bir temsilini oluşturmak ve böylece onu daha hatırlanabilir hale getirmektir. Bir kavram haritası oluşturmak, aslında materyalin daha 'derin' olarak (örneğin anlamlı hale getirilmesi) işlemlenmesi demektir. Halkın bu kavram haritalarını nasıl kullandığıyla ilgili bazı örnekleri, bu tekniğin geliştirilmesiyle adı en çok anılan Tony Buzan'ın web sitesinde bulabilirsiniz (www.buzanworld.com). Bizim tecrübelerimize göre önemli derecede bellek bozukluğu olan kişilerin kavram haritalarını, tıpkı diğer hatırlatıcılarda olduğu gibi, günlük hatırlama görevlerinin çoğunda kullanması uygun değildir. Buna karşın öğrenciliğe geri dönen veya işi gereği yeni bilgiler öğrenmesi gereken kişilerde bunlar kullanışlı olabilmektedir. GSOAT'ta olduğu gibi, kavram haritaları da esas olarak bir sınav için belli konular hakkında bir yığın bilginin öğrenilmesinde kullanılır. Ayrıca, bu teknik, gazete anlatılarının veya yeni becerilerin öğrenilmesinde veya teorik olarak birçok durumda kullanılabilir.

Diğer Hatırlatıcılar

Belli türden bilgileri öğrenirken oldukça işe yarasa da sınırlı kullanım imkânı sunan bir dizi diğer hatırlatıcı teknik bulunmaktadır. Grupta tartışılan bazı örnekler şunlardır:

- Sayıları harflere dönüştürmek, örneğin PIN numaranız 1278 ise – Bütün İnsanlar Yoğurt Sever (Kelimelerin ilk harfleri aynı zamanda sayılara denk geliyor – Bir İki Yedi Sekiz) veya 1534 (kelimedeki harf sayıları sırasıyla rakamlar kadardır – O benim sol elim).

- Tekerleme hatırlatıcıları, örneğin saatler ileri veya geri alındığında ne olduğunu hatırlamak için – 'Yaz ileri, kış beri'.
- İlk harf hatırlatıcıları, örneğin bir şiirdeki kıtanın ilk harfleri E, G, B, D, F (Erken Gelen Biri Durumdan Faydalanır) veya alışveriş listesi - Havuç, Armut, Süt, Tuz, Ayran (HASTA).
- Kelime veya eşyaları hatırlamak için hikâye uydurmak. Örneğin bir alışveriş listesindeki elma, kahve, diş fırçası ve ekmeği hatırlamak için; 'Sabah kalkar kalkmaz ilk işim kahveye ekmek batırarak elma yemektir. Sonra da dişimi fırçalarım tabi'.

Belleğe dışsal destekler

Bellek gruplarının üçüncü aşamasında belleğin dışsal desteklerine odaklanılır. Beyin hasarlı olsun veya olmasın çoğu insanın randevularını hatırlamak veya alışveriş listesini unutmamak için hatırlamaya yardımcı bazı dış destekler kullandığı görülmektedir. Günlük tutmak veya yapılacaklar listesi oluşturmak gibi hatırlamaya yardımcı eylemlerin daha çok iş yaşamıyla ilişkilendirildiği görülmüş; beyin hasarından önce hatırlamaya yardımcı araçları iş hayatında düzenli olarak kullanan kişilerin, beyin hasarı sonrasında, daha fazla ihtiyaç duymalarına rağmen, bu araçlardan faydalanmayı akıl edemedikleri ele alınmıştır. Yine de Evans ve ark.'nın (2003) çalışmasından biliyoruz ki beyin hasarı öncesi hatırlatma araçları kullanan bu kişiler beyin hasarı sonrası bahsi geçen hatırlatıcıları kullanmaya daha yatkın olmaktadırlar. Bu da bize şunu göstermektedir; hatırlamaya yardımcı araçlara aşina olunması ve bunları kullanmanın 'normal' olduğu inancı hasar sonrası kullanımı da kolaylaştırmaktadır. Bununla birlikte belleği hasarlı olduğu için bazılarının hatırlama yükümlülükleri zaten ortadan kalkmış gibidir ve bu kişilerin olan biteni hatırlaması pek beklenmemektedir. Dolayısıyla bu, bu kişilerin hatırlayacakları çok az şey olduğundan hatırlamaya yardımcı araçlar kullanmadıkları anlamına geliyor; bu araçları kullanmayışları da işleri hatırlama olasılıklarını azaltıyor, tüm bunlar da onlara hatırlama sorumlulukları verilmemesi gerektiği varsayımını güçlendiriyor. Bu 'yumurta mı tavuktan, tavuk mu yumurtadan' durumu nedeniyle hastalar kendi bellek yardımcılarını kullanmaları hususunda teşvik edilmeli ve desteklenmelidir. Bazıları için bu, bir aracı seçip onu nasıl kullanabileceğini düşünmek şeklinde yapılabilir fakat çoğu kişi için yaklaşım, hastanın neyi hatırlama konusunda daha bağımsız olmak istediğinin belirlenmesi şeklinde olmalıdır (örneğin ilaçlarını alma, randevular, yapılacak işler, işle ilgili görevler, yemek yapma, çocukları okuldan alma, bir selamı iletme, hayvanları besleme). Hastalar kendilerini, onlara çeşitli aktiviteleri hatırlamalarını sağlayacak ve çeşitli elemanları olan bir 'bellek-sistemi' geliştirdiklerini düşünmeleri yönünde teşvik edilir. Sonra da onlara çok değişik ve farklı belleğe yardımcı araçlar sunulur. Bu araçlar:

Günlükler/Not defterleri: Bir ajandanın hem bir günlük gibi hem de randevu defteri gibi işlev gördüğü bilinir. Ajandalar farklı büyüklük ve tarzlarda olabilmektedir. Hastalar hangisinin kendi ihtiyaçlarına daha uygun olduğuna dikkat etmeleri hususunda teşvik edilir. Basit bir not defteri gün boyunca not tutmada kullanılabilir ve bu notlar günlüğe aktarılabilir.

Filofax: İçinde takvim, yapılacak işler listesi, adres defteri ve farklı araçların olabildiği bir tür ajanda, düzenleyicidir.

Takvim, duvar şeması/planlayıcısı: Eğer hasta zamanının çoğunu belli bir mekânda (iş veya ev) geçiriyorsa bu oldukça faydalı olabilir. Her zaman görülebilir olduğu için bilgiye kolay ulaşma avantajı vardır. En belirgin dezavantajı taşınabilir olmayışıdır.

Basit alarm/ikazlar: Cep telefonu, çalar saat, kol saatleri ve mutfak zamanlayıcıları vs. ile ikaz oluşturulabilir. Sürekli kullanılan hatırlatıcılar için faydalı olabilir (örneğin; ajandanı kontrol et, yapılacaklar listesine bak) veya eğer hasta içeriğini hatırlayabilecekse tek seferlik hatırlatıcı olabilir (örneğin; eve giderken yolda markete uğrayıp süt almayı hatırlamak).

Yapışkan kâğıtlar: Bu kâğıtlar kısa notlar için kullanışlıdır ve görülen yerlere koyulduğunda hatırlatıcı olabilir. Fakat bir seferde bir sürü yapışkan kâğıt kullanılmaması gerektiği, çünkü böylesinin dikkat dağıtacağı unutulmamalıdır.

İlaç düzenleme kutuları: Hafıza sorunu olan kişilerin ilaçlarını almayı unutarak aksatması sık karşılaşılan bir problemdir. Bazıları için tek problem ilaç almayı unutmak değil, ilacı aldığını unutup onları tekrar almaları ve doz aşımı nedeniyle sağlıklarını riske atmalarıdır. Bu durumda işe yarayan araç, ilaç düzenleme kutularıdır. Genelde sert ve şeffaf plastikten yapılan, üzerinde haftanın günlerinin yazılı olduğu ayrı ayrı bölmeleri olan kutulardır. O güne ait ilaçlar kutunun ilgili güne ait haznesine konur, böylece kişi veya ailesi o gün ilacın içilip içilmediğini takip edebilir. Bu kutuların kısıtlı yanı, eğer kutu görme alanındaysa hatırlatıcı olmasıdır. Bu nedenle bu tarz kutularla birlikte hatırlatıcı alarmlar kullanmak (örneğin saat alarmı) veya günlük bir rutinle ilaç almayı birleştirmek (her akşam yemeğinden sonra veya yatmadan önce gibi) gerekmektedir.

Ses kayıt cihazı: Ses kayıt cihazları cepte taşınarak, örneğin o gün olan bitenlerin kaydedilebildiği bir tür 'konuşan günlük' olarak kullanılabilir. Hızlıca not alabilmede güçlük çeken kişiler için bu tarz bir ses kayıt cihazı oldukça işe yarar olmaktadır. Wilson ve ark. (1997), retrosplenium bölgesindeki inmeye bağlı olarak amnestik sendromu olan JC'nin ses kayıt cihazı, teferruatlı bir ajanda ve kol saati alarmını nasıl kullandığını belirtmektedir. JC gün boyunca, o gün yaptığı şeylere veya sonraki randevularına dair notlarını kaydediyor ve gün sonunda da bu bilgileri kendi filofax'ına kaydederek düzenliyor.

Yapılacaklar listesi: Basitçe o gün ne yapılacağına dair liste yapmak günlük işleri idare etmeye oldukça yardımcı olmaktadır.

Elektronik düzenleyiciler: Şimdilerde epeyce elektronik düzenleyiciler bulunmakta veya kişisel el bilgisayarları (PDAs) satılmaktadır. Daha önce bu tür cihazları kullanmış kişiler için veya hasar sonrası geride kalan becerileriyle bunların nasıl kullanılacağını öğrenebilecekler için bu cihazlar oldukça faydalıdır. Bazı cihazlar birçok fonksiyonu nedeniyle oldukça karmaşık olup hastaların gözünü korkutabilir, dolayısıyla hangi özelliklerin lazım olduğunu iyice düşünüp sadece bu özelliklere sahip cihazların seçilmesini sağlamak önemlidir.

NeuroPage: Bu bir çağrı cihazı sistemidir ve kişiye belli bir zamanda yapılacak işle ilgili uyarı veya hatırlatıcı mesaj gönderir. Bu sistem detaylıca incelenmiştir. Wilson ve ark. (2001), randomize kontrollü denemelerde NeuroPage'in, farklı türden nörolojik sorun nedeniyle oluşmuş bellek ve yürütücü işlevler hasarı olan kişilerin, normalde unutabildikleri günlük işleri idare etme becerisini artırdığını göstermiştir. Evans ve ark. (1998) tek olguya dayalı deneysel dizayn kullanarak NeuroPage kullanmanın, belleği normal olmasına karşın dikkat ve yürütücü işlevlerinde ciddi hasar olan bir kadının (RP) işlevselliğini oldukça artırdığını göstermiştir. RP bir eylemi başlatmakta güçlük çekmekte ve aynı zamanda (kolayca dikkati çelindiği için) dikkatini sürdürememektedir. NeuroPage onun hem bir eylemi başlatmasını hem de zamanında bitirmesini sağlaması hususunda oldukça faydalı olmuştur. Birleşik Krallık'ta NeuroPage servisi kurulmuş ve tüm Birleşik Krallık'ta bellek sorunu olan kişilere uyarıcı hizmeti sunmaktadır (detaylar için www.neuropage.nhs.uk).

NeuroText: NeuroPage'in kısa mesaj servisidir ve hatırlatmalar kişilerin çağrı cihazına değil cep telefonuna gönderilir.

Cep telefonları: Telefonların hatırlatma mesajları veya alarmları hatırlatma için kullanılabilir.

Çevreyi düzenleme ve rutinlerden faydalanma: Bazı insanlar dağınık ve düzensiz bir ortamda gayet rahat yaşayabilirler ama böyle yaşayabilmesi için neyi nereye koyduğunu ve neyin ne zaman yapılacağını hatırlaması gerekir; tüm bunlar için de kişinin iyi bir belleğinin olması gerekir. Mesela ödenmesi gereken bir fatura olsa ve bu fatura görünürde olmasa veya faturanın zamanını hatırlatacak başka bir uyarıcı olmasa, eğer belleğiniz de zayıfsa bu faturanın zamanı geçirilebilir. Benzer bir şekilde eğer anahtarları evde rastgele bir yere koyuyorsanız ve eğer bir bellek sorununuz varsa onları nereye koyduğunuzu hatırlamadıkça anahtarları her seferinde kaybetmeniz kaçınılmazdır. Dolayısıyla düzenli dosyalama yapmak veya ödenmiş faturaları bir yerde tutmak bellek sorunu olanlar için çok önemlidir. Anahtarları veya cüzdanı kaybetmemenin en kolay yolu onu sürekli aynı yere koymaktır. Belli alışkanlıkları takip etmek gerçek bir dış yardım değilse de hatırlama zorluklarını azaltacak türden çevresel bir düzenlemedir. İlacı her seferinde yemekle birlikte almak yemekle ilaç arasında bir çağrışım bağı oluşturacak ve kişi ne zaman yemek yese (zamanı veya açlığın kendisi) kolayca ilaç alması gerektiğini hatırlayacaktır.

Kişisel bellek sistemi oluşturma

Bir hasta Bellek Grubu'nda yer aldığı zaman aynı zamanda kendisinin şimdiki ve sonraki ihtiyaçlarının ne olabileceğini belirleyen takımın bir üyesi olarak çalışmaya başlar. 'İhtiyaç' dediğimiz şey hastanın başarmak için uğraştığı ancak bellek probleminin engel olduğu şeydir. 'İhtiyaç'ların belirlenmesi sırasında kişinin problem yaşayacağı her bir durumu tahmin etmenin mümkün olmayacağı kabul edilir. Bunun yerine hastanın şimdiki hedeflerine ulaşmasında önemli olan işlerin, yani önceliklerin belirlenmesi gerekir. Bu ihtiyaçlar net bir şekilde ortaya konduğunda hasta, yardım sistemi ve stratejileri oluşturmada takımla birlikte çalışır. Bazen aslında bu sadece bir yardım olacaktır ama sıklıkla birçok strateji ve yardım kullanılacaktır.

Bununla birlikte program boyunca veya program bittiğinde ihtiyaçların değişebileceği kabul edilmektedir. Bellek grubunun işlevinin bir kısmı da hastaların gelecekteki görevler için bir yaklaşım biçimi kazanmasını sağlamasıdır. Bir bakıma onların gelecekte kullanabilecekleri bir strateji alet kutusu edinmesi sağlanır. Başka bir deyişle grup şu mesajı vermeyi amaçlamaktadır; onların neyi hatırlamaları gerektiğinin farkına varmaları, bellek zorluklarını bilmeleri, uygulamada karşılaşacakları problemleri öngörmeleri ve ihtiyaçlarını gidermek için gerekli olan uygun stratejileri belirlemeleri ve uygulamalarıdır. Bazı hastalar grubu bu şekilde kullanabilecekken diğerleri ortaya çıkacak yeni durumlara uyum sağlamak için her zaman desteğe ihtiyaç duyacaktır.

Kendisi için bir dizi strateji geliştirilen kişilere bir örnek Mark'tır. İsviçre'de dağ-bisikleti ile yaptığı kaza sonucu yaklaşık 300 metreden düşen Mark ciddi bir kafa travması geçirmiştir. Kaza olduğunda 30 yaşındaydı. İlk bilgisayarlı tomografide ödem ve subdural hematom bulguları görülmüştü. Hastanedeyken de menenjit gelişti. Durum stabil hale gelince Londra'ya aktarıldı ve hem yatarak sonra da ayaktan takiple rehabilitasyona tabi tutuldu. Tıbbi durumu gittikçe iyileşti kimseye bağlı olmadan yaşayabilir hale geldi. Kazadan yedi ay sonra Oliver Zangwill Merkezi'ne yönlendirildi. O sıralarda işe geri dönmemişti mevcut inatçı bellek problemlerinin çalışırken işini etkileyip etkilemeyeceği konusunda endişe vardı.

Detaylı testlerde hatırlama ve tanıma sürecinde hem görsel hem de sözel belleğinde önemli derecede bozulma olduğu görüldü. Dikkatindeki (çeldiricileri göz ardı etme bakımından) güçlük daha hafifti. Yürütücü işlevleri değerlendiren testlerdeki performans etkilenmişti, ama bunun da bellek hasarına bağlı ortaya çıktığı düşünüldü. Ilımlı üst-düzey iletişim zorluğu vardı ve konuşmalarda konudan sapabiliyordu. Mark'ın rehabilitasyondaki hedefleri:

- Güçlü yanlarının ve zorlukların, nöropsikolojik profili ile uyumlu olan yazılı bir form aracılığıyla farkına varmasını sağlamak ve bu problemlerin onun ailevi/sosyal/iş yaşamını nasıl etkileyebileceğini açıklamak.
- Kazadan önceki işine geri dönüp dönemeyeceğini belirlemek.
- Kendisi veya iş arkadaşları tarafından puanlanan müzakere becerilerindeki yeterliliğini göstermek.
- Kendi mali işlerini bağımsız olarak idare etmek.
- Çeşitli boş zaman aktiviteleri edinmekti.

Mark'ın en önemli amacı işine geri dönmekti. Kazadan önce merkezi Londra'da olan büyük bir sigorta şirketi için uluslararası mülk sigortacısı olarak çalışıyordu. Bu iş çok yüksek düzeyde mali sorumluluk gerektiren bir işti. Mark'ın işverenleri oldukça destekleyiciydi ve onun işe geri dönmesi konusunda istekliydiler, fakat aynı zamanda onun işini verimli bir şekilde yapabileceğinden emin olmak istiyorlardı. Bir program çerçevesinde Mark, BHA Grubuna dâhil olarak portfolyosunu geliştirmek için kendi bireysel program koordinatörü ile BHA hedefleri üzerinde çalışmaya başladı. Eş zamanlı olarak Mark Bellek Grubu'na katıldı ve kendi belleği ile ilgili yetersizliğini kabullenmesi konusunda desteklendi. Bu duygusal olarak zor bir süreçti – çünkü kendi kaybını fark etmeye başlayınca işe geri dönebilmeyle ilgili kaygıları artmaya başladı. Kendisine detaylı bir iş tanımı yapması için destek olundu ve ilaveten, belleğindeki zorlukların onun yaptığı işi nasıl etkileyeceğini belirlemesi şeklinde hedefler belirlendi. Bu uygulama, işte ciddi sorumlulukları olduğunu ortaya koyduğu gibi aynı zamanda büyük bir avantajı, yaptığı işin Mark'ın bozulan belleğini çok az zorlayacak şekilde münferiden ve kısa bir periyotta yapıldığını gösterdi. Komisyoncular ona bir sigorta satın almak için geliyorlar (örneğin büyük bir fabrika veya petrol rafinerisi için). Fiyat pazarlığı yapılıp bir kere anlaşmaya varılınca kâğıtlar hemen orada imzalanıyor. Mark, belleğindeki zafiyetin onun işini etkileyeceği en önemli yanının risk analizi bilgisi (örneğin hangi ülkeler veya şirketlerin riski yüksek) olduğunu; buna ilaveten onu işinde iyi yapan şeyin de sosyal becerileri olduğunu tespit ediyor. Mark, insanlarla iyi anlaşabilmekte ve bu becerisinin altında iş yaptığı kişileri iyi tanıması ve onlar hakkındaki şeyleri hatırlaması yatıyor. İlk meseleye dönük olarak birlikte çalıştığı takım Mark'la, ticari sayfalarda yayınlanan sigorta kayıplarının detaylarını kaydedeceği bir veribankası oluşturduğundan, gazeteleri okuması ve kayıplarla ilgili bilgileri kaydetmesi risk analiziyle ilgili kendisine bilgi sağlıyor ve onun sigorta kararlarına yardımcı oluyor. Onunla iş yapan komisyoncularla ilgili bilgileri hatırlama meselesine yönelik olarak kartlarla 'müşteri kayıt sistemi' kullandı ve birisi ile ilgili kayda değer yeni bir şey oluğunda bu bilgileri güncelleyebildi. Mark, böylece yöneticisiyle birlikte işe dönüşle ilgili bir dizi aşama belirledi. Tüm bunlar, hem Mark'a hem de bağlı olduğu yöneticiye, onun (şirketi ciddi bir mali riske sokmadan) işini başarıyla yapabileceği güvencesini vermek için düzenlendi. Bu aşamaların ilki, onun bir meslektaşının takibinde olması, yöneticisine sigorta onay kararıyla ilişkili faktörler hakkında iyi bir bilgiye sahip olduğunu göstermesiydi. Sonrasında, Mark'a sınırlı onay yetkisi verildi (sigorta poliçesinde dönem içi değişikliklerin sınırlı onayı gibi), fakat bütün evraklar onun yöneticisi tarafından onaylanmalıydı. Böylece ona poliçeleri yenileme yetkisi verildi, sonra yöneticinin onayı koşuluyla yeni sözleşmeler yapması yetkisi verildi, en sonunda da tüm imza yetkisine sahip oldu. Mark, tam zamanlı işine geri döndü ve yıllardır çalışmaya devam ediyor. Bütün işverenler Mark'ınki gibi yardımsever veya işleri kolaylaştırıcı değil. Mark'ın durumunda, onun hem potansiyel bellek problemleri etkilerini kabul etmesi ve hem de daha öncesinden farklı olarak işe dönüş prosedürü gereği bir süreliğine süpervizyona tabi tutulmaya uyum sağlaması rehabilitasyon programının başarısının merkezinde yer alır. Bu Mark için hiç de kolay bir şey değil. Ekibin, ailesinin ve meslektaşlarının olduğu kadar kendisiyle benzer durumda programda yer alanların psikolojik desteği, onun benlik duygusuna dönük kayda değer tehditleri (örneğin işe başarılı bir şekilde geri dönemeyeceği ihtimali gibi) kabul etmesi konusunda mühim görünmektedir.

Sonuç

Beyin hasarından sonra oluşan bellek problemlerinin tespitine yönelik müdahaleler kişinin bireysel hedefleri bağlamında belirlenmelidir. Bu, hastalara, günlük bellek problemlerini telafi edecekleri araçlar sağlamak suretiyle - Bellek Grubu'nun ana hedefidir. Mark'ın durumu belleğin (veya diğer herhangi bir bilişsel kaybın) iş yaşamını (veya günlük yaşamının diğer yönlerini) nasıl etkileyeceğinin açıkça gösterilmesinin önemi yanında kişinin kayıplarını telafi ettirecek dış destekler ve stratejiler geliştirmenin önemini göstermektedir. Fakat aynı zamanda bu pratik stratejiler, kişinin yaşadığı zorlukları anlaması ve kabul etmesine yardımda, içinde ehemmiyetli psikolojik desteğin de olacağı ciddi bir gayret gerektiğinin altını çizer.

Kaynakça

Baddeley, A. D. (1999). Essentials of HumanMemory. Hove: Psychology Press.

Berg, I. J., Koning-Haanstra, M. and Deelman, B. G. (1991). Long Term Effects of Memory Rehabilitation: A Controlled Study. Neuropsychological Rehabilitation, 1, 91–111.

Cappa, S. F., Benke, T., Clark, S. et al. (2005).EFNS Guidelines on Cognitive Rehabilitation: Report of an Efns Task Force. European Journal of Neurology, 12, 665–80.

Cicerone, K. D., Dahlberg, C., Kalmar, K. et al.(2000). Evidence Based Cognitive Rehabilitation: Recommendations for Clinical Practice. Archives of Physical Medicine and Rehabilitation, 81, 1596–615.

Cicerone, K. D., Dahlberg, C., Malec, J. F. et al. (2005). Evidence-based Cognitive Rehabilitation: Updated Review of the Literature from 1998 through 2002. Archives of Physical Medicine and Rehabilitation, 86, 1681–92.

Clare, L., Wilson, B. A., Breen, K. and Hodges, J. R. (2003). Errorless Learning of Face-name Associations in Early Alzheimer's disease. Neurocase, 5, 37–4

Craik, F. I. M. and Lockart, R. S. (1972). Levels of Processing: A Framework for Memory Research. Journal of Verbal Learning and Verbal Behavior, 11, 671–84.

Craik, F. I. M., Winocur, G., Palmer, H. et al. (2007). Cognitive Rehabilitation in the Elderly: Effects on Memory. Journal of the International Neuropsychological Society, 13, 1, 132–42.

Evans, J. J. and Wilson, B. A. (1992). A Memory Group for Individuals with Brain Injury. Clinical Rehabilitation, 6, 75–81.

Evans, J. J., Emslie, H. and Wilson, B. A. (1998). External Cueing Systems in the Rehabilitation of Executive Impairments of Action. Journal of the International Neuropsychological Society, 4, 399–408.

Evans, J. J., Needham, P., Wilson, B. A. and Brentnall, S. (2003). Which Memory Impaired People Make Good Use of Memory Aids? Results of a Survey of People with Acquired Brain Injury. Journal of the International Neuropsychological Society, 9, 925–35.

Kato, Y. and Takeuchi, Y. (2003). Individual

Differences in Wayfinding Strategies. Journal of Environmental Psychology, 23, 171–88.
Kessels, R. P. C. and DeHaan, E. H. F. (2003). Implicit Learning in Memory Rehabilitation: A Meta-analysis on Errorless Learning and Vanishing Cues Methods. Journal of Clinical and Experimental Neuropsychology, 25, 805–14.
Kime, S. (2006). Compensating for Memory Deficits: Using a Systematic Approach. Bethesda, MD: AOTA Press.
Lloyd, J. (2006). An Investigation into Route Learning Strategies for People with Acquired Brain Injury. Unpublished Ph.D. thesis, University of Birmingham.
Sohlberg, M. M. and Mateer, C. (2001). Cognitive Rehabilitation: An Integrative Neuropsychological Approach. New York: Guilford Press.
Wilson, B. A., J.C. and Hughes, E. (1997). Coping with Amnesia: The Natural History of A Compensatory Memory System. Neuropsychological Rehabilitation, 7, 43–56.
Wilson, B. A., Emslie, H., Quirk, K. and Evans, J. J. (2001). Reducing Everyday Memory and Planning Problems by Means of a Paging System: A Randomized Control Crossover Study. Journal of Neurosurgery, Neurology, and Psychiatry, 70, 477–82.
Wilson, B. A. and Moffat, N. (1984). Running a Memory Group. In B. A. Wilson and N. Moffat, Eds., Clinical Management of Memory Problems. London: Croom Helm, pp. 171–98.
Wilson, B. A. and Watson. P. C. (1996). A Practical Framework for Understanding Compensatory Behaviour in People with Organic Memory Impairment. Memory, 4, 465–86.

8 Duygudurum (Mood) Yönetimi Grubu

Kate Psaila ve Fergus Gracey, çeviren: Fatma Girgin Kardeş

Giriş

Duygu durumu Yönetimi Grubu Nöropsikolojik Rehabilitasyon için Oliver Zangwill Merkezinde programın ayrılmaz bir parçasıdır. Danışanlar Psikolojik Destek Grubuna ve bireysel duygu durum (mood) seanslarına dahil olmuş olsalar da danışanların bir grup yaklaşımından faydalandıkları yaygın duygusal sekel deneyimledikleri açıktır (Williams ve Evans, 2003).

Psikolojik Destek Grubu (9. Bölüm) danışanlar için birinin diğerine destek bir grup içinde bilişsel ve iletişimsel becerileri yansıtma ve uygulama sağladığı sözel bir yer ve zaman imkanı verirken, Duygu durum Yönetimi Grubu bir 'normalleştirme' psikoeğitimsel ve strateji odaklı yaklaşım sağlar. Deneyimleri paylaşma ve rehabilitasyonda birinin veya diğerlerine nasıl uygulanabileceğini öğrenmenin yansıtılmasının grup süreci hala önemlidir ama Psikolojik Deste Grubundakinden daha az önemdedir. Pratik olarak klinisyenlerin danışanlar ile büyük miktarlarda bilgi paylaşımını bireysel seanslarda olduğundan daha fazla sağlar. Bu grubun sonucu olarak danışanların kendisinin ve diğerlerinin duygusal hedefleri, mücadeleleri, güçlü yanları ve stratejilerinin anlaşılmasında daha iyi olması ve perspektiflerini paylaşabilmeleri ve kendilerine dair bir farkındalık geliştirmeleri umulur. Bu birey olarak danışanları güçlendirmeyi amaçlar böylece grup üyeleri birbirlerini daha etkili destekleyebilirler.

Grubun amaçları

Merkezde bizim grubun amaçları olarak tanımladığımız ilkeler ve prosedürler aşağıdaki gibidir: Duygu Durum Yönetme Grubu danışanlara duygu durum ve davranışlarda var olabilecek problemlerin farkındalığının geliştirmesi için ve bu problemlerle başa çıkmak için beceriler ve stratejiler geliştirme imkanı sağlamak amacındadır.

Bu bilginin sağlanması, anlam vermenin desteklenmesi ve danışanlara duygu deneyimleri ve ifadelerindeki değişimlerle başa çıkma becerisi geliştirmelerine yardımın sağlanması yoluyla yapılır. Bu şu şekilde yapılır:

- Özellikle beyin yaralanması sonucu olan duygusal reaksiyonların normalleştirilmesi ve bu reaksiyonların anlaşılabilir olduğunun gösterilmesi
- Danışanlara değişime öncülük edebilecek hasara karşı reaksiyonlarını kendi anlayışlarıyla formüle etmelerini sağlamak.
- Diğer danışanlarla tartışma ve deneyim paylaşımını kolaylaştırmak
- Danışanlara duygusal problemlerle başa çıkmanın farklı yollarını deneme deneyimi sağlamak için stratejilerinin 'alet çantasını' tedarik etme.
- Danışanları rehabilitasyon stratejilerini seçmede güçlendirme ve cesaretlendirme

Organizasyon ve yapı

Duygu durum Yönetme Grubu 12 tane, 1 saat süren, haftalık seanslardan oluşur. Grup, psikoloji personelinden ideal olarak iki üye ve klinik psikologlar ve/veya süpervizyonu yapılan asistanlar veya eğitimli psikologların herhangi bir kombinasyonu tarafından yürütülür. Grubun yapısı ve ilerleyişi esnektir ve danışanların ihtiyaçları ve genel ortam tarafından belirlenir. Örneğin, başlangıçlardan birinde, haftalık seanslarda 10 dakika boyunca rahatlamanın pratik edilmesiydi.

Grup seansları; başlangıçta 10 dakika önceki haftanın ödev/özetinin gözden geçirilmesini, 40 dakika ana başlıkların sunumunu gözden geçirmeye (ör; beyin ve duygular ya da alışma süreci), grup tartışması, egzersizlerin pratik edilmesi (örneğin, farklı rahatlama teknikleri, bilinçli meditasyon, dikkat kontrolü, duygusal problemleri çözme) ve gerçek hayat örneklerine uygulama, sonda öğrenilen noktaların 10 dakika tekrar ve özetini kapsar. Bireysel tepkiler sorular yoluyla kolaylaştırılır 'senin eve götüreceğin mesaj nedir?' ve 'bunu geliştirmek için sonraki adım nedir?'. Danışanların bu tepkilerini destekleme ve yapılandırma ve aynı zamanda genelleştirmelerine yardım etme için bir özet tablosu kullanımına özendirilir (apendix 8.1'e bakın). Grup danışanı farkındalık geliştirmesinde, duygusal problemleri çözme becerisi ve tepki becerisini destekleyerek ve hasarın duygusal sonuçlarıyla birleşen faydasız anlamlandırmaları ele alarak genel bilişsel davranışsal modele ve ilgili tekniklere dayanır. Danışanlara her seansta elde edeceklerini amaçlayan kolaylaştırıcı bir çok eğitim noktası vardır, buna rağmen bu grupta aynı zamanda güçlü bir tartışma içeriği vardır ve danışanların birbirinden öğrenmesini ve stratejilerin grup içinde ve dışında denenmesi cesaretlendirir. Danışanlar bireysel psikolojik terapi seanslarına katılma yanında Duygu durum Yönetme Grubuna katılırlar.

Bilgi danışanların tercihleri ve yeteneklerine bağlı olarak fotokopiler ve/veya PowerPoint slaytları yoluyla sunulur. Danışanlara her seans için not almaları için boşluklu şekilde tüm slaytların kopyaları sağlanır. Genellikle tartışmaların notlarını yazma ve örnekleri açıklamak için kağıt tahtası veya beyaz tahta kullanılır. Diğer grupların içeriği ile bazı çakışmalar vardır, örneğin Beyin Yaralanmasını Anlamak (BYA) Grubu da beynin duyguları nasıl yönettiği hakkında biraz bilgi içerir ve Bilişsel Grup problem çözme veya hedef belirlemeyi içerir aynı zamanda bir duygusal başa çıkma yaklaşımı olarak da kullanılır. Danışanlar bireysel ve grup çalışmaları arasında bağlantılar kurmaları yönünde cesaretlendirilirler. Bu açıkça ilk birkaç haftada yapılır 'Bu şu sıralar rehabilitasyonda yaptığınız diğer çalışma alanlarıyla bağlantılı mı, örneğin Bilişsel Grup'taki örnekle?' veya 'Bu üzerinde çalıştığınız hedeflerle nasıl bağlantılı?'. Grupta danışanın karar verilen bireysel hedeflerine yönelik yapılan ilerleme takımda her bir danışanın hedef planlama toplantısı için geri bildirim sağlar.

Müfredat

Grup üç ana bölüme ayrılır: (1) 1. Hafta: giriş ve ilgili başlıklar, grupla sosyalleşme ve ne elde etmek istediklerinin ortaya çıkarılması, (2) 2-5 haftalar: duygu duurmunu ve duyguları neler etkiler? bilgi ve formülasyon ve (3) 6-12. haftalar: stratejiler ve teknikler, problem çözme ve deneyimleme. Bu bölümler bu sırayla art arda gerçekleşir ama sıklıkla danışanların seminer tipi grupla uğraştıklarında, strateji pratiği üzerinde daha fazla vurgu yer alır, böylece konuya girişin ardından 3. Bölüm her grupta yürütülür. Mümkün olduğunda başlıkla ilgili teknikler sunulur. Ödev bazen verilir, genellikle kendini izlemeyi, kullanılan farklı başa çıkma stratejilerini tanımlamayı, diğerlerinin duygusal cevaplarını not etmeyi ve başa çıkmada iyi veya zayıf olup olmadıklarını içerir. Buna rağmen, danışanlar programın başka yerinde bireysel seanslarda önemli miktarda ödeve sahip olduklarından, eğer grup bağımsız ayakta tedavi grubu olarak yürütülüyorsa bu olması gerektiği kadar vurgulanmaz.

Hafta 1: Giriş ve ilgili başlıklar

Danışanlar karşılanır. İlk egzersiz danışanların gruptan öğrenmek istediği şeyi bulmaya çalışmasıyla geçer. Bu genellikle 10 dakikalık egzersiz olarak duygular hakkında danışan tartışmasına başlangıç olarak gerçekleşir. Grubun standart amacı şunları özümsemektir: danışanların beyin yaralanmasının duygusal sonuçlarının anlaşılmasının artırılması, duygu durum ve duyguları etkileyen faktörlerin öğrenilmesi, kendi duygularını daha iyi anlamaları ve duygusal sonuçları yönetme veya değiştirmeye yardım eden yolları öğrenme.

Sonraki başlık 'duygu durum ve davranışı neler etkiler?'i ele alır. Bir grup tartışması teşvik edilir. Katkılar aşağıdaki alanlarda kategorileştirilir:

- Yara veya hasarın tipi
- Yaralanma öncesi ve sonrası 'kişilik'
- Değişimlere ve kayıplara uyum sağlama
- Baş etme stilleri
- Rolleri ve ilişkileri içeren çevre ve tetikleyiciler,

Bir PowerPoint slaydı bir biyopsikososyal model olarak bu konu başlıklarını sunmak için kullanılır. Bu alıştırma alanların daha detaylı tartışıldığı sonraki birkaç hafta için altyapı hazırlar. Bu seanslar süresince duygu normalleştirilir; beyin duygularımızın kontrol merkezi olduğu için beyin yaralanmasının herhangi bir şekli sonrasında duygusal ve davranışsal değişimlerin çok yaygın olduğu açıklanır.

Danışanların duygusal süreçler hakkında düşünmelerine yardım etmek için bu grupta bilişsel model kullanılır. Kavramsallaştırmak kolaydır, strateji kullanımını kolaylaştırır ve beyin yaralanması sonrası etkisi için ortaya çıkan kanıtlar vardır (örneğin; Alderman, 2003; Khan-Bourne ve Brown, 2003; Williams ve diğerleri. 2003a, 2003b; McGrath ve King, 2004; Tierksky ve diğerleri, 2005; Gracey ve diğerleri, 2006; Dewar ve Gracey, 2007). Burada anahtar nokta duruma bağlı olarak duygusal ve davranışsal ifadelerde çeşitlilik olması ve bu çeşitliliğin temelini oluşturan duygu durumu ve spesifik durumların sonuçlarını iyileştirmek için öngörüde bulunmaya, planlamaya ve değişiklik yapmaya yardım edebileceğidir.

Bilişsel davranışsal model tanıtılır (Greenberger ve Padesky, 1995, s.4). Bilişin bakış açısı yaralanmasının danışanın deneyimlerine etkilerini, düşünceleri, hislerini, davranış ve fiziksel cevaplarını etkileyebileceğini kabullenmeleri amacıyla bu modele eklenir. Daha önce sunulan biyopsikososyal modeller birleşiklik içinde, duygunun bilişsel modeli danışanlara o andaki duygusal tepkileri hakkında düşünmeleri içim basit akılda kalıcı bir bağlam sağlar. Bu bir günlük örnekle sunulur.

2–5. Haftalar: Duygu durumunu ve duyguları ne etkiler?

Nörolojik Hasarın Tipleri

Önceki seansın 10 dakika özeti bu konuya bir giriş sağlar. Bu seans nörolojik hasarın tipinin duygu ve davranış üzerinde nasıl etkisi olduğunu tanıtma ve tartışmayı içerir. Amaç normal duygu ve beynin bunu kontrolü üzerine bazı bilgiler vermektir. Beynin duygularımızın yeri olduğu ve hayatta kalmak için bu duyguların hayati olduğu açıklanır. Spesifik olarak frontal, temporal ve limbik alanların normal duygusal cevapları deneyimleme ve ifade etmede nasıl etkileşim içinde olduklarını içerir. Korku, öfke ve depresyonun hayatta kalmadaki rolleri hakkında evrimsel fikirler genellikle duyguların normal olduğu fikrini kolaylaştırmak için kullanılır. Bilişsel zorlukların (özellikle yürütücü, dikkat ve hafıza işevlerinde) beynin duyguları etkili şekilde işleme becerisi üzerine etkisi artıyor. Beynin bir modeli bu seanslarda BYA Grubundan (5. Bölüm) fotoğraflarla kullanılır.

Davranışımızı ve duygusal cevaplarımızı kontrol etmede frontal lobların gelişiminin etkisi ve hayatımız boyunca öğrendiğimiz bir yetenek olması daha detaylı tartışılır. Danışanlar genellikle çocukların başlamayı ve engellemeyi öğrenmesini gözden geçirmesi süreciyle ilişki kurabilirler. Bu güçlü duyguların veya dürtüsel davranışın kontrolünü yeniden öğrenmenin, hisleri ifade etmenin sosyal olarak uygun yollarının veya diğerlerinin hislerini anlamak için stratejilerin bir beyin yaralanması sonrası gerekli olabileceğine mantıklı bir açıklama sağlar. İnsanların kendi deneyimlerini tartışması teşvik edilir. Bilişsel zorlukların duygu durumu üzerindeki direk olmayan etkileri de kabullenilir.

'Kişilik' yaralanma öncesi/sonrası

Bizim deneyimimizde çekişmeli bir konu olabildiği için 'Kişilik' terimi tartışma için bir araç olarak kullanılır. Kavramsal olarak biz kişilik değişimini değerlendirmenin hem danışan için hem klinisyen için faydasız olduğunu da görürüz (daha fazla tartışma için Yeates ve diğerleri, 2008'e bakın). Bazı bireyler 'kişilik' dedikleri şeyde kesinlikle değişim hissetmezler, bazı durumlarda 'bazı şeyler değişmiş olsa bile ben hala aynı kişiyim' ve oysaki diğerleri anlamlı değişiklik tarif ederler. 'Kişilik terimiyle ne kastetiyoruz?' sorusunu sormak daha fazla yapabilen gruplar için ilgi çekici bir başlangıç noktasıdır. Bu tartışma kabataslak olarak üç alana ayrılır.

Kişilik gelişimi

Önceki haftanın özetinden sonra danışanlara kişiliğin ne olduğu ve nasıl şekillendiği sorulur. Danışanlar bizi biz yapanın ne olduğu ve nasıl kişiliğimizin hem sabit hem de yaşamımızdaki deneyimlere göre dalgalanır ve değişir olduğu üzerine düşünmeye teşvik edilir. Tabiatın nasıl hava tarafından oluşan erozyon gibi süreçlerle binlerce yılda yavaşça şekillendiği metaforu kullanılır. Zaman içinde bir tabiat manzarası pek çok yolla değişebilir ama hala aynı coğrafi alan olarak tanınabilir. Beyin yaralanması sonrası duygu ve davranışların hasar öncesi kişilik tarafından şekillenmiş olabileceği yöntemi ileri sürülüyor. Metafor yaralanmanın bir deprem gibi yeryüzünü vurduğu öne sürülerek genişletilebilir. İlk başlarda eski manzaranın tanınabilir bazı özellikleri vardır ama yıkıntıdan daha az fark edilebilirdir. Zamanla manzara restore edilir hale gelir, orjinal şekline değil ama deprem öncesi ve sonrası özelliklerin ikisinin de görünüşün karakterine eklemlenen kendi yerlerine sahip oldukları yeni bir forma. Yaşamımız ve kişiliğimizin nasıl kendimiz, diğerleri ve etrafımızdaki dünya hakkında şekillenen ve bize olan şeyleri anlamlandırmamıza yardım ve davranışlarımıza rehberlik eden 'kuralların' deneyimlerimizden geliştiği tartışması boyunca bu nokta işlenir. Varılan nokta benlik ve kimlik hissimizin daima yavaşça değiştiğidir ve beyin yaralanması olsun olmasın hiç birimiz 'eski' benliğimize geri dönemeyiz.

Kişilik değişiminin değerlendirilmesini anlamak

Danışanlar önceki hafta nörolojik hasar hakkında ne öğrendiklerini ve bunun kişilik değişimlerinin özellikle diğer önemli kişiler tarafından değerlendirilmesine etkisinin nasıl olabileceği düşünmeye davet edilirler. Diğerlerinin 'düzenli olmak', 'iyi bir hafızaya sahip olmak' veya 'çok sosyal olmak' gibi şeyleri 'kişilik' açısından nasıl görebileceği belirtilir. Bunlar yaralanma sonrası pek çok sebeple değişebilir ama beyin yaralanması olan kişi sıklıkla hala aynı kişi olduğunu iddia edecektir. Frontal lob hasarının kişilik değişiminin değerlendirilmesine etkisinin nasıl olabileceği tartışılır. Anahtar nokta kişilik değişiminin değerlendirilmesinin bizim tarafımızdan ve diğerleri tarafından bir dizi sebeple yapılabileceği ve bunun benlik algısı veya kimlik algısından farklı bir şey olduğudur.

Yaralanma öncesi kurallar ve travmatik olaylarla nasıl başa çıktığımıza dair varsayımların etkisi?

Travmatik olayların yaşamak için olan önceki kurallarımızla veya kişisel olarak önemli değerlerimiz ve hedeflerimizle nasıl çatışabileceği meydana konur. Genellikle 'kuralların' hayattaki deneyimlerimizle nasıl şekillendiğini bilişsel-davranışsal modelle tutarlı olarak tartışırız. Örneğin, pek çok insan genellikle dünyanın güvenli olduğuna veya kaderimizi kontrol edebildiğimize inanabilir. Travmatik olaylar genellikle beklenmediktir ve hayatımızda büyük bir etkiye sahiptir, anlamlandırmak zor olabilir çünkü önceki kurallarımızla çatışırlar. Buradaki anahtar nokta bazı duygusal reaksiyonların yaralanmanın algılanmasının zorluğu bakımından anlaşılabilir olabildiğidir, özellikle bazı değişimlerin kişinin benliği veya kişilikle alakalı kural ve değerlerinde acayip olduğu zaman.

Değişimlere ve kayıplara uyum sağlama

Bu seansın grup üyeleri için ana hedefi şuana kadar duygusal uyum sağlamanın kendi süreçlerini anlamak ve daha pozitif bir geleceğe yönelik değişim sürecini vurgulamaktır. Olası duygusal uyum sağlama reaksiyonlarının farklı tipleri tartışma için tanımlanır. Bunlar şok, 'inkar', öfke, kabul, üzüntü veya keder, kaygı ve umudu içerir. Biz bunları bireylerin zamana uyum sağlamalarının kendi süreçleri hakkında konuşmalarına ve güncek duygusal engellerinin ne kadar uyum sağlamanın anlaşılabilir yolları olabileceğini merak etmelerine yol açıcı olarak sunarız.

Birinin beyin yaralanması öncesi ve sonrası hayatı arasındaki farklılıklara vurgu yapan durumlar özellikle zor olabilir. Burada tartışma için anahtar nokta daha önce olduklarından farklı olarak şimdi nerede olduklarını ve gelecekteki değişim için umut edebileceklerini görmek için bireylere yardım etme amacı ile uzun dönem hikayeyi anlamaktır. Diğer anahtar nokta değişimin bir çokları için negatif duyguların artışını içerebileceği ve bireylerin bu sebeple çelişebilecek rehabilitasyondaki deneyimleri üzerine yansıtmalarına yol açabileceğidir. Olana uyum sağlama zorluğuyla başa çıkarken insanların kullandığı desteklerin çeşitlerinin tartışılması gösterilir.

Başa çıkma stili

Bu seansın amacı işe faydalı ve faydasız başa çıkma stillerinin farkındalığını artırmaktır. Önceki haftanın özetinin ardından danışanlardan zor durumlarla nasıl başa çıktıklarını düşünmeleri istenir. Faydalı ve faydasız başa çıkma stratejileri tartışılır. Vurgulanan nokta travmatik bir olayın ardından insanlar eski başa çıkma yollarına bel bağlayabilirler veya yenilerini geliştirirler; bilişsel bozukluklar (örneğin, problem çözmenin yürütücü işlevi) etkili eski başa çıkma yollarının birisi için artık etkili ve ulaşılabilir olmayacağı anlamına gelebilir. Kaçma, alkol veya diğer maddelerin kullanımı yardım için diğerlerine bağlanma, yardımı kabul etmeye direnç, hasarları inkar etme, üzüntü, düşüncelere dalma ve öfke potansiyel yaygın cevaplar olarak belirtilir. Travmatik olaylara duygusal reaksiyonların normal olduğu vurgulanır. Buna rağmen, davranışın faydasız modellerine güvenmek öz güvenimizi artırmada yardım etmeyebilir; kendimiz, diğerleri ve etrafımızdaki dünya hakkında düşük özgüven veya depresyon veya kaygı gibi duyguları sürdürebildiğimiz negatif kural ve inançlar geliştirmeyi bitirebiliriz.

Beyin yaralanması ile oluşan geniş yelpazede olası stress ve problem sebebiyle geniş yelpazede başa çıkma stillerine sahip olmak önerilir. Başa çıkmanın yardımcı stilleri genellikle problem çözme, bir probleme çözüm bulma, problemi anlamayı geliştirmeyi deneme, zorlukları yönetmek için beceri geliştirmeyi öğrenme ve gerektiğinde destek ve tavsiye arama ve kabul etmeyi içerir. Tipik olarak danışanlar kendi başa çıkmalarını tartışır veya grubu yürüten kişi özel bir başa çıkma tipinin (örneğin kaçınma) nasıl uzun vadede faydasız olacağını gösteren örnekler sunar.

Çevre ve tetikleyiciler

Bu seansın ana amacı sosyal veya pratik çevrenin davranış ve duygular üzerindeki etkisinin farkındalığını artırmaktır. Duygusal tepkilerimizin nasıl tamamen bazı insan, yer ve görevlere spesifik olabildiği konusu tartışma için öne sürülür. Eğer gerekirse, fiziksel ve bilişsel taleplerin etkisi; yaralanma öncesi yeteneklerin karşılaştırılması için bir tetikleyici gibi yaratılan bir durum içindeki spesifik engel tipi örnekleri verilir. Grup yaralanma sonrası daha kolay veya daha zor buldukları spesifik durumları tartışmaya teşvik edilir. Örnekler genellikle büyük bir grup insanın olduğu bir sosyal durum içerir, süpermarket alışverişi, bazı aile ilişkileri ve sosyal ilişkiler, gürültü veya bilişsel veya duyusal yükleme içeren diğer şeyler.

Fiziksel ve Bilişsel Talepler

Bu konunun grupta tartışılması çevre farkındalığını kolaylaştırmaya yardım edebilir. Bu bilişsel problemler, fiziksel problemler, acı ve/veya ses veya ışık duyarlılığı sebebiyle olabilir. Yani iş, ev veya sosyal çevre beyin yaralanması öncesinden daha çok zorluklar ortaya çıkartabilir.

Yaralanma Öncesi Sonrası Benlik Karşılaştırması

Durumlar yarakanma öncesi ve sonrası statüler arasında bir karşılaştırmayı tetikleyebilir. Bu zorlukların, kayıpların veya değişikliklerin hatırlanmasına yol açabilir. Bu böyle durumlarda hüsran, öfke, üzüntü veya kaygıya neden olarak duygusal olarak zor olabilir. Grup bu tip tetikleyici durumların örneklerini grup tartışmasında paylaşma, formüle etme ve olası çözümleri tanımlamaya teşvik edilir.

Sosyal ve Kişiler Arası Talepler

İhtiyacı olan yardımı almış veya fazla korunmuş hissetmek arasındaki veya hem bazı engellere sahip olarak anlaşılır olmak hem de aynı zamanda güvenilir ve değerli olmak arasındaki dengeyi kurma zorluğu gibi beyin yaralanması sonrası tanımlanan yaygın kişiler arası zorluklar tanıtılır. Diğerlerinin bizimle olma yollarının nasıl değişebileceğini göstermenin yolu olarak davranış ve duygulardaki değişimde diğerlerinin tepkisinin etkisi de tartışılır. Danışanlar bu türden tetikleyici durumların örneklerine sahiptir ve bazen bir kişiler arası döngünün taslağını çizmek ve bu 'huysuz döngüyü' kırmaya neyin yardım edebileceğini tartışmaya açmak faydalıdır.

Spesifik Durumlardaki Taleplerle Başa Çıkmayı Öğrenmek

Burada vurgu hangi durumların zor olduğunu ve nedenini anlamaktır, bunları daha etkili yönetmek için strateji veya planlar geliştirmek mümkündür. Anahtar nokta burada duruma bağlı olarak duygusal ve davranışsal ifadelerde çeşitlilik vardır ve bu çeşitliliği neyin desteklediğini anlamak öngörü, planlama ve uygun olmayan reaksiyonlardan kaçınma için değişiklik yapmaya yardım edebilir. Ayrıca, birinin global negatif algıları, yetenekleri veya davranışlarını kontrol etme potansiyeli pozitif durumların spesifik yönlerine bakma ve çıktıları nelerin etkilediği çatışmalı olabilir.

6–12 Haftalar: Duygusal ve davranışsal sonuçları yönetmeye yardım eden stratejiler

Daha önce grupta tartışılan hassas faktörler bir dizi duygusal veya davranışsal çıktı ya da sonuca neden olabilirler. Grup üyelerinden edinilmiş beyin yaralanmasının duygusal ve davranışsal sonuçları üzerine beyin fırtınası yapmaları istenir. Sonra aşağıdaki liste verilir ve belirtilmeyen herhangi bir sonuç danışanın listesine eklenir.

- Duygusal ve davranışsal sonuçlar:
- Kaygı, üzüntü ve korku hissi
- Negatif düşünceler
- Farkındalık
- Öfke, huzursuzluk ve hüsran
- Dürtüsel davranış
- Sosyal duyarsızlık
- Hüzün, düşük mod ve depresyon
- İlişkilerde zorluk

Gruptan ilk seanstan grup için umuda geri dönmesi istenir ve grubun ihtiyaçlarına göre iki veya daha fazla başlık daha detaylı tartışmak için seçilir. Önceki seanslardan fikirler grubun ilgilendikleri spesifik başlıklar hakkında mantıklı anlamlar çıkarmayı denemesine yardım etmede kullanılır. Bazen bu organik, uyum sağlama, zorluk alanına katılan başa çıkma ve çevresel faktörleri hakkında düşünmeyi içerir. Alternatif olarak, paskalya çöreği modeli (Greenberger ve Padesky, 1995) düşüncelerin, hislerin, davranışların ve başkalarından gelen yanıtların birbiri ile etkileşiminin faydasız döngüsünü tartışmaya ve çözmeye yardım etmek için kullanılır. Sonuç olarak, konu aynı zamanda, farklı rahatlama strateji tipleri, bilinçli farkındalık meditasyonu, bilişsel gözden geçirme, üzüntü yönetimini (bakın:Butler ve Hope, 1995) içeren spesifik duygu durumu yönetme stratejilerini tanıtmak ve pratik etmek için de kullanılır.

Grubu çalıştıran klinisyenin etkisi tanımlanan odak noktası ve stratejileri değiştirebilir. Buna rağmen, bilişsel davranışsal prensiplerin ve tekniklerin bir dizi özü ele alınır. Burada biz grupta olan bazı ortak konulara bakış açımızın bazı geri planını sunuyoruz.

Farkındalık

Farkındalık konusunda, gruba Crosson ve arkadaşlarının (1989) kendi-farkındalığını farklı tip ve seviyelerini tanımlayan modeli gösterildi:

1. Entellektüel farkındalık
   - Bozukluğun ve bunun sebeplerinin mantıklı bir anlayışına sahip olmayı içerir.
2. Gelişmekte olan farkındalık
   - Zorlukları meydana geldikleri gibi fark etme ve kabule etmeyi içerir.
3. İleriye yönelik farkındalık
   - Zorlukların gelecekte ortaya çıkabileceğinin beklentisini içerir.
   - Kişinin 'ilerisini düşünmesine' ve stratejileri kullanma için plan yapmasını sağlar.
   - Farkındalığın en yüksek seviyesidir.

Grupta biz farkındalığın bir dizi yaklaşım ve bu stratejilerin potansiyel etkilerini tartışmaya davet etme yoluyla faydalı olabileceğini belirtiriz:

- Bozukluklar ve güçlü yönler hakkında doğru bilgi
- Ne yapabileceği ve yapamayacağının anlaşılması
- Diğerlerinden açıklama isteme
- Diğerlerinden neyin yanlış olduğunu ve ne zaman olduğunu öğrenmek
- Problemler ortaya çıktığında geri bildirim yapma
- Kendini izleme ve dürtüselliği azaltmada ilerleme için dur-düşün stratejileri
- Durumları öngörmek, planlamak ve strateji hazırlamak için hedef yönetme
- Birinin kendisi hakkında yeni bilgilere ulaşmasını engelleyebilecek hafıza türleri ve dikkat bozuklukları için telafi etme.
- Sistematik kendini izleme becerilerini öğrenme
- 'Davranışsal deneyler'
- Güvenli ve destekleyici ilişkiler

Hüsran, hassasiyet ve öfkeyi yönetme

Bu konuyu öfke ve sinirliliğe neyin neden olabileceğini tartışmak için ortaya koyarız. Bazen agresif davranışın bir tehdide cevap iken (kaç ya da savaş cevabı olarak) yanlışlıkla bir öfkenin ifade edilmesi olarak tanımlanması burada belirtilen noktadır. Hüsranın sebepleri ve olası yaklaşımlar tartışılır; sıklıkla potansiyel bilişsel telafi stratejilerinin kullanımına, bir görev ile etkilerinin artırılmasına veya yorgunluk veya hedef ihmaline vurgu yapılır. Sıklıkla heyecan azaltma teknikleri seansta pratik edilir. Öfkeyi tartışırken kolay hatırlama stratejisi (Trevor Powell (1994) tarafından tanımlanan beyin yaralanmasına faydalı Headway rehberinde) gruba sunulur: [4]

A- **Öngörmek:** Durum hakkında önceden düşünmek, daha kolay hale getirmek için plan yapmak

N- **İşaretleri Farketmek:** Öfkenin ve hüsranın sizi nasıl etkilediğini ve aklınıza neler geldiği kadar tansiyon veya yüz kızarma hissi gibi fiziksel işaretleri de öğrenmek

G- **Bir Duygu durum Rutini Oluşturma:** Sakinleşmek için yapabileceğiniz bazı pratik şeyleri uygulama. Bunlar şunları içerebilir:

- Dur düşün!!!
- Mental geri adım atma
- Adrenalinin etkisini yönetmek için rahat/kontrollü nefes almayı kullanma
- Bilişsel talepleri yönetmek için bilişsel stratejileri kullanma
- Kendinize pozitif şekilde konuşun
- İnsanlara nasıl hissettiğinizi söyleyin (onlara göstermek yerine)

Sizin için hangisi en iyisi?

E- **Kendinizi Durumdan Çekip Çıkartın:** Sakinleşmek için surumdan ayrılmaya ihtiyacınız olabilir. Ne olduğunu birine anlatın, fiziksel egzersiz yapın, rahatlamayı deneyin veya müzik dinlemek, hepsi sakinleşmenize yardım edebilir. Sizi en iyi hissettirenleri seçin.

R- **Nasıl Basa Çıktığınızı Kaydedin:** Öfke ve hüsranı yönetme becerilerine sahip olduğunuzu unutmak veya inanmamak kolaydır. Nasıl başa çıktığınızın kaydını tutmak gelişiminizi size hatırlatmada yardımcı olabilir. Bu kendinize güven inşa etmenize yardım eder.

4 Çevirenin notu: İngilizce ANGER (öfke) kelimesinin baş harflerinde oluşan bir hatırlatma stratejisi kullanılmıştır. A (anticipate), N (notice), G (go through a temper routine), E (extract yourself from the situation), R (record how you coped).

Kaygıyla alakalı problemleri yönetme

Bir dizi farklı kaygı problemi tanımlanır ve gruptan kaygının bir veya iki spesifik tipine odaklanması istenir (örneğin, üzüntü, spesifik şeylerda korkunu hissetme). Tekrar edersek, ona en iyi şekilde çözüm üretmek amacıyla kaygı problemine yardım eden faktörleri anlamanın önemli olduğunu vurgularız. Bu bize grupla bir spesifik problem, üzerinde çalışma imkanı sağlar, örneğin paskalya çöreği modeli veya bazı diğer bilişsel davranışsal modelleri kullanma ve buradan olası strateji ve tekniklere ilerleme. Tekrar rahatlama veya heyecan azaltma stratejileri pratik edilebilir veya grup Butler ve Hope (1995) tarafından sunulan 'üzüntü karar ağacı'nı uzun uzun ele alabilir.

Düşük mod, üzüntü ve depresyon

Düşük mod hissi, üzüntü veya depresyon beyin yaralanması sonrası yaygındır. Eğer bu grup üyeleri için önemli bir konuysa, çoğu depresyonun düşünceleri, hisleri, davranış, biliş ve açlık, libido ve uyku gibi fiziksel sistemleri etkileyebileceği yolları tartışmayı faydalı bulur. Danışanlarımızda zihin meşguliyeti ve uzun uzun düşünme yaygın görünmekte ve hoşa giden olaylar için aktivite çizelgesinin önemini tartışmaya veya yeterlilik hissi veren görevlere vurgu yapılır. Grup pozitif veya destekleyici aktiviteleri tartışmaya ve bunu programda başka bir yerde etkili bir hafıza ve planlama sistemi geliştirmeyle alakalı yapabileceği işler ile bağlantılandırma denemesine teşvik edilir. Biz aynı zamanda sıkıntılı dalgın düşüncelerden çıkmanın yolu olarak bilinçli farkındalığı sunabilir ve pratik yapabiliriz. Tartışılan potansiyel stratejilerin bir kısmının içeriği:

- Keyif ve başarı hissimizi artıran aktiviteler planlama, zamanla bunları biraz artırma
- Anlayabilecek veya benzer deneyimler yaşamış başka insanlarla konuşma
- Neyin hislerinizi daha iyi ve daha kötü yaptığını tanımlama
- Duygu durumunuzu etkileyen faktörleri anlama
- Bağlantılı olabilecek düşünceleri, hisleri, davranışları ve geçmiş deneyimleri fark etme
- 'Negatif otomatik düşünceler' veya negatif öngörüleri fark etme ve bunların durumları yorumlamamızı etkileyebileceğini görmek
- Negatif düşüncelerle mücadele eden alternatif düşünceler veya öngörüler oluşturmak
- Daha fazla özgüven geliştirmeye yardım edecek kararlılık gibi beceriler öğrenmek
- Özgüven az iken farklı şeylere başlamanın stresi ile başa çıkmaya yardım edecek rahatlama. Durumların sonuçlarını geliştirmeye veya bilişsel taleplerden dolayı zor olan görevlere yardım edecek bilişsel stratejiler kullanmak
- Dalgınlığı azaltma ve düşünceler ve hislerden çıkmayı öğrenmek (örneğin. Bilinçli farkındalık meditasyonu kullanmak)
- Antidepresan tedavisi

Özet

Bu bölümün amacı programın yoğun evresi içinde yürütülen Duygu durumu Yönetme Grubunun prensiplerini ve geniş içeriğini açıklamaktı. Bu bölüm 12 saat uzunluktaki seanslarda olabileceğinden daha fazla bilgi kapsar. Bilgi ve sunum şekli danışanların her girişine adapte edilir. Program daima ileriye geliştirilir ve danışanların farklı başlangıçlarının ihtiyaçları zarif biçimde karşılanır ve danışanlardan alınan geri bildirimler ve neyin iyi olduğuna dair kendi deneyimlerimiz de eklenerek ilgili araştırmaların son bulguları göstermek için güncelleştirilir. Yine de, bu bilişsel davranışsal temelli grup müdahalesi henüz değerlendirilmedi.

Ek 8.1: Grup Özet Sayfası

Tarih

Hedef Alanı veya grubu

Seans konusu veya amacı:

Seans sonunda not almak için zaman tanıyın

Bu seanstan ANAHTAR NOKTALAR:

Seansta benim için oluşan kişisel 'ev mesajı'

Bunu geliştirme için sonraki adım:

Kaynakça

Alderman, N. (2003). Contemporary Approaches to The Management of Irritability and Aggression Following Traumatic Brain Injury. Neuropsychological Rehabilitation, 13(1/2), 211–40.

Butler, G. and Hope, T. (1995). Manage your Mind: The Mental Fitness Guide. Oxford: Oxford University Press.

Crosson, B., Barco, P. P., Velozo, C. A. et al. (1989). Awareness and Compensation in Postacute Head İnjury Rehabilitation. Journal of Head Trauma Rehabiliation, 4(3), 46–54.

Dewar, B-K. and Gracey, F. (2007). 'Am not was': Cognitive-behavioural Therapy for Adjustment and Identity Change Following Herpes Simplex Encephalitis. Neuropsychological Rehabilitation, 17(4 & 5), 602–20.

Gracey, F., Oldham, P. and Kritzinger, R. (2006). 'Finding out if the "me" will Shut Down': Successful Cognitive Behavioural Therapy of Seizure-related Panic Symptoms Following Subarachnoid Haemorrhage: A Single Case Report. Neuropsychological Rehabilitation, 17(1), 106–19.

Greenberger, D. and Padesky C. A. (1995). Mind Over Mood: Change How You Feel by Changing The Way You Think. New York: Guilford Press.

Khan-Bourne, N. and Brown, R.G. (2003). Cognitive Behaviour Therapy for The Treatment of Depression in Individuals with Brain Injury. Neuropsychological Rehabilitation, 13(1/2), 89–107.

McGrath, J. and King, N. (2004). Acquired Brain Injury. In J. Bennett-Levy, G. Butler, M. Fennell, A. Hackman, M. Mueller, eds., Oxford Guide to Behavioural Experiments in Cognitive Therapy. Oxford: Oxford University Press.

Powell, T. (1994). Head Injury: A Practical Guide. Bicester: Speechmark. Tiersky, L., Anselmi, V., Johnston, M. et al. (2005). A Trial of Neuropsychologic Rehabilitation in Mild-spectrum Traumatic Brain Injury. Archives of Physical Medicine and Rehabilitation, 86(8), 1565–74.

Williams, W. H. and Evans, J. J. (2003). Brain injury and Emotion: An Overview to a Special Issue on Biopsychosocial Approaches in Neurorehabilitation. Neuropsychological Rehabilitation, 13(1/2), 1–11.

Williams, W. H., Evans, J. J. and Fleminger, S. (2003a). Neurorehabilitation and Cognitive Behaviour Therapy of Anxiety Disorders After Brain Injury: An Overview and Case Illustration of Obsessive-compulsive Disorder. Neuropsychological Rehabilitation, 13(1/2), 133–48.

Williams, W. H., Evans, J. J. and Wilson, B. A. (2003b). Neurorehabilitation for Two Cases of Post-traumatic Stress Disorder Following Traumatic Brain Injury. Cognitive Neuropsychiatry, 8(1), 1–18.

Yeates, G., Gracey, F. and Collicutt-McGrath, J. (2008). A Biopsychosocial Deconstruction of 'Personality Change' Following Acquired Brain Injury. Neuropsychological Rehabilitation, 18(5), 566-89

9 Psikolojik Destek Grubu

Fergus Gracey, Giles Yeates, Siobhan Palmer ve Kate Psaila, çeviren: Fatma Girgin Kardeş

Bütüncül rehabilitasyonda terapötik ortam

Bütüncül rehabilitasyon terapötik bir ortamda değişim sürecine etkisi tartışılan destekleyici ve terapötik bir sosyal bağlam oluşturmayı ve bunu yönetmeyi hedefler (Goldstein, 1942, 1959; Ben-Yishay, 1996, 2000). Ben-Yishay bu sosyal bağlamın danışanın kişilik algısını geliştirmesine yardımcı olduğunu ve onu aile, arkadaş ve iş ya da okul gibi sosyal bağlamlara, dolayısıyla dünyaya geri döndürdüğünü ileri sürmektedir. Nöropsikolojik Rehabilitasyon Merkezi olan Oliver Zangwill Center'da (OZC) yapılan günlük topluluk buluşmaları gibi uygulamalar ve grup öğrenmesine yapılan vurgu diğer bütüncül programlarla beraber terapötik ortamı destekleyici niteliktedir. Bazı programlarda topluluk buluşmaları danışanların birbirlerine toplumsal olarak uygunsuz davranışlar veya başarılı baş etme stratejilerinin kullanımı hakkında geri bildirim vermeleri için terapötik bir fırsat oluşturmak için kullanılır. (ör. Prigatano, 1999; Daniels-Zide ve Ben-Yishay, 2000). OZC'de hem danışanlara verilen hem danışanların birbirlerine verdikleri geribildirimler İletişim Grubu ve başka bölümlerde bahsedilen diğer fonksiyonel gruplar gibi küçük oturumlarda desteklenmektedir. Topluluk buluşmalarında bazen birinin başkalarından beklentisi üzerine daha genel tartışmalar olur. Haftanın sonunda, çalışanlar ve yoğun fazdaki danışanlar hafta boyunca yapılan gruplardan ve egzersizlerden öğrendiklerini gözden geçirmek için bir araya gelirler. Grup aynı zamanda danışanların nasıl geliştiklerini, birbirlerine nasıl geribildirim verdiklerini yansıtmayı kolaylaştırır ve herhangi ortak grup amaçlarını (ör. üstesinden gelebilme, iletişim kurma ve grup halinde çalışma) tanımlamayı ve yansıtmayı da kolaylaştırır.)

Topluluk buluşmalarını, diğer bütüncül programlarda olduğu gibi, kişisel geribildirim ve grup terapisi için kullanılması konusunu takım olarak sıklıkla tartıştık. Ancak, bu tartışmalar sonucunda merkezdeki ziyaretçiler de dahil olmak üzere tüm kişilerin katılımına açık olan topluluk buluşmalarında bu konulara değinmenin doğru olmadığını düşündük. Belki bu sonuç merkezin İngiliz kültürünü benimsemesinin bir yansıması olabilir.

Bu sebeple, davranışlara ve stratejilere verilen geribildirimin belirli özel gruplar ve bireysel seanslarda verilmesi, merkezin günlük işleyişini etkileyen konuların ise topluluk buluşmalarında tartışılması gerekmektedir. Ortamın gelişiminin ve devamlılığının izlenmesi ve değerlendirilmesi her programda yaklaşık iki kere tekrarlanan takım toplantılarında yapılır. Bu toplantılarda, takımın danışan grubuna karşı emosyonel tepkisi de dahil olmak üzere, ortamı etkileyen faktörler belirlenip bunlara uygun cevaplar belirlenir. Grup sürecinden hareketle danışanların akranlarıyla ilişkilerinde sosyal kimliklerini keşfetmeleri için oluşturulan gruba Psikolojik Destek Grubu denir. Bu grupta danışanların kendi tecrübelerini diğerleriyle paylaşması ve bundan yararlanması sağlanır. Bununla birlikte Psikolojik

Destek Grubu grup sürecinde oluşturulan ortamın 'güvenli' olmasını sağlar ve böylelikle danışanlar rehabilitasyon süresince kendi ilerleyişlerini takip edebilirler.

Bu bölümde, grup işleyiş modellerini bilişsel nöropsikolojik model ile entegre eden yenilikçi yaklaşımımızın gelişimini tanımlıyoruz. Bu yaklaşım danışanların iki ana hedef için çalışmalarına ortam hazırlayacak. Bu hedefler danışanların birbirine destek verip almalarının sağlanması ve bu başarılamıyorsa nedeninin bulunup buna sebep olan problemlerin belirlenmesidir.

Bütüncül rehabilitasyonda psikolojik destek

Prigatano (1999), Daniels-Zide ve Ben-Yishay (2000), Christensen (2000) ve diğerlerinin oluşturduğu programda beyin hasarından sonra gelişen yaşam stresiyle alakalı konuların tartışıldığı ve karşılıklı destek sağlandığı bir grup var. (Klonoff, 1997) Başlangıç olarak OZC'de de benzer bir yaklaşım kullanıldı. Duygu durumu Yönetimi ve Psikolojik Destek Grupları, edinilmiş beyin hasarından (EBH) kaynaklanan emosyonel sonuçlarla baş etmek için kullanılan stratejilerin, klinik psikologların yapılandırması ve önderliğiyle, tanımlanması, tartışılması ve uygulanması için fırsatlar sağlar. Bununla beraber daha az yapılandırılmış bir Psikolojik Destek Grubu'nda grup dinamiğinin ve kognitif bozuklukların (özellikle yürütücü işlevlerdeki bozulma) etkisinin psikologlar ve danışan grubu için görevi daha zor hale getirebildiği açıktır. Grubun formatı gelişti ve daha sonra grup sürecinin kontrolünün sağlamak, yürütücü işlevlerdeki problemlerin etkisini ele almak için aynı zamanda diğerlerini desteklemek için danışanların kendi tecrübelerini ve bilgilerini ortaya sermesine izin vererek resmi olarak grup formatı değişmiş oldu. Duygu durumu Yönetimi Grubu daha spesifik olarak psikoeğitim ve strateji geliştirmeye odaklandı (8. Bölüm). Şimdi bizim Psikolojik Destek Grubu için geliştirdiğimiz yaklaşımın dayanağı olan ve bir arkaplan oluşturacak olan literatürü sunacağız ve grup ile çalışanlara rehber olması için geliştirdiğimiz modeli tanımlayacağız. Sonrasında ise grup içinde kullanılan bazı kısa klinik örnekler ve spesifik tekniklerin tanımlarını vereceğiz.

Temel literatür

Ana grup çalışmaları literatürü şu tanımları içeriyor:

- Beraber çalışılan ve grubun ortak hedeflerini yansıtan bir grup düşüncesi veya algılanan tehditlere ve anksiyeteye cevap olarak oluşan işlevsiz grup düşüncesi (Bion, 1961),
- Grupta yardımcı terapötik aktiviteler veya iyileştirici faktörler (Yalom, 1975),
- Tek birim olarak grubun nosyonu, grubun başlangıcına işaret eden gelişim ve kurulum süreci, problemlerin görüşülmesi, ve grubun görevine dahil olma (ör: Schutz, 1958; Tuckman, 1965),
- Foulkes'un (1964) grup içerisindeki kişilerin ayrı ayrı geçmiş, şimdiki ve gelecek yaşantılarından (Nitsun, 1996, s.21) yararlanarak varsayımsal bir iletişim ağını terapötik bir ödev olarak kurma, bu ağı geliştirme ve derinleştirmeyi baz alan düşüncesi ,
- Garland'ın (1998) travmatize olmuş insanların sadece aynı travmaya maruz kalmaları sebebiyle oluşturulmuş 'zorluk grubu' nosyonu, ve Bion (1961) ve Foulkes'un (1964) bununla ilişkili grup psikoterapisi fikri,
- Bir grubun dilinin o grubun ve grup üyelerinin hakkında (diğerlerini dışarıda tutarak) beyin hasarı sonrasındaki yaşantılarında sorunlarla nasıl baş edeceklerine dair bir duruş meydana getiren belli hikayeler oluşturmasındaki 'anlatıcı' düşüncesi,

- Farklı durum seviyeleri içinde çalışma ve kültürü keşfetme hakkındaki sistemik fikirler; grup içerisindeki sosyal durum ile ilgili olan ve aile, sağlık sistemleri ya da bir bütün olarak toplum gibi daha geniş sistemler ve grup süreçleri arasındaki paralellikler ile ilgili olan inançlar ve dönüşümler hakkındaki sistematik fikirler.

Goldstein'ın (1959) tanımlayıp Ben-Yishay'ın (1996,2000) bütüncül nöropsikolojik rehabilitasyon bağlamında detaylandırdığı terapötik ortam kavramı da aynı zamanda hazırlandı. Bu durum, ortamın güvenliliğinin sağlanması ile 'yıkıcı tepki'leri minimize ederek ve kendini kabullenmeyi teşvik ederek grubun sosyal becerilerinin ve tutarlı bir kimlik duygusunun geliştirilmesine katkıda bulunma yolları hakkında düşünmek için bir model sağlar. Yukarıda da bahsedildiği gibi, Ben-Yishay'ın tanımladığı ortamdan diğer sosyal gruplara kadar 'genelleştirme' ilkesi de benzer şekilde Psikolojik Destek Grubu ile ilişkilendirilmiştir.

EBH'den etkilenen danışanlarla yapılan terapötik çalışmada kognitif ve sosyal becerilerdeki zayıf ve güçlü yönlerin paterninin hesaba katılması gerekiyor.

OZC'deki danışanlarda görülen en yaygın bozulma yürütücü işlevlerdeki bozulma. Dolayısıyla kognitif nöropsikoloji literatürü grupları yürütmede ve anlamlandırmada yardımcı olacaktır. Yürütücü işlevlerin bozulmasıyla ilgili burada bahsetmeyeceğimiz bir çok model ve problem var. Buna rağmen, diyebiliriz ki Luria (1966), Duncan (1986), Sohlberg ve ark. (1990) ve Shallice ve Burgess (1991)'in modelleri özellikle çok faydalıdır. Bu modeller bir hedef belirleme ve plan oluşturma ve bunları uygularken hedefi ve planı akılda tutmayı sağlama ve davranışı ayarlamak için kendi kendini gözlemlemeyi vurguluyor. Metakognitif beceriler, soyutlama, duyguların düzenlenmesi, davranış, sosyal beceriler ve kendini yansıtma becerisi, ve öz temsili güncellenmeyi ve geliştirmeyi öğrenme yürütücü işlevlerdeki bozulmada karşılaşılan en önemli problemlerdir. Dolayısıyla gruplarda danışanlar göreve veya konuya odaklanmayı başaramayabilir, konuşması yüzeysel olabilir, önemli sosyal ipuçlarını kaçırabilir (ör; esprileri yanlış yorulama, başkasının üzüntüsünü anlayamama) veya her zamankinden daha güçlü veya zayıf duygusal tepkileri olabilir. Vygotsky'nin (1960/1978) yüksek kognitif fonksiyonların nasıl sosyal ve organik süreçler arasındaki etkileşimden "aracı süreçler" olarak doğduğu düşüncesi bize sosyal durum, etkileşim ve dil araçları veya sembollerinin nasıl kendini düzenleme kapasitesini oluşturmak için içselleştirebileceğimizi düşünmemizi sağlar. Bu kavramın yürütücü işlevlerin rehabilitasyonu ve psikolojik terapi hakkındaki modern görüşlerde de yansımaları var (ör. kendini yapılandırma alıştırmaları, Meichenbaum ve Goodman, 1971; Alderman ve Burgess, 1990; Cicerone, 2002). Bu görüşler Psikolojik Destek Grupları'nda 'yürütücü', 'dikkat ile ilişkili denetleme' veya 'metakognitif' fonksiyonlar olarak yardımcıların rolünün tanımlanmasında hayata geçirildi. Grubun süregelen 'ana' amacı 'destek olmak ve destek almak', 'ikincil' amacı ise 'destek kısmı başarılamıyorsa fark edip bir şeyler yapmak' idi. Bu sebeple grup danışanların beraber problem çözmeleri için gerekli odağı sağlıyor. Danışanlara bu zorlu görevin verilmesi, yardımcıların rollerini belirginleştiriyor:

- Gruba amacını/amaçlarını tanımlamak ve hatırlatmak
- Amacı/amaçları referans alarak ilerleyişi yansıtmak
- Aktiviteler, duygular ve gruptaki tartışmaların teması hakkında açık geri bildirimler vermek ve yansıtma yapmak
- Grubun amacına aykırı olan veya amaçtan saptırabilecek aktiviteleri belirtmek
- Farklı fikirleri destekleyerek problem çözmeyi desteklemek
- Grup için otobiyografik hafıza olmak, gruptaki herhangi bir değişimi yansıtmak, geçmiş

önemli grup etkinlikleri veya problem çözümlerinden örnekler vermek ve bir devamlılık ve tutarlılık hissi yaratmak

- Grubu, grubun özel amaçlarına ve gruptaki değişimlere bağlı olarak geleceğe dair düşünmeye sevk etmek, ve grupta öğrenilenleri diğerlerine genellemek
- Bu süreçlerin gerçekleşmesi için gerekli koşulları geliştirmek adına grubu desteklemek (ör. gerekli durumlarda grup gelişimini ve bağlılığını desteklemek)

Duygusal veya grup ilerleyişiyle ilgili meseleler bu formatta nasıl yönetilir? Yürütücü işlevlerin grup seviyesinde tanımı bir noktaya kadar Bion'un (1961) grup süreci modeli ile uyumlu gözüküyor. Bion'a göre gruplar sağlıklı 'iş grubu zihniyeti' veya yardımcı olmayan 'temel varsayım zihniyeti' şeklinde işleyebilir. Kısacası, Bion ikinci kategorideki grubun yapılması gereken görevden uzak kalma, grup sorumluluğunu tek bir grup üyesine yükleme veya iki grup üyesi arasında birliği teşvik etme girişimiyle tanınabileceğini ileri sürüyor. Aynı zamanda grubun ana görevinden uzaklaşmasına sebep olan şeyin grupta anksiyeteye verilen tepki veya bazı korkutucu konulardan veya bunları beraber çalışmaktan kaçma davranışı çabaları olduğunu söylüyor. Yani zor veya stresli bir konu grubu zamanını alalade konuları konuşmaya harcamaya, sessiz kalmaya veya yardımcıların özel hayatlarını konu edinerek potansiyel sevimsiz konulardan kaçınmaya yöneltebilir. Yardımcıların dili grubun kendini yansıtıp davranışlarını yönetebileceğini ve ana amaca ulaşmak için sorumlu davranması gerektiğini belirtecek şekilde grubun tek bir 'sorumlu birlik' olduğunu vurgular. Örneğin, bir yardımcı şu şekilde alakalı bir konunun yansıtmasını yapabilir: 'öyle gözüküyor ki grup bugün hava durumu hakkında konuşmayı seçiyor. Ben bunun grup amacıyla nasıl örtüştüğünü merak ediyorum?' Bu daha önce üzerinde konuşulmasına karar verilen konuyu konuşması için grubu teşvik edebilir ve grubun konuyu seçmek için beraber hareket etmesine yardım edebilir. Buradaki gizli amaç danışanların gruptan faydalanmak için birbirlerinin kapasitelerini genişletmesidir. Bu sırada, yardımcı bireylerin gruba katkısını grubun amacına yönelik olarak vurgulayıp öne çıkarabilir. Yardımcının yaptığı bir yansıtma olan 'Grup bugün amacına yönelik olarak çok iyi çalışıyor. Bill'in evdeki stresli durumuna destek olmak amaçlı ilgili çok sayıda öneri geldi. Aynı zamanda gruptaki bazı üyelerden herhangi bir öneri almadığının da farkındayım.' cümleleri de buna bir örnek olabilir.

Böylece yardımcılar bir taraftan grupta 'yürütücü işlev' görürken diğer taraftan terapötik el çabukluğuyla emosyonel hayat ve işlevlerle ilgili olarak grup süreçlerini yansıtabilirler. Grup içerisinde yardımcılar arasındaki konuşmanın yansıtılmasıyla da tartışma ve duygular üzerine yorum yapılması mümkün hale gelir. Bu konuşmalar vesilesiyle iyi giden şeyleri veya yeni çelişmeyen fikirleri görünür hale getirmek katılımcıların grup içerisindeki deneyimlerini anlayıp, yeni bir tartışma için imkanlar ve fikirler üretmelerine yardımcı olur. Bu grup üyelerinin birbirini destekleme potansiyelini artırır ve aynı zamanda grupta yürütücü işlevlerdeki bozulmadan kaynaklanan zorlukları da telafi eder. Bu, yukarıda belirtildiği gibi yardımcıların az veya çok başka terapi okullarına veya grup çalışmalarına da yön verebilmelerine) ek olarak grubun köşe taşlarını oluşturan basit kuraldır. Grubun genel mesajı; <hasarına rağmen senin diğer insanlara verebileceğin bir sürü şey var. Arkadaşları, ortakları olabilirsin, onlara destek olabilirsin. Senin yaralanma öncesi ve sonrası hayatının ikisi de geçerli ve takdir ediliyor. Grup çok başarılı olduğunda, danışanlar bunu yavaş yavaş fakat kesinlikle fark ederler ve bitişe doğru sıklıkla tekrardan 'bir insan olmak' konulu yansıtmalar yaparlar. Bu genellikle gruba dair ve grup içerisinde ortaya çıkan zorluklar, gerilimler ya da problemler olmadan olmaz.

Psikolojik destek grubunun bir tanımı

Grup üyeliği

Psikolojik Destek Grubu rehabilitasyonun yoğun ve entegrasyon fazlarında olan danışanların da dahil olduğu 6 aylık bir program sürdüren tek gruptur. Grubun, bir kısmının her 3 ayda bir ayrılması ve yenilerin eski katılımcı haline gelip gruba yeni üyelerin alınmasıyla meydana gelen dönüşümlü bir değişim paterni var. Grup tipik olarak 2 yardımcı ve 8-10 danışanı aşmayacak üye sayısına sahip. Dışlama kriterleri de tüm danışanların katılabilmesini sağlayacak şekilde tüm programla aynı. Geçen 5 yılda bir grup üyesinin gruptan ayrılmayı seçtiği ya da ayrılmasının istendiği iki ya da üç durum oluştu. Bunlardan birisinde sebep danışanın sözlü olarak gösterdiği agresif davranışlarıydı. Bir alıcı veya verici olarak dahil olduğu konuşmalarda zorluk çıkarıyor ve emosyon tanımada da bozukluk gösteriyordu. İkinci vakada danışan depresifti ve gruba katılabilmek için ve çalışmak için programın farklı yönlerini bulma mücadelesi veriyordu. Sonuçta bireysel program koordinatörünün (BPK) de desteğiyle onun grubu bırakıp programındaki diğer önceliklere yoğunlaşması sağlandı. Bu vakalarda danışanlar gruptan ayrılmadan önce kendi kararlarını grupla paylaşmaları için desteklendi. Bazen danışanların ayrılacağını söyledikten sonra gruba devam etmeye karar verdikleri de olabiliyor. Danışanlardan birisi grupta konusunu açmadığı travma sonrası stres bozukluğu (TSSB) semptomlarından dolayı gruptan ayrılmak istediğini belirtti. Kararını ve bunun TSSB dolayısıyla olduğunu söyledikten sonra fark etti ki grupta başka bir grup üyesinde de aynı semptomlar mevcut ve grup onların bu ihtiyacına en iyi nasıl karşılık verebileceğini tartışmaya açıktı, ve danışan gruba devam etmeye karar verdi.

Önemli iletişim problemleri olan veya agresyon gibi rehabilitasyon sırasında kontrol edemedikleri ciddi davranışsal problemleri olan danışanlar hem kendisine hem de grubun geri kalanına faydalı olmayacağı düşünüldüğü için gruptan dışlanmalıdırlar. Bununla beraber daha az rahatsız edici fakat yine de problemli davranışları olan danışanlar gruptan aldıkları geribildirimden fayda görebilir ve bu danışanların grupta sorumluluk alıp destek vermeleri beklenir. Tüm grup ciddi hafıza sorunları olan danışanlardan oluştuğu zaman bazı alternatif stratejiler gerekli olabilir. Danışanlar birbirlerine anlık destek için teşvik edilebilirler fakat yardımcılar not alma, başkanlık etme, geçen haftayı özetleme veya tartışma konuları belirleme gibi stratejiler önermede daha aktif rol oynamalılar. Bir seferinde, 4 hafıza bozukluğu ve bir emosyonel ve yürütücü işlev bozukluğu olan danışanın olduğu bir grupta ilk birkaç hafta tatiller, geçmiş iş rolleri ve genel konular hakkındaki oldukça boş konuşmalar yürütücü problemi olan danışanı rahatsız etti. Grubu kızgın bir halde durdurdu ve rehabilitasyon için faydalı olabilecek bir saati boş yere harcadıklarını ve bu konuda ne yapabileceklerini sordu. Bu durum grubun birbirlerini yeterince tanımadıklarını veya hatırlamadıklarını fark etmelerini sağladı ve devam eden birkaç hafta süresince bu tanışıklığı artırmak için yeni oyunlar icat etmelerine sebep oldu. Süreç danışanların birbirleriyle kendi kimliklerini yansıtan önemli ve hatırlanmaya değer şeyleri paylaşmalarıyla sonuçlandı. Hafıza ve diğer problemleri olan danışanların aynı grup içerisinde olması daha iyi olmakla beraber bazı danışanlar yine de grup içerisinde stratejileri nasıl kullanacaklarına dair iletişim kurma, duygu durumu, kognitif veya BPK seansları gibi dış desteğe ihtiyaç duyabiliyor. Grup; iletişim, kognitif stratejiler veya kendilerine dair görüşlerin diğer insanların görüşleriyle eşleşip eşleşmediğini keşfetme üzerinde uğraşan bireysel danışanlar tarafından uygulanan "davranışsal deneyimler" için kaynak olarak kullanılmaktadır.

Grubun yönetimi

Bu yardımcılar için ağır bir klinik çalışma. Bu sebeple grup sonrasında beraber olanları ve gruba nasıl yaklaştıklarını tartışmaları faydalıdır. Bazen programa eklenen diğer destek kaynaklarından da faydalanıyoruz. Örneğin, gün sonunda iş arkadaşlarımızla yaptığımız 'günün işi' buluşmalarında grubun anahtar konusunu paylaşabiliyoruz. Grubun dökümü her grup sonrasında iş yükünü dağıtmak için yardımcılardan birinin yazmasıyla devam eden tek bir kayıt halinde yapılıyor. Not alınmasının nedeni grubun etkinliğini tanımlayıp grupta yapılan yansıtmaların tanımlanması dışında ilave yorumlar yapılmasını engellemektir. Eğer grup bir şeyin devam ettirilmesine ihtiyaç duyuyor veya bir konuda hareket planı yapıyorsa (ör. yardımcılar grup kurallarını özet halinde yazıyorlar) bunlar not ediliyor. Notların sonunda grubun gelişim sürecini formüle etmek için yardımcıların grup sonrası yansımalar hakkındaki yorumları ekleniyor.

İlk grup

Grubun başlangıcında yardımcının görevi sahneyi kurmak, hedefi tanımlamak ve grup üyelerinin birbirini tanıyıp tecrübelerini paylaşmalarına destek olmaktır. Yardımcıların bir adım geri çıkarak grubun kendi yolunu çizmeleri için serbest bırakması veya daha proaktif davranarak gruba müdahil olup buzları eritici rol oynaması grubun yapısına, güçlü ve zayıf yönlerine ve yeteneklerine bağlıdır. Program dahilinde yardımcılar bu grubun programdaki diğer gruplardan farklı olduğu konusunda açıktırlar:

> Diğer gruplar bilgi verilmesi, yeni stratejiler öğrenilmesi veya var olan yeteneklerin tekrar öğrenilmesi ve geliştirilmesiyle ilgili gruplardır. Biliyoruz ki biz görevliler olarak beyin hasarıyla ilgili her şeyi bilemeyiz. Özellikle gerçekten neye benzediğini bilemeyiz çünkü bunu kendimiz tecrübe etmedik. Bu grup hepiniz için diğerlerinin beyin hasarıyla ilgili tecrübelerinden ve uzmanlığında faydalanmanız için bir şans. Biz bu konuda sizi desteklemek, bütün fırsatları kullanmanıza yardım etmek ve gerekli durumlarda problem çözümünde yardımcı olmak için buradayız. Fakat bu büyük ölçüde sizin ne yaptığınıza ve nasıl yaptığınıza bağlı. Tek yapmanız gereken grubun ana hedeflerini aklınızda tutmak. İlk hedefimiz 'diğerlerine destek olmak ve onlardan destek almak' ve ikinci hedefimiz 'bunu yapamıyorsak yapamadığımızı fark edip bu konuda neler yapabileceğimiz üzerine çalışmak'.

Biz grup ilk birkaç hafta bunu fark edemese de ilk bakışta göründüğünden daha zor bir görev olduğunu açıkça belirtiyoruz. Bundan önceki gruplarda yapılan şeylerin örnekleri de grupla paylaşılıyor.

> Bu grup aslında göründüğünden daha zor fakat biz sizi desteklemek için buradayız. Bu çalışmayı başka bir çok grupla da yaptık. Bazı gruplar bu şansı kendileri için değerli olan bazı müzik CD'lerini oynatmak veya fotoğraf ve videolar göstermek için bir fırsat olarak gördüler. Diğerleriyse grupta oyunlar oynayarak birbirlerini tanımaya çalıştı. Bazıları tartışmalarda tamamen yapılandırılmış bir yaklaşım sergilerken, diğerleri daha esnekti. Size yardımcı olacak yöntemi bulmak size kalmış. Bizim istediğimiz sadece ana hedefin destek olmak ve destek almak, ikinci hedefin ise ilk hedefin en iyi şekilde yürütülmesini sağlamak olduğunu akılda tutmanız.

Yardımcılar ve grup üyeleri aynı zamanda grubun kurallarını belirleyecekler. Bazı tartışılmaz kurallar şunlar:

- Aynı anda sadece bir kişi konuşur
- Grupta konuşulanlar grupta kalır
- Ziyaretçiler de değerlendirici danışanlar gruba katılamaz

- Danışanlar kullandıkları dilde birbirlerine saygı göstermek zorundadır
- Üç seferden fazla grubu rahatsız eden davranışlar sergileyenlere grupta söz hakkı verilmez veya danışan olarak kabul edilmez ve gruptan uzaklaştırılabilir.

Kurallar yine grubun ihtiyaç ve tercihlerine göre yazılıp grupta dolaştırılabilir veya sözlü olarak hatırlanabilir. Grup üyeleri kendi kurallarını veya işleme biçimlerini ekleyebilir ve bunu yeni gelenlerle ilk grupta paylaşırlar. Bu kurallar veya uygulamalar grup değiştikçe tekrar müzakere edilip değiştirilebilir. Grubun bir tur dönmesi ile her bir üyeden haberdar olmak için her hafta gruba tekrarlayan bir yaklaşım başlatılmaktadır. Bazen bu ucu açık bırakılabilir veya bazen tanımlanabilir. Örneğin bir çok grup her üyenin geçen haftaya dair bir iyi bir kötü haber verdiği 'iyi haberler, kötü haberler' veya 'inişler ve çıkışlar' keşfeder gibi başlangıçları faydalı bulur. Buna rağmen bazı gruplar farklı seviyelerde buna direnirler. Bazıları tartışma için ortak ilgi alanları veya mevcut tartışmalar içerisinden tanımlanmış konular için daha fazla vakit ayırırlar ve böylece önemli konuların ortaya çıkarılmasını kolaylaştıran esnek bir yapı sağlarlar. Fakat bu yapının esnekliği önemli bir konu keşfedildiğinde tartışılması için engel oluşturmaz.

Gruba yeni bir üye katıldığında önceki yoğun fazdaki danışanlar da yeni gelenleri hoş karşılayacaklar. Tipik olarak yeni gelenlerin başlamasından önceki bu birkaç hafta danışanlar bunu nasıl yapacaklarını düşünme konusunda cesaretlendiriliyorlar. Bazen grup yeni gelenler hakkında meraklıdır ve onların kendilerini öne çıkarmalarına sebep olabiliyor. Danışanların buradaki söylemleri gruba çok bağlı. Bu sebeple spesifik bir tanım yapmak zor. Fakat bazı genel ve özel örnekler üzerinden bir izlenim vermeye çalışacağız.

En yaygın ilk grup kaynaştırma faaliyeti her grup üyesinin kendi hikayesini anlatmasıdır. Bu çoğu zaman danışanların birbirleriyle benzerliklerini tespit etmeyi ve aldıkları hasar, hastane, geçmiş rehabilitasyonlar, başkalarının destek ve anlayışı, adli tıp süreçleri, aile üyelerine etkisi, sürücülük ve sosyal yardımlar gibi konular hakkında tartışmayı tetiklemeyi sağlar. Yalom (1975) grubun iyileştirici aktivitelerinden birinin ortaklıkları tespit etmek ve paylaşmak olduğunu söyler. Ara sıra yeni gelenler bunun kendileri için çok fazla olduğunu düşünerek başlangıçta kendilerini açığa vurmaktan kaçınmayı tercih ederler. Grup üyeleri yeni gelenlerin onlara nelerin faydalı olduğunu soracakları zamana kadar beklemeye karar verebilirler. Grubun yeni gelenlerle ilgili planlama yapmakta zorlanması durumunda yardımcıların görevi sosyal problem çözümünü desteklemektir. Bu tipik olarak üyelerin gruba başladıkları zamanki kendi tecrübelerini yansıtmalarının desteklenmesiyle yapılır. Onların neleri sevmiş olabilecekleri ve kendi seanslarında nelerden memnun kalıp nelerden kalmadıkları hakkında düşünmeleri sağlanır. İlk seansı yapılandırma veya yeni gelenleri karşılamanın olası yollarıyla ilgili örnekler üretmeleri de desteklenebilir. Eğer grup bir plan yapar fakat yeni üyeler geldiğinde bunu uygulamayı unutursa yardımcıların görevi grubun kendi planlarını uygulamamaya karar verdiğini not edip gruba bu planları hatırlatmaktır.

Grup bazen ilk seansı programın ilk bölümüyle alakalı tecrübelerini paylaşmak için fırsat olarak görür, tüyolar verir, destekleyici yorumlar yaparlar veya ulaşım, konaklama veya diğer pratik mevzular hakkında konuşurlar. Grup bazen Psikolojik Destek Grubunun kendisine odaklanır ve bunu ilk başta açıklamanın çok zor olduğunu, ne olduğunu anlamak için yapmak gerektiğini söylerler. Çoğunlukla danışanlar ilk bakışta karışık gözüktüğünü ve nasıl bir yardımının dokunduğunun anlaşılamadığını söylerler fakat zamanla grubun ayakları yere basar ve faydalı bir destek kaynağı haline gelir. Ara sıra danışanlar etkili grup üyeleri ayrıldığında gruptaki rollerinin veya tecrübelerinin nasıl değiştiğini yansıtırlar. Bir danışan üyelerde değişim olduktan sonraki ilk grupta ayrılan bir üye ile ilgili bir yorumda bulundu; onun grubun baba figürü gibi olduğunu ve şimdi bu role dair beklentiyi kendi üzerinde hissettiğini söyledi. Başka bir grup bir üye ayrıldığında onlara nasıl bir etki bırakacağını öngördü. Bu tartışmada üyeler onun grubun sınırları dışına çıkmaması için nasıl çalıştığını konuştu ve 'çapa' kavramı kullanıldı. Bir üye beyaz tahtaya birbirlerinin farklılıklarını ve göreceli bağımsızlıklarını da tanıyarak bir arada kalmaları gerektiğini hatırlatması amacıyla bir çapa çizdi. Yeni gelenlerle yapılan ilk grupta eski grup üyeleri tecrübelerini ve bu 'çapa'nın onları sınır içerisinde tutan 'kayıp' üyeyi nasıl temsil ettiğini anlatabildiler. Son örnek eski tecrübeli bir üyenin kendi uyarlaması hakkındaki yorumlarını içeriyor. Yeni gelenlere gruptaki başlangıç konuşmasında sanki beyin hasarı önlerinde yüksek bir duvarmış ve bu yüzden arkasını göremiyorlarmış gibi hayatlarındaki her şeyin, düşündükleri ve hakkında konuştukları her şeyin beyin hasarı olduğunu söyledi. Bu duvarı yıkmak zorunda olduklarını ve kendisinin sanki bunu yapmaya başladığını, böylece beyin hasarının hayatlarındaki her şey ve bir son olmadığını sadece hayatın bir parçası olabileceğini söyledi. Bu danışan uyarlama süreci hakkında konuşurken yumrukladığı tuğladan duvarı tahtaya çizdi ve okla gösterdi. Yeni danışanlardan biri parmak eklemlerinin uğraşmaktan yaralandığı yorumunu yaptı. 'Duvar' motifi beyaz tahtada grup için belirgin bir halde kaldı ve zaman zaman grup üyeleri ve yardımcılar tarafından uyarlama ve rehabilitasyonun ilerleyişi ile ilgili yansıtmalar yapıldı.

Düzgün ve sorunsuz çalışma: ilerleyen seansları kolaylaştırma

İlerleyen seanslar için en önemli şey yardımcıların grubun iki ana hedefini hatırlamalarıdır. Gruptaki tartışmaları dinlerken bunları akılda tutmak grubun ne yaptığına odaklanmaya yardımcı olur. Akılda tutmaya çalıştığımız şeyler şunlardır:

1. Birbirlerine destekleyici mi oluyorlar yoksa bunu nasıl yapacakları üzerine mi çalışıyorlar?
2. Bunu nasıl yapıyorlar? (Yalom'un (1975) 'iyileştirici faktörler'ini, Bions'un (1961) 'zihniyetler'ini, Foulkes'un (1964) paylaşma, iletişimi derinleştirme ve yansıtma hakkındaki sistemik fikirlerini düşündüğümüzde ve baskın ve hükmedilen anlatıcı (White ve Epston, 1990) ve iletişim, kognitif ve sosyal becerileri hesaba kattığımızda).
3. Grup üyeleri faydalı ve belki de o kadar faydalı olmayan neler yapıyor?
4. Tartışmalardan çıkan genel temalar neler?
    - Beyin hasarı ve rehabilitasyonla ilgili hangi problemler veya konular tartışılıyor?
    - Bu veya gruptaki herhangi bir süreç şu an grupla nasıl ilişkilendirilebilir?
    - Temalar hasar sonrasında kabullenme ve daha geniş kapsamlı bir uyarlama ödevi ile, veya danışanların rehabilitasyonda nereye kadar ilerledikleri, veya terapötik ortamdaki süreçleri ile nasıl ilişkilendirilebilir?
5. Grup nasıl 'hissediyor' – örneğin tempo yavaş mı, zahmetli ve karamsar mı, veya canlı, konuşkan ve yüzeysel mi? Ve bu ne anlama geliyor?
6. Hangi grup süreçleri meydana çıkıyor? (yine Bion'un modeli veya sistematik fikirler düşünüldüğünde).

Gruptaki etkinlikler bu genel başlıklar altında tekrar organize edilebilir. Burada verebileceğimiz çok fazla örnek var. Yine de takip eden tanımlamalar bu yapıya uygun olduğunu düşündüğümüz bir algı oluşmasına yardımcı olabilir. Listedeki ilk üç kısım direkt olarak Yalom'un (1975) grupta iyileştirici faktörler ile ilgili yazıları ile bağlantılı. Şunları içeriyor:

- Umut aşılama
- Evrensellik (kimsenin mücadelesinde yalnız olmadığının görülmesi)
- Haber vermek ve bilgi paylaşmak
- Başkalarını düşünme (özverili destek verme)
- Sosyalleşme tekniklerinin gelişmesi
- Benzetmeli davranış
- Kişilerarası öğrenme
- Grup bağlayıcılığı
- Katarsis - bastırılmış duyguların ifade edilmesi

Bunlar grupta ileride kategorik aktivitelerde kullanmak için faydalı başlıklar olabilir ve gruba seansın ilgili bir zamanında yansıtılabilir.

"Bugün grup deneyimlerini paylaşıyor ve bir çok yönden ne kadar benzer olduklarını keşfediyor."

"Bill iş rolünü nasıl kaybettiğiyle ilgii etkileyici bir şekilde konuştu ve diğer grup üyeleri de benzer tecrübeler paylaştı..."

"Pete, Bill ve Jane'e mesleki danışmanıyla iş seçeneklerini nasıl tartıştığını anlattı ve takip edebilecekleri bir yetkili önerdi."

"Grup toplum tarafından 'hasarlı mal' olarak yargılandıklarından fakat bazı durumlarda gerçek zorlukların fark edilmediğinden bahsetti ve bu yorucu çelişki ile ilgili biraz kızgınlık gösterdi."

Aynı zamanda grubun destekçi aktivitesini de göz önünde bulundurarak, grubun verilen görev üzerinde nasıl çalıştığı hakkında geri bildirim verilebilir. Bu grup sırasında (daha çok görev dışına çıkılıyorsa) veya seans sonunda seansı özetlerken olabilir.

> Grup bugün bazı zor konularda gerçekten sıkı çalıştı. Grup üyeleri rehabilitasyon ve çalışmaya dönmek konuşunda endişeleri olan Bill ve Jane'i kendi bilgi ve becerilerini kullanarak destekledi. Grup destek vermek ve almak görevine sadık kaldı.

Bazen ikinci hedefimizle ilgili yansıtma yapmamız gerekebilir. Örneğin birinci hedefimizi gözeterek daha etkili bir tartışma yürütülmesinin denenmesi söylenebilir. Bu şöyle olabilir:

> Bu hafta grup herkese konuşma sırası geldiğinden emin olmak için sıranın elden ele geçtiği bir yapıyı tercih etti. Grup bunun birbirine destek verme ve alma hedefimizi bazaldığımızda faydalı bir strateji olduğunu düşünüyor mu? Geçen haftaki yapılandırılmamış seansla kıyaslandığında nasıl gözüküyor?

Önceden de bahsedildiği gibi, yardımcıların grup için otobiyografik hafıza görevi görmesi ve grup tıkandığında problem çözümü için destek sağlaması gerekir. Bunu aynı zamanda önceki gruplardaki tecrübelerin buraya aktarılması da olabilir.

> Önceki bir grupta emosyonel olarak 'ağır' şeyler hakkında konuşulması gerektiği konusunda bir beklenti vardı. Bu onların başlamasını zorlaştırdı ve her hafta grubu başlatmak için bir danışanın geçen haftaya dair bir iyi bir de kötü bir şey söylemesine karar verdiler. Bu kişisel bir şey veya bir haber, müzik veya bahsedilmek istenen herhangi başka bir şey olabilirdi. Acaba bu yöntem bugün bizim grubumuz için de faydalı olur mu merak ediyorum?

Tartışmalardan ortaya çıkan temalar, başlangıçta beyin hasarı sonrası hayatla ilgili tipik endişelerden uzak olsa da, büyüleyici, şaşırtıcı, kişisel olarak önemli veya çarpıcı biçimde hasar sonrası düzenlemeler veya rehabilitasyon süreci ile alakalıydı. Yardımcıların sergilediği tipik yaklaşım grubun yola çıkmasına izin verip bir müddet sonra ortaya çıkan her muhtemel tema için yansıtma yapmaktır. Yansıtma yapmak için geçmesi gerek süreyi belirlemek zor. Eğer grup dönüşümlü konuşma stratejisini benimsediyse bu sürenin her grup üyesi söz aldıktan sonra, yani 15-30 dakika arası bir süre sonrasında olabileceğini söyleyebiliriz. Yardımcıların tema üzerine yansıtmaları muhtemel alakalı konuların da gündeme gelmesi, kendini yansıtmanın teşvik edilmesi, destekleyici konuşmaların cesaretlendirilmesi veya grup süreci hakkında konuşulması için bir yol olarak görülebilir ve gruba hedeflerini hatırlatır. Burada aktif bir yapının elemanı var. Dinlerken, yardımcıların işi grup içinde beyin yaralanmasından sonraki hayatı veya varsayımsal süreçleri yansıtan hikaye ve tartışmalardaki konuları belirlemektir. Bu, grupta ifade edilen pozitif motivasyonların, ilginin veya endişelerin tanımlanması açışından konuşmaları uygun şekilde çerçevelendirmek için faydalıdır (Vetere ve Dallos, 2005). Çerçevelendirme, danışanların alternatif bakış açılarının ve problemlerin tekrardan tanımlanmasının mümkün olduğunu gösterir ve diğerleriyle ilişkilerinde yeni bir pozisyon belirlemeleri için fırsat yaratır. Grup üyelerinin seyahatten bahsetmesi, başka insanlar ve yorgunluk gibi sebeplerle ulaşımı organize etmedeki zorlukları ve araba kullanamamalarını genel bir örnek olarak verebiliriz. Bu çeşit bir tartışma yukarıda verilen örnekteki gibi direkt olarak yansıtılabilir. Bununla birlikte eğer yardımcılar bunun farkındaysa veya grup daha önce düzenlemelerin zorlukları hakkında konuşmuşsa alternatif doğaçlama bir yansıtma yapılabilir.

> Ulaşım ve seyahat hakkında bahsettiğiniz tüm bu zorluklar ve verdiğiniz mücadelenin beyin hasarından sonraki düzenlemelerle nasıl örtüştüğünü merak ediyorum. İşler planlandığı gibi gitmiyor, beklentiler boşa çıkarılıyor, olmak istenilen yere gidilemiyor, kaybolunuyor, başkaları hayal kırıklığına uğratılıyor, yorgunluk çöküyor. Bugün grubun böyle hissedip hissetmediğini merak ediyorum?

İlerideki örnek adaptasyon mevzularının mevcut durum ile ilgili görünür konuşmalarda ortaya çıktığını göstermektedir. Grup seanslarında, 11 Eylül 2001 olaylarının üzerinden çok geçmemişti ki grup terörizm ve onun etkileri hakkında konuşmaya başladı. Yardımcı başlangıçta herhangi bir yansıtmada bulunmadı ve grup bu konuya devam etti. Grup üyelerinden birisi Dünya Ticaret Merkezi'ndeki kayıplar ve patlama merkezinin potansiyel yeniden gelişimi ile ilgili neler yapabilecekleri konusunu gündeme getirdi. Bu konu son zamanlarda haberlerde ve bir televizyon programında konuşuluyordu. Grup ikiz kulelerin tam tamına eskisi gibi yapılması, olduğu gibi bırakılması, temizlenip bir anıt yapılması veya oraya yeni bir şey inşa edilmesi üzerine konuştu. Konuşmanın devamında hasar sonrası hayata nasıl adapte olunacağı sorusu (geçmişi silmek, olduğu gibi tekrar inşa etmek vs.) görünür oldu. Seansa ara verildiğinde yardımcılar bu konuyu yansıtarak bu devasa kaybın kendi adaptasyon hikayeleriyle nasıl örtüştüğünü sordu. Grup bu sefer kendi adapte olma, 'yeniden inşa etme' ve değişiklikleri ve kayıpları kabul etme davranışları üzerine tartışmaya devam etti. Konuşmanın sonucu bir şeyleri tamamen eski haline döndürme çabasının uygunsuzluğu, geçmişin tanınıp saygı duyulması, unutulması fakat hayata devam edilmesi gerekliliğine bağlandı.

Grup sıklıkla daha pratik bir destek sağlıyor, tipik olarak adli tıp vakalarının süreci, sürücülük değerlendirmeleri, ilaç tedavisi, sosyal yardım, ve buna benzer konularda bilgi alışverişi sağlayarak destek kaynağı oluyordu. Bazen yardımcılar o anda grubun görevine uygunsa konuya dair bilgileri varsa haberlerin paylaşılmasını isteyebilir. Aksi taktirde grup grup seansı dışındaki bilgi kaynaklarına yönlendiriliyor veya spesifik sorular seans sonrasında BPK ve danışan ile birlikte araştırılıyordu.

Yansıtmanın diğer bir şekli grubun o anki atmosferine dair bir şey içermiyordu - grup seansı mutlu mu hissediyor, yansıtıcı mı, duygusal olarak zorlayıcı mı vs. Bu noktada, yardımcıların grubun göreceği şekilde kendi aralarında yaptıkları yansıtıcı bir konuşma faydalı olabilir. Aksi taktirde bizim bunu birine öneride bulunuyormuşçasına geçici olarak sunmamız ve grubu kendi grup tecrübeleri ve yardımcıların yansıtmaları hakkında yorum yapmaya davet etmemiz gerekir. Bu yeni tartışmalara yol açabilir de açmayabilir de. Ve bazen grubun not aldığını görmek de yeterlidir. Yine söylemeliyiz ki yansıtmanın bu şekli kendi kendini izleme veya metakognitif bir yürütücü işlev olduğu kadar emosyonel olarak destekleyici veya yapılanları doğrulayıcı olarak da düşünülebilir.

Bizim tecrübemiz grubun güçlü ve çoğunlukla zor olduğu yönünde. İki yardımcının olması akran süpervizyonu ve yansıtmalarda faydalı olacaktır. Grup süreçleri yansıtılırken Bion'un (1961) temel varsayım zihniyetine dair fikirleri ve dil aracılığıyla anlam inşa etme, baskın ve marjinalleştirilmiş anlatılar ile ilgili sistematik düşünceleri ve grupta yansıtmanın rolüne dair fikirlerinden faydalanılmıştır. Bion'un fikirlerini baz alan yansıtmalar yine onun temel varsayımsal zihniyet tanımına açık ve katı bir şekilde refer etmez. Daha çok grubun sorumluluğu 'lider'e ötelemeye veya zor konuları konuşmaktan kaçmaya eğilimli olduğu durumları açık bir şekilde yorumlar.

'Farkındayım ki kisa bir süre önce Bill şu an evde özellikle zor zamanlar geçirdiğinden bahsetti. Grup bu duruma bir tepki vermedi ve başka bir konuya geçti.'

'Grup bugün ilerlemek için zaman harcadı. Çok fazla laklak edildi ve grubun yapması gerekenlerin yapılmasını sağlamak zordu. Jane grubu toparlamaya çalışanlardan biriydi.'

Bu yansıtmalar eleştirel olmayı değil grupta ne olduğu ve şu an ne yapıldığı hakkında tartışılmasına yol açmayı amaçlar. Bu şekilde "süreçler" belirgin hale getirilebilir. Önceki örneklere cevap olarak grup bir üyeyi atladıklarında veya ona cevap vermeyi unuttuklarında yardımcıların bunu hatırlatmasına veya Jane'in liderlik yapıp grubu başlatmasına karar verebilir. Gelecekteki gruplarda yardımcılar hala onların hatırlatmalarına gerek olup olmadığını veya Jane'in liderlik yapmasının hala işe yarayıp yaramadığını sorabilir.

Vygotsky'nin (1960/1978) aracılı süreç hakkındaki fikirlerine geri dönersek, umuyoruz ki yardımcıların yansıtıcı yorumlarının, akranların destekleyici yorumlarının ve yardımcılar veya akranlarla sosyal problem çözme tartışmalarının ara ara ortaya çıkması sayesinde grup üyeleri bu sesleri içselleştirmeye başlayacaklar. Ara sıra bu grubun gelişmesiyle birlikte görülür. Bir veya iki grup üyesi aktif olarak grubun iki ana hedefine yönelik yansıtmalar yapar veya süreçle ilgili bir grup üyesinin tartışmanın dışında bırakılması gibi konulara işaret eder ve yardımcıların kullandığına benze bir yöntem benimser.

Grubun bitişi ve geçişler

Grup dönüşümlü üye sistemine sahip. Bu yüzden bitmiyor. Buna rağmen, programın bitişinde danışanlar gruptan ayrılma noktasına geliyorlar. Aynı zaman diliminde grubun önceki 'yeni gelenleri' programın farklı fazlarına geçiyor ve gruba da yeni üyeler alınıyor. Yeni gelenlerin nasıl karşılanacağına dair uygulama yukarıda 'ilk grup' kısmında anlatılmıştı. Rehabilitasyonu bitirme, gruptan ayrılma, yeni aktivitelere başlama veya geliştirme ve roller ile ilgili konular böylece grubun diğer konularıyla karışıyor. Grupta bazen birkaç üyenin açıkça söylemesi bazen de grubun ana hedeften kaçma davranışı sergilemesi ve hatta bir kaç efektif grup çalışmasından sonra grubun düzeninin bozulmasından anlaşıldığı üzere bu değişim veya evrilme süreci anksiyete ve belirsizliği sık sık beraberinde getiriyor. Tipik olarak yardımcılar karmaşık duyguları ve muhtemel tepkileri belirleyip etiketleme ihtiyacı duyarlar. 12 haftalık döngünün 6. haftasından sonra bir değişim ve gelecek veya bir sonraki rehabilitasyon evresine dair belirsizlik, veya başka belirsizliklerle ilgili konuşmaya kulak vermeye çalıştık. Eğer bu konuşma uygun görülürse buna yansıtma yapılabilir.

> Grup içinde bulundukları farklı sosyal gruplar ve beyin hasarından sonra ve rehabilitasyon süresince bunun nasıl değiştiği hakkında konuşuyordu. Bu önemli bir konu gibi duruyor. Fakat farkındayım ki bu grup birkaç hafta içerisinde değişecek. Bazılarınız ayrılıyor olacak, bazılarınız üst mertebeye geçecek ve yeni kişiler gruba dahil olacak.

Bu yansıtma bazen kimlerin ne zaman geleceğine, ayrılanlarla nasıl irtibatta kalınacağına, grubun ne kadar büyüyeceğine veya küçüleceğine, oturma yerlerinin konforlu olup olmadığına veya grubun yeniden isimlendirilip isimlendirilmeyeceğine dair pratik tartışmaları teşvik eder. Grup aynı zamanda sık sık arkada bıraktıkları diğer grupları, aile ve iş yerindeki rollerine ve sosyal gruplara geri dönüşlerini dile getirir. Ayrılık hüznüyle beraber gelecek için ümitlidirler. Bazen gruptaki değişim diğer önemli kayıplar veya hasar öncesindeki geçişler hakkındaki anıları canlandırır. Bu rehabilitasyon programını bitişiyle gruptan ayrılmanın kesişmesi sebebiyle özellikle grubun sonuna doğru oluşur. Kayıp veya değişim, belki geçmiş kayıplar ve geçişler hakkında anlatılan hikayeler ile şimdiye ve geleceğe yüklediğimiz mana üzerinden gelişen bir anlam olarak düşünülebilir (White ve Epston, 1990).

Yalom (1975), Foulkes (1964) ve Bion'un (1961) modelleri arasında grupta böyle bir süreç işletilebilir. Böylece birey kendisindeki dayanılmaz negatif etki veya diğerlerinin acı verici ret davranışını tecrübe edebilir veya ön görebilir. Buna cevaben, bireyin davranışı grubu etkileyecek ve gruptaki tartışmalara veya sıkıntılarıyla ilgili, korkutucu herhangi bir sonucun ortaya çıkma ihtimalini minimize edecek aktivitelere katılmaya çalışması anlaşılabilir olacaktır.

Psikolojik Destek Grubu'nda, grup içerisinde geçişlerin olması bir birey programdan ayrılmadan önce grup üyelerinin ve grubun bir bütün olarak nasıl bir karşılık vereceği konusunda bilgi edinmemize yardımcı olur. Yardımcıların gerçekleşecek olan geçişleri öngörmedeki rolü şu anki problem çözme için önemlidir. Eğer yardımcılar grubun yeni gelenler için yapılan amaç planlamaya dahil olmalarını engelleyen bir süreçte olduklarını veya geçmişte yaşadıkları acı verici kayıplar yüzünden bu geçiş halini yönetemediklerini görür ve grubu açık ve net bir şekilde bilgilendirirse, kayıplarla veya geçişlerle ilgili geçmiş hatıraların muhtemel etkisine ışık tutabilir ve yansıtma yapıp problem çözmeye doğru ilerleyebilir.

> Bugün grupta yakın zamanda yeni kişilerin gelip köklü kişilerin ayrılması ile olacak değişiklikleri tartışmayı amaçlıyor. Öyle gözüküyor ki bu biraz zor oldu, konu oradan oraya sıçradı. Bunun gibi geçişler beyin hasarından bağımsız olarak her insan için zordur. İçimizde evden ayrılmak, ilişkinin bitmesi, ölüm gibi bir çok kayıp ve geçiş yaşandı. Ben grubun şimdiki görevi için önceki tecrübelerimizin nasıl yardımcı olabileceğine dair fikirleri merak ediyorum.

Bu tarz yansıtmalar danışanlara kendi rehabilitasyon bitiş tecrübelerini veya okuldan, kolejden ayrılma veya bir kursu bitirmeye denk olarak gruptan ayrılmayı açıkça adlandırmalarına yardımcı olur. Bir danışan programa dair tecrübesini 'kendinde bir ders tamamlamak için okula gitmek' olarak tanımladı. Direksiyon dersi benzetmesi de gündeme geldi. Rehabilitasyon sana sonrasında geliştirmen ve uygulaman gereken beceriler için (gidilecek çok yol yapılacak çok gezi var) temel altyapıyı veriyor (ehliyet sınavını geçmek). Bir danışan bitiş sebebiyle yaşadığı sıkıntıyı açıkça tanımlayıp program sonrası için sosyal izolasyon veya rehabilitasyon öncesi hayatına geri dönmek gibi negatif öngörülerde bulunduğunda grubun amacı değişmiyor ve birbirlerine bu problem üzerinden destek oluyorlar. Bununla birlikte grubun bitişi düşünüldüğünde program sonrası kimin destek sağlayacağı sorusu yükselebiliyor. Grup üyeleri sıklıkla kendi aileleri, sosyal veya diğer destek bağlantılarını, yeteneklerini ve rehabilitasyon süresince öğrendikleri stratejileri yeni işleri, okulları veya sosyal fırsatlar ile ilgili gelecek ümidi bağlamında tartışıp birbirlerine bağlantıda kalma planlarını hatırlatıyorlar ve iletişim bilgilerini kontrol ediyorlar. Eski danışanların forumu gruba hatırlatılıyor veya grup üyeleri de birbirine hatırlatıyor (bkz. Bölüm 22).

Bu sayede süreç grup çalışmaları literatüründe de geleneksel olarak tanınan aşamalardaki gibi bir işleyiş gösteriyor (Tuckman, 1965):

- Hikayelerin paylaşılmasıyla grup birliğinin gelişmesi, grubun görevinin açıklanması, rollerin tartışılıp açıklanması
- Problemlerle mücadele etme ve diğerleriyle sosyal problem çözme, farklılıkları keşfetme, anlaşmazlıklar ve anlaşmazlıkların çözülmesi,
- Bilgi ve becerilerin kullanılması, grubun birincil amacını başarmak için rollerin gelişmesi, katarsis ve aktif yardım ve destek arayışı gibi terapötik aktiviteler
- Gelecek hakkında düşünme ve beceri ve deneyimleri rehabilitasyon programından uzakta kalan gruplara genelleştirmek için planlamanın yapılması

Akranların bağlantıyı sürdürmesi danışanların programa dair tecrübelerinin önemli bir kısmıdır. Son zamanlarda Merkezide hizmet kullanıcı grubunun oluşumu danışanların birbirleriyle bağlantıda kalması için daha resmi bir yol sağladı (bkz. Bölüm 22).

Özet

Nöropsikolojik rehabilitasyonda bu yenilikçi grup çalışması modeli grup süreciyle kognitif nöropsikolojik yaklaşımların kombine edildiği öznel bir geçerlilik taşıyor. Yardımcıların tecrübeleri ve danışanların yorum ve geribildirimleriyle bunun bütüncül programda adaptasyon sağlanması, becerilerin pratik edilmesi, akranlarla sosyal rolün değerli hale getirilmesi ve terapötik ortamda konuların belirlenip vurgulanması açışından önemli bir rolü olduğu görülüyor. Bu belki de en zorlayıcı grup ve dolayısıyla bazı danışanlar için tetikleyici potansiyeli var. Beyin hasarından etkilenen bir çok kişi için bu grup fazla talepkar olabilir. Dahası, böyle bir grup daha önce değerlendirilmediği için rehabilitasyon programı dışında tek başına efektif olup olmadığını bilmiyoruz. Diğer rehabilitasyon danışanlarına burada diğer seanslardan alamayacakları şeyleri sunduğu açıktır. Bu bölümü bir grubun son seanslarında yaptığı bazı yorumlarla bitireceğiz.

Grup üyelerinden grup yansımaları

"Bir süre sonra fark ediyorsun ki diğerleri de seninle aynı problemlerden mustaripler"

"Cevabı başka birisinden alamadıysan grupta belki bunun cevabı vardır"

"Grup faydalıydı çünkü herkesin problemi farklı olmasına rağmen karşılaştırabileceğimiz bir çok şey olması muhteşemdi"

"Problemleri ortadan kaldırmaz ya da kolaylaştırmaz ancak tek başınıza olmadığınızı bilmek işleri daha kolaylaştırır..... bu 'ben ben ben!' problemi değil"

"Probleminin senin düşündüğün kadar kötü olmadığını fark ediyorsun"

"Birbirimizi tanıdıkça daha rahat oluyoruz... Eğer bir şey söylemek istemiyorsan söylemek zorunda değilsin"

"Her hafta olan iyi ve kötü şeyler hakkında konuşma fırsatı buluyoruz"

"Ortalama bir insan için bu bir şey ifade etmeyebilir ama burada (grupta) paylaşabilirsin, heyecanlanabilirsin, 'gerçekten iyi yaptım', 'aferin sana'... Günlük hayatta insanlar bunları duyamayabiliyor"

"Ortaya çıktı ki beyin hasarından kaynaklandığını düşündüğün problemler günlük hayat problemleri olabilirmiş"

"Grup boyunca bendeki beyin hasarımın ne olduğunu daha iyi anladım"

"Bireysel seanslarda kendini spot ışıklarının altında hissedebiliyorsun... Burada odak bireyde değil grupta... Burada yargılanmıyorsun"

"Beyin hasarın varken sanki insanlar hep bir problem arıyormuş gibi hissediyorsun... grupta insanlar anlamaya bile çalışmıyor, sadece kabul ediyorlar ve problemleri saptamaktansa kaygısız olmayı tercih ediyorlar... burada gerçekten kabul edilme duygusu var"

"Ve o size bir şeyleri sorgulama fırsatı veriyor... Belki de sahip olduğum problem bu"

"Hem aynı fikirde olmak hem de ihtilafa düşmekle yüzleştim... Arkana yaslanıp oturabilmeyi ve başkalarının bakış açılarını görebilmeyi öğrendim... Bu konuda savunmacı davranıp başkasının açışını görmek istemeyebilirsin... Bir kere bir adım geri çekilirsen o zaman başka açılardan görmeye başlıyorsun..."

"Birilerinin yok sayılması veya birine çok odaklanılmasındansa herkesin konuşma şansı yakalayıp dahil olduğundan emin olmak... Gözümüz birbirimizin üzerinde"

"En arkaya oturdum çünkü her zaman konuşmayı başlatan bendim... Çünkü beni pas geçme hatası yapanlarla konuşmuyordum... Sonraki hafta bunun olmadığından emin olduk... Fark ettik ki birini pas geçmek adil değil... Grupta dikkat etme ve birbirimize sorma stratejisini belirledik"

Kaynakça

Ben-Yishay, Y. (1996). Reflections on the Evolution of the Therapeutic Milieu Concept. Neuropsychological Rehabilitation, 6(4), 327–43.

Ben-Yishay Y. (2000). Postacute Neuropsychological Rehabilitation: A Holistic Perspective. In A. L. Christensen and B. P. Uzzell, eds., Critical Issues in Neuropsychology, International Handbook of Neuropsychological Rehabilitation. New York: Kluwer Academic/Plenum Publishers, pp. 127–36. Bion, W. R. (1961). Experiences in Groups. London: Tavistock.

Burgess, P. W. and Alderman, N. (1990). Integrating Cognition and Behaviour. In R. L. Wood and I. Fussey, eds., Cognitive Rehabilitation in Perspective. London: Taylor and Francis, pp. 204–28.

Christensen, A.-L. (2000). Neuropsychological Post-acute rehabilitation. In A.-L. Christensen and B. P. Uzzell, ed., Critical Issues in Neuropsychological Rehabilitation. New York: Kluwer Academic/Plenum Publishers, pp. 183–94.

Cicerone, K. (2002). The Enigma of Executive Function. In P. J. Eslinger, ed., Neuropsychological Interventions: Clinical Research and Practice. New York: Guilford Press, pp. 246–65.

Daniels-Zide, E. and Ben-Yishay, Y. (2000). Therapeutic milieu day program. In A.-L. Christensen and B. P. Uzzell, eds., Critical Issues in Neuropsychology, International Handbook of Neuropsychological Rehabilitation. New York: Kluwer Academic/Plenun Publishers, pp. 183–94.

Duncan J. (1986). Disorganisation of Behaviour After Frontal Lobe Damage. Cognitive Neuropsychology, 3(3), 271–90.

Foulkes, S. H. (1964). Therapeutic Group Analysis. London: Karnac.

Garland, C. (1998). Understanding Trauma: A Psychoanalytical Approach (Tavistock Clinical Series). London: Routledge.

Goldstein, K. (1942). After-Effects of Brain Injuries in War: Their Evaluation and Treatment. New York: Grune & Stratton.

Goldstein, K. (1959). Notes on the Development of My Concepts. Journal of Individual Psychology, 15, 5–14.

Klonoff, P. S. (1997). Individual and Group Psychotherapy in Milieu-orientated Neurorehabilitation. Applied Neuropsychology, 4(2), 107–18.

Luria, A. R. (1966). Higher Cortical Functions in Man. New York: Basic Books.

Meichenbaum, D. H. and Goodman, J. (1971). Training Impulsive Children to Talk to Themselves: A Means of Developing Selfcontrol. Journal of Abnormal Psychology, 77 (2), 115–26.

Nitsun, M. (1996). The Anti-Group: Destructive Forces in the Group and Their Creative Potential. London: Routledge.

Prigatano, G. P. (1999). Principles of Neuropsychological Rehabilitation. New York: Oxford University Press.

Schutz, W. (1958). FIRO: A Three Dimensional Theory of Interpersonal Behaviour. New York: Holt, Reinhart and Winston.

Shallice, T. and Burgess, P. W. (1991). Deficits in Strategy Application Following Frontal Lobe Damage in Man. Brain, 114, 727–41.

Sohlberg, M. M., Mateer, K. and Stuss, D. (1990). Contemporary Approaches to the Management of Executive Control Dysfunction. Journal of Head Trauma Rehabilitation, 8(1), 45–58.

Tuckman, B. W. (1965). Developmental Sequences in Small Groups. Psychological Bulletin, 63, 384–99.

Vetere, A. and Dallos, R. (2003). Working Systemically with Families: Formulation, Intervention and Evaluation. London: Karnac Press.

Vygotsky, L. S. (1960/1978). Internalisation of Higher Psychological Functions. In M. Cole, V. John-Steiner, S. Scribner and E. Souberman, eds. L. S. Vygotsky – Mind in Society: The Development of Higher Psychological Processes. Cambridge MA: Harvard University Press, pp. 52–7.

White, M. and Epston, D. (1990). Narrative Means to Therapeutic Ends. London: Norton Professional Books.

Yalom, I. (1975). Theory and Technique of Group Psychotherapy. New York: Basic Books.

10 Nöropsikolojik Rehabilitasyonda Aileler ile Çalışma

Giles Yeates, çeviren: Tuğçe Kahraman

Giriş

Bu bölümün başlığını okuduğunuzda, aklınıza metnin konusu olarak kim gelir? Kim dahil olabilir sizin 'aile' düşüncenize? Eşiniz mi? Birlikte yaşadığınız kişi mi? Ebeveynleriniz mi? yoksa kardeşleriniz veya çocuklarız mı? Edinsel beyin hasarına sahip bir birey sizin ailenizden olabilir mi? Onların tüm aile sohbetlerine dahil olmasını veya bireysel nöro-rehabilitasyon için ayrı bulunmalarını ve akraba odaklı müdahaleler için orada olmalarını bekler miydiniz? Son olarak, ideal durumda veya gerçekte nöropsikolojik rehabilitasyon hizmetine yardımcı olarak kimi tasvir edersiniz?

Bu tip sorular aile çalışmasında belirli bakış açısının gelişmesinden etkilenmiştir ve ailelerin ve bakıcıların düzenli olarak dahil olmaları, Oliver Zangwill Merkezi'nde (OZC) nöropsikolojik rehabilitasyon programında çekirdek bileşen olarak gelişmiştir. tartışılacak olan birçok fikir profesyonel bakıcıların yapacağı isle alakalı olmasına ragmen, Aile üyesi olmayan profesyonel bakıcılar ile çalışmak bu bölümde hedef değildir. Bu bölümün bakış açısının hedef merkezi, aile bireyleri ve onlarla bağlantılı olanların durumları arasında yardımcı iletişimin kolaylaştırılması, edinimsel beyin hasarı (EBH) sonrası belirli ilişkilerde organize olunulmasıdır (akrabalar, EBH'lı birey ve tabi ki servisler).

Nöropsikolojik rehabilitasyona yönelik içerikler Ailenin ABI'a bağlı en öncelikli ihtiyaçlarının özeti doğrultusunda belirlenir. Bunu aile ilişkileriyle alakalı zorlukların yansıması takip eder.

Teorik ve epistemolojik bakış açısı sistemik aile terapisinden ve nöropsikolojiden doğan fikirlerinin birleşmesi ile ortaya çıkmıştır. Bu bakış açısının aile ihtiyaçlarına ve zorluklarına cevap olarak oturmuş olduğu , aynı zamanda tüm aileye ve bakıcıya düşen görevlere tüm yönleriyle uygulanabilir olduğu ileri sürülmüştür. Sonuç olarak, bu teorik esas daha geniş rehabilitasyon alanına aracılık etmek için belirli öneriler doğrultusunda tanımlanmıştır. OZC'de ailele üyelerinin dahil olması için ve akraba gruplarının provizyonu için kullanılan belirli prosedürler detaylı oluşturulmamıştır. Tablo 10.1 ve 10.2'de ana hatlarıyla gösterilmiştir ve ek bölüm 10.1 ailelerin ve bakıcıların dahil olduğu prosedürü içerir.

EBH sonrası aile ihtiyaçları

EBH sonrası psikososyal sonuçlar, akrabaların kritik ve çeşitli ihtiyaçlarının çerçevesinde literatürde sıkça vurgulanmıştır. Aile üyelerinin duygudurumlarında azalma gerginlik/stress veya ağır sorumluluk ve psikolojik sıkıntı hem uzunlamasına sonuçlar hem kesitsel(cross-sectional) çalışmalarda gösterilmiştir. Bu çalışmalarla eşzamanlı olarak, çeşitli yazarlar EBH li hastalarda ve yakınlarında gelişen, psikolojik ve evlilikle alakalı, cinsellik ve ilişkisel zorluklar ve aile içi gerginlik ve ayrılık gibi ortak sonuçları tanımlamışlardır. Bir diğer ortak sonucu ise zamanla arttığı gösterilmiş olan sosyal izolasyondur. Sonuç olarak bir diğer yaşanılan zorluk, hem EBH lerde hem de yakınlarında, hissedebilmek, bilgiye erişebilmek ve anlamak (sinnakaruppan ve Williams, 2001; Yeates ve ark., 2007).

Ailelerde, bakıcılarda ve servislerdeki zorluk ve farklılık

Aileler deneyimledikçe ve zorlukları tanımladıkladıkça meselenin zorluğu ve farklılıklar, Psikososyal araştırmalar sonucunda elde edilen tanımlar ile uyumluluk göstermektedir ve gün geçtikçe artmaktadır. Bazı çalışmalar EBH sekeli ile yakınlardan elde edilen çıktıların aynı çizgide olmadığını savunmaktadır fakat işin aslında birçok psikososyal aile boyutu vardır. Örneğin sosyal destek olarak algılanması, hastabakıcının stress altında olmasına ve tüm sorumluluğu üstlendirilmesine ortam sağlayabilmektedir. (Leach ve ark., 1994; Ergh ve ark., 2002, 2003).

Dahası, sonuç literatür gözden geçirildiğinde EBH yi takiben, yaş, (Vanderploeg ve ark., 2003; Kreutzer ve ark., 2007); cinsiyet(Gervasio ve Kreutzer, 1997); kültür (Vanderploeg ve ark., 2003) ve yaralanma öncesi ilişkinin süresi (Wood ve Yurdakul, 1997; Kreutzer ve ark., 2007) gibi faktörleri içeren, çiftlerden elde edilen sonuçların psikososyal öngörümlerinde gruplaşma tanımlanmıştır. (Perlesz ve ark., 1999). İlave öngörümler, yaralanma öncesi ilişkilerde mental sağlık zorluklarının var olmasını; EBH sonrası hayatta kalanın çalışma status (Vanderpoeg ve ark., 2003); ailede çocuk olması (Thomsen, 1984); finansal zorluklar (Peters ve ark., 1990; Moore ve ark., 1993; Hall ve ark., 1994) evliliksel uyumu azaltırken anlaşmazlıkları artırmaktadır (Maitz, 1990, 1991); çift bazlılıkta kayıp, destekçi ilişki (Panting ve Merry, 1972; Kreutzer ve ark., 1994) ve rollerin değişimi (Rosenbaum ve Najenson, 1976; Thomsen, 1984; Henry ve ark., 1985), özellikle de beyin hasarı almış birey bir baba ise.

EBH literatüründe bir başka yerde ise aile içinde döngüsel ilişkilerin kavramsallaştırılması daha önemli hale gelmiştir. Çocukluk dönemi EBH üzerine yapılan çalışmalar çok yönlü tasarımlar ve istatiksel prosedürler kullanarak, travma sonrası aile içinde karşılıklı nedensel etkileri göstermek için kullanılmaktadır. (ör. Taylor ve ark., 2001) Yetişkin EBH üzerine yapılan çalışmalarda ise yayın haritalamasına özgü, doğrusal olmayan ve ailelerden elde edilen birikimsel etkilerin sayısı artmaktadır (Thomsen, 1974; Carnwath ve Johnson, 1987; Krefting, 1990; Moore ve ark., 1993; Johnson ve McCown, 1997; Flanagan, 1998; Sander ve ark., 2002; Yeates ve ark., 2007).

Eğer zorluğun bir boyutu aile üyelerinin ve aile değişkenlerinin birikimsel karşılıklı ilişkileri ise bir sonraki boyut aile farkları olacaktır. Aileler arasındaki Farkın geniş boyutları, Kültür farklılıklarını(Horan, 1987; Cavallo ve Saucedo, 1995; Johnson ve McCown, 1997) ve sosyoekonomik arkaplanı (Smart ve Smart, 1992) içeren araştırmalar tarafından vurgulanmıştır. Diğer çalışmalarda aile içinde yaşanan zorlukların farklılıkları incelenmiştir. Bazı çalışmalarda yetişkin ABI hastalarının ebeveynlerinde stress, gerginlik veya sorumluluk süreçlerinde veya seviyelerinde eşler tarafından bildirilenden daha fazla farklılık bulunmuştur. (Panting ve Merry, 1972; Thomsen, 1974, 1984; Rosenbaum ve Najenson, 1976; Krefting , 1989; Hall ve ark., 1994; Kreutzer ve ark., 1994; Gervasio ve Kreutzer, 1997). Diğer çalışmalar kardeşlerin (Orsillo ve ark., 1993; Pessar ve ark., 1993; Perlesz ve ark., 2000) ve kadın EBH hastalarının erkek yakınlarının (Kay ve Cavallo, 1994; Gervasio ve Kreutzer, 1997; Gosling ve Oddy, 1999; Perlesz ve ark., 1999) tek sorumluluklarını tanımlamışlardır.

Birçok yazar tarafından aile alt grubu olarak bilinerek bu güne kadar kendi ihtiyaçları orantısız olarak ihmal edilmiş çocuk yakınların, ebeveynin hasar görmesini takiben benzersiz davranışsal ve duygusal zorluklar deneyimledikleri tespit edilmiştir. (ör. Pessar et al., 1993; Urbach et al., 1994; Butera-Prinzi and Perlesz, 2004). Çalışmalar çocuk yakınların adaptasyonunda çok etkenli ve ilişkisel çevrenin önemini vurgular. Yazarlar hasta ve sağlıklı ebeveynler arasında ebeveynlik tarzı, sağlıklı ebeveynin depresyonu ve çocuklardaki duygusal ve davranışsal problemlerin dairesel, karşılıklı etkileşimsel ilişkilerine ek olarak çocuk odaklı sonuçları kestirebilmek için hasta ebeveynlerin cinsini bulmuşlardır (Pessar et al., 1993).

Sonuç olarak EBH'yi takiben ailelerde oluşan olumsuz psikososyal durumlar evrensel kaçınılmazlık değildir. ve belki kısmen araştırma incelemelerinde hakim eğilimlerin sorun odaklı yansımasıdır. Tersine, bazı yazarlar EBH'yi takiben bazı ailelerde kilit becerilere ve olumlu sonuçlarına yer verirler (Kravetz et al., 1995; Adams, 1996).

Ailelerin içinde ve arasında bir dizi farklılıklar göze alındığında belki de yakınlarının hasar sonrası sorunlara bakış açılarının genellikle profesyonellerden belirgin farklılık göstermesi kaçınılmazdır. (e.g. Sunderland et al., 1984; Sherer et al., 1998). Farklılığın bu özel boyutu genellikle herkes için hayalkırıklığı, iş birlikçi fırsatların zayıflatılması, klinisyenler tarafından aile sorunlarının tanımlanması (veya sorunlu ailelerin) ile karakterizedir. Üstelik, bu genellikle takım tartışmaları niteliğinde aile-servis ilişkisindeki zorluklardır. Bizim OZC'deki görevimiz, bölüm 4'te tanımlanmış olan kişiler arası ve içi durumlardaki tutarsızlık kavramı, Hasta ve ailesi arasında, aile üyeleri arasında, aile ile servisin bakış açıları arasındaki vs. farklılıklar hakkında merak duygusunu besleyerek faydalı tevcih noktası sağlamaktır. Bu bölümde ileride tanımlanmış olan, bu tip farklılıkların yansımasındaki birleşme ve onaylama, sistemde değişikliklerin başlamasına yol açabilir.

Aile karmaşası ve çeşitliliğine sistematik yanıt

Bu aile deneyimlerindeki zorluk ve çeşitlilik EBH aile literatürünün güncel araştırmasında önemli yere sahiptir. Oddy ve Herbert (2003) kanıta dayalı aile müdahalelerini ve teorik rehberlerdeki eksikliklerin göze çarpanlarını betimlemiştir. Nöropsikolojik rehabilitasyonda Doğrudan aile çalışmalarına bir yaklaşım seçerken bundan dolayı, belirli kriterler gerekli parametreler olarak savunulur. Seçilen yaklaşım (1) hem EBH'den hem daha geniş aile müdahalesini içeren literatürden alınan teorik temellere dayanmalıdır. (2) üstelik kavramsal çerçeve üzerine kurulmuş olan aileler arasında tatmin edici doğrusal olmayan zorluk durumları ve çeşitlilik ve bunların kanıta dayalı desteklenmesi tatmin edicidir.

Burada bu kriterleri buluşturarak destekleyen aile çalışmasına genel yaklaşım modern sistematik aile terapisidir. Sistematik aile çalışmasına kapsamlı giriş başka bir yerde sağlanır. (ör. Boscolo ve ark., 1987; Jones, 1993), EBH literatürünün kısa ve öz olarak sistematik açıklaması Yeates tarafından sağlanmıştır (2007). Sistematik yaklaşımın yukarıda belirtilen kriterler için uygun modeli destekleyen anahtar özellikleri aşağıda özetlenmiştir. Sistemik çalışmaya bu yaklaşım ağırlıklı olarak milanlı bir grup terapistin kilit yayınları ile ilişkilidir. (Selvini Palazzoli ve ark., 1979, 1980; Boscolo ve ark., 1987; Cecchin, 1987) ve kavramsal olarak biçim veren veya sibernetik gibi ardışık yaklaşımlar (Bateson, 1972), sosyal kurmacılık (Gergen ve Davies, 1985) ve hikaye tarzında terapi (White ve Epston, 1990)

Bu fikirleri toplu olarak kullanarak, ailelerin servislerle görüşmeleriyle ile kabaran problemler ve olaylar, bulundukları sosyal çevre içinde sadece anlaşılabilir olarak kavramsallaştırılmakta, etkileşimli karmaşıklık ve farklılığın boyutuyla karakterize edilmiştir. Bu karmaşıklık, yaşanan bu sistemler içinde olan olayların gelişimine veya devamlılığına yol açmak için sistemler içinde faaliyet gösteren pozitif ve negative geribildirim süreci bakımından anlaşılmaktadır. Bu etkiler, sosyo-iletişimsel (sözel veya sözel olmayan), sistemin üyeleri için belirli gerçekler inşa ederek kavramsallaştırılan iletişim ve dil ile birlikte kabul edilir. Bu sosyal anlamlar genellikle aileler içinde ve arasındaki çeşitlilikle karakterize edilir. Bazı diller veya konuşmalar doğal olarak diğerlerinden daha güçlü ve etkilidir hem ailede hem daha geniş sosyal çevrelerde.

Sonuç olarak, aile sistemi anlayışı, artık müdahale öncesi sistemde ufak bir etki ile değer biçilen ve formule edilen profesyonel servis olan bir grup olarak düşünülemez. Ikinci dereceden sibernetik düşünmenin ve peş peşe ilerlemelerin sonrasında (ör. Von Foerster, 1982; Boscolo et al., 1987; Cecchin, 1987), 'gözlenmiş sistemler'in yerini 'gözlenen sistemler' fikri almıştır. İkincisi servis ile irtibat halinde olan ailelere değinilir. Aile deneyimi ve sohbet içinde tanımlanan problemler kaçınılmaz olarak şekillenmiş ve profesyonellerin müdahaleleriyle, ayrıcalıklı olan belirli konuşmalar ve diğerlerinin üzerinde açıklamalarla etkilenmektedir.

Daha sonra bu fikirler ve epistemolojik pozisyonlar nasıl yararlı biçimde nöropsikolojik rehabilitasyonda uygulanabilir? Bu Pratik alan için sistemik düşünmenin değerinin göstergesi aile sistemlerinin birikiminin büyümesi, EBH literatüründe kavramsal makaleler ve tek vaka çalışma terapisi analizi doğrultusunda sağlanır. (Williams & Kay, 1991; Gan et al., 2006). Dahası, bazı yazarlar Milan'ın eşsiz katkılarına ve 'Milan sonrası' EBH çalışmasında sistemik düşüncelere özellikle yer verirken, (Gan ve Schuller 2002; Laroi, 2000, 2003; Yeates, 2007; ayrıca bknz. Bölüm 18), diğerleri araştırma analizlerinde bu geleneğin merkezi fikirlerini kullanmışlardır. (Krefting, 1990; Yeates ve ark., 2007). diğer klinik gruplar ile kanıta dayalı aile terapisi 'gold-standard' seviye 1 (American Psychiatric Association, 1996) çalışmalarını (bakınız Carr, 2000a, 2000b) içerir, fakat bu kategori çalışmaları mevcut durumda EBH literature içerisinde eksiktir. Bununla birlikte, bu yaklaşım için daha geniş bir kanıt tabanı ABI çalışma içinde bu fikirleri uygulayarak daha fazla çaba garanti eder.

Bunu yaparken, servisler her hangi bir biçimde travma sonrası aileler içinde ve aileler ile servisler arasındaki irtibatın bağlamsal etkilerinin karmaşık ağını kavramsallaştırmaya başlayabilir. Üstelik, ailesel ilişkilerde kendine has karmaşıklık ve doğal olarak sosyal farklılıkların ürünü olarak ailesel çevrede çeşitlilik beklenir ve servisler için yansıtma kaynağı olarak önceliklendirilir. Yukarıda bahsedilen aileleler için olumlu sonuçlarla ve tüm aileler için standart öncelik olmayan post-modernist pozisyonla, belirli bir aileye özgü kaynakların ve benzersiz güçlerin terapötik konuşmaya dahil edilmesi tutarlıdır. Bu eksik-odaklı pozisyonun aksine, 'doz-tepkisi' modelinin varsayımı veya 'uzman müdahale'nin eksikliğe dayalı etkileşimlerinin diğer göstergeleridir.

Son olarak, sistemik yaklaşım, bağlamsallaştırılmış çerçeve içierisinde EBH'li bireylerin deneyimlerini formule etmek için bir dizi teorik kaynak sunmaktadır. Bunu yaparken, daha sonra hem literatürde hem klinik pratiktikler ve yapısında sıkça meydana gelen EBH'li kişilerin ve yakınlarının deneyimleri ve ihtiyaçlarını ortak biçimde 'bölümleme' den uzaklaşma mümkün hale gelir (Yeates, 2007).

Nöropsikolojinin aile çalışmasına entegre edilmesi

EBH servislerinde düzenli aile çalışmasında böyle hedefleri başarabilmek için, EBH'li kişi dahil edilmişse nöropsikoloji merkezi rol oynamalıdır. (Johnson ve McCown, 1997; Laroi,

2000, 2003). Nörolojik sistemlerin dili, ilgili fonksiyonel ve psikolojik sonuçları ve gerekli nöropsikolojik bozuklukların etkileri kavramsal olarak bireysel organizmanın ötesinde psikososyal alana genişletilebilir. Ancak sistemik pozisyon ile tutarlı bir biyopsikososyal tanım oluşturmak için, psikososyal süreçlerin kümülatif ve yapıcı doğası, EBH'li birey, yakınları ve dahil olan servisler için etkili nörolojik hasarın öznel gerçeklik haline geldiği önemli bir boyut olarak öncelikli olmalıdır.

Dolayısıyla, EBH aile deneyimlerinin sistemik formlasyonu için ilk sorular şunlardır: spesifik nöropsikolojik hasarlar nasıl temel psikososyal süreci baltalamakta ve böylece system içinde yaşanan problemleri devam ettirmektedir? Ve bu hasarların belirli sohbet/hikaye veya değişim sürecini (servisle aile seansında veya ev içinde) zenginleşitirmesi/güçlenmesi için nasıl üstünden gelinir/kompanse edilir?

Bu tür düşüncelerin spesifik örnekleri ifade edici veya alıcı dil zorlukları veya kodlama problemleri, depolama veya hafızanın geri çağrılmasını içerir. Bunlar kişinin belirli sohbetlerin ilerlemesinde katılımını ve erişimini ve bazı anlamlarda sosyal geçimi ve kolektif anıları sınırlayabilir. (Edwards ve Middleton, 1986; Middleton ve Edwards, 1990; Sabat ve Harre, 1992; Harre, 2002), belirli sosyal bağlamlardaki bir bozulmanın yerinin düşünülmesi EBH'li aile üyesi için güçlendirmenin göz önüne alınması sağlayabilir, konuşulan, birlikte hatırlanan, durumların anlamları ve açıklamalarını etkileme kabiliyetine göre önerilir ve öncelikli hale getirilir ve ardından bu durumun daha geniş aile sonuçlarını nasıl etkileyebileceğine sıra gelir.

İleri örnekler, özellikle ailesel bağlamda ve sosyal kognisyon hasarlarının kişiler arası çerçevesinde (Brothers, 1997), yönetici işlevlerin sosyal aracılığının kavramsallaştırılmasını (Luria, 1961, 1968, 1976) içerir. Görsel-mekansal zorluklar, aileleler içinde paylaşılmış veya gerçeklerden uzaklaşmanın ve ilişkisel durumun sonucu ile bağlantılı olabilir. (ör: izolasyon, güvensizlik) (yardımcı teorik kaynak Gibson'da bulunabilir,1979).

Bu fikirleri kullanarak Ailelerde aktif psikososyal sürecin içinde nöropsikolojik hasarın yerini tespit edebilmek için, klinisyenler özel kognitif rehabilitasyon yöntemlerinin rolünü stratejik olarak aile konsültasyonunun çekirdek bileşeni olarak düşünmeye başlayabilirler. Ancak sistemik bakış açısı aile çeşitliliği ve belirli bir aileye beyin hasarı uzmanları tarafından 'kazandırılan' özel rehabilitasyon müdahalesinin anlamı düşünüldüğü zaman doğrusal-yanıt ilişkisi beklentisine karşı temkinli olacaktır. Buna göre, aile için rehabilitasyon müdahalesi seçim, kullanım ve çerçevelemesine bir başka boyut, altta yatan nöropsikolojik temel ne olursa olsun, bu müdahalenin toplumsal yapı anlamının her aile üyesine nasıl yardımcı olacağının düşüncesi olacaktır.

Nöropsikolojik rehabilitasyonda sistem içinde çalışma

Özet olarak, sistemik aile terapisinden ve ilgili geleneklerden anahtar fikirler karmaşıklığı formüle etmek, karşılıklı dairesel etkileri tanımlamak ve farklılığın hassasiyetini sürdürmek ve EBH'yi takiben ailelerde oluşan çeşitlilik için nöropsikolojik perspektifle entegre edilebilir. Üstelik, bu perspektif, tanımlanmış konulara ve sorunlara yanıt verirken aile yaşamında nöropsikolojik hizmetin kaçınılmaz etkilerine ilişkin öz-yansıtmaya elverişli olarak savunulur.

Bu tür odaklar umarım EBH sonrası aile deneyimlerinin doğası yaklaşımında kullanışlı olan gelişmekte olan aile-servis konuşmalarına dayanak olarak kullanılabilecektir. Post-akut dönemde aileler ve servisler ile alakalı veya içinde buluşma ve konuşma noktaları, ilk irtibatı, değerlendirilen datanın geribildirimini, rehabilitasyonun başlangıç, orta, son ve program sonrası değerlendirmeleri, resmi olan aile eğitimi veya terapi seanslarını, bireysel hasta seansında yakınlar hakkında konuşmayı, yakınlarla olan seansta hasta birey hakkında konuşmayı, çapraz-servis irtibat esnasında aileler hakkında konuşmayı, beklenmeyen zamanlarda kriz sırasında telefonla veya yüz yüze görüşmeleri içerir.

Tablo 10.1: Rehabilitasyon öncesi OZC ekibinin adlandırılmış bakıcı ve akrabalarla irtibat noktaları

Bağlantı noktası	Sorumlu kişi	Bağlantı tipi	Bağlantı amacı
ÖD önces	BPK	Mektup ve telefon	Od'ye başvuru ve katılımı açıklama
ÖD'de	BPK	Yüz yüze görüşme	Hastanın zorluklarına dair algısı, hedefleri, rehabilitasyon konuları ve önceki hizmetleri hakkında bilgi toplama
		Sonuç anketleri	Değerlendirme sonucunu ve ilgili değerlendirme bilgisini bir aray getirme
		rapor	Yeniden bilgilendirme: değerlendirme ve tavsiyelerin sonuçları
AD öncesi	BPK	Telefonla veya yazıyla	Destek düzenlemelerini ve konaklamayı doğrulamak
AD esnasında	BPK	Telefonla veya yüz yüze	Şunlar hakkında bilgi toplama:yakınının danışan için hedefleri, ihtiyaçları, güçlü ve zayıf yönlerine dair algısı, mevcut işlevsel zorluklar ve yerel hizmetlere katılımı
	BPK	Sonuç anketleri	Sonuç verilerini hasta yakınlarından toplama
AD nin sonlarına doğru	Klinik psikolog	Yüz yüze (uygunsa danışan ile) veya telefonla iletişim kurma	Yaralanma öncesi özellikler, kognitif yetenekler vedanışanın baş etme stili ve gelişim faktörleri hakkında bilgi toplama. Formülasyonunu paylaşın ve diğer kişilerin tepkilerini ve baş etme biçimlerini içeren bir aile bağlamı bileşeni olarak formülasyonu detaylandırma Yakının rehabilitasyonu nasıl algıladığını, bu noktaya kadarki hizmetler ile ilgili deneyimler üzerine düşüncelerini ve bu hizmetten beklentilerini tartışma

Bağlantı noktası	Sorumlu kişi	Bağlantı tipi	Bağlantı amacı
AD sonrasında	BPK	Değerlendirme geri bildirim toplantısının özeti	Biyopsikososyal formülasyon ve önerileri sunma ve tartışma Aile üyeleri ve danışan ile duygusal etkisi ve formülasyonun anlamı üzerine düşünme Programa geri dönülürse rehabilitasyon hedeflerini tartışın Program sırasında bakıcı katılımını (gizlilik konuları), temas sıklığını, potansiyel destek ihtiyaçlarını; akrabalar grubundaki katılımı açıklığa kavuşturma. Ev ziyaretlerinin doğasını ve sıklığını tartışma.
		AD raporu	Değerlendirme detayları ile yazılı formdaki formülasyonun özetleri, tartışmanın ve önerilerin anahtar noktalarının bir özeti?
Program öncesi	BPK	Telefonla & yazılı	Program başlama düzenlemelerini açıklayın

ÖD: Ön değerlendirmei AD: ayrıntılı değerlendirme, BPK: bireysel program koordinatörü

Tablo 10.2: Rehabilitasyon süresince hastaların ve yakınlarının OZC ekibiyle irtibat noktaları

Bağlantı noktası	Sorumlu kişi	Bağlantı tipi	Bağlantı amacı
Program esnasında	BPK	Başlangıç telefon konuşması veya yüz yüze iletişim	Bakıcı / akraba ile ilgili endişeleri saptamak ve bir irtibat planı hazırlamak (sıklık, Akraba Grubuna katılım, temasın tipi ve)
	Klinik ekipten çeşitli kişiler	Ev ziyareti	Herhangi bir zorluğu belirlemek ve gidermek ve ev ortamında strateji kullanımını güçlendirmek için yoğun faz sırasında bir ev ziyareti (yaklaşık 6 hafta) yapılır.
	BPK	Yarı dönem incelemesi (6 hafta sonra)	Akrabalar, danışanlar, vaka yöneticileri ve ekip çalışanları için, ilerlemeleri hedeflerle gözden geçirme, ortaya çıkan erken sorunları giderme ve uzun vadeli bakım ihtiyaçlarını gözden geçirme fırsatı sağlar.

Bağlantı noktası	Sorumlu kişi	Bağlantı tipi	Bağlantı amacı
		İlerleme toplantısı (12 hafta sonra)	Danışanın, amaçlara ulaşma, güncel sorunlar ve entegrasyon evresi için planları hakkında bilgi sağlama. Bu entegrasyon aşamasında bakıcılarla iletişimi ve izleme ye katılımı içerir. Yerel hizmetler ve bakıcıların katılım potansiyelini tanımlama. Danışanın ilerlemesi ve öneriler hakkında bilgi edinme
		Sonuç toplantısı (24 hafta sonra)	Gelişimi gözden geçirme ve değişim Hedefe ulaşımı gözden geçirme. Program sonrası planları tartışma.
		Bildirilen sonuç anketleri	Şunlara dair standardize edilmiş verileri toplama: Danışanın psikososyal işlevselliği ve bakıcı stresine ilişkin akrabaların görüşleri (1, 12 ve 24. haftalarda)
	Klinik psikoloji	Akraba grubu	Her 6 haftada bir akraba Grubuna Davet (ideal olarak programın 1, 6, 12, 18 ve 24. haftaları) Akran desteği ve beyin hasarı rehabilitasyonu hakkında genel eğitim Genç insanlar için destek grubu da genç akrabalara önerilir.
	Klinik ekip:	Beyin hasarını anlama çalıştayı	Akrabaları, bakıcıları ve arkadaşları, beyin hasarının mekanizmaları ve sonuçları hakkında 1 günlük Eğitim Çalıştayı'na katılmaya davet etme. Çocuklar için de Eğitim Çalıştayı önerilir.
	Klinik ekibin ilgili üyeleri	Aileyle buluşur	Önceki irtibatta kabul edildiği gibi
Program sonrası değerlendirme	BPK	Yüz yüze görüşme	Mevcut sorunların giderilmesinden itibaren ilerlemeyi açıklama ve destek ihtiyaçlarını belirleme, gerekirse hedeflerin yeniden müzakere edilmesi
		Rapor	Yukarıdakilerin özetlenmesi ve tavsiyelerde bulunulması
		Sonuç anketleri	İlerlemenin gözden geçirilmesi ve değişim

OZC'de, bizim klinik ve ailelerle bakıcılarla olan inceleme deneyimlerimiz ve literatür üzerine kurulu, aile ve bakıcılarla çalışma için kapsamlı bir prosedür geliştirdik. Buradan elde edilen pratik uygulamamız EK.10.1'de gösterilmiştir.

OZC'de sağlanan aile konsültasyonunu ve rehabilitasyonunu etkilemiş sosyal bağlamdaki bozuklukların kabul edilen farklı yollarına dair örnekler bölüm 19'da kısaca tanımlanmıştır. Simon vakasının ileri detaylarıyla (bölüm 18) ve belirgin retrograde amnezi, prosopagnozi ve sonradan edinilmiş aile üyeleri arasında çeşitli anlamlar taşıyan sosyal çıkarım eksikliği eşlik eden VO ile çalışmamızda (Dewar ve Gracey, 2007) belirtilmiştir.

Daha geniş servis yapıları içindeki bu tür toplantıların ilk hedeflerine rağmen farklı aile ve aile üyelerinden deneyimlerimiz farklı irtibat noktalarında önemli olarak tanımlanmıştır. Servis olarak, irtibatın amaçlarını ve olası şekillerini önerdiğimize emin olmak önemlidir. Tablo 10.1'de aileler ve bakıcılar ve merkez arasında potansiyel temas noktalarının haritasını çıkardık. 10.1 (program öncesi temaslar), 10.2 (program esnasında ve program sonrası temaslar).

Pratik için çeşitli özel öneriler nöropsikolojik rehabilitasyon sırasında aile bağlantısının bu farklı noktalarına ilişkili olabilir. İlk aile toplantıları, amaç ne olursa olsun, bir önceli küçük servis katılımında bir aile için önemli olabilir ve servis için gelecek irtibatları yönlendirmede kilit bilgi sağlayabilir. Sistemik yaklaşım Anderson ve ark. önerileri ile şekillenmiştir (1986), Anderson ve ark. farklı aile üyeleri tarafından tanımlanan ve belirlenen problemler olarak aile içi konuşmalarda olan dil ve baskın fikirlerin haritalanmasını savunmuşlardır. Seansa katılanların, gelmeyenlerin not alınması, ör; çocuklar genelde dışarda tutulur (Daisley ve Webster, 2008) problemlerin baskın tanımları ve alakalı açıklamalar, birlikte bu baskın sohbetlerin ince istisnalar ve varyasyonları ile tüm aile bağlamında gelişmekte olan bir bir formülasyonu için dayanak olmaktadır. Bu sorular aile üyelerinin bu fikirler içinde nasıl organize edileceğinin eşzamanlı haritalanmasına ve bu yapıların içinden güç ilişkilerinin belirlenmesine yardımcı olur.

Cecchin (1987) ve Hoffman (1990), klinisyenlerin kendilerinin nasıl konumlandırıldığına dair refleksifikasyonlarına öncelik veriyor ve bu soruşturma sürecinde etki yaratıyor. Ailenin, aile hayatının bazı hesaplarına ve diğerlerine değil, güçlü davetlerini üzerine düşünerek, bu davetlerin altında yatan varsayımlar ve ön koşullar, mesleki müdahale taleplerinin zamanlaması ve hizmetlerin katılımının egemen açıklamaların sürdürülmesini nasıl karşılıklı etkilediği göz önüne alındığında,klinisyenlerin ve aile üyelerinin birbirleriyle olan ilişkileri ve belirli müdahalelerin ailesi için anlamı yardımcı olacaktır.

Bu haritalamanın ayrılmaz bir boyutu beyin hasarının dilini bulmak ve bu dili her aile üyesi için kullanmanın sonuçlarını bulmaktır. Bu, "Bu problem beyin hasarının sonucu mu yoksa başka bir sebep mi?" gibi sorular sormayı içerebilir. Yaralanmadan önce oldukları kişi yüzünden mi? Bu sorun x, y veya z'den kaynaklanıyorsa, her davada kendisine bir kişi olarak nasıl yanıt vereceksiniz? Ailenin her üyesini nerede bırakır? Bu açıklamalara kim katılıyor ve kimin katılmıyor ve bu açıklamalar her birinizi nasıl hissettiriyor? Bu her zaman bir sorun mu var, yoksa istisnalar var mı? Bu vesileyle her insan ne yapıyor ve bu zamanlarda beyin hasarına ne oluyor? En çok ne zaman en az beyin yaralandı?"

Bu sorular sonucu elde edilen bilgiler klinisyenin beyin hasarı öncesi anlamın sürekliliği ve beyin hasarının yeni dili ile ilişkisinin (central to variability in family experiences of 'personality change') (Oddy; 1995, Yeates et al., 2007) ve farklı aile üyelerinin öznelliklerinin bu diller arasındaki karşılıklı ilişkileri haritalanmasına olanak tanır.

Bu, bir genogram olarak görsel olarak temsil edilebilir ve rakip diller farklı aile üyeleri arasında bulunur (bir örnek Bölüm 18'de verilmektedir). Dahası, aile ile ilgili tüm hizmetler arasındaki farklı ilişkiler de bu şekilde temsil edilebilir (Hartman, 1995). Bu, nöropsikolojik rehabilitasyon hizmetini mesleki katılımın daha geniş bir bağlamında belirlemek ve ayrıca bireysel aile üyeleri için daha geniş hizmet sunum boşluklarını (ör. Okul desteği ve çocuklar için çocuk ve aile zihinsel sağlık hizmetleri, yetişkinler için savunma ve konut desteği) veya gelecekte aile deneyimlerine yanıt olarak beyin hasarı ve diğer hizmetler arasında iş birliği kaynakları belirlemek için yararlıdır.

Bu sorular, yeni görüşmelerin oluşması ve aile üyelerinin bu tartışmalar içinde yeniden yapılandırılması ve böylece değerlendirme ile müdahale arasındaki ayrımların çözülmesiyle, ailelerde değişim yaratmak için yeterince farklıdır.

Bu tür sorular, sistemik yazarların çalışmasından alınmış olan 'dairesel sorgulama' örneğidir. (örn. Cecchin, 1987; Tomm, 1987, 1988)'dir. Aşağıdakileri (varsayımsal olarak 'Sam'in vaka örneğinde) içeren önerilen çeşitli genel sorular şunlardır: (1) zihni okuyan sorular (ör. Sana sormuş olduğum soruya onun ne söyleyeceğini düşünüyorsun? Eski Sam buna ne demişti? O sorunun cevabını ne düşünürdü?); (2) derece ve fark soruları (Önce kim farkına varır/beyin hasarının aile hayatında mevcut olduğundan kim en çok emin olur); (3) ilişkisel sorular (en samimi olarak beyin yaralı olduğunda, eşi ve çocuğu birlikte nasıllar?); ve (4) ileriye dönük sorular (Bir iyileşme olduğunda eğer eski Sam'e geri dönmeye başladığında her biriniz nasıl bileceksiniz?).

Bu soruların amacı, ilişkisel bilgi kazanmak, aile üyelerinin birbirine bağlılığını vurgulamak, aile yapılarında zenginlik ve çeşitlilik geliştirmek ve değişimi kolaylaştırmaktır. Rehabilitasyona ilişkin konuşmalarda (ancak hedef belirleme, gözden geçirme toplantısı, aile destekleyici oturum) etkili bir şekilde (ancak duyarlı olarak) kullanılabilirler ve optimal kazanç sağlamak için belli amaçlar için kullanılacak belirli stratejilerin kararına yardımcı olabilirler.

Bununla birlikte, bu sorular aile etkileşimlerinin formülasyonu ile daima haber verilmelidir. Sorunların ve değişimin aile yapılarında çeşitliliği ve zenginlikleri açığa çıkarmaya yönelik diğer teknikler, iki veya daha fazla klinisyen vasıtasıyla elde edilebilir. Örneğin, belirli tavsiye şekilleri sağlanırken, 'uzman olarak hizmet' konumundan çalışmanın yararsız olduğu düşünülürse, belirsizlik ve çoklu perspektiflerin yararlılığı klinisyenler tarafından güçlü bir şekilde iletilebilir.

Bu, ailenin huzurunda klinisyenler arasında 'yansıtıcı konuşma' (Andersen, 1987) kullanılması, daha önce tartışılan (daha baskın sesler altında kaybolmuş olanlar da dahil olmak üzere) tüm perspektifleri sunarak, Birbirini doğrulamasa da birbirlerinin yanında tutarak olabilir. Ayrıca, klinisyenler arasındaki anlaşmazlık ve belirsizliklerin yansımaları, sorunlarına tek bir zor çözüm olduğunu düşünerek sıkışmış ailelere yardımcı olabilir.

Klinik hekimin konuşmalarını dinleme, sunulan olası konstrüksiyonlardan seçme ve geri bildirim alma sürecinde aile üyeler arasındaki anlaşmazlıklar nedeniyle bölünmeden ziyade bir bütün olarak yeniden organize olurlar.

Konuşmaları yansıtmanın bir parçası olan özetleme süreci, ek nöropsikolojik yararlar barındırıyor.

Bu konuşmalar sırasında, büyük bir ailenin varlığı ve enerjisi zaman zaman oldukça zorlayıcı olabilir ve sıklıkla klinik hekimler eşzamanlı sistemik hipotezleri savunurken çabucak tepki vermek için mücadele edebilirler.

(Selvini Palazzoli ve diğerleri, 1979), (1) oturum öncesi hipotez oluşturma, (2) aileyle ilk bölüm, (3) oturum ortasında bir ara verme gibi geleneksel bir sistemik oturum biçiminin oluşturulmasının kayda değer olduğunu belirtmek gerekir (4) şimdiye kadar yapılan oturumun içeriğini yansıttığı, (4) fikirlerin herhangi bir şekilde iletildiği ve (5) oturum sonrası tartışmasıyla ailenin geri döndüğü durumlar için geçerlidir. En azından herhangi bir aile toplantısında bir mola verilmesi hem ailen hem de klinisyenler için faydalı bir deneyim olarak savunulmaktadır.

Çoklu ve farklı perspektiflerin varlığı daima terapötik bir kaynak olarak tekelleştirilebilir. Tek bir aile üyesi veya bir terapist olsa dahi, meta yansıma, zihin okuma soruları, boş koltuk teknikleri ve mevcut olmayanların tutumlarını göz önüne getirme istekleri yararlı olabilir (Boscolo ve Bertrando, 1996).

Benzer şekilde, oturumlarda aile üyelerinin farklı yapılandırmaları, farklı sonuçlar için iş birliği içinde kabul edilebilir. ABI hastasının dahil olduğu veya olmadığı tüm üyelerin katıldığı veya belirli kombinasyonlarda yakınların katıldığı grup aile seansı ayarlamanın mantıklı olduğu düşünülüyor. Tüm aile üyelerini içeren bu iş birliğine dayalı karar verme, aile katılımı için önceden belirlenmiş formatları keyfi olarak tanımlamak için servislerin sıklıkla yaptığı kararla karşılaştırılabilir. Bu farklı konfigürasyonlar, farklı noktalarda yararlı fakat farklı sohbetler oluşturabilir. Kaynakların izin verildiği durumlarda, bu seçeneklerin tümü ABI hizmetleri ile temas sırasında izlemeyi seçmek için ailelere sunulmaktadır. Sistemik uygulama ile ilgili olarak yapılabilecek bir başka öneri, aileler için ABI eğitim müdahalelerinin nasıl klinisyenler tarafından çerçevelendiği ve dikkate alındığıdır. Belirsizliğin bahsedilen mesleki pozisyonları belli zamanlarda değer taşırken, bazı zamanlardaki bilgi biçimleri bir ailenin karmaşası ve diğer anlam ifade imkânlarından tecrit bağlamında dönüştürülebilir niteliktedir (Yeates ve diğerleri, 2007). Bununla birlikte, sistematik bir pozisyon, bilgi sağlanması için evrensel ve doğrusal doz yanıtlı sonuçların beklentilerine karşı dikkatli olacağını ve her ailenin kendi anlamlarıyla en iyi biçimde uyuşması için bilgi çerçevesinin oluşturulması ihtiyacını vurgulayacaktır. Bu gibi hususlar, merkezde çalışan iki akrabalar grubundan birinin sağlanmasını sağlayan klinisyenle (genellikle bir klinik psikolog) ilgilidir (bkz. Ek 10.2). Programdaki hastaların akrabalarından oluşan farklı gruplar, altı haftada bir kez bir araya gelmeye davet edilir. Bazen grup şu anki program hastalarının akrabalarından oluşur-bazen uzun zaman zarfında düzenli olarak katılan bazı yakınları var, bazen beyin yaralılarının göreceli olarak programı tamamlamış olmaları uzun yıllar sonra. Akraba grupları, akrabaların talebi üzerine 'uzman' bilgi sağlanmasını gerektirebilir (ancak akrabaları Beyin Hasarı Anlama gününde bunu elde edebilir). Çoğu zaman akran desteği ve beyin hasarını takiben mantıklı düşünme için hikaye ve dil paylaşımı için bir fırsattır.

Yukarıda da belirtildiği gibi, tüm bu uygulamalarla ilgili nihai bir husus, nöropsikolojik anlayışın ve bilişsel rehabilitasyon uygulamasının, ABI'lı olan kişi de dahil olmak üzere tüm aile üyeleri arasındaki faydalı konuşmaları kolaylaştırmak için en uygun şekilde nasıl entegre edildiğidir. Spesifik nöropsikolojik zorlukların çevreleyen etkileşim süreçleri ile nasıl birbiriyle ilişkili olduğunun bir formülasyonunda kurulan spesifik sistemik müdahaleler hem bağlamsallaştırılmış hem de nöropsikolojik rasyonalarda savunulabilir.

Bunlar, konuşma onarımının ailesel süreçlerine katılarak bunlara yanıt vererek, benzer durumlarda başkaları tarafından bildirilen diğer konuşmaları veya görüşleri sunarak, çok-seçmeli bir biçimde çerçeveleme, epizodik geri çağırmadan bağımsız soruları davet etme, belleğe veya ifade eden dil zorluklarına yanıt vermeyi içerir.

(Ör. 'Böyle durumlarda genel olarak nasıl hissedeceksiniz? Benzer durumlarda diğer insanlara ne tavsiye edersiniz?'). Dahası, ortak hatırlama, ortaya çıkan bir aile hesabındaki kilit noktalardaki açık ipuçlarının belirlenmesi ve kullanılması yoluyla kolaylaştırılabilir (özellikle çalışma belleği güçlükleri için faydalıdır). İletişim ve ifade sözel ortam üzerinde daha az odaklanmış olabilir ve bunun yerine 'görsel' konuşmalar kolaylaştırılabilir. Bu durumda yapısal aile terapi okulundan (Minuchin, 1974) "mekansal heykel" uygulaması uygulanabilir.

Yönetici zorluklar söz konusuysa, "tüm aile üyeleri için" şeklinde çerçevelenmiş klinisyenler tarafından dışsal problem çözme çerçevelerinin getirilmesi, ABI' li kişinin himayesine giren veya küçümseyici olarak yaşanabilecek akrabanın iyi niyetli çabalarına yardımcı olabilir. Benzer şekilde, başkaları tarafından geri bildirim verilmesi ya da başkaları tarafından geribildirim önerilirse, ailedeki kime en uygun şekilde bu tür geri bildirim sağlayacaklarının stratejik tanımlanması bir ön şarttır (Yeates ve diğerleri, 2007). Fonksiyonel ve psikoterapötik çalışmalarda (Yeates ve ark., 2008), çağrı cihazlarının veya uyarıların (örneğin, Wilson ve ark., 2001; Fish ve ark., 2006) dikkatli çerçevelendirilmesi ve kullanımı, tek ipucu verme şekli olabilir Kişiler arası olarak uygulanabilir olarak değerlendirilir (Yeates ve ark., 2007).

Bir başka teknik bir farkındalık sorunu tespit edilmiştir ailelere değerli olabilir. Anlatım aile çalışmasından yola çıkılarak, 'dışsallaştırma' (White & Epston, 1990) kullanımı, sorunun, toplumu etkileyen bir zorluk kaynağı olarak inşa edilen belirli insanların dışındaki konuşma yeniden konumlandırılmasını içerir. Bu yeniden yapılanma sonucunda, başlangıçta bir kişinin sorunun bulunduğu yere bölünmüş iki veya daha fazla insan, kendilerinden başka bir şeye karşı birlik içinde birlikte çalışabilir.

Dışsallaştırıcı konuşmaları bir ailenin tüm üyeleri üzerinde beyin hasarının etkileri ve nasıl yaralanmadan kalan yönlerini geri kazanmak için bir araya gelebilecekleri hakkında daha geniş tartışmalar için yararlı olabilir.

Bununla birlikte, bu teknik, farkındalık güçlükleri için özel bir değere sahip olabilir; burada, aile sohbetinin, aile üyelerinin "anlaşmazlık"ın dışsallaştırılmış tehdidine işbirliği yaparak nasıl karşılık verebileceğinin Aile iletişimi üzerinde etkisi vardır (Yeates ve ark., 2007). Aile terapisi ve sinirbilimin ilginç bir uyumlu birleşimi, böyle bir teknik, deneyimli nöropsikolojik araştırmalar tarafından da desteklenmektedir; bu farkındalığa sahip kişilerin, üçüncü kişide olduğu gibi, kendileri için dışsal bir çerçevede bulunulması durumunda bir sorunu daha iyi tanımlayabildiklerini ortaya koymaktadır (Reisberg ve diğerleri, 1985, Marcel ve diğerleri 2004, McGlynn ve Kasniak, 1991).

Özet

ABI literatüründeki ayrımlar, akrabaların birlikte terapist olarak kullanılması, bilgi sağlanması, genel destek, aile danışmanlığı ve resmi aile terapisi gibi farklı aile müdahaleleri seviyeleri arasında bulunur (ör. Tyerman and Booth, 2001).

Burada, aile terapisi alanındaki temel fikirlerin her türlü aile irtibatına uygulanabileceği savunulmaktadır. Bunu yaparken, literatürde ve hizmet yapılarında sıklıkla görülen ABI'lı akrabaların ve kişilerin bölünmesinden kaçınırken, müdahaleye bakılmaksızın yararlı bir aile sohbetini kolaylaştırmanın post-modern amacı doğrultusunda çalışmak mümkündür. Sistemik epistemoloji ve uygulamalar ABI sonrasında aile deneyimlerinin karmaşıklığına ve çeşitliliğine yanıt vermek için uygun olarak vurgulanır ve özel uygulamalar önerilmiştir. Bu post-modern yönelim tanımı gereği bir perspektiften başka bir yere öncelik vermez ve dolayısıyla dairesel sorgulama ve anlatım teknikleri burada açıklanmış olmasına rağmen, çeşitli müdahaleler uygun bir şekilde kullanılabilir.

Son olarak, sistemik teori ve nöropsikolojinin entegrasyonu, ABI'lı kimseler de dahil tüm üyeler için yararlı aile görüşmelerinin ortaya çıkmasını kolaylaştırmak için gerekli bir ön koşul olarak önerilmektedir.

Ek 10.1: Oliver Zangwill Center prosedürünün, rehabilitasyon sürecine ailelerin ve bakıcıların katılımıyla ilgili esasları ve akrabalarının gruplarına katılımı

1. **Arka plan: ABI sonrası aile ihtiyaçları. Aile sonrası akut ABI hizmetleri ile ilgi çekici noktasında ihtiyaçları şunlardır:**
   1.1. Karışıklık, belirsizlik ve mantıklı olma ihtiyacı
   1.2. Sınır, yük, alt klinik ve klinik duygusal zorluklar
   1.3. Daha geniş destek kaynaklarından izolasyon
   1.4. Aile içi ilişkilerde değişiklikler, gerilimler ve arıza Dahası, bu deneyimler, aile bireyinin ABI ile kendileri tarafından sunulan ve nöropsikolojik rehabilite edici müdahaleye tabi tutulmuş olan sorunlar ve deneyimlerle karşılıklı etkileşim içindedir.
2. **Aile veya bakıcı irtibat türleri. Tyerman (1999) akut, topluluk temelli ABI hizmetlerinin üç ailenin irtibat biçiminde çalışmasına ihtiyaç olduğunu vurgular:**
   2.1. Müşteri odaklı nöropsikolojik rehabilitasyonla (hedef belirleme süreci dahil) ailelerle işbirliği yapmak
   2.2. Aile bilgisi sağlanması, ABI eğitimi ve duyu yaratmayı kolaylaştırmak (paylaşılan bir anlayışın geliştirilmesini desteklemek için)
   2.3. Aile desteği ve gerektiğinde resmi aile terapisi

3. Aile üyeleri ve bakıcılarla temasın amaçları
Aile bireylerinin katılımı bir dizi amaca hizmet edebilir:
3.1 Hedef belirleme ve rehabilitasyona yönelik bağlamsallaştırılmış, psikososyal odaklanma
3.2 Hastaların ve ailelerin sosyal sonuçlarını en iyi duruma getirme
3.3 Ön ve ayrıntılı değerlendirmede tanımlanarak, programın başında netleştirilerek ve program süreci boyunca gözden geçirilerek süreci gözden geçirerek ailelerin ve bakıcıların emosyonel ve pratik ihtiyaçlarını destekleme.
3.4 Danışanlar ve yakınları/bakıcıları ile ilgili özel olarak bilgi toplama
3.5 Program ve beyin hasarı hakkında eğitim
3.6 Danışanın gelişimi hakkında özel bilgi sağlama
3.7 Danışanın duygusal ihtiyaçlarını, düzenlemesini etkileyen bağlamsal faktörleri tanımlama ve stratejilerin uygulanması ve kullanımını sürdürme
3.8 Uygun bir şekilde göreceli olarak beyin hasarlarını desteklemek için onlara olanak sağlamak
3.9 Tedavi ilişkilerinin sürdürülmesi
3.10 Şikâyet prosedürünün bir parçası olarak gayrı resmi şikâyetleri veya diğer geri bildirimleri ele almak.

4. Program dahilinde aile desteğinin sağlanması (bkz. Tablolar 10.1 ve 10.2)
4.1 Her türlü destek önerilmesine ve her aileyle birlikte tartışılmasına rağmen aile ve bakıcı destek koşullarının gerçek yapısı EBH'na sahip olan danışan dahil olmak üze-

re her bir aileye ait sistemli bir ekip formülasyonuna ve aile ve hizmet arasındaki ilişkiye dayanmaktadı.

4.2 Aile anlayışı ve desteği. Merkez içindeki aile irtibat faaliyetinin belirli kombinasyonları yoluyla sağlanabilir:

- Ön değerlendirme ve detaylı değerlendirmeler sırasında iletişim kurma
- Bireysel program koordinatörünün haftalık telefonla iletişim kurması
- Hedef belirleme, ilerleme, sonuç ve inceleme toplantıları sırasında aile ile irtibat kurma
- Beyin Hasarını Anlama eğitim günleri
- Akraba grupları
- Özel rehabilitasyon amaçları için düzenlenen aile toplantıları
- Aile terapisi seansları

Ek 10.2: Akraba Gruplarının Üyeliği ve Davetinin Özeti (Yine Ailelerin ve Bakıcıların Katılımı için OZC Prosedüründen)

İki tür akraba grubu sunuyoruz:

1. Şu anda programda olan veya önceki altı ay içinde programı tamamlayan danışanların akrabaları, arkadaşları ve bakıcıları için. Bu grup altı haftada bir toplanır.
2. Programı önceki altı aydan daha uzun sürede tamamlayan ya da rehabilitasyon programına devam etmeyen danışanların akrabaları, arkadaşları ve bakıcıları için. Bu grup altı ayda bir toplanır.

Grup için programa katılmak üzere yakınlarına davet mektubu gönderilir. Grup için katılmaya ilgisi olduğunu ifade edenlere mektuplar gönderilir. Örneğin merkezde göreceli beyin yaralanmasının değerlendirmesini takiben ancak yoğun bir programın sunulmadığı kişilere. Aşağıda bu mektuptan alıntı bulunmaktadır:

Akraba/bakıcı grubu ne içindir? Oturumlar diğer yakınlarıyla paylaşılır ve çeşitli amaçları bulunur:

- Burada yürüttüğümüz rehabilitasyon programı hakkında sorular sorma veya geri bildirim sağlama fırsatı vermek bir amaçtır.
- İkinci amaç, beyin hasarının doğası ve sonuçları hakkında sorular sormanız için bir fırsat sağlamaktır. Bildiğiniz gibi, danışanların beyin hasarını iyi anlamasına yardımcı olmak için programımıza büyük önem veriyoruz. Aynı zamanda akrabalar gibi sizinde bu bilgiye sahip olmanızın son derece yararlı olduğunu düşünüyoruz, bu nedenle beyin hasarı ile ilgili olabilecek herhangi bir soruyu sorma şansınız olacaktır.
- Üçüncü temel amaç aynı zamanda diğer akrabalarla konuşma ve benzer konumda olan diğer insanlarla deneyimlerini paylaşma şansını sağlamaktır.

Bu oturumlara katılmak tamamen isteğe bağlıdır ve bir oturuma katılmanız sizi gelecek oturumlara katılmaya aday göstermez. İlgili mesafe ve diğer taahhütlerden dolayı katılamanızın mümkün olmayabileceğinin bilincindeyiz. Buna ek olarak, bazı akrabalar ve bakıcılar, başkalarıyla deneyimler paylaşmak yerine kendi aileleri içinde bu gibi konuşmaları tercih ederler. Eğer bu tercih edilirse bireysel aile toplantıları düzenleyebiliriz. Akraba desteğinin diğer biçimleri arasında beyin hasarına ilişkin eğitim günleri yer alır ve bunların ayrıntıları ayrı ayrı verilir. Bununla birlikte, her türlü desteğin kendine has özelliklere sahip olduğunu düşünüyoruz ve akrabaları program boyunca bir noktada bunların hepsini deneyimlemeleri için teşvik edecektir.

Kaynakça

Adams, N. (1996). Positive Outcomes in Families Following Traumatic Brain Injury (TBI). Australian and New Zealand Journal of Family Therapy,17(2) 75–84.

American Psychiatric Association (1996). Practice Guidelines. Washington DC: APA.

Andersen, T. (1987). The Reflecting Team: Dialogue and Meta-dialogue in Clinical Work. Family Process, 26(4), 415–28.

Anderson, H., Goolishian, H. and Windermand, L. (1986). Problem–determined Systems: Toward Transformation in Family Therapy. Journal of Strategic and Systemic Therapies, 3(4), 1–14.

Bateson, G. (1972). Steps to an Ecology of Mind. London: Paladin.

Blais, M.C. and Boisvert, J.M. (2005). Psychological and Marital Adjustment in Couples Following a Traumatic Brain Injury (TBI): A Critical Review. Brain Injury, 19(14), 1223–35.

Bond, M.R., Brooks, D.N. and McKinlay, W. (1979). Burdens Imposed on the Relatives of those with Severe brain damage due to injury. Acta Neurochirurgica, 28, 124–5.

Boscolo, L. and Bertrando, P. (1996). Systemic Therapy for Individuals. London: Karnac. Boscolo, L., Cecchin, G., Hoffman, L. and Papp, P. (1987). Milan Systemic Family Therapy: Conversations in Theory and Practice. New York: Basic Books.

Brooks, N., Campsie, L., Symington, C., Beattie, A. and McKinlay, W. (1987). The Effects of Severe Head Injury on Patient and Relative within Several Years of Injury. Journal of Head Trauma Rehabilitation, 2, 1–13.

Brothers, L. (1997). Friday's Footprint: How Society Shapes the Human Mind. New York: Oxford University Press.

Butera-Prinzi, F. and Perlesz, A. (2004). Through Children's Eyes: Children's Experience of Living with a Parent with Acquired Brain Injury. Brain Injury, 18(1), 83–101.

Carnwath, C.M. and Johnson, D.A.W. (1987). Psychiatric Morbidity Among Spouses of Patients with Stroke. British Medical Journal, 294, 409–11.

Carr, A. (2000a). Evidence-based Practice in Family Therapy and Systemic Consultation I. Journal of Family Therapy, 22, 29–40.

Carr, A. (2000b). Evidence-based Practice in Family Therapy and Systemic Consultation II. Journal of Family Therapy, 22, 273–95.

Cavallo, M.M. and Saucedo, C. (1995). Traumatic Brain Injury in Families from Culturally Diverse Populations. Journal of Head Trauma Rehabilitation, 10(2), 66–77.

Cecchin, G. (1987). Hypothesizing, Circularity, and Neutrality Revisited: An Invitation to Curiosity. Family Process, 26(4), 405–13. Mily Therapy. Journal of Strategic and Systemic Therapies, 3(4), 1–14.

Daisley, A. and Webster, G. (2008). Familial Brain Injury: Impact on and Interventions with Children. In A. Tyerman and N. King, eds., Psychological Approaches to Rehabilitation After Traumatic Brain Injury. Oxford: BPS Blackwell, pp. 475–507.

Dewar, B-K. and Gracey, F. (2007). "Am not was": Cognitive Behavioural Therapy for Adjustment and Identity Change Following Herpes Simplex Encephalitis. Neuropsychological Rehabilitation, 17(4/5), 602–20.

Edwards, D. and Middleton, D. (1986). Joint Remembering: Constructing An Account of Shared Experience Through Conversational Discourse. Discourse Processes, 9, 423–59.

Elsass, L. and Kinsella, G. (1987). Social Interaction Following Severe Closed Head Injury. Psychological Medicine, 17(1), 67–78.

Ergh, T.C., Rapport, L.J., Coleman, R.D. and Hanks, R.A. (2002). Predictors of Caregiver and Family Functioning Following Traumatic Brain Injury: Social Support Moderatin Caregiver Distress. Journal of Head TraumaRehabilitation, 17(2), 155–74.

Ergh, T.C., Hanks, R.A., Rapport, L.J. and Coleman, R.D. (2003). Social Support Moderates Caregiver life Satisfaction Following Traumatic Brain Injury. Journal of Clinical and Experimental Neuropsychology, 25(8), 1090–1101.

Fish, J., Evans, J.J., Nimmo, M. et al. (2006). Rehabilitation of Executive Dysfunction Following Brain Injury: "Content-free cueing" Improves Everyday Prospective Memory Performance. Neuropsychologia, 45(6), 1318–30.

Flanagan, D.A.J. (1998). A Retrospective Analysis of Expressed Emotion (EE) and Affective Distress in a Sample of Relatives

Caring for A Traumatically Brain-injured Family Member. British Journal of Clinical Psychology, 37(4), 431–9.

Gan, C. and Schuller, R. (2002). Family System Outcome Following Acquired Brain Injury: Clinical and Research Perspectives. Brain Injury, 16(4), 311–22.

Gan, C., Campbell, K.A., Gemeinhardt, M. and McFadden, G.T. (2006). Predictors of Family System Outcome After Brain Injury. Brain Injury, 20(6), 587–600.

Gergen, K.J. and Davies, K.E. (1985). The Social Construction of the Person. New York: Springer-Verlag.

Gervasio, A.H. and Kreutzer, J.S. (1997). Kinship and Family Members' Psychological Distress After Traumatic Brain İnjury: A Large Sample Study. Journal of Head Trauma Rehabilitation, 12(3), 14–26.

Gibson, J.J. (1979). The Ecological Approach to Visual Perception. Boston: Houghton Mifflin.

Gillen, R.H., Tennen, H., Affleck, G. and Steinpreis, R. (1998). Distress, Depressive Symptoms and Depressive Disorder Among Caregivers of Patients with Brain Injury. Journal of Head Trauma Rehabilitation, 13(3), 31–43.

Gosling, J. and Oddy, M. (1999). Rearranged Marriages: Marital Relationships After Head Injury. Brain Injury, 13(10), 785–96.

Hall, K.M., Karzmark, P., Stevens, M. et al. (1994). Family Stressors in Traumatic Brain Injury: A Two Year Follow-up. Archives of Physical Medicine and Rehabilitation, 75: 876–84.

Harré, R. (2002). Cognitive Science: A Philosophical Introduction. London: Sage. Hartman, A. (1995). Diagrammatic Assessment of Family Relationships. Families in Society: The Journal of Contemporary Human Services, February, 111–123.

Henry, P.W., Knippa, J. and Golden, C.J. (1985). A Systems Model for Therapy with Brain Injured Adults and Families. Family Systems Medicine, 3, 427–39.

Hoffman, L. (1990). Constructing Realities: the Art of Lenses. Family Process, 29(1), 1–12.

Horan, K.T. (1987). Effects of Head Injury on the Educational and Vocational Potential of American Indians. Rural Special Education Quarterly, 8(1), 19–22.

Johnson, J. and McCown, W. (1997). Family Therapy of Neurobehavioral Disorders: Integrating Neuropsychology and Family Therapy. New York: Haworth Press.

Jones, E. (1993). Family Systems Therapy: Developments in the Milan Systemic Therapies. Chichester:

John Wiley. Kay, T. and Cavallo, M. (1994). The Family System: Impact, Assessment and Intervention. In J. Silver, S. Yudofsky and R. Hales, eds., Neuropsychiatry of Traumatic Brain Injury New York: Oxford University Press, pp. 198–222.

Kinsella, G., Ford, B. and Moran, C. (1989). Survival of Social Relationships Following Head Injury. International Disability Studies, 11(1), 9–14.

Kravetz, S., Gross, Y., Weiler, B., et al. (1995). Self-concept, Marital Vulnerability and Brain Damage. Brain Injury, 9, 131–9.

Krefting, L. (1989). Reintegration into the Community After Head Injury: The Results of An Ethnographic Study. Occupational Therapy Journal of Research, 9(2), 67–83.

Krefting, L. (1990). Double Bind and Disability: The Case of Traumatic Head İnjury. Social Sciences and Medicine, 30(8), 859–65.

Kreutzer, J.S., Gervasio., A.H. and Camplar, P.S. (1994). Primary Caregiver's Psychological Status and Family Functioning After Traumatic Brain Injury. Brain Injury, 8(3), 197–210.

Kreutzer, J.S., Marwitz, J.H., Hsu, N., Williams, K. and Riddick, A. (2007). Marital Stability After Brain Injury: An Investigation and Analysis. NeuroRehabilitation, 22, 53–9.

Laroi, F. (2000). Treating Families of Individuals with Traumatic Brain Injury: Presentation of Clinical Cases Approached from a Structural Therapy Perspective. Journal of Family Psychotherapy, 11(4), 69–78.

Laroi, F. (2003). The Family Systems Approach to Treating Families of Persons with Brain Injury: A potential Collaboration Between Family Therapists and Brain Injury Professionals. Brain Injury, 17(2), 175–187.

Leach, L.R., Frank, R.G., Bouman, D.E. and Farmer, J. (1994). Family Functioning, Social Support and Depression After Traumatic Brain Injury. Brain Injury, 8, 599–606.

Luria, A.R. (1961). The Role of Speech in the Regulation of Normal and Abnormal

Behaviour. Oxford: Liveright.
Luria, A.R. (1968). The Directive Function of Speech in Development and Dissolution. I: Development of the Directive Function of Speech in Childhood. II: Dissolution of the Regulative Functions of Speech in Pathology of The Brain. In E. Millar, ed., Foundations of Child Psychiatry. Oxford and New York: Pergamon Press, pp. 273–282, 282–284.
Luria, A.R. (1976). Cognitive Development: Its Cultural and Social Foundations. Oxford: Oxford University Press.
Maitz, E.A. (1990). The Psychosocial Sequelae of a Severe Closed Head Injury and their Impact upon Family Systems. Unpublished Doctoral Dissertation, Temple University, Philadelphia.
Maitz, E.A. (1991). Family Systems Theory Applied to Head Injury. In J.M. Williams and T. Kay, eds., Head Injury: A Family Matter. Baltimore: P.H. Brookes Publishing, pp. 65–79.
Marcel, A.J., Tegnér, R. and Nimmo-Smith, I. (2004). Anosognosia for Plegia: Specificity, Extension, Partiality and Disunity of Bodily Unawareness. Cortex, 20, 19–40.
Mazaux, J.M., Masson, F., Levin, H.S. et al. (1997). Long-term Neuropsychological Outcome and Loss of social Autonomy After Traumatic Brain Injury. Archives of Physical Medicine and Rehabilitation, 78(12), 1316–20.
McGlynn, S.M. and Kaszniak, A.W. (1991). Unawareness of Deficits in Dementia and Schizophrenia. In G.P. Prigatano and D.L. Schacter, eds., Awareness of Deficit After Brain Injury: Clinical and Theoretical Issues. New York: Oxford University Press, pp. 84–110.
Middleton, D. and Edwards, D. (1990). Collective Remembering. London: Sage. Minuchin, S. (1974). Families and Family Therapy. Cambridge, MA: Harvard University Press.
Moore, A., Stambrook, M. and Peters, L. (1993). Centrepital and Centrifugal Family Life Cycles Factors in Long-term Outcome Following Traumatic Brain Injury. Brain Injury, 7(3), 247–55.
Oddy, M. (1995). He's no Longer the Same Person: How Families Adjust to Personality Change After Head Injury. In N.V.T. Chamberlain, ed., Traumatic Brain Injury Rehabilitation. London: Chapman and Hall, pp. 167–80. Oddy, M. (2001) Sexual Relationships Following Brain Injury. Sexual Relationship Therapy, 16(3), 247–59.
Oddy, M. and Herbert, C. (2003). Interventions with Families Following Brain Injury: Evidence-based Practice. Neuropsychological Rehabilitation, 13(1–2), 259–73.
Orsillo, S.M., McCaffrey, R.J. and Fisher, J.M. (1993). Siblings of Head-injured Individuals: A Population at Risk. Journal of Head Trauma Rehabilitation, 8(1) 102–15.
Panting, A. and Merry, P.H. (1972). The Long-term Rehabilitation of Severe Head Injuries with Particular Reference to The Need for Social and Medical Support for the Patient's Family. Rehabilitation, 38, 33–7. Perlesz, A., Kinsella, G. and Crowe, S. (1999). Impact of Traumatic Brain Injury on the Family: A Critical Review. Rehabilitation Psychology, 44(1), 6–35.
Perlesz, A., Kinsella, G. and Crowe, S. (2000). Psychological Distress and Family Satisfaction Following Traumatic Brain Injury: Injured Individuals and their Primary, Secondary and Tertiary Carers. The Journal of Head Trauma Rehabilitation, 15(3), 909–30. Pessar, L.F., Coad, M.L., Linn, R.T. and Willer, B.S. (1993). The Effects of Parental Traumatic Brain Injury on the Behaviour of Parents and Children. Brain Injury, 7(3), 231–40.
Peters, L.C., Stambrook, M., Moore, A.D. and Esses, L. (1990). Psychosocial Sequelae of Closed Brain Injury: Effects on the Marital Relationship. Brain Injury, 4, 39–47.
Ponsford, J. (2003). Sexual Changes Associated with Traumatic Brain Injury. Neuropsychological Rehabilitation, 13(1/2), 275–89.
Reisberg, B., Gordon, B., McCarthy, M. and Ferris, S.H. (1985). Clinical Symptoms Accompanying Progressive Cognitive Decline and Alzheimer's Disease. In V.L. Melnick and N.N. Duber, eds., Alzheimer's Dementia. Clifton: Humana Press, pp. 295–308
Rosenbaum, M. and Najenson, T. (1976). Change in Patterns and Symptoms of Low Mood as Reported by Wives of Severely Braininjured Soldiers. Journal of Consulting

and Clinical Psychology, 44(6), 881–8.
Sabat, S.R. and Harré, R. (1992). The Construction and Deconstruction of self in Alzheimer's Disease. Ageing and Society, 12, 443–61.
Sander, A.M., Caroselli, J.S., High, W.M. et al. (2002). Relationship of Family Functioning to Progress of Post-Acute Rehabilitation Programme Following Traumatic Brain Injury. Brain Injury, 16(8), 649–57.
Selvini Palazzoli, M., Boscolo, L., Cecchin, G. and Prata, G. (1979). Paradox and Counterparadox: A New Model in the Therapy of the Family in Schizophrenic Transaction. New York and London: Aronson.
Selvini Palazzoli, M., Boscolo, L., Cecchin, G. and Prata, G. (1980). A Ritualized Prescription in Family Therapy: Odd Days and Even Days. Journal of Marital and Family Therapy, 6, 3–9. Sherer, M., Boake, C., Levin, E. et al.(1998). Characteristics of Impaired Awareness After Traumatic Brain Injury. Journal of the International Neuropsychological Society, 4(4), 380–7.
Sinnakaruppan, I. and Williams, D.M. (2001). Family Carers and the Adult Head-injured: A Critical Review of Carer's Needs. Brain Injury, 15, 653–72.
Smart, J.F. and Smart, D.W. (1992). Cultural İssues in the Rehabilitation of Hispanics. Journal of Rehabilitation, 58, 29–37.
Sunderland, A., Harris, J.E., and Gleave, J. (1984). Memory Failures in Everyday Life Following Severe Head Injury. Journal of Clinical Neuropsychology, 6, 127–42.
Taylor, H.G., Yeates, K.O., Wade, S.L. et al. (2001). Bidirectional Child-family İnfluences on Outcomes of Traumatic Brain Injury in Children. Journal of the International Neuropsychological Society, 7, 755–57.
Thomsen, I.V. (1974). The Patient with Severe Head Injury and his Family. Scandinavian Journal of Rehabilitation Medicine, 6, 180–3.
Thomsen, I.V. (1984). Late Outcome of Very Severe Blunt Head Trauma: a 10–15 year Second Follow-up. Journal of Neurology, Neurosurgery, and Psychiatry, 47, 260–8.
Tomm, K. (1987). Interventive interviewing: II. Reflexive Questions as A Means to Enable Self-healing. Family Process, 26, 167–83.
Tomm, K. (1988). Interventive Interviewing: III. Intending to Ask, Circular, Strategic or Reflexive Questions? Family Process, 27, 1–15.
Tyerman, A. (1999). Outcome Measurement in A Community Head Injury Service. Neuropsychological Rehabilitation, 9(3/4), 481–91.
Tyerman, A. and Booth, J. (2001). Family Intervention After Traumatic Brain Injury: A Service Example. Neurorehabilitation, 16: 59–66. Urbach, J.R.,
Sonenklar, N.A. and Culbert, J.P. (1994). Risk Factors and Assessment in Children of Brain-injured Parents. Journal of Neuropsychiatry, 6(3), 289–95.
Vanderploeg, R.D., Curtiss, G., Duchnick, G.C. and Luis, C.A. (2003). Demographic, Medical, and Psychiatric Factors in Work and Marital Status After Mild Head Injury. Journal of Head Trauma Rehabilitation, 18, 148–63.
Von Foerster, H. (1982). Observing Systems. Seaside, CA: Intersystems Publications.
White, M. and Epston, B. (1990). Narrative Means to Therapeutic Ends. New York: Norton.
Williams, J.M. and Kay, T. (1991). Head Injury: A Family Matter. Baltimore: P.H. Brookes publishing.
Wilson, B.A., Emslie, H., Quirk, K. and Evans, J.J. (2001). Reducing Everyday Memory and Planning Problems by Means of A Paging System: A Randomized Control Crossover Study. Journal of Neurology, Neurosurgery, and Psychiatry, 70, 477–82.
Wood, R. L. and Yurdakul, L. K. (1997) Change in Relationship Status Following Traumatic Brain Injury. 11(7), 491–502.
Yeates, G.N. (2007). Avoiding the Skull Reduction in Acquired Brain Injury (ABI) Services: Individualist Invitations and Systemic Responses. Clinical Psychology Forum, 175, 33–6.
Yeates, G.N., Henwood, K., Gracey, F. and Evans, J.J. (2007). Awareness of disability and the Family Context.
Neuropsychological Rehabilitation, 17(2), 151–73. Yeates, G.N., Hamill, M., Sutton, L., et al. (2008). Dysexecutive Problems and Interpersonal Relating Following Frontal Brain Injury: Formulation and Compensation in Cognitive-Analytic Therapy (CAT).

11 İletişim Grubu

Clare Keohane, çeviren: Gerçek Çiçek

Neuropsychoanalysis, 10(1), 43-58.

Günümüzde Travmatik Beyin Hasarı (TBH) sonrası yaşanan iletişim güçlüklerinin, afazik sendromlarla ilişkili olanlardan kökten farklı olduğu ve bu nedenle farklı değerlendirme ve müdahale yöntemlerini gerektiriyor olmaları yaygın bir şekilde kabul görmektedir (Holland, 1982). Milton ve Wertz (1986) "Afazisi olan insanlar genellikle iletişim kurmada konuşmada olduklarından daha iyidirler ve TBH danışanları genellikle konuşmada iletişim kurmada olduklarından daha iyidirler" (s.223) diyerek bu farklılıkların altını çizmişlerdir. Oliver Zangwill Nöropsikolojik Rehabilitasyon Merkezindeki danışanlarda en çok rastlanan yaralanma nedeni TBH'dir ve bu nedenle danışanlar spesifik afazik sendromları değil de, genellikle yukarıda bahsedilen ikinci tip bilişsel iletişim bozukluğunu gösterir. Bu danışanlarla çalışmak psiko-linguistik süreçlerdeki bozulmalar ile iletişimle ilgili diğer bilişsel alanlar arasındaki etkileşim hakkında farkındalık gerektirir.

Oliver Zangwill Merkezindeki danışanlarda gözlemlenen bilişsel iletişim rahatsızlıkları şunlardır:

- Dilin işlemlenmesinde güçlükler - özellikle çıkarımsal ve metaforik dil.
- Konuşmanın sürdürülmesi ile ilgili güçlükler-örneğin bilginin dahil edilmesi üzerinde, konudan uzaklaşan çıktılar, ilgisiz cevaplar, bir konu üzerinde kalma yeteneğini gösterememe, konuşma sırasını beklemede güçlük, kendisi hakkında aşırı bilgi verme, konuşmayı başlatmada azalmış istek.
- Pragmatik güçlükler-dili farklı çevrelere farklı insanlara göre adapte etmedeki güçlükler ve dile uyum sağlama esnekliğinde düşüş gibi.
- İsimlendirme güçlükleri.

Danışanlarda başkalarıyla iletişim kurma ve iyi iş ilişkileri ve sosyal ilişkiler sürdürme güçlükleriyle beraber, sosyal olarak yalıtılmış görüntü yaygındır. Bunun yaşam tatminini anlamlı seviyede düşürdüğü düşünülmektedir (Dahlberg ve diğ. 2006).

Merkez'deki danışanların iletişim sorunlarının çoğunluğu "bilişsel iletişim" güçlükleri genel sınıfına girse de, bu danışanların bir kısmında dizartrik güçlükler görülmekte, ve daha da azında afazik sorunlar görülmektedir.

Hatırı sayılır sayıda danışanda disleksik güçlükler görülmektedir. Bunlar genellikle, çocuklarla çalışma, okuma yapma ya da karşılıklı yazışma gibi ilgili fonksiyonel bir amacın tanımlanması yoluyla bireysel seanslarda ele alınır.

Yakın zamanda sosya-emosyonal işlemleme -sosyal iletişim- alanında önemli gelişmeler olmuştur (örneğin, MacDonald ve Flanagan, 2004). Bu kavram, bir bireyin kendi emosyon ve davranışını anlamakla kalmayıp, emosyonunu düzenleyebilme ve başkalarının emosyon ve davranışlarını anlayabilme yeteneğine de gönderme yapar. Bu yetkinliklerin değerlendirilmesi ve var olan eksikliklerin sosyal etkileşimlerde yarattığı etkiler konuşma ve dil terapileri ile klinik psikolojik yaklaşımların ortak çalışmasıyla araştırılır. Bunun nedeni konuyla ilişkili olan geniş sosyal bilişsel iletişim modeli yelpazesi ve her iki uzmanlığın klinik yeteneklerine olan ihtiyaçtır.

İletişim grubuna dahil olma

İletişim güçlüklerine çözüm arama süreci, danışanın yeteneklerinin incelendiği standart bilişsel iletişim testleri üzerinden danışanın detaylı bir değerlendirmesiyle başlar. Bu aşamada, tüm danışanlar Bilişsel Dil Yetenekleri Testi (MCLA; Ellmo ve diğ., 1995) ile değerlendirilir. Gerektiği durumda, özelleştirilmiş nesne adlandırma testleri de (örneğin Boston Adlandırma Testi; Kaplan ve diğ., 1983; Graded Adlandırma Testi (ilk defa 1983'te basılmış); McKenna ve Warrington, 2007) uygulanır. Yüzsel emosyon algıları ile başkalarının yüzsel ve ses iletişiminden uygun çıkarımlarda bulunma yeteneğini değerlendirmeye yönelik Sosyal Çıkarımsal Farkındalık Testi'nin (TASIT: MacDonald ve diğ., 2002) uygulanması da sosyal iletişim alanındaki eksiklikleri ortaya çıkarmada yararlı bulunmuştur. Bu değerlendirmenin sonuçları sosyal iletişimle ilgili Bangor Kumar Oynama Testi (Bowman ve Turnbull, 2004) ve Gözlerdeki Akıl Testi (Baron-Cohen ve diğ., 2001) gibi diğer değerlendirmelerle beraber incelenmektedir. Burada amaç, işlevsel iletişim ve etkileşim güçlüklerinin inhibisyon, işlemleme hızı gibi genel bilişsel bozulmalarla mı yoksa emosyon tanımlaması, sosyal çıkarım, zihin teorisi, duygusal bazlı karar alma, sosyal bilgi ya da emosyonal semantik vb. gibi tanımlanabilir belli sosyal süreçleme eksiklikleriyle mi ilişki olduğunu açığa çıkarmaktır.

Başka yerlerde de bahsedildiği üzere, danışanların yaşadığı güçlüklerin etkileşimli doğası nedeniyle, her bilgi değerlendirmenin özetinde takım ile paylaşılmakta ve diğer bilişsel işlevler, duygu durumu sorunları veya dil ile ilişkisi -dil anlama gücünü etkileyen dikkat güçlükleri ve adlandırma yeteneklerini etkileyen ankiiyete örneklerinde olduğu gibi- tartışılmaktadır.

Danışanların yaşadığı güçlüklerin formülasyonu sıklıkla bireyde "iletişimsel yetkinlik" eksikliği olduğu tanımını içerecektir. Bu, "farklı kişilerle farklı içeriklerde etkileşim kurma bilgisi ve konuşmanın sürüdürülmesinin altında yatan haklar, yükümlülükler ve beklentilere dair bilgi" olarak tanımlanır (Chapney, 1986). Bu iletişimsel yetkinlik "bilişsel, dilsel, çevresel ve psikolojik süreçlerin dinamik bir iş birliği"ne bağlıdır (Beukelman ve Yorkston, 1991).

Bu alan, rehabilitasyon programının iletişim çalışmasının odak noktasındadır ve bu alandaki herhangi bir eksiklik İletişim Grubu'na yönlendirilmeyi gerektirir.

İletişim grubu

İletişim Grubu programın yoğun aşaması boyunca devam eder ve danışanların kendi beyin hasarlarını anlamalarını sağlayacak eğitimsel bir seansla başlar. Beyin Hasarlarını Anlama Grubu (Bölüm 5)'nun anatomi bölümleri ile dil ile ilgili bölgelere özgü tartışmalar arasında köprüler oluşturulur. Personel tarafından, danışanların herhangi bir hasar sonrasında yaşayabilecekleri dil güçlüğü çeşitleri hakkında genel bilgi verilir ve danışanlar kendi deneyimlerini paylaşma ve neden o çeşit güçlükleri deneyimlemiş olabileceklerini tartışma konusunda teşvik edilir. Danışanlar tartışmalar ve iletişim problemlerinin başka bilişsel güçlüklerle nasıl ilişkili olabileceği konusunda diğer gruplarla köprü kurma aracılığıyla araştırma yapmaya teşvik edilir.

Öncül İletişim Grubu seansında, başkalarının bakış açılarından bilgi kazanmanın önemi tartışılır ve danışan yakınlarından danışanda gördükleri değişiklikler ya da iletişim becerisi güçlükleri konusunda bilgi almanın önemi konusunda ortak karara varılır. Bu genellikle danışan yakınları/bakıcılarıyla yüzyüze görüşme ya da telefon konuşmalarıyla gerçekleştirilir. Sosyal iletişim alanı ile ilgili bir iletişim becerileri anketi hazırladık. Bunun rutin olarak danışan yakınlarına uygulanması, morbidite öncesi iletişim stillerini daha nesnel olarak incelememize olanak sağlıyor (Bakınız: Ek 11.1).

İkinci haftada danışanlar "İletişim nedir?" sorusuyla karşı karşıya bırakılıyor ve düşüncelerini ortaya koyarak ile beyin fırtınası yapmaları isteniyor. Bunu takiben tartışma için bir iletişim ilkeleri listesi oluşturuluyor (McGann ve diğ., 1997; bakınız Ek 11.2). Bu ilkelerin "sabit ve kişisel yetenekler ile iletişim yeteneklerinden bağımsız" oldukları ve "insan iletişiminin altında yatan küresel öndeğerler işlevi gördükleri" öne sürülüyor. Danışanların, çevrelerindekilerle nasıl etkileşime geçeceklerine dair, yaralanmaları öncesinde geliştirmiş oldukları bir kurallar, inançlar, tutumlar kümesi olduğunun ve bunların kişiden kişiye değiştiğinin farkına varılıyor. Zamanla danışanlar iletişimin insanların kültüründen çevresinden ve inançlarından nasıl etkilendiğinin, insanlar arasında nasıl değişkenlik gösterebileceğinin ancak yine de "normal" olabileceğinin farkına varıyorlar. Bunun yanında, iletişim yeteneklerinin beyin hasarından nasıl etkileneceği ve bu durumda iletişim davranışlarının iletişim ilkeleriyle tutarlı olmayabileceği de tartışmaya katılıyor. Örneğin bir danışan karşıdakinin sözünü kesme davranışı sergilerse bu "iletişim paylaşılan bir deneyimdir" ilkesi altında ele alınabilir ve sözünü kesme davranışının bu ilkeye etkisi tartışılabilir. Tartışma daha sonra birinin sözünü kesme davranışının neden oluştuğuna ve hangi bilişsel güçlüklerin bu oluşuma katkı sağladığı konularına odaklanabilir. Bu aşamada "bilişsel esneklik" kavramı iletişimde içinde bulunduğumuz duruma ya da iletişimde bulunduğumuz kişiye göre ayarlamalar yapmak için ideal bir araç olarak tanıtılır. Bu genellikle kalan grup seanslarının nasıl kullanılacağı ve grup seanslarının bireysel seanslardaki çalışmalarla nasıl ilişkilendirileceği hakkında bir tartışmaya yönlenir (ayrıntılar için aşağıda bakınız). Danışanlar grup hedefleri üzerinde ve grup içinde geri bildirimin nasıl kullanılacağı konusunda fikir birliğine varır. Yaşanılan güçlükler hakkında farkındalık kazanılması ve onlarla başa çıkma yöntemleri öğrenme konusunda, video geri bildirimleri en yararlı araç olarak görülmektedir ve bu nedenle danışanlardan tedavilerinde video kullanımı için onam formu imzalamaları istenir.

Yıllar içinde İletişim Grubu danışanların ihtiyaçlarına göre iletişimin iletişimin farklı yönlerine odaklandı. En sık karşılaşılan konular, aşırı kendine güven becerileri, sohbet becerileri ve sosyal problem çözme oldu. Aşırı kendine güven becerileri modülü(içinde yaygın olarak çalışılan konular eklenmeli. farklı davranış çeşitlerini (pasif, agresif, dolaylı agresif, aşırı kendine güvenli) ve aşırı kendine güven davranışının altında yatan inançları incelemektedir. (Holland ve Ward, 1990). Canlandırma oyunları (role-play) ve gerçek hayat senaryolarına dair tartışmalar bu çalışma için temeldir ve hem çalışanlar hem danışanlar bu etkinliklerde beraber yer alır. Bu tip çalışmalar, genellikle sosyal problem çözme modülünce kapsanan, danışanların sosyal bir ortamda deneyimledikleri bir gerçek hayat problemini ortaya koymaları ve bu problemle başa çıkmanın alternatif yollarını iletişim becerileri, bilişsel beceriler ve belli durumların sonucunda ortaya çıkabilecek emosyonel etkiler üzerinden inceledikleri konulara yönlenir.

Sohbet becerileri modülü dinleme becerileri, sohbet başlatma, sırayla konuşma, sohbetin sürdürülmesi ve onarılması konularıyla; birinin sözünü kesmenin sonuçları, konudan uzaklaşan konuşma ve etkileşimlerde pasif kalma konularını içerir. Bazı durumlarda, hedef alınan belli iletişim çeşitleri ile kendini gözlemleme ve sohbetin gidişatının planlanması güçlükleri üzerine tartışma seansları düzenlenir. Bazı durumlarda ise iletişimin odağı iş yeri ya da iş görüşmeleridir, ki sıklıkla Mesleki Yetenekler Grubu (bakınız Bölüm 12) ile iç içe geçmiştir. Bireysel terapi seanslarındaki çalışmalarda, spesifik grup hedeflerinin/amaçlarının bireysel hedeflerle ilişkinin altı çizilir. Grubun değerlendirilmesi oranlama skalalarının yeniden uygulanması ve amaçlara ulaşılması üzerinden gerçekleşir. Yakın zamanda bize değerlendirme aşamasında yardımcı olması için La Trobe iletişim anketine geçiş yaptık (Douglas et al., 2000).

Grupların genel hedeflerinden örnekler:

- Kendi iletişim davranışlarımızı tanımak ve kendimizi içinde bulduğumuz farklı rollerde nasıl değiştiğini tanımlamak
- İletişim ilkelerini tanımlamak ve anlamak
- İletişimsel esnekliği artırmak
- İletişimle ilgili bilgimizi kendimizi içinde bulduğumuz durumlara uygulamak
- Etkili iletişim yeteneklerini pratik yapacak ve onlardan yararlanacak fırsatlar yaratmak

Seansların yapısı

İletişim Grubu, danışanların kendi başarılarını değerlendirmelerine yardımcı olmak için canlandırmalar, video veya sesli geri bildirimlerden faydalanan, her zaman etkileşimli olan bir gruptur. Tüm seanslar bir önceki haftada konuşulan ve ödev verilen konulardan çıkarılanlardan bahsedilerek başlar. Önceleri, danışanlardan daha önce başkalarında gözlemledikleri bazı davranışları ve bu davranışların etkilerini aktarmaları istendiğinden danışanın diğerlerinin iletişimini gözlemlemesi üzerine odaklanılır). Grup programı ilerledikçe bu odak danışanın kendi iletişim becerilerine kayar ve danışanlar çalışanlar yorum yapmadan ya da onlara geri bildirim vermeden önce diğer danışanlardan geri bildirim almaları için teşvik edilir. Bu şekilde danışanın akranları genellikle sorunlu bölgeleri işaret ederler, ki bu aynı sorunları çalışanların işaret etmesinden daha etkili olur.

Diğer seanslarla köprüler

İletişim Grubu'nda gerçekleştirilen çalışma Merkez'de yürütülen bireysel terapi seansları ile ilişkilendirilmek zorundadır. Daha önce de bahsedildiği üzere, biliş ve iletişim davranışlarındaki eksikliklerin etkileşimi danışanlar için altı çizilmesi gereken önemli bir alandır.

Bu seansların bir parçası olarak daha önce bahsedilen iletişim anketleri tartışıldı. Bunlar özellikle iletişim güçlüklerinin farkında olmayan danışanlar için önemlidir. Anketler karşılaştırılır ve terapiler için öncelikler tanımlanır. Bu süreç terapist tarafında hassaslık gerektirir ve danışan ile beraber onun güçlü yönlerin yanında zayıf yönlerinin de daima altı çizilir. Bu anketlerin değerlendirilmesinin ardından, danışanlar seçilen bir iletişim davranışını bir iki hafta süreyle gözlemlemeye ve davranışın oluştuğu durum ve etki eden faktörler hakkında bilgi dinmeye karar verebilir. Danışanlar daha sonra iletişim becerilerini geliştirmeye ve belli iletişim problemlerini kontrol etmeye yönelik (yardım edebilen) stratejiler hakkında tartışmalara ilerleyebilirler. Sonra, danışanlar, geniş ölçekte genelleştirmeden önce, bu stratejileri İletişim Grubu ve hedeflenen diğer seanslar içinde uygulamaları için cesaretlendirilir.

Bu bireysel seanslarda, grup çalışmalarıyla ilişkili çeşitli hedefler belirlenir. Ortaya çıkan herhangi hassas sorunlar, bu şekilde grup içeriği dışında tartışılabilir.

Akrabalar ve diğer etkileşimler

Beyin hasarı sonrası iletişim alanındaki herhangi bir müdahalenin, hasar öncesi iletişimsel performansı dikkate alması gerektiği açıktır. Danışanlar sıklıkla "her zaman bir parçamdı" şeklinde öne sürdükleri bir iletişim stiliyle ortaya çıkarlar. Bu amaçla, uygun iletişim hedeflerini belirlerken yakın akraba ve arkadaşların gözlemlerinden yararlanmamız elzemdir. Akrabalarla tartışıldığında, sıklıkla bir davranış özelliğinin eski kişiliğin ya da iletişim stilinin bir parçası olduğu sadece artmış olduğu ortaya çıkar. Danışanlar daha önce belirtildiği gibi ya iletişimi oranlama ölçekleri/anketleri aracılığıyla ya da konuşma ve dil terapisti ile ortak seanslar yoluyla aile ve arkadaşlarından bilgi almaya teşvik edilir. Danışanların stratejilerden yararlanmaya başladığı, programın entegrasyon aşamasında, çalışma arkadaşları, üniversite hocası ya da akraba/arkadaşların dahil olması performana dair geribildirim sağlaması açısından yararlıdır.

Bir danışan işe döndüğünde ya da bir iş ortamına dahilse, iş değerleme formunun bir parçası olarak iletişim becerileri, geri bildirim için bir odaktır. Benzer şekilde, danışanların stratejilerden verimli şekilde faydalandıklarından veya stratejiler üzerinde gerekli düzenlemelerin yapıldığından emin olmak için, danışanların farklı geribildirim seanslarına düzenli olarak katılan partnerleri vardır.

Genelleme

OZM programı, yeteneklerin programın ilerleyen safhalarında ve sonrasında nasıl farklı uygulamalara genelleştirildiğinin gözlemlenmesini sağlayan, yoğunlaşma ve bütünleştirme safhalarına ayrılmıştır. Danışanlar geliştirdikleri strateji ve yeteneklerin kullanımını değerlendirmeyi diledikleri bütünleştirme aşamasında, özelleştirilmiş durumları hedefleyebilirler ve ve bunlar üzerinden üzerinde zorlandıkları alanları hala Merkez'deyken tartışmaya devam edebilirler. Danışanların iletişim davranış ve becerileri hakkındaki öngörüleri, bir durum üzerinden objektif bir şekilde elde edilmiş bilgilerle aydınlatılabilir. Bu yöntemle, deneysel öğrenme çemberleriyle (bakınız Bölüm 4) farkındalık ve genelleme sağlanabilir ve danışanlar iletişimleri hakkında daha gerçekçi, uyum sağlayabilen ve kendine güvenen bakış açıları geliştirmek için desteklenebilir. Genellikle danışanlar programdan ayrıldıktan sonra da farklı durumlarda etkileşime girdikleri insanlardan geribildirim almaya devam etmeye teşvik edilir ve yaşadıkları sorunlar programın tamamlanmasını takip eden 3, 6 ve 12 ay sonraki gözden geçirme görüşmelerinde tartışılır.

Ek.11.1 İletişim Puanlaması Ölçeği

Lütfen aşağıdaki alanlardaki başarınızı puanlayın. Aşağıdaki puanlama ölçeğini kullanın ve cevaplarınızı ilgili kutulara işaretleyin.

1 = Hiç zorluk yok. Hiç sorun yaşanmaz.
2 = Küçük zorluklar. Ara sıra sorun yaşanır.
3 = Orta Zorluklar.
4= Büyük zorluklar. Başkaları tarafından da fark edilecek derecede.
5 = Sürekli yaşanan zorluklar. En az günde 1 kere yaşanır.

Uygun ölçeği yuvarlak içine alın.

Söylediklerinin dinleyici tarafından anlaşılıp anlaşılmadığını düşün. Ne kadar sıklıkla sözlediğin şeyleri tekrar etmen gerekiyor?	1	2	3	4	5
Konuşma tonun sürekli çok yüksek ya da çok düşük mü?	1	2	3	4	5
Konuşman ne kadar akıcı, akıcılık tutarlı mı?	1	2	3	4	5
Doğru sözcüğü bulmakta zorlanır mısın?	1	2	3	4	5
Uygun sohbet konuları bulmak senin için ne kadar kolay?	1	2	3	4	5
Sohbet sırasında yeni bir konuya geçmek senin için ne kadar kolay?	1	2	3	4	5
Konuşurken tek bir konuya odaklanmak senin için ne kadar kolay? Konudan uzaklaşıp gider misin?	1	2	3	4	5
Sohbetlerin ne kadar karşılıklı ya da tek taraflı mı?	1	2	3	4	5
Bir sohbeti rayına sokmak ya da bir yanlış anlaşılmayı gidermek senin için ne kadar kolay?	1	2	3	4	5
Karşındaki insanların sözünü hangi sıklıkta kesersin?	1	2	3	4	5
Sohbet sırasında sözlü ve sözlü olmayan geri bildirimler vermek senin için ne kadar kolay?	1	2	3	4	5
Başkalarını ne kadar iyi dinlediğini düşnüyorsun?	1	2	3	4	5
Karşındakinin içinde bulunduğu duyguyu belirlemek senin için ne kadar kolay?	1	2	3	4	5
Söylenen şeyleri sorgulamak, konuşulanlar hakkında spontane sorular sormak senin için ne kadar kolay?	1	2	3	4	5
Göz teması, mimikler gibi sözlü olmayan yetenekler kullanmak ve kullanıldığında anlamak senin için ne kadar kolay?	1	2	3	4	5

Bu anketi tamamladığınız için teşekkür ederiz.

Ek 11.2: İletişim Grubu: İletişim İlkeleri

1. İletişim paylaşılan bir deneyimdir.
2. İletişim her kişiye göre farklılık gösterir.
3. İletişim tutumlar, değerler, inançlar ve deneyimlerin birikimini yansıtır.
4. İletişimin çevreye etkisi olduğu kadar çevrenin de iletişime etkisi vardır.
5. İletişim yoruma dayalıdır.

Kaynakça

Baron-Cohen, S., Wheelright, S., Hill, J., Raste, Y. and Plumb, I. (2001). The 'Reading the Mind in the Eyes' Test Revised Edition: A Study with Normal Adults, and Adults with Asperger Syndrome or High Functioning Autism. Journal of Child Psychology and Psychiatry, 42, 241 51.

Beukelman, D. and Yorkston, K. (1991). Communication Disorders Following Traumatic Brain Injury. Austin: Pro-Ed.

Bowman, C. and Turnbull, O. (2004). Emotion Based Learning on a Simplified Card Game: the Iowa and Bangor Gambling Tasks. Brain and Cognition, 55, 277–82.

Chapey, R. (1986). Language Intervention Strategies in Adult Aphasia. Baltimore: Williams & Wilkins.

Dahlberg, C., Hawley, L., Morey, C. et al. (2006). Social Communication Skills in Persons with Post-acute Traumatic Brain Injury: Three Perspectives. Brain Injury, 20(4), 425–35.

Douglas, J., O'Flaherty, C. and Snow, P. (2000). Measuring Perception of Communicative Ability: The Development and Evaluation of La Trobe Communication Questionnaire. Aphasiology, 14, 251–68.

Ellmo, W., Graser, M., Krchnavek, E. A., Calabrese, D. B. and Hauck, K. (1995). Measure of Cognitive Linguistic Ability. Florida: The Speech Bin.

Holland, A. (1982). When is Aphasia Aphasia? The Problems with Closed Head Injury. Aphasiology, 12, 345–59.

Holland, S. and Ward, C. (1990). Assertiveness: A Practical Approach. Oxon: Winslow Press.

Kaplan, E., Goodglass, H. and Weintraub, S. (1983). The Boston Naming Test. Philadelphia: Lea and Febiger.

MacDonald, S. and Flanagan, S. (2004). Social Perception Deficits After Traumatic Brain Injury: Interaction Between Emotion Recognition, Mentalizing Ability, and Social Communication. Neuropsychology, 3, 572–79.

MacDonald, S., Flanagan, S. and Rollins, J. (2002). The Awareness of Social Inference Test (T.A.S.I.T.) from Pearson Assessment. Oxford: Pearson-UK.

www.pearson-UK.com/n=1316&s=1321&cat=2004&skey=2833.

McGann, W., Werven, G. and Douglas, M.M. (1997). Social Competence and Head Injury: A Practical Approach, Brain Injury, 11(9), 621–9.

Milton, S.B. and Wertz, R.T. (1986). Management of Persisting Communication Deficits with Traumatic Brain Injury. In B.P. Uzzell and Y. Gross (eds.) Clinical Neuropsychology of Intervention. Boston: Martinuff Nijhoff Publishing, pp. 223–56.

12 Pratik Kökenli Proje Grupları

Donna Malley, Andrew Bateman ve Fergus Gracey, çeviren: Gerçek Çiçek

Giriş

Önceki bölümler nöropsikolojik rehabilitasyonun ilkelerini betimledi ve beyin hasarı alan pek çok birey tarafından deneyimlenen çeşitli zorluklarla başa çıkmak için geliştirilmiş grupların tanımlarını vererek Oliver Zangwill Nöropsikolojik Rehabilitasyon Merkezi (OZM) programının çerçevesini çizdi. Bunun yanında, holistik nöropsikolojik rehabilitasyon anlayışı içinde, o sırada programa dahil olan bireylerin ortak ihtiyaçları doğrultusunda başka gruplar da oluşturulabilir. Bu bölüm yararlanılan bazı grupları tanımlamayı ve bunları bireysel rehabilitasyon programlarıyla bütünleştirecek format, içerik ve yöntemleri tartışmayı amaçlamaktadır. Grup katılımı tartışılır ve danışanların amaçlarına göre kişiselleştirilmiş planlar üzerinden karar verilir, ki bu klinik ekibin etkinliklerini koordine etmelerine yardımcı olur.

Toplum içinde, insanlar bir ya da başka bir grubun parçasıdır, ev içinde, işte ya da yaratıcı/sosyal ilişkilerde. Gruplar, akran desteğinin yanında bize ortak bir kimlik ve roller de verir. Biliyoruz ki pek çok insan beyin hasarı ardından rol ve amaç kaybı ve yalıtılmışlık hissi yaşar. Klinger (2015) travmatik beyin yaralanması yaşayan katılımcılarla yaptığı kalitatif çalışmasının sonuçlarını özetleyerek, "katılımcılar 'yapma'nın yeni yolunu öğrenebilmek için 'var oluş'un yeni bir yöntemini öğrenmek durumunda kalmışlardır" der (s.14). Benzer bir bulgu Gracey ve diğ. (2008) tarafından bildirilmiştir. Bu nedenle grup etkinliği, özellikle de terapotik ortam ana bileşeni, programda merkezi öneme sahiptir.

Gruplar etkinlik veya destek grupları (Finlay, 1993) ya da informale karşı formal (Rogers, 2002) gibi birkaç şekilde sınıflanabilir. OZM ortamının temelinde rehabilitasyon programı içinde, eğitimsel sapma gösteren gruplar vardır; bunlar çoğu katılımcıyla ilişkili yaralanmalarını ve onun sonuçlarını anlamalarına yardım edecek bilgi barındırırlar ve zorlukların üstesinden gelmede kullanılabilecek genel strateji ve yöntemler sağlarlar. Ek olarak, katılımcıların ortak deneyimler üzerinden desteğe ulaşma fırsatı veren Psikolojik Destek Grubu vardır (bknz: Bölüm 9). Merkezde yürütülen diğer gruplar, günlük topluluk toplantısı, haftalık gözden geçirme toplantısı, "deneysel" ya da proje bazlı gruplar ve işlevsel yetenek amaçlı gruplardır. Bu son gruplar yeteneklerin uygulanacağı bir etkinliğe katılımı içerirler. Bu sebeple, bu gruplar Bölüm 4'te de belirtildiği üzere, Y-şekilli model uyarınca deneysel öğrenme ve değişiklik fırsatları sunarlar. Hedef belirleme, planlama, gerçekleştirme ve üzerinde düşünme, yeteneklerin algılanması, güçler ve zayıflıklara dair farkındalığın, başarıların kayıtlanması ve başkalarından alınan geri bildirimlerin keşfedilmesi yoluyla somut hale gelir. Grup içindeki bu çeşit deneysel öğrenme çemberleri ve fırsatlar, davranışsal deneyler ve bireysel bilişsel, iletişim ya da psikolojik terapi seanslarında kurgulanan projeler için de kullanılabilir. Ek 12.1'de örnek bir grup çalışması özeti verilmiştir. Bu, danışanların öğrendikleri bilgileri muhafaza etmeleri ve bunları diğer etkinlik ve hedeflerle ilişkilendirmesi için tüm gruplarda kullanılır. Bu grupların kısa bir özeti aşağıda verilmiştir.

Topluluk toplantıları ve haftalık gözgen geçirme toplantıları

Topluluk toplantıları

Sebep

Topluluk toplantıları çalışanlar ve danışanlar arasında iş birliğine dayalı çalışma ilkesini gösterme amacı güder, paylaşılan yükümlülükleri ortaya koyar ve Merkez içinde sorun çözme amacıyla kullanılır. (Topluluk toplantıları merkez içinde paylaşılan yükümlülükler için tavır belirleyerek ve problem çözerek çalışanlar ve danışanlar arasında iş birliğine dayalı çalışma ilkesini gösterme amacı güder) Bu şekilde terapotik sosyal çevresinin önemli bir öğesini ortaya koyar. Ancak, bireysel kaygıları tartışmaya açmaz, daha çok Merkez'deki herkesi etkileyen sorunları hedef alır. Bu yönüyle, Prigatano ve diğ. (1986) ve Prigatano (1999) tarafından tanımlanan sosyal çevre fırsatından ayrılır. Bunun bir nedenin de kültürel olduğu düşünülebilir, hizmetimizden yararlanan kullanıcılar, daha içe kapanık ve sorunlarını diğer danışanlar, çalışanlar ve bazen de ziyaretçilerden oluşan büyük bir insan grubu içinde tartışmaktan çekinen kişilerdir. Merkezin genel sorunları ya da öğeleri üzerinde düşünmek, diğer üyelerle daha güvenli etkileşime girme alternatifleri oluşturmaya fırsat sağlar ve diğer seanslarda daha bireysel ve potansiyel olarak zorlayıcı duygusal bilgilerin paylaşımı için öncül olan güven ve desteği oluşturur. Ayrıca, bu toplantıya katılımın, çalışanlar ve o sıradaki danışanlarla tanışması ve programın işbirlikçi kültürünü iş üstünde görmeleri açısından, Merkez'e başvurmayı düşünen insanlara da faydalı olduğu görülmüştür.

Topluluk toplantılarının amacı

- Katılımcılar ve çalışanların Merkez'in günlük rutinini etkileyebilecek bilgi alış verişi yapmasına fırsat sağlamak. Örneğin, o gün Merkez'de kimler var, atık gazetelerin toplanması gibi günlük işlerin paylaşımı ve önerilerin değerlendirilmesi.
- Ortak bir ilgi alanı ya da bir haber üzerine kısaca konuşasak "birbiriyle tanışmayı" sağlamak.
- Merkez içindeki iş birlikçi yaklaşımı gözler önüne sermek için fırsat oluşturmak.
- Üyelerin yetenek ve stratejilerini, Merkez dışında kullanmadan önce denemeleri için görece güvenli ve destekleyisi bir fırsat yaratmak.

Yapı ve içerik

Topluluk toplantısı günlük olarak düzenlenir ve çalışanlar, danışanlar ve Merkez'e gelen ziyaretçileri kapsar. Grup çalışanlar ve danışanlar tarafından, sürecin yönetimini ifade eden yazılı bir plan aracılığıyla yönetilebilir. Toplantıya herkes katılabilir, yeni gelenler tanıştırılır, katılmayanların yokluğunun nedeni belirtilir. Bulaşık makinesinin doldurulması ya da süt alınması gibi günlük işler için gönüllü aranır, bu durum görsel bir yardımcı (beyaz tahta) aracılığıyla bir hatırlatıcı olarak kayıt altına alınır. Tartışma konuları "hemen" ortaya atılabilir ya da önceden bir "öneri kutusuna" atılması aracılığı ile belirlenebilir ve gerekirse kişiler bunu yapmaları için desteklenir.Yeni bir haber ya da ilgili bir konu ya da haftanın ya da grubun hedefleri gibi program hakkında bir güncellemeler tartışılabilir. Bu toplantı tipik olarak 15-20 dakika sürer ve günün başlangıcında yapılır.

Haftalık önizleme ve gözden geçirme toplantılarının amaçları

Sebep

Bu yoğun aşamada, danışanlar tarafından büyük miktarda bilgi paylaşılır ve bunlar üzerine fazlaca tartışma yer alır. Danışanlar bunun bazen ağır geldiğini ve bu çalışmayı kendi hedefleri ve devam eden rehabilitasyon yolculukları ile ilişkilendirmede zorlandıklarını bildirmişlerdir. Bu sebeple, danışanların o hafta üzerinde odaklanılacak alanlar hakkında bilgileri olması açısından, Pazartesi günleri yapılan topluluk toplantılarına gelecek haftanın önizlenimini ekledik. Bir de, rehabilitasyon haftasının sonuna, Perşembe öğleden sonraları, danışanların geriye bakıp öğrendikleri, hedefleri ve grup etkileşimlerini tartışmaları ve üzerinde düşünmeleri için özel bir haftalık gözden geçirme seansı ekledik.

- Grup seanslarındaki anahtar öğrenme öğelerinin daha iyi anlaşılmasını sağlamak.
- Grup üyelerinin not tutarak ve diğer üyelere aktararak sorumluluk almasını desteklemek.
- Danışanların bireysel hedef çalışmaları ile grupların içeriği arasında ilişki kurmasını sağlamak.
- Grup öğrenme sürecindeki sorunların ortaya koyulması ve çözüm aranması (örneğin bir danışanın dürtüsel söz kesme davranışının grup seanslarını nasıl etkileyebileceği ve bunun üstesinden gelmek için beraberce nasıl çalışılacağı).

Yapı ve içerik

Haftalık Önizleme için Ajanda (Pazartesi Topluluk Toplantısının Bir Parçası Olarak)

1. Her grubun liderine, "Bu hafta grupta neler olacak?" sorusunun sorulması,
2. Strateji Uygulama Grubu - Strateji uygulama grubu için bu hafta kim sekreter (not tutucu) olacak?
3. Kalan üyeler arasından aşağıdaki gruplar için kimler not tutucu olacak:
   - Beyin hasarlarını anlama ve Mod grupları
   - İki Bilişsel Grup
   - Hayat Becerileri ve sosyal iletişim grupları

Perşembe Gözden Geçirme Gruplarının Tartışma Ajandası

1- Her not tutucuya "Bize bu hafta gruptaki (Beyin hasarlarını anlama, Mod, Bilişsel, Hayat becerileri, İletişim) ana öğeleri hatırlatır mısın?"sorusunun sorulması,
2- Her not tutucu, grubun hatırlamasına yardımcı olmak için o haftaki içerik hakkında kısa bir özet verir.
3- Danışan grubuna "Bu hafta bu grupta insanların öğrendiği ana şeyler nelerdi?"sorusunun sorulması,
4- Grubun ne olduğu ve bundan neler öğrendiklerini tartışmalarına ve bunu düşünmelerine yardım etmek
5- Zamana dikkat etmek. Altı grup var ve genel tartışma ve düşünme için de zamana ihtiyaç ayrılmalı. (zaman ayrılmalı)
6- Grupta herkesin tartışmaya katkı sağlama fırsatı olması için grup yönlendirilmeli.
7- Toplantının son 5 dakikasında veya takriben, gruba, danışanlar ve çalışanlara program hakkında genel düşünme ve tartışma yapılması için sorular sormak, örneğin:
   - Genel olarak işler nasıl gidiyor?
   - Grup olarak nasıl çalışıyorsunuz?

- Grup hedeflerine ulaşmada ne durumdasınız?
- Herhangi bir sorunuz ya da endişeniz var mı?
- Yaptığınız çalışmaların ulaşmak istediğiniz hedeflere uygun olduğunu düşünüyor musunuz?
- Uzaklaşmak istediğiniz yada gelecek haftaya kadar düşünmek istediğiniz başka düşünceler ya da şeyler var mı?

Deneysel ya da "proje bazlı" gruplar

Sebep

Önemli bir grup çalışması fırsatı da, çeşitli davranışlar ve sonuçları hakkında hipotezlerin test edilebileceği doğal deney ortamları oluşturan özel işlevsel aktiviteleri kullanmaktan geçer. Bu davranışsal deney yaklaşımı, beyin hasarını takiben yapılan bilişsel davranış terapisi uygulamasından gelen öğeler içerir (McGrath ve King, 2004) ve bireylerin kişisel seanslarda öğrendiği stratejileri uygulayabileceği güvenli ve destekleyici bir çevre oluşturmaya imkan vererek bunların diğer pratik görevlere de uygulanmasını, yetenekler ve kimlik ile ilişkilendirilmelerini sağlar. Ek 12.2'de grup ve kişisel seanslarda danışanlara uygulanabilecek bir davranışsal deney çalışması örneği verilmiştir. Bu, didaktif bilgi provisyonundansa, keşif-bazlı ve deneysel öğrenme ilkelerine dayanır (Rogers, 2002). Bu şekilde, hem yeteneklerin farklı durumlara genelleştirilmesini hem de tekrarlama olanağı sağlar, ki bunların sağlam öğrenme ilkeleri olduğunu biliyoruz. Bu yaklaşımdan yararlanan gruplar, Keşif Grubu, Gazete Grubu, Strateji Uygulaması Grubu ve Proje Grubudur ve bu grupların amaç, yapı ve içeriklerinde kısmi örtüşme vardır. Bireylerin hedeflerinin bahsedilen gruplarla bütünleştirilebilmesi ve deneyden ya da projeden elde edilen öğrenmenin danışanın daha geniş hedefleri ile açıkça ilişkilendirilmesi için, danışan-odaklı bir hedef planlama süreci gereklidir.

Keşif Grubu

Keşif grubunun hedefleri

- Bu grubun ana görevi, belirlenen koşullar altında bir çerçeve oluşturmak ve danışanların tanımlanmış rollerini başarıyla oynamalarını sağlamaktır.
- Buna ek olarak, bu grubun amacı katılımcıların takımın bir üyesi olarak ortak bir hedef için çalışırken yetenekleri hakkında geri bildirim almalarına fırsat tanımaktır, ki bu gelecek mesleki ve yaratıcılık içeren boş zaman hareket planları için yararlıdır.
- Ayrıca, yetenekleri hakkında, Merkez dışında "gerçek hayat" içinde geri bildirim almadan önce görece "güvenli" bir çevrede geri bildirim alabilmelerine ve stratejilerinin uygulamasını göstermelerine fırsat sağlar.

Yapı ve içerik

Bu grup programın yoğun aşamasında, haftalık olarak öğleden sonraları gerçekleştirilir. Katılımcılardan bir sonraki hafta tamamlanacak bir plan için bir çerçeve oluşturmaları istenir. Bu çerçeve, bütçe ve zaman gibi çeşitli koşullar altında oluşturulmalı, göreve yönelik hedef yönetimini desteklemelidir. Her üyeye özel bir rol ve bu rolle ilgili başarılması gereken görevler verilir, örneğin finansı ya da zamanı idare etmek gibi. Çerçeve oluşturulduktan sonra, bir sonraki hafta üyelerin rollerini ne kadar verimli gerçekleştirdiği (Bakınız Ek 12.1) de dahil olmak üzere, karşılıklı belirlenen bazı başarı kriterleri üzerinden değerlendirme yapılır. Bu katılımcılara birbirlerinin performansı üzerine geri bildirim verme ve kendi gelişmelerini öz-takip yeteneklerini geliştirme fırsatı verir. Buna ek olarak, çoğu bağımsız yaşama ve mesleki aktivitede çekirdek yetenekler olan planlama, takım çalışması, sosyal iletişim, görevleri hatırlama ve tamamlama yeteneklerini de geliştirme fırsatı verir.

Gazete grubu

Gazete grubunun amaçları

- Bu grubun ana amacı önceden belirlenen kriterler ve belirli bir zaman aralığında toplanarak bir gazete üretmektir.
- Grubun diğer amaçları Keşif Grubunun ikinci ve üçüncü hedefleriyle aynıdır (bakınız yukarısı).

Yapı ve içerik

Bu grup yoğun program aşamasında haftalık olarak gerçekleştirilecektir. Keşif grubunda olduğu gibi, katılımcılar bir gazete oluşturmakla ilgili çeşitli görevlerle ilgili sorumlulukları paylaşırlar. İçerik önerileri ve en az metin uzunluğu gibi çeşitli kriterler, bu projeye uygun bir yapı kazandırmak için verilir. Bir gazete oluşturmak, haftalara yayılmış süregelen bir projedir ve bu nedenle diğer bilişsel, iletişimsel ve psikolojik yeteneklerin yanında, planlama, organizasyon, prospektif bellek, zaman ve hedef yönetimini de bütünleştirir. Üyelerden kendilerine verilen toplantı başkanı ya da sekreteri gibi rollerindeki başarıları üzerinde düşünmeleri; öz-gözetim, yeteneklerin uygulanması ve strateji geliştirilmesi gibi farklı fırsatlara olanak vermesi açısından rolleri aralarında rotasyon yapmaları istenir. Çalışanlar organizasyonda öncü rolleri üstlenmektense, grupta yardımcı gibi görev yaparlar. Klinik çalışanlarla yapılan bireysel çalışmalarda, hem bu projeden elde edilen geri bildirimler derinlemesine düşünülecek hem de başarılması gereken görevlerde uygulanan stratejiler tartışılacaktır.

Proje grubu/Strateji Uygulaması grubu

Bazı durumlarda Keşif ve Gazete grupları birleştirilip Proje ya da Strateji Uygulamaları Grubu adını almaktadır. Zaman içinde daha çeşitli proje seçenekleri uygulanmış olsa da, ana amaçlar aynı kalmakta, yapı ve içerik geniş anlamda benzer olmaktadır.

Yapı ve içerik

Bu grup üyeler için çeşitli deneyimler sağlar ve gerekirse roller potansiyel olarak bireylerin kapasite ve ilgilerine yönelik olarak ayarlanabilir. Diğer grup çalışmaları ve bireysel seanslarda geliştirilen stratejilerin uygulanması ve öz-gözetim için doğrudan bir araç sağlar ve güçlü yönler ile zorlanılan alanlar hakkında farkındalığı artırmak için fırsatlar sunar. Klinik takımın herhangi bir üyesi bu tip grupları potansiyel olarak yönetebilir, ayrıca iş ve uğraşı terapisi, konuşma ve dil terapisi ve psikoloji gibi iki disiplin dahil etmenin de yararlı olduğu görülmüştür. Tipik olarak, 12 haftalık bir periyotta haftada bir saat olarak düzenlenir Buna ek olarak grupta belirlenen görevlerin harekete geçirilmesi için her hafta bireysel zaman ayrılması da önerilmektedir.

Grupta görev alan çalışanların ne kadar müdahil olması gerektiği üzerine tartışma yapılmıştır. Çalışanların salt gözlemci ya da yardımcı olduğu seçeneklerden, daha yol gösterici roller aldığı ya da potansiyel grup üyeleri olduğu seçeneklere kadar çeşitli seçenekler denenmiştir. Bu son seçenek, katılımcılarda arzulanan davranışların oluşmasını sağlamak için bir model sağlamayı mümkün kılar. Bu nedenle çalışanların dahil olma derecesi planlanırken katılımcıların ihtiyaçları dikkate alınır. Katılımcılar grup süresince gösterdikleri gelişmeyi ortaya koyması açısından, güçlü oldukları ve görece zayıf oldukları alanlarda öz-değerlendirme formları kullanılarak değerlendirilir. Bu yazılı değerlendirme, "neler iyi gitti/neler iyi gitmedi?" ve "bir dahaki sefere neleri farklı yapabilirim?" gibi açık sorulara cevap olarak ya da mesleki yeteneklerle ilişki kurmak için bir çalışma davranışları değerlendirme formu (bakınız Ek 12.1) kullanılarak yapılabilir. Sonrasında, bu değerlendirmeler takım üyeleriyle bireysel seanslarda tartışılmaktadır.

İşlevsel yetenek grupları

İşlevsel Yetenek Grupları diğer grup ve bireysel terapi sansları ile beraber yoğun rehabilitasyon programına dahil edilmiştir. Bu grup, bireylerin güçlü yönleri ve gereksinimleri üzerine farkındalıklarını artırmak ve telafi stratejileri tanımlamak için tasarlanmış olmasının yanında, yetenek odaklıdır ve katılımcılara evde, yerel topluluklarında ve iş yerinde karşılaşılabilecek yaygın problemlerle başa çıkmak için gerekli olan çekirdek yetenekleri öğretir. Bu gruplar, günlük işleri tamamlamak için gereken yetenekleri öğrenme ve yeniden öğrenme sağlamak için yapılandırılmış, desteklenmiş ve kademelendirmiş bir çevre sunar. Bu grup ayrıca gerçek hayat problemleri ve durumlarına uygulanabilen stratejilerin denenmesi için doğrudan fırsatlar sunar. Bu yaklaşımı kullanarak oluşturulan gruplar arasında Boş Zaman Grubu, Mesleki Beceriler Grubu, Bağımsız Yaşam Becerileri ve Ders Çalışma Becerileri Grupları bulunmaktadır. Bu gruplarda tanıtılan strateji ve beceriler, daha sonra bireysel terapi seanslarında geliştirilmektedir.

Merkez'de bizim rolümüz insanların aktivitelerini daha yetkinlikli, daha kendine güvenli ve mümkün olduğu durumda daha bağımsız şekilde ele almalarının yolunu açmaktır. Buradaki anahtar bir özellik, strateji ve becerileri hayat boyunca değişen roller ve bunların gereklerini göz önüne alarak farklı durumlara genelleştirebilme yeteneğidir. Bunu yapmak için danışanların görevin gerektirdiklerini tanımlayabilmeli, problem çıkabileceği zamanı tahmin edebilmeli ve hareket öncesinde ve sırasında stratejileri işleme sokabilmeleridir (beklentisel farkındalığa ulaşma örneği gibi; Crosson ve diğ., 1989). Bu nedenle tüm işlevsel görevlerde bizim yaklaşımımız aşağıdaki soruları sormaktır:

- Bağımsız yaşam, yaratıcı ve mesleki aktiviteler düşünüldüğünde, yapmanız gereken ya da yapmayı istediğiniz aktiviteler nelerdir?
- Bu aktiviteler hangi aşamaları içermekte?
- Bu aktiviteleri yapmak için hangi becerilere (bilişsel, iletişimsel, psikolojik, fiziksel) gereksinim duyuyorsunuz?
- Güçlü ve zayıf yanlarınızı (bilişsel, iletişimsel, psikolojik, fiziksel, çevresel) göz önüne alırsanız, sizin açınızdan bu aktivitelere hangi faktörler etki etmekte?
- Seçtiğiniz aktiviteler için ne tip stratejilerin geliştirilmesi gerekiyor?
- Bu stratejiler ilgili durum içinde işlevsel midir?
- Merkez'den ayrıldıktan sonra işlerinizi yapabilme becerinizi korumak için ne çeşit bir desteğe ihtiyaç duyarsınız?

Müdahale için öncelikler klinik mülakatlar aracılığıyla tanımlanır, danışan merkezli hedef planlama sürecinin yanısıra Kanada Aktivite Performans Ölçümü (Canadian Occupational Performance Measure) ya da COPM (Law ve diğ., 1998) kullanılarak yapılandırılır. Bu mülakat Canadian Occupational Performance Model (Kanad Aktivite Performans) (Canadian

Association of Occupational Therapists, 1997) modeli temelli olduğu için seçilmiştir, iş ve uğraşı terapistlerince Merkez'in bütüncül disiplinlerarası yaklaşımıyla uyumlu olduğu düşünülmektedir. Bu model, danışanın üzerinde çalışmayı istediği işlevsel görevleri tanımlar, danışana göre göreceli önemlerine göre puanlanır ve danışanların performanslarına dair algısı ve güncel performansı hakkındaki memnuniyetinin puanlanmasını içerir. KAPÖ, aksi takdirde ölçülmesi zor olan, danışanın aktivite performansına (örneğin, danışan tarafından algılandığı şekliyle performansının kalitesi) ait öz değerlendirmesindeki belli belirsiz değişiklikleri sayısallaştırmak için kullanılır, bu onu bir sonuç ölçütü olarak yararlı kılar. KAPÖ (COPM) oranları hedef planlama toplantılarında ele alınır ve değerleme verileri ile beraber program için gerçekçi ve ölçülebilir uzun-dönemli hedefler oluşturmada kullanılır. Tipik olarak, bu hedefler bağımsız yaşam, boş zaman ve mesleki alanlarda becerilerin ve ilgilerin geliştirilmesini içerir ve bu nedenle bu ortak öğeleri konu alan grup materyelleri geliştirilmelidir.

Bağımsız yaşam becerileri grubu

Sebep

Edinilmiş beyin hasarı sonrası danışanlar sıklıkla günlük yaşamsal aktivitelerini sürdürmede güçlük çektiklerini bildirmektedir. Bu sorunlar tipik olarak günlük görevlerin planlanması ve tasarlanması, yazışmalar ile uğraşm, bütçe oluşturma, alışveriş yapma, öğün hazırlama ve ev içi işlerin yönetilmesini içerir. Bazı danışanlar gerekli uygulama bilgisini geliştirmiş olsalar da, bilişsel ve psikolojik (mod) değişimleri arasındaki etkileşimler görevleri verimli şekilde tamamlamalarını zorlaştırmaktadır, bu da tamamlanan görevlerin kalitesine ve kişilerin kendilerine güvenlerine etki etmektedir. Bireyleri etkileyen faktörler hakkında ortak bir anlayış geliştirecek formüllerin kullanılması, bireysel ve grup müdahaleleri için faydalı bir içerik oluşturur. Düşünülmesi gereken bir başka durum da, bazı insanların öncelikli olarak yaralanmayı yaşadıkları yaşları ya da hayat çizgisindeki yerleri nedeniyle, bu alanlarda beceri geliştirme ve bütünleştirme konusunda görece daha az fırsatları olduğudur. Deneyim ve bilgilerin paylaşılabileceği; bağımsızlığı, performans kalitesini ve öz güveni artıracak stratejilerin geliştirilebileceği fırsatlar gerekmektedir, bunlar grup ya da bireysel terapi seanslarında sunulabilir. Bu fırsat, bütüncül rehabilitasyon programının çekirdek öğelerinden biri olan terapisel çevre yaklaşımın bir kısmını oluşturur.

Bağımsız yaşam becerileri grubunun amaçları

- Katılımcıların bağımsız yaşam becerileri ile ilgili gereklilikleri tanımlayabilmesini sağlamak
- Katılımcıların strateji geliştirmesini sağlamak ve belirlenen görevleri daha verimli, özgüvenli ve tatminkar şekilde tamamlamalarını sağlamak

Yapı ve içerik

Bu grup haftada bir sabahları toplanır ve bir iş ve uğraşı terapisti tarafından yürütülür. Katılımcılar bir liste içinden gerçekleştirmede en çok zorlandıkları etkinlikleri belirleme fırsatı bulur, bu şekilde beceri ve stratejileri hangi sırada geliştirmek istediklerine karar verebilirler. İlk olarak, katılımcılar geçen haftanın seansını gözden geçirir, sonra terapist seçilmiş etkinliği tanıtır ve tüm üyelerin katılım sağlama fırsatı olmasını sağlar. Sonunda, her birey için anahtar öğrenme noktalarını yansıtan bir özet seansı bulunur. Her hafta bir etkinlik seçilir, grup ya bunu yerel olarak gerçekleştirecektir ya da birini bu etkinliği gerçekleştirirken izleyecektir, sonrasında bu ödevi yazılı olarak öğelerine ayıracak ve gerekli becerileri listeleyecektir. Tepeden aşağıya kural koyucu bir yaklaşımdansa işbirliğini özendiren yaklaşıma uygun olarak: katılımcıların stratejileri karşılaştırabilmesi ve kullanılan stratejiler sonucu oluşan performans farklarını görerek bilgilenmiş kararlar alabilmeleri adına, ödevle ilgili stratejilerin denenmesi için fırsatlar yaratılacaktır. Katılımcılara, bu etkinlik ve stratejileri kişisel toplulukları ya da ev ortamlarında uygulamalarına ilişkin ek amaçları tanımlayan ödevler verilir. Bu bilgi bireysel seanslarla geliştirilir, böylece danışanlar Merkez'den ayrıldıktan sonra kullanabilecekleri bireysel "strateji araç çantaları" oluşturur. Bu grup katılımcıların o görevin kendisi üzerinde çalışarak beceri ve strateji geliştirmesini sağlamak için, mümkün olduğunca çok işlevsel etkinlik fırsatları sunar. Programın bütünleştirme aşamasında beceri ve stratejilerin genelleştirilmesi, danışanların bilgilerini kendi topluluklarına göre özelleştirilmiş ödevleri uygulamasının desteklenmesi ile sağlanır, ki bu topluluk bazlı müdahaleler ile yerel destek hizmetleri ile iletişimi de içerebilir.

Bu gruplarda yer alan işlevsel beceriler tipik olarak şunlardır:

- Alış veriş yapma
- Öğün hazırlama
- Haftalık plan yapma
- Gelir-gider yönetimi
- Acil durumlarla başa çıkma dahil, topluluk kaynaklarının değerlendirilmesi
- Yol bulma ve toplu taşıma araçlarının kullanımı
- Karşılıklı iletişim kurma ve tamamlama

Boş zaman aktiviteleri grubu

Sebep

Beyin hasarı sonrasında pek çok birey değerlendirmelerinde arzu ettikleri yaratıcı aktivitelere katılımlarında düşüş bildirmektedir. Bu tip aktiviteler, spor salonuna gitme ya da bir spor yapma gibi fiziksel yaratıcılıklar veya sinemaya gitmek ya da arkadaşlarla buluşmak gibi sosyal etkinlikler olabilir. Bu tip aktivitelere katılımın düşmesine katkı sağlayan etkileşim halinde çeşitli faktörleirn olduğu açıktır. Bunlar, bu tip danışan grubunda yaygın olan sosyal, emosyonal ve bilişsel sorunlara ek olarak, para eksikliği, erişim güçlükleri, motivasyon kaybı ve çeşitli fiziksel kısıtları da içerir. Ancak biliyoruz ki zevk veren bir eylemde bulunmak önemli bir insan aktivitesidir ve mood ile özgüveni geliştirir. Bu nedenle yaratıcı aktivitelere odaklanmış bir grup, sıklıkla rehabilitasyon programının yoğun aşamasında eklenir.

Boş zaman aktiviteleri grubunun amaçları

- Katılımcıların boş zaman aktivitelerinin ne olduğu ve bunlara zaman ayırmanın bireysel iyiliklerini korumak için neden önemli olduğu hakkında anlayış kazanmaları için
- Katılımcıların boş zaman aktiviteleri ve bunlarla ilgili aşağıdaki faktörler hakkında bilgi kazanması için
    - Fiziksel fitness
    - Sağlıklı beslenme
    - Sağlıklı yaşama (alkol ve uyuşturucu ile ilgili problemler hakkında farkındalık dahil)
    - Boş zaman aktivitelerine erişim
    - Sosyal beceriler
- Danışanların bireysel ve grup olarak boş zaman aktivitelerini planlama ve uygulama fırsatı bulmaları için.

Yapı ve içerik

Seanslar, programın yoğun aşamasında haftalık, haftada birer saat olarak gerçekleştirilir. Bu geniş hedefler altında, katılımcılara çok çeşitli seans konuları sunulur ve katılımcılara ilgi ve ihtiyaçlarına en yakın olanı seçmeleri ya da alternatif konular öne sürmeleri çağrısı yapılır. Diyetisyen, uyuşturucu ya da alkol danışmanı, alternatif terapistler gibi seçilen alanda uzmanlığı olan dışarıdan konuşmacılar ayarlanabilir. Tartışılan konular, sağlıklı beslenme, dinlenme ve uykunun önemi, siraga bırakma, müzik, aromaterapi, sanat, tai chi ve Merkez'in yakın çevresindeki gezinti yerlerinin düzenlenmesi gibi konuları içerir. Bağımsız çalışmalar, katılımcıların ilgili aktiviteleri seans aralarında da sürdürmesini sağlayarak yeni becerilerini denemeleri, yeni bilgileri birleştirmeleri ve bu alanı rehabilitasyon süresince geliştirmeyi isteyip istemediklerini değerlendirmeleri amacıyla teşvik edilir. Bireysel seanslar ilgilenilen çeşitli alanları daha da geliştirir ve katılımcının evleri yakınındaki yerel alanlar ve kaynaklara erişimi teşvik eder. Bu, katılımcıların programın entegrasyon aşamasındaki katılımları üzerine bir bakış kazandıracak şekilde gözlem yapma imkanı verir.

Katılımcılar bir fizyoterapistin değerlendirmesini takiben, yerel topluluklarındaki spor salonundaki bir spor seansına katılmaya teşvik edilir. Birleşik Krallık'ta egzersiz yerlerine azalan devam olgusu bir tavsiye düzeni nedeniyle oluşmuştur. Danışanlar, özellikle eğer bu onların belirlenmiş rehabilitasyon amaçlarından biriyse, kişiselleştirilmiş bir fiziksel zindelik programını sürdürmek için teşvik edilir. Grup programı içinde önce bir zaman dilimi ayrılır, bunun yanında programa katılım için gerektiğinde destek sağlanır. Çoğumuzun "yeni yıl kararları" sonucu deneyimlediği üzere, bir egzersiz programına katılıma devam etmek şüphesiz akran baskısı ile artmaktadır!

Mesleki beceriler grubu

Sebep

OZC'ye katılan insanların çoğunluğu, yaralanmalarının ardından kendilerine bir amaç ve rol hissi vermesi için bir çeşit işte çalışmaya devam etmekte ısrarcıdır. Corr ve Wilmer (2003) bir inme ardından işe dönen yetişkinlerin önemine dikkat çekmektedir. O'Neill ve diğ (1998) iş bulabilme ile bir kişinin kendi hayat kalitesi ve tolulukla bütünleşmesi hakkındaki algısı üzerindeki ilişkiyi araştırmıştır. Bu değişkenler ve iş bulma arasında güçlü bir bağ olduğunu ortaya koymuşlardır. Bunun yanında, bir ilginç bulgu da yarı-zamanlı işte çalışanların tam zamanlı işte çalışanlara göre daha yüksek hayat kalitesi ve topluluk entegrasyonu algısı olabileceğidir.

Mesleki beceriler grubunun amaçları

Bu grubun amaçları grubun programın hangi kısmında yürütüldüğüne göre değişmektedir. Önceleri grup, katılımcıların gönüllü iş deneyimi kazandığı ya da gönüllü iş denemeleri yaptığı programın entegrasyon aşamasında yürütülmüştü, bu nedenle amaçlardan biri deneyimleri diğer grup üyeleriyle paylaşmak için destekleyici bir fırsat sunmaktı. Sonraları, grup programın yoğun aşamasında yürütüldü, bu nedenle amaçlar katılımcıların program sonuna kadar gerçekçi mesleki hareket planları tanımlamasını amaçlayan uzun süreli hedeflerle uyum içindeydi. Bu hedef doğrultusunda grup amaçları şunları içermekte:

- Katılımcıların kendi güncel iş becerilerini değerlendirecek bir mekanizmaya sahip olmaları
- Katılımcıların uygun iş davranışlarına ait bilgileri göstermeleri
- Katılımcıların iş ortamında uygulanabilecek stratejileri tanımlayabilmeleri
- Katılımcıların seçtikleri mesleki hedefler doğrultusunda akran desteği almaları.

Yapı ve içerik

Mesleki Beceriler Grubundaki katılımcılar bir işte çalışma konusunda uzun süreli hedefleri olan kişilerdir. Grup çoğu kalifiye uzman tarafından yönetilebilecek olsa da genelde bir mesleki terapistçe yönetilir ve diğer takım üyeleri gerektikçe özel konuları yönetir. Grup programın yoğun aşamasında haftada bri kez birer saat toplanır. Grup, önce bir önceki haftanın seansını gözden geçirecek, sonra yeni konuları tanıtacak ve tüm üyelerin katılımını sağlayacak şekilde yapılandırılmıştır. Seansın sonralara doğru, her birey için anahtar öğrenme noktalarını yansıtacak şekilde bir özet yapılır. Bir katılımcıdan seansı özetlemesi ve gelecek hafta diğer katılımcılara geribildirimde bulunması beklenir, bu rol tüm grup üyeleri arasında sırayla döner. Katılımcılar bireysel geribildirim formlarını tamamlamayı hatırlamak için stratejiler kullanmaya teşvik edilir. Katılımcılara, yazılı notlarını desteklemek için uygun olduğunda yazılı çıktılar da verilebilir. Bu grubun güçlü yanlarından biri diğer grup seanslarında sunulan bilgileri yeniden ziyaret etme fırsatı sağlaması, bu şekilde tekrarlama üzerinden yeni öğrenilenlerin ilişkilenmesini ve bütünleşmesini sağlamasıdır. Bu grup yoğun aşamanın sonunda, amaçlarına ulaşmasına ve katılımcıların uzun süreli hedeflerine ulaşmalarına göre değerlendirilmektedir.

- Bu seanslara dahil olan konular şunlardır:
- Benim mesleki hedefim nedir?
- Bir iş neleri kapsar?
- İyi bir çalışan nedir?
- Diğer insanlar beni nasıl algılıyor?
- Kendime yardım etmek için ne yapabilirim?
- Engelli Çalışan Danışmanı -rehabilitasyondan sonra ne olur- ki destek sağlayabilir? Yan ödemeler ve haklar
- İşe başvurma, başvuru formu doldurma ve kapak yazısı hazırlama
- Mülakatlar- hazırlık ve mülakat rol oyunları(ne söylemeli, ne giymeli, nasıl davranmalı, nasıl hazırlanmalı?)
- İş yerinde beyin hasarım hakkında ne demeli? -işverenlere ve çalışma arkadaşlarına
- İş Etiği -ne giymeli, ne demeli, nasıl davranmalı?
- İş analizi ve strateji tanımlaması
- İş ortamında stratejilerin uygulanması
- İş ortamında çatışma çözümü
- İşyeri davranışları ve işyerinde problem çözümü -mizah kullanımı, yardım isteme, mola isteme, olumlu eleştiri alma, olumlu geridönüş alma ve işyerinde iddiacı olma gibi
- İş ortamında endişe yönetimi
- İş ortamında öfke yönetimi

Katılımcıların güçlü yanları ve zorlandıkları alanlar hakkında farkındalığı artırma yöntemlerinden biri de iş davranışları değerlendirme formudur (bakınız Ek 12.1). Bu form herhangi bir çalışma rolü için gereken, iş tutumu, kişilerarası beceriler ve verimlilik gibi genel iş becerilerini bir araya getirecek şekilde tasarlanmıştır. Ayrıca kişilere ya da arzuladıkları rollere özel alanları daha ayrıntılı içerecek şekilde uyarlanabilir. Katılımcılara ve bağımsız bir değerlendiriciye, tanımlanan rol ve sorumluluklar üzerindeki gözlemlere dayanarak güncel becerileri ölçme imkanı sağlayan beş noktalı bir Likert ölçeği sunar. Öncelikli olarak Mesleki Beceriler Grubu ya da Strateji Uygulaması Grubu içinde sunulup Merkez'le iligli ödevlerde kullanıldıktan sonra, bundan gönüllü çalışma yerlerinde yararlanılabilir. Gönüllü çalışma deneyimi programın ikinci yarısında başlamakta ve ya yerel bir fırsatın içinde ya da hala kendisine açıksa katılımcının eski çalışma rolü içinde gerçekleşmektedir. Değerlendirmeler ve katılımcı ile bağımsız değerlendirici arasındaki olası uyumsuzluklar sorunlu alanların hedeflenmesi ve strateji uygulamalarının değerlendirilmesi için yararlı bir temel oluşturur. Sonrasında, bu formlardan elde edilen bilgiler ve gönüllü çalışma deneyimi birlikte, bir özgeçmiş hazırlanmasını ve bireysel terapi seanslarında geliştirilen gerçekçi mesleki hareket planları tanımlanmasını destekleyebilir. Bu işlerin çoğu "meslek-öncesi" olarak nitelendirilebilir, bu nedenle danışanın Merkez'den ayrıldıktan sonra mesleki hareket planını sürdürmesini sağlayacak desteğin verildiğinden emin olmak için, programın sona ermesinden önce özel bir iş hizmetleri uzmanı ile iş birliği yapılır.

Ders çalışma becerileri grubu

Sebep

Rehabilitasyon programının bazı katılımcıları bir mesleki hareket planı yerine ya da onunla beraber eğitimsel fırsatları da keşfetmeyi arzulamaktadır. Bu katılımcılar yaralanmalarının sonuçlarının onların formal bir çalışma yapma yetenekleri üzerinde yüksek bir etkisi olabileceğini görmeli ve bu şekilde ders çalışmanın gerektirdikleri ile başa çıkmak için telafi edici stratejiler öğrenmek durumunda olmalarını rasyonalize etmelidir. Bir mesleki planın parçası olarak formal ders çalışma, genellikle dersler, uygulamalar, bağımsız okumalar, proje çalışmaları ve bir çeşit sınav sürecini içerir. Bu ödevler beyin hasarı yaşayan bireylerin karşılaştığı tipik zorluklar göz önüne alınarak ele alınır ve uygun çalışma becerileri bunun üzerinden eklenir. Bir yandan rehabilitasyon programının yoğun aşamasına katılırken, grup çaalışmalrı, bireysel çalışmalar ve bağımsız çalışmaları bir araya getiren katılımcılar bireysel seanslarda kendi ders çalışma becerileri hakkında düşünme fırsatı bulmakta ve ders çalışma becerileri stratejileri üzerine odaklanmış çalışmalara devam etmek için sebep bulmaktadır.

Ders çalışma becerileri grubunun amaçları

Ders Çalışma Becerileri Grubu aşağıdakilere fırsat sağlar:

- Ders çalışma ile ilgili ders dinleme, ev ödevleri yapma gibi ödevleri deneyimleme
- Güçlü yönleri ve zayıflıklıklarının bu ödevleri nasıl etkileyeceği üzerinde düşünme
- Yararlı stratejileri deneme
- Bir eğitimsel hareket planı oluşturma

Yapı ve içerik

Grup, programın yoğun ya da entegrasyon alamasında, haftada bir gün bir saat yürütülür. İlk birkaç seansta, katılımcılara çeşitli ders çalışma becerileri ve bunlardan hangi durumlarda yararlanabileceği hakkında bilgi verilir. Bunlar şunları içerir:

- Ders çalışma becerileri nelerdir?
- Not tutma – Neden not tutmalı?
- Not nasıl tutulur – değişik teknikler, kısaltmalar, dinleme becerileri
- Okuma – nasıl okumalı ve bilgiyi almalı, nasıl not yazmalı– değişik teknikler
- Yazılı bilgiyi hatırlamak için PQRST (Preview, Question, Read, State, Test) yöntemi
- Zihin haritalaması ve örümcek diagramları
- Yazılı ödevleri planlama ve yazma – nasıl başlamalı; beyin fırtınası/zihin haritaları, anahtar sözcükleri belirleme, konuları tanımlama

- Ders çalışma zamanınızı verimli şekilde planlama ve organize etme
- Yeniden düzenleme, çalışma notları hazırlama ve sınavlara hazırlık.

Bu becerileri denemek için uygulamalar yapılır ve stratejileri ileri boyutta denemek için ev ödevleri verilir. Bu grup için anahtar bir kaynak The Stusy Skills Handbook (Cottrell, 2003)'tür. Sonraki seanslar katılımcılara stratejileri kısa bir derse katılarak test etme fırsatı sunar. Bu, yerel toplulukta haftada bir gün verilen birkaç saat süren yetişkinlere yönelik bir eğitim olabilir. Alternatif olarak, dışarıdan gelen bir öğretmen programdaki katılımcılara sanat tarihi gibi potansiyel olarak ilgi çekici bir alanda kısa bir kurs verebilir. Öğretmen seansları "ders stilinde" ya da uygulama formatında yürütebilir ve ardından her hafta ev ödevi verir. Öğretmenden ayrıca kısa kurs süresince kısa kompozisyon gibi bir çalışma talep etmesi ve kurs sonunda da içeriğin ne kadarının geri çağırma ile ve notlara bakarak öğrenildiğini göstermesi açısından test yapması istenir. Bu fırsatlar katılımcılara bireysel seanslarında kendi ders çalışma becerileri üzerinde düşünmeleri için somut örnekler sağlar. Bu, danışan Merkez'den ayrılınca destek görmesini garantilemek için işbirliği yapılan öğrenme destek departmanları ile dış kaynaklı kurslar hakkındaki gelecekteki tercihleri etkiler.

Sonuç

Burada çerçevesi çizilen grupların tümü, hem danışanlar hem çalışanların destekleyici bir ortamda becerileri gözlemlemesi ve telafi edici stratejiler ortaya sürmesi için somut gözlemlenebilir fırsatlar sunma gerekliliğinden ortaya çıktı. Bu gruplar, farkındalık, uyarlama ve becerilere yönelerek, diğer seansları gözlemlemek ve üzerinde düşünmek için gerekli materyalleri sağlar. Çünkü tümü entegre bütünselci nöropsikolojik rehabilitasyon programının bir parçasıdır ve bu tip grupların danışanların bireysel hedeflerine ulaşmalarındaki katkıları açısından tek tek değerlendirilmesi zordur. Grup hedef ve amaçları ile danışan geribildirimi göz önüne alındığında, becerilerin keşfi için yararlı ve zevkli bir fırsat sunuyor oldukları görülmektedir. Katılımcılar özellikle birincil odağı "sorunlar" ve "beyin hasarı" üzerindeymiş gibi görünmeyen grup çalışmalarına değer verdiklerini bildirmiştir. Stratejilerin bir grup içinde sunulmasının faydalarından biri de süreci "normalleştiriyor" olması ve beceri ve bilgilerin paylaşılmasıyla akranlar arasında yarar sağlamasıdır. Buna ek olarak, küçük grup çalışmalarının ve yetişkin öğreme teorisinin mantığı, bu tip deneyimlerin danışan odaklı ve işbirlikçi bir rehabilitasyon sürecinde bir rolü olduğunu ortaya koymaktadır.

Ek 12.1: Uygulama Bazlı Proje Gruplarında Kullanılan Bilgi Kağıtları Örnekleri

Keşif Grubu sorumluluk kontrol listesi

İsim

Tarih	Sorumluluk	Bağımsız	İpuçları ile	Destekle
	Para yönetimi:			
	Görevlendirmeyi yazar			
	Doğru tutarı tahmin eder			
	Yöneticiden para ister			
	Fatura ister			
	Fatura ile nakti dengeler			
	Zaman Yönetimi:			
	Görevlendirmeyi yazar			
	Saat takar			
	Planı grup ile birlikte başlatır			
	Problem çözm eyeteneği			
	Esneklik			
	Yönler:			
	Görevlendirmeyi yazar			
	Yönleri bilir			
	Açık ve belirgin bir harita çizebilir			
	Yazılı yada sözlü yönergeler verebilir.			
	Telefon konuşmaları:			
	Görevlendirmeyi yazar			
	Telefon kitabını kullanır			
	Uygun soruları sorar			
	Bilgileri yazıyla not alır			
	Bilgiyi gruba iletir.			
	Liderlik Becerileri:			
	Görevlendirmeyi yazar			
	Kontrol listesini kullanarak işi başlatır			
	Bilgileri yazıyla not alır			
	Grup üyelerine sorumlulukları dağıtır			
	Merkez'e topluluk toplantısında geribildirim verir			
	Gazete için yazılı bir makale hazırlar.			

Grup/seans özet sayfası

Tarih ....

Bu seans/grubun konusu

....

....

Anahtar noktaları özetleyin:

1. ....
2. ....
3. ....

Ödevler?

....

Bu seanstan kişisel çıkarımım:

....

Bunu geliştirmede bir sonraki basamak:

....

Kendine sor: kim, ne, neden, ne zaman, nerede, nasıl? Bu sorular bu formu doldurman için sana yardım edebilir?)

Bu formu neler yaptığımızı hepimize hatırlarmak amacıyla "haftalık gözden geçirme" toplantısına getir.

İş Yeri Davranışları Değerlendirme Formu

Danışanın Adı:

Tarih:

Formu dolduran kişinin adı:

Lütfen başarı ölçütlerini aşağıdaki anahtara göre yuvarlak içine alınız:

1. Kabul edilemez
2. Zayıf
3. Orta
4. İyi
5. Mükemmel
6. (n/a uygulanamaz)

Lütfen değerlendirmelerinizi son 2-3 hafta üzerinden yapın be mümkün olduğu yerlerde örnekler verin.

Katılım

Zamanında varma ve ayrılma 1 2 3 4 5

....

Ne zaman mola vereceğine dair karar verme 1 2 3 4 5

....

Yöneticiye işe gelmeyeceğini önceden bildirme 1 2 3 4 5

....

Genel katılım. 1 2 3 4 5

....

Verimlilik

Görevler üzerinde odaklanmayı sürdürme yeteneği	1 2 3 4 5
Etkin şekilde önceliklendirme dahil, görevlere organize yaklaşım	1 2 3 4 5
Görevleri bitirebilme yeteneği	1 2 3 4 5
Biten bir görevin ardından yeni bir göreve başlama inisiyatifini gösterme yeteneği	1 2 3 4 5
Görevi fiziksel olarak gerçekleştirebilme yeteneği	1 2 3 4 5
Yeni bir görev öğrenebilme yeteneği	1 2 3 4 5
Kendisine söyleneni hatırlayabilme yeteneği	1 2 3 4 5
Yönergeleri doğru şekilde takip edebilme yeteneği	1 2 3 4 5
Genel performans hızı	1 2 3 4 5
Çalışmanın genel kalitesi ve tutarlılığı	1 2 3 4 5
Genel dayanıklılık	1 2 3 4 5
Genel verimlilik	1 2 3 4 5

Çalışma tutumu

Daha fazla sorumluluk alma isteği	1 2 3 4 5
Rutindeki değişikliklerle başa çıkabilme yeteneği	1 2 3 4 5
Kendi kendine motive olabilme	1 2 3 4 5
İnisiyatif kullanma	1 2 3 4 5

Kişilerarası iş davranışları (çalışma arkadaşları)

Başkalarıyla anlaşabilme	1 2 3 4 5
Başkalarının dikkatini dağıtmaktan kaçınma becerisi	1 2 3 4 5
Başkalarının dikkatini dağıtmasından kaçınma yeteneği	1 2 3 4 5

Başkaları varken davranışlarını kontrol etme yeteneği	1 2 3 4 5
Başkalarıyla çatışma ve fikir ayrılıklarıyla başa çıkma yeteneği	1 2 3 4 5
Kişinin sosyal davranış ve iletişimin uygunluğu	1 2 3 4 5

Kişilerarası iş davranışları (yönetici)

Başkalarının işini kontrol etmesini kabul etme yeteneği	1 2 3 4 5
Performansı hakkında geri bildirime tepkisi	1 2 3 4 5
Öneriler verildiğinde davranışı değiştirme yeteneği	1 2 3 4 5
Gerektiğinde yardım ister	1 2 3 4 5

Gelecek haftalara ait plan

Geribildirimden elde edilen ana sorunlar:
Önümüzdeki haftalarda hedeflenecek etkinlikler ve üzerinde anlaşılan hareketler:
İmza: .....(yönetici)
....(danışan)

Davranışsal deney sayfası

Seans tarihi:

Tarih Zaman	Durum/ Ödev	Durum ya da ödeve ait tahminler veya fikirler	Gerçekte ne oldu	Ne öğrendim	
				Kendim Hakkında	Beceri ve Stratejiler Hakkında

Plan – bir sonraki adımda ne yapacağım?

Kaynakça

Canadian Association of Occupational Therapists (1997). Enabling Occupation: An Occupational Therapy Perspective. Ottawa, ON: CAOT Publications ACE.

Corr, S. and Wilmer, S. (2003). Returning to Work After A Stroke: An Important But Neglected Area. British Journal of Occupational Therapy, 66(5), 186–92.

Cottrell, S. (2003). The Study Skills Handbook. London: Palgrave Macmillan Press Ltd.

Crosson, B., Barco, P. P., Velozo, C. A. et al. (1989). Awareness and Compensation in Post Acute Head Injury Rehabilitation. Journal of Head Trauma Rehabilitation, 4(3), 46–54.

Finlay, L. (1993). Groupwork in Occupational Therapy. London: Chapman & Hall.

Gracey, F., Palmer, S., Rous, B. et al. (2008) 'Feeling Part Of Things': Personal Construction of Self After Brain Injury. Neuropsychological Rehabilitation, 18(5), 627–50.

Klinger, L. (2005). Occupational Adaptation: Perspectives of People with Traumatic Brain Injury. Journal of Occupational Science, 12(1), 9–16.

Law, M., Baptiste, S., Carswell, A. et al. (1998). Canadian Occupational Performance Measure. Ottawa, ON: CAOT Publications ACE.

McGrath, J. and King, N. (2004). Acquired Brain Injury. In J. Bennett-Levy, G. Butler,

M. Fennell, A. Hackmann, M. Mueller and D. Westbrook, eds., Oxford Guide to Behavioural Experiments in Cognitive Therapy. Oxford: Oxford University Press, 331–48.

O'Neill, J., Hibbard, M.R., Brown, M. et al. (1998). The Effect of Employment on Quality of Life and Community Integration After Traumatic Brain Injury. Journal of Head Trauma Rehabilitation, 13(4), 68–79.

Prigatano, G.P. (1999). Principles of Neuropsychological Rehabilitation. Oxford:

Oxford University Press. Prigatano, G.P. Fordyce, D.J., Zeiner, H.K. et al. (1986). Neuropsychological Rehabilitation After Brain Injury. Baltimore: Johns Hopkins University.

Rogers, A. (2002). Teaching Adults, 3rd edn. Maidenhead: Open University Press.

3. Kısım

13 Vaka Örnekleri

Peter: Serebrovasküler Komplikasyonlu Ağır Kafa Travmasını Takiben Başarılı Rehabilitasyon

Barbara A. Wilson ve Jonathan J. Evans, çeviren: Tuğba Aktürk

Peter, nöropsikolojik rehabilitasyon için Oliver Zangwill Merkezi'nin ilk hastalarından biriydi. Bu bölüm bizim hastalarımız için rehabilitasyon ve değerlendirme sürecinin tipik bir resmini çizmektedir. Çalışanlarla birlikte değerlendirilen; Peterin temel problemlerinin, kendisinin ve karısının onun güçlükleri hakkındaki algısının detaylandırıldığı, Peter'in ön hazırlık (bir günlük) değerlendirmesinden bir özetle başlıyoruz.

Ön hazırlık değerlendirme raporu

Travma öyküsü

Peter, temmuz 1997'de ağır kafa travmasıyla sonuçlanan bir trafik kazasına karışıyor. Olayın olduğu zaman 33 yaşında. En yakın hastaneye götürülüyor ve ardından, yerel hastaneye sevk edilmeden önce, bir hafta kaldığı, bölgesel nörolojik yoğun bakım ünitesine transfer ediliyor. Yerel hastanede yedi hafta kalıyor. Ne kadar biliçsiz bir şekilde kaldığı net değil ama yoğun bakım ünitesinin notlarının söylediğine göre yerleşim alanında kafa kafaya bir çarpışma geçirmiş. Glasgow koma skala puanı olay yerinde 15 ancak takip eden günlerde önce 11'e ardından 7'ye kadar kötüleşiyor. Görünüşe bakılırsa yaklaşık 5-6 haftalık bir post-travmatik amnezisi vardı. Retrograd amnezisi (geriye dönük amnezi) de sadece bir kaç saniye sürdü. Peter'in beyninin BT taraması; serebrovasküler atak ile tutarlı, temporoparietal bölgelerde zayıflamanın bilateral alanlarını gösterdi. Bunun sonradan iki taraflı karotis arter diseksiyonu nedeniyle olduğu tespit edildi. Diğer bir değişle; Peter, hem travmatik beyin hasarı hem de felç geçirmişti.

Yerel hastaneye geri dönüldüğünde Peter'in konuşma ya da jest yoluyla iletişim kuramadığı netlik kazandı. Ayrıca sol tarafının serbestçe hareket etmesine karşın sağ tarafında hemiparazisi vardı. Peter, bu hastanede; bir nöropsikolog, bir ergoterapist, bir konuşma ve dil terepisti tarafından görüldü. Peter hastaneden taburcu edildikten sonra Aralık 1997 yılına kadar ayakta rehabilitasyon tedavisi uygulandı. Bu hastanedeki nöropsikolog Peter'i Oliver Zangwill Merkezi'ne sevk eden kişiydi.

Sosyal öykü

Peter karısı Linda ile yaşamakta. Çocukları yok. Peter küçük bir mühendislik işinde ortak. Eğitiminin mühendislik üzerine olmasına rağmen işindeki görevi daha çok yönetim üzerineydi. Ciddi miktarda bilgisayar işinin yanı sıra müşterilerle irtibatın çoğunu da o sağlardı. Şirket, Peterin işlerini yapması için geçici olarak başka birini aldı.

Hastanın şikayetlerinin sunumu

Peter'in tanımladığı güçlük yaşanan alanlar aşağıdaki gibi:

1. Konuşma. Yorgun olduğunda geveleyerek konuşma eğilimindeydi.
2. Zamanı söyleme. Saat kadranından zamanı söylemeyi zor buldu.
3. Hafıza. Eskiden olduğu gibi değildi.
4. Sağ el. Ağırlık ve uyuşuklu hissi vardı ve sıcaklık değişimini anlamakta güçlüğe sahipti.
5. Okuma ve yazma. Çok daha yavaştı.
6. Mekansal farkındalık. Sağ tarafındaki şeyleri her zaman göremiyordu.
7. Bilgi işleme. Düşünmesi ve bilgiyle başetmesi yavaşlamıştı.

Linda'nin tanımladığı güçlükler aşağıdaki gibidir. Belli bir ölçüye kadar Peter'in tanımladıklarıyla aynı olduğunu görüyoruz.

1. Okuma. Okuması yavaş ve Peter okuduğu bilgilerin bazılarını unutuyor. Her zaman satırın sonuna kadar okumuyor; kelimeleri atlamaya eğilimli ve bazen bir satır atlıyor bu yüzden aşağıdaki bir satıra iniyor ve yanlış bir cümleyi okuyor.
2. Yazma. Yazması da yavaş. Yazmayı yeniden öğrenmesi gerek. Kullandığı el yazısı yerine çıktıyı tercih ediyor. Bazı harfleri alışılmadık şekillerde oluşturuyor.
3. Klavye becerisi. Kazadan önce Peter evde ve işte bilgisayar kullanmada oldukça iyiydi. Şimdi temel prensipleri hatırlıyor, ama klavye becerisini kaybetmiş durumda. O, bu yeteneğini gitgide geri kazanıyor ama klavye kullanımı yavaş.
4. Zamanı söyleme. Peter, özellikle analog saat kullanarak zamanı söylemekte güçlük yaşıyor. Saate kaç kaldığını ve saati kaç geçtiğini karıştırma eğiliminde.
5. Mekansal oryantasyon. Peter'in yönlerle ilgili problemi var. Sağ ve solu, yukarı ve aşağıyı, alt ve üstü karıştırıyor.
6. Matematik. Hesap makinesi kullanabiliyor olsa da, Peter basit matematiksel işlemleri zor buluyor, özellikle çıkarma işlemini.
7. Alfabe. Peter alfabeyi yazarken alfabenin sonuna doğru bazı harflerin yerini değiştirerek yazma eğilimde ve sıklıkla harfleri atlıyor, genellikle "w"harfini.
8. Anlama. Ondan istenenin ne olduğunu anlayabilmesi için bunun ona bir kaç kez açıklanması gerekiyor.
9. İşitsel akılda tutma (oditori retansiyon). Ona okunan metindeki bölümlerin çoğunu hatırlayamıyor. Ancak Linda, Peter'in genel hafızasının makul derecede ilerlediğini düşünüyor.
10. El becerisi. Ayakkabısını bağlamada ve saçını taramada güçlükleri var.
11. Mekansal farkındalık. İlk başta, Peter ciddi sağ-taraf mekansal ihmale sahipti ancak bu durum önemli ölçüde düzeldi.
12. Heceleme. Bazen Peter harfleri yutuyor ya da yerini değiştiriyor.
13. Davranış. Peter, bazen uygun olmayan zamanlarda gülüyor ve durmakta büyük bir güçlük yaşıyor.

Hastanın hedefleri

Peter, kendisinin en büyük endişesinin okuma, yazma ve klavye becerisi olduğunu söyledi. İşe dönmesi mümkün olursa bu alanlardaki fonksiyonelliğinin kritik derecede önemli olduğuna inanıyor. Önceden olduğu gibi aynı kapasitede olamayabileceğini kabul etse de Peter'in hedefi şirketi için çalışmaya geri dönmek.

Linda'ya göre eğer Peter hayatını büyük ölçüde kontrol edebilmek istiyorsa aşağıdaki alanlar en önemlileri:
1. Randevularını yönetme
2. Konuşma
3. Okuma ve yazma becerilerinin gelişmesi

Nöropsikolojik değerlendirme

Peterin bir günlük değerlendirme sırasında kısa bir nöropsikolojik değerlendirmesi olsa da, biz şimdilik bunları bir kenara bırakacağız ve aşağıda 2 haftalık detaylı değerlendirme sırasında uygulanan nöropsikolojik değerlendirmeleri bir araya getireceğiz.

Konuşma ve dil değerlendirmesi

Peter'in konuşması zaman zaman biraz gevelese de, akıcı. O, iletişim zorluklarının farkına vardı.

Akıcı Dil

Peter, konuşmanın takibinde ve soruların anlaşılmasında bir güçlük yaşamıyor. Hafıza güçlüklerinin sözlü talimatları takip edebilmesini etkilediğini söylüyor. Film ve televizyon programlarını takip edebiliyor ancak detaylı bilgilerin sonradan hatırlanması zayıf. Bir grup ortamında daha dikkati dağılmış hale geldiği için konuşmaları takip etmenin daha zor olduğunu söylüyor. Peter en büyük güçlük yaşadığı alanın okuma olduğuna inanıyor; son derece zahmetli ve yavaş buluyor. Her bir kelimeye odaklanmak zorunda ve iki veya daha fazla kelimeyi birbirine bağlayamıyor. Sonuç olarak; ne okuduğunu yorumlamayı zor buluyor.

İfade Edici Dil

Peter kelime bulmada nadiren güçlük çektiğini söylese de, böyle olduğunda farkında olduğuna ve eğer kendine zaman verirse kelimeye erişebildiğine inanıyor. Yanlış kelimeyi kullandığında genellikle kullandığı yanlış kelimenin bir şekilde hedef kelimeyle ilişkili olduğunu düşünüyor. Ona göre gürültülü ortamlarda ya da yorgun olduğunda konuşması daha kötü oluyor. Aynı durum kelime bulma problemi için de geçerli. Bununla birlikte Peter, elindeki büyük ölçüde azalmış fiziksel işlevsellik nedeniyle en büyük problemlerden birinin yazılı anlatımda olduğuna inanıyor. Ayrıca cümle formülasyonuyla ilgili de güçlük yaşıyormuş gibi görünüyor. Yazı diline bir örnek sunması istendiğinde, Peter bunu yapmayı zor buluyor ve istendiğinde cümle üretebilmesine rağmen, yazması son derece sıkıntılı ve çok yavaş. Peter sosyal iletişim güçlüğü olduğunu düşünmüyor ama şimdilik kendini emin hissetmediği ortamlardan kaçınıyor. Bu kazadan önce olmuyormuş.

Fiziksel işlevlerin değerlendirilmesi

Peter başlıca fiziksel güçlüklerinin sol elindeki uyuşma ve his azalması, sol el bileğinde hafif güçsüzlük ve ağrı ve fiziksel formunda ve dayanıklılığında genel bir azalma olduğunu söyledi. Bu bozulmaların günlük yaşamını nasıl etkilediğiyle ilgili örnek vermesi istendiğinde; ayakkabısını bağlamada güçlük yaşadığını söyledi. Bu durumun sınırlı fiziksel fonksiyondan çok sıralama ve görsel-uzamsal güçlükleriyle ilgili olduğunu söyleyerek devam etti. İliklemek (buttons and fastenings) gibi diğer ince beceri faaliyetlerinde problem yaşamadığını bildirdi. Ancak el yazısı önceden olduğundan daha az düzenli ve daha yavaş ve uzun süre yazı yazarsa daha kötü oluyor.

Peter'in ana fiziksel hedefi; tüm gücünü geri kazanmak ve dayanıklılığını geliştirmek. O, bu hedeflere ulaşmak amacıyla düzenli olarak bir spor salonuna gidiyor.

Bir gözlem; Peter merkez etrafında fiziksel olarak bağımsız oldu. Onunla tokalaşırken sağ elinde bir miktar hafif artmış tonus görünmekteydi. Sorulması üzerine, bunun farkında olmadığını ve kolunda herhangi bir gerginlik, sertlik hissi ya da kısıtlı hareket olmadığını bildirdi.

Peter'ın fiziksel işlevinin daha ayrıntılı bir değerlendirmesinden yararlanacağı düşünülüyordu; Buna ek olarak, fiziksel zindelik eğitimine ilişkin tavsiyeden de yararlanabilir.

Günlük yaşam aktiviteleri

İş

Yaralanmadan önce Peter küçük bir mühendislik şirketinin ortağıydı. Peterin ortağı, Peter'in görevlerinde açığı kapaması için birini işe aldı. Peter kendi işinin patronu olduğundan işe geri dönmesi için bir zaman sınırı yok. Şuan dönmek için yeterince uygun olmadığını fark etti ve hazır olduğunda, gerekli olduğunu kanıtlaması halinde işin diğer yönlerini yapmayı düşüneceğini belirtti.

Algı

Peter mekansal farkındalık problemleri olduğunun farkındaydı ve sağ-el tarafıyla bir şeylere çarptığı örneğini verdi. Bu durumun iyi yönde ilerlediğini söyledi ama hala bir problem olup olmadığını söyleyebilecek durumda değildi. Diğer duyuları sorulduğunda bir güçlüğü olmadığını söylemesine karşın, önceden çay içmekten zevk alırken artık böyle olmadığından bahsetti, tat duyusunda bir farklılık olduğunun farkında.

Transferler (Taşıma)

Peter, bütün işlevsel trasferlerde (örn: sandalye, yatak, tuvalet, banyo ve araba) bağımsızdı. Trabzan ve evde kullanıma uygun ekstra korkuluk rayına sahip. Başlangıçta, banyo yaparken banyo koltuğu kullanması gerekiyordu ama şuan bağımsız. Arabaya binerken ve arabadan inerken kafasını vurmamaya dikkat ediyor.

Kişisel bakım becerileri

Yıkanmada ve giyinmede bağımsız olmasına rağmen değerlendirilmesinden 5-6 hafta öncesine kadar eşinin yardımına ihtiyaç duyuyordu. Ayakkabı bağlamayı ve düğmeye basmayı zor buluyor. Dişlerini kendi başına fırçalayabiliyor. 3 haftadır kendi kendine traş da olabiliyor. Saçını yıkayabiliyor ve tarayabiliyor ama ikincisini zor buluyor özellikle saçının arkasını tararken; bu durum sağ elindeki duyu kaybından kaynaklanıyor olabilir. Kazayı takiben Peter, kendi kendine yemek yiyebilmek için uyarlanmış çatala ihtiyaç duyuyordu ama şuan normal çatalı bağımsız bir şekilde kullanabiliyor.

Günlük yaşamın yerel aktiviteleri

Kazadan önce Peter ve karısı ev işlerini paylaşıyorlardı. O, daha çok; yemek yapma ve ütünün yanı sıra bahçe işleri, araba ve kendi başına yap (DIY-do it yourself/örn: ev dekorasyonu) gibi işlerle ilgileniyordu.

Kazadan beri evdeki görevlerden kaçınıyor. Bazen sıcak içecekler, çok nadiren de sandviç yapıyordu. Fiziksel problemlerinin kendisini yaralamasına (kesmesine) sebep olabileceğini düşündüğü için, çok nadiren yapıyordu. Saksıya bitki dikmeyi denedi ancak kendisini çok yavaş buldu. Bu ona kendisini hayal kırıklığına uğramış hissettirdi.

Topluluk aktiviteleri

Ulaşım

Kazadan önce Peter'in ulaşımı başlıca olarak kendi arabasıylaydı. Kazadan beri onun ulaşımını karısı karşılıyor. Hiç toplu taşıma kullanmadı.

Alışveriş

Planlama problemleri sebebiyle görünürde Peter paketlemeyi zor bulsa da Peter ve Linda market alışverişini birlikte yapıyorlardı.

Mali yönetim

Peter hala kendi şirketinden ödeme alıyor. Ayrıca engelli yaşam ödeneği de alıyor. Peter, eğer sayılarla olan problemlerinin üstesinden gelebilirse kendi rolünü tekrar geri almaya başlamak istiyor, şuanda Linda onların mali işleriyle uğraşıyor.

Toplum kaynaklarının kullanımı

Peter haftada 2-3 kere karısıyla birlikte yerel bir spor salonuna gidiyordu. Kullandığı başka herhangi bir tesis düşünemedi.

Hobiler ve ilgi alanları

Kazadan önce Peter kendi başına yap (DIY-do it yourself/ örn: ev dekorasyonu) işleriyle uğraşmaktan ve radyo kontrollü helikopter uçurmaktan zevk alıyordı ki bu ikisi de tekrar başlamaya istekli olduğu şeyler.

Öneriler ve değerlendirmenin özeti

Özet olarak; bir yıl önceki beyin hasarını takiben Peter'in kognitif ve fiziksel güçlüklerinin geniş bir yelpazede olduğu görünüyor, bu problemler; özellikle aşağıdaki alanlarda;

- Özellikle görsel-uzamsal malzeme ile soyut akıl yürütme
- Sözlü ve görsel malzeme için hafıza
- İşleme hızı
- Başlatıcı tepkiler
- Dikkat, uzamsal dikkat/algı ve uzamsal farkındalık dahil
- Hesaplama
- Okuma
- Yazma
- Sağ/sol ayrımı
- Üst ekstremite duyu ve koordinasyon problemleri.

Yaralanmadan beri önemli ölçüde ilerleme kaydetse de, bu problemler Peter'in yaşama hem günlük yaşam hem de iş aktiviteleri açısından en büyük etkiyi yapmaya devam ediyor. Netice itibariyle; rehabilitasyon ihtiyaçlarını ve hedeflerini daha detaylı tanımlamaya iki haftalık ayrıntılı değerlendirme için Oliver Zangwill Merkezine dönmesi tavsiye edildi. Bu iki haftalık süre içinde aşağıdaki spesifik alanları içeren bir değerlendirme olacak:

- Hafıza işleyişi
- Dikkatsel işleyiş
- Algı (uzaysal algı, görsel görüntü, zihinsel rotasyon, zamanı söyleme dahil)
- Problem çözme, planlama ve organizasyon becerileri
- Dil fonksiyonları (bilişsel bozulmanın yanı sıra var olan dil bozukluğunun derecesini belirlemek için okuma ve yazmanın ileri değerlendirilmesi)
- Matematiksel beceri
- Sosyal iletişim
- İşle ilgili aktiviteleri dahil olmak üzere işlevsel aktiviteleri üzerine bilişsel ve fiziksel problemlerinin etkisinin ileri araştırılması
- Peter'in uzun dönem rehabilitasyon hedeflerinin daha detaylı belirlenmesi
- Eğer uygunsa çalışma ortamına aşamalı dönüş için fırsat oluşturulması
- Peter'in Oliver Zangwill Merkezi rehabilitasyon programına katılmak üzere kapasitesinin belirlenmesi.

Peter ve Linda öneriler konusunda hevesliydi. Biz, programın bir sonraki aşaması için fon, yani detaylı iki haftalık değerlendirme elde etmeyi başardık. Peter, Şubat 1998'in başlarında Merkeze geldi. Tablo 13.1 bu süre boyunca yapılan değerlendirmenin planını göstermektedir.

Detaylı değerlendirme

Değerlendirme, multidisipliner ekibin tüm üyeleriyle, grup ve bireysel terapi boyunca gerçekleştirildi. Değerlendirmenin bir özeti tablo 13.2'de görülebilir.

Ayrıca biz bu iki haftalık dönemde gerçekleştirilen nöropsikolojik değerlendirme raporunu sunuyoruz.

Nöropsikolojik rapor

Peter, 9-23 şubat tarihleri arasındaki 2 haftalık periyotta değerlendirildi. Nöropsikolojik testlerinin sonuçları aşağıdadır.

Tablo 13.1: Detaylı değerlendirme planı

Tarih: 5.2.98 - Değerlendirmenin Planı	
1.	Hastanın uzun vadeli hedeflerini oluşturma kabiliyetinin değerlendirilmesi (Bireysel Program Koordinatörü-BPK)
2.	Danışanın kendi topluluğunda uygun yerel hizmetlerin bulunabilirliğinin değerlendirilmesi (BPK)
3.	Hastanın ev ve çalışma ortamının uygunluğunun değerlendirilmesi (BPK ve Ergo Terapist/ Occupational Therapist-ET)
4.	Rehabilitasyon konusunda akraba/bakıcının algısının ve rehabilitasyon sürecine muhtemel katılımın değerlendirilmesi (BPK)
5.	Hastanın yoğun rehabilitasyon programına girme kabiliyetinin değerlendirilmesi (Herkes)
6.	Sonuç Ölçeklerinin Tamamlanması (BKP)

7.	Nöropsikolojik değerlendirme: hafıza, dikkat, algılama (zihinsel rotasyon ve zamanı anlatma dahil), yürütücü işlevsellik, matematiksel yetenek (klinik psikologlar ve psikoloji asistanları)
8.	Üst seviye dil becerilerinin değerlendirilmesi (konuşma ve dil terapisti (KvDT))
9.	Sosyal iletişimin değerlendirilmesi (KvDT / Herkes)
10.	Finansal konuları idare etme kabiliyetinin değerlendirilmesi (matematiksel problemlerle bağlantılı olarak) (ET)
11.	Duygu durumunun değerlendirilmesi (nöropsikiyatr ve klinik psikolog)
12.	Üst ekstremite işlevinin değerlendirilmesi (fizyoterapist (FZT))
13.	Daha ileri tavsiye için yeniden fiziki eğitim ihtiyacının değerlendirilmesi (FZT)
14.	Belli bir fonksiyonel göreve ilişkin yeteneğin değerlendirilmesi (Peter ile kararlaştırılacak görev) (ET)
15.	Toplumsal hareketliliğin değerlendirilmesi (ET / FZT)

Genel Biliş

Peter, bir günlük ön değerlendirmesinde testlerin üçüne başlanan, wechsler yetişkinler için zekâ ölçeği gözden geçirilmiş formunun (WAIS-R) kalan 8 alt testinde değerlendirildi.

Sözel IQ'da 79, performans IQ'da 80 ve tam ölçekte 77 skorları onu "sınırda" aralığına koydu. Bugüne kadar Peter'ın meslek başarıları göz önüne alındığında böylesine puanlar açıkça; onun yaralanma öncesi işlevsellik düzeyinin önemli ölçüde düştüğünü gösteriyor. Buna ek olarak, eğitimi (Peter 16 yaşında okulu bıraktı) ve mesleğinin doğası göz önüne alındığında hastalık öncesi performans IQ'sunun, sözel IQ'sundan üstün olması beklenebilir.

Peter'in alt test skorlarının analizi, bilgi üzerine olan skorunun diğer skorlarından anlamlı ölçüde daha düşük olduğunu gösterdi. Bu, eğitim seviyesinin bir sonucu da olabilirken, bilgileri hatırlamaktaki zorluğunu göstermektedir.

Performans skalasında, Peter bozulma olduğunu gösteren bir aralıkta skor aldı ve özellikle rakam sembolü (Digit Symbol) alt testinde kötü yaptı. Düşük performans skoru, informal gözlemde açıkca belli olan yavaşlamış problem çözme hızından kaynaklanıyor olabilir.

Tablo 13.2: İki haftalık değerlendirmenin özeti

Değerlendirme Numarası	Değerlendirmenin Özeti
1- Danışanın uzun vadeli hedeflerini oluşturma kabiliyetinin değerlendirilmesi	Peter aşağıdakileri içeren bir dizi uzun vadeli hedef belirleyebilmiştir: 1. İşe geri dönmek (daha önce olduğundan farklı bir role sahip olabileceğini kabul etse de, en azından başlangıçta) 2. Araba sürmeyi yeniden öğrenmek 3. İşle ilgili sorunları çözebilme 4. Model helikopterini uçurmayı öğrenmek. 5. DIY projeleri yapmak 6. Bilgisayarda hızını artırmak 7. Yazı yazımını ve hecelemesini geliştirmek, özellikle de hızını 8. Daha açık ve güvenle konuşmak.

Değerlendirme Numarası	Değerlendirmenin Özeti
2- Hastanın kendi yaşadığı çevrede uygun yerel hizmetlerin bulunabilirliğini değerlendirmek	Peter, yerel mağazalara ve iş yerine 10 dk yürüme mesafesinde yaşıyordu.
3- Hastanın ev ve çalışma ortamının uygunluğunun değerlendirilmesi	Peter evde görüldü ve basit bir yemek hazırlaması ve planlaması istendi. Bir omlet pişirmeyi seçti. Ayrıca alışveriş de değerlendirildi. Mağazalara bağımsız olarak yürüyebiliyor ve yolları geçerken güvende görünüyordu. Satın alması gereken iki öğe vardı ve bu nedenle bir alışveriş listesi kullanması gerekmiyordu; Maddeleri hatırlamakta başarılı oldu. Ürünleri bulabildi. Aldıklarını öderken, sağ elindeki azalmış his nedeniyle parasını cebinden almakta zorlandığını söyledi. Aslında omlet hazırlanırken kendini organize etti. Yumurtaları kırmayı başardı. Omleti makul derecede düşük bir sıcaklıkta pişirdi, bu da yaptığı şeyi düşünmek için zamanı olduğu anlamına geliyordu. Vücudunu manipüle etmekte güçlük çekti (sağ elinde duyusal sorunlar veya dispraksi nedeniyle). Peynir eklemek istediğini unutuyor gibiydi, ama yan tarafta görünce kendine hatırlattı. Peter bir atıştırmalık yapmakta bağımsızdı, ancak Peter'in ona uygun bir etkinlik olduğunu hissetmesi için daha fazla adım getiren bir görevde de değerlendirmek yararlı olacaktır. Bunu yaparak planlama ve organizasyon becerilerine bakabiliriz.
4- Rehabilitasyon konusunda akraba/bakıcının algısının ve rehabilitasyon sürecine muhtemel katılımın değerlendirilmesi	Başlangıçta liste Peter'in karısı Linda tarafından sağlandı.
5- Hastanın yoğun rehabilitasyon programına girme kabiliyetinin değerlendirilmesi	Programın tüm yönlerine çok iyi katılım.
6- Sonuç Ölçeklerinin Tamamlanması	Tamamlandı.
7- Nöropsikolojik değerlendirme: hafıza, dikkat, algılama (zihinsel rotasyon ve zamanı anlatma dahil), yürütücü işlevsellik, matematiksel yetenek	Değerlendirme, soyut akıl yürütmede defisitleri gösterdi, özellikle de görsel-mekansal materyalle; Sözlü ve görsel malzeme için hafıza; Işleme hızı; Yanıtları başlatmak; Dikkat, uzaysal dikkat / algılama ve mekansal farkındalık da dahil olmak üzere; hesaplama
8- Üst seviye dil becerilerinin değerlendirilmesi	Peter, dilsel becerileri ve diğer bilişsel defisitlerinin dil işleyişi üzerindeki etkisini değerlendirmeyi amaçlayan Bilişsel-Dil Becerileri Ölçütü (MCLA) üzerinde şu sonuçlar ile değerlendirildi:

Değerlendirme Numarası	Değerlendirmenin Özeti
	Alıcı dil: Peter, sesli paragraf anlama görevlerinde hafif zorluklar ve öykü hatırlama görevlerinde ciddi güçlükler gösterdi. Paragraf geri çağırma görevleri konusundaki performansının zayıf belleğinden etkilenmiş olabileceği hissedildi. Bu küçük hatalara yol açtı. Duyulan hikayelerin ayrıntılarını hatırlamasını gerektiren görevlerdeki performans düşüşü bellekteki bu güçlüğünü yansıtıyordu. Peter sözlü soyut akıl yürütme görevlerinde de hafif problemler yaşadı. İfade edici dil: (cilt dizatri değerlendirmesi) Peter, söylem ölçüleri ve pragmatik derecelendirme ölçekleri üzerinde iyi puan aldı. İfade edici dil örnekleri verilen kelimelerin, söz dizimlerinin ve verilen bilgilerin miktarının uygun bir şekilde kullanıldığını gösterdi. Kendi dilini iyi organize edebildi ve anlatı ve usule dayalı söylem üzerinde iyi atıfta bulunulan tutarlı cümleler üretti. Konuşmada bu alanlarda herhangi bir güçlük yaşanmadı. Peter, görsel çatışma adlandırma görevlerinde, bazı kelimelere erişmek için ekstra zaman gereksinmesiyle birlikte hafif hatalar görüldü. Her zaman bir hata yaptığının farkındaydı: 'Kelepçe' (handcuffs) için "manşet"(cufflinks) gibi ve hatalarını zamanında düzeltebiliyordu. Okuma/yazma: Peter bu alanları en zor alan olarak tanımladı. Yazma çok yavaş ve çaba gerektiriyordu ve ek olarak "kelimeleri ve harfleri nasıl yazacağını düşünmek' konusunda zorluk çektiğini belirtti. MCLA'daki okuma görevlerinde Peter doğrudan işlevsel okuma görevlerinden doğru yanıtlar vermeyi başardı, ancak çok yavaş oldu. Çıkarsama pasajları ile bazı küçük hatalar yapıldı. Bunun anlama zorluklarından mı yoksa yetersiz belleği ile birlikte karmaşık materyali okumanın zahmetli sürecinden dolayı mı meydana geldiği belirsizdi. Peter ayrıca, okuma ve yazmadaki özel zorluklarını belirlemek için PALPA'nın (Afazide dil işlemlemesinin Psikololinguistik Değerlendirilmesi) alt testleriyle değerlendirildi. Akıcı bir şekilde okuma ve yazma becerisine engel olan, disleksik ve dispraksik problemlerin bir kombinasyonuna sahip olduğu anlaşılmıştı. Okuma görevleri üzerinde belirgin bir kelime uzunluğu etkisi yoktu. Peter, bazı altı harfli kelimeleri doğru okumayı başardı, ancak bazı dört harfli kelimeleri yanlış buldu. Bu nedenle, imgeleyebilirliğin ve sözcük sıklığının etkileri araştırıldı. Peter'ın performansı, yüksek imgelenebilir ve yüksek frekanslı kelimelere (örn. Kahve, otel) karşı düşük imgelenebilirlik ve düşük frekanslı kelimelerle (ör. Mucize, gazap) belirgin bir şekilde düşmüştü. Buna ek olarak, sözlü karar verme görevinde karar vermede güçlük çekiyordu (yani gerçek ve anlamsız sözcükleri ayırt etmekte). Ayrıca düzenli olarak hecelenen kelimelere kıyasla düzensiz olarak hecelenen kelimeleri okumakta yetersizdi. Heceleme görevleri düşük imgelenebilir ve düşük frekanslı kelimelerle aynı zorlukları yansıtıyordu. Hecelemede hiçbir

Değerlendirme Numarası	Değerlendirmenin Özeti
	kelime uzunluğu etkisi yoktu. Düzenli sözler üzerine performansı mükemmel olmasa da, düzensiz olarak hecelenen kelimeler Peter için daha zordu. Yazılı görevlerde bulunurken, Peter'in yazı yazarken kurşun kalemini nasıl tutacağına karar vermede bazı zorluklar görüldü, hedef sesin açık bir şekilde resmedilebildiği, ancak kağıdın üzerine üretemediği için dispraksi tahmini yapıldı. Peter harfi tersine döndürmede probleminin işaretlerini gösterdi; bunu genellikle engelleyebiliyordu ya da düzeltebiliyordu, fakat sonuç olarak yavaştı.
9- Sosyal iletişimin değerlendirilmesi	Peter bu alanda bir güçlüğü olduğuna dair çok az kanıt gösterdi. Kendisini normalden daha fazla esnerken bulduğu için kaba veya sıkılmış olarak yorumlanabileceğinden endişe duyduğunu belirtti. Oldukça uyanık olduğu zamanlarda da olduğu için bunun yorgunluk seviyesine bağlı olduğuna inanmadı. Ayrıca bazen uygun olmayan bir şekilde gülmek eğiliminde olduğunu ve bunu engellemenin zor olduğunu düşünüyordu. Ona göre bu davranış son zamanlarda artmıştı. Gözlemlerde bu davranışın yalnızca bir bölümünü gösterdi.
10-Finansal konuları idare etme kabiliyetinin değerlendirilmesi (matematiksel problemlerle bağlantılı olarak)	Peter'ın bir banka bakiyesi hesaplaması istendi. Normalde kullanacağı bir hesap makinesinin kullanılması ile görevi başarıyla tamamlayabildi. Evde, hem eşi hem de kendisi mali işleri gözetmekten sorumluydu. Bilgisayarlarında bir para programı vardı, bu oldukça yeniydi ve Peter'in yeni bir paket programı öğrenmesi gerekti. Linda ne harcandığını sesli olarak okumaktan sorumlu oluyor ve Peter bunu bilgisayara giriyordu. Bazen, bilgilerin girilmesi ile ilgili bazı yönlerden güvence (dönüt) istiyordu. Peter, paralarını yönetme sorumluluğunu üstlenmeye hevesliydi kademeli olarak daha çok sorumluluk almaya başlamıştı, ancak şu an Linda'nın, Peter'in ilerlemesini izleyebilmesi için birlikte yapmaya devam etmeleri önemlidir.
11-Duygu durumunun değerlendirilmesi	Peter test süresince olumlu, neşeli ve görünüşte sakin bir tutum sergiledi. Önemli duygudurum bozukluğuna dair bir gösterge yok.
12-Üst ekstremite işlevinin değerlendirilmesi	Peter kolunun 'olduğundan biraz zayıf olduğunu' farkında olmasına rağmen, üst bacağının fonksiyonel kullanımında herhangi bir sınırlamanın olmadığını bildirdi. Herhangi bir zorluğun farkında olduğu tek işlevsel üst ekstremite etkinliği el yazısıydı; ki bunu yazma ve planlamayla ilgili düşünce süreçlerinde karşılaştığı zorluklarla ilgili olduğunu bildirdi , elinin veya kolunun hareketindeki zorluktan daha çok . Gözlem üzerine, kelimeleri yazmak yerine şekilleri kopyalamaları istendiğinde, kalem kullanımı düzeldi, yani

Değerlendirme Numarası	Değerlendirmenin Özeti
	daha hızlı ve pürüzsüzdü. Kalemin hareket ettiği alanı görebildiğinde ve kopyalanmak yerine bağımsız olarak bir şekil üretmesi istendiği zaman daha da gelişti. Kalemini sayfadan kaldırmakta ya da bırakmakta zorlanmadı. Satırları kopyalanması zaman içinde gelişti. İnceleme üzerine, Peter, sağ üst ekstremitesinde genel olarak düşük tonusa sahipti; elinde saptanabilen, ilişkili reaksiyonlar şeklinde hafifçe artmış tonus vardı. Elinin distalinde; azalmış his ve düşük propriosepsiyonu vardı. Elin ince hareketi bozulmamıştı, ancak başparmak ve parmakların zıt hareketlerinin hızla değişiminde yavaşlama vardı. Ayrıca diğer ekstremite ve gövdesinde de genel olarak düşük tonusa sahipti ve hareketlerinde hafif ataksikti. Bununla birlikte, işlev bakımından nispeten sınırlı etkisi olduğu görüldü ve kesinlikle işlevsel kısıtlamalar bildirmedi. Peter, parmakların ince hareketlerinde pratik yapmaktan fayda görebilirdi ve ona bunlarla talimat verildi.
13- Daha ileri tavsiye için yeniden fiziki eğitim ihtiyacının değerlendirilmesi	Peter düzenli olarak her hafta bir fitness salonuna katılıyordu ve yaptığı egzersizlerde iyiydi. Bu amaçla bu alanda başka tavsiyeye gerek duymadı. Baldır kas gücünü artırmak için bir egzersiz hakkında tavsiyede bulunuldu, ancak daha ileri tavsiyeler gerekmedi.
14- Belli bir fonksiyonel göreve ilişkin yeteneğin değerlendirilmesi (Peter ile kararlaştırılacak görev)	Yukarıya bakın - evde değerlendirme. Chessington Mesleki Terapi Nörolojik Değerlendirme Bataryası (COTNAB) neredeyse tamamlanmıştı. Görsel algıda (çakışan resimler / şekil tabanı / sıralamada) yetenekleri normal sınırlardaydı, ancak görevleri tamamlama zamanında ortalama / bozulmuş aralığın altında idi. Yapısal görev sonuçları aynıydı (2B, 3B, blok tasarımı). Duyusal motor yeteneği: Yeteneği (stereoskop, el becerisi, koordinasyon) normal sınırlar içindeydi, ancak zaman aralığı kötüydü. Yazılı talimatların takibini tamamlayamadı; talimatları okudu, ancak bu bilgilere göre hareket edememişti; Neden bunun olduğunu düşündüğünü açıklamak istediğinde, görevlerini gerçekte nasıl gerçekleştireceğini bazen anlayamadığını ve daha sonra talimatların daha karmaşıklaştığını ve daha uzun süre sonra talimatların ilk bölümünü hatırlayamayacağını hissettiğini söyledi. Görsel talimatları izlerken görevi yalnızca küçük bir hata ve ortalamanın biraz altında tamamlayabildi. Sözlü talimatları izlerken, yeteneği ortalamanın biraz altındaydı, ancak bozulmuş aralıktaki hızı onun genel performansını engelledi. Özetle, talimatları yerine getirmesi dışında, Peter'ın yeteneği, kendi yaş grubuna göre normal limitler içindeydi, temel problemi zamandı, yani işleme hızı. Takip eden talimatlardan, sözlü talimatların takibinde en başarılı oldu. Eğer yazılı talimatları takip etmesine ihtiyaç duyulursa, kısa ve tercihen kendi ifadeleriyle özdeş olunması gerekecekti.

Değerlendirme Numarası	Değerlendirmenin Özeti
15- Toplumsal hareketliliğin değerlendirilmesi	Evden yerel dükkanlara yürüdüğü gözlemlendi ve bu onun için oldukça tatmin ediciydi. Uygun güvenlik kararlarını vermişti.
16- Dizartri değerlendirmesi	Peter'ın öksürüğü, yemek yeme ve içmeyi etkileyen yutma refleksleri azalmıştı. İnce sıvıları içme konusunda özellikle zorlanıyordu, Örneğin su içerken, solunum yolunu korumak için içtiğinde çenesini sıkıştırarak bir strateji kullandı. Bu, şu anda etkili bir strateji gibi görünüyordu. Konuşmasını desteklemek için bazen yetersiz olan yüzeyel bir solunum paternine sahipti. Bu onun sık sık nefes almasını gerektiriyordu. Sesi, yetersiz solunum paterni nedeniyle cümlenin sonunda zayıflıyordu. Ayrıca anlaşılabilirliğini etkileyen kötü organize dudak ve dil hareketleri de gösterdi. Ayrıca azalmış laringeal hareketine sahipti ki bu ses kuvvetini ve konuşma aralığını değiştirme kabiliyetini etkiliyordu. Bununla birlikte, konuşma problemlerinin farkındaydı ve bunları telafi etme girişimleri vardı, yavaşlatarak ve artikülasyon için zaman ayırarak girişimlerde bulundu. Değerlendirme sırasında, hareketleri taklit etmekte güçlük çeken bir oral dispraksi gösterdi.

Rakam Sembolü alt testi görsel motor hızını, görsel bellek, koordinasyon ve sözel olmayan malzemeyi öğrenme yeteneğini belirler.

Test sırasında, Peter'in ne yapmaya çalışıyor olduğunu bildiği halde, sembolleri doğru yol etrafında dolaşarak üretmeye karşı mücadele ettiği fark edildi. Bu durum dispraksi (Motor faliyetlerin başarılı bir şekilde formüle edilmesinde ve uygulanmasındaki yetersizlik) olasılığını düşündürdü. Böyle bir sonuç için daha fazla kanıt; Peter'in gerçek uyaranın olmadığı durumlarda gündelik eylemleri taklit etmesindeki (fotoğraf çekmek gibi) yetersizliği tarafından sağlandı.

Bellek

Wechsler Bellek Ölçeği-Gözden Geçirilmiş formu (WMS-R) kullanılarak yapılmış önceki test mantıksal bellekle (sözlü olarak sunulan sözlü bilgiler) ilgili ciddi problemler göstermişti. Detaylı değerlendirme sırasında Peter, Rivermead Davranışsal Hafıza Testi (RBMT-versiyon B), Kapılar ve İnsanlar testi ve Warrington Tanıma Belleği testi ile test edildi.

RBMT'de Peter, standardize edilmiş profil skorunda onu 'yetersiz bellek' kategorisine yerlerştirecek 17 puan ve tarama skorunda 'Orta derecede' bir bozulmayı düşündüren 6 puan elde etti. Özellikle, sözel olarak sunulan ilk ve ikinci ismi hatırlamada tamamen yetersiz. Ayrıca o, bir yol hatırlaması gerektiğinde, gereken bir eylemin sadece bölümlerini yapmaya yeltendiğinde, sıralı eğlemlerde zorluk gösterdi. Daha otomatik olan "hangi yılda doğdun?" gibi bilgilerle ilgili problemi olmadığını gösterdi ama bazı ince manipulasyon gerektiren "kaç yaşındasın?" gibi bilgileri geri çağırmada önemli ölçüde zorlandı. Bu, çalışan bellek ve geri çağırmayla ilgili problemleri düşündürdü.

Kapılar ve İnsanlar Testinde Peter'in durumu:

1. Ortalama aralıkta bir görsel bellek (Yüzde 50'nin üstünde)
2. Yetersiz sözel bellek (Yüzde 10'luk dilimde)
3. Yetersiz genel hatırlama (Yüzde 10'luk dilimde)

4. Ortalama genel tanıma (Yüzde 50'yi aşan)
5. Çok düşük bir sözel unutma puanı (Yüzde 5'lik dilimin altında)
6. Ortalama bir görsel unutma puanı (Yüzde 50'lik dilimde)

Bu gözlemler Peter'in görsel belleğinin sözel belleğinden çok daha iyi korunmuş durumda olduğu izlenimini uyandırdı. Onun sözel unutma puanı bilgileri ezberlemek için gerekli olan ilk kodlamayı yapamamasının bir sonucu. Nitekim, o fotoğraf gibi görsel ipuçları ile sözlü sunulan sözel bilgiyi kodlamada büyük zorluk çektiğini gösterdi. Onun daha önce gösterilen sözel bilgileri tanıma kabiliyeti, oldukça iyi ve görsel olarak sunulan malzemeyi tanıma yeteneği ile aynı seviyede. Ama yine de, otomatik yanıtlardan çok, bilincin daha bilinçli kontrolünü gerektiren görevlerde zorlandığı fikrini verdi.

Warrington Tanıma Bellek Testinde, Peter hem yüz hem de kelimelerde yüzde 50'lik skor elde etti.

Bu iki hafta boyunca Merkezin etrafındaki informal gözlemler, Peter'in sözel olarak sunulan bilgilerin kısa parçalarını hatırlayabildiğini gösterdi. Örneğin; Bellek Grubu için eşya getirmeyi ve personelden bilgi talep etmeyi hatırladı. Dolayısıyla, formal test durumlarında yönetmeyi zor bulduğu; bilgi hacmi olabilir. Alternatif olarak, Peter bilginin tekrar edilmesinden yararlanmış olabilir.

Dikkat

Peter, Gündelik Dikkat Testi (Test of Everyday Attention-TEA) kullanılarak değerlendirildi. Görsel Seçici Dikkat alt başlıklarını doğru bir şekilde tamamlayabilse de, performansı yavaştı. Bunun nedeni, bu görevin sistemini 'aşırı yüklemesi' ve/veya ilave dikkat dağıtıcı bilgi varlığında çalışma belleğinde bilgi tutamaması olabilirdi. Benzer şekilde, (sayım görevinde) dikkatini değiştirebildiği halde, bunu yapmakta yavaştı.

Yürütücü İşlevler

Diseksekutif Sendrom testinin Davranış Değerlendirmesinde (Behavioural Assessment of the Dysexecutive Syndrome-BADS) Peter bozulmuş aralıkta puan aldı. Eylemlerin planlanması ve gerçekleştirilmesi (Görev Değişikliği Görevi) ile ilgili bir görevde kötü performans gösterdi. O, siyah kart için 'Hayır' kırmızı kart için 'evet' diyebiliyordu. Ancak, kart sonuncusu ile aynı renkteyse, 'Evet' ve farklı renkte ise 'Hayır' demesi istendiğinde hem yanlış yaptı hem de çok yavaş oldu. Ayrıca, eylemi planlama ve gerçekleştirme içeren görevlerde zorluklar yaşıyordu (Hayvanat Bahçesi Haritası). Görevde, umut verici ve doğru bir başlangıç yaptı ancak orada uzun bir duraklama oldu ve bunu takiben başa çıkamadığı ve temel kuralları gözden kaçırdığı anlaşıldı. Her bir çizgiyi bir kağıt parçasıyla işaretleyen yazılı talimatlar verildiğinde, performansı önemli ölçüde gelişti. RBMT ve Tanıma Belleği Testi (RMT) gibi bazı diğer testlerde, Peter'in sözlü olarak sunulan talimatlardan biraz saptığı belirtildi. Bu durum, eylemleri sıralamada zorluk çektiğinin ve bir dereceye kadar talimatları izlediğinin gözlemlenmesine daha fazla destek sağladı. Takip etmesi için bir strateji verildiğinde, doğruluğu arttı.

Algılama becerileri

Peter, daha genel sağ taraf zayıflığına eşlik eden sağ görme alanı kaybı olduğunu bildirmiş olsa da, Görsel Nesne ve Uzay Algılama Bataryasının (ilerleyici siluetler) sadece bir alt testinde başarısız oldu; bu yüzden bu alanda ciddi bir hasarın olmadığı düşünüldü. Bununla birlikte, informal gözlemde, Peter'ın birkaç kez sağ tarafındaki bilgiyi kaçırdığı gözlemlendi. Örneğin BADS'ın Değiştirilmiş Altı Unsur Testinde aşırı sağdaki altıncı görevi tamamen kaçırdı ve bir keresinde sağ tarafındaki kapı çerçevesiyle oldukça sert bir şekilde çarpıştığı belirtildi.

Bilişsel Strateji Oturumları sırasında zihinsel rotasyon görevlerini yerine getirebildi, öyle ki sağ-sol ayırımları iyi derecede doğrulukla yapabildi. Ayrıca Peter, görev daha fazla işlemleme/zihinsel rotasyon içerdiği zaman yanıt vermesi daha yavaş olmasına rağmen hata yapmadığı Manikin Testi kullanılarak test edildi. Sol-sağ ayrımına karşı başetmek için kendi stratejisini geliştirdiğini açıkladı. Bu strateji; kucağında üzerine koyduğu, fiziksel olarak iki yana ayrılmış elleriyle oturmayı gerektiriyordu. 'Fiziksel ayrımın zihinsel ayrım yapmaya yardımcı olduğunu' düşünüyor ve eğer ellerini bağlayarak oturacak olursa, görevin onun için daha zor olacağını hissediyordu.

Peter, Davranışsal İhmal Testinin geleneksel alt testlerinden üçünde, yani Satır Geçişi, Harf İptali ve Yıldız İptali teslerinde değerlendirildi. Bu testlerin tümünde tam not aldı ve bu nedenle herhangi bir ihmal göstermedi.

Zamanı söylemek zorunda kaldığı görevler üzerine yaptığı performans çok ilginçti. Dijital olarak sunulan süreleri hızlı ve doğru bir şekilde okuyabiliyordu, ancak analog gösterimde çabucak zorluklarla karşılaştı.

Onun hataları şunları içeriyordu:

1. Akrep ve yelkovanı karıştırdı, 7'yi 10 geçe yerine 2'ye 25 kala şeklinde okudu. Yanlış cevapladığı ima edildiğinde önce; "2'yi 10 geçe" dedi ve nihayet "7'yi 10 geçe" diyebildi.
2. Rotasyonel zorluğunu düşündüren hatalar; örneğin 10'u çeyrek geçeyi 9'u 10 geçe olarak ayarlamaya başlaması ve kendini düzeltmeden önce yaklaşık 40 saniye boyunca yeniden düzenlenme ile uğraşması.
3. "Saati geçe" ve "saate kala"yı ısrarla birbiriyle değiştirmesi.

Peter, akrep ve yelkovanla karşılaştığındaki zorluğunun "kala" ile "geçe" arasındaki karışıklığa neden olmasına biraz şaşırdığını ifade etti. Ancak, bu tür hataları tekrarladı; 11'e 25 kala gösterildiğinde "7'ye 5 kala" olarak okumak gibi. Buna ek olarak, saati çeyrek geçe ve çeyrek kalayı ve yarım geçeyi okumayı hızla ve doğru bir şekilde uygulayabileceğine inanıyordu. Ancak test, hızı ve yaptığı hatalarla kanıtlandığı üzere çeyrek saatlerle düşündüğü kadar yetkili olmadığı izlenimini verdi. Peter, kendisi bir hata yaptığını duyduğunda, onu düzeltmek istedi ancak hata yaptığının her zaman farkında değildi ve yanıtlarının doğru olup olmadığını görmek için testi yapan kişiden işaretler aradığını söyledi.

Gözlemler gösterdi ki; Peter, yelkovandan saati ayarlarsa başarılı olma olasılığı daha yüksekti. Bu ona gösterildiğinde, bundan habersizdi ancak daha sonra böyle bir stratejiyi yararlı bulduğunu kabul etti. Saat kadranının büyük oranda sağında veya sol tarafında yer alıp almadığına göre performansı açısından bir fark olduğu görülmedi.

Duygulanım (affekt)

Peter test süresince olumlu, neşeli ve görünüşte sakin bir tutum sergiledi. Gözlemi teyit etmek için Hastane ve Anksiyete Depresyon Ölçeği (HADS) kullanıldı ve Peter'ın sözel raporunda depresyon veya kaygı semptomlarından mustarip olmadığı belirtildi. Olayların Etkisi Ölçeğine yanıtlar, kazasıyla ilgili travma sonrası stres bozukluğu semptomlarından muzdarip olmadığı belirtildi. Konuşmada, Peter gerçekçiydi ve ona neler olduğu hakkında konuşuyordu. Örneğin, onu yaralayan, trafikten men edilmiş ve sarhoş olan şoförün, diğer masum sürücülerin yolundan uzak tutulması gerektiğini düşündüğünden, bir gözaltı cezası aldığından memnundu. Ayrıca, bunun kendi başına yaşadığı sorunlar üzerinde doğrudan bir etkisi olmadığını da kabul etti. Olanların değiştirilemeyeceğini, kin beslemenin verimli olmayacağını ve doğrusu rehabilitasyonunu azaltabileceğini düşünüyordu.

Peter, Ekman ve Friesen Duygu Tanıma Testinden altı duygunun tanınmasında göreceli olarak doğru cevaplar verdi, bir duygu dışında; "korku" duygusunun gösterildiği 10 fotoğraftan hiç birini tanıyamadı. O, genellikle "korku"yu öfke ya da şaşkınlıkla karıştırdı. Aynı zamanda kendine has bir irkilme tepkisine sahip olduğunu belirtti.

Özet

Özetle, Peter aşağıdakileri içeren bir dizi alanda ciddi zorluklar gösterdi:

1. Genel bilişsel işlevler - bilhassa bilgi edinme ve görsel-motor becerileri.
2. Hafıza - özellikle sözel hafıza, aynı zamanda çalışma belleği.
3. Dikkat - özellikle görsel seçici dikkat ve dikkatini değiştirebilme hızı.
4. Yürütücü sorunlar - talimatları takip etme, planlama ve eylemleri gerçekleştirme.

Sıralı eylemlerinde ve hareketin bilinçli kontrolünde gösterildiği gibi, Peter'in test performansının ve sunumunun altında yatan dispraksik (hareket planlama noksanlığı) bir bileşen olduğu ortaya çıktı.

Tablo 13.3: Peter için tipik bir haftalık zaman çizelgesi (not: 15 dakikalık topluluk toplantılar hariç her oturum 30 dakika sürer)

	Bir haftada ortalama oturum sayısı
Bireysel oturumlar	
Konuşma ve dil terapisi	6
Psikoloji	4
Ergo terapi	2
Fizyoterapi	2
Bilgisayar çalışması	2
Grup oturumları	
Bilişsel Grup	4
Beyin Hasarını Anlama Grubu	3
Hafıza Grubu	3
Psikolojik Destek Grubu	2
Haftalık program	1
Ek oturumlar	
Günlük topluluk toplantısı	5 (her toplantı 15dk)
Kendi Kendine Çalışma	2

Rehabilitasyon Programı

İki haftalık değerlendirmenin ardından Peter'e programda bir yer teklif edildi. Plan, Peterin 10 hafta boyunca haftada 5 gün harcamasıydı ve ilerki 50 günü yarı zamanlı olarak, birkaç aya yaymaktı. Peter ve Linda bunu sürdürmeye hevesliydiler.

Mart 1998de, Peter rehabilitasyon programına girdi. Merkezdeki bütün hastalar gibi, o da, bir kısmı bireysel terapilerde bir kısmı grup terapilerinde geçen günlük bir takvim takip etti. Onun günlük takvimi tablo 13.3'te görülebilir.

Peter ve Linda, rehabilitasyon ekibinin üyeleri ile aşağıdaki uzun vadeli hedefleri kabul etti. Bunlar, iki haftalık değerlendirmenin sonunda düşünülenlerden biraz farklıydı.

Peter'in yapacakları:

1. Konuşmanın anlaşılabilirliğini artırmak
2. Yazma hızını artırmak
3. Okuma hızını artırmak
4. Daha doğru bir şekilde hecelemek
5. Bir önceki mesleğine dönüp dönmeyeceğini ve bu işe -ya da başka bir etkinliğe- katılıp katılamayacağını belirlemek–part-time
6. Araba sürmeye geri dönüp dönemeyeceğine karar vermek
7. Model helikopterini uçurmaya geri dönmek
8. Bilgisayar klavyesini kullanım hızını artırmak
9. Mali işlerini etkili bir şekilde yönetmek
10. Günlük aktiviteleri hatırlamak ve zamanlamak için bir sistem geliştirmek
11. Bir analog saatin zamanını söylemenin doğruluğunu geliştirmek
12. Kontakt lenslerini koymakta bağımsız olmak

Her uzun vadeli hedef için, kısa vadeli hedefler; her biri için bir eylem planı ile belirlendi. Örneğin, yazım hızını artırmak için kısa vadeli bir hedef, önümüzdeki haftaya bir mektup kopyalama görevinde performansını %20 artırmak oldu. Peter'in konuşma ve dil terapisti Clare için eylem planı, uygulama oturumlarını ve materyalleri düzenlemekti. Çeşitli tiplerde hedefler vardı; bazıları bozulmalar veya sınırlamalarla ilgili (örn: okuma ve heceleme) ve diğerleri zaafları ve yetersizlikleri ile ilgili ya da mali durumunu etkili bir şekilde yönetmek ve günlük faaliyetleri hatırlamak gibi faaliyetler ve katılımlarla ilgliydi.

Peter bütün hedeflerine ulaştı. Her bir hedefin kısa bir özetini sunuyoruz:

Hedef 1: Konuşmanın anlaşılabilirliğini artırmak

Peter (1) solunum kalıpları ve solunumun ses çıkarma üzerindeki etkileri üzerinde çalıştı, (2) dil ve dudak hareketlerinin güç, koordinasyon ve hızını artırmak için egzersizler yaptı, (3) ses düzeyi ve yorgunluk gibi anlaşılabilirliği azalttığı düşünülen faktörler tanımladı ve (4) daha az yorgun olduğu sabahlarda sözel olarak olarak talep edilen durumların yerine getirilebilmesi için onun çalışma programı düzenlendi. Burada ana sonuç ölçütleri, konuşmasının anlaşılabilirliği ve başkaları tarafından anlaşılabilir olması konusunda Peter'in karısından alınan notlardır.

Hedef 2: Yazma hızını artırmak

Dispraksi, Peter'ın yazma zorluklarının başlıca sebebi gibi görünüyordu. Şekilleri ve harfleri nasıl kopyalayacağını bilmiyormuş gibi görünüyordu, bu yüzden yazım-öncesi (pre-writing) becerileri egzersizi, hızını artırmak için tasarlandı. Bir yazım-öncesi görevde performansın hızı ve kalitesi temel alındı. Peter'ın günlük olarak tamamlaması için uygulama egzersizleri hazırlandı. Burada, kendisinden bir dizi yatay ve dikey çizgi ve giderek karmaşıklığı artan şekillleri satırlara çizmesini isteyen bir sözlü talimatlar dizisini dinlemesi istendi. Peter'in bunu tamamlaması 24.17 saniye aldı. Bir ay sonra, başlangıçtaki referansa göre tekrar edildi. Peter'in hızı 20%artmıştı . Dahası, çizgileri şimdi daha düzgündü, ki bu da nitelliksel ve niceliksel bir değişimi gösteriyordu. Bir başka referans; harfleri kopyalama olarak alındı. Başlangıçta, görevi tamamlamadan önce Peter'e bir harf tarif edilmesi gerekiyordu, ör. 'Ortada bulunan, düz bir çizgi çizin' vb. Egzersizlere katıldığı zaman bu stratejiyi kendisinin benimsemesi için cesaretlendirildi. Yine her gün egzersizleri gerçekleştirdi ve 2 hafta sonra hızı 24.43 saniyeden %20 arttı. Diğer kısa vadeli hedefler belirlendi ve yerine getirildi. Kazadan sonra Peter imzasını bulamadı ve bu Mayıs 1998 sonuna kadar devam etti. Adını imzalamak kısa vadeli hedeflerden biriydi. Bunu yapmayı öğrendi ve ilk ve ikinci isimlerini imzalamak başlangıçta 23 saniyesini aldı. Bu, taburcu edilme zamanına kadar 6 saniyeye düşmüştü (ve devamında 4 saniye). Kazadan sonra Peter'in çek yazamadığı göz önüne alındığında, imzasının bir kaydını onlara vermek için bankasıyla tekrar iletişime geçmesi gerekiyordu. Ardından çekleri bir kez daha imzalamaya başladı. Bu hedef aynı zamanda Hedef 9'un (kendi mali işlerini yönetmek) bir parçasıydı ve daha sonra göreceğimiz gibi, Peter mali işlerini karısının yardımıyla yönetmeyi öğrendi.

Hedef 3: Okuma hızını artırmak

Peter'in kavramada hiç zorluğu yoktu. Okuma sorunları çoğunlukla hızla ilgiliydi. Peter farklı uzunluklarda ve karmaşıklıkta pasajları okumaya çalışıyordu. BDBÖ (Bilişsel Dil Becerisinin Ölçümü) pasajlarındaki ortalama hızı, bir aylık dönemde %26 artış gösterdi; ancak okuma çalışmalarının büyük kısmı Hedef 4'te gerçekleştirildi.

Hedef 4: Daha doğru bir şekilde hecelemek

Hastalık öncesi bir heceleme zorluğu olmadığı bildirildi. Tedavi oturumlarında Peter ilk olarak alfabenin tüm harflerini isim ve fonetik olarak belirlemeyi öğrendi. Daha sonra, ünsüzler ile ünlü harfler arasındaki farkı ve karakteristiklerini belirlemesi ve ardından ünlü harflerin seslerinin farklı harf kombinasyonları ile nasıl temsil edilebileceğini belirlemesi gerekiyordu. Bir sonraki adım, fonik olarak yorumlanamayan yaygın ünsüz kombinasyonlarını belirlemekti. Bunu, sesli olarak verilen kelimelerin ilk, orta ve son konumlarındaki fonemleri tanımayı öğrenmek ve ardından alfabedeki harflerin konumunu belirleme hızını%50 artırmak izledi. Başlangıçta Peter'in, verilen bir harfin öncesinde veya sonrasında neyin geldiğini belirlemesi ortalama 11.23 saniye aldı. Tedaviyi takiben ortalama 5,7 saniyeye düştü. Bir sonraki kısa vadeli hedef, tüm ünlü sesler için genel gösterimleri tanımlamaktı. Peter daha sonra, bir fonik heceleme yöntemi kullanarak sözel olarak sunulan kelime olmayan sözcükleri doğru hecelediğini göstermeli, bir fonik heceleme metodu kullanarak sözlü olarak sunulan işle ilgili kelimeleri doğru bir şekilde hecelediğini ve hecelemeleri kontrol etmek için sözlük kullanmada hızının arttığını göstermelidir. Peter bütün bu hedeflere ulaştı, bazıları orijinal planlanandan birazdan daha fazla zaman almış olsa da. Bu, için verilen zaman periyodunda Peter'den çok fazla beklentinin olduğunu, bizim belirlediğimiz son tarihin gerçekçi olmadığını gösterdi. Ancak ekstra zaman verildiğinde hedefe ulaşabildi.

Hedef 5: İş görevini tanımlamak ve Peter'ın çalışmaya geri dönüp dönemeyeceğini değerlendirmek

Program başlangıcında Peter, işi için kritik olan bilgisayar sistemi kullanma becerisinde değerlendirildi. Sistemin bazı öğeleri Peter'in şirketinde sıkça kullanılıyordu ve Peter bunları yaralanmasından önce düzenli olarak kullanıyordu. Peter daha az kullanılan bölümlere geçmeden önce sistemin en sık kullanılan bölümleri üzerine çalışmaya başladı. Başlangıçta, sık kullanılan bölümlerde %60 doğru, daha az kullanılan bölümlerde şans eseri (%20 doğru) idi. Aralıklı geri çağırma ve hatasız öğrenme teknikleri, sistemin nasıl kullanılacağını öğretmek için kullanıldı. Peter, Haziran sonunda, neredeyse %100 doğrulukla uygun menüler belirleyebilirdi. Telefon görüşmeleriyle uğraşmak, tespit edilen bir başka sorun alanıydı (10. Hedefin altında açıklandı). Peter işyerinde aranan 23 temel görev setini (bilgisayar sistemi ve telefon görüşmeleri dahil) tespit etti. Programın yarı zamanlı evresinde haftanın bir günü işyerinde çalışmaya başladı. Bu, haftada üç güne yükseldi. Kaçınılması gereken görevler, çok zaman alan; çok fazla yazı yazma içeren işlerdi. Peter yarı zamanlı çalışmaya döndü. Peter'ın ortağı, Peter'ın bilgi birikimine değer veriyordu, Peter'le 'fikir teatisi yapmış' hissediyordu ve onun işine geri dönüşünü takdir etti, ancak Peter'ın önceki düzeydeki sorumluluk veya iş yüküne geri dönemeyeceği açıktı.

Hedef 6: Tekrar araba kullanabilme

Peter engelli insanlar için sürüş değerlendirmesinde uzmanlaşmış bir merkeze gitti. Değerlendirme, birkaç kısa bilişsel testi ve özel olarak uyarlanmış bir parkurda pratik bir sürüş değerlendirmesini içeriyordu. Değerlendirmeyi geçti ve kademeli olarak, bağımsız sürmeye geri döndü. Rehabilitasyon merkezinde bu hedef takip edilmemesine rağmen, bağımsız değerlendirme olanağı sağlandı ve Peter'in sürüşe başlayabilmesini sağlamak için kısa vadeli hedefler üzerinde çalışıldı. Neyse ki, bu zorunlu değildi.

Hedef 7: Model helikopter uçurma

Peter helikopter uçma becerilerini uygulamak için bir helikopter simülatörü bilgisayar programı satın aldı. Başlıca sorun, zayıf görme-motor becerilerinden kaynaklanıyor gibi görünüyordu. Sağını ve solunu karıştırıyordu (saati söylemek gibi başka durumlarda da olan bir zorluk) ve sonuç olarak sık sık helikopteri yanlış yönde uçurdu. Başlangıçtaki referans (baseline) veriler, Peter'ın tüm dışa doğru olan yolculukları başarıyla tamamladığını ancak dönüş yolculuklarının yalnızca zamanın %19'unda başarılı olduğunu gösterdi.

Bir eğitim programı tanıtıldı. Bu, hem ekranda hem de uzaktan kumanda üzerinde sağ ve sol olarak göstermek için çıkartma kullanmayı içeriyordu. Kırk deneme, her bir oturumda en fazla on deneme ile tamamlandı. Eğitim denemelerini takiben ikinci bir referans (baseline), dışa açılan yolculukların %94'ü ve dönüş yolculuklarının%82'sini başarıyla tamamladığını gösterdi. Devamında, helikopterin hızını ve yüksekliğini ne zaman azaltacağını planlamaya özel önem verilen bir eğitim takip edildi. Yine oturum başına en çok 10 olmak üzere 40 deneme daha yapıldı. Üçüncü bir referans (baseline), dışa doğru yolculukların %100'ünde başarılıyla birlikte dönüş yolculuklarının %87,5 başarılı olduğunu gösterdi.

Hedef 8: Bilgisayar klavyesi kullanım hızını artırma

Bir bilgisayar programı, Peter'ın klavyedeki tuşların her birini bulma süresini kaydetti.

Klavyenin sağındaki ve solundaki harfler arasında bir fark göstermese de, Peter belli harflerde ciddi güçlük çekti ve yavaştı. Peter, aradığı harflerin adını yüksek sesle söylemesi istendiğinde gelişme sağladığı halde pratikte ortaya çıkan bu gelişme ile ilk durum ile sözlü bir stratejinin getirildiği durum arasındaki değişim oranında istatistiksel açıdan önemli bir fark görülmedi [$F(1, 24) = 0.002$, $P > 0.9$]. Bir hız platosuna erişene kadar pratiğe devam etti.

Peter ayrıca pasaj yazma pratiği de yaptı. Yavaş olmasına rağmen, yazması işlevseldi. Bununla birlikte, işyerinde zaman kazanmak için bazı yazma işlerini devretmesi gerekiyordu.

Hedef 9: Mali işlerini etkili bir şekilde yönetme

Peter, ev finansal yönetim bilgisayar programı kullanma becerisini gözlemlemek üzere evinde görüldü. Peter bunu kullanmayı başardı, bu alanda daha fazla çalışması gerekli görülmedi.

Hedef 10: Günlük aktiviteleri hatırlamak ve zamanlamak için bir sistem geliştirme

Kazasından sonra Peter, randevularını ayarlama konusunda karısına güveniyordu ve telefon görüşmesi yapmaktan kaçınıyordu. Referans başarısı ile ilgili resmi bir veriye sahip olmamamıza rağmen, Peter'ın bu görevlerden kaçınması sıfıra yakın görünmektedir.

Program başında Peter'e elektronik bir organizatör sağlandı. Organizatörün kullanımı ve randevu programlamasında uygulamalar gösterildi ve Bellek Grubu'nda uygulama yapıldı. Peter buna kolayca adapte olmuş ve organizatörü en başından beri düzenli ve etkili bir şekilde kullanmıştır. Buna ek olarak, işe dönme hedefinin bir parçası olarak bir telefon mesajı pedi de öğretildi (Hedef 5). Ped, Peter'e bir telefon görüşmesi yaparken gerekli bilgileri istemek üzere belirli ipuçları ve başlıklar sunuyordu. Ayrıca telefon kayıt cihazı satın aldı, böylece gerektiğinde aramaları tekrar geri dinleyebiliyordu.

Hedef 11: Zamanı doğru söylemede artış

Peter'ın başlıca sorunları, (1) 4 ila 8 arasında bulunan saat alanıyla ve (2) saatin 'geçe' veya 'kala' olup olmadığının bilinmesiyle ilgiliydi. Referans veriler, zamanı söyleme girişimlerinin %65'inin doğru olduğunu gösterdi. Peter'in saat kadranının tarafını belirleyebilmesi için bir strateji öğretildi. Strateji iki sözlü hatırlatma (mnemonics) kullanmayı içeriyordu. Bunlar, büyük elin saatin sol tarafındayken saatin 'kala' dakikası'nı temsil ettiğini ve saatin sağ tarafındaysa saatin 'geçe' dakikasını temsil ettiğini hatırlamaktı. Peter bu gerçeği hatırlamak için iki kısa cümle geliştirdi: 'İki sol ayak' ve 'Doğru yürüyün' ('Two (to) left feet' and 'Walk right past'). Onun doğruluğu kendine güvenle birlikte %100'e yükseldi, böylece şimdi zamanı doğru söylüyordu.

Hedef 12: Kontakt lenslerini kullanmakta bağımsız olma

Dispraksi, Peter'in kontakt lensleri ile olan zorluğunun başlıca nedeni olarak göründü. Tedaviden önce kontakt lenslerini koyamıyordu. Peter'in gerçekleştirmek istediği belirli eylemleri anlattığı bir sözlü arabuluculuk stratejisi kullanıldı. Bu strateji başkaları ile birlikte bildirilmiştir (bkz. Wilson, 1999). Buna ek olarak, Peter'ın ellerini doğru pozisyona yönlendirmek için yüzüne gözleri yakınında çıkartmalar yerleştirildi. Beş denemeden daha kısa sürede, Peter kontakt lenslerini idare etmekte bağımsız hale geldi. Kısaca, tüm hedeflere taburcu edilene kadar ulaşıldı. Hedefler bir dizi uygulamalı problemi kapsıyordu, bireysel olarak Peter'ın özel ihtiyaçlarına göre uyarlanmıştı ve evde daha bağımsız olmasının yanı sıra part-time çalışmaya da geri döndü.

Taburcu olduktan sonraki ilerleme

Peter, Aralık 1998, Mart 1999 ve Ağustos 1999'da görüldü, görüşme yapıldı ve yeniden değerlendirildi. Ayrıca, bağımsız bir nöropsikologdan nöropsikolojik bir değerlendirme aldı. Testlerin az bir kısmı uyguladığımız testlerle aynı olmasına rağmen, aynı kognitif defisit paternleri tespit edildi. WAIS-R'de hem sözel hem de performans IQ'larının 84 olduğu hesaplanmıştı (düşük ortalama aralığı ve bizim bulgularımızla hemen hemen aynı). Ulusal Yetişkin Okuma Testinde (NART) 95 tahmin edilen IQ'su her iki durumda da aynıydı. Peter'ın WMS-R'deki hikayeleri hatırlaması biraz daha yüksekti (1999'da anlık hatırlamadan 11 puan ve gecikmiş hatırlamadan 8 puan alırken 1998'de gecikmiş hatırlama 1 puan, anlık hatırlama 8 puan almıştı). Peter hala bu konuda yetersiz olmasına rağmen sözlü akıcılıkta 11'den 19'a hafif bir artış gösterdi.

Bu sonuçlar, bilişsel yeteneklerinde az miktarda spontan düzelmenin gerçekleştiğini göstermektedir, bu nedenle fonksiyonel değişiklikler muhtemelen doğal iyileşme yerine rehabilitasyon programına bağlıydı. Peter ve karısı, Peter'in konuşmasının kazadan önceki gibi olmasa da, bundan da memnun olduklarını ve konuşmasının diğer insanlar tarafından kolaylıkla anlaşıldığını söyledi.

Yorgunluk onu hala etkiliyordu, bu yüzden toplantılar düzenlemeyi ya da telefon görüşmelerini hala sabahları yapıyordu. Program sırasında elde edilen yazma hızı korunmuş ancak 4 saniyede tamamlayabildiği imzasında daha da fazla bir artış olmamıştı. Aynı durum, Peter'ın okuma ve hecelemesi için de geçerlidir. Bu alanlar program süresince ulaşılan seviyede kaldı. Peter, uzun belgeleri (kaçmaya çalıştığı bir şeyi) okumak zorunda kalırsa bunu yapmak için sessiz bir ortam bulduğunu söyledi.

Peter, iş yerinde kaldığı ve bilgisayar yazılım sistemini kullanmada yeterli olduğu halde ortağının şirkette 'itici güç' (ceserat veren kişi) haline geldiğini hissetti. Peter mesai saatlerini kıstı, çalışmalarının çoğunu sabahları yaptı ve çok kolay bir şekilde yoruluyor olması durumu sürüyordu. Kısa süre önce bir baba olduğu için, çocuk bakımı yorgunluğuna katkıda bulunmuş olabilir.

Peter hala araba sürüyordu ancak otomatik araba almıştı, uzun mesafeli yolculuklarda sürmüyordu ve sürme işini karısıyla paylaşıyordu. Ayrıca model helikopterini uçuruyordu, ancak daha kısa süreler için. Kazadan önce 2-3 saatini bu etkinlikte geçirirken, şimdi model helikopteriyle yaklaşık 1 saat geçiriyordu. O, bununla mutluydu.

Klavye hızı, programın sonundaki gibiydi, yani işlevsel, ancak yine de yavaştı. Peter, rehabilitasyon merkezinde çalıştığına ek olarak yeni bir bilgisayar yazılım paketi kullanmayı öğrendi. Peter ve karısı, mali konularını yönetiyorlardı.Bunları birlikte yaptılar ve eğer Peter tek başına bir şey yaparsa, Linda genellikle kontrol etti. Peter elektronik düzenleyicisini (organizatör) evde ve çalışma düzenlemelerinde kullanmaya devam etti. Ayrıca hatırlamak zorunda kalmamak için kayıtlı bir telefon numarası listesine sahip bir cep telefonu kullandı.

Analog saatten zamanı söylemesinde ciddi bir problem yoktu, ancak yorulduğunda saati 25 dakika geçeyle saate 25 dakika kala arasında karışıklık yaşıyordu. Yoğunlaşırsa bunun üstesinden gelebiliyordu. Hayatı kolaylaştırmak için günlük amaçlı bir dijital saat takıyordu.

Son olarak, Peter, kontak lenslerini yardımsız koymayı başardı, ancak bu çok zaman alıcı bir işti, genelde gözlük takıyordu.

Peter çalışmak için özellikle kolay bir hastaydı. Kendi işi vardı ve kendi firmasının ortağıydı, bu nedenle işverenlerle ilgili hiç bir sorunu yoktu. Destekleyici bir eş ile güçlü ve yakın ilişkisi vardı, bu yüzden sorunlu aile dinamikleri ile yüzleşmek zorunda kalmadık. Anlaşıldığı kadarıyla duygu durumu ya da duygusal rahatsızlıkları yoktu ve değerlendirme sırasında da hiç kimse böyle bir durum tespit etmedi, dolayısıyla bir kez daha bu yönleri rehabilitasyon programında ele almak zorunda kalınmadı. Son olarak, Peter mali açıdan istikrarlı olduğu için, eşi büyük para problemleri yaşamadı. Bununla birlikte, günlük yaşamında önemli sorunlara neden olan önemli bilişsel ve işlevsel sorunları vardı ve rehabilitasyon programı Peter'in bunları aşmasına ve anlamlı ve üretken bir yaşama sahip olabilmesine öncülük edebildi.

Kaynakça

Wilson, B. A. (1999). Case Studies in Neuropsychological Rehabilitation. New York: Oxford University Press.

14 Lorna: Bütüncül Rehabilitasyonda Dil, Hesaplama ve Öğrenme Modellerinin Uygulanması: Disfazi ve Matematik Öğrenme Bozukluğundan Bağımsız Yemek Yapma ve Seyahat Etmeye

Leyla Prince, Clare Keohane, Fergus Gracey, Joanna Cope, Sarah Connell, Carolyne Threadgold, Jacqui Cooper, Kate Psaila, Donna Malley ve Barbara A. Wilson,
çeviren: Fatma Girgin Kardeş

Giriş

Birinci bölümde beyin yaralanması ve hastalıkların bir çok sonucu için müdahalelerin tanımlanması ve geliştirilmesine destek olmak için kullanılabilen bir dizi teoriye vurgu yapan bir rehabilitasyon modeli sunduk. Burada sunulan vaka nöropsikolojik müdahalenin (Coltheart (2005) tarafından tanımlandığı gibi) nasıl iletişim ve rakamları okuma üzerine spesifik bir vurguyla bilişsel rehabilitasyona entegre edilebileceğine dikkati çeker. Öğrenme yönteminin önemi hem işlevsel genelleştirme hem de spesifik becerilerin veya bilginin öğrenilmesi açısından da değerlidir. Lorna ile çalışmamızı ortak işlevsel hedeflere doğru danışan ile ekip üyelerinin entegre bir şekilde çalıştığı disiplinlerarası yaklaşımımızın ileri bir örneği olarak tanımlarız. Önemli biçimde, Lorna'nın iletişim seviyesi ilk başta onun gruptan faydalanma becerisine ve terapötik ortam sürecine tamamen katılımına potansiyel bir bariyer olarak düşünüldü. Akabinde bu endişeler büyük oranda yersiz göründü. Tekrar söylenirse formülasyon temelli bir yaklaşım danışanın ihtiyaçlarını doğrultusunda işbirlikçi bir anlayış geliştirerek ve ekip arasında bunlara yönelen bir temel inşa ederek entegre değerlendirme sonuçlarının bir sonuca ulaşmak için kullanılmasını sağladı. Vaka telafi edici stratejiler geliştirdiği gibi hem de isimlendirme ve hesap yapma zorlukları için entegre rehabilitasyon programının parçası olarak artan anlamlı aktivitelere katılıma birlikte uygulanan spesifik ve başarılı müdahalelere vurgu yapar.

Yaralanmanın hikayesi

Lorna yurt dışında yaşar ve okurken Mayıs 1999'da bir beyin yaralanması yaşadı. O kafasından sol lateral orbital marjin boyunca giren ve sol parieto-occipital bölgeden çıkan bir kurşun yaralanmasına uğradı. İlk CT taraması sol temporo-parietal bölgede geniş bir ödem ve kurşunun izlediği yolda beyin iltihabı gösterdi. Beyin dokusunu almak ve beyin fragmanları için bir kraniyotomi ve kemik flepi altında abseleri akıtmak için iki operasyon daha geçirdi.Sol temporo-frontal ve parietal loblarda geniş gliyozis bildirildi. Yaklaşık iki hafta bilinçsiz olduğuna inanıyordu ve büyük ihtimalle erken dönemlerde önemli derecede dil bozukluğu nedeniyle travma sonrası amnezi dökümante edildi. Sağ hemiparezi belgelenmişti ve Lorna'nın yaralanmanın sonucu olarak ilaç ile yönetilen epilepsisi vardı. O ayrıca sağ görsel alan bozukluğu da geçirmişti.

Sosyal hikaye

Hastanede yatışta ilk medikal tedavi sonrası Lorna ailesiyle yaşamak için İngiltere'ye geri döndü. O başlangıçta onların tam desteğine mecburdu ama yerel terapi servislerinin sağladıkları ile zamanla bağımsızlık seviyesini artırdı. Bu servisler Lorna'yı taburcu edince hem ailesi hem de Lorna potansiyelini maksimize etmek için ileri müdahaleler istediler. Lorna sonra yeni partneri ile yaşamaya karar verdi. İlk değerlendirmede işsizdi ve gönüllülük işi aramayı düşünüyordu. Lorna'nın yaralanmasından önce büyük bir firmada iyi seviyede iletişim ve matematik becerileri gerektiren yüksek seviyede bir pozisyonda pazarlama yöneticiliği işi vardı.

Geçmiş değerlendirme

Lorna yaralanmadan yaklaşık bir yıl sonra İngiltere'ye dönüşünde yerel servisler tarafından değerlendirildi. Vizyo-spasyal işlevler, hafıza, başlatma, problem çözme, akıl yürütme ve kavrama zorlukları ve ifade disfazisi (ek olarak okuma ve yazmada etkilenme) tanımlandı. İleri nöropsikolojik test disfazinin ciddiyeti nedeniyle yürütüldü. Duygu durumunda dalgalanma, hüsranı yönetme ve öfke ifadesi içeren duygu durumu yönetimiyle problemler gösterildi. İşlevsel gözlemleme dil ve motor becerileri etkileyen dispraksik hatalar ortaya kondu. İlk sağ hemiparezi ortadan kalkmış göründü. Bu zamanda bireysel bakım için bağımsızdı ama çoğu diğer fonksiyonel görevler için unuttuğu sözleri sözel olarak hatırlatma ve fizilsel destek süpervizyonu gerekiyordu.

Detaylı değerlendirme

Lorna Oliver Zangwill Merkezi'nde Nöropsikolojik Rehabilitasyon için yaralanmasından beş yıldan daha fazla süre geçtikten sonra değerlendirildi. Bir günlük ön değerlendirmeyi takiben iki hafta süren detaylı değerlendirme için geri döndü. Disiplinler arası değerlendirmeyi kapsayan alanlar 13. ve 15-21. Bölümlerdekilerle aynıydı ve danışan ve aile üyeleri ile tartışmayı, zayıf ve güçlü yönleri ve rehabilitasyon için potansiyel hedefleri tanımlamayı içeriyordu.

Problemler ve hedefler için Lorna'nın kendi beyanatı

İlk değerlendirmede Lorna iletişim zorlukları için çok endişeliydi. Detaylı değerlendirme süresince destekle aşağıdaki hedefleri belirledi:

- Sözlü dili kullanma ve daha iyi yazabilme
- İnsanlarla iletişim kurmak için alternatif yollar bulma
- Daha fazla yemek yapma
- Duygu durumu değişimlerimi kontrol etmek
- Rahatlamayı öğrenme

Aile görüşmesi

Lorna'nın annesi kızının kendi evi olmasını ve bağımsız yaşamasını, daha iyi iletişim kurma, okuma ve yazmasını ve kısmen tekrar işe gidebilmesini istediğini söyledi. Annesi ek olarak duygu durumu değişimlerini hesaba katarak kızının 'sakinleşme' sağlayabilmesi, eşyalarını nereye bıraktığını hatırlayabilmesi ve 'Lorna için insanların onun aptal olduğunu düşünmediklerini, iletişim problemleri olduğubu bilmediklerini anlamasını belirtti.

Nöropsikolojik değerlendirme

İletişim zorlukları ve hemiyanopya sonuçları aşağı çekebilen kendine güveni üzerinde etki eden bazı testlerdeki performans örneklerine eklendi. Görevleri zor bulduğunda biraz hayal kırıklığı yaşamasına rağmen Lorna yapabildiği en iyi performansı göstermek için iyi bir eforla değerlendirme sürecine katıldı. Lorna'nın iletişim zorlukları testlerde istenenleri anlamak için zaman zaman görsel girdilere gereksinim duyduğu anlamına geliyordu. Bilişsel ve iletişimsel değerlendirme sonuçları tablo 14.1'de özetlendi.

Genel bilişsel işlevsellik

Chessington Mesleki Terapi Nöropsikolojik Değerlendirme Bataryası'ndan (CMTDB) üç alttest uygulandı (içiçe figürler, 2D yapı ve görsel yönergeleri takip). Skorlar görev setini tamamlama zamanında yavaşlama ve ortalama becerinin altını gösterdi. Sonuçlar uzamsal bağlamın görsel işlemlemesinde devam eden bozukluklar gösterdi. Sayısal olarak, Lorna motor cevaplarda perseverasyona sahip görünüyordu. Bunun mental set değişim zorluğuna mı yoksa görsel hafıza zorluklarına mı atfedileceği olduğu belirsizliği aşağıda tanımlanan daha ileri değerlendirmelerin gerekliliğinin belirginleştirdi.

Hafıza

Lorna'nın Rivermead Davranışsal Hafıza Testi-Genişletilmiş (RDHF-G) performansı resim tanımlama testinde ortalama becerinin altını ama yüz tanıma testinde zayıf performansı gösterdi. Bir oda etrafında hem anlık hem de gecikmeyi takiben (rota hatırlama) kesin bir rotada yol almayı hatırlamada zorluklar gösterdi ve aynı zamanda yönergeleri (mesajları) hatırlamada zorlandı.

Buna rağmen görsel tanıma (kapılar) testlerindeki performansı ve görsel hatırlaması (biçimler) ortalama aralıktaydı. Görsel seçici dikkat testinde (Harita Arama) dikkatte Lorna ilk dakikada ortalama aralıkta skor yaptı ama ikinci dakikada skoru etkilenmiş aralıktaydı. Performansta bu düşüş sınır aralıkta olan Asansör Hesaplama alt testindeki performansı ile bağlantılı olarak zaman içinde dikkati sürdürmede zorluk akla getirdi. İşitsel seçici dikkat testinde (Dikkat Dağıtıcıyla Asansör Sayma) ortalama aralıkta skor yaptı. Bu sonuncu alttestlerin ikisinde de (Asansör hesaplama, Dikkat Dağıtıcıyla Asansör hesaplama) Lorna ağırlıkları parmaklarıyla hesapladı ve gösterilen her diziden sonra kaç tane olduğunu gösterdi. Bu stratejinin kullanımı sonuçların geçerliliğiyle çelişti ve bu yüzden temkinle yorumlandı. Buna rağmen bu problem çözmeye stratejik bir yaklaşımı gösterdi.

Tablo 14.1: Bilişsel ve iletişimsel değerlendirme skorları

Test	Alttest	Skor
RDHF-G	Resim tanıma	3/4
	Yüz tanıma	1/4
	Rota (anlık)	1/4
	Rota (gecikmeli)	1/4
	Mesajlar (anlık)	1/4
	Mesajlar (gecikmeli)	0/4
DSDD	Kural Değişim Kartları	1/4
	Anahtar Arama	4/4
Brixton Testi	Uzamsal Beklenti	1 (etkilenmiş)
GDT	Harita Arama 1	7 (düşük ortalama)
	Harita Arama 2	2 (etkilenmiş)
	Asansör Hesaplama	6 (sınır)
	Dikkat Dağıtıcıyla Asansör Hesaplama	7 (düşük ortalama)
DİT	Yıldız Çizme	53/54
	Çizgi Kesişimi	9/9
GOAA	Tarama Testi	16/20 (geçti)
	Tamamlanmamış Harfler	20/20 (geçti)
	Hedef Kararı	19/20 (geçti)
	Nokta Sayma	10/10 (geçti)
	Pozisyon Ayrımı	20/20 (geçti)
Ekman ve Friesen Yüz Duygu Tanıma	Mutluluk	10/10 (geçti)
	Üzüntü	7/10 (geçti)
	Öfke	2/10 (etkilenmiş)
	Tiksinti	7/10 (geçti)
	Korku	1/10 (etkilenmiş)
	Sürpriz	7/10 (geçti)
Benton Yüz Tanıma	Uzun Form Skoru	46/54 (geçti)

CMTNB (Tüm sonraki alt test yönergelerini tarama)	Görsel Algı- Üstüste figürler	A= Sınır T: Düşük ortalama P=Sınır
ADİPD	Sözel kelime/resim eşleştirme	36/40 (4 yakın semantik hata)
	Sözel kelime/yazı eşleştirme	(a) 5/15 (4 eşanlamlılık 1 semantik hata)
	İşitsel kavrama fiiller/işitsel sıfatlar İşitsel kavrama yer belirtme hali ilişkileri	23/41 ve 26/41 5/24 (temelde ters çevirme hataları)
	Yazılı kelime-resim eşleştirme	23/40 – karışık hatalar
	İşitsel gönderi/resim eşleştirme	31/60 (Hatalar: 11 ters çevirme, 8 leksikal Adt, 6 leksikal vb)
	Yazılı gönderi/resim eşleştirme	25/60 (7 ters çevirme 9 leksikal vb)
	Sözel resim isimlendirme	0/20
	Dikte edilen isimleri yazma	0/20
Piramitler/Palmiye ağacı 3 resim versiyonu		45/52
Sınıflandırma	Yapısal beceri= 2D Yapılandırma	A= Ortalama altı
Beceri=B		T= Etkilenmiş
Zaman=Z		P= Etkilenmiş
Ortalama Performans=P	Yönergeleri takip etme becerisi Görsel yönergeler	A= Ortalama altı T=Etkilenmiş P= Etkilenmiş

DSDD, Disexecutive Sendrom Davranış Değerlendirme; DİT, Davranış İhmal Testi; CMTNB, Chessington Mesleki Terapi Nörolojik Bateri; ADİPD, Afazide Dil İşlevinin Psikolinguistik Değerlendirmesi ; RDHT-G, Rivermead Davranışsal Hafıza Testi-Genişletilmiş; GDT, Günlük Dikkat Testi; GOAA, Görsel Obje ve Alan Algısı; Vb: fiil.

Lorna'nın Davranışsal İhmal Testinin (DİT) Yıldız Çizme ve Çizgi Kesişim Alttestlerindeki performansı sağ tarafındaki objelerde sıklıkla yamulma bildirmesine rağmen ihmal veya dikkatsizlik göstermedi.

Yürütücü işlev (planlama ve problem çözme)

Lorna aksiyon halinde etkili ve yetkin planlama becerisi ve Disexecutive Sendrom Davranış Değerlendirmenin (DSDD) anahtar arama alt testinde bunun uygulamasını gösterdi. Bu değerlendirmenin diper yönlerindeki davranışlarıyla uyumludur. Buna rağmen Kural

Değiştirme Kartları alttestinde performansı zayıftı. Sonuçların değerlendirmesinde ikinci denemede ilk kuralı kullandığı açıklık kazandı. Bunun yönergeyi yanlış anlamasından kaynaklanıp kaynaklanmadığı net değildi bu nedenle bu sonuç belirsizdi. Örnekleri tanımlamada da zorluk gösterdi ve Brixton Uzamsal Algı Testinde etkilenmiş aralıkta skor aldı. Kavrama güçlükleri bu görevlerde performansını etkilerken CMTNB'nin uygulanması süresince yapılan gözlem 'mental setin' oluşumu ve değişiminde bazı yürütücü işlev zorluğu sonucunu destekledi.

Görsel-uzamsal algı

Daha önce belirtildiği gibi, Lorna sağ tarafına objelerin düzenli olarak çarptığını belirtti. DİT'nin alt testlerini geçerken ve gözlerini sağa doğru gönüllü olarak yönlendirebilirken daha titiz bir deneysel testte orta çizgiye yakın olan hedef belirlenimini etkileyen dikkat çekici bir sağ hemianopiası olduğu görünüyordu. Birmingtam Obje Tanıma Baterisinden seçilen maddeler kullanılarak yapılan tarama değerlendirmesi daha önce görülmemiş görüntülerin eşleştirilmesinde, görsel obje kararı veya ortak eşleştirmede bir zorluk olmadığını gösterdi.

Lorna uygulanan Görsel Obje ve Alan Algısı Baterisinin alttestlerinin (GOAA) (Şekil Tespiti, Tamamlanmamış Harfler, Hedef Kararı, Nokta Sayma) hepsini geçti, büyük vizyo-spasyal zorlukları olmadığı düşünüldü. Rey Karmaşık Figürleri kopyalamada performansı normal aralıktaydı. Buna rağmen, hafızadan saat yüzü çizmede Lorna'nın bu görevi rakamlar arasında beklenen aralığı bütünlüklü bir planlama yapmadan tamamladığı gözlendi. Hatalar saatin sağ el tarafında olduğu, 9'un iki kez tekrar edildiği ve 6 ve 7, 11 ve 12 arasında büyük boşlukların olduğu not edildi. Bu zamanda bunun yürütücü işlev problemlerini veya numara bilgisi problemlerini yansıttığını düşündük. Finalde bunun farkındaydı ve rakamların nerede olması gerektiğini gösterdi. Görevde ikinci bir girişim gelişmiş bir performansı gösterdi. Hafızadan bir uçak çizmede yaklaşık 10 dk süren ve gerçek boyutundan kısa görünümü tercih eden önemli zorluk gösterdi. Hafızadan bir bisiklet çizemedi. Bir çiçek ve bir köpek çizebildi. Bu bulgular onun bilişinin temsili görünüşlerinin olası bozuklukları ve yapısal veya semantik bilgiye erişimin bozulmuş olabileceği hakkında fikir verdi. Ekman ve Friesen Yüz Duygu Tanıma Testinde skoru öfke ve korku dışında tüm duygularda normal aralıklarda bulundu. Bütün olarak ciddi anomiye ek olarak nöropsikolojik değerlendirme sonuçları Lorna'nın ana zorluklarının (semantik) hafıza, mental setleri kurma ve değiştirme, dikkati sürdürme ve duygu tanımada olduğunu ortaya koydu.

Duygu durumu, duygusal uyum sağlama ve davranış değerlendirmesi

Lorna öfkesi tarafından ve onun diğer insanlar üzerindeki etkisi nedeniyle sıkıntıya düştüğünden öfkenin en büyük problemi olduğunu belirtti. O kızgın olmaktan 'ileriye devam etmek', onu öfkelendirenleri daha fazla keşfetmek ve bunları yönetmek için bazı stratejiler öğrenmek istediğini belirtti. Lorna'nın öfkesi sıklıkla diğer insanların cevaplarının değerlendirilmesi veya iletişimdeki zorlukların hayal kırıklığı ile alakalı gibi görünüyordu. O aynı zamanda orta düzeyde kaygı semptomları yaşıyordu ve kendini 'evhamlı' olarak tanımladı. Bu faktörler kızgınlığının şiddetlenmesine veya diğer insanların tepkilerinin uygunsuz değerlendirilmesine belki onu yüz duygu tanıma zorluklarının devam etmesine sebep olabilir. Lorna kendisini meşgul etme ve diğer görevlerin yokluğunda kaygı/üzüntü ile başa çıkmak için bir yol olarak anlaşılan evi temizleme eğilimindeydi. Bu kaçış başa çıkışının geniş bir örneğiyle uyumlu bir başa çıkma stratejisi olarak düşünüldü.

Dil ve iletişim değerlendirmesi

Lorna iletişim problemlerini çoğunlukla 'kelime söyleme'yi becerememe ve bir kelimede sesi 'duyma'yı becerememe olarak belirtti. Bu zorluklara rağmen, o sözel ve sözel olmayan iletişimin birleşimini kullanarak iyi şekilde iletişim kurdu. Yaralanmadan kaynaklanan bu hasarın örneği Lorna'nın öz değerlendirmesi bağlamında ve bilişsel dil değerlendirmesi sonuçları hem algısal hem de ifadesel disfazi gösterdi. Bilişsel nöropsikolojik seviyede, Afazide Psikolinguistik Dil İşlemleme Değerlendirmesi'nden (APDİD) (Kay ve diğerleri, 1992) seçilen alttestlerin kullanıldığı değerlendirme tek kelime düzeyinde anlama zorluğu, resim eşleştirme testlerinde sözel kelimede semantik hatalar ortaya çıkardı. Yazılı kelime/resim eşleştirme görevlerinde anlamlarda bu hafif bozukluklar tekrar görüldü. Hatalar aynı zamanda fiillerin, sıfatların ve yer ilişkilerinin kavranmasında ortaya çıktı, sonuncusu edatların kavranmasından ziyade tersine döndürme zorluklarından kaynaklanıyor gibi görünmesine rağmen. Beklendiği gibi, hatalar cümle seviyesinde anlama değerlendirmesinde tüm görevlerde not edildi. Anlamlı olarak Lorna birden yediye sayma dışında herhangi bir otomatik konuşmayi elde etmede yetersizdi. O eskiden ona kadar sayabildiğini ve neden artık bunun mümkün olmadığının belirsiz olduğunu belirtti. Sözel isimlendirme görevleri girişimleri madde ne için kullanılıyor söyleyebilse de başarısızlığı kanıtladı. Yazılı kelime isimlerinin telaffuzu becerisini ortaya çıkaran testlerde veya diktede verilen bir kelimenin kaç tane harf içerdiğini çoğu durumda söyleyebiliyordu ama tersinde performansı bozulmuştu. Genel olarak Lorna çok az isim kullanmasına, jest, yüz ifadesi kullanmasına, hedef kelimenin bir kısmını çizilmesi ve arada sırada telaffuzuna rağmen iyi iletişim kurdu. Bağlamsal çerçevede ve 'gerçek-yaşam' iletişimsel ortamında öyleyse kelimenin toplam algısında iletişim becerilerini kullandı. Özetle Lorna bu nedenle hem algısal hem ifadesel dilde, sözel dispraksi ve işitsel işlemleme zorlukları tarafından devam eden ciddi hasar gösterdi.

Bağımsız yaşam becerilerinin değerlendirilmesi

Lorna yazışmalarla başa çıkmak, işlevsel işaretleri, zaman çizelgelerini, tarifleri okumak ve spesifik bilgi sormak gibi günlük yaşamın bazı yönlerinde etkisi olan iletişim problemleri nedeniyle olan hayal kırıklığını sürdürmesine rağmen işlevselliğinin iyi olduğunu hissetti. Halihazırda kullandığı bir dizi stratejiye sahipti ve sonraki müdahalelerin bağımsızlığını, seçilen görevlerde etki ve verimliliğini geliştirip geliştiremeyeceği belirsizdi. Yemek hazırlama bir endişe alanıydı ve potansiyel olarak planlamaya yardım etmek ve farkındalığı garantilemek için görsel kart veya fotoğraf sıralamanın kullanıldığı ilave destek gerektirdi. Eğlendirici aktiviteler ve hafıza stratejilerinin kullanımını içeren toplum kaynaklarına erişimi gözden geçirmek de müdahale için belirlendi.

Değerlendirmenin özeti

Dünya Sağlık Örgütü Uluslarası İşlev Sınıflandırması (DSÖ-UİS Dünya Sağlık Örgütü, 2001) çerçevesine dayanan Değerlendirme formülasyonunun özeti değerlendirme sonuçları Figür 14.1'de gösterildi.

Lorna'nın rehabilitasyon programı

İki haftalık değerlendirmeyi takiben Lorna 24-hafta yoğun rehabilitasyon programı için döndü. İlk 12 hafta boyunca, Lorna Merkez'de güçlü ve zayıf yönlerinin farkındalığını daha fazla geliştirmek ve bunları daha etkili şekilde yönetmenin yollarını öğrenmek için hafta-

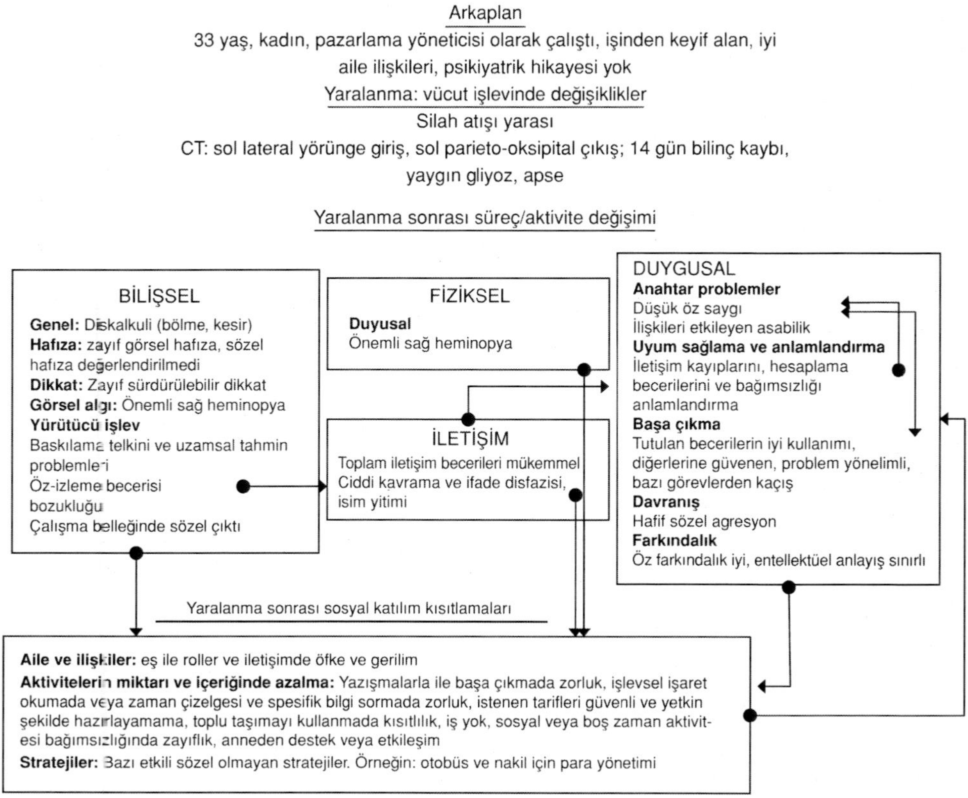

Figür 14.1: Lorna için ilk interdisipliner Initial 'değerlendirme özeti' formülasyonu

da dört gün yoğun programa katıldı. Bunu kazanımların etkili genelleştirilmesini sağlamak amacıyla Merkez'de daha az ve topluluk aktiviteleriyle alakalı daha fazla zaman içeren 12 hafta topluluk entegrasyon periyodu takip etti. Bu bölümde biz özetle yemek hazırlama ve toplu taşımanın kullanımıyla alakalı işlevsel rehabilitasyonla bağlantılı özellikle iletişim ve bilişsel gelişme çalışmalarına, odaklandık.

Hedef belirleme

Hedefler Lorna ile iki geniş alanda belirlendi, ilki sosyal katılım veya anlamlı işlevsel aktivite (örneğin. Toplu taşımayı kullanma) ile ve ikincisi altta yatan beceri ve bilgi (örn. Bilişsel-dilsel beceri, beyin yaralanmasını anlama ve kabul etme) ile ilişkili idi. Spesifik hedefler programın başında şu şekildeydi:

1. Lorna haftada üç kez resim ipucu kartlarını kullanarak güvenli ve bağımsız bir şekilde seçtiği bir akşam yemeğini hazırlayabilecek.
2. Lorna yapmak zorunda olduğu şeylerin takibini yapmak için tanımlı bir planlama sistemini tutarlı kullanımını gösterecek.
3. Lorna Cambridge'ten Peterborough ailesini bağımsız olarak ziyaret etmek ve tanımlanmış stratejileri kullanarak geri dönmek için treni yakalayabilecek.
4. Lorna aşağıdaki yollardan biri veya daha fazlasında ifadesel dilini geliştirecek:
   - Program öncesi kullanmadığı kelimelerin kullanımı

- Bir yardımcı iletişim cihazı kullanımı
- Artan bir iletişim sistemi veya sözsüz iletişim kullanımı

5. Lorna'nın beyin yaralanması hakkında şunları içeren daha fazla anlayış belirtecek: neden bazı şeyleri yapabilip bazı şeyleri yapamadığını ve gelecekle ilgili olarak bilgi edinmek.

Bu uzun dönem hedefleri sonradan Lorna ile iş birliği halinde takım tarafından kısa dönem hedeflerine ayrıldı. Önceki bölümde belirtildiği gibi bu hedeflere yönelik çalışma bu hedefleri başarmada destekleyici bariyer olan spesifik faktörlere yönelik bilgi birikimi, beceri veya strateji geliştirme içeren bireysel ve grup seanslarının birleşimini içerdi. Bireysel seanslarda Lorna dikkat ve yürütücü işlev problemleri, iletişim için bilişsel rehabilitasyon ve özellikle öfkeyle ilgili psikolojik terapi seansları üzerine çalıştı. Lorna aynı zamanda İletişim, Biliş, Duygu durumu Yönetimi, Hayat Becerileri, Psikolojik Destek ve Beyin Yaralanması Anlama Gruplarına katıldı.

Buna ek olarak Lorna iş ve günlük yaşam aktiviteleri ile ilgili işlevsel hedeflerle direk bireysel destek aldı. Bu seansları başlangıç hedef belirleme formatı, görev analizi (hedefi adımlara ve kısa dönem hedeflerine ayırma), tanımlanmış beceriler, stratejiler ve istenen kaynaklar, Lorna'nın kendi beyin yaralanması anlayışına karşı bunları eşleştirmek sonra kısa dönem hedeflerini başarmak amacıyla zorluklar için telafi etme stratejileri geliştirmek takip etti. Bu basamakları beceri ve stratejileri ve öğrenme ve davranış değişimi yaklaşımlarını tanımlamak için interdisipliner bir alıştırma olarak yapılan takımdaki diğer uzmanlarla bağlantı izledi.

Takip eden seanslarda biz anlamlı işlevsel aktivite hedefleyen rehabilitasyon bağlamında iletişim ve numaralandırmada altta yatan sorunların rehanilitasyonunu detaylı şekilde tanımladık. Hedef, başlangıç 'değerlendirme formülasyonu özeti'nin (Figür 14.1) nasıl sonraki spesifik model-temelli formülasyon ve hipotezler için temel sağladığının altını çizmektir. Öfkeyi yönetme ve düşük özgüven için psikolojik terapi, beyin yaralanmasını anlama çalışması, hafıza ve planlama sistemi geliştirmek ve yemek yapma ve seyehat etme etrafındaki işlevsel rehabilitasyonun detayları burada açıklanmadı.

İletişimin ve sayılarla işlem yapmanın bilişsel nöropsikolojik rehabilitasyonu

İletişim

Değerlendirmede sonuçlandırıldığı gibi Lorna uzun süren karmaşık iletişim zorluğu gösterdi. O önceki konuşma ve dil terapisi servisinden taburcu olmuştu ve herhangi bir ilerleme beklenmiyordu. Buna rağmen, iletişim becerilerini ilerletmek için isteğini sürdürdü. Herhangi bir yeni öğreniöi günlük yaşamına genelleştirmedeki becerisine bakılarak şüpheler ifade edilse de Lorna'ya çok sayıda kelime dizisini söylemeyi öğretmek mümkün olabilir diye hissedildi. Lorna'nın müdahalesi böylece büyük oranda rehabilitasyon programı süresince farklı tedavi yönteminin ve tedavilerin yoğunluğunun değiştirilmesi ve birleştirilmesini içeren deneysel bir çalışma oldu.Müdahaleye ek olarak Lorna daha sonra bu fikre karşı olsa da yardımcı iletişim aracı kullanımını altermatif olarak geliştirdi.

Afazi rehabilitasyonuna yaklaşımlar

Değerlendirme süresince bilişsel süreçlerdeki bozuklukları belirlemede bilişsel nöropsikolojik yaklaşım yararlı oldu. Bu büyük oranda zorluğun işaret ettiği alanla alakalı olarak dil işlemleme modeli üzerinden formel değerlendirmede ve farklı işlemelemeler arasındaki etkileşim hakkında hipotez oluşturabilmede ortaya çıktı. Buna rağmen nasıl rehabilite edileceği soruduna yönelmek amacıyla güncel afazi rehabilitasyonu yaklaşımları üzerine literatüre bakmak gerekli oldu. Lorna'yla müdahaleler böylece dispraksi terapisi yaklaşımlarında (Rosenbek, 1984) ortaya çıkan bazı prensip ve tekniklerle birlikte varolan afazi terapisine dayandı. Lorna ile çalışmada özellikle önemli afazi yaklaşımları Kısıtlamalı Afazi Terapisi (CIAT), göreceli olarak yeni bir yaklaşım ve Schuell'in daha geleneksel, stimülasyon yaklaşımı (Duffy, 1986) idi.

Kısıtlamalı Afazi Terapisi ilk kez göreli olarak kısa bir zaman diliminde kronik afazi hatalarında konuşma dilinin iyileşmesine yardım eden terapötik bir teknik olarak Pulvermuller ve diğerleri (2001) tarafından bildirildi. Teknik, hastanın genellikle kaçtığı ve şekillendirdiği durumlarda performans göstermesinin zorlanmasının kısıtlanmasını kullanarak yoğun pratik prensibine dayanıyordu. Meinzer ve diğerleri (2005) bu çalışmayı daha sonra tekrar ettiler ve CIAT'ın sonuçlarının günlük yaşama genelleştirilebileceğini gösterdiler. Buna karşılık, Schuell'in stimülasyon yaklaşımı daha iyi bilindiği gibi daha geleneksel olarak düşünülebilir ve başlangıcından beri konuşme ve dil terapistleri tarafından düzenli olarak uygulandı. Bu yaklaşım hastanın dili tekrar organize etmesi ve iyileşmesini kolaylaştırma ve maksimize etmek için temel araç olarak hasarlı sembol sistemlerinin yoğun işitsel stimülasyonunu çalıştırır. Tedavinin genel prensipleri, uygun uyaran kullanımı, cevap oluşturma, maksimum başarı için fırsat sağlama, cevabın doğruluğu hakkında geri bildirim sağlama, sistematik ve yoğun müdahale ve aşamalı görevler kullanımıyla yoğun işitsel stimülasyonu içerir. Bu prensiplerin hepsi müdahalenin bazı noktalarında veya diğerlerinde çok yüksek veya daga düşük seviyelerde (Duffy, 1986) uygulanır. Dispraksi için Rosenbek'in (1983) sözel terapi teknikleri prensipleri Schuell'in yaklaşımı yanında uygulanır. Müdahale rehabilitasyon programı süresince gelişir ve sonrasında üç tedavi periyoduna ayrılır. Bunlardan her biri her tedavi periyodundan sonraki sonuçlarla birlikte aşağıda tartışıldı. Her terapi içine yerleştirilmiş temel bir prensip tedavinin yoğunluğuydu. Bu Pulvermuller'in CIAT yaklaşımıyla uyumluydu ve aynı zamanda tedavinin yoğunluğu ve sonuçlar arasındaki ilişkinin sistematik incelemesinde Bhogal ve diğerleri (2003) tarafından yapılan çalışmada vurgulandı.

Tedavi 1: Kısıtlamalı Afazi Terapisi (CIAT)

Kısıtlamalı Afazi Terapisi yukarıda bahsedilen kronik afazik hastalarda kullanılan ve yoğun tedavi fazının kısa bir periyodunda anlamlı ilerleme başaran önceki çalışmalar (Pulvermuller ve diğerleri, 2001; Meinzer ve diğerleri, 2005) temelinde seçildi. Lorna ile kullanılan prosedür bu çalışmalarda kullanılana dayandı. 8 günlük zaman diliminde 15 saat CIAT aldı, günlük maksimum 2 saat ve ortalama günde 1.8 saat, ilk 4 günden sonra 3 gün ara aldı. Tedavi oyuncular (terapist, danışan ve asistan) arasında dağıtılan nesnelerin fotoğraflarının bulunduğu kart çiftlerini içeren bir iletişim oyunu formunu aldı. Kullanılan nesneler, günlük hayatında onun için işlevsel anlamına göre Lorna tarafından seçilen sıklık ve tanınırlığına göre eşleşmiş 12 nesne ismini içerdi. Etkileşim talepler yapmayı ve taleplere tepkileri içerdi. Birbirlerinin kartlarını görmelerini ve sözel olmayan jestleri kullanmalarını önlemek için oyuncular arasına ekranlar yerleştirildi. Lorna'dan belirli bir kartı ismiyle istemesini ve diğer oyuncudan gelen isteğe tek bir kelimeyle cevap vermesi istendi. Eğer kartı isimlendiremezse alternatifleri ihtiyacı olduğu kadar tekrar etmesi cesaretlendirilerek bir alternatif sunuldu, örneğin 'bir kaşık veya ekmek mi istiyorsun?' Talebe doğru olmayan bir cevap verildiğinde modelleme ve tekrarlama teknikleri de kullanıldı. Sterotip cümlelerin ve sözel olmayan iletişimin kullanımı yasaklandı.

Sonuçlar 1

Hedef kelimelerin seçilimini takiben bir kere müdahale başladığında Lorna'nın listedeki kelimelerden birini söyleyebildiği belirgin oldu. Buna rağmen biz varolan liste ile sürece devam ettik ve müdahaleyi sürdürdük. CIAT tekniğinin iki haftası sonunda Lorna orjinal listeden ek olarak iki kelime üretebildi. O aynı zamanda listedeki diğer dokuz kelimenin ilk seslerini üretebildi.

Tartışma 1

Terapinin bu ilk hızına cevabı hem kendisinde hem de terapistlerde tedbirli düzeyde bir iyimserlik oluşturdu. Performansı uygun yoğunluk seviyesinde sunulduğunda yeni kelimeri öğrenebildiğini gösterdi. Eşinden alınan geri bildirim tedavi periyodu sonunda bir haftalık izleme formunun tamamlanması yoluyla sağlandı. Bu yeni edinilen kelimelerin tedavi seanslarının ve Merkezin dışında ev ortamında kullanıldığını ortaya çıkarı, yeni öğrenilen kelimelerin genelleştirilmesinin başlangıcına dair bazı kanıtlar sağladı. Değişimi etkileyenin CIAT tekniği mi veya tedavinin yoğunluğu mu olduğu sorusu hala duruyor. Müdahalede sonraki mantıklı adım böylece bu hipotezi ortaya çıkarmak olarak görünüyor.

Tedavi 2: CIAT ve Geleneksel Terapi

Böylece müdahalenin ikinci fazının sıklık ve tanınırlık için eşleştirilmiş iki ek kelime setinin hedeflenmesini içereceği konusunda fikir birliğine varıldı. Bu kelimeler yine toplumsal becerisinde işlevsel değişim getirme potansiyeli temel alınarak Lorna ve eşi ile tartışılarak seçildi. On sekiz kelime seçildi ve iki sete ayrıldı. Kelimelerin ilk seti yukarıda tanımlanan CIAT yaklaşımı kullanılarak çalışıldı. İkinci kelime setinde Schuell'in kelime hece ayrımını, ses ayırt etme egzersizlerini, hedeflenen kelime ve görsel, dokunsal ve işitsel geri bildirime bağlı sesli ve sessiz harflerin birleşiminin kullanıldığı söyleyiş alıştırmalarını içeren 'geleneksel' terapi yaklaşımı kullanımı sağlandı. İki kelime seti de günde bir veya iki kez aynı bir saatlik seanslarda, bir seans süresince her yaklaşım için harcanan zaman eşit şekilde çalışıldı. Bu dedavinin amacı isimlendirme becerisindeki artışın kullanılan terapi tekniğinden bağımsız olup olmadığı ve bunun yerine kendi başına terapinin yoğunluğunun bir sonucu olup olmadığının daha açık bir ayrımını yapmaktı.

Sonuçlar 2

İki hafta sonra sonuç; Lorna'nın CIAT müdahalesinde kullanılan dokuz kelimenin hiç birini edinmediği ve dokuzdan yedisinin ilk seslerini öğrenebildiğiydi. Sonuç dokuz kelimenin tamamı için ilk seslerini öğrenebildiği geleneksel terapi tekniği kullanıldığında elde edilenle aynıydı.

Tartışma 2

Bu ikinci fazı takip eden iki yaklaşımda zayıf performans iki terapinin de yoğun kullanım seviyesinde etkili olmadığı sonucunu sağladı. Bu Lorna'nın isimlendirmesindeki önceki değişimin girdiden mi veya tedavi yönteminden mi kaynaklandığını ölçmeyi zor hale getirdi. Buna rağmen müdahalenin ilk fazı sonrası performans seviyesi göz önüne alındığında tedavinin yoğunluğunun bir etkisi olabileceği ihtimali sezildi. Bunun eğer tedavinin ilk fazında CIAT'taki yoğunlukla aynı verilirse geleneksel terapinin etkililiğinin araştırılması yoluyla ortaya çıkarılması ve açıklanması gereken anlamlı bir soru olduğu hissimiz devam ediyor. Böylece müdahalenin sonraki aşaması tedavinin ikinci aşamasında tanımlandığı gibi CIAT'ın ilk tedavi fazındakiyle aynı yoğunlukta terapinin daha geleneksel yöntemlerinin uygulanmasını içerdi.

Tedavi 3: Geleneksel Terapi

Tedavi 3'te Lorna iki hafta süresince yeniden yoğun geleneksel terapi (yukarıda tanımlanan) aldı. Lorna ve eşi tarafından seçilen ve CIAT tedavi fazında ilk önce belirlenen sıklık ve tanınırlılığa göre eşleştirilen tekrar oniki kelime seçildi. Daha sonra 8 günlük periyotta günde maksimum 2 saat alınarak ilk 4 gün ardından 3 gün ara ve günde 1.8 saat ortalama ile 15 saat geneksel terapi alındı. İlk haftada altı kelime, üçü her gün ikinci seansta ve altı kelime aynı yolla ikinci haftada hedeflendi. Bunun için düşünülen, ilk tedavi fazında maruz kaldığı yeni kelime miktarını aynı hale getirmekti. Geleneksel terapi teknikleri tekrarlama, dokunma ve görsel geri bildirim (ayna), kelimleri hecelere ve seslere ayırmak, seslerin temsilleri olarak sembolleri kullanmak ve ses kayıtları ve minimal çiftleştirme yoluyla sese dayalı geri bildirimi içerdi. Ek olarak Lorna hedef sorgulama ve cümle tamamlama görevleri yoluyla tek kelime, cümle ve karşılıklı konuşma seviyelerinde de kelimeleri kullanması için cesaretlendirildi. Eşi yeniden her hafta için bu yeni öğrenilen kelimelerin günlük iletişimde kullanılıp kullanılmadığını not ettiği izleme formlarını tamamladı.

Sonuçlar 3

Geleneksel terapi tekniklerinin kullanım müdahalesinin final fazında Lorna dramatik ilerlemeler gösterdi. Lorna'nın müdahalesinin başlangıcından önce Lorna tedavi için seçilen 12 kelimenin hiçbirini bilmiyordu. İki haftalık periyodun sonunda 12 hedef kelimenin hepsini edindi ve sorulara cevaplarda, cümle tamamlama görevlerinde ve kısa cümlelerde bu kelimeleri kullanabildi.

Tartışma 3

Sonuçlar yaralanma sonrası zamana rağmen Lorna için en başarılı olanın yoğun geleneksel tedavi yaklaşımı olduğunu gösterdi. Bu literatürdeki belirtilenlerle (Poeck ve diğerleri, 1989) uyumludur. Performans üzerinde etkisi olan bütüncül rehabilitasyon yaklaşımının faktörleri yanında klinik pratik için yorumlar tartışıldı.

Genel Tartışma

Lorna'nın durumunda, disfazili danışanlarla elde edilen başarılı sonuçlara rağmen CIAT konuşma üretiminde değişim getirmesinde etkili bulunmadı. Lorna alakalı tedavi periyotları süresince en iyi cevabı 'geleneksel' terapi tekniklerine verdi ve tedavinin 1. Fazında CIAT ile aynı yoğunlukta sağlandığında sonuçlar CIAT'tan daha iyiydi. Lorna'Nın gözlemleri ve yaptığı yorumlar tedavi seanslarına daha fazla katılabildiği için geleneksel yöntemden faydalandığını gösterdi. Geleneksel tedavi aktif dinleme, işitsel işlemleme becerileri geliştirme ve ses, hece ve kelime seviyelerinde üretim gerektirdi. Başarılar belki de daha kolay tanımlandı çünkü hedef kelime bir parça doğru belirtilse bile Lorna için bu ilerleme anlamlıdır. Başarılar belki daha kolay tanımlanabilirdi çünkü hedef kelimenin bir kısmı doğru olarak üretilse bile bu ilerlemeyi anlamlı yaptı. Sadece hedef kelimeler başarı olarak kabul edildiği için CIAT'ta başarılara ulaşılması daha zordu. Lorna'nın zorluğunun ciddi doğası başarıya ulaşmak için daha sıkı çalışması anlamına geliyordu ve kaçınılmaz olarak görev daha başa çıkılması zordu. Sadece talepler yapma ve taleplere cevaplar kabul edildiği için CIAT görevini içeren etkileşimler aynı zamanda daha kısıtlayıcıydı. Bu danışan ile terapist arasındaki etkileşimin tipi ve kalitesini bir ölçüde sınırlandırdı. Sözel olmayan iletişime izin verilmemesi ve görsel iletişimin azaltılması etkileşimi daha fazla kısıtladı ve Lorna'nın doğal ve tercih edilen etkileşim yaklaşımına ve aynı zamanda kısmen güçlü toplam iletişim yaklaşımının daha fazlasına karşıydı. CIAT böylece tedavi süreci daha rahat bir tarzda olsa da bu becerileri devam ettirmesini sınırlandırdı.

Lorna'nın tedavinin üçüncü safhasından sonraki başarısının kısmen iletişim terapisinin içinde yer aldığı bütüncül rehabilitasyon programının geri kalanının etkisine atfedilmesi de mümkündür. Formal olarak değerlendirilmemesine rağmen artan pozitif duygu durumu ve kendine güvenin yerine getirme-temelli rehabilitasyonda hedeflenen bilişsel işlemlemede değişimi getiren bir katalizör olarak görev yapabiliyor olmasının duygusal uyum sağlamada gelişmeye ne ölçüde yansıdığı ilginçtir. Bu Lorna iletişim başarılarını rehabilitasyonun diğer alanlarına genelleştirebildiği için bu iki yönlü bir gelişme de olabilir. Örneğin iletişim müdahalelerinde hedeflenen kelimeler özel olarak yemek pişirme ve seyahat etme gibi günlük yaşam görevlerinde kısmen anlamlı işlevsel aktivitelerde kullanımı temelinde seçildi. Bu sadece sağlamlaştırılmış öğrenme değil ama bu işlevsel aktivitelerde eğitim bağlamında öğrenilen kelimelerin genelleştirilmesinin kolaylaşmasıdır. Altta yatan bilişsel dilsel becerilerin eğitimde hedeflenmeyen kelimelerin üretimine genelleştirildiği görülmedi.

Eğitimde altta yatan bilişsel linguistik becerilerin hedeflenmemiş kelimelerin üretilmesine genelleştirilmesi gözlenmedi ve Lorna bir ses veya hece düzeyinde genelleştirme yapamadı. Tekrarlı formal ölçme ifadesel veya kavramaya dair dil becerisinde genel bir ilerleme olmadığını gösterdi. Buna rağmen müdahale sürecinde Lorna hasar sonrası zamana rağmen öğrenme becerisi gösterdi.

Programın sonunda, daha ileri bir gelişmenin hala mümkün olduğunu hissettik. Lorna daha sonra yerel servislere sevk edildi ve buna ek olarak ve muhtemelen daha da anlamlısı Lorna'nın annesine geleneksel terapi tekniklerinin genel prensipleri öğretildi. O, rehabilitasyon programını tamaladıktan sonra Lorna ile çalışmaya devam edebildi. İlerlemenin sonraki bir gözden geçirilmesi Lorna'nın annesinin desteği ile aile üyelerinin isimleri gibi günlük hayatında anlamlı diğer kelimeleri öğrenmeye devam ettiğini ortaya çıkardı.

Lorna'nın sayılardan anlama becerileri

Yemek yapma değerlendirmesi süresince, Lorna'nın miktarların bölünmesini anlamada zorluğu olduğu gözlendi. Böylece Lorna'nın sayılardan anlama becerilerini ortaya çıkarmak için birçok ölçüm yürütüldü. Değerlendirmenin amacı onun sayılarla zorluklarının ne kadarının dil zorluklarına veya ne kadarının sayıları işlemleme bozukluklarına atfedilebileceğini ve uygun rehabilitasyon programını belirlemekti.

Akalkuli, beyin yaralanması sonrası edinilmiş olabilecek bir sayı işlemleme ve hesaplama becerileri bozukluğudur (Van Harskamp ve Cipolotti, 2001). Caparoli ve diğerleri (2000) sol hemisfer vasküler lezyonlu hastalarda akalkuliyi araştırdılar. Onlar inme sonrası ilk birkaç ayda daha sonra stabil duruma ulaşan veya düşen kısmi bir iyileşme olabildiğini buldular.

Bu iyileşme ilk ciddiyete bağlı değildi. Onlar aynı zamanda hesaplama bozukluklarının işitsel anlamanın iyileşmesi ile ilintili iyileşmesini rapor ettiler. Sayı becerilerinin bozukluğa duyarlılığı yüksek olduğu için (Girelli ve Seron, 2001) kafa yaralanmasını takiben aritmetik problemlerin yaygın olduğunu belirttiler. Aynı yazarlar aritmetik bozuklukların rehabili-

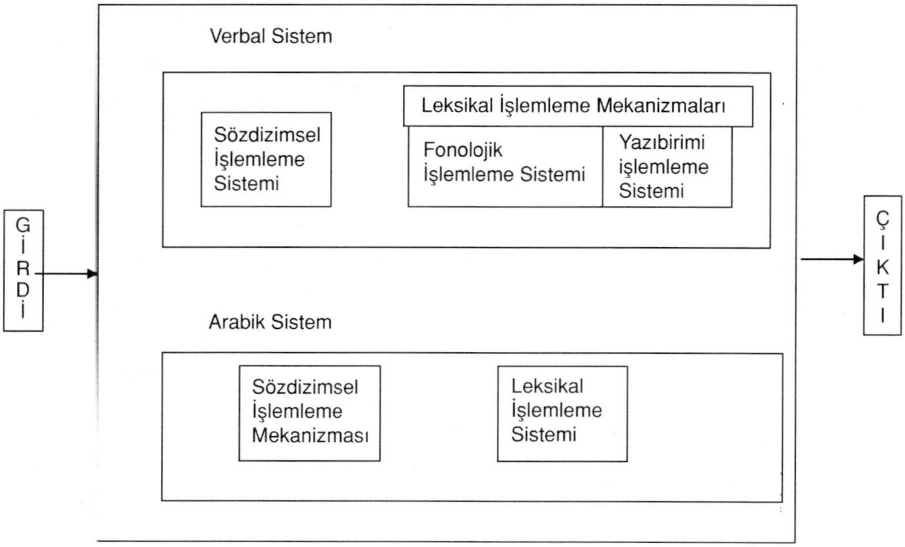

Figür 14.2: McCloskey ve diğerlerinin (1985, s. 174) sunduğu sayı kavrama ve sayı üretimi altsistemi ayrımına dayanan sayı işlemlemenin şematik temsilini içerdi, Elsevier 1985'in izniyle.

tasyonunun hastanın becerilerinin teorik değerlendirmesine dayanan detaylı teşhis gerektirdiğini belirttiler. Burada biz kısaca değerlendirme ve rehabilitasyonla alakalı yayınları özetleyeceğiz.

Akalkulinin ölçülmesinin arka planı

Modeller

Figür 14.2'de sunulan McCloskey ve diğerlerinin (1985) sayı işlemleme ve hesaplamanın bilişsel sistem modeli sayıları anlama ve üretme için farklı mekanizmalar olduğunu iddia eder. İşlemleme bileşenleri Arap numaralarının sözlü numaralardan farklı işlemleme mekanizmasıyla ayrılır. Sözlü sistemdeki leksikal işlemleme daha sonra fonolojik ve yazıbilimsel işlemleme bileşenleri hesabına bozuldu.

McCloskey ve diğerleri (1985) eğer gerekirse sayıları anlamayı takiben hesaplamanın nasıl ilerleyebildiğini tanımladı (Figür 14.3'e bakın). Onlar hesaplama sisteminin üç temel bileşeni olduğunu iddia ederek devam ederler. İlki gerçekleştirilen hesaplamanın tanımlanmasına izin veren işlem sembollerinin (örneğin; +, -, x, /) işleme kapasitesidir. İkinci bileşen temel aritmetik durumların, basit aritmetik problemlerin cevapları durumlar olarak depolanır, hatırlama ve böylece semantik belleğimizdeki temsillerinin gerekliliğidir (Hittmar-Delazar ve diğerleri, 1994). Üçüncü bileşen hesaplama sistemi içindeki çok basamaklı problemlerin doğru çözümü için gerekenlerde olduğu gibi hesaplama prosedürlerinin yürütülme becerisidir.

Akalkulinin rehabilitasyonu

Aritmatiğin bilişsel modellerinin gelişimine rağmen akalkulinin etkili rehabilitasyonuna yönelen az çaba oldu. Güncel çalışmaların çoğu ya sayısal kod çevrimi ya da hesaplamaya

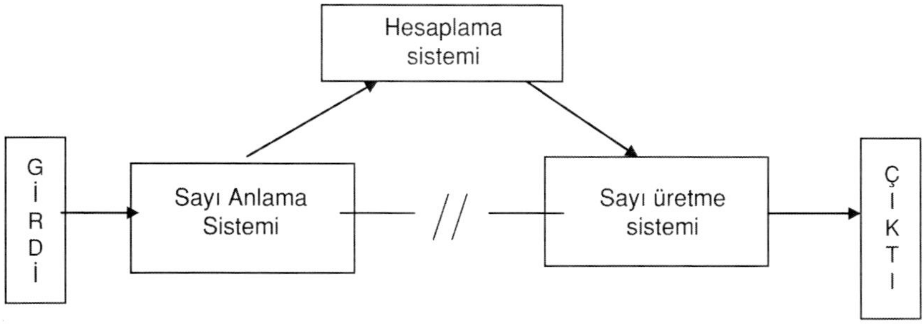

Figür 14.:3 McCloskey'i (1985, p.173) temel alan sayı anlama, üretme ve hesaplama altsistemlerinin şematik temsili, Elsevier 1985'in izniyle.

Figür 14.4: Bu hesaplama modelini destekleyen bazı kanıtlar ortaya konmuştur (McCloskey ve diğ., 1985; Cipolotti ve Costello, 1995; Delazer ve diğ., 1999; Sandrini ve diğ., 2003; Basso ve diğ., 2005)

odaklanama eğilimindedir (Girelli ve Seron, 2001). Rehabilitasyona uyarlanan stratejiler tipik olarak ya 'yerine koyma' (bozulan bir becerinin içsel bir telafisi için sağlam bir bilişsel beceriyi kullanma) veya kaybolan bilginin yeniden öğretimi için kapsamlı pratik ve tatbikat içerir.

Van Harskamp ve Cipolotti (2003) aritmatik durum hatırlaması için seçici bozukluk gösteren hastaların kendilerinde kalmış olan aritmetik durum bilgisini içeren destek stratejileri kullanmalarının desteklenmesi gerektiğini öner sürerler. Onlar çarpma durumu hatırlaması bozukluğu için telafi edici strateji olarak toplamanın kullanılması örneğini verirler. Van Harskamp ve Cipolotti (2003) Deloche ve diğerleri (1989) tarafından yürütülen eğitim-temelli müdahale de tanımlarlar. Eğitim hastaya Arap numaralarını yazılı sözel numaraalra çevirmede yardım etmek için renk ipuçlarının ve kelime panellerinin kullanımıyla açık koda çevirme kuralları adımlarını yeniden öğretmeyi içerdi. Eğitim eğtim sonrası ve takip eden yedi ayda başarılı bulundu.

Girelli ve Seron (2001) hastaların tam iyileşme göstermezken eğitimden fayda gösterdiklerini gösteren sonuç verileri sunar. Onlar aynı zamanda eğitim etkilerinin tutulduğunu ve bazı durumlarda eş zamanlı olarak genelleştirildiğinin bulunduğunu vurgularlar. Rehabilitasyonun danışanların sosyal katılımını geliştirmeyi yardım etmeyi amaçlayacağı düşünülürse kazanımların işlevsel durumlara formal genelleştirilmeleri göz ardı edilmemeli. Bu sonuçla, Girelli ve Seron (2001) sayısal becerilerin (örneğin para idaresi) kaybını takiben insanların günlük hayatta yaşadığı zorluklara bakarak sayısal bilginin iyileştirilmesinin daha ekolojik geçerli görevlere dahil edilmesi girişiminde olması gerektiğini ileri sürerler.

Biz Lorna'nın sayı becerisi ölçümümüze yukarıda sunulan modellere göre yaklaştık. İlk hedef hesaplama becerisi modelinin desteği ışığında sayılarla işlevsel zorlukların anlamlandırılması ve uygun yeniden eğitim ve telafi yaklaşımlarını içeren rehabilitasyon yollarının gözden geçirilmesiydi. İkinci hedefimiz bu becerilerin işlevsel hedef alanlarına entegre edilmesine yönelik genelleştirmenin desteklenmesi idi.

Lorna'nın akalkulisinin değerlendirilmesi

Yöntem

Yukarıda tanımlandığı gibi McCloskey ve diğerlerinin (1985) modeli değerlendirmeye rehberlik etmesi için kullanıldı ve McCloskey ve diğerlerinin modelinin spesifik açılarındaki becerilerin değerlendirilmesi için Levin (1979) tarafından tanımlanan görevler kullanıldı. Sayı kavramayla alakalı hem işitsel hem de görsel temsilleri kapsayan Levin'in 1-6 (Tablo 14.2'ye bakın) görevleri kullanıldı. McCloskey'in modelinin hesaplama yaklaşımı Figür 14.4'te tanımlanan üç anahtar sürece vurgu yapar. İşlem sembol işlenmesi McCloskey ve Macaruso (1995) tarafından tanımlandığı gibi hem Arap sayıları hem de noktaların kullanımı görevlerinin temsiliyle Levin'in görev 10 içindeki dört aritmetik işlem (+, -, x, /) becerisinin karşılaştırılması yöntemiyle değerlendirildi. Levin'in görev 9,11 ve 12'si Lorna'nın iletişim bozukluğu nedeniyle uygulanamadı. Aritmetik durumların hatırlanması Levin'de görev 7 ve 8'de tanımlandığı gibi basit aritmetik, tabloların hatırlanması ve sayma (basit, geri geri ve ikişer) gibi görevlerle ölçüldü. İşlevsellikte bu tip bir zorluk gözlendiği ve Levin veya McCloskey'nin yaklaşımlarında yer almadığı için kesir anlamayı değerlendirmek için ek olarak bir dizi görev (Tablo 14.3'e bakın) geliştirildi. Kesirler Arap numaraları ile sunuldu. Görevlerde iki tip cevap şekli sunuldu: çoktan seçmeli taranmış bir resimle sayısal kesirlerin eşleştirilmesi ve hedef sayısal kesrin temsili için bir dairenin taranması.

Değerlendirme süresince bir sözel cevap sağlanamadığında Lorna elinin avucuna sayıyı çizdi ve cevabı göstermek içim parmaklarını kullandı.

Sonuçlar

Sayı Kavrama ve İfade

Lorna'nın sayı işlemleme değerlendirmesindeki performansında (Tablo 14.2'ye bakın) işitsel formda sunulan sayıları anlamada yoğun bir zorluk ve daha önce tanımlanan iletişim bozukluklarıyla tutarlı sayıların sözel üretiminde bozulma bulundu. Lorna buna rağmen yazılan sayıları kopyalayabildi, görsel sayısal formdaki iki sayıdan büyük olanı gösterebilidi ve sayıları 'bir'den 'sekiz'e sayabildi.

Sayma ve Sayısal Durumların Hatırlanması

Lorna birden başlayıp yukarı doğru sayması istendiğinde sekize kadar sayabildi. Lorna ikişer ikişer veya tersten sayamadı. Tersten sayma, ikişer sayma ve hesaplama görevlerindeki performansı aynı zamanda durum hatırlamasında bazı bozukluklara dikkati çekti.

Hesaplama

Lorna Arap numaraları (örn. '3+1') ve noktalar (...+.) olarak sunularak temel aritmetik hesaplamalarda ölçüldü. Lorna'nın uyaran modunda da sunulduğunda basit çarpmada bir zorluğa sahip olmadığı bulundu. Lorna negatif sayısal sonuç (3-4= -1) gerektiren cevap sebebi ile çıkarmada bir hata yaptı ve bu görevi yapma girişiminde bulunamadı. Toplama içeren hesaplamalarda 12 soruda 3 hata yaptı, 2 tanesi nokta durumunda 1 tanesi yüzler basamağında cevap gerektiren Arap sayıları durumundaydı. Toplama, çıkarma ve çarpma ile çok hafif zorluklara karşıt olarak Lorna noktalar ve sayılar olarak sunulan on problemden ikisine doğru cevap vererek bölme sorularında özel bir zorluk gösterdi.

Kesir Bilgisi

Lorna'nın yazılı kesirlerin taranması veya sayısal kesirlerin taranmış resimle eşleştirilmesini gerektiren kesirlerin ölçülmesinde büyük bir zorluğa sahip olduğu gözlendi. Tablo 14.3 hem 'renklendirme' hem de 'kesir eşleştirme' durumlarındaki performansını gösterir.

Tartışma

Lorna'nın sayı işlemleme becerisinin ön değerlendirme bulgularından Lorna'nın iletişim zorlukları ile tutarlı işitsel sayı işlemlemede bazı hasarları olduğunu söyleyebiliriz. Lorna'nın performansı onun hala bir derece sayı bilgisine sahip olduğunu gösterdi ki bu eğer sorular dil bozukluğu ile uzlaşmış bir modalite içinde sunulduğunda belirgindi (örn. Numara kopyalama, görsel olarak sunulduğunda iki sayıdan daha büyük olanı bildirmek).

Lorna bazı ölçümlerde durum hatırlama bozukluğu belirgindi. Dil zorluklarına rağmen Lorna sekize kadar sayabiliyordu buna rağmen ikişer ikişer veya sayısal düzende geri sayamıyordu. İkişer sayma veya geri sayma semantik bilgide olabileceğinden bu kavramsal bilgide bir bozukuğu akla getirebilir. Hesaplama becerilerinde diğer alanlarda hafif zorluk ile basit bölme hesaplamaları için seçici bir bozukluk bulundu.

Lorna kesir ölçümlerinde özel bir zorluk gösterdi. Lorna sadece tarım, yarım veya çeyrek gösteren soruları doğru ve geçerli olarak cevaplayabildi. Lorna çoktan seçmeli verilen görevlerde belirgin şekilde daha iyiydi buna rağmen performansı değişkendi.

Ölçümden Lorna'nın sayılarla zorluğu McCloske ve diğerlerinin (1985) sayı işlemleme modelinde yer alabilirdi: Öncelikle Arap sayıları ve işitsel-sözel sayı anlama ve ifade etme arasında açık bir uyuşmazlık var. Özel olarak Lorna iletişim zorlukları ile tutarlı olan sözel sayıları (fonolojik işlemleme) üretme ve anlamada zorluğa sahipti.

Hesaplama modelinde, Lorna durum hatırlamanın bazı yönlerinde zorluk gösterdi. Lorna bölme ve kesir hesaplamaları için seçici bir bozulma gösterdi. Diğer kesir hesaplamaları bozulmamış olarak düşünüldü.

Lorna'nın spesifik sayılardan anlama ve hesaplama bozukluğu rehabilitasyonu

Bu bölümde daha önce tanımlandığı gibi Lorna sayı üretimini sözel olarak artırmak için konuşma terapisi aldı. Lorna kesirleri anlamayı geri kazanma ve sayılarla daha fazla kendine güvenmeye yönelik bir hedef belirledi. Yemek pişirme ve toplu taşıma ile alakalı işlevsel durumlarda kazanılan herhangi bir becerinin potansiyel uygulanması da göz önünde tutuldu ve daha kapsamlı fonksiyonel hedef alanları altında eylem planına eklenen çalışma burada tanımlandı.

Yöntem

Eğitim programının etkisini değerlendirmek için müdahale öncesi/sonrası müdahalesinin tek vaka dizaynı kullanıldı. Hesaplama (bölme) ile ilgili sayı işlemleme bozukluklarının tanımlanması ve kesirlerin anlaşılmasının işlevle özellikle yemek pişirmeyle alakası göz önüne alındığında eğitim temel kesirlerin bilgisinin geri kazanımına odaklandı. Öğrenme yöntemlerinin ve takiben Girelli ve Seron'un (2001) önerilenin verilmesi niyetiyle bir hatasız öğrenme yaklaşımı uygulandı. Buna rağmen kodlama ve işlemlemede artışın hedef bilginin hatırlanmasını artırabileceği göz önüne alındığında öğrenmenin hatasız durumu çalışılan görevde bazı gayrete dayalı bazı içerir.

Müdahale öncesi ve sonrası değerlendirmeleri yukarıda tanımlanan becerilerin tekrarlı ölçümlerinden oluştu.

Eğitim müdahalesinde Lorna'ya sayısal kesirler ve kesirlerin görsel gösterimini (örneğin. Dört hücreye bölünmüş bir kare) sağlayan bir şekle bölünmüş bir kareli kağıt sunuldu. Lorna'ya hedefle eşleşen taralı resim gösterildi. Bu bilginin öğrenilmesini gayretli hatasız işlemleme (effortful errorless processing) yoluyla zenginleştirmek amacıyla Lorna'ya sayısal hedefle eşleşen şeklin uygun alanının taranması öğretildi. Bu yaklaşımın birkaç seansı sonrası Lorna'nın yazılı kesirle taralı resmi eş zamanlı olarak eşleştirebilir olduğu açık hale geldi. Yazılı kesirin sayısal anlamını açıklaması istendi ve bu nedenle rehabilitasyon seansları böylece pay ve paydanın anlamının açıklanmasına odaklandı. Bu seansların ilerlemesi Lorna'nın paydaya göre farklı şekilleri bölmesini ve paya göre belirtilen miktarları taramasını sağladı. Bu seansların başında Lorna sayılar konusunda kendine güvenini geri kazanmaya başladığı açık hale geldi, eğitimden keyif aldı ve daha ileri düzeyde uğraştırıcı görevlerin oluşturulmasını istedi.

Sonuçlar

Eğitim programının sonunda Lorna'nın kesir bilgisi, sayı işlemleme ve hesaplama yeniden değerlendirildi ve veriler Tablo 14.2 ve 14.3'te sunuldu. Lorna yarım, üçte bir, çeyrek, beşte bir, altıda bir, sekizde bir ve onda biri içeren kesileri tanıyabildi. Bu durumda Lorna'ya aynı zamanda kesir hesaplaması da sunuldu. Lorna kesirler resimsel temsillerle sunulduğunda toplama ve çıkarma sorularını cevaplayabildi buna rağmen sorular Arap sayıları formunda olduğunda doğru cevap veremedi (Tablo 14.3).

Lorna'nın kesirlerde performansı ölçümü tekrar test edildiğinde eğitim öncesi ve sonrasında Lorna'nın basit aritmetik hesaplama performansı becerisi gelişme gösterdi. Sonuç Lorna'nın aldığı kesirleri tanıma, anlama ve hesaplama eğitiminin bölme kullanımı becerisine genelleştirdiğini kuvvetli bir şekilde gösterdi. Sayıları anlamada veya sayısal durumları hatırlama veya yeniden öğrenmedeki ilerlemeyi gösteren sayı işlemlemedeki gelişme de açıktı. Bu alanlardaki gelişmenin aldığı iletişim rehabilitasyonundan meydana gelmiş olabileceği de mümkündür. Lorna'nın yemek pişirme seansları süresince formal olarak ölçülmese de bir omlet veya pizza keserken 'yarım' ve 'çeyrek' kelimelerini söylemede ilerlediği ve bu konseptlerin öğreniminin bazı genelleştirmelerini gösterdiği gözlendi.

Tartışma

İlk değerlendirme sonuçları ile karşılaştırıldığında numara işlemlemede (kavrama ve üretim) bir ilerleme görüldü. Bizim spesifik analizlerimiz eğitim öncesinden sonrasına hesaplama becerisinde önemli ilerlemeye vurgu yapar. Lorna'nın sayı işlemeyle, özellikle sayının fonolojik işlemlemesi ile ilgili bazı ilerlemeler olduğu görüldü. Hesaplama modelinde özellikle bulup getirme ve saymada bölme hesaplaması için bir ilerleme olduğu gibi bir gelişme kaydedildi.

Sayı anlama ve üretmede değişiklikler sözel girdi ve çıktının öz-izlemesine ek olarak bu becerilerin rehabilitasyonuyla karışan iletişim müdahalesiyle alakalı gibi görünmektedir. Hesaplama becerisindeki ilerlemeler büyük oranda bölmedeki ilerleme ile ilişkiliydi. Bu bulgu bölme bilgisiyle ilgisine göre kesir bilgisi rehabilitasyonu ve pay ve paydanın anlaşılmasının geliştirilmesi yoluyla ilerlemiş olabilir.

Lorna'nın sayı söyleme becerisi iki numaradan hangisinin daha büyük olduğunu fark etme becerisiyle ve diktede numaraları yazmayla gösterildiği gibi ilerlemiş göründü. Önceden yapamadığı 20'den geri sayma ve ikişer ikişer sayma görevlerinde olay geri getirmesi çok iyi ilerledi. Bu alan ne kesir eğitimi ne de iletişim problemlerinin odağında olduğu için bu bulguyu hesaplamak zor. Lorna'nın ilk değerlendirmede görevi düşük öz güven nedeniyle yapmamış olması olasıdır ve öz güvendeki değişim sayı becerilerindeki değişimi görünümünün altında yatan şey olabilir.

Sonuç

Lorna sistematik olarak ölçülen ve test sonuçlarının bir model çizgisinde yorumlandığı numara kullanımına özgü bozukluk gösterdi. Bu bölme işlevi bozukluklarının tanımlanmasını sağladı. Klinik ve işlevsel gözlem bu zorluğun miktarları (kesir ve oranlar) anlama ve hesaplamada nasıl belirgin olduğunu vurguladı. Model kesir bilgisinde (yarım gibi daha kolay kesirlerin ötesinde) bir bozukluk ve kesir hesaplamaları (hem bölme ve hem de karılık kesir kavramıyla alakalı) için kuralların bilinmesinde bozukluk gösterdi. Modele ek olarak numara işlemleme ve hesaplama modeli, öğrenme modelleri de rehabilitasyon için gerekliydi. Bu klinik müdahale için spesifik bir alanın (kesir ve bölme), müdahale için bir hedef (kesirlerin semantik bilgisi ve hesaplama metodları) ve bir yöntem (hatasız ve hatalı görevler) tanımlanmasını sağladı. Eğitimin sistematik değerlendirmesi yapıldı ve sonuçlar müdahale hedefinde (kesir bilgisi) önemli gelişme ve bu becerinin bölme işlevi becerisine genelleştirildiğini gösterdi.

Lorna yaralanma sonrası yaklaşık altı yıllıktı yine de burada kaybolan bilginin yeniden kazanımını sağlayan hatasız ve hatalı öğrenmenin birleşimi yaklaşımı adapte edildi. İşlevsel genelleştirme dikkatli bir şekilde ölçülmedi. Buna rağmen, miktarları yönetme becerisindeki gelişrme yemek pişirmede gözlendi. Lorna alışveriş yaparken ve toplu taşımada para yönetimi için telafi edici stratejileri de zaten uygulamıştı, bu yüzden bu çalışmanın genelleştirilmesi bu işlevsel hedef alanlarına genişletilmedi. Önemli olan bu çalışmanın Lorna'nın kendine güvenine ve benli saygısına olan olumlu etkileriydi. Lorna kendisi kesir kavramını geri kazanması ile ilgili nasıl memnun olduğunu belirtti: 'Bu büyük bir wow, sanki vücudum ukudaymış ve şimdi kalkmış gibi hissediyorum."

İşlevsel çıktılar

Lorna spesifik yemekler pişirme ve ailesini ziyaret etmek için bölgesel treni kullanma ve beceriler geliştirme ve uygulamada ve rehabilitasyona bağımsız olarak katılmaca takımla işbirliği içindeydi. Aşağıda tanımlandığı gibi toplum aktivitelerinde performansına yardım etmek için gerektiğinde iletişim ve numaralardan anlama becerileri özel olarak kullanıldı. Buna rağmen, görev analizi, kademeli zorluk hiyerarşisi yoluyla beceri geliştirme, bilginin semantik yeniden öğrenimi ve problem çözme (örneğin: Eğer tren iptal olursa ne yapılır) gibi ilave yaklaşımların hepsi bu çalışmaya eklendi. Ayrıca, pratik telafi edici stratejiler (tarifler için ipucu kartları ve sözel iletişime bağlı olmadan bilet satın almak amacıyla almaya niyet ettiği tren yolculuğu için eski bir bilet taşımak gibi) işlevsel hedefleri kolaylaştırmak için önemliydi. Aşağıda belirtilen spesifik bozukluklarla alakalı performans değişimine bağlı sonuçlara ek olarak işlevsel performans değişimleri de hedefe ulaşma ve öz değerlendirme ve bakıcı değerlendirme anketlerinin tamamlanması ile değerlendirildi.

Tablo 14.2: Eğitim öncesi ve sonrası numara işlemleme değerlendirmesi sonuçları (Lorna'nın iletişim zorlukları için değişiklikler hesaba katılarak Benton (1965) temelinde Levin'in (1979) metodunu takiben)

Görev	Uyaran	Eğitim Öncesi		Eğitim Sonrası	
Sayı işlemleri					
1. İki sayıdan hangisinin büyük olduğunu anlama	Görsel-Sayısal	6/6		6/6	
2. İki sayıdan hangisinin büyük olduğunu anlama	İşitsel	0/6		4/6	
3. Sayıları yüksek sesle okuma	Görsel-Sayısal	8/10		10/10	
4. Sözle verilen sayıların yazılı halini gösterme	İşitsel	3/9		5/9	
5. Dikte edilen sayıları yazma	İşitsel	2		13	
6. Kopya etme	Görsel-Sayısal	12/12		12/12	
Sayma becerisi/durum hatırlama					
7. 1'den 20'ye sayma Geri geri sayma İkişer sayma	Sözel yönerge Sözel yönerge Sözel yönerge	8/20 0/20 0/10		10/20 20/20 10/10	
8. Nokta dizilerini sayma	Görsel (noktalar)	8/12		10/12	
Hesaplama/İşlem Yapma					
9. Sözel aritmetik hesaplama	Görsel	Uygulanmadı			
10. Yazılı aritmetik hesaplama	Görsel-sayısal		Toplam		Toplam
Toplama	Sayısal Noktalar	6/7 3/5	9/12	7/7 5/5	12/12
Çıkarma	Sayısal Noktalar	4/5 5/5	10/11	5/6 5/5	10/11
Çarpma	Sayısal Noktalar	6/6 4/4	10/10	6/6 4/4	10/10
Bölme	Sayısal Noktalar	1/6 1/4	2/10	4/4	9/10
Toplam			31/43		41/43
11. Aritmetik mantık becerisi	Uygulanmadı				
12. Hesaplama için anlık bellek					

Tablo 14.3 Lorna'nın eğitim öncesi ve sonrası kesirler konusundaki performansı

Hedef kesir	Cevap şekli	Eğitim Öncesi	Eğitim Sonrası
	Renklendirme		
1		✓	✓
1/2		✓	✓
1/3		×	✓
1/4		✓	✓
1/5		×	✓
2/3		×	✓
	Kesirlere resimleri eşleştirme		
1/1		✓	✓
1/2		✓	✓
1/4		×	✓
1/3		✓	✓
2/5		*	✓
4/6		*	✓
4/10		*	✓
2/8		*	✓
Kesir Hesaplama	**Yaz veya çiz**		
1/2+1/2		*	✓
1/4+1/4		*	✓
1/3+2/3		*	✓
1-1/4		*	✓
1/2-1/4		*	✓
3/4-1/4		*	x
6/8-2/8		*	x

*= Zorluğun derecesi nedeniyle Lorna testi tamamlayamadığı için sonuç yok

Hedef başarma

Programın sonunda Lorna haftada üç kez seçtiği bir akşam yemeğini hazırlayabilme olan uzun dönem hedefinin bir kısmına ulaştı. Eşi ev ortamında yemeklerin büyük çoğunluğunu yapmaya devam ettiğini ama yemek yapma konusundaki kendine güveni önemli derecede arttığını belirttiği gibi bu kısmi olarak rol değişimlerinin sosyal koşulları ve uzlaşmalar sayesindeydi. Lorna ailesini bağımsız olarak ziyaret etmek için treni yakalayabilme olan uzun dönem hedefini tamamen başardı. Bu görevi tamamlama becerisinde ve öğrendiği ek rotaları genelleştirebilmede kendinden emin görünüyordu. Canada Mesleki Performans Ölçümünde öz değerlendirme performans skorları da program sonunda iyileşti.

Özet ve sonuçlar

Bu bölüm Lorna'nın rehabilitasyonunu tanımlar, yaralanmasından sonra altı yıl geçmiş, bariz derecede disfazi, fiziksel, bilişsel ve duygusal problemler gösteren bir kadın, bunların hepsi Oliver Zangwill merkezinde takip edilen bütüncül yaklaşımla sürdürülen rehabilitasyon programında hedeflendi. Lorna için disiplinler arası program bilişsel işlevsellik modellerinin, özellikle hesaplama, dil ve öğrenme modellerinin nasıl diğer modellerle birleşimiyle ve strateji üretme yaklaşımlarının ve Lorna'nın beyin yaralanmasının işlevsel sonuçlarını direk hedefleyen beceriler geliştirmenin bir başlangıç noktası işlevi gördüğünü gösterdi.

Detaylı bir değerlendirme sürecini takiben, aktivite, sosyal katılım ve bağlamsal düzeyler bu modellerin ışığında Lorna ve ekip rehabilitasyonu yürütmek için hedefler belirledi. Hedeflere ulaşma sonuçları değerlendirmek için Merkezde kullanılan temel ölçümlerden biridir ve program sonunda başarılacak beş spesifik hedef belirlendi.

Lorna'nın anlamlı iletişim problemleri dil modeli kullanılarak tanımlandı ve olası etkisi için bazı destekleyici kanıtları olan iki tedavi stratejisi uygulandı ve karşılaştırıldı. Bunlar Kısıtlayıcı Başlangıç Afazi Terapisi (KBAT) ve bir hedeflenmiş pratik dizaynı izleyen daha geleneksel terapiydi. Yüksek düzeyde yoğunlukla uygulandığında ikinci yaklaşım daha başarılıydı. Ayrıca, yemek pişirme ve trenle yolculuk etme gibi gerçek yaşam uygulamalarında yeni kelimeler öğrenimi çalışıldı. Lorna'nın annesine iletişim programının genel prensipleri ve programdan taburcu olduktan sonra ilerlemenin devamını sağlamak için Lorna'ya yardım edebilmesi öğretildi. Konuşma ve dil terapisi Lorna'nın dahil olduğu bütüncül programın sadece bir bileşeniydi. Hem spesifik psikoterapötik müdahalenin sonucu olarak hem de düzelen işlevsel bağımsızlığın genel etkileriyle, öz güveni ve kendine inancı gelişti.

Lorna'nın hesaplama zorluklarının tedavisi planlı tedavi kullanımı için bilişsel modelin gösterimi bir önceliktir. Alandaki araştırmadan toplanan bilgilerin takip edilmesiyle tedavinin etkisinin değerlendirilmesi için tek vaka dizaynı kullanıldı ve o bölünmeleri farketmeyi öğrendi. Bu bilgi direk olarak öğretilmeyen bir hesaplama, bölmeyi içeren hesaplamada anlamlı bir ilerlemeye genelleştirildi.

İşlevsel olarak, sonra yaralanma sonrası altı yıl geçmiş olan (bazı müşteriler rehabilitasyonu düşünmeye bile isteksizken) oldukça etkilenmiş bu kadın hedeflerinin çoğunu başardı. Değerlendirme ve tedavi model ve araştırma çalışmalarından sağlanan bilgi bağlamı içinde Wilson (2002) tarafından öneri olarak bir dizi farklı yaklaşım listelendi ve gerçek-yaşam zorluklarına odaklandı. Bilişsel arka plan veya çerçeve bir rehabilitasyon başarısına doğru eklemlenen uygun stratejilerle birleşti.

Kaynakça

Basso, A., Caporali, A. and Faglioni, P. (2005). Spontaneous Recovery from Acalculia. Journal of the International Neuropsycholgical Society, 11, 99–107.

Bhogal, S. K., Teasell, R. W., Foley, N. C. And Speechley, M. R. (2003). Rehabilitation of Aphasia: More is Better. Topics in Stroke Rehabilitation, Summer; 10(2), 66–76.

Benton, A. L. (1963). Assessment of Number Operations. Iowa City: University of Iowa Hospitals, Department of Neurology.

Caporali, A., Burgio, F., and Basso, A. (2000). The Natural Course of Acalculia in Left-braindamaged Patients. Neurological Sciences, 21, 143–9.

Cipolotti, L. and Costello, A. (1995). Selective Impairment for Simple Division. Cortex, 31, 433–49.

Coltheart, M. (2005). Cognitive Neuropsychological Rehabilitation. In P. W. Halligan and D. T. Wade, eds., Effectiveness of Rehabilitation for Cognitive Deficits. Oxford: Oxford University Press, pp. 31–42.

Delazer, M., Girelli, L., Semenza, C. and

Denes, G. (1999). Numerical Skills and Aphasia. Journal of the International Neuropsychological Society, 5, 213–21.
Duffy, R. (1986). Schuell's Stimulation Approach to Rehabilitation. In R. Chapey, ed., Language Intervention Strategies in Adult Aphasia, 2nd ed. Baltimore, MD: Williams and Wilkins.
Girelli, L. and Seron, X. (2001). Rehabilitation of Number Processing and Calculation Skills. Aphasiology, 15, 695–712.
Hittmair-Delazer, M., Semenza, C. and Denes, G. (1994). Concepts and Facts in Calculation. Brain, 117, 715–728. Kay, J., Lesser, R. and Coltheart, M. (1992). Psycholinguistic Assessments of Language Processing in Aphasia. East Sussex: Psychology Press.
Levin, H. S. (1979). The acalculias. In K. M. Heilman and E. Valenstein, eds., Clinical Neuropsychology. Oxford: Oxford University Press, pp. 128–39.
McCloskey, M. and Macaruso, P. (1995). Representing and Using Numerical Information. American Psychologist, 50 (5), 351–63.
McCloskey, M., Caramazza, A. and Basili, A. (1985). Cognitive Mechanisms in Number Processing and Calculation: Evidence from Dyscalculia. Brain and Cognition, 4, 171–96.
Meinzer, M., Djundja, D., Barthel, G., Elbert, T. and Rockstroh, B. (2005). Long-term Stability of Improved Language Functions in Chronic Aphasia after Constraintinduced Aphasia Therapy. Stroke, 36 (7) 1462–6.
Poeck, K., Huber, W. and Willmes, K. (1989). Outcome of Intensive Language Treatment in Aphasia. Journal of Speech and Hearing Disorders, 54, 471–9.
Pulvermuller, F., Neininger, B., Elbert, T. et al. (2001). Constraint Induced Therapy of Chronic Aphasia After Stroke. Stroke, 32, 1621–6.
Rosenbek J. (1983). Treatment of Apraxia of Speech in Adults. In W. Perkins, ed., Dysarthria and Apraxia. New York: Thieme-Stratton, pp. 49–58.
Sandrini, M., Miozzo, A., Cotelli, M. And Cappa, S. F. (2003). The Residual Calculation Abilities of a Patient with Severe Aphasia: Evidence for a Selective Deficit of Subtraction Procedures. Cortex, 39, 85–96.
Van Harskamp, N. J. and Cipolotti, L. (2001). Selective Impairment for Addition, Subtraction and Multiplication: Implications for the Organisation of Arithmetic Facts. Cortex, 37, 363–88.
Van Harskamp, N. J. and Cipolotti, L. (2003). Assessment and Treatment of Calculation Disorders. In P. W. Halligan, U. Kischka and J. C. Marshall, eds., Handbook of Clinical Neuropsychology, Oxford: Oxford University Press, pp. 353–67.
Wilson, B. A. (2002). Management and Remediation of Memory Disorders. In A. D. Baddeloy, M. Kopelman and B. A. Wilson, eds., The Handbook of Memory Disorders, 2nd edn. Chichester: John Wiley, pp. 617–54.
World Health Organization (2001). International Classification of Functioning, Disablity and Health. Geneva: WHO

15 Caroline: Travmatik Beyin Hasarı Sonrası Post-Travmatik Stres Bozukluğu Tedavisi

Jonathan J. Evans ve W. Huw Williams, çeviren: Merve Aktaş

Giriş

Travmatik beyin hasarı (TBI) geçiren kişilerin çoğu, bilinç kaybı periyotları ve tipik olarak hasar anının hafızadan geri getirilememesi anlamına gelen post-travmatik amneziye sahiptir. Bu kişilerin aynı zamanda hasar öncesi ve sonrası bazı zamanlara ait anıların birleştirilmesinde hafıza boşlukları vardır. Bu yüzden, travmatik motorlu araç deneyimi,saldırı veya düşme geçirmesine rağmen kişi olayın kendisini hatırlamayabilir. Post-travmatik-stres bozukluğu (PTSB); kişinin ölüm veya korku, dehşet ve çaresizlik hissettiği ciddi bir hasarı deneyimlemesi, yüzyüze gelmesi veya tanıklık etmesi sonucu kişide oluşan (olayı) yeniden deneyimleme (dejavular, kabuslar), kaçınma/sakınma ve tahrik edici semptomlar ile karakterize edilen bir duygudurum bozukluğudur (Amerikan Psikiyatri Topluluğu, 2000). PTSD'nin TBI'dan sonra meydana gelip gelmediği sorusu bazı tartışmaların öznesi haline gelmiştir (Sbordone ve Liter 1995; Bryant ve diğerleri. 2000; Williams ve diğerleri. 2002; Sumpter ve McMillan 2006). Ancak şimdi PTSD'nin TBI'dan sonra birçok farklı mekanizma aracılığıyla oluştuğu fikri genel olarak kabul edilir (Bryant, 2001). Kapalı kafa yaralanmaları olan bazı insanlar, kazayı parça parça (Creamer et al. 2005), hafızanın travmatik olaylar için spesifik "adacıklar"ını tecrübe ederek hatırlarlar (King, 1997). Açık kafa travması olan kişiler için (kafasına birşey girdiyse, mesela kurşun veya keskin alet yaralanmaları), oldukça ciddi hasarlanmalar olabilir fakat en azından ilk zamanlarda bilinç kaybı yoktur. Bu durumda, hasar görülen kazanın tamamı hatırlanabilir. Bu bölümde, bir saldırı sonrası açık kafa travmasını takiben PTSD geliştiren Caroline ile yapılan rehabilitasyon programı açıklanacaktır. Bu durumun detayları öncelikle Williams ve ark.'ın (2003) makalesinde açıklanmıştır.

Hasarın hikâyesi

Hasardan önce Caroline bir sanatçıydı ve sanat eğitimi alanında çalışmıştı. 24 yaşındayken, Caroline tren ile seyahat ederken saldırıya uğradı. Büyük bir bıçak ile sağ pariyetal bölgeden kafatasının önüne kadar bıçaklandı. Bu deneyim süresince bilincini kaybetmedi ve kazanın detaylarını rapor edebiliyordu.

> "Trende bir sürü insan vardı. İnsanlar paçayı kurtardı, ben yalnızdım. Tamamen kitaba odaklanmışım. Bir adamın geçtiğini gördüm. Gülümsedi ve ilerideki vagona gitti. 2 dk sonra geri

> geldi ve yürüyerek arkaya geçti. 30 sn. sonra kafamda ağrı ile vagon üzerime düşmüş gibi bir ağırlık hissettim. Ayağa kalktım ve korkunç birşeyler olduğunu farkettim. İlerideki vagona gittim. Başka bir adam bana oturmamı, bana yardım edeceğini ve (olduğum yerde sakince) kalmamı söyledi. Elimi yukarı kaldırdım ve bıçağı hissettim. Ölüp ölmediğimi sordum. "Hayır"dedi ve yardım edeceğini söyledi. İlerideki durakta ambulans geldi ve beni hastaneye götürdü"

Caroline bıçağın çıkarılması için bir ameliyat geçirdi. Bıçağın beyine girdiği kısım ana kan damarlarını ve anahtar beyin sapı alanlarını sıyırmıştı. Bir MR taraması sağ temporo-parietal bölgede subkortikal beyaz madde enfarktüsü ve sağ lateral ventrikülde genişleme gösterdi. Kazadan iki hafta sonra o sırada 'sol homonimus hamianopya, sağa optokinetik nistagmus (sağ parietal kortekste lokalize lezyon), önemli kaygı ve başka bir nörolojik anormallik olmadığı tanımlanarak evine taburcu edildi.

Caroline, 2 yıl sonra Nöropsikolojik rehabilitasyon için Oliver Zangwill Merkezi'ne başvurmuştu. Caroline; ayda bir psikiyatrist tarafından, 2-3 haftada bir klinik psikolog tarafından, haftada bir de mesleki terapist tarafından görülüyordu. Caroline, PTSD geliştirdiği için antidepresanlar ve sakinleştiriciler verildi. İşe geri dönemez hale gelmişti. İlk değerlendirmelerde Caroline; depresif hissettiği, diğer insanlardan korktuğu, arkadaş ve ailesinden izole ve yalnız olduğunu belirtti. Konsantrasyon, hafıza ve organizasyonda güçlükler yaşadığını belirtti. Kızgın hissettiğini fakat bu kızgınlığını içine attığını, aynı zamanda huysuz ve sabırsız olduğunu söyledi. Aşırı derecede yorgunluk hissetti. Gergin ve huzursuz hissetti. Üzüntülü/sıkıntılı rüyalar, uykuya dalmada ve erken kalkmada güçlük yaşadı. En az haftada bir veya daha sık bir anda beliren, taciz edici görüntü/düşünceler, kabuslar (vahşi doğadan vs.) deneyimlemişti. Güvenini tamamen kaybetmişti. Başkalarına güvenmenin zor olduğunu söylüyordu. Okumasını ve cisimlere doğru yürümesini etkileyen görme sol hemonim hemianopi) problemleri oldu.

Nöropsikolojik değerlendirme

Caroline; nöropsikolojik rehabilitasyon programı için ayrıntılı değerlendirmenin bir parçası olarak nöropsikolojik değelrendirmeye maruz kaldı.Bu (nöropsikolojik değerlendirme), onun ciddi kognitif hasarı olmamasına rağmen dil proses testinin hız ve kapasitesinde gösterilen (Speed and Capacity of Language Processing Test) (Baddeley ve diğerleri, 1992) bilgi sürecinin hızında görülen azalmayı açıkladı. Bazı dikkat/konsantrasyon güçlükleri ve özellikle dalgınlık, görevler arasında geçiş, günlük dikkat testinde (Test of Everyday Attention) (Robertson et al., 1994) gösterildi. Rivermood Davranışsal Bellek Testi'nde (Wilson et al., 1985) gösterildiği üzere bellek ile ilişkili hafif problemleri vardı. Genel entellektüel yetenekleri, Wechsler Yetişkin Zeka Derece Değerlendirmesindeki (WAIS-R) (Weschler, 1981), performansı aracılığıyla gösterildi. Entellektüel yetenekleri kusursuz, hastalık öncesi işlevlerin değerleriyle uyumluydu. Bu durum bize duygudurum zorluklarının kognitif performansı etkilediğini düşündürdü fakat bununla beraber bazı kognitif hasarların da nörolojik hasardan dolayı ortaya çıktığı düşünüldü.

Duygudurum değerlendirmesi

Saldırı öncesinde Caroline psikiyatrik veya psikolojik problem açısından bir hikayesi yoktu. Değerlendirmede, Klinisyen Yönetimli Travma Sonrası Stres Ölçeği (CAPS) (CAPS; Turner and Lee, 1998) kullanılarak Caroline'da PTSD semptomları rapor edildi. CAPS, PTSD ile ilgili anahtar semptomların her birinin yoğunluğunu ve sıklığını uygun bir şekilde derecelendirme sağlar. Caroline fazla tahrik edici panik ataklar yaşadığını bildirdi. (Bu panik atakların) hızlı kalp atışıyla birlikte panik hissetme, mide bulantısı, gün içerisinde (vücudunun) sıcak ve soğuk olması şeklinde olduğunu bildirdi. Sık sık klostrofobik hissediyordu ve sosyal korkular geliştirmişti. Kendisine bir zarar gelmesine karşı aşırı tetikteydi ve başkalarından gelecek bir zarara karşı korkuları vardı. Gözünün önüne bıçakla yaralanan insanların görüntüleri ansızın geldiğinde, insanların o an hissettiklerini kendisi de gerçekten hissediyordu. Gecede 3-4 saat uyku uyuyor, sık sık kabuslarla uyanıyordu ve tekrar uykuya dalmada güçlük çekiyordu. İntihar düşünceleri periyotları yaşıyordu. Caroline, travmasını hatırlatacak durumlardan kaçınıyordu. Yaralanmadan beri hiç trenle seyahat etmemiş, otobüsle seyahat etmişti. Fakat (çıktığı) kısa gezintilerde bile fazla endişeli oluyordu. Kalabalık yerlerden kaçınıyordu. Dolayısıyla restoran ve sinemaya gitmiyordu. Sadece uygun zamanlarda markete gidiyordu.

Caroline, mesleki aktivitelere geri dönmemişti. Ailesiyle ve yakın arkadaşlarıyla destekleyici ilişkileri vardı.

Formülasyon

Sıradan deneyimlerinin dışına çıkıp artık onun hayatı için bir tehdit haline gelen bu travmatik saldırıyı deneyimlemenin sonucu olarak, Caroline birçok devajular, kabuslar ve gözünün önüne ansızın gelen rahatsız edici görüntüler, olay anını hatırlatan olaylardan kaçınma şeklinde travma sonrası stres bozuklukları yaşadı. Dikkat/konsantrasyon, hafıza ve bilgi sürecinin hızında azalmayı da içeren kognitif bozuklukları oldu. Caroline'in mod düzensizlikleri de kognitif bozukluklarına katkıda bulunuyordu. Mesela birdenbire aklına gelen rahatsız edici düşünceler/görüntüler ve bu sezinlediği tehditlere karşı aşırı derecede tetikte oluşu, konsantrasyonu, bellek ve planlama becerilerini daha da etkiliyordu. Onun yaşadığı zorlukların fonksiyonel sonuçları ile ilişkili olarak; travma sonrası stres bozukluğu (PTSD), sosyal ve mesleki aktivitelerde, boş vakit aktivitelerinde ve ev içi aktivitelerde oluşan kısıtlılıkların en baş sorumlusudur fakat bilgi süreci hızı, dikkat ve bellek gibi beyin hasarı ile ilişkili problemler, bütün bu problemlerin zorlaşmasına davetiye çıkarıyordu.

Caroline, 14 haftalık (haftada 5 gün) yoğun bir faz ve ardından 20 haftalık kademe kademe azalan bir fazdan oluşan rehabilitasyon programına katıldı.

Rehabilitasyon amaçları

Detaylı değerlendirme kursu ve Caroline'in rehabilitasyon programının erken fazı esnasında program için bir dizi hedefler konuldu. En geniş açıdan, Caroline'in amaçları daha az kaygılı ve kontrolde hissetmek, daha seyrek kabus ve ansızın gelen tacizci görüntüler görmek, bir yere gidebilmek, kendini daha güvenli hissetmek, gitmekten kaçındığı yerlere ve sanat mesleğine geri dönebilmekti. Bu amaçlar temel alınarak, Caroline ile konulan spesifik amaçlar, PTSD'nin kısmen spesifik semptomlarının yönetilmesine ve kısmen de sosyal ve mesleki aktiviteleri içeren günlük yaşamın fonksiyonel aktivitelerine odaklandı. Amaçlar şunlardı:

1. Onun beyin hasarının sonuçları, bu sonuçların onun günlük yaşamına etkisi ve onun yönetmek zorunda olduğu stratejiler için doğru bir anlayış ortaya koymak.
2. Günlük ansızın gelen tacizci düşünceler/görüntülerin yoğunluğunun azaltılması (ağırdan hafife doğru CAPS derecelendirmesi kullanılarak)
3. Kötü rüyaların sıklığını azaltmak (ağırdan hafife doğru CAPS derecelendirmesi kullanılarak)

4. Kişisel ilişkilerinde interaksiyon halindeyken rahat hissetme oranını %70'in üzerine çıkarmak
5. Zamanının %50'sinden fazlasında kendini umutlu hissetmesini sağlamak,
6. Bağımsız yaşam aktivitelerinin en az %80'ini başarıyla yapabilmek için planlama sistemini ve belleğini kullanmasını sağlamak,
7. Vakaların %70'inen fazlasında başarıyla konsantre olması için günlük aktiviteler esnasında dikkati sürdürme stratejilerini kullanmasını sağlamak,
8. Önceden kaçındığı şu belirli aktivitelere rahatça yer verebilmesini sağlamak:
   a) En azından bir kısa alışılmış rotada trenle bağımsız olarak seyahat etmek,
   b) Orta şiddette kalabalık bir zamanda alışverişe gitmek,
   c) Tanıdık olmayan bar veya restoranda rahat hissetmek,
   d) Sinemada rahat hissetmek,
9. Haftalık olarak fiziksel eğlence aktivitesine yer vermek,
10. Meslekle ilişkili bir kursa başlamak ve paralı bir işe geri dönmek için açık bir plan yapmak.

Rehabilitasyon programı ve spesifik müdahaleler

Caroline ile birlikte olan rehabilitasyon programının 3 unsur içerdiği görülebilir. İlk unsur, onun beyin hasarı ve bunun hem kognitif hasarlar hem de PTSD bakımından sonuçlarını daha fazla anlamaktı. İkinci unsur, onun hasarının hem kognitif hem de duygusal sonuçlarının yönetilmesi için stratejiler geliştirmeyi içeriyordu. Üçüncü unsur, Caroline'ın kendi kişisel pratik hedeflerini aşması için bu stratejileri her gün olan durumlarda uygulamasını içeriyordu.

Onun hasarının sonuçlarını anlamasını daha da geliştirmesi için, Caroline Beyin Hasarını Anlama Grubu'na katıldı ve onun beyin hasarı ile ilişkili bir portfolyo tamamlanması için kendi bireysel program koordinatörüyle çalıştı. Bu destekle, sonuçları kadar orjinal hasarın kökenini anlamak (kendi kelimeleriyle açıklamak) için raporları ve taramaları anlayabiliyordu. Duygusal zorluklar, dikkat ve bellek yönetimi gibi onun diğer spesifik hedefleri ile ilişkili olarak yaptığı işleri kaydetmesi için portföy kullanabiliyordu.

Caroline'in programının ana odağı, onun PTSD'sini yönetmek üzerineydi. Kognitif davranış terapisi (CBT) yaklaşımı uygulandı. PTSD için CBT uygulamaları 4 ana elementten oluşur. Bunlar; psikoeğitim, maruz kalma (exposure), kognitif yeniden yapılanma ve anksiyete yönetim antremanı. Bu elementlerin her biri, Caroline'in geniş nöropsikolojik rehabilitasyon programıyla birleştirildi.

Caroline'nin yaralanmasının sonuçlarını anlamak için yaptığı çalışma kaza ve kazanın onun üzerindeki etkileri hakkında konuşma yoluyla travmatik olaya tekrar maruz bırakmayı içerdi. Bu daha sonra bilişsel ve duygudurum problemlerinin ikisini de yönetmek için yaptığı stratejiler geliştirme çalışmaları ile detaylandırıldı. Caroline Bilişsel Grup, Duygudurum Yönetme Grubu ve Psikolojik Destek Grubuna katıldı.

Bir klinik psikolog ile bireysel seanslarda Caroline aklına giren görüntülerle başa çıkmak için strateji geliştirme üzerine çalıştı. Caroline fiziksel heyecanı yönetmek için nefes alma-temelli rahatlama stratejilerini öğrendi. Bu görüntülerin korkutucu doğasını azaltmak ve onlar üzerinde bir kontrol hissi kazanmak amacıyla zihnindeki gelen görüntüleri değiştirme üzerine de çalıştı. Örneğin, saldırganın hem ona hem diğerlerine saldırdığı görüntüler aklına geliyordu. Adamın görüntüsünü daha küçük ve görüntüyü karikatür benzeri figürlere çevime stratejisi geliştirdi. Aynı şekilde kafasının içinde bir sürü bıçak görüntüsü vardı ve o bu görüntüyü bıçakları yavaşça çıkardığı bir görüntüye değiştirebildi. Caroline kendi, ailesi ve diğerlerinin güvenliği konusunda korkusu hakkında konuştuğu seanslar sağladı. Özellikle aile üyelerine gelen zararlı tehditlere fazla dahil olma eğilimindeydi ve bu düşünme biçimi için ve bu biçime karşı kanıtları test etmeye desteklendi.

Caroline, birçok duruma konsantre olmada güçlük çektiğini tespit etti. Özellikle, kitap veya gazete okumayı denediğinde ve insanların olduğu bir grupta konuşmaya katılmada güçlük çektiğini far ketti. Onun konsantrasyonunu etkileyen genel şeylerden biri anksiyeteli düşünce ve görüntülerin dikkatini dağıtmasıydı. Daha önce tanımlanmış bu problemi yönetme üzerine (yapılan) çalışma, konsantre olabilme yeteneğini artırmak içindi. Benzer şekilde, yorgunluğu yönetme teknikleri (onun planlama sistemini daha etkili kullanma hızı) konsantre olma yeteneğinde pozitif etki oluşturdu. Buna ek olarak, Caroline'in modunun düzelmesi üzerine, içine kapanık halinin azaldığını ve gazete ve romanlara konsantre olma yeteneğini artıran şeylere daha fazla ilgi gösterdiğini belirtti.

Grup içinde konuşmaya katılma durumlarını ele alma ile ilgili bir dizi strateji geliştirildi:

1. Mevcut ol (ne olduğunu takip et)
2. Gözlemle ve hazır olduğunda konuşmaya katıl
3. Kendi kendine konuş ve şunları söyle:
   "Her kelimeyi dinlemeye ihtiyacım yok"
   "Nefes al ve rahatla"
   "Kendine güven"
4. Bir kişi seç ve bire bir konuş
5. Ara ver
6. Tekrarlanan şeyler için soru sor
7. Kendimden uzağa odaklanmak istediğimde (bunu sağlayacak) sorular sor
8. Endişeli düşünceleri bir tarafa koyma pratikleri yap

Zamanla Caroline, bu stratejileri sosyal durumların birçoğunda kullandığını ve bu durumların üstesinden gelme yeteneğinin biraz düzeldiğini hissettiğini bildirdi. Ancak özellikle arka seslerle başa çıkmada ve hızlıca geçen konuşmalara ayak uydurmada problemlerin devam ettiğinin farkındaydı.

Caroline ayrıca bellek ve planlamasını desteklemek için kişisel düzenleyici kullanmayı öğrendi. Bu günlük (olaylar için) yapılacaklar listesi ve planlama çerçeveleri içeriyordu. İkinci olarak, aktivitelerinin detaylı planlamasına rehberlik etmesi için ihtiyacı olan genel aktiviteleri ve tamamlanan aktivitelerin takip edilmesi için organizasyon sağlayan görev listesini içeriyordu. Caroline; programının 3. fazının parçasını oluşturan özel görevleri tamamlamasında yardımcı olacak planlama çerçeveleri kullandı. Bu, onun fonksiyonel program hedeflerinden (çok kalabalık olmayan bir zamanda alışveriş, bar veya restorana gitme, tren ile seyahat etme) oluşan görevlerini tamamlamasını sağlayan aktivitelerin hiyerarşiyle çalışmasını içeriyordu.

Örneğin; kendi başına tren seyahati yapma hedefine bağlı olarak, geliştirilen hiyerarşi şunları içeriyordu:

1. Hastaneden şehre kadar otobüste birinin eşliğiyle seyahat etme
2. Otobüste birinin eşliğiyle şehirden uzak olan bir yerden şehre kadar gitme
3. Otobüste yalnız başına şehre kadar gitme
4. Otobüsle yalnız başına daha uzun seyahat etme

5. Tren istasyonunu ziyaret etme- trenin tarife bilgilerini toplama
6. Tren istasyonda vagonda oturma- bazı trenler belirli zaman periyotları boyunca platformda durdukları için ilk başta vagonda yürümek ve sonra hızlıca yerine oturmak mümkün olabiliyor
7. Trende birinin eşliğiyle 1 duraklık (5 dk.) küçük bir gezinti yapma
8. Trende bağımsız olarak 1 duraklık (5 dk.) küçük bir gezinti yapma
9. Trende bağımsız seyahat etme (25 dk.)

Bu hiyerarşi üzerinde çalışmaya başladığında, fizyolojik tahrik edici (faktörleri) ve (gözünün önünde ansızın beliren taciz edici) görüntüleri yönetmesi için nefes alma-rahatlama tekniklerini uygulamasında yardımcı olan kişi tarafından Caroline'a eşlik edildi. Benzer hiyerarşiler alışveriş ve sinemaya gitmede de kuruldu. Caroline planlama checklistini seyahatlerin, rotaların ve fiyatların planını yapmasına yardımcı olması için kullandı. Mesela markete gideceği zaman, ne alınması gerektiğini, hangi markete gitmesi gerektiğini, ne zaman ve nerede mola verebileceğini, gerekli olabilecek paranın miktarı ve taksinin numarasını da içeren seyahat düzenini yazardı. Eğer olup da dışarıdayken anksiyetesi tutarsa diye yazılı bir planı bulunması için checklistini filofax'te saklıyordu. Bazı nedenlerle planının bozulduğu durumlarda, anksiyetesini yönetebilmek için planına göz atmaya vakit ayırıyor, planını tekrar gözden geçiriyor ve hedef koyduğu görevlerini tamamlıyordu. Zamanla kendine güveni arttıkça plana bakma ihtiyacı hissettiği durumlar azaldı.

Caroline'ın seyahat etmeyi ve orta derecede kalabalık yerlerde bulunmayı tolere edebilme yeteneğinde kendine daha özgüvenli olduğunda sanatına geri dönme hedefi vardı. Caroline, iki sanat sınıfına katılmaya başlayabilmişti. Tekrar bu sınıflara katılmasını ve bunlardan başarılı olmasını destekleyecek, toplu taşıma seyahatini de içeren bazı şeylerin bulunduğu kişisel yönetim ve planlayıcı çerçeveler kullandı.

Sonuç

Programın sonuna kadar Caroline neredeyse tüm hedeflerini başarmıştı. Daha bağımsız seyahat edebiliyordu ve insanların içinde daha özgüvenliydi. CAPS'teki skorları zamanla önemli derecede değişti. (Figür 15.1'de gösterilmiştir)

Programdan çıkma zamanında, Caroline paralı bir işe geri dönme konusunda spesifik bir plan geliştirmemiş olsa da, katıldığı sınıflarda sanatı ile uğraşıyordu. Ancak programdan çıktıktan belli bir süre sonra, sanatçı olarak çalışmaya geri dönebildi. Rehabililtasyon programından çıkışının ardından, evine geri döndü ve yerel servislerden (psikiyatri, klinik psikoloji ve mesleki terapi) sorumluluğunu üstlendiği işlere devam etmek için yardım aldı. Caroline, tipik kafa yaralanması olan bir insan değildi. Ancak onun durumunda, PTSD günlük yaşantıda normal aktiviteleri başarma kabiliyetini kısıtlayan ve onun işe geri dönmesini engelleyen genel bir faktör olsa da, bizim formülasyonumuz kafa yaralanmasının sonucu çektiği kognitif zorlukların PTSD'nin üstesinden gelmesindeki zorluğa da katkı yaptığı yönündeydi. Fakat mod ve kognitif problemlerin günlük (işlevlerin yapılmasında) zorluklara ve bunların arasındaki interaksiyona kesin katkısından emin olmak elbette ki mümkün değil. Ancak, hem Caroline'ın PTSD semptomlarını direkt olarak yönetmeye odaklandığı program, hem de onun günlük yaşantısında fonksiyonel becerilerini tamamlamasında, hafızasında, dikkatinde ve bilgi işlem hızında karşılaştığı zorlukları telafi etmesine yardımcı olmayı amaçlayan (kişisel organizatör ve planlama çerçevesi kullanma ve konsantrasyon güçlüklerini yönetme stratejileri gibi) stratejilerin kullanımına odaklandığı

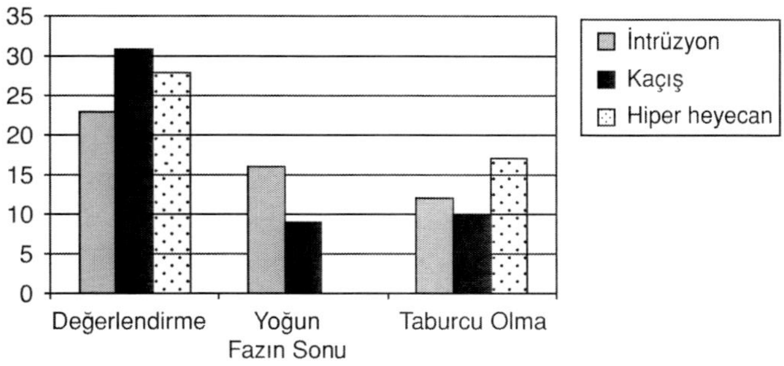

Figür 15.1: Caroline'in başlangıçtaki CAPS değerlendirmesindeki skorları, yoğun fazı takiben rehabilitasyon programının ortasındaki CAPS skorları ve sonra programın sonundaki CAPS skorları (Programın ortasındaki değerlendirmee aşırı tahrik edici (hyperarousal) içerikler kaydedilmedi.

programın benzer olduklarına işaret etmek makul gözüküyor. Bryant'ın altını çizdiği gibi (2001), hasarlı hafıza ve dikkat, TBI hastalarının etkili bir şekilde posttravmatik stresi yönettiği stratejileri kopyalamaya çalışma kabiliyetini kısıtlayabilir (s.941).

Genel Tartışma

TBI'lı çoğu kişi aşırı miktarda PTSD yaşamaz. Bu ünitenin başında kısaca tartışıldığı gibi beyin hasarından sonra yaşanan PTSD'nin oluş sıklığı ile ilgili bazı anlaşmazlıklar mevcuttur. Bu, PTSD semptomlarının daha genel ölçümlerinin bazılarının kullanımı ile ilgili metodolojik problemlerden dolayı (konunun) parçasıdır. Sumpter ve McMillan (2006); PTSD semptom sorularının serbest raporuna (Post-Travmatik Tanı Skalası: Foe ve diğerleri. 1997) dayanarak, yanıtlayıcıların %59'u olgu derecelerinde (caseness range) semptom dereceleri gösterdi. Ancak, CAPS yapılandırılmış muayene yaklaşımı kullanıldığında durum figürü sadece %3'tü. Figürlerdeki tutarsızlığı açıklamada; Sumpter ve McMillan, insanların anketi tamamlamada bazen hatalar yaptığını, bazen soruyu diğer olaylara (kazanın kendisine değil) yanlış atfettiğini veya duygudurum bağlantılı PTSD semptom soruları yerine kafa travmasından dolayı artan hasarların soruları ile bağlantılı daha gerçekçi açıklamalar yaptığını savundular. Bu, kafa travmalı kişilerin duygudurum anketlerinin açıklamasında ve kullanımında çok dikkatli olmanın ne kadar önemli olduğunun altını çiziyor. Bu vaka diğer genel duygudurum anketlerinin (genelde kullanılan Hastane Anksiyete ve Depresyon skalası gibi. Snaith ve Zigmond, 1994) ilişkisini aydınlattı. Bu anketler birçok madde içerirler ("ağır/yavaş hissediyorum", "Güzel bir kitabın, radyonun veya TV programının keyfini çıkarabilirim" gibi) Bu testler duygudurum bozukluklarının sonucundan ziyade beyin hasarı sonrası oluşan kognitif ve motor problemlerin sonucu olarak doğrulandı. (Dawkins ve ark. 2006). PTSD değerlendirmesi için ve başka diğer duygudurum bozuklukları değerlendirmesi için bir beyin hasarı bağlamında, anketler faydalı bir başlangıç noktası sağlar. Fakat bunu problemlerin spesifik kökenlerini belirlemek için her zaman klinik muayene takip eder. CAPS gibi yapılandırılmış muayeneler PTSD'nin test edilmesi için faydalı bir çerçeve sağlar fakat burada bile danışanın sorulan soruların gerçek kökenini anladığından emin olması önemlidir. Anket bazlı çalışmaların TBI'dan sonra PTSD'nin prevalansını olduğundan fazla göstermesi durumuna nazaran, hem hafif hem de şiddetli TBI'ı takiben gelişen PTSD ile ilişkili bilinç kaybı anahtar semptomları bağlamında bu daha kabul edilebilirdir. TBI sonrası PTSD geçirenlerin semptom profillerinin TBI yaşamamış olanlarınkinden farklı olabileceği önerilmiştir (Bryant, 2001). Özellikle, TBI hastaları aniden akla gelen anılar ve kabusları daha az deneyimlerler fakat tekrar deneyimleme kriterleriyle karşılaşırlar çünkü travmanın hatırlatıcılarına bağlı olarak psikolojik kaygı deneyimlerler. Bu vakayı açıklamak, uygun tanı etiketlerini açıklamaktan daha fazlasıdır çünkü eğer farklı semptom profili varsa, tedavi için ipuçları mevcut olabilir fakat daha fazla araştırma gerektirir. Bir olasılık, bilinç kaybı ve post-travmatik amnezinin sonucu olarak olayı aşikar bir şekilde geri çağırma daha az olasıdır fakat spesifik tetikleyicilere yanıtta bazı üstü örtük hatırlama (geri çağırma) daha olasıdır. Bryant (2001, p.243), danışan tarafından kendiliğinden geri getirmeye dayalı olması yerine, danışanı travmayı bariz şekilde hatırlatıcı etkenlere maruz bırakarak travma bağlantılı anksiyetenin gün ışığına çıkarılmasıyla yapılan manüple edici tedaviye maruz kalmasının zorunlu olabildiği bir tedavi ipucunun altını çizer. Bu noktayla bağlantılı olarak, Williams ve ark. (2003), Oliver Zangwill Merkezi'nde rehabilitasyon programından geçen başka danışanı, KE vakasını raporladılar. KE, gece yarısı gerçekleşen bir trafik kazasında şiddetli TBI yaşadı. Yolcu olan kız arkadaşı kazada öldü. 2 gün komadaydı ve yaklaşık 1 hafta post-travmatik amnezi yaşadı. Çoklu kafa kırıkları, yüz ve ortopedik hasarları vardı. İşe geri dönmeye teşebbüs etti fakat üstesinden gelemedi. Ani sinir patlamaları yaşadı. Bilgi süreçleri hızında, bellekte ve dikkatte orta düzeyde hasarları vardı. KE, travma olayını kesik kesik hatırlıyordu, arabada sıkıştığını, ölecek gibi hissettiğini, kız arkadaşına ulaştığını fakat onun öldüğünü farkettiğini hatırlıyordu. Bu anının doğruluğunu ve bunun (KE'nin) olay sonrası öğrendiği bilgiden yapılanıp yapılanmadığını belirlemek mümkün değil. Bununla beraber, (bu anıları) tekrar birleştirmek, onda kaygıya sebep oluyordu. Benzer şekilde; gece yarısı yağmurda araba sürmek gibi spesifik durumlar, kaygıyı tetikleyebiliyordu. Olayı tekrar yaşadığı ve arabayı durdurması gerektiği hissine kapılıyordu. KE, Caroline gibi, program hem duygudurum yönetme hem de bellek ve dikkat güçlüklerini dengeleyici stratejileri kullanmaya odaklanan rehabilitasyon programından geçti. KE ile müzakere edilen program hedefleri: 1) Planlama ve evde spesifik günlük yaşam becerilerini üstlenme (çocuk bakımı ve tamir işleri gibi) 2) Öfke, alkol ve PTSD semptom yönetimi. PTSD semptomları: yeni kız arkadaşıyla (extrem sözlü saldırı gibi) büyük tartışmaların sıklığını en azından 1 aylık periyot için 0'a kadar azaltma 3) Part-time işe girme

KE günlük aktivitelerini yönetmesi ve plan yapması için ona yardım edecek elektronik organizatör (Kişisel Dijital Asistan-PDA) kullanmayı öğrendi. Görevlerinin listesini oluşturdu ve görevlerini bitirip diğer görevlere geçmesini hızlandırması için alarmlar kullandı. (Örneğin; çocuklarıyla birşeyler yapmak için kendi yapması gereken DIY (do it yourself) işlerini bitirmek). Duygudurum yönetme işi; alkol alımı (bir problem haline gelmişti), uyku ve öfke yönetiminin ve sonra da PTSD semptomlarında spesifik işlerin bir bölümüne odaklıydı. Maruz kalma işi (exposure work), (bir yandan) rahatlama stratejilerini kullanması teşvik edilirken (diğer yandan) güncel travmayı yeniden deneyimleme hakkında soruların sorulduğu oturumları içeriyordu. Örneğin, bir keresinde televizyonda polis draması izlerken kaygılanmış, nefessiz hissetmiş ve ajite olmuştu. Bunu açıkladığı oturumda, aynı zamanda nefes alma problemlerini, direksiyonda sıkıştığı kazada göğüs kafesindeki baskıyı da tarif etti. Aynı zamanda kan ve duman kokusu da deneyimledi. Oturumda başlangıçta ajite oldu fakat rahatlama tekniklerinin kullanımı rehberliği sayesinde giderek anksiyetesini dalgalandırmadan anılarını parça parça geri çağırmayı yapabilir hale geldi. Öfke kontrolü çalışması, yeni kız arkadaşıyla ilişkisini iyileştirmesine sebep oldu. Program esnasında KE aynı zamanda işe geri dönmek için çalıştı ve bu çeşitli işe yerleştirme deneyimlerini takiben, DIY mağazasında part time işe girebildi.

Sonuçlar

Beyin hasarlı insanların önemli bir oranı, travma olayının anıları ve hatırlatıcılarına yanıt vermede kaygılar yaşayacaklardır. Anılar, travma esnasındaki deneyimlerin hafıza parçacıkları olabilir veya kendilerine anlatılmış bilgilerden temellenebilir. Korku durumu veya diğer üstü örtük hafıza süreçlerinin sonucu olarak, travma bağlantılı durumlar veya hatırlatıcılara yanıtta kaygı deneyimlenebilir. Caroline gibi bazı insanlar için PTSD semptomlarının genel profilinde sonuçlanan travmatik olayın tamamı (birleştirilerek) hatırlanabilir.

Beyin hasarı ve PTSD semptomlarının genel kognitif sonuçlarının üstüste gelmesinden dolayı, beyin hasarı sonrası PTSD'nin tanısının konmasında dikkatli olunması önemlidir. Semptom anketleri yardımcı olabilir fakat PTSD tanısı tek başına anket yanıtlarına dayalı şekilde konulamaz.

Kognitif hasarlar, semptom yönetilebilmesini ve PTSD'nin iyileştirilmesine katkıda bulunan günlük aktivitelerin başarıyla yapılmasını önleyebilir. Bu ünitede vakalar, beyin hasarı bağlamında PTSD'nin tedavi edilmesinde hem kognitif hem de duygudurum güçlüklerinin etkili olduğuna aynı anda işaret eden rehabilitasyon programının nasıl aydınlatıldığını tarif eder.

Kaynakça

American Psychiatric Association (2000). Diagnostic and Statistical Manual of Mental Disorders, 4th ed. Washington DC: American Psychiatic Association.

Baddeley, A., Emslie, H. and Nimmo-Smith, I. (1992). The Speed and Capacity of Language Processing Test. Bury St Edmunds: Thames Valley Test Company.

Bryant, R.A. (2001). Posttraumatic Stress Disorder and Traumatic Brain Injury: Can They Coexist? Clinical Psychology Review, 21(6), 931–48.

Bryant, R.A., Marosszeky, J.E., Crooks, J. And Gurka, J.A. (2000). Posttraumatic Stress Disorder After Severe Traumatic Brain Injury. American Journal of Psychiatry, 157, 629–31.

Creamer, M., O'Donnell, M.L. and Pattison, P. (2005). Amnesia, Traumatic Brain Injury and Posttraumatic Stress Disorder: A Methodological Enquiry. Behaviour Research and Therapy, 43, 1383–9.

Dawkins, N., Cloherty, M., Gracey, F. and Evans, J.J. (2006). The Factor Structure of the Hospital Anxiety and Depression Scale in Acquired Brain Injury. Brain Injury, 20(12), 1235–9.

Foa, E., Cashman, L., Jaycox, L. and Perry, K. (1997). The Validation of A Self-report Measure of Posttraumatic Stress Disorder: The Posttraumatic Diagnostic Scale (PDS). Psychological Assessment, 9, 445–51.

Hart, A. and Casey, A. (1997). Minerva. BMJ, 315, 756 (20 September).

Harvey, A.G., Bryant, R.A. and Tarrier, N. (2003). Cognitive Behaviour Therapy for Posttraumatic Stress Disorder. Clinical Psychology Review, 23, 501–22.

King, N.S. (1997). Posttraumatic Stress Disorder and Head Injury as a Dual Diagnosis: Islands of Memory as a Mechanism. Journal of Neurology, Neurosurgery and Psychiatry, 62, 82–4.

Robertson, I.H., Ward, A., Ridgeway, V. And Nimmo-Smith, I. (1994). The Test of Everyday Attention. Bury St Edmunds: Thames Valley Test Company.

Sbordone, R.J. and Liter, J.C. (1995). Mild Traumatic Brain Injury does not Produce Post-traumatic Stress Disorder. Brain Injury, 9, 405–12.

Snaith, R.P. and Zigmond, A.S. (1994). Hospital Anxiety and Depression Scale. Windsor: NFER-Nelson.

Sumpter, R.E. and McMillan, T.M. (2006). Errors in Self-report of Post-traumatic Stress Disorder After Severe Traumatic Brain Injury. Brain Injury, 20, 93–9.

Turner, S. and Lee, D. (1998). Measures in Post Traumatic Stress Disorder: A Practitioners Guide. Windsor: NFER Nelson.

Weschler, D. (1981) WAIS-R Manual. London: Psychological Corporation.

Williams, W.H., Evans, J.J., Needham P. And Wilson, B.A. (2002). Neurological, Cognitive and Attributional Predictors

of Posttraumatic Stress Symptoms After Traumatic Brain Injury. Journal of Traumatic Stress, 15, 397–400.
Williams, W.H., Evans, J.J. and Wilson, B.A.(2003). Neurorehabilitation for two Cases of Post-traumatic Stress Disorder Following Traumatic Brain Injury. Cognitive Neuropsychiatry, 8, 1–18.
Wilson, B.A., Cockburn, J. and Baddeley, A.D. (1985). The Rivermead Behavioural Memory Test. Bury St Edmunds: Thames Valley Test Company. 236

16 Acı, Yorgunluk, Kaygı ve Dürtüselliğe Yönelen Disiplinlerarası Mesleki Rehabilitasyon: Yusuf ve Onun "İş ve Yaşam İçin Yeni Kurallar"ı

Fergus Gracey, Donna Malley ve Jonathan J. Evans, çeviren: Fatma Girgin Karc[illegible]eş

Gelişmekte olan disiplinlerarası rehabilitasyon yaklaşımımızı göstermek amacıyla, Yusuf'la çalışmamızı anlatıyoruz. O, bir dizi bozukluk, aktiviteler ve bağlamlar arasında organize edilen bir anahtar hedef alanda sosyal katılımın artmasıyla sonuçlanan takım çalışmasının oluşturulduğu ilk danışanlarımızdan biriydi. Çalışma aynı zamanda, birleştirilmiş değerlendirme sonuçlarını bir araç olarak sağlayan ve takım ve danışan arasında 'ortak anlayış' geliştiren formülasyon temelli rehabilitasyonun iyi bir örneğini sağladı. Rehabilitasyon programının daha da formüle edilmiş yönlerinin olması için 'ana bileşenler' (Bölüm 4) olarak tanımladığımız ve Judith ile çalışmamızda daha da detaylandırdığımız (Bölüm 17) bu prensipleri bu danışanımızla geliştirmeye çalıştık. Vaka aynı zamanda birleştirilmiş rehabilitasyon programının bir parçası olarak verilmiş ağrı ve yorgunluk için spesifik başarılı disiplinlerarası müdahaleye de dikkat çeker.

Yaralanmanın hikayesi

Yusuf Mayıs 1998'de bir araba kazasına karışmıştı. Bir hafta boyunca komadaydı ve sonrasında çok ciddi kafa yaralanması gösteren yaklaşık bir ay süren travma sonrası amnezi bildirildi. Yaralanmadan sonra bilgisayarlı tomografi (BT) taraması sol serebral hemisfer ve sol lateral ventriküle bazı kütle etkisine sebep olan sol frontotemporo-parietal subdural hematoma tanımladı.

Sosyal hikaye

Yusuf karısı ve üç küçük çocuğuyla yaşayan 35 yaşında(kaza zamanında 32) bir adamdı. Kaza zamanında kendi başarılı ithalat/ihracat ticarethanesini yönetiyordu. Kaza olduğu için biri hariç işinin tüm yönlerini bıraktı. Yusuf'un kardeşi işin nasıl gittiğine dair ailenin endişelerini belirtti ve 'birkaç sadık müşteri ve çok toleranslı tedarikçilere' bağlı olduğunu söyledi. Yusuf aynı zamanda bazı internet-temelli fikirler geliştirmeyi deniyordu.

Detaylı değerlendirme

Yusuf Nöropsikolojik Rehabilitasyon için Oliver Zangwill Merkezinde 2001 ilkbaharında, neredeyse yaralanma sonrası 3 yıl geçmişken değerlendirildi. Bir günlük ilk değerlendirmeyi takiben Yusuf iki hafta boyunca yürütülen detaylı değerlendirme için geri geldi. Bu, 13. Bölümde Peter için tarif edilmiş olanlarla aynı alanları kapsadı ve burada tekrar edilmeyecek. Kısaca, değerlendirme danışan ve aile üyeleriyle tartışmayı, güçlü ve zayıf yönleri ve rehabilitasyon için potansiyel hedefleri tanımlamayı içerdi. Disiplinler arası değerlendirme aynı zamanda farkındalık, duygu durumu ve davranış, nöropsikolojik işlevsellik, fiziksel işlevsellik, iletişim ve evde, işte ve dinlenme zamanlarında işlevsel bozukluk bulunan alanları kapsadı.

Yusuf ve ailesiyle görüşülerek tanımlanan zorluklar

Yusuf özellikle fiziksel ve duygusal doğası olan problemlerin uzun bir listesini belirtti. Bu Avrupa Beyin Yaralanması Anketi'nde (ABYA) (European Brain Injury Questionnaire) (EBIQ; Teasdale et al., 1997) problemlerin kendi kendine raporlanması ile gösterildi. 137 (maksimum olasılık 183, minimum 61'den) puan aldı ve rehabilitasyon başlangıcı öncesi iki durum üzerine eşinin aynı ölçümde 144 ve 152 puanıyla desteklendi. Anahtar kendi kendine raporlama alanları Tablo 16.1'de gösterildi. Hem Yusuf ve hem de ailesi tarafından 'azalmış içgörü' belirtilmişken, listeden bilişsel problemlerin entellektüel farkındalığının (Crosson ve diğerleri, 1989) fiziksel, duygusal ve sosyal değişimlerin farkındalığından kısmen daha düşük olduğu görünüyor. Yusuf'un fiziksel durumundaki bozulmaya dair algısı ve belki de bu zorluklara abartılı şekilde dikkat çekilmesi dikkate değerdir. Yusuf'un kardeşi özellikle onun işteki karar alma zorluğunu, öneri almaya ve kararları diğerleriyle tartışmaya direncini açıkladı.

Yusuf'un eşiyle görüşüldü ve daha önce vurgulanan zorluk alanlarının çoğunu doğruladı. O kocasındaki en anlamlı farklılıklardan biri olarak önceden işleri daima son ana bıraksa da yine de idare edebilmesi ama artık durumun böyle olmamasını gösterdi. O aynı zamanda eşinin nasıl acele ettirilemediğini ve kendi adımlarına göre çalışması gerektiğini ve işleri unuttuğunda sıklıkla kendine karşı aşırı eleştirel ve genellikle düşük modda olduğunu vurguladı. Çocuklarla, ev işleriyle başa çıkamadığını ve sinirliliğe açık olduğunu belirtti.

Sosyal katılım daralmasının özeti

Bu özel bozuklukların karışımı, aktivite daralmaları ve kişisel ve sosyal bağlamlar (Figür 16.1'e bakın, değerlendirme formülasyonunun özeti) aşağıdaki sosyal katılım daralmalarına belirgin şekilde katkı yaptı.

- Beklenen çalışma rollerini etkili şekilde tamamlamada zorlanma
- Kişilerarası ilişkilerin nicelik ve niteliğinde azalma
- Aktivitelerin niteliği ve niceliğinde azalma
- Tutarsız duraklama periyotları, enerji seviyesinde dalgalanma
- İletişim becerilerinde ve özgüvende azalma

Bununla alakalı olarak, Yusuf'un rehabilitasyon için hedefleri aşağıdaki gibiydi:

- Daha kolay ve etkili çalışabilme
- Acı ve yorgunluğun fiziksel semptomlarını azaltma
- Hafıza ve konsantrasyon becerilerini iyileştirme
- Aile ve yerel topluluğa evde daha fazla yardım edebilme
- Daha az sinirli olma

Tablo 16.1: Ön görüşmede Yusuf ve ailesi tarafından tanımlanan zorluk alanları

	Yusuf	Aile (Erkek Kardeşi ve Karısı)
Fiziksel Değişimler	Sağ kulakta sağırlık Çift görme Sağ el tarafında zayıflık Sağ el tarafında gecikmiş ısı algısı Sol el tarafında koordinasyon problemleri Denge problemleri Baş dönmesi Kolay yorulma Her zaman her yerde acı Yürümede zorluk ve hiç koşamama 2-3 dakikadan fazla ayakta duramama Zaman içinde bozulma (Kazadan sonra birkaç mil yürüyebiliyordu ama şimdi buna benzer herhangi bir şey yapamıyor)	Aile üyeleri tüm bu problemleri doğruladı ve aynı zamanda Yusuf'un kilo aldığını da eklediler.
Duygusal ve Davranışsal Değişimler	Özellikle yorulduğunda ajitasyon, öfke ve sinirlilik Farkındalık ve içgörü kaybı Duygusal labilite Ben odaklılık Depresyon Kaygı Esneklik kaybı ve obsesyon Gürültülü durumlarla başa çıkmada zorluk	Aile üyeleri Yusuf'ta artan sinirlilik ve hüsranla birlikte sınırlı içgörü, diğerleriyle etkileşimde zorlanma ve sosyal etkileşimden kaçınma bildirdiler. Kendine karşı eleştiri ve düşük mod ayrıca kaydedildi.
Bilişsel Değişimler	Yavaş düşünme hızı Kısa dönem hafızada zayıflık Dürtüsellik ve disinhibisyon Zayıf 'çok amaçlı' düşünme (Yusuf için karar alma ve çoklu görevler anlamına gelen) Yeni çevrelerde kafa karışıklığı	Aile üyeleri zayıf konsantrasyon, kısa dönem hafıza problemleri ve karar almada zorlanma tanımladılar.

Değerlendirme periyodu süresince gözlem ve izleme

Günlük izleme detaylı değerlendirme periyodu süresince Yusuf ve ekip tarafından yürütüldü. Yusuf Merkez'deki süresi boyunca ağrı ve yorgunluğun etkisini vurguladı. Bu sık mola kullanımında ve yemek sonrası uzun dinlenmelerinde açıkça belirgindi.

Takım üyeleri seanslarını dinlenmesi için sıklıkla kestiler. Yusuf Merkez etrafında yavaşça yürüdü ve her zaman bir baston kullanarak bu çabayı gösterdi ve seanslar süresince ağrı yüzünden dikkati dağıldı.

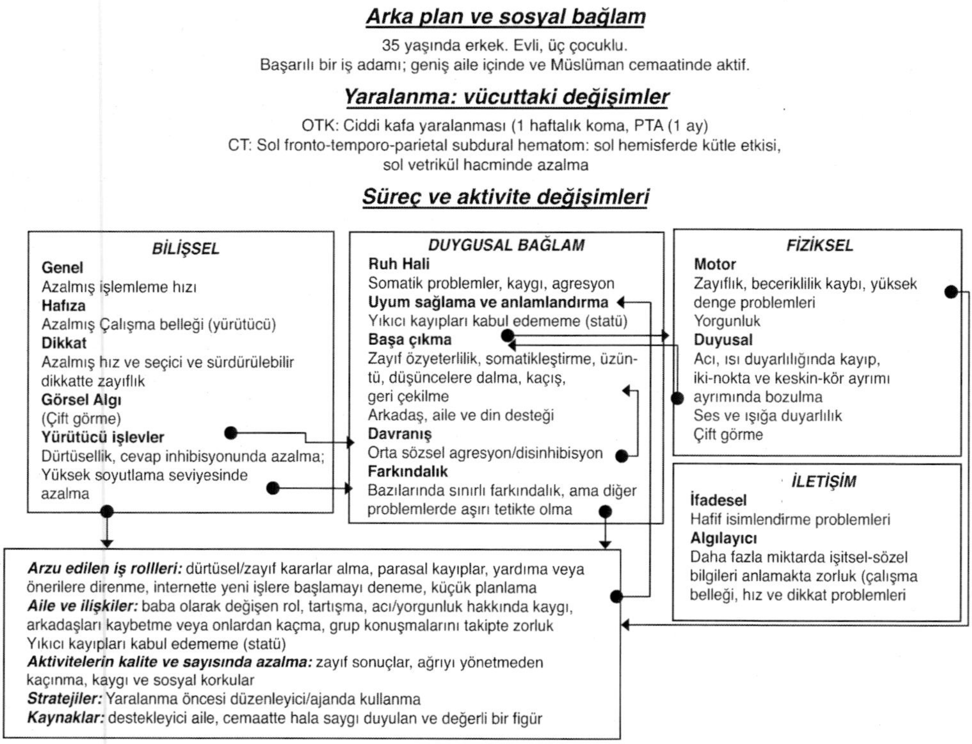

Figür 16.1: Yusuf için disiplinler arası 'değerlendirme formülasyonu özeti', açıkça 2. Bölümde daha detaylı şekilde tarif edilen işlevselliğin Dünya Sağlık Organizasuonu uluslararası sınıflandırmasına dayandırıldı. OTK, otoyol trafik kazası; PTA, post travmatik amnezi

Nöropsikolojik değerlendirme

Sonuçlar bilgi işlem süreç hızı, anlık sözel ve gecikmeli hafıza (belki dikkat, düşük işlem hızı ve kodlamada yürütücü zorluklar gibi diğer etkilere ikincil olarak), sözel çalışma belleği ve dikkatte (hem sürekli hem bölünmüş dikkat) anlamlı düşüklük gösterdi. Baskın cevapta inhibisyon, yeni fikirler ortaya koyma ve kendini izleme performansıyla yürütücü işlev zorlukları da tanımlandı. Vizyo-spasyal becerilerde anlamlı bir zorluk tanımlanmadı.

Duygu durumu, duygusal uyum sağlama ve davranış değerlendirme

Yusuf iyi duygu farkındalığı göstererek değerlendirme süreci ile iyi ilişki kurdu. Kaygı ve depresyon ölçeğinde (Hastane Kaygı ve Depresyon Ölçeği (HKDÖ); Zigmund ve Snaith, 1983) depresyon için değilken kaygı için klinik aralıkta puanı yüksekti. Normalde ölçülmemesine rağmen o düşük öz saygısıyla uyumlu olarak kendisi hakkında olumsuz düşünceler belirtti. Genel Sağlık Anketi'nde (28 madde versiyonu: GSA; Goldberg ve Williams, 1988) düşmanlık, öfke ve sözel agresyon ile alakalı agresyon anketi maddelerinde beyin yaralanması olmayan birinin puanına göre 1 standart sapma üzerini gösterirken somatik alttestlerdeki maddelerde puanı yüksekti. Günde 1-2 kez yüksek seviye hüsran belirtilerini kaydetti.

Yusuf olası sebeplerine ilişkin çelişkili bilgiler aldığı için ağrı problemleri hakkındaki endişelerinden bahsetti. McGill Ağrı Anketi (MAA; Melzack, 1975) ağrının psikolojik yönlerini değerlendirmede kullanıldı. Ölçüm ağrı alanlarını tanımlama ve deneyimlenen ağrıyı en iyi tanımlayan büyük bir sıfatlar listesinden seçim yapmayı içerir. Yusuf maddelerin çoğunu onayladı ve güçlü negatif ağrı deneyimi gösteren maddeleri seçti ve ağrı yoğunluğuna yüksek puan verdi. Ağrısını kontrol edemeyebileceğini içeren muhtemel durumlar hakkında kaygı hissi belirtti. Fiziksel semptomlarına aşırı tetikte olma veya seçici dikkat anlamlıydı. Gözlem ve görüşmeden başa çıkma davranışlarını değerlendirme baskın başa çıkma stratejileri olarak bazı etkisiz problem çözme girişimleri ve 'rasyonelleştirme' ve sebep gösterme ile geri çekilme ve kaçmayı vurguladı. Yusuf aynı zamanda artan negatif duygu durumu etkisiyle hüsranları ve sinirlilikleri üzerine çok düşünme eğilimi de belirtti. Esnek düşünme ve inhibisyonun yürütücü işlev becerileri azalmasının etkili başa çıkma becerilerine, 'tehditlere' (fiziksel semptomlar ve derin düşünceler) seçici dikkati yönetmek ve duygusal reaksiyonları bastırmak üzerine etki ettiği öne sürüldü.

Dili ve iletişimi değerlendirme

Yusuf Bilişsel Dil Becerileri Ölçeği (BDBÖ; Ellmo ve diğerleri, 1995) kullanılarak değerlendirildi.

Algısal dil

Yusuf sözel bilgilerin detaylarını hatırlamada zorluklar gösterdi. Okuduğunu anlama görevlerinde, Yusuf işlevsel görevler üzerinde normal sınırlarda performans gösterdi ama çıkarımsal bilgi içeren pasajlarda performansı hafif etkilenmişti. Görevleri tamamlaması için geçen süre beklenenden önemli derecede düşüktü. Yusuf kelimeleri yanlış okudu ve geri dönüp kontrol etme gereği duydu, bunu bu güne özgü durum olarak belirtti. Sözel soyut düşünme görevinde Yusuf bütünsel soyut anlamları yorumlamada bazı zorluklar kaydetti.

İfadesel dil

Yusuf ana dili Gujurati olsa da ilk dilinin Portekizce olduğunu belirtti. Erken gençlik dönemlerinde İngilizcesi akıcı olmuş ve değerlendirme sırasında 20 yıldır Birleşik Krallık'ta yaşıyordu. Kaza sonucu sağ kulağı sağır oldu. O aynı zamanda kelime bulmada zorluk belirtti, görsel karşılaştırmalı isimlendirme görevinde düşük performansı onayladı. Yazılı görevlerde doğru cümle yapısı ve noktalama ile iyi yapılandırılmış pasaj oluşturdu. Buna rağmen, yazı dilinin kontrol edilmeye ihtiyacı olduğunu belirtti ve kontrol ettiğinden e-maillerde bile sık hatalar fark etti.

Fiziksel işlev değerlendirmesi

Yusuf'un kazası sırasında temel fiziksel yaralanmaları sol köprücük kemiğinde bir kırık, yaralar ve bereler ve tabi ki beyin yaralanmasını içeriyordu. Yusuf kaza sonrası iyi bir fiziksel iyileşme olduğunu ve bir saat vaya daha fazla kolayca yürüyebildiğini söyledi. O zorluklarını ağrı ve azalan fonksiyonlar olarak tanımladı. 18 aydan fazla süredir fiziksel şeylerin kötüleşmeye başladığını söyledi. Denge ile ilgili sıkıntıları sebebiyle bir yürüme bastonu kullanmaya başladı. Evde ve işte şimdi acısını veya fiziksel işlevselliğin diğer yönlerini etkileyebilecek talepleri azaltmak için oldukça koruyucu bir çevre oluşturduğunu söyledi.

Görüş

Yusuf çift görmeden muzdaripti. Bunu düzeltmek için bir operasyon geçirdi ama az etkisi oldu ve telafi etmek için bir opak lens ile gözlük kullandı.

Denge

Yusuf'un dengesi kısaca bir leylek duruşu testi ile görüldü. Sağ bacağı ile sadece 6 saniye ve solu ile 3 saniye durabiliyordu ve iki bacak da istikrarsız idi. Yürürken dengesini kolayca kaybetti ve onu kurtarmak için bastonuna ihtiyaç duydu: Konuşmaya çalışırken yürümeyi ve dengede kalmayı daha zor bulduğunu bildirdi.

Duyu

Rivermead Somatosensori Değerlendirme Bataryası (RSDB; Winward, Halligan ve Wade, 2002) Yusufla tamamlandı. Bu etkilenen tüm (sağ) yanında ısı ayrımında, iki nokta ayrımında ve keskin-kör ayrımında bozulma gösterdi.

Değerlendirme özeti

Bu değerlendirme sonuçları Dünya Sağlık Örgütü Uluslararası İşlevsellik, Engellilik ve Sağlık Sınıflamasını (WSÖİS; Dünya Sağlık Örgütü, 2001) temel alarak daha geniş bir çerçevede toplandı. Bu danışanın arka planı (bağlam) ve yaralanmasını, varolan işlevsel zorlukların ve başarılan hedeflerin (sosyal katılımlar) sınırlarının bir açıklamasını veya bir formülasyonunu yapmayı sağlamak için güçlü ve zayıflıkları (bozukluklar, işlemler ve aktiviteler), duygusal uyum sağlama (kişisel ve sosyal bağlamlar) ve destek ve kaynaklara (fiziksel ve sosyal bağlam) bağlar. Burada bu özeti, takip eden detaylı değerlendirmeyle takım tarafından oluşturulan formülasyona dayanan bir diyagram formunda (Figür 16.1) sunuyoruz.

Özet olarak, evde, işte ve sosyal alanlarda kaybedilen roller ve statülerle ilgili spesifik 'yıkıcı' anlamlandırmaların yaralanma öncesi çok işlevli işlerdeki beceri ve minimal planlamayla amaçların başarılması ve yaralanma sonrası bilişsel ve fiziksel becerilerdeki sınırlılıklarının bir arada değerlendirilerek Yusuf'un başa çıkma, dürtüsel karar alma, destek ve strateji ve öneri uygulamalarını kullanmaya direnme ve planlı görevleri yerine getirmede başarısızlığını formülasyonun nasıl açıklayabildiğini vurgular. Zayıf başa çıkma, duygusal uyum sağlama ve acı ve yorgunluğa ikincil olan fiziksel işlevsellik arasındaki karşılıklı etkileşim fiziksel işlevsellikteki bozulmayı alttan destekleyenler olarak görüldü.

Rehabilitasyon programı

2 haftalık değerlendirmeyi takiben Yusuf 20 haftalık yoğun rehabilitasyon programı için döndü. İlk 10 hafta boyunca Yusuf Merkez'de haftada 3 günlük yoğun programa katıldı ve bunu Merkez'de daha az zaman ve daha fazla topluluk aktiviteleriyle (özellikle işyerinde) alakalı zaman içeren 10 haftalık topluluk entegrasyon süreci izledi.

Hedef belirleme

Biz Yusuf tarafından tanımlanan hedefleri hedefe ulaşma değerlendirmesini sağlamak amacıyla 'SMART' (smart) hedeflerine dönüştürdük. Bunlar:

1. Yusuf belirli iş rollerini etkin (kendisi ve erkek kardeşi tarafından puanlanacak) tamamlamak için stratejileri kullanacak.
2. Yusuf aşırı yorgunluk belirtmeksizin haftalık bazda planlanan aktivitelerin en az %70'inin tamamlanmasını sağlamak için tanımlanan bir hafıza ve planlama sistemi kullanımı gösterecek.
3. Yusuf Merkez içinde ve dışında belirli durumlarda stres, kaygı ve öfkeyi yönetmek için stratejilerin etkili kullanımını gösterecek.

4. Yusuf acıyı yönetmek için adaptif strateji kullanımını gösterecek ve Merkez içinde ve dışında belirli durumlarda acıyla başa çıkmada daha özgüvenli olarak kendini değerlendirecek.
   Programın standart bir parçası olarak danışanlar Bölüm 5'te tarif edildiği gibi yaralanmalarının anlayışını kendilerine göre geliştirmeleri için desteklenirler. Beşinci hedef böylece şu şekilde belirlendi.
5. Yusuf yazılı şekilde detaylı değerlendirme raporu ile uyumlu olarak beyin yara anmasının doğası ve sonuçlarının doğru bir anlayışını açıklayacak.

Bu hedefler doğrultusunda çalışmak, bu hedeflere ulaşmak için altta yatan engelleri oluşturan spesifik faktörler ve bunlara yönelme yolları hakkında bilgi sağlayarak bireysel ve grup seanslarının bir birleşimini kapsadı. Bireysel seanslarda Yusuf dikkat ve yürütücü işlevler için bilişsel rehabilitasyon üzerine çalıştı. Bilişsel davranışçı terapi (BDT) Yusuf'a zayıf öz güven, başa çıkmanın yararsız kalıpları ve kaygı yaratan değerlendirmelerle mücadele etmesini ve rahatlama ve 'bilinçli farkındalık' gibi beceriler geliştirmesini sağladı. Bireysel rehabilitasyon seansları aynı zamanda iletişim becerileri ve fiziksel işlevsellik üzerine çalışmasını sağladı. Yusuf aynı zamanda şu gruplara katıldı: İletişim, Hafıza, Dikkat ve Hedef Yönetimi, Duygu durumu Yönetimi, Psikolojik Destek ve Beyin Yaralanmasını Anlama.

Sonraki bölümde, Yusuf'la üstlenilen herşeyi geniş olarak hesaba katmak yerine biz mesleki hedef alanı bağlamında fiziksel sağlık, başa çıkma ve dürtüsellik üzerine çalışmaya odaklandık. Hedef iş birlikçi formülasyon rollerinin ve spesifik müdahalelerin işle ilgili işlevsel hedefleri başarma doğrultusunda nasıl entegre olduğunu vurgulamaktı.

İş birlikçi formülasyon

Programın başında Yusuf'un zayıf fiziksel kuvvet, kaygı, huzursuzluk ve acı davranışlarıyla sürmekte olan zorlukları belirgindi ve programı üzerinde önemli bir etkiye sahipti. Yusuf'un seanslar sırasında sıklıkla dikkati dağılıyordu, ara vermek istiyordu veya dinlenme aralarından geç dönüyordu. Programın yapılandırılmış zaman çizelgesi göz önüne alındığında, bu Yusuf ile aynı zamanda takım tarafından da hedef planlama görüşmesinde tartışma yoluyla dikkati gerektiriyordu. Yusuf ile çalışmayı içeren 'aşırı yüklenme' deneyiminin iş birlikçi bir formülasyonunu geliştirerek, mesleki terapistlerden (MT) biri tarafından yürütülen bir eylem planı oluşturuldu. Ağrı toleransını ve başa çıkmayı etkileyen faktörlerin bir hesabı duygu durumu problemleri, dış tetikleyiciler ve fiziksel problemlerin hesaba katılarak birleştirilmesi ile geliştirildi. Bu iki seans süresince Yusuf ile konuşmak yoluyla OT tarafından ortaya konuldu ve Figür 16.2'de sunuldu. Anahtar faktörler stres, yorgunluk, ağrı, zayıf karar alma, dürtüsellik, gürültü ve dikkat bozan şeyler gibi çevresel faktörleri içerdi. Literatürde formülasyonda (Butler, 1998) önerildiği gibi bu formülasyonun iş birlikçi gelişimi Yusuf'a aşırı yüklü hisler tarafından daha az ezilmiş ve değişim konusunda daha umutlu olmada yardım etti. Formülasyon süreci aynı zamanda Yusuf ile çalışma bağlantısının geliştirilmesinde önemli olarak görüldü.

Ağrı ve yorgunluğu yönetme

Bu sırada, bir klinik psikolog ile seanslarında Yusuf'a ağrının biopsikososyal modeli (Kapı Kontrol Teorisi; Melzack ve Wall, 1965) anlatıldı. Yusuf bunun ağrısını anlamanın kabul edilebilir bir yolu olduğunu hissettiğini söyledi. Sonra bir günde gerekli olan ortalama atıl zaman süresinin tanımlanması için iki hafta boyunca dinlenme ve 'atıl zaman'larını göz-

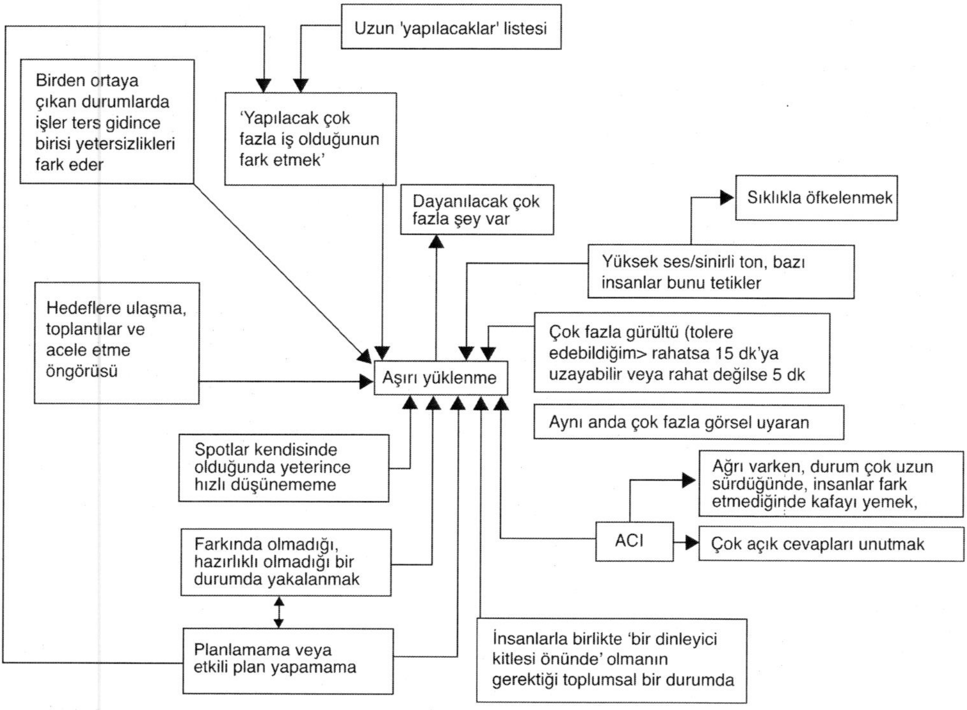

Figür 16.2 : Yusuf ve takım arasında 'aşırı yüklenme' deneyimini anlamak için rehabilitasyonun başında iş birlikçi formülasyon geliştirildi.

lemlemeyi yürütmesi için desteklendi. Bu günde farklı zamanlarda oluşan 30 dakika ve 2 saat arasında istikrarsız atıl zaman süreleri ortaya çıkardı. O, aynı zamanda tetikleyiciler, değerlendirmeler, hisler, davranışlar ve sonuçları ortaya çıkarmak için yapılandırılan günlük izlemeyi tamamladı. İzleme ve bireysel seanslardaki görüşmelerden, Yusuf'un yorgun veya ağrı içinde hissettiğinde fırsat buldukça, aynı zamanda ağrının potansiyel bir artışını beklediği zamanlarda da ara verdiği ortaya çıktı. Bu Yusuf'un stres, acı ve yorgunluğu yönetmede tutarlı bir stratejisi kullanmadığını gösterdi. O sırada Yusuf dinlenme zamanını ilerideki görevler hakkında yorgunluk ve stres ekleyen üzüntüyle geçirecekti. Zaman zaman, Yusuf uyuyup kalacaktı. Bu bazen duygu durumunun düzelmesine, yorgunluk ve ağrı toleransına yardım etse de diğer zamanlar bu etkisi olmadı.

Acı ve yorgunluğa karşı aşırı tetikte oluşu, fiziksel duyuların anlamlandırılması hakkında duygusal olarak yönlenmesi ve başarısızlık için özeleştiri bağlamında performansı konusunda yüksek beklentileri kronik yorgunluk sendromu'nun (Surawy ve diğerleri, 1995) bilişsel modelinin aynısı olarak görüldü. Bu 'ani yükseliş-çöküş' modeli olarak tanımlandı ve uyarlanmış bir versiyonu geliştirildi ve Yusuf ile çalışmamız için uygulandı (Figür 16.3'e bakın). Bu mantıklı açıklamayı takiben, müdahale dinlenme aralıklarını belirli kalıplara mantıkla düzenleyerek yorgunlukla alakalı biliş ve davranış arasındaki birleşmeyi ayırmaya ve böylece bilişlerle mücadele etme veya onlara farklı cevaplar vermeye yardım etmek için ani yükşeliş-çöküş döngüsünün kırılmasını içerdi. 2 hafta süresince izlenen atıl zaman süresi toplandı ve günde ortalama yaklaşık 50 dakika olarak hesaplandı. Böylece günlük

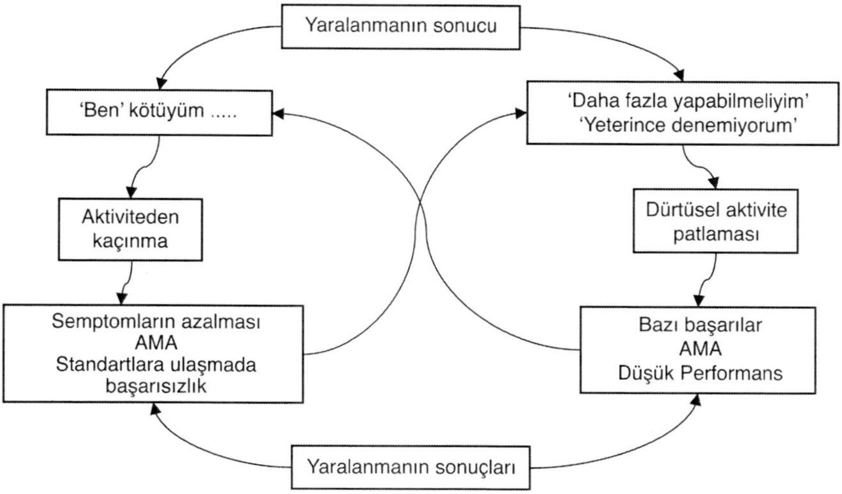

Figür 16.3: Surawy ve diğerleri'nin (1995) bilişsel- davranışsal modelin adaptasyonuna dayanan Yusuf'un yorgunluk formülasyonu

toplamda 50 dakika belirlenmiş dinlenme arası kalıbı oluşturuldu; 5 dakika kuşluk vakti, 15 dakika öğle yemeği sonrası ve 30 dakika ikindide. Bu aralar için spesifik zamanlar Merkez, iş ve ev için belirlendi. Bu çalışma Yusuf'un hafıza ve hedef planlama yönetimi altında günlük görevlerini yönetmek için etkili sistemler geliştirilmesinde çalışan MT desteği ile birleştirildi. Yusuf hafıza ve hedef planlamasının bir parçası olarak Psion elektronik düzenleyici, ki dinlenme aralarını bildirmek için kullanabiliyordu, kullanımını geliştirdi. Ayrıca Yusuf vücudunu esnetmeden 30 dakikadan daha fazla sürede oturmaması önerisini sağlayan fizyoterapi seanslarına katıldı, böylece bu strateji programa eklendi.

Bu dinlenme zamanlarının kullanımını daha etkili yapmak amacıyla, Rahatlama ve 'bilinçli farkındalık' meditasyon uygulama desteği aldı. Standardize kontrollü nefes teknikleri rahatlama için kullanıldı ve bir bilinçli farkındalık meditasyonu kasedi bilinçli farkındalık uygulaması (Kabat-Zinn, 1994) için kullanıldı. Ağrı ve yorgunluk deneyiminin ve duygusal düşüncelerini kabül etmek ve bunları azaltmak için Yusuf'un bilinçli farkındalık kullanımı desteklendi. Dinlenme zamanları süresince bilinçli farkındalık tekniklerinin ve daha uzun akşam dinlenme aralarında rahatlamanın kullanımı ile iki haftalık sürede 'atıl zaman' miktarında bir düşüş tespit edildi ve Yusuf semptomlar üzerinde artan kontrol ve daha az kaygı belirtti. Bu programın aşamasında, olumlu öz bildirim ve ağrı ve yorgunluk yönetiminde gelişmenin gözlenmesi standart ölçümlerle desteklenmiş değildi. O ağrı toleransında artış belirtti ve işlevsel olarak Merkezde ilk baştaki dinlenme şablonlarındaki dalgalanma ve seanslara katılmadaki bölünmeler anlamlı şekilde düzeldi.

Hedef yönetme, hafıza ve planlama ve dürtüselliği azaltma

Görevleri gerçekleştirmede başarısızlıkla sonuçlanan girişimlere duygusal cevaplar olarak görülen Yusuf'un aktivitelerinin yararsız ve etkisiz kalıpları, gün gün görevlerini (rutin ve rutin olmayan) tamamlamak ve zayıf karar alma ve dürtüsellik rehabilitasyonu için etkili sistemler geliştirilmesi yoluyla da hedeflendi. Bu alanları (6. Bölüme bakın; Evans, 2003;

Levine ve diğerleri, 2000) anlamayı kolaylaştıran bireysel ve grup seanslarına ek olarak Yusuf hafızadaki sürçmelerin örneklerini not etmek için izleme çizelgeleri tamamladı. Hafıza sürçmelerini izleme Yusuf'un günlük hafıza ve planlama problemlerinin aralıkları ve doğası hakkında farkındalık geliştirmesini sağladı, tekrar edersek telafi edici stratejilerin kullanımı ve spesifik hedeflerin vurgulanmasının devreye girmesiyle. Planlı yapılandırılmış tüm aktiviteleri için 'Ajanda' fonksiyonu ile başlayarak elektronik düzenleyicisini açan Yusuf'a bunun spesifik fonksiyonlarını öğrenmesi için yardım edildi.

Hareketin sonraki planı düzenleme gerektiren görevlerin notlarını almak için Yapılacaklar Listesi fonksiyonunu öğrenmeyi gerektiriyordu. Bu Yusuf'un programın yoğun başlangıç aşamasının sonunda evde, sosyal ve cemaat içindeki yaşantısında planlanan aktivitelerin %50'sini başarıyla tamamlama hedefine ulaşmasını sağladı. Bu sistem mesleki terapi yürüten MT'den alınan destekle işyeri için de adapte edildi. Yusuf bilgisayarında Microsoft Outlook ve Outlook ile Psion düzenleyicisinde 'isyncing' kullanarak gününü planlamayla başladığı bir günlük çalışma rutini geliştirdi. Dinlenme aralarının zaman çizelgesini yaptı ve herhangi bir planlanmamış görev veya gün boyunca ortaya çıkmış bir sorgu için günün sonunda ayrılmış zamanla birlikte spesifik işle alakalı görevler için zaman kesitleri ayırdı. Rutin görevlerin etkili yönetimi için spesifik işyeri alakalı kontrol listeleri Yusuf'un uygulaması için tabloda (Tablo 16.2'ye bakın) özetlendi.

Yürütücü işlevlerde bireysel çalışma dürtüselliği azaltmak için 'dur-düşün' stratejisi üzerine inşa edildi. Yusuf'a bu stratejiyi kullanması için mantıklı açıklama sunuldu ve Merkez'de seanslarda Dikkat ve Hedef Yönetme Gurubu'nda yürütülen egzersizlerle oluşturulmuş belirlenmiş problemlerle alakalı hedef yönetme pratikleri yapıldı. Desteğe rağmen, başlangıçta Yusuf bu stratejiyi diğer durumlara genellemedi ve dürtüsel cevaplar vermeye devam etti. Bunun olduğu durumların analiz edilmesi ve işbirlikçi formülasyona yansıtılması stres, hüsran veya kaygı seviyeleri, çevresel faktörler ve bilişsel değerlendirmeler gibi faktörlerin katkısını netleştirmeye yardım etti. Bu bilişsel rehabilitasyon çalışması böylece duygusal başa çıkma çalışması içine entegre edildi. Duygusal adaptasyon ile birleşen ileri bilişlerin incelenmesi daha dürtüsel tepkilerin oluşmasına neden olan başarısızlık korkusuyla ilgili olumsuz otomatik düşüncelere dikkati çekti. BDT seansları güdümünde keşfedilenlerin daha fazlası olarak, Yusuf bu otomatik düşüncelerle bağlantılı altta yatan varsayımları tanımladı. Bunlar altta yatan sosyal, ailevi ve iş durumlarıyla kesişen diğerlerinin gözündeki durumların kaybolması hissi olarak düşünüldü. İş durumlarına odaklanma için, yaralanma öncesi kimliği korumak için yararsız ama anlaşılabilir kurallar tanımlandı. Bunlar aşağıda şu şekilde özetlendi:

- "Bir şeyler iyi gitmiyor öyleyse ... yapmalıyım"
- "Demir tavında dövülür"
- "Unutmadan önce harekete geç"
- "Hızlı, doğru bir karar al ki böylece iyi bir iş adamı olarak görülebil"
- "Hızlı karar al ki böylece yetersiz olma"

Bu kurallar yaralanma öncesi kimliğinin (kazançlı işlerin etkili yöneticisi, cemaatinde oldukça saygı gören) tehdit altında olmasına karşı Yusuf'un kendini korumak için anlaşılabilir girişimleri olarak görülebilir. Onlar bir tasarlanmış hedefe yapışan herhangi bir girişime 'baskın çıkan' spesifik durumlarla desteklenen bir otomatik, duygusal 'sıcak hedefler' takımı olarak görülebilir. Yusuf bu kuralların artı ve eksilerini ve hedeflerine ulaşmak için 'sıcak hedefleri' düşündü ve bu tepki verme yollarının problemleri örtmeyi (statü korumak için) amaçlarken uzun vadede nasıl zayıf sonuçlara ve sonunda statü kaybına sebep olduğunu görmeye başladı.

Tablo16.2: İş ile alakalı stratejilerin özeti

İplik işiyle ilişkili görevler	Tanımlanan stratejiler
SİPARİŞ STOĞU	
• Mevcut stok durumunu kontrol et	• Çalışanlardan haftalık stok rakamlarını tedarik etmelerini söyle ve haftalık olarak gözden geçir- çalışanların yapılacaklar listesine ekle
• Satış çıktılarını kontrol et veya yap	• Her iki haftada bir veya ayda bir (sezona bağlı olarak) güncel ulaşılabilir stokları ve satış tahminlerini bir sipariş yerine ihtiyaç varmı diye karar vermek için kontrol et- Psion'da hatırlat
• Tedarikçilerle güncel durumları kontrol et	• Haftalık bazda tedarikçilerle güncel durumu gözden geçir-Psion'da hatırlat
• Satış öngörülerini kapsayan siparişi ver	• Fax göndermeden önce siparişleri iki kez kontrole et
• Sipariş onaylarını al	• Bir gün sonra siparişler hakkında tedarikçilerle iletişim kur- Psion'da hatırlat
• Bankadan dökümanları al ve ödeme garantisi için imzala	• Gönderildikten 4 hafta sonra tedarikçilerle sipariş kontrolü için iletişime geç- Psion'da hatırlat
• Ürünleri al	• Herhangi bir doküman ulaşmadıysa 6 hafta sonra bankanın peşine düş- Psion'da hatırlat
• Öde	• Banka dökümanlarını alan, dolduran, veritabanına giren, depoya teslim eden ve ulaşan stokların tarihleyen çalışanları kontrol et- kontrol gerektiğinde Psion'da hatırlat
• Ön siparişler ve satış karşılaştırmalarını takip et	• Yukarıdakileri kontrol için her hafta bir zaman belirle- günlük/ haftalık planın bir parçası olarak
	• İş günlerini organize et- günlük planı ve günlük gözden geçirmeyi tamamla
	• Sabahları iplik alakalı işi ve öğleden sonra web alakalı işleri tamamla
	• Haftalık, aylık, üç aylık ve yıllık görevleri ne zaman tamamlanacağını planla
SATIŞ AKIŞI ÇİZELGESİ	
• Bir siparişin ulaşması	• Sipariş formunu tamamlayan çalışanları kontrole et
• Sipariş formunun tamamlanması	• Fiyatta pazarlık etme-onlara döneceğini söyle
• Depoya sipariş formunu faxla	• Telefonlara cevap verirken siparişle ilgili tüm bilgilerin not alındığı bir vade defterini göz önünde bulundur
• Sevkiyat notunu gözle	• Sipariş formlarını hemen tamamla ve faksla veya çalışanların yapılacaklar listesine koy
• Müşteriye ödeme ve gönderme faturasını yolla	• Üretici firma ile düzenli bazda ilişki kur- Psion'da hatırlat
• Formu tamamla ve üretici firmaya gönder	• İş gününü organize et- günlük planı ve günlük gözden geçirmeyi tamamla
• Üretici firmadan ödemeyi takip et	• İplik alakalı işleri sabah ve web alakalı işleri öğleden sonra tamamla, her gün sonunda acil yapılacaklar saati ile

	• Haftalık, aylık, üç ayda bir ve yıllık tamamlanacakları planla
Tetikleyici görevler ve durumlar	
• Yapılacaklar listesine bakma ve günün başlangıcını planlama	• Sabah planlarına bakarken tetiklenen kendi yeteneklerin, uygun zaman vs. hakkında 'olumsuz öngörüleri' farket.
• İplik işiyle ilişkili görevler	• Tanımlanan stratejiler
	• Dikkatinin kontrolünü eline al, eldeki görevlere dikkatini geri yöneltmek için bilinçli farkındalığı kullan ve olumsuz öngörülerden uzaklaş
	• Sabah için planlarını tamamla
	• Kendine 'bu görevlere bir kere başlarsam daha iyi hissedeceğim' de
	• Belirlenen dinlenme zamanı olmadıkça ARA VERME- DİNLENME ZAMANLARINA SADIK OL
• 'Sürpriz talepler'	• Durum içinde kal
	• Olumsuz düşüncelerden kendini uzaklaştırmak ve dikkatini bugünde tutmak için iki veya üç kez 'zikir' oku
	• 'Dur ve düşün'
	• Ne dediklerini tamamen anlamadıysan insanlardan tekrar etmelerini veya daha açık anlatmaları iste
	• Tepkilerin konusunda kendine güven
	• Eğer gerekirse gün içinde o anda ortaya çıkan herhangi bir ek görevi gün sonuna yerleştir.
	• 'Şuan meşgulüm ama size öğleden sonra 3.00'dan sonra geri dönebilirim' diyerek statünü göster.

Tetikleyicilerin (kimliği tehdit edenler) nasıl stresi artıracak ve faydasız başa çıkma davranışlarına (Figür 16.4'ü görün) katkıda bulunacak şekilde değerlendirildiği süreci ayrıntılı şekilde planlamak için orjinal iş birlikçi formülasyon böylece Yusuf ile daha da geliştirildi.

Ağrı, yorgunluk, açlık ve çevresel gürültü ve dikat dağıtıcılar gibi ek faktörler de strese ilave olarak katkıda bulunan etmenler olarak eklendi. Bu faktörlerin, dürtüsel cevapları muhtemelen artırabildiği öne sürüldü. Bu nedenle dürtüsellik için elverişli durumların azaltılması ve başarıların artışı için MT ile geliştirilen alışkanlık ve yapılara ek olarak bilişsel davranışsal formülasyon, eski kurallar ve varsayımlarla mücadele ve strateji kullanımı ve olumlu sonuçlara dayanan yeni strateji ve varsayımların geliştirilmesi için ek stratejilerin entegrasyonunu sağladı. Bu stratejiler genel stres seviyesini yönetmek için günlük rahatlama ve problem çözme, karar alma ve görevlerde iz üstünde kalma için hedef yönetmenin kullanımını içerdi. Yusuf aynı zamanda o anda yararsız düşünceleri farketme ve azaltmak için özel dua veya 'zikir' tekrarı uygulaması olan Müslüman pratiğine dayanan bir taşınabilir 'bilincli farkındalık' yaklaşımı geliştirdi. Öncelikli olarak bilgisayarında Outlook ile senkronize kesik kesik uyarı veren Psion düzenleyici, işyerinde kendini izlemesi ve bu stratejilerin uygulanmasına destek vermek için kullanıldı.

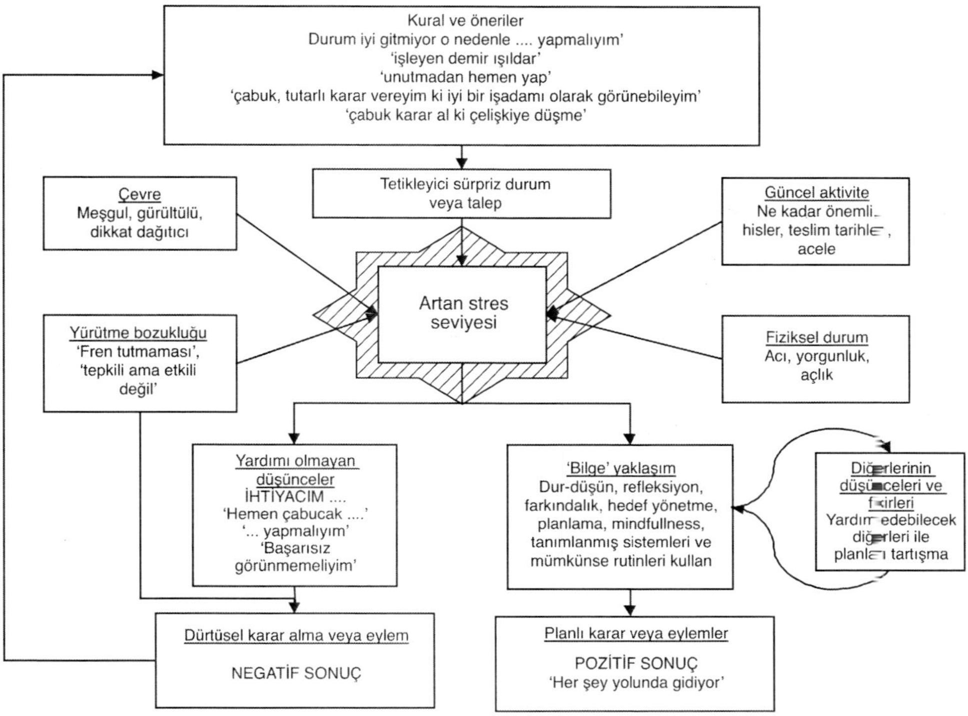

Figür 16.4: Yusuf'un tepkilerinin faydasız kalıplarının altında yatan bilişsel, duygusal ve fiziksel faktörlerle bağlantılı formülasyon ve daha adaptif tepki verme yolları sunabilecek bilişsel ve davranışsal stratejilerin vurgusu

Sonuçlar

Hedefe ulaşma

1. Yusuf belirli iş rollerini etkili şekilde tamamlamak için stratejiler uygulayacak (kendisi ve kardeşi tarafından puanlanacak)

Yusuf bu hedefi hafıza ve planlama hedef yönetimi, dikkatlilik, adımlarını kendine göre ayarlama ve yorgunluk yönetimi stratejilerinin birleşimini uygulayarak başardı. O, günlük rutinini daha ileri şekilde değiştirme fikrini başlattı, işini yeni girişimlere genişletmek için başarısız girişimler yerine ilk işini (ithalat ve toptancılık) daha etkili yaparak 'ikinci iş' haline getirdi. Nasıl 'iyi' bir işadamı olarak görüleceği hakkında altta yatan inançlarını başarılı şekilde kafa tuttuğu açıktır ve yeni 'iş ve yaşam için kurallar'ını bildirdi (ek 16.1'e bakın).

2. Yusuf haftalık bazda planlanan aktivitelerin fazla yorgunluk bildirmeden en azından %70'ini tamamlamasını sağlayacak tanımlanan bir hafıza ve planlama sisteminin kullanımını gösterecek.

Yusuf işte belirlenen görevleri, aile ve topluluk aktivitelerini tamamlayarak bu hedefi başardı.

3. Yusuf Merkez içinde ve Merkezin dışındaki belirli durumlarda stres, anksiyete ve öfke yönetimi için stratejilerin etkili kullanımını gösterecek.

Yusuf programın bitiminde bu alanlarda ilerleme belirtti, özellikle iş alanında. Aile evde de bu alanda bazı ilerlemeler belirtti. Bununla tutarlı olarak standardize ölçümler kendisi ve eşi tarafından yapılan puanlamalarda karışık bir fotoğraf ortaya koydu (Figür 16.7'den 16.9'a bakın).

4. Yusuf öfke kontrolü için adaptif stratejilerin kullanımını gösterecek ve Merkez içinde ve Merkezin dışında belirli durumlarda ağrıyla başa çıkmada daha öz güvenli olarak kendini puanlayacak.

Bu hedef ön değerlendirmede ve programın başında belirgin olan fiziksel bozulmanın tersine çevrilmesi ile açıkça başarıldı. Yusuf bastonu kullanmayı bıraktı, dinlenme zamanı kullanımını çok daha efektif yaptı ve 'gümbürtü' ve 'fiyasko' durumuna sebep olan dinlenme zamanının faydasız kullanımını oldukça azalttı. Adımları kendine göre ayarlama ve diğer yorgunluk yönetimi tekniklerine devam etmek gerekli olsa da, onun yorgunluk hakkında bildirileri ve endişeleri de azaldı.

5. Yusuf detaylı değerlendirme raporuyla tutarlı olarak beyin yaralanmasının doğası ve sonuçlarının doğru bir anlayışını yazılı olarak raporlayacak.

Yaralanmasının doğası ve sonuçlarının detaylandırıldığı yazılı bir portfolyo Yusuf tarafından hazırlandı. Yarasına dair kavrayışını diğerleriyle paylaşmakta daha güvenli hissettiğini belirtti. Daha önemlisi, Yusuf'un ilk entellektüel farkındalığı, gün-bugün yaşamında stratejilerin başlangıcı ile gösterilen önceden beklenen farkındalık seviyesine ilerledi.

Anket ölçümleri

EBIQ (Teasdale ve diğerleri., 1997) üzerinde Yusuf'un kendi değerlendirmeleri ve eşi tarafından yapılanlar program bitiminden sonra bazı dalgalanmalarla (Figür 16.5'e bakın) birlikte program süresince tüm alanlarda geniş bir ilerleme gösterdi. Somatik, iletişim ve bilişsel alanlar hem kendi hem de diğerlerinin puanlamasında açık ve tutarlı bir ilerleme gösterdi. Program süresince ve sonrasında hafif bozulma ki rehabilitasyon öncesi seviyesine dönme şeklinde değil aynı kalıp Disexecutive Anketinde (DEX, Disexecutive Sendromun Davranışsal değerlendirilmesi, DSDD; Wilson ve diğerleri (1996); Figür 16.6'ya bakın) belirtildi.

Duygu ayarlamaları ölçümleri daha çeşitli sonuçlar gösterdi. HADÖ'de başlangıç anksiyetesi program sonunda düştü (Figür 16.7). Depresyon puanı bu ölçümde program süresince arttı, belki artan farkındalık ve buna uyum sağlamayla tutarlı olarak, program sonunda düştü ama başlangıç seviyesine değil. GSA-28 (Goldberg ve Williams, 1988) ile ölçülen olumlu değişim pozitif değişim özellikle bizim gözlemlerimiz, raporlar ve EBIQ alt testi ile tutarlı olarak somatik semptomlardaki azalmaya bakınca daha açıktı (Figür 16.8). Bu ölçümler böylece en azından kısmi duygusal uyum sağlama ve stres, yorgunluk ve ağrı ile ilişkili somatik semptomların etkili şekilde azaltılması ve yönetimini destekler. Agresyon anketi alttesti ölçümleri (Figür 16.9) fiziksel ve sözel agresyonda ve öfkede bir azalmayı vurgular ama düşmanlık hislerinin kendi değerlendirmesindeki değişim azdır.

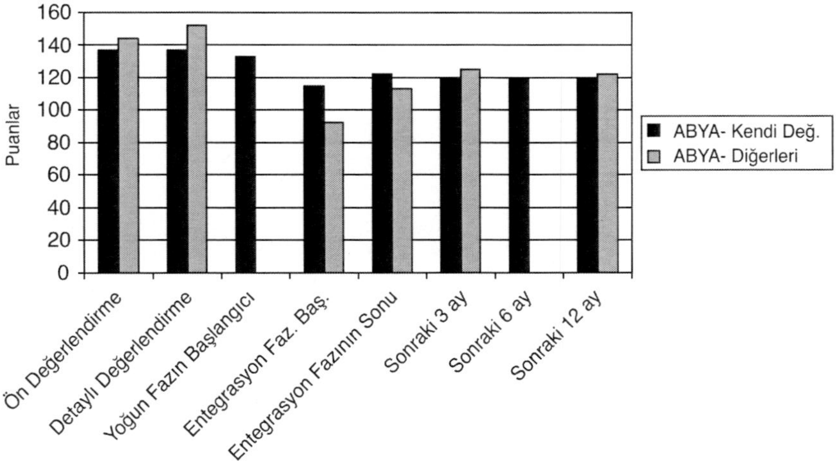

Figür 16.5: Programda ve bir yıl sonrası gözden geçirme için Yusuf'un Avrupa Beyin Yaralanması Anketi 'toplam' puanları (kendisinin puanlaması (siyah) ve eşinin değerlendirmesi (gri)

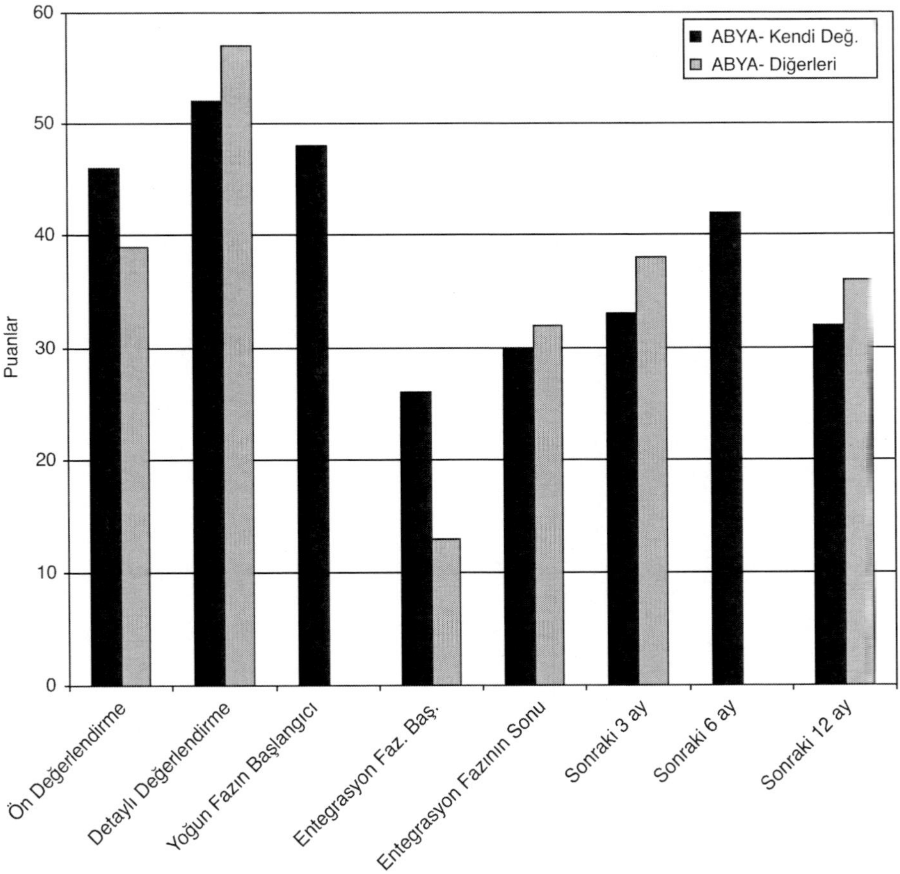

Figür 16.6: Programda ve bir yıl sonrası gözden geçirme için Yusuf'un Disexecutif anket puanlar (kendisinin puanlaması (siyah) ve eşinin değerlendirmesi (gri)

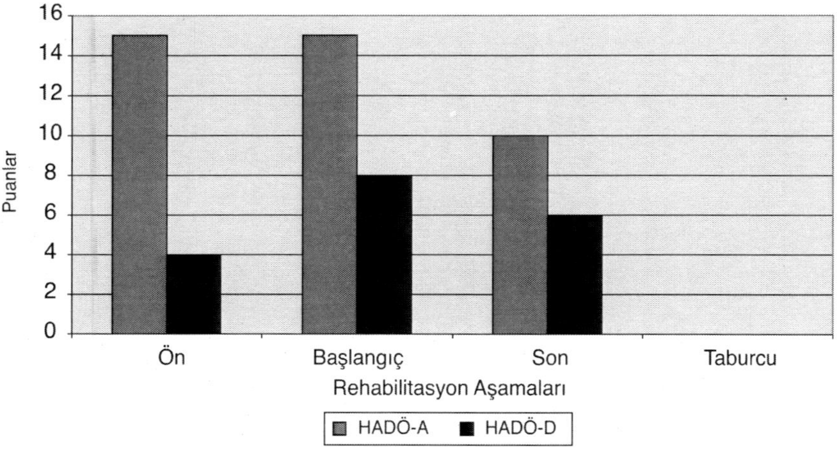

Figür 16.7: Program süresince Yusuf'un Hastane Anksiyete ve Depresyon Ölçeğiyle ölçülen anksiyete ve depresyonundaki değişimler. HADÖ-A. Anksiyete alt ölçeği, HADÖ-D. Depresyon alt ölçeği; Ön detaylı değerlendirme; Başlangıç. Yoğun fazın başlangıcı; son: integrasyon fazının sonu; Taburcu. Sonraki 12 ayın bitiminde taburcu olma; taburculukta not, ölçüm alınmadı.

İş ve yaşam için kurallar

Ön görüşmeyi takip eden görüşmede, Yusuf'a yeni bir 'iş ve yaşam için kurallar' listesi (ek 16.1'e bakın) sunuldu. Bunlar onun strateji kullanımının elde tutulması için faydalı mesajlar içerdiği gibi yaralanma sonrası adaptif uyum sağlama anlamı taşıyan dini inanç ve değerlerinin görünüşleri ile uyumlu sözler ve ifadelerden oluşturuldu.

Özetle, bu çalışma danışan ve takım arasında (Bu vakada Yusuf'un 'fazla yükleme' olarak tarif ettiği) ortak bir anlayış geliştirilmesinin daha dikkatle oluşturulmuş stratejilerin tanımlanmasına izin veren bir formülasyon elde edilmesini nasıl sağladığını vurgular. Bilişsel-davranışçı terapötik çerçevesi içine entegre edilen ağrı, davranış, kronik yorgunluk ve yürütücü işlevler modelleri disiplinler arası çalışma organizasyonu için özellikle etkiliydi. Ağrı ve yorgunluğun psikolojik görünümlerini tanımak ve bu yaralanma sonrası zor semptomlar için daha az kaygı verici değerlendirmeler ve daha adaptif başa çıkma (fizyoterapi ve mesleki terapi sonuçlarını içeren) geliştirme denemeleri umut hissi ve rehabilitasyona bağlılık oluşturulmasına yardım etti. Daha önemlisi, durumun hissiyatını ve ailede ve daha geniş toplulukta saygı duyulmayı içeren yaralanma öncesi kimliği korumak için tasarlanan davranış kalıplarının değişimi danışanın bağlılığı için bir ihtiyaçtı. Evde, sosyal ve iş çevresinde etkili iletişimi destekleyen konuşmanın ve dil terapisinin rolü burada özellikle uygundu.

Daha adaptif değişim için potansiyeli sağlamak amacıyla kısa dönemde güven sağlayan oluşturulmuş davranışı bırakmanın psikolojik zorluğu önemlidir ve Judith ile (17. Bölüm) çalışmamızda da ortaya çıkmıştır. Bağlama özgü entegrasyon ve genel telafi etme sistemleri mesleki terapi ile geliştirildi ve iletişim strateji ve becerileri psikolojik engel üzerine çalışmaya eklendi. Rehabilitasyon programı ve son çalışma yeri işe yaramayan değerlendirme yöntemleriyle mücadele için ve daha esnek, uyarlanabilir ve pozitif kural, öneri ve stratejilerin geliştirilmesi için davranış deneylerinin yürütülebilmesi ortamını sağladı. Yusuf için ailesi ve toplum bu değişim süreci ve ek olarak rehabilitasyon boyunca ona destek

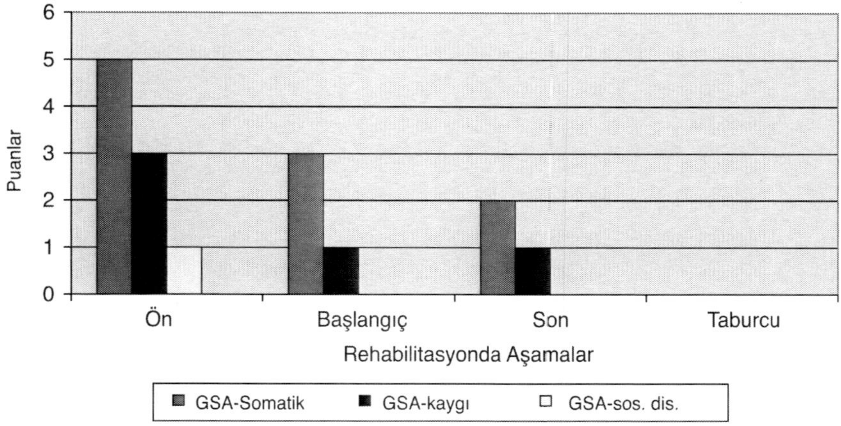

Figür 16.8: Yusuf'un program süresince psikosoyal işlevsellik değişimi 28 madde Genel Sağlık Anketi (GSA-28) ile ölçüldü. Sos dis: sosyal disfonksiyon altölçek: ciddi dep. ciddi depresyon ölçeği (subscale); Ön detaylı değerlendirme; Başlangıç. Yoğun dönemin başı; Son. Uyum döneminin sonu; Tab. Takip eden 12 aylık dönemin sonunda taburcu; notlar, ölçümler taburculukta alınmadı.

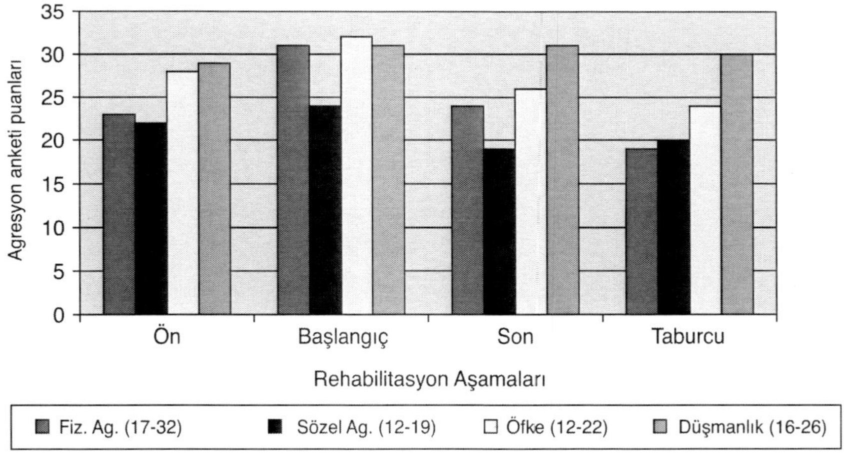

Figür 16.9: "Agresyon anketi"ndeki dört alt ölçekte Yusuf'un agresyonundaki değişim (parantez içindeki rakamlar her alt ölçek için sağlıklı bir kişinin ortalamasını gösterir). Taburcu olma takip eden 12 aylık periyodun sonunda; taburcu olunurken not, ölçüm alınmadı.

olabildiler. Ayrıca o varolan inanç ve değerlerinden rehabilitasyonun başarısı için önemli olan değişimleri desteklemede yararlanabildi. Bu kaynaklar ve değerler, yine de beyin yaralanması sonrası her zaman olmaz ve bazıları için tehdit edilen kimlikle alakalı bazı riskler çok yüksek veya daha dar sistemde karmaşıklıklar değişim önünde daha büyük engeller meydana getirebilir.

Ek 16.1: Yusuf'un "İş ve yaşam için kuralları"

1. Planlama

Ayrıntılarıyla planla ve her zaman akılda tutulan açık bir stratejiye sahip ol. Bir günlük ve 'yapılacaklar' listesi bir zorunluluktur.

2. Hızı Kendine Göre Ayarlamak

Acele Etme-Dur-Düşün ... sonra Eyleme Geç-Farkındalığı Kullan-Çevreyi Kontrol et (gürültü, oturma yeri vs.).

3. Bilgi Güçtür

Ürününü anla-müşteriler ve rakiplerle konuş-Yola çık- Girişime hakim ol. Eğer temsil ediliyorsa-bazen kendin yapmaya çalış ve kendi kendini gör.

4. Kontrol

Para konusunun peşini bırakma-Figür ve Tabloları gözden geçir PQRST kullan.

5. Tepki Verici Olmaktansa İleriye Etki Edici Ol

Fazla suskun olma- Nazik ve Dürüst ol ama ASAP sistemiyle konuş.

6. Kavgadan kaçma

Yolda bir çok tuzak ve engel var-Kararlı ol-bir kere karar verdin mi tüm yolları deneyecek kararlılığa sahip ol.

7. Odaklan

Her zaman odaklanmanı koru-Planlarına sadık kal

8. Hiç kimse bir ada değildir

Fikirleri değiş tokuş yap- Diğerleriyle iletişim içinde ol– Resmi olmayan bir ağ inşa et – Öneri ara (Daima gizlilik ve sağduyu garanti altındayken)

9. Acele Etme – Önemli kararları uykudan sonra al

'W' ve 'H' soruları sor. Güçlü ve Zayıf yön Fırsatları analizi tehdit eder. Karar vermeden önce Zaman/Para faktörlerine bak- Hedef Yönetme Çerçevesini kullan. Asla Olumsuz Bilgi için gönüllü olma

10. Son ama En az değil

Potansiyel Dengesiz durumlardan uzaklaş
Hayır demeyi Öğren
Bugün için Yeter Demeyi Öğren
Elinden gelenin en iyisini yapmayı Dene ve Kutsal olana Güven

Günlük durumlar için üç kural

- Tembellik Şeytandandır ve Telaş Şeytandandır (Peygamber Muhammed'den)
- Söz Altında ve Teslimiyet Üzerinde, aynı zamanda Beklenti Altında, asla yüzün kara çıkmaz
- Sıkıntıda: Bilge bir adam hemen yapar aptal adam bir ay sonra (örneğin: o sabıra başvuruyor ve Gerçeği Kabul Ediyor)

Kaynakça

Butler, G. (1998). Clinical formulation. In A.S. Bellack and M. Hersen, eds., Comprehensive Clinical Psychology. New York: Pergammon Press, pp. 1–23.

Crosson, B., Barco, P., Velozo, C.A., et al. (1989). Awareness and Compensation in Postacute Head Injury rehabilitation. Journal of Head Trauma Rehabilitation, 4(3), 46–54.

Ellmo, W. Graser, M., Krchnavek, E.A., Calabrese, D.B. and Hauck, K. (1995). Measure of Cognitive Linguistic Ability. Florida: The Speech Bin.

Evans, J.J. (2003). Rehabilitation of the Dysexecutive Syndrome. In B.A. Wilson, ed., Neuropsychological Rehabilitation: Theory and Practice. Lisse: Swets and Zeitlinger, pp. 53 70.

Goldberg, D. and Williams, P. (1988). A User's Guide to the General Health Questionnaire. Windsor: NFER Nelson.

Kabat-Zinn, J. (1994). Mindfulness Tapes: Series 2. www.mindfulnesstapes.com

Levine, B., Robertson, I.H., Clare, L., et al. (2000). Rehabilitation of Executive Functioning: An Experimentalclinical Validation of Goal Management Training. Journal of the International Neuropsychological Society, 6(3), 299–312.

Melzack, R. (1975). The McGill Pain Questionnaire: Major Properties and Scoring Methods. Pain, 1(3), 277–99.

Melzack, R. and Wall, P.D. (1965). Pain Mechanisms: A New Theory. Science, 150, 971–9.

Surawy, C., Hackmann, A., Hawton, K. And Sharpe, M. (1995). Chronic Fatigue Syndrome: A Cognitive Approach. Behaviour Research and Therapy, 33(5), 535–44.

Teasdale, T.W., Christesen, A., Willnes, K. et al. (1997). Subjective Experience in Braininjured Patients and Their Close Relatives. A European Brain Injury Questionnaire Study. Brain Injury, 11, 543–63.

Wilson, B.A., Alderman, N., Burgess, P., Emslie, H. and Evans, J. J. (1996). The Behavioural Assessment of the Dysexecutive Syndrome. Lutz, FA: Psychological Assessment Resources Inc.

Winward, C.E., Halligan, P.W. and Wade, D.T. (2002). The Rivermead Assessment of Somatosensory Performance (RASP): Standardization and Reliability Data. Clinical Rehabilitation, 16(5), 523–33.

World Health Organization (2001). International Classification of Functioning, Disability and Health. Geneva: WHO Marketing and Dissemination.

Zigmund, A.S. and Snaith, R.P. (1983). The Hospital Anxiety and Depression Scale. Acta Psychiatrica Scandinavica, 67, 361–71.

17 Judith: "Aniden" Olan Şeyler için Birşeyler Yapmayı Öğrenme: Anlamlı Fonksiyonel Aktivitede "Anlamı" Keşfetmek ve Değiştirmek için Davranışsal Deneyimler

Fergus Gracey, Susan Brentnall ve Rachel Megoran, çeviren: Miray Budak

Giriş

Edinilmiş kafa travmasının (EKT) duygusal sekeli şimdi iyi bir şekilde belgelendi ve müdahale için literatüre ilgi arttı. Buna ek olarak, araştırma kimlik duygusu üzerinde kafa travmasının derin etkisini tespit etti (Tyerman and Humphrey, 1984; Nochi, 1998; Cantor et al., 2005; Dewar and Gracey, 2007). Ylvisaker ve Feeney (2000) hastaları ile açıkça gelişmekte olan "kimlik haritaları"nı içeren rehabilitasyon yaklaşımı sunar ve McGrath ve King (2004) bilişsel davranış terapisinde (BDT) davranışsal tecrübelerin nasıl EKT'yi takiben benlik ve yetenekler hakkında inanç ve varsayımları ele alabildiğini gösterir. Daha önceki bölümlerde (Örn. Bölüm 4) açıklandığı üzere bu tür çalışmada nöropsikolojik rehabilitasyon için Oliver Zangwill Merkezi (OZM) anahtar niteliğindedir. Biz OZM'nde holistik rehabilitasyon süreci boyunca kabul ve uyum sağlamanın kolaylaştırılması için uygulamaları incelemek amacıyla EKT'yi takiben (Bakınız Williams ve Evans, 2003) Axis 1 duygusal bozuklukların tedavisinin ötesinde BDT'nin uygulamasını geliştirmekteyiz. Bu durum BDT'nin yenilikçi modifikasyonunun iki önemli yönünü gösterir: davranışsal tecrübelerin rehabilitasyonda kullanımı (McGrath and King, 2004) ve kimlik değişimini ve uyumu desteklemek için "olumlu formülasyon" olarak isimlendirdiğimiz yapıcı gelişme (Mooney and Padesky, 2000; Ylvisaker and Feeney, 2000). Bu bölüm bu metotların, Programdaki anlamlı aktivitelerle bağlantılı araçlarla, program sonrası bir yıl içinde de davranış değişimlerinin sürdüğü Judith'in değişimini nasıl sağladığını gösteriyor.

Yaralanma hikayesi

Judith rehabilitasyona başlamadan bir- bir buçuk yıl önce trafik kazasında yaralanmış 31 yaşındaki bir kadındı. Kazadan önce perakendeciler zincirinin finansal başarısız mağazaların 'geri dönüşü'nden sorumlu yöneticisi olarak çalıştı. Kaza kullandığı küçük aracın çatısına inen başka bir araç ile çarpışmasıyla oldu. Kazayı hiç hatırlamıyordu ve yaklaşık iki saatlik travma öncesi amnezi ile ciddi kafa travmasının göstergesi olan üç haftalık travma sonrası amnezi gelişti. Sol frontal subdural hematom ile ortopedik yaralanmalar oldu. Fiziksel olarak iyiydi ancak kazadan itibaren çalışmadı ve sosyal yardım aldı, sosyal yaşamı kısıtlandı ve arkadaşlarını kaybetti. Kazadan sonra ilişkilerinde daha az samimi olmalarına rağmen dört yıldır onu destekleyen partneri Pete ile yaşamaya devam etti.

Sosyal hikaye

Judith bir dükkanın üzerindeki dairede Pete ile yaşıyordu. Gün boyunca, bir gazete satın almak amacıyla merdivenlerden aşağı inmesi hariç, dairenin içinde kalıyordu. Nöbetlerden dolayı araba kullanamıyordu. Judith kazanın bir sonucu olarak sosyal yaşama sahip olmamasının arkadaşlarını da kaybetmesine sebep olduğunu bildirdi. Şehrin diğer ucunda yaşayan ayrılmış bir anne ve babaya sahipti ve onlarla ilişkisi gergindi. Judith ve Pete motosiklet tutkunuydular.

Ayrıntılı değerlendirme

Judith'in bildirdiği zorluklar ve hedefler

Judith bozukluklarının farkındalığının net kanıtlarını gösteren güçlü ve zayıf yönlerini yansıtmayı başardı. Judith tarafından başlangıçta hedef aralığı aşağıdaki gibi tespit edildi:

- Para ile nasıl başa çıkılacağı
- Mümkünse aromaterapi çalışma (bu amaç mesleki planla alakalı tamamen çalışmaktan çok aspirasyonla ve geleceğe yönelik olumlu yaklaşımla ilişkili)
- Duygu durumumu yönetmek, böylece bir aile kurmaya el atabilirim
- Tekrar araba kullanabilmek
- Problem çözme, karar verme-uygulama, hafıza, iletişim, okuma, güven ve sosyal yaşam ile ilgili zorlukları yönetmek.

Duygusal uyum ile ilgili olarak Judith şu açıklamaları yaptı:

- "Bir maske takmak ya da olmadığım bir şey olmak zorunda kalmak istemiyorum"
- "Yapabildiğim ölçüde kendimi eleştirmeye son vermek çünkü bu yardımcı olmuyor"
- "Dışarıda yalnız başıma olmak konusundaki fobimi kontrol altına alabilmek"
- "Kendimle sürekli savaş halindeyim".

Nöropsikolojik değerlendirme

Hafızanın standart nöropsikolojik değerlendirmesi görsel ve sözel anlık hatırlama ve gecikmeden sonra hatırlama bozuklukları gösterdi. Yönetici işlev testleri çalışma belleğinde bilginin manipülasyonu, dikkatin yönetici kontrolü (bölme, ayırma, sürdürme) bilgisinde ve yanıt inhibisyonunda zorluklar gösterdi. Planların uygulanması ile ortaya çıkan sorunlara rağmen, planlama becerileri bozulmamıştı. Duygu tanıma ve duygu temelli karar verme performans testlerinde bozulmamıştı. İşlevsel olarak, bu bozukluklar dikkat dağınıklığı olmaksızın günlük görevleri tamamlamadaki zorluklara (örneğin banyoda musluğu açık bırakmak, ocağı açık bırakmak), kodlama ve bilgiyi getirmedeki zorluklara ve dikkati sürdürmede zorluklara (örneğin TV programlarını ya da filmleri takip edememek) yol açtı. Hafıza problemleri dikkat dağınıklığına ikincil olarak kodlamanın azalması gibi formüle edildi.

Dil ve iletişim değerlendirmesi

Değerlendirme onun bilişsel kusurlarına ikincil olarak gelişen iletişim zorluklarını vurguladı.

İçeriği;

- Soyut ya da çıkarımsal anlamın azalması ve somut olmaya eğilim
- Küfürde artışla sonuçlanan disinhibisyon ve toplumsal iletişimde zayıf konu algısı
- Kelime bulmanın değişken ve hafif etkilerinden dolayı bilişsel ve duygusal zorluklar (anksiyete)
- Okuma için acele etme ve hataların ortaya çıkışının artışıyla sonuçlanan, dürtüsellik, aksiyete ve dikkatsel zorluklar.

Farkındalık, duygusal uyum ve davranışın değerlendirilmesi

Judith Hastanede Anksiyete ve Depresyon Ölçeği (HADS; Zigmund and Snaith, 1983) ve Beck Anksiyete Envanteri (BAI; Beck and Steer, 1990)'nde "ağır" anksiyete aralığı skorladı. HADS'teki depresyon aralığı "orta"iken, duygu durumundan(örneğin konsantrasyon, yorgunluk, uykusuzluk) bağımsız olarak travmatik beyin hasarı (TBI) sonuçlarıyla bağlantılı öğelerin puanlanması sebebiyle Beck Depresyon Ölçeği'nde şiddetli aralığa düştü. Düşük genel, sosyal ve kişisel özgüvenini içeren Kültür Bağımsız Benlik Saygısı Envanteri (CF-SEI-2; Battle, 1992) uygulandı. Sosyal Kognisyon (SCQ; Wells, Stopa ve Clark, yayınlanmamış) ve Agorafobik Kognisyon Anketi (ACQ; Chambless ve ark., 1984) ile spesifik anksiyete ile ilişkili tahminlere yüksek seviyede inanma tespit edildi.

Sosyal veya diğer durumlarda tetiklenen anksiyete ya da panik ve dışarı çıkmamayı da içeren kaçınma, duygusal zorlukların ana başlıklarındandır. Depresyon, obsesif kompulsif kontrol ve rijidite semptomları, düşük benlik saygısı, sinirlilik ve sözel saldırganlık, tetikte olma ve artmış uyarılmışlık hali vardı. Judith kazayla alakalı hiçbir şey hatırlamıyor olmasına rağmen, yüksek sesle ya da tiz gürültü ile ve kapalı alanlarla karakterize tetikleyici durumlarda artan kaygının belirli örneklerini gösterdi. Bu belirtiler herhangi bir spesifik DSM Eksen 1 bozukluğu için Diagnostik ve İstatistiksel Manuel 4. Baskı, Metin Revizyon (DSM-IV TR, Amerikan Psikiyatri Birliği, 2000) Kriteri ile uyumlu değildi ancak başka yerde sınıflandırılamamış tıbbi bir durum şeklinde Özelliği Belirtilmemiş Anksiyete Bozukluğu (kod: 300.00)olarak kodlanabilir. Bununla birlikte, duygusal zorlukları önemli, üzücü ve bilişsel zorlukları ile birlikte sosyal katılımı üzerinde büyük bir sınırlayıcı etkiye neden oldu.

Değerlendirmenin ve başlangıç formülasyonunun özeti

Daha önce açıklandığı gibi, değerlendirme bilgileri yaralanma öncesi fonksiyonellik, yaşam tarzı ve sosyal faktörler bağlamında güçlü yönlerin ve eksikliklerin altında yatan paternlerini anlayabilmek amacıyla fonksiyonellik ve sosyal katılım kısıtlamalarının geniş bir formülasyonunu sağlamak için birleştirilmiştir. Görsel bir özeti sunulmamasına rağmen, anahtar faktörler aşağıda sunulmaktadır;

Vücut/Süreç Limitasyonları (Bozukluklar)

- Bellek (kodlama)
- Dikkat (yönetici yönleri)
- Yürütücü Fonksiyonlar (cevap inhibisyonu ve hedef sürdürme)

Sosyal Katılım Kısıtlamaları (Yetersizlikler/Engeller)

- Mesleki faaliyet kaybı
- Sosyal ve boş zaman etkinliklerinin kaybı
- Değişmiş ilişkiler

Bağlamsal Faktörler

- Yüksek düzeyde kaygı, düşük duygu durumu ve benlik saygısı
- Azalmış sosyal destek ağları.

Judith için özel kaynaklar; Pete ile devam eden destekleyici ilişkisini, kendi farkındalığını ve kendi ve kendi durumu üzerinde düşünme yeteneğini ve durumunu daha iyi hale getirmek için ayrım yapmayı içermektedir.

Psikolojik faktörlerin altında yatan etkilere dayanan başlangıç formulasyonu rehabilitasyonun erken dönemlerinde gelişti (resim 17.1'e bakınız). Bu, post travmatik stres sendromu (PTSD) (Ehlers ve Clark, 2000) ve sosyal kaygının (Clark ve wells, 1995) bilişsel modellerinden temel alıyordu. Bu modeller, travma sonrası duygusal zorluklarıyla ilişkili kırılganlığını tanımlamak için en iyi alan olarak görülen "kendine yönelik tehdit"ve "olumsuz sosyal nesne olarak benlik"ile ilişkili bilişlerle temel ilgileri sebebiyle seçildi.

Kimliği tehdit altında tutmanın temel teması, "güvenlik"kurallarının yerine getirilmesi ile ilgili bağlam ile birlikte, güvenliğini sağlamak ve sürdürmek amacıyla, her birinin inançların onaylanmaması veya tetikleyicileri olabilecek başka semptomlar üretmede rolü olan geniş bir yelpazedeki davranışları sergilemesiyle (Salkovckis, 1996) formüle edilmiştir.

Kimliği tehdit eden (potansiyel) bir anlam taşıyan tetikleyiciler (sosyal durumlar, potansiyel başarısızlıklar veya başkaları tarafından görülen sorunlar), otonomik uyarıların ezici fiziksel belirtilerle sonuçlanırlar. Bu belirtilerin ani kontrol kaybının belirtileri olarak değerlendirilmesi ve benlik, semptom veya bir tehdit algısı döngüsüyle tamamlanan kaygının hızlı şiddetlenmesine sebep olur. Hastanın yürütücü fonksiyonlarındaki bozulma artmış uyarılma seviyeleriyle ilgili olarak, kendisi ve başkaları tarafından kabul edilemez olan olaydan sonra Judith tarafından sonradan değerlendirilen yıkılma davranışında potansiyel bir artışa neden olmuştur. Kaçışı takiben, olumsuz olaylar için seçici geri çağırma ve azaltılma ile birleştirildiğinde, suçluluk düşünceleri ve "siyah ve beyaz"şeklinde kendi eleştirileri ortaya çıktı. Bu gibi duyguları yönetme girişimleri ve değerlendirmeleri, kaçınma temelli güvenlik davranışları yoluyla tehdit değerlendirmelerinin onaylanmamasını önlendiği düşündürmektedir. Mental kontrol girişimleri ve dalıp gitmeleri, duygusal uyum sağlamasını önlenmesi ve içsel şüphelerin sürdürülmesinde bir faktör olabilir (örn., Ehlers ve Clark, 2000).

Rehabilitasyon programı

Program

Judith, diğer bölümlerde anlatıldığı gibi altı aylık bir programa katıldı. Rehabilitasyonun erken aşamaları boyunca, Judith'in ilk hedefleri spesifik fonksiyonel rehabilitasyon hedeflerini belirlemek için yeniden gözden geçirmekti (aşağıya bakınız). Duygusal uyum, bilişsel stratejiler ve beceriler, iletişim çalışmaları fonksiyonel hedef alanlarına dahil edildi. Örneğin, dikkat becerileri özellikle film izleme ile ilgili boş zaman aktiviteleri ile ilgiliyken, yönetici zorlukları rutin organizasyonlar, alışveriş ve yemek yapma becerileri ile ilgiliydi. Duygu ile ilgili olarak, panik semptomlar genelde kamusal alanda veya sosyal durumlarda ortaya çıkmıştır. Stresin artması ve kaygının ortaya çıkışı pratik görevlerde performansı

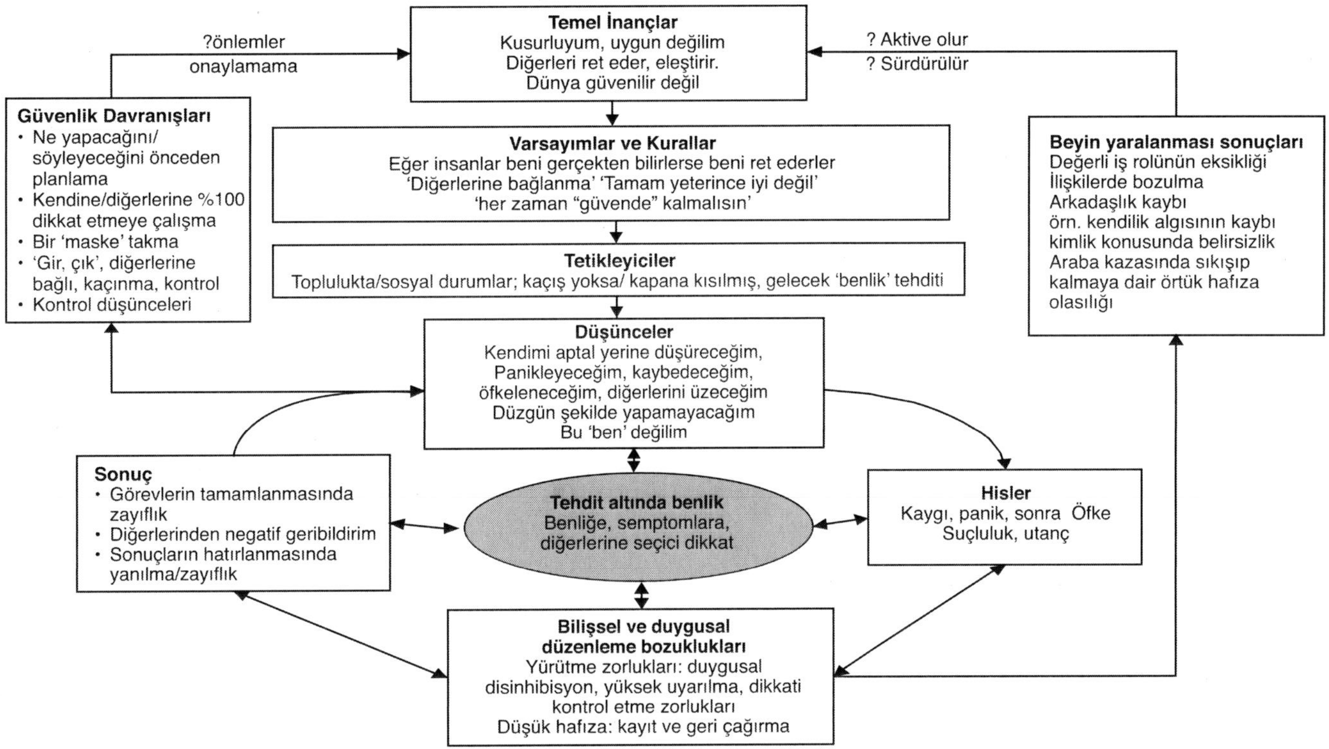

Fiqür 17.1: Clark ve Wells (1995) ve Ehlers ve Clark (2000) temelinde kimlik tehtidi algısı ile alakalı sosyal kaygı ve panik formülasyonu. Elsevier'den izinle.

etkiledi. Kendini algılayamama ve sosyal kaygı, disinhibisyona ek olarak, sosyal durumları da etkiledi; bu nedenle grup rolleri ve video geri bildirimleri aracılığıyla etkin iletişim konusunda farkındalık ve beceriler geliştirmeye yönelik çalışmalar, sosyal ilişki ve boş zaman amaçları için önemli bir temel oluşturdu. Rehabilitasyona başlamadan önce, bir destek görevlisinin günlük işlerle uğraşmak için görevlendirilmesi önerildi, ancak Judith bununla ilgili kararsızdı; bu nedenle, uygun olduğu durumlarda, hedefleri değerlendirirken kendi kendini savunma ve uygun desteği arama yeteneği artırıldı.

Judith'in programın başındaki hedefleri şunlardı:

1. Kafa travmamı anlamak, kafa travmamın doğasını ve sonuçlarını anlamak ve bu zorlukları yönetmem için bana yardımcı olması amacıyla etkili strateji kullanımını göstermek.
2. Bağımsız yaşama becerileri
   - Yapmam gereken şeyleri takip etmek için bir sistemi ve bu sistemi uygulamak için gereken destek seviyesini belirlemek
   - Hız denetimi ve yorgunluk yönetiminin önemini kavrayabilme ve bunu dengeli haftalık bir etkinlik, dinlenme ve rahatlama vasıtasıyla gösterebilmek
   - Araba kullanmaya geri dönüp dönemeyeceğimi tespit etme adımlarını tanımlamak
   - Pete ile bir annenin rolünü başarıyla yerine getirip getiremeyeceğime (tanımlanan destekle), (öğrenilen becerilerin ve yeni stratejilerin geliştirilmesi yoluyla) rehabilitasyonun sonunda karar verme
   - Yemeklerimi haftalık olarak planlamak ve hazırlık aşamasında (bana göre puan aldığımdan) kendimi güvende hissettiğim yemek tariflerini içeren bir yemek tarifi dosyası oluşturmak
3. Dinlenme etkinlikleri
   - Şu anda düzenli olarak üstlenmediğimin tespit edildiği fiziksel dinlenme faaliyetlerine katılmak

Kabul, uyum ve anlayış

Judith ile çalışırken "anlam" ve "yapmak" (Y-şekilli modelde tanımlandığı gibi, Bölüm 4) kelimelerini entegre etme konusunda gelişmekte olan fikirlerimiz sonrasında da uygulandı ve geliştirildi.

Rehabilitasyon süreci, duygusal, bilişsel ve işlevsel hedeflerin bağımsız ya da paralel olarak üzerinde çalışıldığı bir yaklaşım temelinde önerilenden önemli derecede farklıydı. Geleneksel rota, tipik olarak entelektüel farkındalığı artırmak, temel işlevsel hedefler için görev analizini, stratejilerin ve desteklerin tanımlanmasını ve hiyerarşik beceri geliştirilmesi, ve desteklerin azaltılmasını ve nihayetinde gerektiğinde genelleme eğitimini içerecektir. Daha ziyade, fonksiyonel rehabilitasyon aktivitemizin 'kendimize yönelik tehdit'in psikolojik formülüyle bütünleştirilmesini sağlamak için aşağıdaki yaklaşım kullanılmıştır:

1. CBT oturumlarında ve ortak CBT/mesleki terapi (OT) oturumlarında Judith' le "kendine yönelik tehdit" formülasyonunu geliştirme konusunda birlikte çalışma
2. "Güvenlik davranışları"nı bırakma yoluyla varsayımları test etmek için ortak deneyler tanımlama, yürütme ve belirleme
   - Deney yapma ve davranışsal görevler veya oturumlardaki davranış ve sonuçları not etme
   - CBT oturumlarında yararsız varsayımlara ve tahminlere ilişkin sonuçları yansıtma

- Bilişsel rehabilitasyon oturumlarında telafi edici bilişsel stratejilerin kullanımını gözden geçirme
- Judith'le yapılan oturumlarda ve ekip hedef planlama toplantısında bir sonraki deneyi koordine etme
- Bir sonraki tecrübeyi deneme

3. TBI'nin sonuçlarını ve stratejilerini entegre ederek yeni, uyarlanabilir kendilik tasvirleri oluşturma:
   - Judith'in kimliğini 'tehdit' altında hissetmediği ve kendisinin geçerli olmayan görünümüne aksine bir anlam yüklediği zamanlarla tutarlı geçmiş deneyimleri (hasar öncesi ve sonrası, rehabilitasyon oturumları ve stratejilerin olumlu sonuçlar elde etmek için etkili bir şekilde kullanıldığı durumlar dahil) belirleme
   - Kendini ilgilendiren bu deneyimleri ayrıntılı ve duyusal olarak anımsatma ve ilgili bilişleri saptama (kendisiyle ilgili varsayımlar gibi)
   - Kendini temsil eden ifadeleri somut deneyimler, strateji kullanımı ve diğer kaynaklarla bağlantılandırarak bunlara "olumlu bir formülasyon" veya kimlik haritası oluşturma
   - Pozitif benlik tasvirlerini pekiştirmek için daha ileri deney veya durumları belirleme veya uyarlanabilir inançları ve varsayımları teyit etme
   - Kazançları korumak ve geliştirmek, görev analizi, dereceli uygulama, desteklenen strateji kullanımı vb. ile 'geleneksel' rehabilitasyon yaklaşımını uygulamak için gerekli desteğin belirlenmesinde iş birliği yapma. Bu adımlar şimdi daha ayrıntılı olarak açıklanmaktadır

İş birlikçi formülasyon

İlk formülasyon (Şekil 17.1'de sunulmuştur) ekibin Judith'in içsel duygusal dünyasını anlamasına yardımcı oldu. Bununla birlikte, formülasyon Judith'le kurulmadı ve kendi anlayışını geliştirecek bir şekilde ona sunmak için fazla karmaşıktı. Judith'le rutin görevler ve günlük yapı için hafıza ve planlama sistemi geliştirmede çalışan mesleki terapist (OT), hedef planlamasında Judith'in yatma zamanında kaygı ve davranışlarını control etmeye sebep olan görevleri yürütme becerisi hakkında bazı obsesyonel endişeleri olduğunu bildirdi. Klinik psikolog Judith ile bu konuyu keşfetmek ve iş birlikçi bir formülasyonun geliştirilmesine katkıda bulunmak için ortak bir oturumda OT'ya katıldı. Bunun spesifik amacı, Judith için altta yatan çekirdek kaygısının ne olduğunu bulmak, muhtemel "güvenlik davranışlarının" (kontrol gibi) rolünü açıklığa kavuşturmak ve Judith'in şimdiki başa çıkma konusundaki artı ve eksileri hakkındaki görüşlerinin ne olduğunu bulmaktı (Moorey, 1996).

Judith, hatalar yapma konusunda ne kadar çok endişeli olduğunu açıkladı. Kaygısının altında yatan tek bir 'sıcak biliş' tespit etmedi; sosyal aşağılanma, reddetme ve eşin zorlama gibi felaket sonuçlarının listesini açıkladı. 'İyi değil' ve 'hata yapma imkanı yok' kuralı temel bir inanç merkezi olarak belirlendi ve bu temalar ortaya çıktıkça, Şekil 17.2'de gösterildiği gibi terapist tarafından çizildi (Kognitif sonuçların etkisi Yaralanma, basitlik ve netlik için formülasyondan çıkarılmıştır).

Judith, bu "hata yapma imkânı yok" kuralının "lanet olası yaralanmasının" yaşamını nasıl yürüttüğünü önlemeyi amaçladığını not etti. O, her türlü "hatadan" korunmasını sağlamayı amaçlayan çeşitli davranışları anlattı. Judith'den bu formülasyon üzerine düşünmesinin istenmesi üzerine, yaşadığı davranışların "lanet olası yaralanma hayatımı ele geçiriyor" gibi bir etkisinin olduğunu, muhtemelen anahtar olan 'sıcak bilişimi' yansıttığını öğrendi.

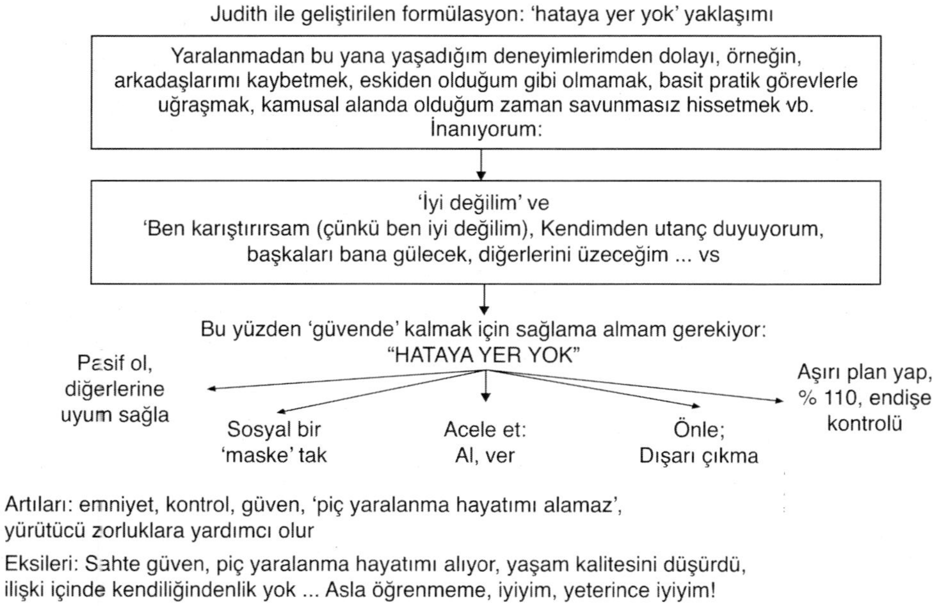

Figür 17.2: Güncel endişe, başa çıkma ve değişimle ilgili kararsızlık hakkında Judith ile geliştirilen ilk işbirliğine dayalı formülasyon ve takımla 'paylaşılan bir anlayış' geliştirmek için kullanılır.

Bu rehberli keşif ve iş birlikçi formülasyonuyla birlikte Judith, şu an başa çıkma yönteminin artı ve eksilerinin karışımı görmeye başladı ve kurulan güvenlik davranışlarından bazılarının "düşürmek" için gerekli olabileceğini ileri sürdü. Bu, davranış deneylerinin özenle kurulmasına yol açtı.

Davranışsal deneyimler

Davranışsal deneyimler, Judith'le tedavide bilişsel değişimin temel yaklaşımı olarak kullanılmıştır. Tedavide oluşturulmuş anahtar deneyimler Tablo 17.1'de özetlenmiştir.

İlk deneyim Judith'in sosyalleşmesinin kısmi bir aracı olarak biliş, emosyon ve davranış etkileşiminin altını çizen kognitif modele hizmet etti

İlk deneyim kısmen Judith'i kognitif modele sosyalleştirmenin bir aracı olarak kullanıldı; biliş, duygu ve davranış arasındaki etkileşimi vurguladı. Daha sonraki deneyimler, Judith'in tehdit altındaki kimlik duygusunun formülasyonu daha net hale geldiğinde gelişti. Deneyim 3, önceden belirlenemeyen sıkışan olma ve her zaman çıkış istemekle ilgili ek korkuları tespit etti.

Judith, Pete'in desteğiyle daha sonraki deneyimleri ile öğrenmesini genişletti. Onunla birlikte dışarıda yemek yerken, dikkatini kendisinden uzaklaştırmak yoluyla kaygısını azaltma konusunda kısmi bir başarı elde etti. 'Süpermarket' tecrübesinin ardından Judith, partneri ile birlikte bir Moto GP (motosiklet yarışması) etkinliğine girme görevini üstlendi. "Zihninde yaratılan olumsuz olaylara" yakalanmadan ve bunlara katılmaksızın panik atak olmadan başarılı bir şekilde yönetti. Buna göre, kazadan sonra ilk kez "eski ben" gibi bir duygu yaşadığını belirtti ve "eski halini tamamen kaybetmiş olma" inancına karşıt olarak yeni kanıtlar sundu.

Tablo 17.1: Kendine odaklı dikkat (Deneyim I), negatif sosyal değerlendirme (Deneyim II ve IV) ve bilişsel bozukluklar ve control edilemeyen davranışlar hakkında inançlar (Deneyim III ve IV) da dahil olmak üze e kendine yönelik tehditlerle bağlantılı bilişsel sorunlarla mücadele eden kilit davranış deneyleri

	Deneyim 1: Değişen Dikkat	Deneyim II: "Maskeyi" Düşürme	Deneyim III: Yavaşlamak	Deneyim IV: Hatanın Yeri?
Problem	Öz odaklanmış dikkatin kaygı üzerine etkisi	"Maske"takma olarak tanımlanan sosyal güvenlik davranışlarının etkisi	Endişe ve dikkat dağıtma alışverişinde 'alma ve çıkma' yaklaşımı etkisi	Obsesif planlamanın yüksek seviyelerde olması nedeniyle hata yapmanın sonuçları hakkında önceden bilgi edinmeme
Hedef düşünceler	'Kontrol altında tutmak için kendime %110 dikkat etmeliyim'	Komik, akıllı davranmaya çalışmalıyım, yoksa başkaları benimle ilgili bir sorun olduğunu görecektir"	'Panik halinde olacağım ve Insanlara küfredeceğim ki, bu yüzden çabucak dışarı çıkmamız lazım'	Plan yapmazsam hata yapacağım, diğerlerine alay konusu olacağım bu benim iyi olmadığımı kanıtlıyor'
Alternatif Bakış Açısı	"Kendime dikkat etmek, neler olup bittiğini anlamayı zorlaştırıyor, sonra kendime kızıyorum ve bu benim belirtilerimi daha da kötüleştiriyor"	Olmadığım bir şey olmaya çalışmak beni kendim gibi daha az hissettiriyor ve maskeyi çıkarma kayma konusunda endişelemek beni daha da kaygılı yapıyor'	Acele etmek, yaptığım işe daha zor odaklanmaya, kendim gibi daha az hissetmeye, daha endişeli olmaya ve bu yüzden daha çok kendimi kontrol etme ihtimalinin azalmasına neden oluyor	Hatalar kabul edilebilir, diğerleri beni sertçe yargılamaz, beni reddetmez ve bu iyi olmadığımın bir işareti değil'
Tahmin	Eğer inanç doğruysa, dikkatin değiştirilmesi sorun yaratacaktır. Eğer alternatif doğruysa, daha az endişeli hissedeceğim	Eğer inanç doğruysa, o zaman 'maskeyi bırakıyorum' kendimi aptal yerine koyacağım. Eğer alternatif doğruysa, benim davranışlarım iyi olacak, diğerleri bana gülmeyecek.	Eğer inanç doğruysa acele etmezsem uygunsuz davranacağım Alternatif doğruysa, acele etmeme, endişe ve inatçı davranışları azaltmaya yardımcı olacaktır.	Eğer inanç doğruysa, plan yapmadan bir şey yaparsam hata yaparım ve diğerleri eleştirir. Alternatif doğruysa, hatalar yaparım, ancak başkaları eleştirmeyecek ve bundan yararlı bir şeyler öğrenebilirim

Deneyim	1. Endişeli olduğunda oturumdaki konuya dikkati kaydırın. 2. Bunu partnerinizle birlikte deneyin.	Konuşmak için harekete geçmeden spor salonuna git Başkalarının davranışını fark et Rehabilitasyon asistanından toplumsal davranışınızı izlemesini isteyin	Terapistle süpermarkete gidin. 'Acele' yaklaşımı 'yavaş' yaklaşımla karşılaştırın. Anksiyete düzeyleri, katılma kabiliyeti, 'benlik' hissini not edin.	'hızlıca' yabancı bir yemek hazırlamalarını isteyin, görevi videoya alın ve başkalarından puan vermelerini isteyin, bilişsel zorluklarla ilgili ne öğrendiklerini belirleyin ve 'hatanın yeri' oranını belirtin.
Sonuçlar	Dikkati kendinden uzaklaştırmak anksiyeteyi tırmanmaktan alıkoydu ve sosyal davranış iyiydi Bu gürültülü bir restorantta mümkün değildi.	Daha sakin ve daha rahat göründü ve hissetti. Kendimi aptal yerine koymadım. Diğerlerinin olumsuz tepkilerini ya da güldüklerini farketmedim.	Acele etmezse daha az endişe daha iyi dikkat ve daha az 'kendiyle savaşmak' olarak derecelendirdi Acele ederken birine neredeyse çarptı	Yönetilen görev tamam ama bilişsel zorluklarla tutarlı hatalar yaptım Başkaları, performansı olumsuz olarak değerlendirmemiştir, rehabilitasyona yardımcı olmak için belirlenen belirli güçlü ve zayıf yönleri, hata payı olan puanlamayı artırmıştır
Yansıma	Kendine %110 dikkat etmek yardım etmez ancak kaygıyı şiddetlendirir Dikkat bozukluğu dikkatin yönetilmesinde önemli işlerin daha yoğun olan yerlerde uygulanması gerektiği anlamına gelir	Yaralanmamı maskeleyerek gizlemeye çalışıyorum Belki kendimi kaybetmedim Buna karşı savaşmam gerekmiyor (yaralanma), bir rol ortaya koymaya ihtiyacım yok	'Aklımda olaylar yaratmaya' ihtiyacım yok, 'eldeki mesele' üzerine odaklanmamız gerekiyor. Daha yavaş yaklaşım daha iyi Yoğun koridorda sıkışma korkusu ve çıkış aramaya devam etme ihtiyacı farketti.	Hata yapma sağlıklıdır, güçlü ve zayıf yönlerim var ama ben iyiyim. 'Hataya yer yok' üzerinde çalışmaya devam etmek gerekiyor - yeni hedefler: '%20' den %75 'e kadar,' hata için yer var 'derecesini yükseltin ve'%5 'den%65' e kadar 'planlamada esnek olabiliyorum'

"Hata yapmaya yer yok" kuralının yeniden yapılandırılmasıyla alakalı olarak, Deney 4, pişirme hedefi üzerinde çalışan OT ve bilişsel rehabilitasyon üzerinde çalışan psikolog ile birlikte inşa edilmiş ve geliştirilmiştir. Judith, bir CBT oturumunda, duygusal ayarlamasının 'hata yapmaya yer yok' formülasyonunu geliştirdikten sonra: 'Hata yapmaya yer yok yaklaşımı bana yanlış öz güven verir' sonucuna varmıştır. Judith, bunu değiştirirken nasıl ilerleme kaydedilebileceği sorulduğunda, şunları önermişti:

'Korkularımın doğru olup olmadığını anlamak için tereddütsüz yapmaya ihtiyacım var.'

Bunu takiben, psikolog ve OT, böyle bir deneyimi gerçekleştirmek için pişirme oturumlarını nasıl ayarlayacaklarını tartıştılar. Malzemeler satın alındı ve Judith için bir tarif seçilip yazıldı ve OT mutfağı CBT oturumu için hazırlandı. Bir sonraki oturumun başında, terapist ve Judith önceki oturumdaki notları formülasyonu kullanarak tekrarladı ve Judith, "tereddütsüz" bir şeyler yapmanın gerekliliğiyle ilgili sonucunu bir kez daha belirtti. Terapist şimdi bunu yapabileceklerini ileri sürdü ve Judith başlangıçta anlaşılır bir şekilde dehşete düştü. Terapist sakince ne planladığını açıkladı ve hiçbir yükümlülüğü olmadığını söyledi, sadece o seçtiği takdirde deneyimlemek için bir fırsat vardı. Bu çalışmanın kesinlikle kaygı yaratacağı gerçeği de açıklığa kavuşturuldu; bu aynı zamanda deneyimin planlandığı formülasyonda da açıkça görüldü. Judith, bu konuyla ilgilenmek istediğini ve şüphelerine rağmen bir şeyler yapacağını söyledi. Hedef kognisyon ve alternatif perspektifler Judith ile açıklığa kavuşturuldu, veri toplama araçları tartışıldı (video ve gözlemci derecelendirmeleri) ve 'hata için yer var' ve 'planlamada esnek olabiliyorum' inancına ilişkin derecelendirmeler alındı. Judith, endişe verici öngörülerin üstesinden gelmek için tasarlanan deneylerde sıklıkla olduğu gibi, özellikle başlangıçta artmış bir kaygı yaşıyordu. Deneyimin özetini (deney 4) Tablo 17.1'de bulabilirsiniz. Bu, Judith'in yetenekleri hakkında yeni şeyler öğrenmeyi nasıl başardığını ve başlangıçta artan kaygıya rağmen, mutfaktaki kaygısını azaltması ile birlikte sosyal bir felaketten daha az korkar hale nasıl geldiğini vurgular.

Kısacası, bu deneyim, korkulan bazı felaketleri önleme amacı ile takıntılı bir biçimde 'Stratejilerin' aşırı derecede katı uygulanmasından ziyade ('emniyet' sağlamayı amaçlıyordu, ancak aslında kaygı anlamına geliyordu) deneyim temelinde yaşadığı zorlukların doğru bir şekilde değerlendirilmesine dayalı olarak Judith'in telafi stratejilerini kullanmasının yolunu açtı. Geri bildirim sonrasında Judith, "hataya yer var" inancının, görev öncesi %20 olan oranı %80 oranına yükseltti. Bununla birlikte, bu değişim özellikle pişirme görevi ile sınırlıydı. Judith, göreve başlamadan önce %20 olan 'hataya yer var' inanç derecesini artırma hedefini durumlar boyunca %75 olarak belirledi. Bu görevin beklenmedik bir şekilde öğrenilmesi, Judith'in endişeyle düşünmeye ve stratejileri her ne olursa olsun kullanmaya çalışmak yerine, bu gibi "riskleri" alarak güçlükleri ve zayıf yönleri hakkında daha fazla bilgi edinebilmeyi nasıl gördüğünü öğrenmesiydi. Yemek gibi pratik görevler Judith tarafından savunmasız bir kimlik duygusu için potansiyel tehditlerden daha fazla öğrenme imkânı olarak değerlendirilmeye başlandı. Bu deneyimler ve ilişkili yansıtıcı öğrenme, yapıcı, uyarlanabilir veya 'pozitif' bir formülasyonun gelişimini desteklemek üzere hazırlandı.

Pozitif formülasyon

Ylvisaker ve Feeney (2000) yukarıda belirtildiği gibi, belirli bağlamlarda, görevlerde veya durumlarda, iletişim ve davranış konusunda rehberlik etmek için çizilebilir "kimlik haritaları"nı danışanlarla birlikte oluşturmayı amaçlayan rehabilitasyon için yapıcı bir yaklaşım tanımlamışlardır. Açıkladığı yaklaşım, Mooney ve Padesky'nin (2000) sunduğu tekrarlayan zihinsel sağlık sorunları olan hastalarla çalışmak için yaratıcı bir yaklaşımla benzerlik taşımaktadır. Her iki yaklaşımda da, uygun olmayan başa çıkma ile ilişkili karşıt bir anlam taşıyan önceki deneyimler dizisini karakterize etmek için metafor veya tanımlanmış 'simgeler' ('kahramanlar' veya hayran karakterler) kullanılmaktadır. Örneğin, Ylvisaker ve Feeney, "Jason" olarak tanımladıkları hastalarını ve Jason'u kurban olarak gösteren 'olumsuz öz imajının nasıl tanımlandığı ve pozitif veya uyarlamalı özellikleri ve staratejileri bütünleştiren "Clint Eastwood'a benzeyen Jason"ın alternatif bir kendini temsil geliştirdiğini belirttiler.

Mooney ve Padesky'nin CBT yaklaşımı, işe yaramayan katı veya mutlak temel varsayımlar yerine yeni, uyarlamalı varsayımlar ve kurallar oluşturmayı amaçlamaktadır. Süreç boyunca, kişinin farklı hissettiği ya da problem formülasyonunda temsil edilenlerin aksine niteliklere sahip olduklarını hissettirmeyi içeren bir dizi teknik kullanılmıştır Pozitif duygulanım durumlarını aktive ederken, Mooney ve Padesky, hastanın olumlu etkisinin yansımasını ve abartılmasını önermektedir. Örneğin, hasta oturur, iyi bir deneyimde açıklandığı gibi gülümsemeye başlarsa ve tereddüt etmezse, terapist de oturur ve bu olumlu deneyimin keşfedilmesi ile hastanın derinlemesine etkilenmesi ve bu duygunun hasta ile paylaşılması için uğraşır. Görüntüler, hastaların bu tür deneyimlerin daha zengin, etkileyici bir şekilde 'sıcak' hesaplarına erişmesini desteklemenin güçlü bir yolu olabilir. Bir sonraki adım, bu durumla ilişkili beceri, anlam ve kuralları veya varsayımları belirleyen hasta ile çalışmaktır. Hastadan, bu durum veya bakış açısına bir etiket veya isim vermesi istenir. Sentezleyici sorular, kurallar, ilkeler, davranışlar, duygular, varsayımlar ve davranışlar veya becerileriyle ilgili problemle karşılaştıklarına ne yapacaklarını merak etmelerini desteklemek amacıyla olumlu bir deneyim içerisinde kullanıldı. Son olarak, bundan sonraki adım, hastaya yeni öğrenme veya varsayımları nasıl test etmek isteyebileceğini sormaktır. Yeni, olumlu ya da alternatif anlam üzerine inşa etmeyi amaçlayan pozitif ya da yapıcı davranış deneyimleri, daha sonra bunu etkinlik yoluyla kimliğin yeni yönünü pekiştirecek şekilde gerçekleştirilir.

Rehabilitasyon ve daha önce açıklanan spesifik deneyler sayesinde, Judith daha önce kaçınılmış olan durumlarda yeni deneyimler ve anlamlar bulmaya başladı. Bu aşamada, Y şeklindeki modelde Bölüm 4'te sunduğumuz gibi, Judith'in bir ölçüde güvenlik sağladığı ve en azından öncesi ve sonrası hasar gören kendi kendini temsil etmelerinin "bütünleşmesine" yaklaşmaya başladığı söylenebilir. Bununla birlikte, kimlik çalışması için yaklaşımımızda keşfetmek, bulmak ve yeni anlamları geliştirmek ve sonra bunları günlük yaşamda pekiştirmek amacıyla aktif destek gerekmektedir. Bu nedenle, probleme odaklı çalışmanın ardından bir adım daha gereklidir. Yaralanma öncesi ve yaralanma sonrası olumlu deneyimler, yaralanma öncesi benlikle sürekliliği temsil eden yeni, duygusal ve kişisel olarak önemli anlamlar geliştirmek üzere hazırlandı. Bunlar daha sonra konsolidasyon değişikliklerinde kullanıldı ve yeni bir travma sonrası kimlik duygusuna entegre edildi.

Her şeyden önce, paniğe kapılmadan kalabalık Moto GP etkinliğine gitmeyi başarıyla yönetebilmek için, Judith, diğer anlık kaygı verici görüntülerle mücadelenin bir yolu olarak başa çıkabileceğini hissettiği zaman kendinin bu durumdaki görüntüsünü kullanabiliyordu . Judith, iletişim grubunda bir rol oynamaya katılmak ve program ortamında akranlarıyla karşılıklı destekleyici ilişkiler geliştirmek gibi programdaki "riskleri" de almıştı. Daha sonra yeni, uyarlanabilir bir anlam geliştirmeye döndük. Judith, şimdiki endişeli, huzursuz bir duruma, hata korkusu ve başarısızlıktan kaynaklanan aşağılamaya aykırı bir şey yaptığında veya yaşadığı bir zamanı düşünmeye çağırıldığında önemli bir anı hatırladı. Hafızayı belirledikten sonra, gülümsemeye başladı ve motosikletle binme derslerinde bir olay hakkında açıklama yaptı. Becerilerini geniş bir makinede geliştiriyordu ve erkek eğitmeni onunla birazcık çaylak bir kadın olduğu için alay etti, bu olay olmasaydı dar bir yol boyunca U dönüşünü tamamlayamazdı. Meydan okundu, Judith fikrini nasıl odakladığını, bisikleti kontrol ettiğini, ardından zaferle geçtiğini, gaz kolunu açtığını, sürerken ona "V'nin titreşimini" (İngiltere'de popüler, saldırgan ve meydan okuyan olarak sözsüz bir jest olarak görüldü) anlattı. O güldüğü hikayeyi bitirince, sahip olduğu yerine getirme ve başarı duygusunu araştırdık.

Bu duyguyu ayrıntılı olarak anlatan çalışmanın ardından, Judith'ten bu hissin yaralanmadan sonraki hayatının neresine uyacağını düşünmesi istendi. Bu hissi, deneyimlerinden bazılarıyla ve rehabilitasyondaki küçük başarılarıyla birleştirmeyi başardı. Bundan yola çıkarak, olumlu formülasyon seçimiyle Judith, "U dönüşü yaklaşımı"nı seçti ve bu Şekil 17.3'te sunuldu. Bu deneyimlerin anahtar anlamı, yeni deneyimler ve deneylerle birleştirildi ve 'Tüm bu olanlardan sonra ben başkayım' sonucu ortaya çıktı. Yaralanmada kaybolmadığını tespit ettikten sonra, Judith güçlü ve zayıf yönlerinin, rehabilitasyonda başka yerlerde geliştirilen strateji ve becerilerinin, yaşadığı zorlukların ve bunları yönetme şekillerinin farkındalığını daha fazla not etmeye başladı. Bu şekilde, programın sonuna gelindiğinde, Judith'in yaralanmasının, strateji kullanımının, kişilik algısının ve anlamlı fonksiyonel aktivitelere katılımının anlaml ölçüde geliştiği gözlendi. Kolaylaştırılmış, iş birliğine dayalı araştırmalar ve deneyler yoluyla ortak bir anlayış geliştirilmesi, rehabilitasyonun Judith ve ekip arasında senkronize edilmesini sağladı ve rehabilitasyon görevleri "proksimal kalkınma bölgesi"nde düştü. Judith, daha entegre bir hisle karşı karşıya kalmayı başardı ve bağımsızlığını artırma çalışmasını devam ettirmek, kendi topluluğunda kazanımları korumak ve pekiştirmek için bir destek görevlisi istihdam edilmesiyle düzenlemeler yapmayı içeren rehabilitasyon sonrası çalışmayı sürdürmeyi kabul etti.

Sonuçlar

Anket değerlendirmeleri

Algılanan semptom ve davranış değişikliği açısından psikososyal sonuç, rehabilitasyon öncesi, sırası ve sonrasında European Brain Injury Questionnaire (EBIQ; Teasdale et al., 1997) kullanılarak değerlendirildi. Bu Resim 17.4'te gösterilmektedir.

Kendi kendine değerlendirmeler, takip eden yıla ilişkin sorunların oluşumunun gözlenmesinde belirgin bir düşüş olduğunu göstermektedir. Bununla birlikte, eşinin değerlendirmeleri rehabilitasyonun ilk üç aylık döneminde bir miktar kötüleştiğini göstermektedir.

Benzer şekilde, Dysexecutive Anketi (DEX, Dysexecutive Syndrome Davranışsal Değerlendirmesinden, BADS, Wilson ve ark., 1996) yürütme sorunlarının kendi kendine değerlendirilmesi, rehabilitasyon sonrasındaki yıl boyunca bir miktar değişkenlik gösteren program süresince belirgin bir iyileşme göstermiştir ancak bu ölçümde bazı kazanımların devam ettiği görülmektedir. Eşinin puanı daha az pozitifti ve yürütme sorunlarının görülme sıklığının arttığını gösteriyordu.

Amaca ulaşma

Judith tüm rehabilitasyon hedeflerine ulaştı ya da kısmen başarabildi. Bu bölümde tanımlanan çalışmanın değerlendirilmesiyle özellikle ilgili olan aşağıdaki hedefler şunlardır:

- Dört fonksiyonel faaliyette (Süpermarket alışveriş, yemek pişirme ve toplu taşıma dahil olmak üzere) en az düzeyde endişe göstererek faaliyette bulunabildiğimi göstermek (kaçınma ve acele etme gibi emniyet davranışlarını kendi derecelendirme ve bırakma yoluyla)

Bu amaca altı aylık programın sonunda ulaşıldı ve Judith programı izleyerek kendine evde pişirme becerileri geliştirmek için başka hedefler koydu.

- Yemeklerimi haftalık olarak planlamak ve hazırlanmakta kendime güvendiğim yemek tarifleri de dahil olmak üzere (kendi başıma puan verdim) bir yemek tarifi dosyası hazırlamak.

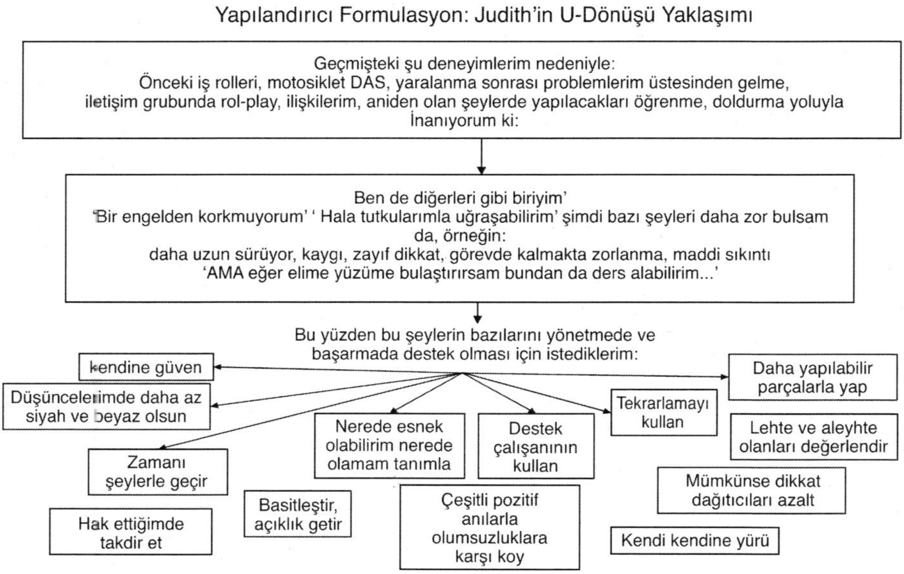

Figür 17.3: Pozitif formülasyon Judith ile onun kimliğinin alternatif adaptif bir temsili için ve daha sonraki yapısal deneyimlerde kazanımların sağlamlaştırılması için geliştirildi.

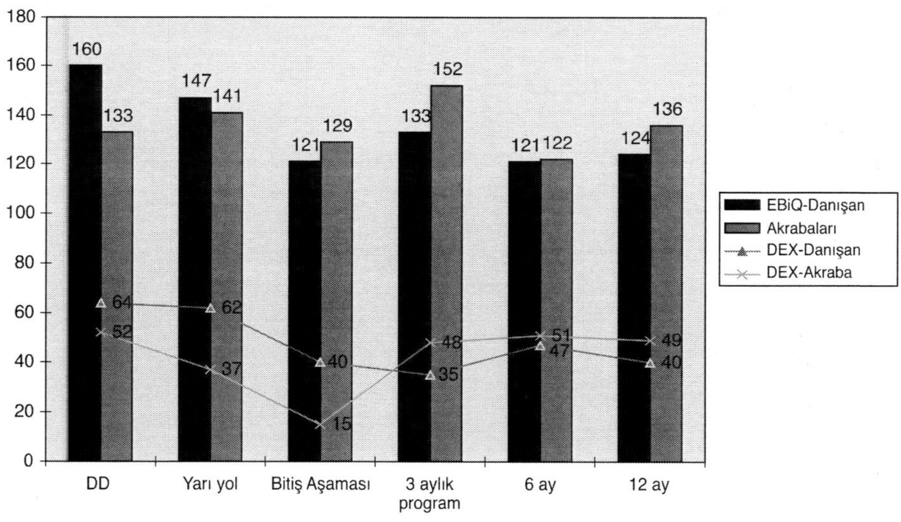

Figür 17.4: Judith'in semptomlarında ve davranışlarında kendisi ve eşi Peter tarafından rehabilitasyon öncesi değişimler (DD: detaylı değerlendirme), programın yarısında (örn.12 hafta), program sonunda (örneğin 24 hafta) ve takip eden noktalar.

Judith, uyarlanmış bir kontrol listesi formunda bazı tarifler içeren bir dosya hazırladığı için bu hedef altı aylık programın sonunda kısmen başarıyla sonuçlandı, ancak tüm yemeklerini haftalık olarak planlamıyordu.

Judith, programın sonunda ilerleyişini gözden geçirirken, kişisel hedeflerini duygusal ayarlamayla ilgili olarak elde ettiğini ve bu nedenle:

- '... maske takmak zorunda olmamak ya da olmadığım bir şeymiş gibi yapmamak'
- 'Kendimi eleştirmeyi bırakma've
- '... yalnız dışarıda olma fobileri kontrol etme'

Judith'in durumunu post program sonrası bir yıl içinde inceledikten sonra rehabilitasyonda bu alanlarda fonksiyonel kazanımlar elde ettiğini gözlemledik. Ayrıca kimliğine ve geleceğe yönelik potansiyeline daha olumlu bir yön vermeye devam etti. Bu kazanımların hepsi etkili bir şekilde diğer alanlara yaygınlaştırılamaz. Örneğin, PTSD semptomları devam etmiş ve bunları gidermek için daha psikolojik terapi aranmıştır.

Sonuç

Judith, ortak bir anlayış ve disiplinlerarası davranışsal deneyimlerin geliştirilmesi yoluyla yaralanmadan sonraki yaşam hakkındaki güçlü olumsuz benlik algılamasını ve korkutucu öngörülerini ve varsayımlarını keşfetmek ve tekrar değerlendirmek için desteklendi. Bu deneyimler, rehabilitasyon programında sistematik olarak yapma ve anlam ile ilişkilidir. Beyin yaralanması ile ilgili semptomların oluşumunun resmi ölçümleri üzerine, eşinin yaptığı değerlendirmeler, programından sonraki bir yıl içinde ilk iyileşmeden bir miktar gerilemeyi gösterdi. Resmi olarak ölçülmemiş olsa da, bizim görüşümüz ve Judith'inki, yaralanmadan sonra kendini güçlü bir duygusal tepki olmadan daha iyi görebildiğidir. Birisi programın sonuna kadar kendisi hakkında daha doğru ve uyumlu bir görüşe sahip olduğunu iddia edebilir ve bu nedenle kendilik tutarsızlığını, kendisiyle "sürekli bir savaşta" olma hissini azaltmıştı. Judith tarafından daha önce kaygı uyandıran durumlar öğrenme fırsatları olarak görüldü. Davranışsal olarak bu adaptasyon, spesifik fonksiyonel amaçların elde edilmesi, program boyunca sözlü saldırgan ve engelleyici davranışın azaltılması, uygun stratejilerin alınması programdan sonra bir destek görevlisinin kabulünde gözlenmiştir. Kazançları korumak ve yaygınlaştırmak için uzun vadeli destek ihtiyacı da bu vakada vurgulanmaktadır.

Kaynakça

American Psychiatric Association (2000). Diagnostic and Statistical Manual of Mental Disorders, 4th edn., Text Revision. Arlington: American Psychiatric Association.

Beck, A. T. and Steer, R. A. (1990). Manual for the Beck Anxiety Inventory. San Antonio: Psychological Corporation.

Beck, A. T., Steer, R. A. and Brown, G. K. (1996). Beck Depression Inventory Manual, 2nd edn. San Antonio: Psychological Corporation.

Cantor, J.B., Ashman, T.A., Schwartz, M.E. et al. (2005). The Role of Self-discrepancy Theory in Understanding Post-traumatic Brain Injury Affective Disorders: A Pilot Study. Journal of Head Trauma Rehabilitation, 20(6), 527–43.

Chambless, D. L., Caputo, G. C., Bright, P. And Gallagher, R. (1984). Assessment of fear of fear in Agoraphobics: The Body Sensations Questionnaire and The Agoraphobic Cognitions Questionnaire. Journal of Consulting and Clinical Psychology, 52(6), 1090–7.

Clark, D. M. and Wells, A. (1995). A Cognitive Model of Social Phobia. In R. G. Heimberg, M. Liebowitz, D. Hope and F. Scheier, eds., Social Phobia: Diagnosis, Assessment, and Treatment. New York: Guilford Press, pp. 41–68.

Dewar, B. K. and Gracey, F. (2007). 'Am not was': Cognitive-behavioural Therapy for Adjustment and Identity Change Following Herpes Simplex Encephalitis. Neuropsychological Rehabilitation, 17(4/5), 602–20.

Ehlers, A. and Clark, D. M. (2000). A Cognitive Model of Posttraumatic Stress Disorder. Behaviour Research and Therapy, 38(4), 319–45.

McGrath, J. and King, N. (2004). Acquired

Brain Injury. In J. Bennett-Levy, G. Butler, M. Fennell et al., eds., Oxford Guide to Behavioural Experiments in Cognitive Therapy, New York: Oxford University Press, pp. 331–48.

Mooney, K. A. and Padesky, C. A. (2000). Applying Client Creativity to Recurrent Problems: Constructing Possibilities and Tolerating Doubt. Journal of Cognitive Psychotherapy, 14(2), 149–61.

Moorey, S. (1996). When bad Things Happen to Rational People: Cognitive Therapy in Adverse Life Circumstances. In P. M. Salkovskis, ed., Frontiers of Cognitive Therapy. New York: Guilford Press, pp. 450–69.

Nochi, M. (1998). 'Loss of self' in the Narratives of People with Traumatic Brain Injuries: A Qualitative Analysis. Social Science & Medicine, 46(7), 869–78.

Salkovskis, P. M. (ed.) 1996. Frontiers of Cognitive Therapy. New York: Guilford Press.

Teasdale, T. W., Christensen, A., Willmes, K. et al. (1997). Subjective Experience in Brain Injured Patients and Their Close Relatives. A European Brain Injury Questionnaire Study. Brain Injury, 11, 543–63.

Tyerman, A. and Humphrey, M. (1984). Changes in Self-concept Following Severe Head Injury. International Journal of Rehabilitation Research, 7(1), 11–23.

Wilson, B. A., Alderman, N., Burgess, P., Emslie, H. and Evans, J. (1996). The Behavioural Assesment of the Dysexecutive Syndrome. Lutz, FA: Psychological Assesment Resources Inc.

Ylvisaker, M. and Feeney, T. (2000). Reconstruction of Identity After Brain Injury. Brain Impairment, 1, 12–28.

Zigmund, A. S. and Snaith, R. P. (1983). The Hospital Anxiety and Depression Scale. Acta Psychiatrica Scandinavica, 67, 361–71.

18 Simon: Beyin Yaralanması ve Aile -Çocukların Aile Üyelerinin Dahil Edilmesi ve Rehabilitasyon Sürecinde Daha Geniş Sistemler

Siobhan Palmer, Kate Psaila ve Giles Yeates, çeviren: Fatma Girgin Kardeş

Bir danışanla çalışmak, Simon ve ailesi burada bireyin ilişkileri, aile sistemleri ve danışanların, beyin yaralanmaları olan danışanlarla alakalı aktörlerin daha geniş sistemler bağlamında düşünülmesinin önemini göstermek amacıyla anlatıldı. Bu daha geniş bakış açısı rehabilitasyonu pek çok yolla destekler. Rehabilitasyonda aile üyelerinde elde edilen değişimlerin etkisi (Perlesz ve diğerleri, 1999; Laroi, 2003) ve diğer aktörlerin dahiliyeti ve onlarla bilgi alış verişi gibi bu sistemik faktörler üzerinde düşünülmesi rehabilitasyon hedeflerinin elde edilmesinde önemli olduğu artan şekilde fark edilmektedir. Danışan odaklı bir yaklaşım hem yaralanan kişi hem de aile üyelerinin iş birlikçi ilişkilerinin gelişmesinde önemlidir (Sohlberg ve diğerleri, 2001). Daha ilerisi, daha geniş sistemlerin etkisinin dahil edilmesi ile yaralanan kişinin sosyal ve bireysel bağlamlarının anlaşılması, uygun müdahalelerin formüle edilmesi ve geliştirilmesinde önemlidir (Wade, 2005). Alakalı kişiler rehabilitasyon sürecini desteklediğinde, bu vaz geçme olasılığını azaltır (Oddy ve Herbert, 2003)

Simonla çalışmamızda elde ettiklerimiz sayesinde biz ilişkisel durumların anlaşılmasının önerilen müdahalenin zamanı ve tipi için ve sonunda Simon'ın aileyle ilgili hedeflerine yönelerek çalışmasını sağlamada nasıl kritik olduğunu gösteriyoruz. Bu bölüm, bir müdahalenin tarifini içeren bir tanımlama ve bu çalışmanın yöneleceği yaklaşımı tartışmadan önce varolan problemleri ve detaylı değerlendirme sonuçlarını ortaya koyuyor.

Giriş

Yaralanma geçmişine giriş

Simon 37 yaşındayken rehabilitasyona kaydoldu. Rehabilitasyona başlamasından yirmi hafta önce kalıtsal bir durumun, hemorajik telanjektazinin ikincil sonucu olduğu anlaşılan hemorajik inme sebebiyle hastaneye giriş yapmıştı. Hemoraji sonrası hastaneden ilk çıkışının ardından, bir hafta sonra Simon sol fronto parietal apsesi bulunduğunda tekrar hastaneye yattı. Bu apse boşaltıldı ve Simon üç hafta boyunca komadaydı. İki ay sonra nihayet taburcu oldu.

Sosyal geçmiş

Rehabilitasyon için yapılan değerlendirme öncesinde, Simon ve karısı Jane ayrılma dönemindeydi. Buna rağmen, değerlendirme zamanında Jane ile ve üç çocukları Ed, Toby ve Fiona ile yaşıyordu. Simon bir inşaat mühendisliği firmasında ustabaşı ve alt yapı işçisi olarak, dört çalışana süpervize ederek çalışıyordu. Oliver Zangwill Merkezinde (OZM) Nöropsikolojik Rehabilitasyon için değerlendirdiğimizde, işinden hastalık izniyle ayrıydı ve işi onun için açık tutuluyordu. Yerel bir biraevinde arkadaşları ile sosyalleşmekten keyif alırdı. İnme öncesinde ev düzenlemesinde çalışmaktan, uzaktan kumandalı arabalardan ve arkadaşlarıyla dışarı çıkmaktan keyif aldığını söyledi.

Değerlendirme süreci

Simon Merkeze bir günlük ön değerlendirme ve sonrasında sekiz günlük detaylı değerlendirme için kayıt oldu. Simon'a ön değerlendirme sunulduğunda okuma, yazma, görme, konsatrasyon ve sağ taraf zayıflığı problemleri belirtti. O zaman, karısı 'motivasyon'un ek bir problem olduğunu çünkü Simon'ın evdeki görevlerle kendini çok nadir olarak meşgul ettiğini ve bunun yaralanma öncesinden farklı olduğunu belirtti.

Aşağıda detaylı değerlendirme bulgularının bir özeti var:

Başlangıç hedefleri

Simon aşağıda ulaşmak istediği hedefleri tanımladı:

- Okuma ve yazmada ilerleme
- "Kelimeleri çıkarabilmek"
- Bir ustabaşı ve yapı çalışanı olarak işe geri dönme
- Ehliyetini geri almak
- Daha çok "kendisini eskisi" gibi hissetmek

Nöropsikolojik değerlendirme:

Güçlü yönlerin olduğu kadar tanımlanan bir dizi bozukluk ve zorluk alanının test edilmesi. Simon bölünmüş, sürdürülebilir ve işitsel seçici dikkati içeren birkaç dikkat testinde iyi performans sergiledi. Buna rağmen görsel seçici dikkat bozuktu. Simon objeleri tanıma, yüzleri ve duyguları fark etme ve sosyal yargılarda bulunmada zorluk yaşıyordu. Yapısal görevlerde mekanın sağ el tarafını bastırma eğilimi belirgindi. Yürütücü işlevler testi planlama, hedef yönetiminde zorluklar ve perseveratif düşünme gösterdi. Bazı durumlardaki hafıza zorlukları da fonksiyonel performans üzerinde bir etkiye sahiptir. Çalışma belleği değerlendirmesinde ortalamanın altında puan aldı.

Dil ve iletişim:

Simon'un önemli bir dil ve konuşma zorluğu vardı. Orta derecede dizartri ve kelime bulma problemleri, disleksi ve cümle düzeyi ötesinde yazılı dili anlama zorluğu içeren yüksek seviyeli dil problemleri vardı. Belleği ve problem çözme zorluğu da dilini etkiliyordu.

Uyum, duygu durumu ve davranış:

Simon hemianopsiye ikincil olan barlardaki sosyal kaygıdan (onlarla karşılaştığında onları gücendirmek hakkında) başka hiç bir duygusal zorluk tanımlamadı. O bununla mümkün oldukça barlardan uzaklaşmak yoluyla başa çıktı. Yaralanmadan beri bir ölçüde meditasyonla idare ettiği bazı depresyon, alınganlık, duygu durumu değişimi ve motivasyon azalması deneyiminden bahsetti. Hem kendisi hem de karısı geçmişte önemli bir problem olan ilişki zorlukları belirttiler. Bu altı hafta ayrılıkla sonuçlandı. Buna rağmen, Simon antidepresan ilaç tedavisini sürdürürken Jane ve o tekrar birlikte yaşamaya başladılar. Yine de, Jane detaylı değerlendirmeden sonra kalıcı ayrılığa sebep olan ve rehabilitasyon başlangıcından önce devam eden endişenin kaynağı olan duygusal değişikliklerden söz etti.

Duygusal deneyimle artan ve duygusal uyum sağlamaya engel olarak tanımlanan ilerideki problem çözmeyle ilgili zorluklara rağmen Simon bir çok başa çıkma stratejisi tarif etti.

İşlevsel dolaylı anlatımlar:

Simon hafızasının inmeden önceki kadar iyi olmadığını söylese de, aşamalı geri dönüşden faydalanabileceğini kabul etse de önemli işlevsel sonuçları ve işe geri dönmede zorluk yaşayacağını reddetti.

Girişilen gözlemler ve değerlendirmelerden, Simon'ın bozuklukların potansiyel pratik sonuçlarını tam olarak fark edemediğini bu yüzden bunları idare etmede gerekli stratejileri geliştirmek için uygun pozisyonda olmadığı düşünüldü. Bu nedenle, ev ve iş ortamındaki işlevsel zorluklara yönelik sosyal destek önerildi.

Simon'ın karısı Jane ve kayınvalidesi Joyce sekiz günlük değerlendirme sonunda değerlendirme toplantısının özetine katıldılar. Nöropsikolojik hasarların etkisi, işle ilgili aktivitelerin kısıtlanması, duygu durumu değişimi ve aile üyeleriyle ilişkiler ana maddelerdi. Jane ve Joyce, Simon'a destek vermek ve rehabilitasyona dahil olmak için hevesliydiler. Ayrıca Simon'ın zayıf farkındalığının sonucu olarak meydana gelen özel zorluklar tanımladılar ve yeni durumuna uyum sağlamada ona yardım etmeye isteklerini belirttiler.

Özet

Yukarıdaki değerlendirmelerin özetinde, Simon'ın devam eden zorlukları şu şekilde sonuçlandırıldı:

Bozukluklar:

- Sağ taraf görsel bozukluk ve orta sağ ihmal şüphesi
- Sağ üst ekstremitede beceriklilik azalması
- Sınırlı bilişsel bozukluk farkındalığı
- İşlemleme hızında yavaşlık
- Okuduğunu anlama ve yazmada zorluk
- Anlık ve gecikmeli hafızada bozulma
- Görsel seçici dikkatte bozulma
- Objeleri tanımada zorluk, muhtemel olarak hem görsel işlemleme ve hem de semantik giriş problemlerine ikincil
- Yüz ifadelerinden duyguları (özellikle negatif) tanımada bozulma
- Zayıf planlama, gerçekleştirme, kendini denetleme ve dürtü kontrolünü içeren yürütücü işlev bozukluğu

Aktiviye ve katılım kısıtlılıkları:

- Araba kullanamama
- Halen çalışamama
- Sosyal durumları yorumlama ve sosyal yargılamada zorluk
- Alışveriş gibi ev işlerini planlama ve karar vermede zorluk
- Objelerin yerini hatırlama ve taramada zorluk
- Sosyal çevrelerde, örneğin bar, azalan özgüven
- Sağ elle küçük cisimlerle iş yapmada zorluk
- İlişki zorlukları
- Düşük duygu durumunu idare etmede halen antidepresan gerekliliği

Formülasyon:

Yaralanmadan önce, Simon kendisini 'arkadaşları, çalışanları ve ustabaşı olarak yönettiği iş arkadaşları tarafından saygı duyulan uyumlu biri' olarak tanımladı. Yaralanmadan önce zor duygularla aktivite vasıtasıyla, kullanmaya devam ettiği bir teknik, dikkatini dağıtma yoluyla başa çıktığını açıkladı. Yaralanmadan beri, karısı ikisi tarafından da kabul edilen değişebilir ve dengesiz duygu durumuna göre onu 'Jekylle ve Hyde' olarak tarif etti. Simon'ın neyle başa çıkmaya ihtiyacı olduğuyla ve bu meselelere diğer insanların dikkat çekmesiyle yardım edilmeyle sıkıntısı vardı.

Başlangıçta tanımlanan duygusal değişkenlik inmeye karşı olarak depresyonun bir direk sonucu olarak formüle edildi. Depresyon süresi boyunca, Simon karısına artan bir uzaklık hissi belirtti. Buna rağmen karısı terk ettiğinde, bu gidişin ona tamamen bir sürpriz olduğunu ve incinmiş ve öfkeli hissettiğini belirtti, Bu Simon'ın problemleri farketmesi ve potansiyel zorlukları sezmesi konusunda desteğe ihtiyacı olduğu formülasyonunu destekler şekilde idi. Zorlukların önemi ve varlığına ilişkin Simon ve ailesi arasındaki devam eden tartışma hakkında konuşmanın veya aralarında bunları çözmenin zor olduğu ilişkilerde gerilimle sonuçlandığı düşünüldü. Önemli kayıplar (iş ve sağlık), yetenekler hakkında karmaşayla birleşme (okuma ve problem çözme gibi) ve kaçınma muhtemelen kaygı ve asabiliğin sürmesine neden olur. Simon'ın kaygısı, asabiliği ve kaçınması Ben-Yishay'ın (2000) 'geldiğini görmediği' ve birden olmuş görünen değişen roller, değişen yetenekler ve değişimlerin olduğu aktivite veya ilişkilerde başarının azalması sonucu kimliğini ve otonomi algısını tehdit eden 'felaket tepkisi' olarak tanımladığı şekilde formüle edilebilir. Felaket tepkisi ve güven hissinin artık olmadığı ilişkiler bağlamında zorlukları kabul etmenin Simon için çok tehdit edici olduğu ileri sürüldü. Zorlukların sebeplerinin yanlış atfıyla veya duygusal deneyime girme isteksizliği (veya beceriksizliği) ile sonuçlanan yaralanması hakkındaki zayıf anlayışı muhtemelen kaygıyı, bireysel tehdit algısını ve uyum sağlamada bir engelin varlığını sürdürdü. Daha sonra, zorluklar meydana geldiğinde veya değişim hatırlandığında Simon muhtemelen asabi veya kızgın oluyordu.

Öneriler

Simon'a hem Merkez'de hem de kendi çevresinde konuşma ve dil terapisi, klinik psikoloji ve iş ve uğraş terapisi girdisi önerildi. Bu bireysel müdahalenin amacı:

- İlişki meseleleri yoluyla çalışma: farklı bakış açıları hakkında konuşma ve inmeden beri olan deneyimleri hakkında algı oluşturmak.
- Bilişsel stratejileri deneme: onları kabul etmeyi daha az tehdit edici yapabilen zorlukların 'etrafından dolaşma'yı keşfetme.
- Mesleki seçenekleri ve iş mekan değerlendirmelerini araştırmak.
- Gelecekte potansiyel engelleri ön görmesine destek vermek amacıyla Simon'ın yaralanmasını ve onun sonuçları anlayışını artırmak.

Bu öneriler bu girdiler için istekli olduğunu söyleyen Simon ile tartışıldı.

Değerlendirme sonrası hedefler

Detaylı değerlendirme sonrası, Simon'ın aile koşulları değişti; o ve karısı ayrıldı, ki bu rehabilitasyon süresince üzerinde çalışmayı seçtiği hedefler hakkındaki kararları etkiledi. Programın başlangıcında, altı hedef alanı aşağıdaki gibi seçildi:

1. Hasarı ve sonuçlarını anlamak ve bunları etkili şekilde yönetmek.
2. Bütçe yapma, planlama ve yazışma ve maliyeyi planlama gibi bağımsız yaşam becerileri
3. Gelecek 6-12 ay içinde gerçekçi bir mesleki planın tanımlanması

Bu alanlara ek olarak, Simon ebeveynlik ve ilişkilerle alakalı üç hedef daha belirledi:

4. Simon konuşma ve dil terapistleri ve iki bağımsız değerlendirmecinin değerlendirmeleri ile skorlanarak, en küçük iki çocuğuna kısa hikayeler okumak için yeteneğiyle ilgili kendine güvenecek.
5. Simon özel olarak belirlenmiş ebeveynlik rollerini bağımsız olarak sürdürecek (gün-gün aktivitelerini düzenlemelerle, onlara ödevlerini tamamlamada destek verme ve boş zaman aktiviteleriyle ilişkili düzenlemeyi 'planlı' olmayı içeren)
6. Simon kendisi, bakıcısı ve OZC'deki çalışanlar tarafından ölçülecek sosyal etkileşim tanımlamasında daha başarılı etkileşimde olacak.

Değerlendirme sonrası, o 24 haftalık rehabilitasyon programına döndü.

Rehabilitasyon programı

İlk 12 hafta boyunca, Simon Merkez'de haftada dört günlük yoğun programa katıldı. Bu süre boyunca, iş ve uğraşı terapistleri, dil ve konuşma terapistleri, klinik psikologlar ve rehabilitasyon asistanları ile bireysel seanslar yanında başka bir yerde detaylandırılan farklı gruplara katıldı (Bilişsel, Beyin Yaralanmasını Anlama, Duygu durumu, İletişim, Haber Bülteni, Boş Zaman).

Programın entegrasyon aşamasında, ikinci 12 hafta, Simon çocukları ve bağımsız yaşamla ilişkili hedeflere odaklanmak istedi. Bunları yüksek öncelikte tuttu ve özellikle ebeveynlik becerileri ve çocukların dahil olduğu boş zaman aktivitelerine odaklanmak istedi. Bu aşama için haftada iki gün Merkeze geldi. Diğer günler merkezdeki kazanımların etkili genelleştirmelerini sağlamak amacıyla etraftaki işe ve çocuklarıyla zaman geçirmek için fırsatlara odaklanmakla geçti.

Bu bölümün amacı rehabilitasyonu tamamlayan ve destekleyen aile müdahalelerini ve daha geniş sistemin etkisi hakkında düşünme yaklaşımını tanımlamaktır. Bu çalışma disiplinler arası programın bir parçası olduğu için yukarıda tarif edilen diğer hedeflerin farkında olmak önemlidir ama bu hedefler üzerine çalışmak detaylı şekilde tarif edilmeyecektir.

Aile Çalışması

Arka plan ve değerlendirme

Değerlendirme ve arka plan bilgisinin edinilmesi Simon'ın Merkezle iletişim içinde olduğu bütün süreç boyunca geliştirildi. Onun aile durumu hızlı bir şekilde değişti ve bu Simon'ın rehabilitasyonla yakından bağlantılı olduğu çalışmayı sürekli etkiledi. Arka plan bilgisi Merkez'de Simon ile görüşmeler süresince, Kerry (Simon'ın baldızı) ile düzenli telefon görüşmeleri, Jane ile düzenli olmayan telefon görüşmeleri ve onun tedavisine dahil olan aile terapisti ile bir dizi telefon görüşmesi, ek olarak Merkez'deki aile seansları vasıtasıyla toplandı. Simon'ın programı süresince rehabilitasyon bağlamında göz önünde bulundurulması önemli olan çok sayıda değişken vardı.

İlişkiler

Simon'ı rehabilitasyon süresince etkileyen aile içinde pek çok geçmiş çatışmaları ve kişisel hikayeleri vardı. Bu ilişkiler Figür 18.1'de gösteriliyor.

Simon ve Jane arasındaki son ayrılık arkadaşça değildi; özellikle çocuklarla iletişim, para ve ev, boşanma evrakları ve Jane'in yeni sevgilisi ile ilgili bir çok gerilim ve fikir ayrılığı vardı. Jane tüm yaşananları çok zor bulduğunu belirtti. O hastanede onun öleceği kendisine söylendiğinde Simon'a veda ettiğini söyledi. Eve geri döndüğünde onu kızgın ve sinirli

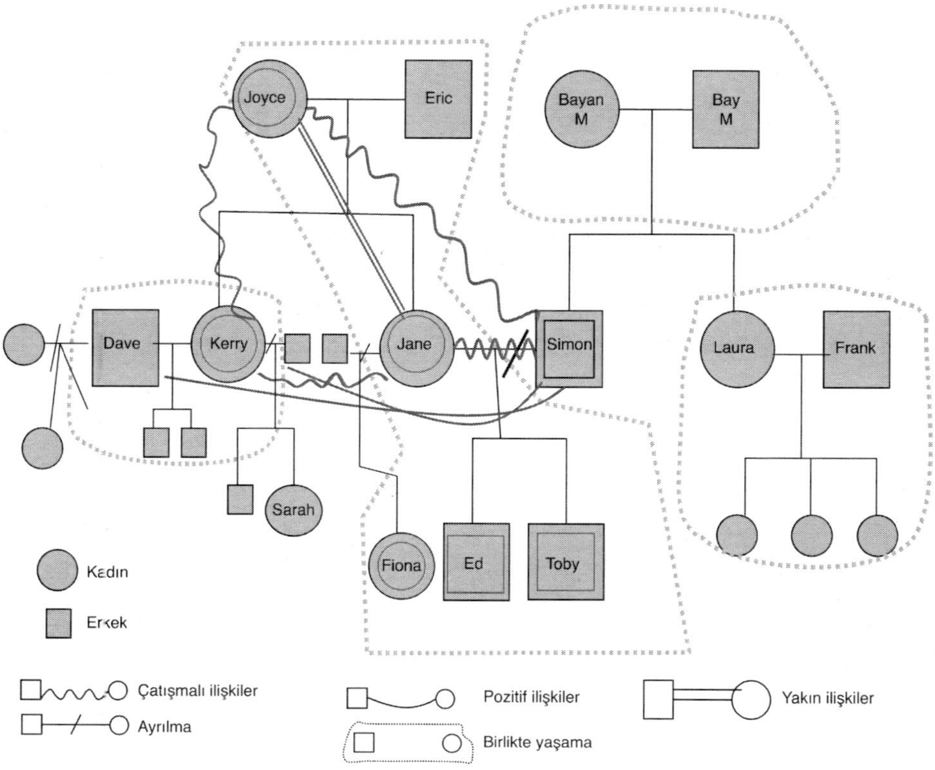

Figür 18.1: Önemli aile ilişkilerini gösteren genogram. Renk paletini de görün.

buldu ve özellikle çocuklar hakkında kaygıları göz önüne aldığı için bununla başa çıkmanın zor olduğunu söyledi. Detaylı değerlendirmede, Jane intiharla ilgili duygular belirtti, gerçi bu duyguyla hareket etme niyeti yoktu.

Joyce da çocukların güvenliği hakkında endişe ifade etti, özellikle Simon'ın onlarla ilgilenirken ne yaptıklarını unutması bakımından. O Simon ve Jane'in ebeveynlik becerilerini beyin yaralanması öncesinde asla başarılı bulmadığını belirtti. Onları 'çocukları kendilerinden sonraya koyarlar' şeklinde tanımladı ve Jane ve Simon'ın ebeveynliğine ayrılıklarından sonra böyle bakmaya devam etti. Kerry bakıcı rolünü üstlendi ve Simon geçici olarak onun evine taşındı. Joyce Kerry'nin Simon için 'bakım' sebeplerini sorguladı ve onun neden desteğe ihtiyacı olduğunu anlamadığını söyledi. Kerry başka kimsesi olmadığı için ve ihtiyacı olan insanlara yardım etmek onun doğasında olduğu için Simonla ilgilendiğini söyledi. Kerry ve Joyce'un çelişkili bir ilişkileri oldu; Kerry'nin bakış açısıyla Joyce Jane'i kayırıyordu ve onu 'nazenin' yapmıştı. Kerry Joyce'un Jane'in çocuklarına ne olduğu üzerine 'çok fazla etkisi olduğunu' hissediyordu. Joyce'un Jane'in çocuklarına Jane'in kendisinin gösterdiğinden daha fazla ilgi göstermesini üzücü olarak tanımladı.

Kerry ve Jane arasında süregiden bir gerilim vardı. Maalesef, onların bir anlaşmazlığı oldu ve başka bir aile meselesi üzerine birbirleri ile konuşmayı aylarca bıraktılar. Bu sürede, Kerry ve Joyce arasındaki ilişki de gittikçe kötüleşti ve Jane çocukların Kerry ile herhangi bir iletişimlerinin olmasını istemedi.

Çocukların bakış açısından yetişkinlerin hikayelerindeki gibi güçlü bir şekilde anlatılmadı. Simon'ın gözetiminde iken çocukların güvenliği hakkında bazı endişeler vardı, Jane ve Joyce Simon'ın beyin yaralanmasının çocuklara açıklanmasında yardım istediler. Özellikle, Simon'ın farklı olmasının bazı sebeplerinin çocuklara açıklanmasını umuyorlardı.

Konut

Başlangıçta, Simon ve Jane ayrıyken, Simon ailesinin evinden Kerry'nin fazla kalabalık evine taşındı. Satılmadan önce evin yeniden sahiplenilmesi imkanı olmasına rağmen, Simon ve Jane borçlarını ödemek amacıyla aile evlerini satma konusunda anlaştılar. Simon'ın aile evine geri taşınması için bir zaman periyodu vardı (Jane ile önceden anlaşma olmaksızın) ve Jane ve çocuklar annesine (Joyce) taşındılar. Kısa süre sonra, Simon uzaktayken, Jane aile evinin tüm mülkünü tahliye etti ve bu Simon döndüğünde onun için bir şok oldu. Evin satılmasından sonra, Simon evsiz kaldı, ona yatak ve kahvaltı konaklaması sunuldu. Bu sık sık taşınma demek olacaktı ve çocuklarla temasını daha da fazla engelleyecekti. Bu durum engellenemezdi ve barınma organizasyonu önceden bu konuda uyarılsa da fiilen evsiz olana kadar herhangi birşey yapamıyorlardı. Bu sebeple, o rehabilitasyon programının sonunda yakınlarda bulunan kendi kalacak yerine taşınana kadar geçici olarak Kerry'e taşındı.

Çocuklarla temas

Simon ve çocuklar o Kerry ile kalırken ilk olarak birbirlerini düzenli gördüler. Kerry çocukları uğrayıp alarak, onların görüşmeleri için mekan sağlayarak ve evlerine tekrar bırakarak teması kolaylaştırdı. Bu aşamada Kerry ve Jane'nin bir iletişimleri yoktu.

Kerry ve Jane'in iletişimleri olmadığı süre zarfında, Jane çocukların Kerry ile ilişki kurmalarını istemediğini söyledi. Buna rağmen Simon'ı gördükleri için onlar adına mutlu olduğunu söyledi, bu Simon'ın Kerry'nin desteği olmadan ulaşımı olmadığı için pratik olarak imkansızdı ve aile evi veya Kerry'nin evi olmazsa onları görebileceği başka yer yoktu.

Simon evine geri taşındığında ve Jane ve çocuklar Joycela taşındığında, Simon'ın çocuklarla hiç teması yoktu. Aile, çocuklardan birinin okuldaki davranış problemleri nedeniyle Çocuk ve Ergen Mental Sağlık Servisinde bir aile terapi takımını görmeye başladı

Diğer Servisler

Simon aşağıda tanımlanan diğer aktörlere de dahil oldu.

Headway

Simon Headway'den bir Toplum Destek Çalışanın'dan[5] (Birleşik Krallık'ta kafa yaralanması olan insanlar için temel hayırsever destek organizasyonu) bazı destekler aldı. Onun temel rolü Simon'ı desteklemek ve ihtiyaç duyduğu servislere erişim kazanmasında yardımcı olmaktı. Kerry'i destekleyici idi ve onun duruma bakışını pekiştirdi. Simon da Headway'e pekçok seans için dahil oldu.

Sosyal Servisler

Simon için Fiziksel Engelli Takımından bir Sosyal Çalışan tahsis edildi. Sosyal servise ilave bir yönlendirme çocuklar hususunda risk değerlendirmesi yapılmasıydı. Sosyal Servisler durumu değerlendirdi ve çocukların her hangi bir risk altında olmadığı sonucuna vardıkları için ebeveynlik becerileri üzerine her hangi bir müdahale öneremediler.

5 Community Support Worker

Bireysel yaralanma avukatı/dava vekili

Dava vekilinin iki temel rolü vardı, birincisi boşanma düzenlemeleri hususunda ve ikincisi çocuklara erişim etrafında. Bu iki dava bizim Simon ve ailesi ile iletişim içinde olduğumuz sürece devam ediyordu. Simon'ın bilişsel zorlukları etrafındaki bağlantılar mahkemede ihtiyacı olan desteği ve çocuklarla iletişimiyle ilgili değerlendirmelerin gerçekleşmesini sağlamak bakımından dava vekili için zaruri idi.

Aile terapisi

Bizim aile ile çalışmadığımız ve Simon'ın onlarla çok az iletişiminin olduğu sürede, o onların yerel Ulusal Sağlık Servisi, Çocuk ve Ergen Mental Sağlık Servisi'nde (National Health Service Child and Adolescent Mental Health Service) aile terapilerini katıldıklarını öğrendi. Bu seanslarda bulunmasa da, sıklıkla bu konuda konuşuyordu ve onlar ileriki zamanlarda onun katılımıyla ilgilendiler.

OZC ekibi

Ekip içinde ve onun bireysel hedeflerine ilerlemesinde fırsat sağlayacak çevreye sahip olmayan Simon ve onun destekleyici networkünden bazı hayal kırıklıkları vardı. Bu sınırlılıklardan en fazla etkilenen hedefler ebeveynliği içeren günlük yaşam aktiviteleri alanındaydı. Aynı zamanda, çocuklarına ödevlerinde yardım etmeyi ve ebeveynlik becerilerini içeren duygu durumuna ve uyum sağlama çalışmasının dahil olduğu özellikle bilişsel çalışmasıyla alakalı kısa dönem hedeflerine de bir etkisi vardı.

Değerlendirme

Durumun daha az resmi devam eden değerlendirmesine ek olarak, daha resmi üç değerlendirme aşaması düzenlendi. Jane ve Simon'ın ayrılmalarından sonra ilk temaslarından biri Merkez'de bir çift seansıydı. İkisi de bunun hakkında endişe hissi belirttiler. Bu seansın bir amacı çiftin ne tip bir aile çalışması istediğini ve onların bakış açısından kimin dahil olması gerektiğini bulmaktı. Onlar zorluk yaşamamak için ilk görüşmenin çocuklar olmadan yapılmasını istediler. Aynı zamanda herhangi bir Çift Terapisi istemediklerini ve herhangi bir müdahalenin çocukları üzerine odaklanması isteğini belirttiler. Çift seanslarda bunun nasıl olacağını tartıştı.

İkinci değerlendirme seansına Jane, Simon ve üç çocukları –Fiona (12 yaş), Ed (8 yaş) ve Toby (7 yaş) katıldı. Bu seansın amacı çocukların perspektifini duymaktı ve özellikle beyin yaralanmasını anlamakla ilgili neyi öğrenmek istediklerini ortaya çıkarmaktı. Bu, edinsel beyin hasarı (EBH) için çocuk akrabalarla çalışmada (Webster ve diğerleri, 2003a) önerilen eğitsel oyunlardan oluştu.

Bu seansı takiben pek çok faktörün değiştiği ve ailenin yerel çocuk aile terapi servisiyle ilişkili olduğu beş aylık bir ara verildi; bu noktada durumun tekrar değerlendirilmesi önemliydi. Asli terapist önce dahil olan çapraz servisin bir meta-perspektifine vurgu yapan, bizim ilgili görüşmelerimizle örtüşmenin varlığını ve gelecekte faydalı çapraz-servis görüşmeleri hakkında yükselen merakı beyan eden bir mektup vasıtasıyla, bu görüşmeleri desteklemek için ayrı aile seansları düzenlemesiyle aile terapi servisiyle ilişki kurdu. Asli terapist bir aile görüşmesine davet edilmelerinden önce ayrıca bireysel olarak Joyce, Jane, Simon ve Kerry ile de konuştu. Hepsi çocuklarla seanslara davet edilmenin önemli olduğunda hemfikirdiler.

Reformülasyon

Bilgi bir biyopsikososyal model (1. Bölümde vurgulanan yaklaşımla uyumlu, Evans (2006) ve White (2005)) kullamıyla, süren görüşmelerde sistemsel faktörlerin etkisine (Figür

18.2'ye bakın) özellikle dikkat ederek formüle edildi. Değerlendirme evresi süresince aile üyelerinin bireysel farklı bakış açıları not edildi. Bazı aile üyeleri arasında bu bakış açılarının paylaşılması bu fikirlerin ayırıcı doğasını aydınlattı. Örneğin, çocuklar Simon onlara telefon etmeyi unuttuğunda endişelendiklerini ifade ettiler çünkü bunun sebebi onlara göre onları sevmediğiydi. Joyce ve Jane Simon'ın bakımında olduklarında çocukların güvenliğinden endişe ettiklerini ifade ettiler ve cevap olarak bunun yersizliğine dair Kerry ve Simon'ın bakış açısının altı çizildi. Ortak bakış açılarının bazıları edinsel beyin hasarının sonuçları hakkında kafa karışıklığı ve yanlış anlaşılmalarla sürdürülüyor görünüyordu.

Dahil olan yetişkinlerin hepsi çocukların deneyimlerini nasıl algıladıklarıyla ilgili endişeli görünüyorlardı ve okuldaki davranışsal değişimler açıkça endişeleriyle ilişkiliydi. Özellikle babalarıyla hastanede buluşmalarında, onu solunum cihazıyla gördüklerinde ve onun ölebileceği söylendiğinde ve sonrasında onu çok farklı deneyimlediklerinde endişe yaşantısı belirttiler. Çocuklara destek olmak için ortak bir umut ve onların ihtiyaçlarını düşünme pek çok meselede ayrılan bu yetişkin grubu bir araya getiren tek faktördü.

Çocukların babalarının hastaneden sonra nasıl olduğuyla ilgili fikirleri farklıydı. Toby babasının 'tamamen daha iyi' olduğunu söyledi, Fiona babasının 'bazı düzeltme şeylerine' ihtiyacı olduğunu söyledi ve Ed onun 'kesinlikle daha iyi olmadığını' söyledi. Babalarının barda annesi ve onun erkek arkadaşına bağırmasının Ed ve Fiona tarafından detaylı açıklanmasıyla 'okuma' ve 'terbiyesiz olmama' üzerinde çalışılan şeyler olarak tanımlandı. Çocuklar babalarını dört farklı aşamada tarif ettiler:

- Yaralanma öncesi
- Hastanede
- Jekyll ve Hyde
- Şimdi

Aile içinde farklı hikayelerin anlatılmasının kısmen çocukları zor hikayelerden korumak hakkında premorbid utanç kültürü ve inançların varolmasının bir travmatik olayın sonuçlarının tüm aile sistemini etkilemesiyle olduğu varsayıldı. Daha önce belirtildiği gibi, farklı hikayeler bir nebze beyin hasarı hakkında yaygın yanlış kanılar (Hux ve diğerleri, 2006) ve büyük bir çoğunlukla ailenin kaçınmacı başa çıkma stilleri tarafından sürdürülüyor olabilir. Simon'ın sosyal kognisyonla ve dürtü kontrolüyle sıkıntılarının sonuçları muhtemelen yanlış anlaşılmıştı ve yaralanmanın sonucu olarak anlaşılması yerine onun 'tamamen farklı' biri olduğuna atfedildi. Ek olarak Simon'ın edindiği zorluklara ailenin cevabı muhtemelen onun gerilimini ve durumunun kendisi tarafından yanlış anlaşılmasını ve dolayısıyla bilişsel yeteneklerinin geleceğini tehlikeye atmasını devam ettirmişti. Ailedeki duygunun çocukların davranışlarına yansıdığı varsayıldı ve bu en çok yardım ve desteğe ihtiyaç duyanın niçin onlar olduğudur. Ayrıca, uzmanlar ve aile sistemleri içinde süren farklı görüşmelere katkıda bulunabilecek farklı bakış açılarının servisler arasında da olduğu varsayıldı. Bu Figür 18.2'de gösterildi.

Müdahale

Müdahalenin ana odağı beyin yaralanmasının sonuçlarına ve bunun aileye etkisine dair ortak anlayışı inşa etmek ve aile içinde söylenen hikayelerdi. Bu çocuklarla psikoeğitim çalışması ve farklı sistemler arasında: servisler içinde ve arasında, servisler ve aile arasında ve ailedeki yetişkinler ve çocuklar arasında bakış açılarının paylaşılması vasıtasıyla bir çok yolla yapıldı. Müdahalelerin bir özeti tablo 18.1'de sunuldu. Dolaylı müdahale şunlaru içeriyordu:

Sorunlu-belirlenmiş sistem(ler)i haritalama (Anderson ve diğerleri, 1986) ve eko-haritalama (Hartman,1995)

Simon'ın daha geniş aile deneyimi bağlamına ve servis dahiliyetine ilk temel adım ve OZC'nin ilk eşsiz katkısı tüm aile ilişkilerinin haritasını çıkarmak ve bunları genogram açıklaması ve mülakat (Petry ve McGoldrick, 2003) gibi teknikler kullanarak problemleri tanımlamasıydı. Bu aynı zamanda dahil olunan mevcut servisler, Simon'ın farklı aile üyeleriyle katılımının doğası ve odağı, ve bu ilişkilerdeki içsel anlamları, öncülleri ve problem tanımlarınıı açık hale getirmek için de yapıldı. Servis boşlukları Hartman (1995)'ın önerilerini takiben kasıtlı olarak yer aldı. Yeni bilgi kullanımı ve bu alıştırmadan yeni geliştirlen bakış açıları, tüm mevcudiyet ve yeni rehabilitasyon müdahaleleri (bireysel ve aile) ayrı sistem üyeleri için özel ve değişen anlam çerçeveleri içinde yer alabildi.

Diğer servislerle bağlantılar

İkinci müdahale aile terapi servisi ile bağlantı kurmaydı. Birkaç ay boyunca iletişim kurduğumuz iki aile üyesi sadece Simon ve Kerry idi; dolayısıyla konuşmalar arasında bölünme korundu. Simon onlardan birini davet ettiğinde önce ailenin geri kalanının aile terapi seanslarına gittiklerini duydu. Cevapta servise bir terapötik mektup yazıldı ve aileye aile terapi takımıyla bağlantı kurmaları veya bir seans veya daha fazlası için tepki takımına katılmaları önerildi. Bu mektup dahil olan herkese gönderildi.

Mektup, tüm aile üyeleri dahil olmayı kabul ettikleri için aile terapi servisi ve bizim aramızda yararlı bir diyalog ile sonuçlandı. Anlatılan farklı hikayeleri duymak ilginçti. Simon'ın çocukları aramaması meselesi Simon'ın ilgilenmediği veya 'uygun baba' olmadığı açısından aile tarapisinde tartışıldı. Joyce aile terapistine çocukların babaları ile temas halinde olmaları, özellikle onları telefonla bağlantıda tutma konusunda çok istekli olduğunu belirtti. Simon'a herhangi bir zamanda telefon etme ve onları görmek için ziyaret etmede açık davet verdiğini söyledi. Simon'ın bu durumla ilgili söylemi, telefon edeceğini hatırlayamaması anlamına gelen hafıza problemlerine ek olarak Jane'in dava vekilinin ona önceden eğer 'huzursuzluk ederse' ve ayrılıklarında onunla çok fazla bağlantı kurarsa kanuni işlem başlatacağına dair 'tehdit edici' bir şekilde söylemiydi. Simon aynı zamanda Joyce'un evini arama konusunda rahat hissetmediğini söyledi, özellikle bu sebeple ama aynı zamanda denediğinde cevap almadığı için. Bu iki bakış açısını da görmek faydalıydı.

Aile terapisti ile Simon'ın özellikle hafıza sıkıntıları ve onun için açık davet olan aramayı hatırlamayı tesis etmenin zor olacağı ve yazılı bir kayıt ve hatırlatıcının yararlı olacağı hakkında bir görüşme oldu. Aile terapisti aile ile iletişim kurdu ve Simon'ı aramak için belirli bir zaman belirlendi. Çocuklar, belirli bir zaman ve bir günde, ona telefon etmeyi hatırlatmak için onların bir resmini çizme ve beyaz tahtaya bunu koyma fikriyle geldiler. Bu çocuklarla ve aileyle düzenli ve tutarlı bazı ilişkiler ile sonuçlandı, bu ilişki içinde onların ve diğer aile üyelerinin bunun işe yaradığını gözlemlemesini sağladı.

Aile terapisi girdilerinin sonuna yakın farklı aile üyelerinin birbirleriyle konuşmaya başladığı açıkça belli oldu. Bu Simon'ın çocuklarla tekrar düzenli iletişime geçmesinin dolaylı sonucuydu. Ailenin Simon'ın sıkıntılarını anlaması da gündeme geldi, özellikle çocuklar için ve akabinde Merkez'de diğer aile seansları düzenlendi.

Yeniden değerlendirme ve gözden geçirme

Birkaç ay geçmiş olduğu ve aile diğer terapötik çalışmaya dahil oldukları için göz önünde tutulacak çok miktarda bilgi oldu. Bu nedenle yeniden değerlendirme ve gözden geçirme uygundu. Birincil terapist aile üyeleri ve aile terapistiyle konuştu. Joyce, Simon, Kerry, Jane,

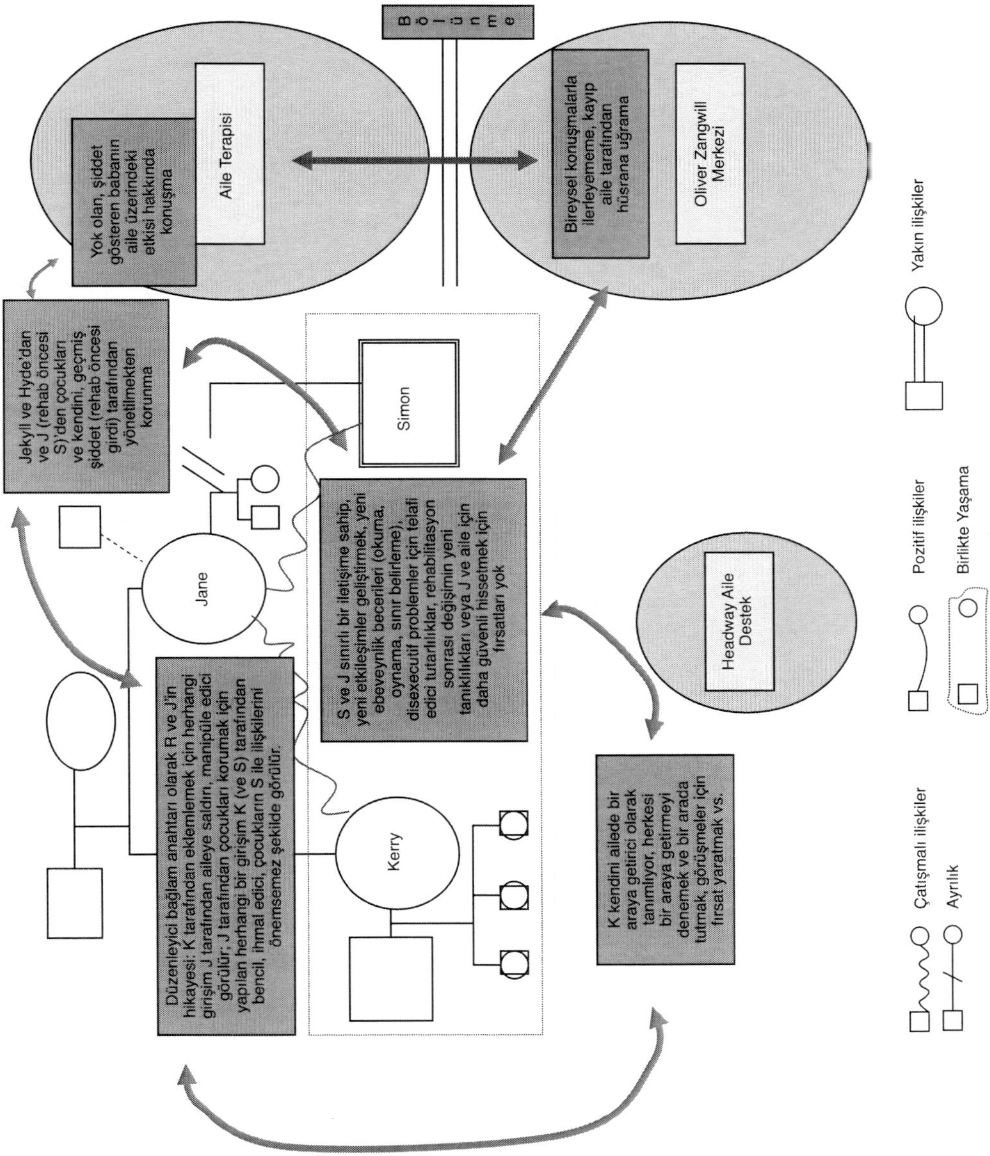

Figür 18.2: Simon etrafında ilişkiler, iletişim ve etkileşim sistemini gösteren genogram ve eko-harita

Tablo 18.1: Aile müdahalelerinin özeti

Seans	Konu	Bulunanlar	Ana noktalar
1	Çift değerlendirmesi	Jane & Simon	• Ortak bir zemin yaratma • OZM ve çocuklar arasında ebeveyn uzmanlarınca sağlanan bir bağlantı oluşturmak • J&S çocuklarla sadece acil durumlar hakkında konuşmak konusunda hemfikirler
2	Aile değerlendirmesi ve beyin yaralanmasına ilişkin psikoeğitim Aile terapisti ile telefon bağlantısıyla görüşme	Jane, Simon, Fiona, Ed, Toby	• Beyin fonsiyonları (beyin modeline bakın) • Babaya ne oldu? (çiz) • Çocuklar ne bilmek istiyorlar? • Baba bazı şeyleri nasıl farklı yapıyor? (EBH&rehab stratejileri) • Baba OZM'nde ne yapıyor? • Nasıl ilerliyor? • Perspektifleri paylaşmak • Simon'un beyin yaralanması ve rehab'daki çalışması hakkında bilgi paylaşımı
3	Aile müdahalesi	Joyce, Toby, Ed, Fiona, Simon, Kerry	• Son seferden ne hatırlıyorsun? • Simon'u farklı aşamlarda anlatmak • Neden olduğunu sormak • Baba için neyi hatırlamak önemli ve bunun için nasıl yardım edebiliriz? • Bir albüme başlamak
4	Davranış Yönetimi	Kerry ve Simon	• Davranış yönetimi • Ebeveynlik becerileri
5	Aile Müdahalesi	Kerry, Simon, Ed, Tobby, Fiona	• Albüme bakmak • Beyin hislerimizi nasıl etkiler
6	Aile Müdahalesi	Kerry, Simon, Ed, Tobby, Fiona	• Aile problem çözümü • Babanın tekrar hasta olması hakkında üzülme

Fiona, Ed ve Toby seansa davet edildi. Jane katılmak istemediğini söyledi ama tarihi güncelleştirmeyi arzu etti.

Seans çocukların soru sorabilecekleri ve problem çözülebilecek bir çevrenin oluşturulmasının yanı sıra önceki çalışmaların gözden geçirilmesi ve gelecek çalışmalar için plan yapma şeklindeydi. Odak, beyin yaralanması ve rehabilitasyonu hakkında bilgi paylaşımı olarak kaldı.

Direk müdahaleler

Tekrar değerlendirme seansından sonra üç aile seansı düzenlendi. Bunlar resmi 'aile terapisi' olmasa da bu seanslarda kullanılan terapötik tekniklerin çoğu aynıydı.

Eğitim

Edinilmiş beyin hasarının anlamının aile içinde keşfedilmesini kolaylaştırmak için bir dizi cihaz kullanıldı. Asıl vurgu aile üyelerinin bildikleri bilgileri paylaşmaları üzerine oldu. Bu şunları içerir:

- Beynin bir modeline bakmak ve bunu parçalara ayırıp tekrar birleştirme -çocukları bir araya getirmede kararlılık dikkat çekiciydi.
- Simon'ın kafasındaki beyni çizmek ve boyamak ve yaralanmanın nerede olduğunu göstermek.
- Beynin farklı kısımlarının ne yaptığını tartışmak.
- Oyun, tartışma ve örneklerle hafıza ve duyguları keşfetmek

Çocuklar resimlerinin albümlerini bir araya getirdiler ve bir 'Bilgi Kitabı' şeklinde (Daisley ve Webster, 1999) bilgileri topladılar.

Döngüsel sorgulama (Tomm, 1985)

Bu teknik, basitçe, bir aile üyesine sistemdeki başka birisinin ne düşünüyor veya hissediyor olabileceğini söylemesi istenerek, özellikle suçlamaya yer vermeksizin perpsektif paylaşımı için ve beyin yaralanması etrafında daha fazla diyalog ve her bireyin anlayışını ortaya çıkaracak olaylara karşı ortak bir deneyim geliştirmek için aile görüşmeleri süresince kullanıldı. Her bir aile üyesine diğer kişiye ne olduğu hakkında konuşma ve sonra bunu beraber tartışma imkanı sağlanır.

Bu seanslar çocukların sesini duyurma endişesi için bir fırsattı, hislerini ifade etmeye teşvik edildikleri ve soru sormaları için güvenli bir alan sunan bir arenaydı. Bunların hepsi aileleri beyin yaralanmasından etkilenmiş çocuklarla çalışmanın çok önemli görünüşleridir (Webster ve diğerleri, 2003a)

Çocuklara Simon'ın neden inme olduğu ve bunun birisinin hatası olup olmadığı, örn Simon'ın alkol kullanımı sebebiyle, çocuklar...sordu. Hastaneye gitmeden önce neden huysuz ve huzursuz olduğunu sordular. Bu seansta, aile bu olayla ilgili fikirlerini ve hatıralarını tartışmaları için teşvik edildi. Bireylerin farklı deneyimlerini içeren ortak bir söylem oluşturuldu. Aynı zamanda öfkeleri hakkında sorular sordu ve beynin iyileşmesi ve hayal kırıklığı deneyimi etrafında bazı deneyler yaptık. Her aşamada bazı soruları oldu Örneğin, Babayı hastanede düşünürken, farklı tüpler hakkında sorular vardı.

Deneyler ve metaforlar

Terapistler ya deneyleri tanıttı veya diğer aile üyelerine bir noktanın nasıl gösterileceğine dair fikirler önerdi. Özellikle Simon görsel hafıza kullanımını pratik ettiği için görsel ve verbal hafıza arasındaki farkı göstermek için bazı oyunlar oynadık. Kerry özellikle çocukların beyin yaralanmasının bazı unsurlarına dair bir anlayış geliştirilmesine yardım etmenin yollarını düşünmede ve babalarının bazı şeyleri neden yaptığına dair onların bazı sorularını cevaplamada aktif ve yaratıcıydı. Örneğin, Ed babasının kalkmayı ve merdivenlerden inmeyi ve hastaneden döndüğünde yerden küçük objeleri kaldırmayı zor bulduğunu hatırladı. Kerry yönelim kaybını göstermek için çocuklardan kalkmalarını ve kendi etraflarında dönmelerini sonra da yerden bir demir parayı almayı denemelerini istedi.

Terapötik etki

Mümkün olduğunda, aile seanslarına iki terapist dahil olur. Hizmet kısıtlılıkları sebebiyle her zaman aynı iki terapiste sahip olmak mümkün değildi buna rağmen aile ile tüm iletişim boyunca bir terapist sabitti. Diğer terapistin olmasının sebebi seans sonrası etkiyi desteklemek ve seans süresince süreç üzerine gözlem ve yorum yapmaktı. Bu kişi oda içi danışman ile aynı rolü üstlendi (Vetere ve Dallos, 2005).

Yeniden çerçevelendirme (Carr, 1995)

Bu teknik deneyimler hakkında düşünürken pekçok farklı perspektif sunmada kullanılır. Buna bir örnek Fiona verdi, Simon Tob'ye biraz para verdi ve dükkana gittiğinde ve makinadan para çektiğinde Ed'e biraz vereceğini söyledi. O Ed için olan para olmadan geri geldi, bu da kardeşinin babasının taraf tuttuğunu düşünerek üzülmesine sebep oldu. Alınan bakım ne saldırganlık için sorumluluğu ortadan kaldırır ne de çocuklara babalarının saldırganlığını idare etmede herhangi bir rol almalarını önerir, ama beyin hasarının sonuçlarını anlamamızdan yeni bir anlayış getirir (Vetere ve Cooper, 2003). Çocukların bakış açıları anlaşıldı ve yazıldı ve hafıza süreçleri hakkında bilgi teklif edildi.

Bu teknikler devam eden süreçler hakkında konuşmak için de kullanıldı, örneğin Kerry çocuklara Simon'ın beyninde tıkalı kan pıhtısı hakkında açıklama yaptı. Joyce onun inmeden dolayı hasta olduğunu düşünmediğini ancak abse nedeniyle olduğunu söyledi. Bunun yansıması yetişkinlerin bile kafası karışık ise çocukların da kafası karışmış olmalı oldu.

Söylenmeyen şeyler hakkında konuşmanın bir aracı olarak düşünceleri farklı şekilde ifade etmek* kullanıldı. Duyguları tartışırken ve çocuklar kendi hislerini çizerken (özellikle babalarının tekrar hastalanması hakkında üzülmeleriyle ilgili) çizime çok dahil oldular. Yetişkinlerle etkileşim azaldı ve meselelerin tartışılması yerine çizime devam etmeye istekliydiler. Yetişkinlerden bazıları onları bunun hakkında konuşmanın zor olabileceği bir konu olarak yansıtılan 'yaramaz' ve 'söz dinlemeyen' olarak tanımladılar. Fiona bu bakış açışına katıldı.

Farklı perspektifler önermek için dili ve resimleri kullanmak

Duygu-odaklı aile terapisi (Efron, 2004) içinde kullanılan fikirler rehberliğinde, çocuklar ve aile sistemi duygularını güvenle ifade edebilmeleri için sözsel ve görsel araçların bir kombinasyonu önerildi. Çocuklar değerlendirme seansında tanımlandığı gibi babalarının deneyimlerinin taslağını çizdiler; her çocuk babasının farklı bir perpektifini çizdi ve Kerry kaza öncesi Simon'ı çizdi. Hepsi çizmek için babalarının farklı bakış açılarını seçti. Fiona Simon'ın haykırmasının resmini 'Jekyll ve Hyde' olarak çizdi. Jekyll ve Hyde' olarak saldırgan adamı kavramsallaştırma, deneyimleri ve gözlemleri hakkında konuşmak için bir dil geliştimede diğer bağlamlarda da 'kullanıldı (Bernard ve Bernard, 1984; Efron, 2004). Dilin bu kullanımının, bazı öngörmeler (Mr Jekyll veya Mr Hyde mı olduğu) ve bunun hakkında konuşmanın güvenli bir aracı olarak problem için ortak bir anlayışın geliştirilmesinde yardımcı olduğu belirtildi. Ed 'baba şimdi'yi üzgün bir yüzle çizdi. Onun üzgün olduğunu çünkü çocuklarını yeterince göremediğini söyledi. Tobby 'baba hastanede'yi çizdi ve bir beyin taraması çizdi. Çocukların canlandırmaları beyin yaralanmasının farklı aşamaları hakkında tartışmaya izin verdi. Onlar için çizilen resimler vasıtasıyla resimler hakkında konuşmak Simon hakkında direk konuşmaktan daha kolay oldu.

Babalarının farklı deneyimlerini çizmek aynı zamanda babaları hakkında yeni sohbetlerin açılmasını sağladı. Onlara bir dereceye kadar yeni bir bakış açısı ve farklı açıklamalara ve farklı hislere yönelmelerini sağladı. Sorulduğunda 'o zamanki baba ve şimdiki baba' arasındaki farklılığı söylediler: 'şimdi daha sakin, çok traş oluyor, yatakta uyuyor, onu daha fazla görüyorlar, bazen bazı şeyleri unutuyor (telefon etmek gibi).' Dilin bu kullanımı terapötik mektuplarda desteklendi.

Terapötik mektuplar

Her seans sonrası terapist önceki seansın ana noktalarını özetleyen ve sonrakinin zamanını onaylayan bir mektup yazdı. Bu mektupta önceki senasın ana noktaları özetlendi ve seansa gelsin ya da gelmesin dahil olan tüm aile üyelerine gönderildi. Bunun amacı bilgi paylaşımı, ortak bir anlatının gelişimi (White ve Epston, 1990) içine herkesi dahil etmek ve böylece sistem içinde anlatılan hikayeler arasındaki uyumsuzluğu azaltmaya başlamaktı.

Aile problem çözümü

Final seansında aileden 'Jekyll'in geri gelerek çocukları üzdüğü son olayı tartışması istendi. Simon Jane'in arabada yeni partnerini gördüğü ve kızdığı zamanlarda aşamalı olarak antidepresan ilaç tedavisini azaltmaktaydı. Çocuklar bununla farklı yollarla başa çıktıklarını söyledi, Fiona ve Toby Kerry'nin evine koştu ve Ed babasına yakın kaldı. Sonraki tartışma eğer bu tekrar olursa ne yapılacağı ve bunun neden gerçekleştiği etrafındaydı. Çocukların hepsi bunun babalarının tekrar hasta olduğu anlamına geldiğinden endişelendiklerini söylediler.

Çocuklar onun 'Jekyll'e dönüştüğünü' nasıl bileceğini tarif eden resimler çizdiler. Fiona 'böyle olduğunda daha çok sigara içtiği' için sigara içmenin onu Jekyll yaptığını düşündüğünü söyledi. Simon'a çocukların güvenini kazanma ve stresli hissettiğinde sigaraları sakinleşmek için kullandığını açıklama fırsatı sunuldu. Biz aynı zamanda ilaç tedavisinin yapabileceği değişim etkileri hakkında konuştuk. Bu seansta sigaranın Simon'u tekrar hasta edeceğine dair çocukların endişeleri ele alındı. Bu onun sigarayı bırakması konusunda çocukların çok istekli olmalarının ve bırakmak için onu ikna etmeye çalışmayı sürdürmelerinin nedenidir. Simon sigaraların onun Mr Jekyll olmasına sebep olmadığına çocukları ikna etti. O da ondan hoşlanmadığını ve aynı zamnada Mr Jekyll geldiğinde onu korkutucu bulduğu yorumunu yaptı. Simon ve çocuklar bu tekrar olursa ne yapacaklarını planlamayı birlikte çalışmaya karar verdiler.

Rehabilitasyon müdahalelerini sosyalleştirme

Simon'ın kullandığı stratejileri ve onların sebeplerini paylaşmak bu seansların önemli bir kısmıydı (Webster ve diğerleri, 2003a). Beyin yaralanması ve hafıza oyunları hakkında bilgi sağlanmasının ardından çalışma çocukların hafıza sistemlerini nasıl kullanabilecekleri ve yardım etme konusunda fikirler vermelerine odaklandı. Bu İş ve Uğraş terapisi (OZM'de) ile girişilen çalışmayla bağlandı ve bir sistem geliştirdiler; eğer çocuklar Simon'ın telefon etmesini istiyorlarsa, bunun için telefona bir sembol koydular. Simon'ın bilmesi gereken herhangi bir bilgi veya aktiviteyi yazmak için Simon'ın mutfağındaki beyaz tahtayı kullanmaya başladılar. Birlikte eğlenceli aktiviteler planlamak için de onu kullandılar. Çocuklara Simon için bir şey yazarken kelimeler yerine resimleri kullanmalarını söyledik.

Ebeveynlik becerisi eğitimi

Bireysel çalışma, çocuklarla limitli iletişim süresi boyunca klinik psikologlardan biri ve Simon arasında yürütüldü. Bu çalışma çocukların davranışlarını anlamak, cevap vermek ve rehber olmak için alternatif yaklaşımlara vurgu yaparak klinisyenlere yol gösteren Ebeveynlik Piramidi (Webster-Stratton ve Hancock, 1998) etrafında yapılandırıldı. Ek olarak, uygunsuz davranışa reaktif disiplin ya da davranışsal stratejilere ihtiyacı ortadan kaldırmak ve pozitif ilişkileri zenginleştirme için pozitif meşguliyet, çocuklarla zaman geçirme ve oyun oynamaya vurgu yer aldı.) Simon dil ve yürütücü işlevler problemleri için yardımcı olan bu yaklaşımı resimsel ve somut buldu. (Simon bu yaklaşımın resimsel ve ve somut araçlarının onun dil ve yürütücü işlevler problemlerinin telefi edilmesinde yardımcı olacağını buldu.

Sonuç ve hedef başarma tepkisi

Aile müdahaleleri sonunda, Simon bağımsızlık ve ebeveynlikle alakalı tüm hedeflerini başardı ya da kısmen başardı (Tablo 18.2'ye bakın). Bu hedeflerdeki başarının çoğu koşullarındaki değişim sayesinde mümkün oldu, öncelikle Simon çocuklarıyla çok az ilişkisi olduğu için bu alanlarda çalışma fırsatı oldu. Buna rağmen, bir kere kendi kalacak yerine sahip olduğunda ve çocuklarını daha düzenli görebildiğinde o bu hedeflere yönelik çalışabildi. Uzmanlar arasında olsun aile üyeleriyle olsun sistem vasıtasıyla bilgi paylaşımı bu değişimin kilit parçalarından biriydi.

Tablo 18.3 Duygu durumu ve uyum sağlama ölçümleri değişikliklerini özetler. Bu öfkede genel bir azalmayı ve öz güvende artışı belirtir. Avrupa Beyin Yaralanma Anketindeki (EBIQ; Teasdale ve diğerleri, 1997) semptomlarında belirtilen artış zorlukların farkındalığının artmasıyla açıklanabilir.

Tartışma

Daha geniş bir sistemle çalışmamızda düşünülen pek çok mesele vardı, özellikle servisimizin sınırları –servis olarak aileye ne sağlayabileceğimiz veya sağlayamayacağımız ve seanslarda ne yapıp ne yapmayacağımız hakkında açık olmak. Örneğin, bazı sistemli aile terapisi teknikleri kullanılsa da bizim rolümüz, aile üyeleri arasında bilgi paylaşımını desteklemekti, aile terapisinin tedarik edilmesi değil. Aileye arabuluculuk yapma gibi aile üyelerine daha fazla aile hizmeti sağlanması için sıklıkla davet ediliriz. Özellikle Simon ile bireysel çalışma bağlamında bireylerin ihtiyaçlarının ve grubun karmaşık ihtiyaçlarının hassas dengesinde başka meseleler vardı.

OZM'ndeki çalışma yanında gerçekleşen aile terapisinin farkında olmak ve buna saygı duymak önemliydi. Kendimize, aileye, rehabilitasyon takımına ve aile terapi takımına bu müdahalenin nasıl farklı olduğu ve başka bir yerde sunulmayan ve bizde sunulanın özellikle ne olduğu hakkında açık olmak gerekliydi. Biz mümkün olduğu ve aile üyelerinin izin verdiği kadar servisler içinde sırasıyla aile sohbetlerimiz ve iletişimimizde olmayan aile üyelerini canlı tutmak için karşılıklı mutabakat sağladık. Beyin yaralanması eğitimi yönünde uyum sağlama ve Simon'ın rehabilitasyonu hakkında bilgi paylaşımına odaklanma bu ayrımı göstermede faydalı oldu.

Hem Merkezin ötesine terapötik ortamın yayılması bağlamında ve hem de Simon'ın rehabilitasyona bağlanmasını etkileyen daha geniş sistemle ilgili bağlamda tüm bireylerin göz önünde tutulması rehabilitasyon süreci için hayatidir. Buna rağmen, seanslar sonrası terapistlerin tepkileri aile dinamikleri ve sıkıntılarının karmaşıklığını ve müdahaleminizin açık sınırlarını tutmanın önemini içeriyordu. Bu çalışmanın karmaşıklığı ve farklı bakış açılarına dikkat etmede tarafsız olmanın gerekliliği sebebiyle odada iki terapist olması önemliydi.

Klinik psikologlar uygulamalarında sistemik fikirler ve metotların kullanımına değer vererek bu çalışmaya rutin olarak dahil oldular. Farklı sistemler içerisindeki süreçleri araştırmak için bu terapötik becerileri kullanma yoluyla aile çalışmasının klinik olarak faydalı bir parçasını yürütmek mümkündü. Aileyi rehabilitasyon sürecine dahil etmenin önemi daha önce literatürde vurgulandı ve bu vakanın gösterimiyle desteklendi. Daha ötesi, çocuk akrabaları dahil etmenin önemi kişisel bağlamda rehabilitasyon stratejilerinin uygulanmasını sağlamak için, ek olarak duygusal uyum sağlama sürecini desteklemek için (Webster ve diğerleri, 2003b) rehabilitasyonun gelişiminin kritik bir alanıdır.

Tablo 18.2: Sonuçların özeti (hedef alanları)

Hedef Alanı	**Sonuç**	**Tanımlama**
1- Beyin yaralanmasını anlama	Kısmen başarılı	Bazı tutarsız strateji uygulamaları olsa da yaralanması hakkında daha büyük anlayış bildirdi
2- Bağımsız yaşam becerileri	Başarılı	Günlük yaşam görevlerini yönetmede etkili sistemler geliştirdi ve bunları korudu
3- Meslek	Başarılı	Şimdi pencere temizleyici olarak çalışmayı ve Headway'de zaman geçirmeyi seviyor.
4- Kısa hikayeler okuma	Kısmen Başarılı	Yapmasını istediklerinde çocuklarına okuyabiliyor ama düzenli değil
5- Çocuk yetiştirme	Başarılı	Çocuklar ve Simon beraber aktivite planlıyorlar ve çocuklar listeler yazarak ve beyaz tahtayı kullanarak strateji uygulamaya destek veriyor.
6- Sosyal Etkileşimler	Başarılı	Simon sosyal durumlarda daha rahat hissettiğini ve yeni arkadaşları olduğunu bildirdi.

Tablo 18.3: Sonuçların özeti (anketler)

	Değerlendirmede	**Rehabilitasyon Sonrası**
Öfke (STAXI-II skoru)	48	39
Özgüven (Robson Benlik Algısı Anketi, Robson, 1989)	99	142
Avrupa Beyin Yaralanması Anketi	76	88

STAXI-II, State Trait Anger Expression Inventory (Öfke İfade Tarzı Ölçeği)– second edition (Spielberger, 1999).

Sonuç

Bu vakada, aile terapi takımı ile irtibat 'beyin yaralanması bakış açısını' paylaşma sayesinde aile içinde köprü kurmakta kilitti. Çalışma Simon'ın rehabilitasyonuna paralel şekilde yapıldı, büyük ölçüde alakasızdı, ama programının sonuçlarına çok büyük etkisi oldu. Programı süresince Simon'ın yüz yüze olduğu diğer problemlerin ve bazı hedefleri yönünde çalışamamasının sebeplerinin farkında ve bunlara duyarlı olmak rehabilitasyon takımı için önemliydi. Bu bilgi takımın onun programı için daha esnek olmalarını ve böylece uygun zamanlarda ona daha başarılı şekilde destek olmalarını sağladı.

Aile seansları içinde, beyin yaralanması hakkında kilit yanlış anlaşılmaların altı çizildi. Çocuklar Simon'ın öğrendiği ve kullandığı stratejiler hakkında keşif yapmak için heveslerini ifade ettiler ve onları ve kullanma nedenlerini anlayarak kendileri için bireysel olarak anlamlı durumlarda bunları uygulayabildiler. Örneğin, Simon'ın onlarla bir yere gideceğini hatırlaması gerektiğinde beyaz tahtaya bir not yazacaklardı.

Bu kitaptaki diğer bölümler disiplinler arası bir takım olarak çalışmanın etkisini gösterdi. Bu bölümde aile üyeleri, bakıcılar veya diğer uzmanlar olsun olmasın daha geniş bir sistemle çalışmanın önemininin açıklandığını umuyoruz.

Kaynakça

Anderson, H., Goolishian, H. and Windermand, L. (1986). Problem-determined Systems: Toward Transformation in Family Therapy. Journal of Strategic and Systemic Therapies, 3(4), 1–14.

Bernard, J.L., and Bernard, M.L. (1984). The Abusive Male Seeking Treatment: Jekyll and Hyde. Family Relations, 33(4), 543–7.

Ben-Yishay, Y. (2000). Post Acute Neuropsychological Rehabilitation: A Holistic Perspective. In A.L. Christensen, and B.

Uzzell, eds., International Handbook of Neuropsychological Rehabilitation. New York: Kluwer Academic/Plenum Publishers, pp. 127–35.

Carr, A. (1995). Positive Practice: A Step-by-Step Approach to Family Therapy. Reading, UK: Harwood.

Daisley, A. and Webster, G. (1999). Involving Families in Brain Injury Rehabilitation: Children's Information Books. Proceedings of the British Psychological Society, 7(1), 71.

Efron, D. (2004). The Use of Emotionally Focussed Family Therapy in Children's Mental Health Center, Journal of Systemic Therapies, 23(3), 78–90.

Evans, J. (2006). Theoretical influences on Brain Injury Rehabilitation. Presented at the Oliver Zangwill Centre 10th Anniversary Conference. Available at: www.ozc.nhs.uk/.

Hartman, A. (1995). Diagrammatic Assessment of Family Relationships. Families in Society: The Journal of Contemporary Human Services, 76(2), 111–23.

Hux, K., Schram, C.D. and Goeken, T. (2006). Misconceptions About Brain Injury: A Survey Replication Study. Brain Injury, 25, 547–53.

Laroi, F. (2003). The Family Systems Approach to Treating Families of Persons with Brain Injury: A Potential Collaboration Between Family Therapist and Brain Injury Professional. Brain Injury, 17(2), 175–87.

Oddy, M. and Herbert, C. (2005). Intervention with Families Following Brain Injury: Evidence Based Practice. Neuropsychological Rehabilitation, 13(1/2), 159–73.

Perlesz, A., Kimsella, G. and Crowe, S. (1999). Impact of Traumatic Brain Injury on the Family: A Critical Review. Rehabilitation Psychology, 44(1) 6–35.

Petry, S.S. and McGoldrick M. (2003). Genograms in Assessment and Therapy. In G.P. Koocher, J.C. Norcross and S.S. 290

Hill, eds., The Psychologist's Desk Reference 2nd edn. New York: Oxford University Press.

Robson, P. (1989). Development of a New Selfreport Questionnaire to Measure Self-esteem. Psychological Medicine, 19(2), 513–8.

Sohlberg, K.M., Mclaughlin, K.A., Todis, B., Larsen, J. and Glang, A. (2001). What Does it Take to Collaborate with Families Affected by Brain Injury? A Preliminary Model. Journal of Head Trauma Rehabilitation, 16 (5), 498–511.

Spelberger, C. (1999). STAXI-Z: Professional Manuals. Lutz, FL: Psychological Assessment Resource. Teasdale,

T.W., Christensen, A-L., Willmes, K. et al. (1997). Subjective Experiences in Brain İnjured Patients and their Close Relatives: A European Brain Injury Questionnarie Study. Brain Injury, 11(8), 543–63.

Tomm, K. (1985). Circular Interviewing: A Multifaceted Clinical Tool. In D. Campbell and R. Draper, eds., Applications of Systemic Family Therapy: The Milan Approach. London: Grune & Station, pp. 33–45.

Vetere, A. and Cooper, J. (2003). Setting up a Domestic Violence Service. Child and Adolescent Mental Health, 8(2), 61–7.

Vetere, A. and Dallos, R. (2008). Working Systemically with Families: Formulation, Intervention and Evaluation. London: Karnac Press.

Wade, D.T. (2005). Applying the WHO ICF Framework to the Rehabilitation of Patients with Cognitive Deficits. In P. Halligan and D. Wade, eds., Effectiveness of

Rehabilitation for Cognitive Deficits. New York: Oxford University Press, pp. 31–42.
Webster, G. Daisley, A. and Cardoso, K. (2003a). Family Focused Rehabilitation in Brain Injury: Working with Child Relatives. A Resource Pack for Teams. Oxford: Oxford Centre for Enablement.
Webster, G. Daisley, A. and Pill, A. (2003b). Child Relatives and Brain Injury: The Missing Link in The System? Poster Presentation at the 2nd International RCN
Webster-Stratton, C. and Hancock, L. (1998). Training for Parents of Young Children with Conduct Problems: Content, Methods, and Therapeutic Processes. In C. E. Schaefer and J.M. Briesmeister, eds., Handbook of Parent Training. New York: John Wiley, pp. 98–152.
White, P. D. (2005). Beyond the biomedical to the Biopsychosocial: Integrated Medicine. In P. D. White, ed., Biopsychosocial Medicine: An Integrated Approach to Understanding Illness. Oxford: Oxford University Press, pp. 225–34.
White, M. and Epston, D. (1990). Narrative Means to Therapeutic Ends. New York: W.W. Norton and Company

19 Adam: Afazi ve Apraksisi Olan Bir Hastanın Rehabilitasyonunda Terapötik Ortamı Topluluğa Genişletmek

Jacqui Cooper ve Andrew Bateman, çeviren: Miray Budak

Giriş

Bu bölüm, kapsamlı değerlendirme ve özel müdahale yoluyla yaralanma sonrası birkaç yılda rehabilitasyonda danışanların yapabileceği önemli kazançları açıklamaktadır. Hastanın zorluklarının derinlemesine disiplinlerarası bir değerlendirmesi ve formülasyonu, Malcolm (Bölüm 20) ve Kate'in (Bölüm 21) olduğu gibi müdahaleden önce Nöropsikolojik Rehabilitasyon Oliver Zangwill Merkezi'nde (OZC), OZC yoğun programına katılmaksızın gerçekleştirildi. Bunun yerine, Adem'in Ely'deki değerlendirmeleri tamamladıktan sonra, belirli rehabilitasyon yaklaşımlarını test eden iki haftalık bir çalışma da dahil olmak üzere iki takım üyesi, bir meslek terapisti ve klinik psikolog Adam'ın evinde randevu aldı. Terapistler, hatasız öğrenme yöntemleri kullanarak belirli günlük yaşam hedeflerini hedefleyen sekiz günlük bireysel oturumlar hazırladılar. Bölüm 4'te açıklanan rehabilitasyonun temel bileşenlerinin, aileye ve bakıcıların topluluğa aktif katılımı yoluyla daha az yoğun bir şekilde yeniden oluşturulabileceği görüşünü vurgulamak için bu davanın bir açıklamasını da dahil ettik.

Yaralanma hikâyesi

Adam 1999 yılında bir trafik kazası geçirdi. Başka bir aracın sürücü tarafına çarptığı arabanın sürücüsüydü ve acilen yoğun bakıma kaldırıldı. Kabul üzerine, Glasgow Koma Ölçeği ağır beyin hasarını gösteren 3/15 olarak ölçüldü. Bir BT taraması sol frontal hemoraji ve sağ taraflı kontüzyonu gösterdi. Ayrıca, çok sayıda ortopedik yaralanma geçirmişti. Kraniyotomi ve sol frontal hematomun boşaltılması için Nöroşirurji Bölümü'ne transfer edildi. Ameliyattan sonra Adam'ın sağ hemipleji, disfaji, ciddi kognitif yıkımlar ve travma sonrası epilepsisi vardı. Daha sonra Mart 2000'den Ağustos 2000'e kadar yatılı olarak kaldığı yerel bir Nörolojik Rehabilitasyon Ünitesine nakledildi.

Rehabilitasyon ünitesinden taburcu olduktan sonra, Adam kendi kendine bakım görevlerini sözlü olarak yönlendiriyor ve devam ettiriyordu. Bağımsız olarak hareket halindeydi ve denetimle yaklaşık bir buçuk kilometre yürüyordu (görünür oryantasyon riski nedeniyle gerekiyordu). Travma sonrası epilepsisinin ilaçla stabilize olduğu bildirildi, ancak devam eden disfaji nedeniyle iletişim güçlüğü yaşamaya devam ediyor ve dispraksiden dolayı kişisel bakım görevlerini tamamlamada zorluk yaşıyordu.

Sosyal hikâye

Adam eşi Alison ve iki çocuğu ile birlikte bir evde yaşıyor. Eşi öğretmen ve dönem süresince haftada yaklaşık 40-50 saat çalışır. Eşi çalışırken, toplumsal yaşantılarını, sosyal ve boş zaman görevlerini yerine getirirken kendisini desteklemek ve bu hallerde davranış ve kaygısını yönetmesine yardımcı olmak için yarı zamanlı üç bakıcı Adam'a yardımcı olmaktadır. Yaralanmasından önce Adam primer çocuk bakıcısıydı, yarı zamanlı çalışıyordu ve aynı zamanda yüksek öğretime devam ediyordu. Keskin bir fotoğrafçı ve amatör müzisyendi, daha önce bando takımında trompet çalmıştı.

Ayrıntılı değerlendirme

Adam, dava vekilleri tarafından, Kasım 2002'de ilk inceleme için görüldüğü OZC'ye sevk edildi. Ardından Aralık 2002'de merkeze geri döndü. Değerlendirme formülasyonunun bir özeti, önceki bölümlerde anlatıldığı gibi geliştirillen diyagram Adam ve eşi ile paylaşıldı. Nisan 2003'te merkeze ek olarak iki hafta daha dönmesini sağladık. Bunun amacı, hangi stratejilerin kendisine yeni beceriler öğrenmek için en etkili olacağını belirlemek ve belirli işlevsel görevleri tamamlamak için zorluklarını telafi etmeye çalışmamız için bize fırsat sağlamaktı. Bunu takiben, klinisyenlerin kendisi, ailesi ve bakıcıları ile evde çalışmasını sağladık.

Hastanın problemlerinin kendi raporu

İletişim zorluklarından dolayı Adam'ın karısı, değerlendirmeleri sırasında sorunlarını belirlemek için ona yardım etti. O zamanda başlıca zorluklarını şu şekilde bildirmişlerdi:

- Kısıtlı iletişim
- Yorgunluk
- Problem çözme ve bilgi işleme
- Ajitasyon ve hüsran
- Tanıdık olmayan bağlamlarla veya öngörülemeyen olaylarla baş etme
- Bazı hafıza sorunları
- Görevleri tamamlama ve takip talimatlarındaki zorluklar (edatlar ile bazı zorluklar)
- Daha bağımsız olma ihtiyacı.

Nöropsikolojik değerlendirme

Adam, iki haftalık disiplinlerarası ayrıntılı bir değerlendirmeye katıldı. Sınama, karmaşık sözlü yanıtlar gerektiren veya bir diziden bir yanıt seçen görevlerle ilgili zorlukları hesaba katmak için mümkün olduğunca değiştirildi. Değerlendirmeler, Adam'ın genel bilişsel işlevsellik değerlendirmesinde sınır/düşük ortalamalı aralıklarla performans gösterdiğini belirtti. Sonuçları hafıza bozukluklarına işaret etti, ancak materyallerin tekrar tekrar sunulmasından yararlandığına dikkat çekildi. Adam sürekli, seçici ve bölünmüş dikkat testlerinde bozulma gösterdi. Motor ve sözlü ifade zorlukları performansı üzerinde belirgin bir etkisi olduğu görülüyordu, özellikle zamanlı bir öğe içeren görevlerde ve uyaranların göreceli olarak nispeten hızlı bir şekilde sunulduğu durumlarda. Tek yanlı ihlal için yapılan testte hata yapmadı. Yürütücü işlevlerin değerlendirilmesinde, davranışların az planlanıp izlenmesini ve görevler arasında geçiş güçlükleri gösterdi. Yazılı talimatlarda bazı etkili kullanımlar gösterdi, ancak bu tutarlı değildi. Adam'ın Benton Yüz Tanıma Testi' ndeki performansı, diğer görsel mekânsal görevlerde ortalama aralıklar sergilerken, etkilenmiş aralığa düştü.

Dispraksi tarama testi, ekstremite geçişli eylemler (yani bir cisim kullanmayı kanıtlayan jestler), perseverasyon ve konuşulan talimatlara yanıt olarak el hareketleri üretmede güçlüklerle karşılaşıldığını belirtti.

Farkındalık, duygusal uyum ve davranışın değerlendirilmesi

Ayrıntılı değerlendirme sırasında Adam genelde mutlu olduğunu bildirdi. Bazen yaşadığı güçlüklerden anlaşılabilir bir biçimde stresli veya sinirli olduğunu belirtti. Bir görevi sürdürecek kadar kısa süren veya üzülme ve uyku bozukluğunun eşlik ettiği bütün bir gün sürecek bir his olarak bildirildi. Çeşitli kaynaklardan edinilen olumlu hisler bildirdi. Alison, zaman zaman Adam' ın tekrarlayan davranışları ve rijiditesi ile, örneğin eşyaların yemek masasına nasıl yerleştirilmesiyle ilgili olarak ciddi güçlüklerle karşılaştığını bildirdi. Bazen, destek görevlilerinin bu tür zorlukları yönetme çabaları, Adam'ı ustalık kazanmak için desteklemeye değil, 'onun için yapmalarına' yol açtı. Adam, ailesi ve bakıcılarıyla daha fazla temas kurduktan sonra bunun bir formülasyonu geliştirildi. Bu, Şekil 19.1'de sunulmaktadır. Bunun amacı, Adam ile ev ve topluluk bağlamlarında paylaşılan bir anlayışı geliştirmekti. Formülasyon, Adam'in eşi Alison ile birlikte geliştirildi ve daha sonra Alison tarafından Adam ve onun bakıcılarıyla paylaşıldı.

Adam davranışsal tepkileri bastırmada bazı zorluklar yaşıyor gibi görünse de, iki haftalık değerlendirme boyunca sorunlu, toplumsal açıdan uygun olmayan veya engelleyici davranışlar yaşanmadı. Personelin ekip fotoğrafı için bir araya gelmesi gerektiğinde, takım tarafından değerli görülen Adam'ın bir anısı, bir hastanın ve personelin yılbaşı yemeğinin (değerlendirme bloklarından biri sırasında gerçekleşen) sonunda paylaşılan bir olaydı. Hepsi birden ayağa kalktıkları için Adam fotoğrafta takip ederek resmin ortasında durarak fotoğrafa katıldı. Bu dürtüsellik olayı olarak yorumlanabilir. Bununla birlikte, ekip için bu resim, yalnızca birkaç gün boyunca merkeze katılan ve hastanın tüm faaliyetlerin merkezinde yer alması gerektiğini hatırlatan, hastaların 'takımın bir parçası' olarak kabul edilmesi gerektiğini ifade eden bir simge haline geldi.

Dil ve iletişim değerlendirmesi

Adam'ın iletişim güçlükleri karmaşıktır ve tamamen dil engelliliği ile ilişkili görünmemektedir. Dispraksi, perseverasyon, disleksi ve dikkat zorlukları iletişim becerilerini etkilemiş olabilir.

Toplumsal katılım değişikliklerinin değerlendirilmesi: Bağımsız yaşama becerileri

Adam'ın bilişsel, fiziksel ve algısal bozuklukları, günlük yaşamın ev içi ve kişisel etkinliklerini yapma kabiliyetini önemli ölçüde etkiledi. Eylemlerinde ve konuşmalarında dispresik ve perseveratif hatalar birçok etkinlik ve katılım alanındaki kısıtlamaların temel nedenleridir. Psikolojik formülasyonda belirtildiği gibi, evdeki insanların tepkileri öğrenme ve bağımsızlık fırsatlarının kısıtlanmasına katkıda bulunmuş olabilir.

Değerlendirmenin özeti

Değerlendirmede Adam'ın bozulmaları ve sonuçta meydana gelen etkinlik ve katılım kısıtlamaları Dünya Sağlık Örgütü'nün (WHO, 2001) Uluslararası İşlevsellik Sınıflaması'na (Wade, 2005) göre:

Bozukluklar

- Sağ dizdeki hareket mesafesinin azalması
- Azalan denge mekanizmaları
- Anlamlı anlama ve ifade etme dil zorlukları
- Dürtüsellik
- Azalan dikkat
- Motor ve sözlü perseverasyon
- Praksi zorlukları; Planlama, sıralama ve izleme
- Azalan problem çözme
- Travma sonrası epilepsi

Etkinlik ve katılım kısıtlamaları

- İstihdam kaybı ve çalışmaya geri dönememe
- Günlük görevleri bağımsız olarak yerine getirememe
- Başkaları ile iletişimde zorluk
- Çocuklarıyla kısıtlı faaliyetler
- Araba kullanamama
- Daha önce yapılan boş zaman etkinliklerine katılamıyor, ör. Trompet çalma
- Bilişsel güçlükler nedeniyle güvenlik için denetim gerektirme
- Günlük rutini yönetmek ve planlamak için yardıma ihtiyaç duyma
- Epilepsiyi yönetmek için Tegretol'a bağımlı

Sosyal ve kişisel bağlamsal faktörler

- Belirlenmiş görevlerle meşgul olmada kaygı
- Belirlenmiş görevlerde performans ile hayal kırıklığı
- Bazen ilişki kalitesinin azalması (bakıcılarla birlikte).

Müdahale seçiminin arka planı

Adam'ın karmaşık bir zorluk dizisi sunduğu ve bu nedenle belirli hedeflere yönelik olarak hangi ilerlemenin yapılabileceğini tam olarak tespit etmenin zor olduğu farkedildi. Bununla birlikte, araştırmalar şiddetli bilişsel problemleri olan ve apraksisi olan hastalarda bile günlük yaşam aktivitelerinin (Van Heugten ve ark., 2000) rehabilitasyon eğitiminden yararlanabileceğini ortaya koymaktadır. Adam, karısının desteğiyle birlikte ilerlemeye kararlı ve motivasyonlu göründü. Adam'ın iletişim ve dispraksik zorluklarının ciddiyetine bağlı olarak, merkez tarafından yürütülen olağan yoğun bütüncül programın uygun olmayacağı, ancak ev ortamında belirli hedeflere yönelik rehabilitasyonun en faydalı yaklaşım olacağı kararlaştırıldı. Dispraksili hastalar, tanıdık bir ortamda günün uygun saatinde tamamlandığında görevleri daha iyi yönetebilirler (Edmans Et al., 2001). Buna ek olarak, araştırmalar, yaralanma şiddetinin ve ölüm sonrası yaralanmaların değişkenliklerinin uzun vadeli rehabilitasyon hizmet sunumunu belirlememesi gerektiğini (Devitt ve diğerleri, 2006) önermiş ve bu da müdahalenin Adam'a verilmesinin uygun olduğuna işaret etmiştir.

Daha ileri bir değerlendirme periyodunu takiben, Adam'ın bir 'deneme yanılma' yaklaşımından öğrenmekte güçlük çektiği kanıtlandı ve ekip, hatasız bir öğrenme yaklaşımının kullanılmasının uygun olacağı sonucuna vardı. Dispraksi rehabilitasyonu için kanıta dayalı yaklaşımlar hakkında çok az yayın bulunmaktadır. Bununla birlikte, aslen amnezik hastalar için tasarlanmış bir strateji olan hatasız öğrenme, bu alanda artan bir destek almaktadır

(Goldenberg ve Hagmann, 1998; Jackson, 1999). Hatasız öğrenme ilkesi, yeni bilgilerin öğrenilmesi veya kodlama işlemi, hasta herhangi bir hata yapmadan gerçekleştirilmelidir (Wilson ve diğ., 1994). Bu stratejiyi kolaylaştırmak için bireylere, hataları yapma ve tekrar etme imkanını engellemek için öğrenmenin her bir aşamasında doğru bilgi verilir.

Mesleki rehabilitasyona ilişkin bir vaka çalışmasında, Andrews ve Gielewski (1999) beyin hasarı ve ciddi amnezi olan bir hasta ile hatasız öğrenmenin kullanımını göstermektedir. İpucu kartlarının, resim ipuçlarının ve kontrol listelerinin tekrarlı kullanımı, önemli bellek bozukluğu bulunan bir kadının kütüphanecinin aktivitelerini hata yapmadan devam ettirmesini sağlamıştır (Andrews and Gielewski, 1999). Bu, en bozuk fonksiyonlu bireylerin bile hatasız öğrenme yoluyla yeni aktiviteleri öğrenebileceklerini göstermektedir.

Adam'ın belirgin yürütücü işlev sorunları göz önüne alındığında, hatasız öğrenme yaklaşımının Levine ve arkadaşlarının tarif ettiği hedef yönetim eğitiminin "adımları öğrenme" yönüyle tutarlı olduğu düşünülmektedir (2000). Duncan'ın (1986) ve Shallice ve Burgess (1991, 1996) modelleri, Adam'ın yürütme yeteneğinin niteliğini ve Adam'ın ana hedefe ve ilgili adımlara yönelik davranışlarının korunmasını desteklemek için rehabilitasyonda neyin yararlı olabileceğini düşünmeye yardımcı oldular. Dahası, Levine ve ark. (2000), yönetici işlev yetersizliği olan bir kadınla yemek pişirmenin başarılı fonksiyonel rehabilitasyonunu tarif etmekte ve böylece bu yaklaşımı daha da desteklemektedir.

Donkervoort ve ark. (2001), randomize kontrol çalışmalarında aprakside bir strateji olarak resim gösteriminin kullanılmasına dair kanıt sunmuştur. Bu çalışmada sol hemisfer stroku ve apraksisi olan 113 hasta randomize olarak iki tedavi grubuna ayrıldı. İlk gruba aldığı faaliyetlerin yazılı veya resim dizilerini içeren strateji eğitimi, ve diğer gruba standart mesleki terapi uygulandı. Strateji antrenmanına sahip olanlar sekiz haftada düzenli mesleki terapi müdahalesi görenlerle karşılaştırıldığında günlük yaşam aktivitelerinde (GYA) önemli ilerlemeler gösterdi.

Bu arka plan kanıtını ve Adam'ın güçlü ve zayıf yanlarının tam olarak bilişsel formülasyonunu dikkate alarak, kişisel olarak hazırlanmış fotoğraf kartlarını kullanarak oluşturulan telafi edici hatasız bir yaklaşımın pişirme becerilerini öğrenmek için faydalı olabilir.

Bu yaklaşımı kullanarak, Adam'ın tarifleri yeniden öğrenmesi ve daha belirgin ve otomatik hale gelmesi ve bu noktada fotoğraf ipuçlarının aşamalı olarak çıkarılması öngörülmüştür. Rehabilitasyon genellemeyi teşvik etmek için Adem'in ev ortamında yapılması planlandı.

Goldenberg ve Hagmann'ın (1998) apraksi hastaları için hatasız öğrenme ile yaptıkları bir araştırma, evde aktiviteler yapan hastalarda gelişmelerin yalnız altı ayda devam ettiğini ortaya koymuştur. Böylece, Adam ile müdahale süresince ve sonrasında, Alison ve destek görevlileri, belirlenmiş stratejilerin devam eden tekrarlarının yapılmasını sağlayan teknikler konusunda bilgilendirildi ve eğitim aldı.

Adam'ın fonksiyonel rehabilitasyonu için belirlenen özel müdahale yöntemleri ağırlıklı olarak resim gönderme ve hatasız bir öğrenme yaklaşımı kullanarak tekrarlama idi. Bununla birlikte, Bölüm 4'te anlatılan temel bileşenlerle tutarlı olarak, (anlamlı işlevsel etkinliği ve 'öğrenme stratejileri ve becerilerini' ele alan) müdahale, duygusal ayarlama, aile, sosyal ve pratik çevre gibi konular reçetelendirilememiş veya tek başına sağlanmamıştır. Adam, Alison ve Adam'ın bakıcılarıyla bilişsel ve duygusal meselelerin paylaşıldığı bir anlayış geliştirildi. Adam ve eşi, merkezdeki çevrenin Adam'a nasıl olumlu bir etkisi olduğunu, merkezde olmaktan nasıl zevk aldığını ve nasıl anlaşıldığını ve kabul edildiğini anlattı. Çalışmamızın başka bir amacı, böylece, Adam'ın anlaşılmış ve desteklendiği, tehdidin azaldığı ve kişiler arası ilişkilerin iyileşmesine yönelik bir potansiyelin, öğrenmenin ve değişmenin teşvik edileceği bir bağlamın geliştirilmesine destek olmaktı. Bu açıdan ortak bir anlayış ve iş birliğiyle çalışmanın geliştirilmesi yoluyla terapötik ortam nosyonunun genişletilmesine çalıştık.

Sosyal katılım hedefleri ve ilgili müdahaleler

Hasta ve ailenin aktif katılımı ile hedef belirlemenin, rehabilitasyon sürecinde merkezi bir öneme sahip olduğu iyi dökümante edilmiştir (Wade, 2001; King and Tyerman, 2003; bkz. Bölüm 3). Bu nedenle, Adam ve karısı ile ilk görüşme rehabilitasyon dönemi hedeflerinin tanımlanmasıyla tamamlandı. Müdahale, ev ortamında her biri 5 saat 8 seans boyunca gerçekleştirildi ve Adam ve Alison tarafından belirlenen aşağıdaki günlük yaşam hedeflerine dayanıyordu.

Adam şunları yapacak:

1. Destek görevlisi evde beklerken bağımsız olarak köşedeki dükkana gidip gelme.
2. Farklı durumlarda fotoğraf çekebilmek ve bilgisayara aktarabilmek için dijital kamerasında temel işlevleri kullanma.
3. Belirlenen stratejileri kullanarak gözetim altında haftalık olarak aile için basit bir akşam yemeğini planlama ve hazırlama.
4. Cep telefonunu kullanarak Alison'u arayıp evi bağımsız bir şekilde arama.
5. Dişlerini elektrikli diş fırçasını kullanarak etkili bir şekilde temizleme.

Hedef 1: Destek görevlisi evde beklerken bağımsız olarak köşedeki dükkana gidip gelmek

Adam, destek görevlisi evde beklerken bazı şeyleri bağımsız olarak satın almak için köşedeki dükkana gidip gelmek istediğini belirtti. Bu görev için hatasız bir teknik benimsenmiş ve fiziksel tekrar uygulanmıştır. İlk değerlendirme üzerine Adam, evinden köşedeki dükkana nasıl gideceği konusunda yönergeler hakkındaki bilgilerinden emin görünüyordu. Yolları güvenli bir şekilde geçebildiğini gösterdi. Denemeler, hataların yapılmadığından emin olmak için Adam'ın yanında terapistle birlikte dükkana yürüdükleri sırada tamamlandı ve terapist kademeli olarak daha sonraki denemelerde geri durdu. Terapist, bir hata yapmadığı sürece yürürken Adam ile etkileşime girmedi, yanlış dönüş yapmadan önce yönlendirildi. Kademeli bir şekilde Adam bunu hatayı yapmadan bir blok geride yürüyen destekçisi ve terapistle tamamladı.

Dükkanın içerisindeyken, istediğini hatırlaması için bir öğe listesine ihtiyaç duyduğu açıktı. Bu başarılı bir şekilde denendi ve ayrıca sözlü iletişim kuramıyorsa öğeleri istemek için işaret edebildi görsel bir komut kullanabildi. Endişe kaynağı olan tek alan, bir problemin ortaya çıkması durumunda Adam'ın nasıl baş edeceği ve iletişim kuracağıydı, bu nedenle, eşlik eden biri olmadığında zorluklarını açıklayan bir kart yani bir kimlik alması gerektiği önerildi. Bu amaca kısmen zamanla ulaşıldı ve denetimi uzatarak ilerlemeye devam etmek için destek görevlisine teslim edildi.

Hedef 2: Farklı durumların fotoğraflarını çekebilmek ve bilgisayara aktarabilmek için dijital kamerasında temel işlevleri kullanabilme

Adam son zamanlarda yeni bir dijital fotoğraf makinesi satın aldı ve temel işlevlerini nasıl kullanacağını öğrenmek için büyük bir motivasyona sahipti. Bu nedenle, ikinci hedef, Adam'ın dijital kamerasında tüm temel işlevleri kullanabilmesi ve farklı durumların fotoğraflarını çekebilmesiydi. Adam'ın sözlü iletişimle ilgili zorluklarından dolayı fotoğraf yoluyla iletişim kurabilmek onun için önemliydi. Fotoğraf çekebilmek, yeni görevler için kendi talimatlarını üretmesine de olanak tanıyacaktı. Adam'ın kamerayı nasıl kullanacağı hatasız bir şekilde öğrenmesi kamera kullanım kılavuzundan taranan diyagramlarla hazırlanan basit talimatlarla sağlandı. Yerel toplulukta ilkbahar çiçeklerinin fotoğraflarını çekmeye yönelik bir fotoğraf çekimi gerçekleştirildi. Adam'ın kafası karışıksa terapist, sözlü ve gerekirse elle yönlendirme yaparak talimatları Adam'a yöneltti. Yeni öğrenmeyi sağlamlaştırmak için tekrar tekrar hatasız bir şekilde aynı işlevi kullandığından fayda gördü. Müdahale dönemini tamamladıktan sonra Adam, otomatik modu bağımsız olarak kullanarak fotoğraf çekmeyi başardı. Bununla birlikte, yön için diyagramlara başvurmaya teşvik ederek diğer işlevlerin nasıl kullanılacağına dair sözlü talimat istedi. Destek görevlileri Adam ile bunu nasıl gerçekleştireceğini göstererek yeteneklerini bu amaçla ilerletmeye devam ettiler.

Hedef 3: Belirlenen stratejileri kullanarak gözetim altında haftalık olarak aile için basit bir akşam yemeği planlamak ve hazırlamak

Adam gündüz evde olduğu için eşi ve çocukları için haftalık bir akşam yemeği hazırlamak istiyordu. Pişirmeyi öğrenmek istediği bazı basit yemekleri tespit edebildi. Tarif talimatları Adam'ın nasıl yapacağını adım adım yazacak şekilde hazırlanmıştı. Tarif kartlarını hazırlamak için, dizinin dijital fotoğrafları çekildi ve bir 'Word' belgesine indirildi (bunun 'bolognese' pişirmeye nasıl uygulandığına ilişkin Ek 19.1' e bakınız).

Adam başlangıçta bir adımdan diğerine geçmesi ve görevde kalması için cesaretlendirilmesi ve nerede olduğunu hatırlamasına izin vermek için her adımda durmaya ihtiyaç duydu. Bununla birlikte, tekrarlama ile adım adım devam edebildi. Zaman zaman, Adam'ın hata yapmasını önlemek ve kaygısını kontrol altına almak psikolog tarafından önerilen derin nefes almayı teşvik etmek için psikoloğun müdahalesi gerekti. Bu amaca ulaşıldı ve Adam şu anda destek ekibinin eklemeye devam ettiği beş setlik tarif kartlarından oluşan bir klasöre sahip. Bu rolü tekrar gerçekleştirebildiği için memnun olduğunu bildirdi.

Hedef 4: Bağımsız olarak Alison'u ve evi cep telefonundan aramak

Kendisi ve eşinin acil bir durumda kullanabileceği takdirde faydalı olacağını belirttiği Adam'ın bir cep telefonu mevcut. Böylece, Adam için dördüncü hedef, bağımsız olarak eşini ve evi aramak için telefonunu kullanabilmesiydi. Yine, hatasız bir yaklaşım uygulanmıştı ve bu, görevi basitleştirerek ve önceden ayarlanmış sayılarla kolaylaştırıldı, böylece telefonda yalnızca iki düğmeye ihtiyaç duyuldu. Dışarı çıktıklarında eve telefon etmek birkaç sözlü talimat ile başarılı bir şekilde birçok denemede gerçekleştirildi. Bu amaca kısmen rehabilitasyon döneminde ulaşıldı ancak destek görevlileri, Adam'ın acil bir durumda kullanabilmesi sağlamak için telefon kullanımını tekrarlamaya devam etti.

Hedef 5: Dişlerini elektrikli diş fırçasını kullanarak etkili bir şekilde temizlemek

Alison, kocası dişlerini bağımsız olarak temizlemiş olmasına rağmen sıklıkla bunu etkili bir şekilde yapmadığını tespit etti ve bu nedenle bu bir hedef alan olarak belirlendi. Adam'ı dişlerini fırçalarken gözlemlendiğinde, bilinçli olarak farkında olmadan ve diğer alanları fırçalamaya devam ederek aynı bölgede persevere olduğu açıktı. Tekrarlama ve banyo aynasına asılan aşamalı fotoğraflı ipucu kartlarını kullanma Adam'ın bu etkinlikle ilgili adımların daha bilinçli yapmasına destek oldu. Alison, performansının iyileştiğini ve böylece dişlerini iyice ve bağımsız olarak fırçalamayı başarabildiğini bildirdi.

Özet

Adam ciddi bir beyin hasarını takiben sosyal katılım kapasitesini önemli ölçüde sınırlayan ve bakıcılarla olumsuz duygusal tepki ve yararsız etkileşime katkıda bulunan önemli bilişsel güçlüklere sahipti. Bununla birlikte, öncelikle performansı etkileyen güçlü yönleri, güçsüzlüğü ve duygusal ve bağlamsal faktörleri sistematik olarak değerlendirerek ve bunu Adam ve onu desteklemeye katılanlarla paylaşarak olası müdahaleleri keşfetmek için daha kabul edilebilir bir sosyal bağlam oluşturuldu.

Alison, psikolojik formülasyonu paylaşarak Adam'ın duygusal tepkilerini tahmin ederek Adam'ı destekledi. Destek görevlileri, kendini ifade etmesinin önüne geçilmesi ve 'onun için yapma'dan dolayı bağımsızlığının engellenmesi yerine Adam'ın bağımsızlığını sağlamak için yaklaşımları öğrendiler. Bu, yoğun programda hedeflenen ilk aşamaların tekrarlanması, güvenliği destekleme ve anlaşmazlıkların azaltılması, işbirlikçi, deneysel bir ortamda yeni perspektiflerin, becerilerin ve görevlerin keşfedilmesi olarak tanımlanabilir. Merkezdeki potansiyel öğrenme yöntemlerinin daha ayrıntılı bir değerlendirmesini takiben, hatasız öğrenme yaklaşımının sistematik tekrarı, fotoğraflar, diyagramlar ve yazılı ipuçları kullanma onun içinde bulunduğu toplumda planlandı ve uygulandı.

Bu yolla Adam belirlenen hedeflerine doğru önemli ilerleme kaydetti. Karşılıklı destek yoluyla anlamlı rolleri yeniden kurma konusundaki başarı ve ilerleme, kendi kendine anlaşmazlık duygusunun azalmasını (Adam görevlerde hüsranının azaldığı ve modunun iyileştiğini ifade etti) ve bunun da evdeki ilişkileri etkilediği düşünülmektedir. Adam eşi ve destek görevlilerinden devam eden uygulama ve destekle süreçte ilerlemeye devam etti. Hatasız öğrenme, amnezi hastalarında başarılı bir yaklaşım olarak gösterilmiştir; bununla birlikte, bu durum, yeni görevleri tamamlarken adımların doğru sıralamasını öğrenmesini sağlamak için yürütme bozukluğu ve apraksi gibi kompleks bir bilişsel zorluk kombinasyonuna sahip bireylerle çalışırken faydalı görünmektedir. Hatasız öğrenmenin, yeni görevleri öğrenmek için apraksiye sahip insanlar için önerilen teknik olup olmadığını belirlemek için daha fazla araştırma yapılması gerekmektedir.

Bu vakanın başarısı, Bölüm 1, 3 ve 4'te (biliş modelleri, öğrenme ve duygusal ayarlama, hedef belirleme, "Y-şekilli" model ve çekirdek bileşenlere dikkat dahil olmak üzere) anlatılan ilkelerin nasıl genişlediğinin değişim sürecinde etkili olduğunu göstermektedir. Bu, bu ilkelerin, engelleri ve kısıtlamaları o kadar şiddetli olan, kapsamlı rehabilitasyona katılımı engellenen bireyler için topluma dayalı müdahaleyi kavramsallaştırmada önemli olduğunu düşündürmektedir Yine de, devam eden rehabilitasyonda eşinin ve bakıcılarının yanı sıra Adam'ın motivasyonu, göz ardı edilmemelidir.

Ek 19.1: Bolonez tarif kartı için kullanılan yazılı bazı talimatlardan örnekler

1. Tüm malzemeleri çıkartın

- Çekilmiş kıyma
- 1 kavanoz makarna domates sosu
- 1 soğan
- Zeytinyağı

2. Tüm aletleri çıkartın

- Büyük kap veya tencere ve kapak
- Doğrama tahtası
- Keskin bıçak
- Ahşap kaşık
- Yemek kaşığı

3. Soğanı soyun

4. Doğrama tahtasında soğanı doğrayın

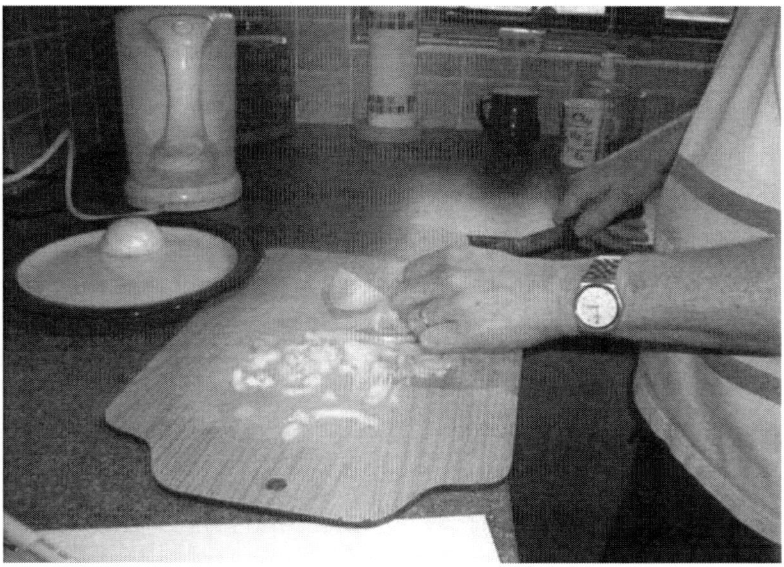

5. Tavaya koymak için 2 çorba kaşığı yağ ilave edin

Kaynakça

Andrews, D. and Gielewski, E. (1999). The Work Rehabilitation of A Herpes Simplex Encephalitis Patient with Anterograde Amnesia. Neuropsychological Rehabilitation, 9(1), 77–99.

Devitt, R., Colantonio, A., Dawson, D. et al. (2006). Prediction of Long-term Occupational Performance Outcomes for Adults After Moderate to Severe Traumatic Brain Injury. Disability and Rehabilitation, 28(9), 547–59

Donkervoort, M., Dekker, J., Stehman-Saris, F.C. and Deelman, B.G. (2001). Efficacy of Strategy Training in Left Hemisphere Stroke Patients with Apraxia: Randomized Clinical Trial. Neuropsychological Rehabilitation, 8(2), 123–41.

Duncan, J. (1986). Disorganisation of Behaviour After Frontal Lobe Damage. Cognitive Neuropsychology, 3, 271–90.

Edmans, J., Champion, A., Hill, L., et al. (2001). Occupational Therapy and Stroke. London: Whurr Publishers.

Evans, J., Levine, B. and Bateman, A. (2004). Research Digest: Errorless Learning. Neuropsychological Rehabilitation, 14(4), 467–76.

Goldenberg, G. and Hagmann, S. (1998). Therapy of Activities of Daily Living in Patients with Apraxia. Neuropsychological Rehabilitation, 8(2), 123–41.

Jackson, T. (1999). Dyspraxia: Guidelines for İntervention. British Journal of Occupational Therapy, 62(7), 321–6.

King, N.S. and Tyerman, A. (2003). Neuropsychological Presentation and Treatment of Head Injury and Traumatic Brain Damage. In P.W.

Halligan, U. Kischka and J.C. Marshall, eds., Handbook of Clinical Neuropsychology. Oxford: Oxford University Press, pp. 487–505.

Levine, B., Robetson, I.H., Clare, L. et al. (2000). Rehabilitation of Executive Functioning: An Experimental-clinical Validation of Goal Management Training. Journal of the International Neuropsychological Society, 6, 299–312.

Shallice, T. and Burgess, P.W. (1991). Deficits in Strategy Application Following Frontal Lobe Lesions in Man. Brain, 114, 727–41.

Shallice, T. and Burgess, P. (1996). The Domain of the Supervisory Process and Temporal Organization of Behaviour. Philosophical Transactions: Biological Sciences, 351, 1405–12.

Van Heugten, C.M., Dekker, J., Deelman, B.G., Stehmann-Saris, J.C. and Kinebanian, A.

(2000). Rehabilitation of Stroke Patients with Apraxia: The Role of Additional Cognitive and Motor Impairments. Disability and Rehabilitation, 22(12), 547–54.

Wade, D. (1992). Measurement in Neurological Rehabilitation. Oxford: Oxford University Press.

Wade, D. (2001). Editorial: Research into Rehabilitation. What is the Priority? Clinical Rehabilitation, 15, 229–32.

Wade, D. (2005). Applying the WHO ICF Framework to the Rehabilitation of Patients with Cognitive Deficits. In P.

Halligan and D.T. Wade, eds., Effectiveness of Rehabilitation for Cognitive Deficits. Oxford: Oxford University Press, pp. 31–42.

Wilson, B.A., Baddeley, A.D., Evans, J. J. and Shiel, A. (1994). Errorless Learning in the Rehabilitation of Memory Impaired People. Neuropsychological Rehabilitation, 4, 307–26.

20 Malcolm: Balint Sendromu ve Topografik Oryantasyon Bozukluğunun Etkileri ile Baş Etme

Barbara A. Wilson, çeviren: Özden Erkan Oğul

Edinilmiş kognitif bozukluklar kişilerde birçok şekilde mevcut olabilir ve çevresindekilerin yanı sıra etkilenmiş insanlar için de kafa karıştırıcı olabilir. Bu vaka, başlangıçta görülmeyen olağandışı bir nöropsikolojik sendromu anlamak için kognitif modellerin kullanımını gösterir.

Başlangıç buluşması ve geri plan

Biz Malcolm ile ilk olarak 1991 yılında Cambridge'deki Headway Evi'nde buluştuk. Bu sırada onun nesneleri lokalize etme ile ilgili zorluklarının zayıf görüşünden dolayı olduğu düşünülmüştü. Biz orada bir hafıza grubu başlatıyorduk ve gruba gelen kişilere bir dizi test uygulamak istedik. Testlerden biri Raven Standart Progresif Matrisler Testiydi (Raven, 1960). Bu test, bir kayıp parçası olan bir matrise bakarak kişinin test edilmesini ve daha sonra kişinin sayfanın altında matrisi tamamlayacak 6 ya da 8 parçadan birini seçmesini gerektirir. Malcolm eklemeleri yapmasına ve genel bir bilgi kaynağına sahip olmasına rağmen, Raven Testinde bir eksikliği olduğu hemen belli oldu. Onun matriste kayıp parçayı görmede problemleri olduğu görüldü ve sayfanın sonundaki uyarıyı doğru bir şekilde gösterememişti. O sıklıkla sayfanın boş bir kısmını işaret etti ya da parmağını iki bitişik uyaran üzerinde başka bir yere yerleştirdi. Balint Sendromunun (Balint, 1990) başlıca özelliklerinden birisinin uzayda lokalize etmede yetersizlik (optik ataksi) olduğunu farzedersek, biz bunun Malcolm'un işaret etme yeteneğinin zayıflığını açıklayıp açıklamadığını merak ettik. Diğer özellikler oküler apraksi (kişinin bakışlarını kontrol etmede güçlük) ve simultanagnoziyi (aynı anda iki şeyi görmede problemleri) içerir. Biz daha detaylı bir değerlendirme için onu görmeyi organize ettik ve daha sonra belli olacağını umarak onun gerçekte Balint sendromu olduğuna inandık. Onun bazı problemlerine yardım etmeye çalışmak ve oldukça sıra dışı problemlerinin yapısını anlamaya çalışmak için başlangıç değerlendirmesinden sonra Malcolm'u görmeye devam ettik.

Malcolm ilk karşılaştığımızda 34 yaşındaydı. Fırtınalı bir ergenlik, birçok iş değişikliği ve bir dönem askeri hizmetlerden sonra, 24 yaşında intihar girişiminde aşırı dozda dextromoramide (Palfium) aldı; onu ağrıdan kurtarmak için ilaç reçete edilmişti. Hastaneye kabulde onun derin olarak bilinçsiz olduğu ve tekrarlı kardiyak arrestler ve spinal infarktlara uğradığı bildirildi. O büyük bilateral hemisfer hasarına sahip olarak tanımlandı, ancak, o zamana ait herhangi bir beyin taramasına dair hiç bir kayıt yoktur.

Onun hastane notlarında, çocukluk çağında davranışsal problemlere dair bir hikaye olduğu bildirilmesine rağmen; Malcolm 10 yaşındayken uygulanan EEG'si hiçbir anormallik göstermedi. Genç bir yetişkin olarak, kendini yaralama ve kötü madde kullanımı epizodlarını takiben birkaç durum görüldü ve bir durumda dalış kazasını takiben, bilinçsiz ve hipotermiden müzdarip olduğu kabul edildi. Ancak, aşırı doz öncesinde bildirilen yan etkiler yoktu. Malcolm rugbi oynamıştı, orduda bulunmuştu ve fiziksel ya da bilişsel hiçbir bozukluğu bilinmiyordu.

1995'te bir BT incelemesinde; sol taraf daha ciddi olarak etkilenmiş olmakla beraber, 3. ventrikül seviyesinden üst parietal bölgelere uzanan, hem beyaz hem de gri madde tutulumu olan düşük yoğunluklu yaygın bilateral occupito-parietal lezyonlar ortaya çıktı. Primer görsel korteks ve medial oksipital lobun korunmuş olması dikkate değerdi. Bu değişiklikler, uzamış hipotansiyonun bir sonucu olarak posterior ve orta serebral arter alanları arasında 'watershed' de görülen infarktların özelliğidir. Ayrıca özellikle sağ frontal alanı içeren periventiriküler beyaz maddeye daha fazla yaygın iskemik hasara dair bulgu vardı. Tersine temporal loblar, normal göründü. Rehabilitasyondaki erken girişimler başarısızdı. Fakat Malcolm, Headway Evinde onunla tanışmadan önce 3 yıl, bir personel konaklama kompleksinde kendi dairesinde yaşamıştı. Tekerlekli sandalyede hareketliliği sınırlıydı ve haftada 2 gün bir rehabilitasyon programı ve sosyal aktiviteler aldığı Headway yerel günlük merkezine katılmıştı.

Nöropsikolojik değerlendirme

Malcolm aylar süren bir zaman içerisinde bir çok kez görüldü. Çok uzun konuştuğu için onun kısmi değerlendirilmesi kolay değildi. Ondan özellikle görsel uzaysal görevleri yapması istendiğinde; o bunları zor buldu ve görevlerden kaçmaya ve/veya sözel becerileri, genel bilgiyi ve hazır cevaplılığı kullanarak akılsız olmadığını göstermeye çalışıyor olabilirdi.

Ana bulgular aşağıdaki gibiydi:

Yetişkinler için Wechsler zekâ ölçeği-revize edilmiş formunda (WAIS-R) Malcolm'un sözel IQ'su, 92, bilgide 12 üstünde; sayı dizisi, kelime ve artimatikte 8'in altında yaş ölçekli puanlar ile ortalama aralığın alt sınırındaydı. Bu "Nokta-Kelime Testi'nin" (the Spot-the-Word Test) (Baddeley et al., 1992) oral versiyonu tarafından gösterildiği gibi onun yaralanmadan önceki olası fonksiyon seviyesi ile makul olarak tutarlıydı. Bu testte kelime çiftleri sunulur. Bunların birinde bir kelime gerçek ve bir kelime saçmadır. Görev her bir durumda gerçek kelimeyi tanımlamaktır. Malcolm bu testte 10 yaş ölçekli puan elde etti. Yani ortalama orandaydı. O, uzayda nesneleri lokalize etmesindeki ya da bir zaman dilimi içerisinde birden fazla öğe görmesindeki yetersizlikten dolayı WAIS-R'nun performans alt testlerinin herhangi birini yapamadı.

Hafıza testlerinde, Malcolm'un anlık sözel hafıza uzamı 7 ileri sayı dizisi (ve 4 geri sayı dizisi) ile normaldi. Bununla beraber, görsel kısa süreli hafıza matrisinde (Phillips, 1983) bir bloğu bile kesin olarak lokalize edememesi ve kareleri kesin olarak işaret edememesinden dolayı onun anlık uzaysal hafıza uzamı test edilemedi. Rivermead Davranış Hafıza Testi (Wilson ve ark., 1985) ile değerlendirilen günlük hafızası, ciddi olarak bozulmuştu; Malcolm'un tarama puanı 2 (maksimum 12'den) idi. Normal performans en az 10/12 'dur.

Malcolm'un semantik hafızası görünür bir şekilde etkilenmemişti. O, hem WAIS-R'nin (Weschler'in yetişkinler için revize edilmiş zeka ölçeği) sözel alt testleri üzerindeki performansı hem de nokta kelime testindeki (Spot-the-Word Test) skoru ile gösterildiği gibi kelime anlamları hakkında göreceli olarak iyi bir bilgiye sahipti. Ayrıca ünlü kişiliklere dair iyi bir bilgi gösterdi ve ona sunulan 50 ünlü ismin 48'i üzerinde kişinin ne ile tanındığına dair mantıklı açıklamalar verebilmişti. Örneğin; "Dwight Eisenhower kimdir ya da kimdi?" şeklinde sorulduğunda Malcolm "II. Dünya savaşında bir Amerikan generali olduğunu, savaştan sonra başkan olduğunu" söyledi.

Malcolm, okuma testlerinde, hem büyük hem de küçük harfleri hemen hemen %100 kesinlikle, 2 mm, 4,5 mm, 6 mm ve 7 mm boyutlarındaki tek küçük harf ya da büyük harflere dair 208 sunumda yalnızca 2 hata yaparak (hatalar 4,5 mm'deki küçük harfte "0" ve 6 mm'deki büyük harfte "J" idi.) tek harfleri okuyabilmişti. Bununla beraber, harfler yalnızca 2 mm yükseklikte olduğu zaman bile, tek harfleri iyi okumasına rağmen; tek kelimeleri okuma ve hecelemede zorluğu olan Malcolm, cümleleri okuyamadı ve yazamadı.

Malcolm'un görsel uzaysal yetenekleri ciddi olarak bozulmuştu. Yukarıda belirtildiği gibi; WAIS-R'deki performans testlerinin herhangi birini tamamlayamadı. Zorluk çektiği diğer alanlar uzaysal tanımlama, resim tarama, resim eşleştirme ve anlık görsel hafıza ile ilgili problemleri içerdi. Uzaysal tanımlama manken testi ile değerlendirildi. (Ratcliff, 1979). Resimlerde bir elinde siyah bir daire tutan bir manken gösterilir. Bazen mankenin yüzü öne, bazen geriye, bazen baş aşağı pozisyonda yüzü öne ve bazen baş aşağı pozisyonda yüzü geriye dönüktür. Görev siyah dairenin hangi elde olduğunu söylemek ya da göstermektir. Malcolm bu zihin rotasyon testinde şanslıydı. Behavioural Inattention Testinin (Davranışsal Dikkatsizlik Test) (Wilson et al., 1988), resim tarama görevinde, Malcolm yalnızca 2/9 (ciddi bozuk) olarak skorlandı. Resim eşleştirme, Benton Görsel Bellek Testinin (Benton et al., 1983) zorunlu seçim versiyonu ile değerlendirildi. Bu test; bir referans desenini, hem yapıtaşı elemanları hem de bu elemanların pozisyonlarının göreceli olarak değiştiği dört olası seçeneğin biri ile eşleştirmeyi içerir. Malcolm, Phillips (1983) tarafından geliştirilen testte yalnızca 3/24 aldığı için kısa süreli görsel hafızası (VSTM) ciddi olarak hasarlıydı; bu görev bir 4*4 matris içinde doldurulan karelerin pozisyonlarına dair paterni hatırlamayı gerektirir. Tabi ki, bu saf bir kısa süreli görsel hafıza hasarından ziyade onun lokalizasyon becerilerinin bir sonucu olmuş olabilirdi.

Malcolm ayrıca görsel nesne ve mekan algılama ölçeği (Visual Object and Space Perception Battery (VOSP; Warrington ve James, 1991) ile değerlendirildi. VOSP, 4 mekansal alt testi içerir. Nokta sayma alt testinde, kişilerden rastgele yerleştirilmiş 5 ile 9 noktalı grupları sayması istenir. Pozisyon ayırımı alt testi için; horizontal olarak bitişik 2 kare vardır. Bunlardan birinin tam merkezinde bir noktası, birinin merkezin hafifçe dışında bir noktası vardır; görev ilgili karenin tam merkezine hangi noktanın en yakın olduğuna karar vermeyi gerektirir. Sayı lokasyonu alt testi için, vertikal olarak pozisyonlanmış 2 kare kullanılır. Alttaki karede bir nokta vardır ve üstteki kare bir dizi cevap basamağını içerir. Bu cevap basamaklarından biri alttaki karedeki noktanın tam olarak lokasyonuna karşılık gelir. Alttaki karede bir nokta vardır ve üstteki kare, biri alttaki karedeki noktanın tam olarak lokasyonuna karşılık gelen bir dizi cevap basamağını içerir. Kişinin görevi bu basamağı bildirmektir. Küp analizi alt testi için, küçük küp yığınlarının çizimindeki küplerin sayısı hesaplanmalıdır. Test uyaranı 3'ten 10'a kadar küplerin sayısının artırılması yoluyla ve hemen görülebilir olanların arkasında uzandığı sonucunun çıkarılması gereken gizli blokları içermesi yoluyla sağlanan zorluk ile kademelendirilir.

Malcolm, görsel nesne ve mekan algılama ölçeğinin (Visual Object and Space Perception Battery) şekil algılama tarama testini geçti ki; bu düzensiz görsel bir arka plana karşı parçalanmış bir "X" harfinin varlığını algılamayı gerektirir ve Onun görsel algılama işlemine dair kaba bir defisit olmadığını göstermek için Warrington ve James (1991) tarafından alındı. Ancak dört uzay algısı alt testleri ile farklı bir yapı ortaya çıktı; Malcolm son derece düşük puanlarla bu testlerin hepsinde başarısız oldu. Onun performans etkinliği tesadüfi düzeydeydi.

Görsel-motor problemleri de belirgindi. Malcom'un Corsi'nin blokları üzerindeki performansı uygulayıcı tarafından gösterilen tek bir bloğa dokunamayacak ölçüde çarpıcı bir şekilde zayıftı (Ölçüm: 0). Ama vücudunun bölümlerine dokunması istendiğinde, bunu hatasız yapabildi. Tamamen normal olmamasına rağmen; Malcolm'un gövdesine yönelik hareketleri, Corsi blokları görevini uyguladığı zamanki hareketlerinden çok daha fazla akıcıydı ki bu Corsi blokları görevi ile ilgili problemlerinin sadece bozuk motor kontrolü yansıtmadığını gösterir.

Malcolm'un kaba göz hareketlerinin, örneğin bakışını odanın farklı köşelerine yöneltmesi istendiği zaman, normal olduğu görüldü. Ancak, göz hareketlerinin ayrıntılı testleri ana zorlukları ortaya çıkardı. Malcolm sabit bir düzende (üst soldan sağ alta) bir 3x3 matriksinin konumlarını taramaya dair rutin kâlibrasyonu uygulayamadığını ortaya koyduğunda, karmaşık görsel ekranlara göz hareketlerini kaydetme girişiminden vazgeçilmesi gerekti. Basit hedeflere yönelik seğirmelerin kayıtları, Malcolm'un hedefin sunumundan önce 1500 ms boyunca tam merkeze fiksasyonunu korumayı neredeyse imkânsız bulduğunu gösterdi.

Değerlendirme sonrası

Biz, Malcolm ile herpes simplex ensefaliti geçirmiş aynı yaştaki başka bir adamı karşılaştırmaya geçtik. Her ikisi aynı yaşta beyin hasarına uğramıştı ve her ikisinde okuma problemleri gelişmişti. Ancak onlar diğer açılardan çok farklıydılar. Malcolm nesnelerin ne olduğunu biliyor fakat onların uzaydaki yerini bilmiyordu. Diğer kişinin nesneleri konumlandırma problemleri yoktu. O nesnelerin nerede olduğunu biliyor fakat bu nesnelerin ne olduğunu bilmiyordu. Biz bunu "nerede olduğunu ve ne olduğunu bilme: bir çift ayırım" (Wilson ve ark. 1997) adlı bir yazıda bildirdik.

Kendimize sorduğumuz bir soru Malcolm'un gerçekten Balint's Sendromu olup olmadığı idi. Onun sonuçlarının paterni zorluklarının açıklaması olarak (onun görsel olarak sunulan nesneleri tanıma yeteneği iyiydi) görme yetersizliğini ya da görsel agnoziyi dışladığı için biz onun gerçekten de bu bozukluğa sahip olduğuna inanıyoruz. Çünkü onun okumasının zayıf olduğu bir gerçektir. Fakat bu, göz hareketlerini formal olarak kaydetmeye çalıştığımız zaman not edilen göz hareketlerinin uzaysal kontrolündeki ciddi problemleri iyi yansıtıyor olabilir. Benzer olarak, görüntüdeki öğeleri tanımlayabilmesine rağmen resimleri sistematik olarak tarama yeteneği bozuktu. Malcolm, basit bir motor bozukluğa sahip gibi de görünmüyordu; zorluk olmaksızın vücudunun bölümlerine dokunabiliyordu. Onun belirli problemlerine sebep olan görsel olarak dış dünyaya yönelik hareketlerdi. Onun problemlerinin diğer sebeplerini dışlayabildiğimizi düşünürsek, o Balint's Sendromu tanısını destekleyen hangi özellikleri gösterir? Bakışını yönlendirmede defisitler, karmaşık görüntüler tanımlandığı zaman limitli bir dikkat alanı ve gövdeye yöneltilmiş olanlar gibi görsel kılavuz gerektirmeyen hareketler doğru olarak yönetilirken, görsel kılavuz altında gerçekleştirilen elin objeye yönelik bazı hareketlerinde bozukluk gösterir. Balint (1909) tarafından rapor edilen olguya ilaveten erken 20. yüzyılın klasik bir yazısı Holmes'unkiydi (1918) ve gerçekten Malcolm gibi kişiler tarafından gösterilen bozukluklar bazen Balint-Holmes sendromu olarak adlandırılır. Holmes (1918) aynı hatalar hareket ile ya da sözel açıklama ile yapıldığı için bozukluğun görsel-mekânsaldan ziyade görsel-motor yönlerine vurgularken, Balint (1909) bozukluğun görsel-motor ve dikkat yönlerini vurguladı. Örneğin; Holmes, beyin yaralanmalı bir askerin kibrit kutusunu dolabından yalnızca tekrarlanan elle aramalarından sonra alabildiği şeklinde bir olgu tanımladı. Holmes (1918) askerin nesnelerin yerlerini ve hatta onların ilgili pozisyonlarını sözel olarak bildirmeyi zor bulduğunu kaydetti. Malcolm aynı davranış paternini gösterdi. Malcolm Corsi blokları gibi görsel -motor görevlerde çok zayıf olmasına rağmen, VOSP alt testlerinde olduğu gibi tamamen sözlü bir rapor gerektiği zaman onun uzaysal defisitleri eşit olarak belirgindi. (Warrington ve James, 1991). Balint's Sendromunun iyi ve kapsamlı bir incelemesi için Rizzo ve Vecera (2002)'a bakınız.

Malcolm için terapotik müdahaleler

Tedavideki birçok çabaya rağmen en başından beri Malcolm'un lozalizasyondaki temel zorluklarını iyileştirmede başarısız olduğumuza açıklık getirmek istiyoruz ve bunların bazılarını aşağıda tanımlıyoruz. Biz bu problemleri onun kompanse etmesine yardım etmeyi kısmen olası bulduk ve Malcolm için devamlı destek sağlayabildik. O nöropsikologların ziyaretinden hoşlanıyor ve birçok fiziksel ve sosyal ihtiyaçlarını tartışıyor. Biz psikoloji stajerleri ile beraber, Malcolm'un fiziksel ihtiyaçlarını (onun tekerlekli sandalyesi), evinin ihtiyaçlarını ve bakım ihtiyaçlarını çözümlemede işin içerisine girdik ve bunların yaşamındaki sabit birkaç destek kaynağından biri olduğu görülür. Psikologlar genellikle böyle görevler ile uğraşmazlar fakat bu özel durumda, yıllar içerisinde Malcolm ve bizim kliniğimiz arasında inşa ettiğimiz terapötik ilişkiden dolayı böyle yapmayı biz seçtik. Sunabildiğimiz yardımın ilk kaynaklarından biri Malcolm'un zorluklarına bir açıklamanın sağlanmasıydı. Onun görmesinin zayıf olduğu düşünülmüştü ve onu ilk gördüğümüz zaman bize bu bilgi verildi. Kişiler göremediği için onun tam olarak eşyalara ulaşamadığını zannetti Benzer şekilde, okuma ile ilgili sorunlarının onun görsel keskinliği ile ilgili problemlerinden dolayı olduğu düşünüldü. Biz durumun bu olmadığını ve onun problemlerinin diğer defisitlerden dolayı olduğunu gösterdik. Malcolm'un kendisi hastalığına bir isim verilmesinden memnun kaldı. O kişilere Balint's sendromu olduğunu ve onun hakkında yazılar yazılmakta olduğunu söylüyor. Malcolm'ın bakımını üstlenen yeni bakıcılara her seferinde yeniden bilgi verilmelidir. Biz onun bakıcılarına verilen son bilginin bir özetini sunuyoruz.

İlgili makama

Malcolm, 1981'de anoksik beyin hasarına maruz kaldı. Bu onda fiziksel ve bilişsel problemler bıraktı. Bilişsel problemler sıra dışıydı ve anlamak her zaman kolay değildi. Malcolm'da Balint's Sendromu olarak bilinen nadir bir sendrom vardı. Bu sendromun temel özellikleri mekânda eşyaları konumlandırmada zorluktur. Malcolm eşyaları çok iyi görebilir fakat tam olarak onlara ulaşmada zorluğu vardır bu yüzden televizyonun uzaktan kumandasını ya da tekerlekli sandalyesinin kontrolünü konumlandırmaya çalıştığı zaman çevreyi el yordamıyla yoklamaya eğilimlidir. O sonunda oraya ulaşır fakat bu diğer insanlardan daha zordur. Bu, onun kahveyi dökme ya da telefon üzerine vurma gibi kazaları muhtemelen daha fazla yapacağı anlamına gelir. Malcolm'ın mekânda kendi pozisyonuna dair bilgisi zayıf olduğu için, onun kendini tekerlekli sandalyesinde ya da yatağında tuhaf bir açıda pozisyonlanması olasıdır. Malcolm'daki başka bir problem yan yana olan iki nesne ya da harfin işlemlenmesindeki zorluktur. O sadece onlardan birine dikkat verecektir (bu simultanagnozi olarak bilinir) ve bu onun okuma ile ilgili problemlerinin sebebidir; o göremeyebilir ya da herhangi bir bakışta bir harften daha fazlasına dikkat edemeyebilir. İlaveten Malcolm'un uzayda oryantasyonu bozuktur- kendisi ile ilgili yerlerin nerede olduğunu anlamak ona zor gelir. Örneğin; o Cambridge'deki yerleri tanımlar fakat bir yerden başka bir yere nasıl gideceğini söylemede büyük güçlüğü vardır. Kendi dairesinde eğer gözleri açıksa az çok eşyaların yerini gösterebilir. Fakat gözleri kapalı olduğu zaman ona banyo/mutfak vesairenin nerede olduğu sorulursa genellikle yanlış yeri gösterir. Sözel olarak, Malcolm çok iyidir ve geniş bir genel bilgiye sahiptir. Onun belirgin sakarlığı ve beceriksizliği çabasının olmamasından dolayı ya da yapmaya istekli olmadığı için değildir. Onun gerçekten görsel-uzaysal görevlerde büyük problemleri vardır.

21. bölümdeki Kate gibi, bakıcılar için bilgi sağlama basit, ucuz ama genellikle yararlı bir stratejidir.

Malcolm'un nesneleri lokalize etme yeteneğini geliştirmek için girişimler

Malcolm'un lokalizasyon becerilerini geliştirmek için ilk girişim 1995'te gerçekleşti ve 6 ay boyunca Sidney'den gelen Robyn Tate tarafından (ücretli izni sırasında) Cambridge'deki ünitemizde yürütüldü. Eğitim görevi beyaz kağıda (ör; değerlendirmede kullanılan Corsi blok uzunluğu ve genişliğinde) çizilen 2,8 ile 2.8 cm karelere dayandırıldı. Biz başlangıçta, bir sayfada tek kareler (1), 3 kare (2) ve bir sayfada 9 kare kullandık. Kareler rastgele hizalandı. Malcolm'a bir kalem verildi ve karelerin içine bir işaret koyması istendi. Ona tek kareler gösterildiği zaman 7 durumun 6'sında karenin içine bir işaret koymayı başardı. Sayfada 3 kare olduğu zaman, 3'ün ikisine işaret koyabildi ve 9 kare sunulduğunda 9 karenin 6'sına doğru olarak işaret koyabildi. Ayrıca Malcolm'ın işitsel hedeflere ulaşamadığı belirtildi (verilen altı hedefin hepsinde başarısız oldu). Alternatif hedeflerin sayısını artırmanın lokalize etme başarısında daha fazla zorluğa yol açtığını hissettik. Böylece performansı geliştirmeye yol açacağı umudu ile alternatiflerin sayısını kademeli olarak artırmaya karar verdik. Biz ayrıca kareleri lokalize etmedeki herhangi bir gelişmenin VOSP'dan sayı lokalizasyonu görevi gibi diğer benzer görevlere ve bilgisayarda yazma ve okuma gibi daha uzak görevlere genelleştirilip genelleştirilemeyeceğini anlamayı istedik. Hafıza görevi gibi ilgisiz görevlerde gelişmenin olmayacağını da tahmin ettik. Sonuç olarak; biz Kareler (eğitim görevi), Corsi blokları, VOSP'den sayı lokasyonu, Schonell Kademeli Kelime Okuma Testinden (Schonell and Schonell, 1963) kelimeler; bilgisayarda 2 kelime yazma ve bir işitsel sözel öğrenme testi olmak üzere 6 görevi uyguladık.

Malcolm eğitim periyodunda, 9 seans 45 dakika görüldü ve ilk olarak onun yaptığı şeye dikkat etmesine yardım etmek için bir anımsatıcı öğretildi. Bu hazırlan, dikkat et, odaklan, izle ve harekete geç anlamına gelen (GRASP FIRM)[6] idi. Malcolm bunu biraz zorlukla öğrendi. İkinci aşamada, psikolog tarafından onun eline kare için kılavuzluk edildi. Aşama üç, Malcolm'ın psikoloğun eline kılavuzluk yapmasını içerdi (Fakat hedeften sapmaya izin verilmedi) ve aşama dörtte psikoloğun parmakları kare içine yerleştirildi ve Malcolm'ın parmaklarını buna doğru hareket ettirmesi gerekiyordu. Hayal kırıcı bir şekilde, sonuçlar başlangıçtan tedavinin sonuna kadar görevlerin herhangi birinde anlamlı bir farklılık göstermedi. Biz uzayda bir pozisyonu lokalize etme görevinin normalde otomatik olduğunu hissettik. Bunun hakkında düşünmek zorunda değiliz, oysa ki Malcolm'un gönüllü kontrolü altında lokalizasyonu kazandırmayı denemiştik ve belki bu bizim başarısız olma nedenimizdi.

6 Editörün Notu: GRASP FIRM: İngilizce harekete geç anlamına gelir ve bu anımsatıcının harfleri Get Ready, Attend, Fixate, Scan and Move aşamalarına gönderme yaparak hatırlanmasını sağlar.

Onun lokalizasyonunu geliştirmeye yardım etmek için ikinci girişimde, biz otomatik cevapların maksatlı cevaplardan daha iyi olup olmadığını görmeyi istedik. Psikolog ilk olarak kareyi gösterdi ve daha sonra Malcolm'a hazır olur olmaz yapmasını söyledi. Yine hiçbir gelişme meydana gelmedi. Bununla birlikte Malcolm'un her zaman bir kare ile birkaç kare ile olandan daha iyi olduğu açıktı. Eğer bir kareden fazla kare gösterilirse, o sıklıkla çift görmeden şikayet etti ve bir gözü kapalı olduğunda daha iyi olduğunu söyledi. Daha sonra biz onu sistematik olarak, sağ göz kapalı, sol göz kapalı, gözler kapatılmadan ve her iki göz kapatılarak olmak üzere 4 durum altında kare ve Corsi blokları üzerinde test ettik. Birkaç denemedeki ortalaması her bir deneme için 9 testten 3 bloğa tam olarak dokunmak olurken, sol gözü kapalı iken daha iyi olduğu görüldü. Diğer durumların her birinde onun skoru her bir denemede 9'da 1 doğru ortalamaydı. Biz daha sonra gösterme ve kavrama arasında bir fark olup olmadığını araştırdık. 9 farklı gündelik nesneyi (ör; tuzluk, kalem, tarak) tekerlekli sandalye masasında düzenledik ve isimlendirilen bir nesneyi göstermesini istedik. O bunu hatasız yapabildi. Daha sonra ondan isimlendirilen bir nesneyi almasını istedik. Hafif bir beceriksizlik dışında bunu doğru olarak yapabildi. Dolayısıyla nesneleri kavrama ve gösterme yeteneği arasında fark olmadığı görülecektir (bazen unilateral ihmali olan kişilerde görüldüğü gibi (Harvey, 2001). Malcolm sağ kulağının altı, sol başparmağının ucu ve sağ gözünün iç köşesi gibi vücudunun farklı kısımlarını da doğru olarak gösterebildi.

Böylece, nesneler birbirinden farklıysa, 9'lu bir dizi nesne beraber sunulduğunda bile Malcolm'un bunlar ile baş edebildiğini bulduk. Daha sonra onun tepsisine 9 kaşık koyduk. 8'i tatlı kaşığı ve 1'i çorba kaşığıydı. O çorba kaşığını tam olarak lokalize edebildi ve bazen ona bakan ve bazen ondan uzakta olan sapını kavrayabildi. Üstelik bunu az bir beceriksizlikle yaptı. Bununla birlikte, bir dizi aynı kaşıktan bir kaşık seçmesi (bizlerden biri tarafından gösterilen) istendiğinde o sıklıkla yanlış kaşığı seçti.

Bir sonraki basamak Malcolm'un, bir şekilde Corsi bloklarını işaretleyerek onlar üzerindeki performansının gelişip gelişemeyeceğini görmekti. Biz blokları 1'den 9'a kadar numaralandırdığımızda ve Malcolm'dan 6 numarayı (ya da her ne ise) göstermesini istediğimizde, o performansını %90 üzerinde geliştirdi. Daha sonra biz bloklar üzerine küçük nesneler yerleştirdik (her bir blok üzerinde farklı bir nesne). Test eden ilkin bir nesne gösterdi ve daha sonra Malcolm'un nesneyi bulmasını istedi. 1999'da her bir denemede 5/9 doğru ortalaması vardı. Fakat o bu görevi 2000'e kadar yapabildi ve genellikle 4 durum altında %100 doğru puan aldı. Daha sonraki bir durumda, biz farklı renkli kağıtları blokların üzerine yapıştırmayı denedik ve bu da onun performansını geliştirdi. Böylece, Malcolm uzayda nesneleri lokalize edebiliyordu. Eğer nesneler benzer ise nesneler arasında uzaysal olarak ayırım yapamıyordu. Bu onun simultanagnozisi nedeniyle olabilirdi. Eğer o aynı anda sadece bir nesneye dikkatini verebiliyorsa, daha sonra sunulan iki ya da daha fazla nesne dikkatini dağıtıyor olabilirdi. Oysa ki bir dizinin benzer olmadığından emin olma bu dikkat dağıtıcılığı azaltabilirdi. Ayrıca, bu gelişmelerin Malcolm yorgun olmadığı zaman en iyi sonuç verdiği de doğruydu. Birkaç denemeden sonra onun performansı tipik olarak bozuldu.

Kısacası, biz aynı ya da çok benzer nesneler dizisinden Malcolm'ın lokalize etme yeteneğini geliştiremeyebilirdik. Fakat (1) aynı zamanda sadece 1 nesne göstererek ya da (2) bir diğerine benzemeyen nesneler dizisi yaparak ya da (3) nesneleri ayırmak için benzer nesneleri numaralar ile işaretleyerek onun bunu kompanse etmesine yardımcı olabilirdik.

Malcolm'un topografik bilgisine dair araştırmalar

Malcolm'un uzaysal lokalizasyon ile ilgili probleminin çevre ile ilgili daha genel problemlere yayılacağından şüphelendik yani uzaydaki yerini bilmede zorluğa sahip olabilir. Bu durumda biz onun topografik bilgisini araştırmaya başladık. Ona İngiltere'de bildiği kasaba ve şehirleri sorduk ve o 11 tane listeledi. Daha sonra ona boş bir İngiltere haritası gösterdik ve ondan haritada 11 kasabayı göstermesini istedik. Sağ harita konumuna yakın olan Cambridge dışında Malcolm çok kötüydü. Tabii ki, bu onun kesin olarak işaretleyemeyebileceği için olabilirdi ve bu yerlerin lokalizasyonuna dair iyi bir iç bilgiye sahip olması olasıdır. Profesör Andrew Young ve birkaç stajer klinik psikolog ile Malcolm'un topografik bilgisine dair detaylı bir araştırmaya başladık. (Wilson et al., 2005).

Kişinin yönünü bulmadaki problemleri genellikle "topografik oryantasyon bozukluğu (disoryantasyon*)" olarak adlandırılmasına rağmen, topografik oryantasyon bozukluğunun farklı tipleri ve altında yatan çeşitli sebepleri olabilir. 1999'da Aguirre ve D'Esposito 4 tip topografik bozukluk olduğunu ileri sürdü: işaret agnozisi; egosentrik oryantasyon bozukluğu; pozisyona dair oryantasyon bozukluğu ve anterograd (ileriye dönük) oryantasyon bozukluğu. Onlar; yönümüzü bulmamız için çevredeki benzer binaları ve simgeleri tanımlayabilmemizin, mevcut olan herhangi bir işarete göre pozisyonumuzu (egosentrik) belirtebilmemizin gerekli olduğuna inanırlar. Belirli bir amaca ulaşmak için takip edilecek yöne özgü bir fikir oluşturmaya dair daha soyut (ekzosentrik) betimlemeler kullanabilmemizin ve yeni ve değişmiş çevreye cevaben öğrenebilmemizin ve bilgiyi güncelleyebilmemizin gerekli olduğuna inanırlar. Bu yeteneklerin her birinin bozukluğu sırasıyla işaret agnozisi, egosentrik oryantasyon bozukluğu, pozisyona dair oryantasyon bozukluğu ve anterograd (ileriye dönük) oryantasyon bozukluğuna yol açar.

Simge agnozisinde, en önemli bozukluk belirgin, anlamlı çevresel özellikleri tanımlamadaki yetersizliktir. Bu yüzden simgeler oryantasyona dair amaçlar için kullanılamayabilir. Bunlar topografik oryantasyon hakkında en iyi çalışılmış durumlar arasındadır ve dil ve fuziform girus alanındaki bir kortikal bölgenin işaret tanımlamayı içerdiğini kanıtlar.

Egosentrik oryantasyon bozukluğu olan hastalar bilateral ya da sağ parietal lob hasarına sahiptir ve geleneksel olarak topografik oryantasyon bozukluğuna sahipmiş gibi etiketlenmektedir. Bozukluklar katı bir şekilde topografik alan ile sınırlı değildir. Fakat mental rotasyon ve uzaysal dizi görevlerini içeren görsel uzaysal paradigmalara ait geniş bir yelpazede görülür (Aguirre and D'Esposito, 1999).

Pozisyona dair oryantasyon bozukluğuna sahip olan kişiler simgeleri tanımlar. Ancak yön ile ilgili bilgiyi bu simgelerden çıkaramayabilir. Kendi çevreleri içerisinde egosentrik yön ya da "pozisyon" duygusunu kaybetmiş görünürler. Bu hastaların çok azı tanımlanmaktadır ve gözlemler belirsiz olarak kabul edilir. İlgili anatomik alanın sağ posterior singulat bölge olduğuna inanılır.

Aguirre ve D'Esposito'nun oryantasyon bozukluğu tiplerinin sonuncusu anterograd oryantasyon bozukluğudur. Şimdiye kadar tanımlanan üç tipte, hastalar hem yeni hem de alışılmış çevrelerde problemlere sahiptir. Ancak dördüncü tipteki hastaların problemleri birincil olarak yeni çevre ile ilgilidir. Lezyonlarından önce en az 6 ay süreyle bildikleri çevrelerde hiçbir zorluğa sebep olmamalıdır. Sorumlu olan alan parahipokampal bölge olarak görünür.

Malcolm'ın egosentrik oryantasyon bozukluğuna sahip olduğuna inanıyoruz. Aguirre ve D'Esposito'nun ileri sürdüğü gibi, bu sadece birinin yolunu bulması ile ilgili bir problem değil ama vücut merkezli koordinatlarda pozisyonları kodlamada daha genel bir yetersizlikten kaynaklanır. Bu yüzden egosentrik oryantasyon bozukluğu daima çok çeşitli görsel uzaysal görevlerdeki bozukluklar ile bağlantılı olacaktır. Bu bozukluğa sahip birkaç hasta tanımlanmaktadır. 5'i Aguirre ve D'Esposito'nun yazısında tanımlandı.

İlki, başının sağ tarafından giren ve sol tarafından çıkan bir makinalı tüfek kurşunuyla yaralanmış bir askerdi. Esas hasarlı alanın angüler girus komşuluk alanı içerisinde ya da çevresinde olduğu görüldü (Holmes and Horrax, 1919). Algıladığı ve tanımladığı nesnelere doğru tam olarak yönelemiyordu. O sıklıkla nesneleri görmesine rağmen yürüdüğü zaman nesnelere çarpıyordu. Aynı anda bir nesneden daha fazlasını algılamada zorluğu vardı. Kelimeleri doğru sırada okuyamadığı için okuması etkilenmişti. Yazabilmesine rağmen, kelimeleri bir sayfa üzerinde düzensiz olarak yerleştirdiği ve bazen bir kelimeyi öbürünün üzerine geçirdiği için yazısı hemen hemen okunamazdı. Geçmişte edindiği topografik anılarını hatırlayamadı ve yeni çevrede yönünü öğrenemedi.

1977'de Kase ve arkadaşları, otopsi muayenesinde bilateral superior parietal loblarda infarktları olduğu bulunan 63 yaşında bir kadını tanımladılar. O ölmeden önce muayene edildiğinde, görüşü kullanarak uzayda nesneleri konumlandıramıyordu ve sesi de doğru olarak konumlandıramıyordu (Holmes ve Horrax'ın hastalarından farklı olarak). Yazamıyordu fakat ayrı ayrı kelimeleri ve kısa cümleleri okuyabiliyordu. Hastane çevresinde yönünü bulamıyordu. 6 yataklı hastane servisinde yatağını konumlandıramıyordu ve yatağında doğru yönde yatmayı çok zor buluyordu. Bunu yapmaya çalıştığında yatağa çapraz uzanabiliyor ya da baş aşağı yaklaşımlarını içeren birkaç yaklaşım deneyebiliyordu. Sandalyede doğru oturmayı zor buldu. Sokakta yolunu kaybetti ve yine Holmes ve Horrax tarafından tanımlanan asker gibi görebildiği ve tanımlayabildiği nesnelere çarptı.

Levine ve arkadaşları (1985), bilateral parietal lezyonları takiben görsel oryantasyon bozukluğu olan 43 yaşında bir adam tanımladılar. Nesneleri tanımlama problemi olmamasına rağmen, iki nesneden hangisinin kendisine daha yakın olduğunu söyleyemedi. Nesnelere tam doğru olarak ulaşamadı ve yürüdüğü zaman nesneler ile çarpıştı. Hareketli olan nesneleri takip etmekte ve sabit olanlar üzerinde fiksasyon sağlamada zorluğu vardı. Bir paragraftaki birkaç izole edilmiş fakat rastgele düzende olan kelimeyi okuyabildi. Sıklıkla kendi evinde kayboldu. Caddede karşıdan karşıya geçemedi çünkü trafiğin hızı ve mesafesini yargılayamadı ve evinden köşedeki bakkal dükkanına nasıl gideceğini tanımlayamadı. 5 yıl boyunca haftada birkaç kez bu gezintiyi yapmıştı. Bununla beraber dükkanı ve sahibini tanımlayabildi.

Diğer iki hasta Aguirre ve D'Esposito tarafından rapor edildi. Bunlardan biri Manken Testini (Ratcliff, 1979) yapamadı ve diğeri Corsi Bloklarını yapamadı. Her iki test, performansı son derece zayıf olan Malcolm'a verilmişti.

Daha sonra 5'inin hepsi nesneleri tanımlayabildi ve isimlendirebildi. Hepsi uzayda nesneleri bulmada ve/veya uzaysal ilişkilerini yargılamada zorlandı. Bazısı tek kelimeleri ve kısa cümleleri okuyabilmesine rağmen çoğunun okuma ile ilgili sorunları vardı. Sırasıyla kelimeleri okumanın büyük zorluk olduğu görüldü. Yazma problemleri de bildirildi. 5 hastanın 4'ü bilateral parietal ya da oksipital-parietal hasara sahipti ve biri için (Hanley ve Davies, 1995) bildirilen bir hasar alanı yoktu. Ayrıca Aguirre ve D'Esposito; görsel tanımanın nispeten iyi korunduğu bildirilmesine rağmen, bu hastaların hiçbirinin "simge" uyarısı kullanarak görsel tanıma görevleri üzerinde özel olarak test edilmemiş olduğuna işaret etti. Bu hastalar da (ya da bunlardan bazıları) Balint's sendromuna sahip olmuş olabilirdi ve Balint's sendromlu kişilerin yönlerini bulmada zorluğu olduğu bildirilmiştir. Biz Malcolm'da Balint's sendromu olduğunu zaten tartışmıştık. Egosentrik oryantasyon bozukluğu olan herkeste bunun olması mümkün mü?

Malcolm'da egosentrik oryantasyon bozukluğu var mı?

Malcolm, Aguirre ve D'Esposito'nun yazısında tanımlanan 5 hastada görülen özelliklerin birçoğunu taşır. (1) O bilateral parietal lob hasarına sahipti. (2) Nesneleri tanımlayabilir ve isimlendirebilir. (3) Manken testinde (Ratcliff, 1979), şans eseri rastlanan zayıf uzaysal betimlemesi var. (4) Okuma ve yazmada problemleri var. (5) Tam olarak ulaşamayabilir ve (6) özellikle Corsi blokları testinde zayıftır. Yani Malcolm'un görsel- uzaysal problemleri diğer egosentrik oryantasyon bozukluğu olgularında belirtilenlere benzerdir. Fakat onun topografik yetenekleri nasıl?

O tekerlekli sandalyede olduğu ve tuvalet, giyinme ve banyo yapmayı içeren birçok görevde yardıma ihtiyaç duyduğu için ve asla yalnız dışarı çıkmadığı için biz Malcolm'un evinin içinde ve dışında kaybolacağından emin olduğumuzu söyleyemeyiz. Bununla beraber o düzenli olarak seyahat etse bile rotayı tanımlayamayacağı kesindir. Birkaç yıl haftada 2 kez (spesifik olarak adapte edilmiş bir araba tarafından alındı) günlük merkeze ya da özel bir eğitim sınıfına katıldığı koleje nasıl gidileceğini başkasına söyleyemez. Bir rotayı tanımlama girişiminde, O mesafeler ve yönler üzerinde az ayrıntı verir ya da ayrıntı vermez. Bununla beraber yön bulma işaretlerini tanımlayabilir.

Malcolm genellikle kendi dairesindeki yerleri lokalize edebilir. Ör; gözleri açıkken yatak odasını göstermesi istendiğinde, doğru yönü gösterir. Ancak gözleri kapalı olduğunda olağanüstü şekilde zayıftır. Yani, çamaşır makinesi, buzdolabı, bilgisayar vs. göstermesi istendiğinde, o bazen odanın yanlış tarafını işaret eder ve asla nesnenin 91 cm (3 feet) içinde bulunduğu geçiş yörüngesini göstermez.

Biz McCarthy ve arkadaşları (1996) tarafından geliştirilmiş ünlü bir yön bulma işareti tanıma testi ile Malcolm'u test etmeye devam ettik. Her bir ünlü binanın ya da yerlerin adları sorulduğu zaman 16/25 doğru ile skorlandı. Yaşları eşleştirilmiş 10 kişilik kontrol grubunun ortalama skoru 15.2 idi. (aralık 13-16; SS 1.14) Bu Malcolm'un performansının bozulmamış olduğunu gösterdi. Biz diğer bir durumda bir hafta ya da daha sonra; her bir simge hakkında hafızasından bilgi sağlamasını istedik; o 25 durum üzerinde 23 doğruya sahipti. Bu bilinen simgelere dair semantik bilginin korunduğunu gösterdi. Ör; Piramitler nedir ve onlar neredédir? sorusuna Firavunlar tarafından ayrı ayrı firavunlar için mezar olarak inşa edilmiştir-müze gibi., onlar Mısırda'dır şeklinde cevap verdi.

Cambridge yön bulma işaretleri testleri

Malcolm'un topografik problemlerini daha iyi anlamak için Aguirre ve D'Esposito (1999) tarafından önemli olarak tanımlanan yetenekleri incelemeye yönelik bir dizi test oluşturduk. Bu testlerin hepsi Malcolm'un hayatının büyük bir bölümünü geçirdiği Cambridge'deki yerlerin genel bir bölümüne dayandırıldı.

Malcolm'un bildiğini söylediği Cambridge'deki 20 binanın ve simgelerin her birine dair 4 farklı bakış açısından fotoğrafını çektik. Bu 80 fotoğraf 2 yıldan daha fazla süredir Cambridge'de yaşayan 12 kişiye tanımaları için gösterildi. Daha sonra biz 12 kontrol olgusu arasında en yüksek tanıma puanı ile 12 simgeyi gözden geçirdik. Bu 12 yer, 2 fotoğraf temelli ve 2 bütünüyle sözel olarak yönetilen topografik yeteneklere dair testlerin oluşturulması için kullanıldı. Testler, Malcolm'a ve hepsi en az 3 yıl Cambridge'de yaşamış ve Cambridge'i iyi bildiklerini hisseden yaşları eşleştirilmiş 5 kontrole verildi.

Test 1: Yer tanıma

Yer tanıma egosentrik oryantasyon bozukluğu olan kişilerde bozulmamalıdır varsayımı ile her bir 12 konuma dair fotoğrafı Malcolm ve 5 kontrol kişisine gösterdik. Bunlar, konumların doğru olarak tespit edilmesi sayısına göre 0'dan 12'ye kadar bir puana sebep olan sözde rastgele sırada bir sabitleme ile bir defada biri olacak şekilde gösterildi. Eğer adı doğru bilinmediyse, tanımlama bilgisini (ör; Hills yolunun köşesindeki kilise) kabul ettik.

Test 2: Egosentrik bir koordinat çerçevesinde oryantasyon

Bu test 3 konuma dair 2 farklı fotoğraf kullandı. Herhangi bir denemede, yerin nerede olduğuna dair hiçbir tanıtıcı bilgi ya da gösterge olmadan 1 fotoğraf gösterildi. Daha sonra katılımcılara bu fotoğrafta gösterilen bina ile karşı karşıya iseler, 12 konumun herhangisinden başka bir konumda olan X'e ulaşmak için sağa mı sola mı dönecekleri soruldu. 6 fotoğrafın her biri, sorudaki farklı bir hedef konum ile her defasında 2 kez kullanıldı. Böylece doğru cevap denemelerin %50'sinde sol ve %50'sinde sağ olacaktı. Ortaya çıkan 12 deneme sözde rastgele sabitlenmiş bir düzende verildi. Yönlerin doğru seçimi 0'dan 12'e kadar bir puana sebep olur (6/12 doğru şansı 1/4). Eğer Malcolm'da egosentrik oryantasyon bozukluğu varsa, kendisi ile ilgili olan iki konumun her birinin yerini bilmek zorunda olduğu için (egosentrik bir görev) onun bunu zor bulacağını tahmin ettik.

Test 3: Egzosentrik bir temsilin (sunumun) kullanımı

Bu test konumların adlarına dayandırıldı ve fotoğraf kullanmadı. 12 denemenin her birinde, katılımcıya hedef konuma daha yakın olan 2 olası konumun hangisi olduğu soruldu (ör; Hangisi the Fitzwilliam Muzesine, eski Addenbrooke hastanesine ya da Guildhall meydanına daha yakındır?). Cambridge sakinleri tarafından bilinen 12 konumun her biri, sözde rastgele sabitlenmiş bir düzende, doğru cevapların sayısına (6/12 doğruda 1/4 şans) göre 0'dan 12'ye kadar bir puan sağlayarak hedef olarak kullanıldı. Bu görev egzosentrik betimlemeleri içerdiği için Malcolm'ın bu görevi yapabileceğini tahmin ettik.

Test 4: Rota bilgisi

Bu bizim ikinci sözel görevimizdi. 6 çift konum arasında bir rota tanımlamayı sorduk (Ör; Browns'dan itfaiye istasyonuna nasıl gidersiniz?). Testte kullanılan 6 çifti oluşturmak için 12 konumun her biri bir kez kullanıldı.

Bu testteki cevapları puanlamak için, 6 rota bilgisi sorularına karşı Malcolm'ın ve 5 kontrolün cevapları birebir yazıldı ve en iyiden (oran 5) en kötüye (oran 0) kadar her soruya 6 cevabı oranlaması istenen 3 yerel kişi ile körleme sağlandı. Böylece her bir değerlendiriciden maksimum 30 puan elde edildi (6 sorunun her biri için 0-5 oranlamasının toplamı). Aguirre ve D'Esposito'ya göre hem ekzosentrik hem de egosentrik betimlemeler içerdiği için Malcolm'ın bunu zor bulacağını tahmin ettik.

Test sonuçları

Böylece biz Malcolm'a normal performans göstereceğini umduğumuz 2'si egzosentrik görev ve etkilenmiş performans göstereceğini beklediğimiz 2'si egosentrik olan 4 görev verdik. Katılımcılara özellikle fotoğrafları tanımada yardım edilmediğinden ya da bir görevden diğerine ipucu verilmediğinden emin olmak için, ilkin 1. test, ikinci 2. test, üçüncü 3. test ve dördüncü 4. test olacak şekilde testleri sabit bir sırayla yaptık. 5 kontrolün yaptığı gibi, Malcolm simge tanımada 12/12 puan aldığından dolayı tahminlerimizin hepsi karşılandı. Kontrol katılımcıları 11'den 12'ye kadar sınıflanan puanlar alırken O egosentrik oryantasyon testinde 2/12 puan aldı. Ekzosentrik oryantasyon görevinde, kontrollerin aralığı 11-12 iken Malcolm 12/12 puan aldı. Rota bilgisi görevinde 3 kör değerlendirmecinin hepsi Malcolm'ın cevaplarını 0/30 olarak derecelendirdi. Onun cevaplarına dair bir örnek "Roman Katolik Kilisesin'den Eski Addenbrooke Hastanesine nasıl gidersin? sorusundan gelir. Malcolm "geri dönün ve ileri doğru gidin…." (uzun duraksama), "nerede olduğunu biliyorum fakat gerçekten tanımlayamıyorum" dedi. Kontrollerin cevaplarının biri "Hill yolundan sola dönün. Lensfield yolu üzerinde kesişen yollardan sola dönün. Lensfield yolunun sonuna gidin. Küçük döner kavşaktan sağa dönün ve Eski Addenbrooke's yaklaşık 150 metre aşağıda sağ taraftadır" idi. Malcolm'un zayıf performansının sadece (basit bir şekilde) onun hiç yalnız başına dışarı çıkmadığı gerçeğinden dolayı olmadığından emin olmak için; yalnız başına hiç dışarı çıkmadığı ve bir tekerlekli sandalyeye mahkum olduğu için Kate'e (21. Bölüme bakınız) 4 görev verdik. Kate'in performansı sağlıklı kontrollerden farksızdı.

Sonuçlar

Malcolm'u uzun zamandan beri tanımamıza rağmen, birçok yönden onun hayatında çok az bir farklılık oluşturduk. O oldukça engelli ve bakımı için başkalarına bağımlı kalır. Muhtemelen biz onun iyiliğine 3 katkı sağladık. Biri, ona ve bakıcısına onun probleminin doğasını ve niçin meydana geldiğini açıklamak olmuştur. Özellikle onun zayıf görüş yeteneği ya da kasıtlı olarak beceriksiz olma gibi yanlış anlamaların bazısını giderebildik. Örneğin ona yardım edenlerin biri bilgisayar klavyesi üzerinde daha büyük tuşların Malcolm'a yardım edebileceğini düşündü. Biz bunun, onun aynı anda iki şeyi görmedeki yetersizliğine yardımcı olmayacağını ve belki de tuşları farklı renkler yaparak onların mümkün olduğunca birbirinden farklı olmasının daha iyi olacağını açıkladık.

İkinci katkımız onun simultanagnozisini ve zayıf uzaysal yeteneklerini kompanse etmek için birkaç yol bulmak olmuştur. Bu herhangi bir dizide daha fazla ayırt edilebilir uyarı oluşturarak kazanılmıştır. Ör; benzer nesnelerin üstünde (tepesinde) farklı sayılar ya da renkler kullanma. Biz Malcolm'ın uzayda kendini daha doğru olarak pozisyonlamasına yardımcı olamadık ve o tekerlekli sandalyesinde oturuyor ve tuhaf ve garip pozisyonlarda yatağında uzanıyor. Biz bunun daha iyi bir tekerlekli sandalye ve yatak yoluyla yönetilmesi gerektirdiğini hissediyoruz ve onun yerel hizmetleri bunu düzenlemeye çalışıyor fakat buradaki süreç çok yavaştır.

Yaptığımız ve iyi belgelenmemiş olan üçüncü katkı, yıllar içerisinde Malcolm için duygusal desteğin sağlanmasıdır. Hemen hemen 14 yıl boyunca, düzenli olarak klinik psikologlar ve stajer klinik psikologlar tarafından ziyaret edildi. Malcolm değişik zamanlarda, endişe ettiği problemleri gündeme getirmiştir. Bunlara yönelmeyi denediğimiz zaman, o geri adım attı ve daha fazla endişelenmediğini ya da daha önce söylediği şeyi unuttuğunu söyledi. Bizim hissiyatımız onun terk edilme ve sahip olduğu bağımsızlık seviyesini (sınırlı da olsa) kaybetme korkusu olduğudur. O çok savunmasız hissettiği zaman örneğin bir stajyer psikolog ayrıldığı ve başkası devraldığında, onun sorunları büyüttüğü görülür. Psikolojik desteğin devam edeceğine güvence verildiğinde o sakinleşti. Esas destek Malcolm'ın kendi kaygıları ve endişeleri hakkında konuşmaya izin vermesi için orada olmak ve onun bakımıyla ilgilenen çeşitli kurumlar arasında aracılar olarak rol oynamaktı. Bazıları bu özel durumda, bunun psikoloğun görevi olmadığını savunabilir buna rağmen, biz en uzun süre onunla temasta olanlardık ve Malcolm'ı şimdi terk etmenin ona haksızlık olacağı hissiyle devamlılığı sağlamış olduk.

Kaynakça

Aguirre, G.K. and D'Esposito, M. (1999). Topographical Disorientation: A Synthesis and Taxonomy. Brain, 122, 1613–28.

Baddeley, A., Emslie, H. and Nimmo-Smith, I. (1992). The Speed and Capacity of Language Processing Test. Bury St Edmunds: Thames Valley Test Company.

Balint, R. (1909). Seelenlähmung des "Schauens", Optische Ataxie, Räumliche Störung der Aufmerksamkeit. Monatsschrift für Psychiatrie und Neurologie, 25, 51–81.

Benton, A.L. Hamsher, K. de S., Varney, N. And Spreen, O. (1983). Contributions to Neuropsychological Assessment: A Clinical Manual. Oxford: Oxford University Press.

Hanley, J.R. and Davies, A.D. (1995). Lost in Your Own House. In R. Campbell and M. A. Conway, eds., Broken Memories: Case Studies in Memory Impairment. Oxford: Blackwell, pp.195–208.

Harvey, M., Jackson, S.R., Newport, R. et al. (2001). Is Grasping Impaired in Hemispatial Neglect? Behavioural Neurology, 13, 17–28.

Holmes, G. (1918). Disturbances of Visual Orientation. British Journal of Ophthalmology, 2, 449–68, 506–16.

Holmes, G. and Horrax, G. (1919). Disturbances of Spatial Orientation and Visual Attention, with Loss of Stereoscopic Vision. Archives of Neurology and Psychiatry, 1, 385–407.

Kase, C.S., Troncoso, J.F., Court, J.E., Tapia, J.F. and Mohr, J.P. (1977). Global Spatial Disorientation. Clinico-Pathologic Correlations. Journal of the Neurological Sciences, 34, 267 78.

Levine, D.N., Warach, J. and Farah, M.J. (1985). Two Visual Systems in Mental Imagery: Dissociation of 'what' and 'where' in Imagery Disorders due to Bilateral Posterior Cerebral Lesions. Neurology, 35, 1010–18.

McCarthy, R.A., Evans, J.J. and Hodges, J.R. (1996). Topographic Amnesia: Spatial Memory Disorder, Perceptual Dysfunction or Category Specific Semantic Memory Impairment? Journal of Neurology, Neurosurgery, and Psychiatry, 60, 318–25.

Phillips, W.A. (1983). Short-term Visual Memory. Philosophical Transactions of the Royal Society B, 302, 295–309.

Ratcliff, G. (1979). Spatial Thought, Mental Rotation and the Right Cerebral Hemisphere. Neuropsychologia, 17, 49–54.

Raven, J.C. (1960). Guide to the Standard Progressive Matrices. London: Lewis and Co. Rizzo, M. and Vecera, S.P. (2002).

Psychoanatomical Substrates of Bálint's Syndrome. Journal of Neurology Neurosurgery, and Psychiatry, 72, 62–78.

Schonell, F.J. and Schonell, F.E. (1963). Diagnostic Attainment Testing. Edinburgh: Oliver & Boyd. Warrington, E.K. and James, M. (1991). VOSP:

The Visual Object and Space Perception Battery. Bury St Edmunds: Thames Valley Test Company.

Wilson, B.A., Cockburn, J. and Baddeley, A.D. (1985). The Rivermead Behavioural Memory Test. Bury St Edmunds: Thames Valley Test Company.

Wilson, B.A., Cockburn, J. and Halligan, P.W. (1988). The Behavioural Inattention Test. Bury St Edmunds: Thames Valley Test Company.

Wilson, B.A., Clare, L., Young, A. and Hodges, J. (1997). Knowing Where and Knowing What: A Double Dissociation. Cortex, 33, 529–41.

Wilson, B.A., Berry, E., Gracey, F. et al. (2005). Egocentric Disorientation Following Bilateral Parietal Lobe Damage. Cortex, 41, 547–54.

21 Kate: Birkaç Aydır Tepkisiz Olan Genç Bir Kadının Bilişsel İyileşmesi ve Duygusal Adaptasyonu

Barbara A. Wilson, çeviren: Fatma Girgin Kardeş

Bu bölüm birkaç aydır bitkisel yaşamda olduğu rapor edilen genç bir kadını tanıtıyor. Ciddi fiziksel bozukluklara rağmen iyi bir bilişsel iyileşme gösterdi ama duygusal adaptasyon için uzun dönemli desteğe ihtiyaç duydu. Bu vaka Kate'in güçlü yönleri ve zorluklarına dair ortak bir anlayış geliştirilmesinin kendisi ve etrafındakiler için sosyal kimlik algısının yeniden inşasında nasıl önemli bir adım olduğunu gösteriyor. Bu, sonuçta sosyal katılımı sağladı.

Arkaplan ve hastalık

Kate 1970'de doğdu. Cambridge'de yaşayan profesyonel bir ailenin ikinci kızıydı. Ciddi bir hastalık yaşamadan normal, mutlu bir çocukluk geçirdi. Ablası medikal doktor olarak eğitim aldı ve Kate tarih çalışmak için üniversiteye gitti. Mezun olduktan sonra Kate ilkokul öğretmeni olarak eğitim gördü ama açıklayarak anlatmada iyi olmadığını hissettiği için Peterborough yakınında bir ana okulunda çalışmayı seçti. Evlenmeyi umduğu erkek arkadaşı ile yaşıyordu ve birkaç çocuk sahibi olmayı planlıyorlardı. 26 yaşında Kate'in boğaz ağrısı ve baş ağrısı oldu. Annesi ne olduğunu şöyle anlattı:

> Bir pazar Kate boğaz ağrısı olduğunu söylemek için telefon etti. Pazartesi işe gitti. Salı onu aradım ama Kate ile konuşmadım, erkek arkadaşı ile konuştum. Kate'in iyi olmadığını ve yatakta olduğunu söyledi. Erkek arkadaşı çarşamba işe gitti ve geri döndüğünde onu uyandıramadı. Bir ambulans çağırdı ve Kate kendisinin komada olduğunun söylendiği hastaneye alındı. Neyi olduğunu bilmiyorlardı. Ertesi gün Dr Allen, Addenbrooke's'dan geldi ve Kate'in direk oraya gitmesi gerektiğini söyledi. Bir ambulans ayarladı. Bizim komşumuz ve bizi tanıyan biri olduğu için rahatladım. Kate Addenbrooke's'a gitti, orada durumunu teşhis etmek onlar için zor oldu ama akut dissemine ensefalit olduğu bulundu. Dr Allen ensafalit olduğunu bilmelerine rağmen duruma özgü virüsü tanımlayamadıklarını söyledi. Aynı zamanda Kate'in bağışıklık sisteminin kapanmadığını ve bunun anlamının Kate'in beyin sapına saldıran bağışıklık sistemindeki hasarla beraber ensefalitten hasarı da olduğunu söyledi.

O sırada bir CT taraması geniş bir ventroponto medullary (beyin sapı) lezyonu ve her iki thalamusda lezyonlar ile birlikte yaygın serebral şişlik gösterdi. Manyetik rezonans görüntüleme (MRI) taraması bunu onayladı. Kate'in beyin sapında, iki talamus ve her iki medial temporal lobda yaygın hiperintensitesi olduğu bulundu. Bitkisel yaşamda olan insanların kalıcı bilişsel işlevlerini değerlendirmeye çalışan bir pozitron emisyon tomografisi (PET) çalışmasına katılması için yönlendirildi (Menon ve ark., 1998; Owen ve ark., 2002). PET tarama sonuçlarını tartışmadan önce, farkındalığı ciddi şekilde azalmış hastalarda görülen üç durum olduğu ve bunları birbirinden ayırt etmek zor olduğu için komanın tanımından, bitkisel yaşam ve minimal bilinçlilikten söz edeceğiz.

Koma, gözlerin devamlı kapalı olduğu uyku-benzeri bir durumdur, hem niyetli hareketler hem de uyku-uyanıklık döngüsü yoktur ve kendi varlığının farkında olunduğuna dair bir kanıt yoktur. Komadaki kişi yönergelere ve konuşmaya tepki vermez ve uyandırılamaz. Solunum işlevi de çökmüş olabilir. Glasgow Koma skalası (GKS; Teasdale ve Jennett, 1974) beyin hasarının ciddiyetini ölçen en yaygın araçtır. Skalanın, 3'den 15'e olan aralığı (1) gözlerini açma, (2) en iyi motor cevap ve (3) en iyi verbal cevaba bağlı sonuçları gerektirir. 6 saat süren en az 8 veya daha düşük bir GKS'nun ciddi kafa yaralanmasını yansıttığı düşünülür ve 24 saat süren 8 ve daha düşük bir GKS çok ciddi bir kafa yaralanması olarak değerlendirilir. Koma, tabi ki travmatik olmayan sebepleri takiben olabilir, örneğin solunum yetmezliği veya Kate'in vakasındaki gibi ensefalit.

Ciddi beyin hasarı yaşayan hastalar kalıcı olarak bilinçsiz olarak ya da kalıcı bitkisel durumda (KBD) kalabilirler. KBD'nin yaygın sebepleri kafa yaralanması ve beyne hasar veren hipoksiyi içerir. KBD'nin teşhisi için kriter pekçok grup tarafından ortaya konuldu ama bu kriterler pratikte her zaman kullanışlı değildir. KBD'yi teşhis etmek özellikle önemlidir çünkü bir kere tanı konulursa aktif medikal tedavi durdurulabilir. Bir KBD'nin teşhisi farkındalık yokluğunu gösteren kanıtın sağlanmasına bağlıdır. Bir bireyin farkındalık seviyesini değerlendirmede ve bu sebeple KDB'nin teşhisinde belli problemler vardır (Shiel ve ark., 2004). Shiel (2003)'e göre komadaki bir kişi bir kere gözlerini açtığında (ve ciddi vakalarda bile bu dördüncü hafta civarında neredeyse daima olur), biz onların komada olduklarını artık söyleyemeyiz. Koma bitkisel duruma (BD), minimal bilinçlilik, bilinçlilik veya ölüme dönüşür. BD'daki insanlarda farkındalık yoktur, acı hissetmezler, niyetli davranış yoktur ama uyku-uyanıklık döngüsüne sahiptirler ve normal solunum işlevleri olabilir. Minimal bilinç durumundaki (MBD) insanlar sınırlı düzeyde kendi-farkındalıklarına sahiptirler ve acı hissederler. Onlar ayrıca uyku-uyanıklık döngüsüne ve bazı sınırlı davranış kapasitesine sahiptirler. Göz açma bir kişinin komada olup olmadığına karar vermek için anahtar faktör olmasına rağmen, BD ve MBD arasında ayrım yapmak daha zordur. Temel farklılık MBD'de görülen sınırlı kendilik farkındalığıdır. Buna rağmen, beslemenin ve su vermenin bırakılmasına karar verilmesi buna dayandığından en azından Birleşik Krallık'ta ayrım önemlidir. Mahkemeler bitkisel hayattaki birinden yemek ve suyun verilmemesine karar verebilirler ama minimal bilinçlilikte birinden alınmasına karar veremezler. Bu sebeple insanlar bu ikisi arasında ayrım yapmak için objektif kriter belirlemeyi deniyorlar. Royal College of Physicians (Bates'e bakın, 2005) Birleşik Krallıkta kabul edilen yönergeler belirler. Amerika Birleşik Devletleri'nde Giacino ve Kalmar (1997) 'kavramsal olarak BD ve MBD arasında farklılık belirlemede ilkinde tam bir farkındalık kaybının olması ve sonrakinde farkındalığın kısmi korumanın olması' (s.37) olduğunu söylerler. Buna rağmen, iki durum arasında ayrım yapmanın kolay olmadığını ve bazı araştırmacıların ikisi arasında açık sınırlar bulunmadığına inandığını söyleyerek devam ederler. MBD'nin teşhisinin yapılabilmesinden önce aşağıdaki davranışlardan bir veya daha fazlasının bulunması gerektiğini söylerler.

- Basit yönergelere uymak
- Objeleri hareket ettirme
- Elle veya sözel olarak 'evet/hayır' cevapları
- Anlaşılabilir sözlü ifade veya
- Anlamlı bir ilişki içinde meydana gelen uyaran ortaya çıkaran ve refleksif bir aktiviteye bağlanmayacak sterotip davranışlar (örneğin. Göz kırpma, gülme).

BD ve MBD arasındaki sınır bölgede gözlemlenebilen diğer cevaplar gözle iz sürme, bağırma, gülümseme ve sterotipik olmayan motor davranışları içerir. Aynı iki yazar son zamanlarda iki durum arasında ayırtedici teşhis için kılavuzlar belirlediler (Giacino ve Kalmar, 2005).

İki makale BD'un yanlış teşhisi problemleri hakkında bildiride bulunurlar. Childs ve ark. (1993) ve Andrew ve ark. (1996) bitkisel olarak tanımlanan insanların sırasıyla %37 ve %40'ının yanlış teşhis edildiğini söylerler. Bu nedenle, yanlış teşhisin yaygın olduğu görülebilir, öyle ki bu bölümün konusu olan Kate, PET çalışmasında bitkisel olarak tanımlanmasına rağmen (Menon ve ark., 1998; Owen ve ark., 2002), o sırada gerçekte minimal bilinç durumunda olması mümkündür. Buna rağmen, en iyi durumda bile yönergelere cevap vermiyordu, tutarlı spontan veya ortaya çıkan hiç bir motor cevabı veya göz hareketi yoktu ve iletişim kuramıyordu. Yine de bir uyku-uyanıklık döngüsü vardı ve anektod niteliğinde kanıtlar nadiren gözleriyle aile üyelerini takip ettiğini idda ediyordu. Hiç bir resmi değerlendirme yapılmasa da, bir psikolog ve bir medikal yoğun bakım uzmanı PET taramasından önce Kate'i gözlemlemek için 2 ve 3 saat geçirdiler. Gürültülü alkış ve diğer uyaranlar yoluyla cevap ortaya çıkarmayı denediler. Kate kendisi 1997 Ekim'de hastalığının başlangıcından sonraki dört dört buçuk ay civarında uyandığını söylüyor. Bu zamanda BD'den MBD'ye geçiş yapmış olması mümkündür.

Owen ve ark (2002) PET taraması için kullanılar görsel uyaran prosedürünü tarif ederler. Kate'in ailesinden ve yaşı eşleşmiş bir kontrol partnerinden (araştırma amaçları için çocuk doğurma yaşında kadınların taraması kabul edilebilir olmadığı için kontrol bir erkek olmalıydı) on fotoğraf temin edildi. Ne Kate ne de kontrol kişisi hangi fotoğrafın sağlandığının farkında değillerdi. Fotoğraflar aile üyelerini, evcil hayvanları ve kişilerin kendilerini içeriyordu. Bunlar dijitalleştirildiler ve yüksek çözünürlüklü bir monitörde siyah zemin üzerine büyük formatta sunuldular. Monitör rahat bir görüş mesafesine yerleştirildi. Ortalama ışık ve renk skalası tanıdık yüzler ve karıştırılmış imajlar için aynı olmasına rağmen, açıkça görünür bir yapıda olmaması için fotoğrafların biçimi bozularak ve tekrar pikselleştirilerek on fotoğraftan iki set hazırlandı. Görüntüler her biri 12 saniye olarak rastgele bir sırayla sunuldu. Hem Kate'e hem de kontrol kişisine uygun olarak 'yüze bak ve kişi hakkında düşün' veya 'imaja bak' dendi.

Yüz algılama sırasında sağ hemisferde özellikle fusiform girusun posterior kesitinde bölgesel serebral kan akımı (bSKA)'de anlamlı bir değişiklik ön görüldü. Bu hem Kate'de hem de kontrol kişisinde bulundu (Owen ve ark., 2002). Figür 21.1 bu iki kişinin kontrol resimleri ve tanıdık yüzlerden sonra kan akımı miktarını içeren beyin taramalarını gösteriyor. Kate'in ve kontrol kişisinin beyinleri arasında anlamlı bir farkın olmadığına dikkat edilmelidir. Owen ve ark. 'lojistik ve prosedüre dair çoklu problemler olmasına rağmen bu sonuçlarda başlıca klinik ve bilimsel uygulamalar olduğu ve kalıcı bitkisel durum olarak teşhis edilmiş hastalarda geride kalan olası bilişsel fonksiyon sistematik bir çalışması için güçlü bir temel sağladığı kararına vardılar. (s.394)

Kate ile ilk iletişimimiz

Kate'i ilk öğrenişimiz Ensefalit Destek Grubu'ndan (şu an Ensefalit Topluluğu) gelen onu bir değerlendirme için görüp göremeyeceğimize dair soruydu. Bir telefon aramasından sonra Kate'in Cambridge'de bir hastanede zaten bir psikoloğu olduğunu öğrendik. Bir hastanede ona bakan bir psikolog verildiyse onu görmenin zor olacağını hissettik ve onu görürsek bir engelleme olarak görülecekti. Birkaç hafta sonra ciddi fiziksel engelleri olan insanlar için 'bölge evi'nden Kate'in geçici bakım için orada olduğunu bildiren bir bilgi geldi ve onun bi-

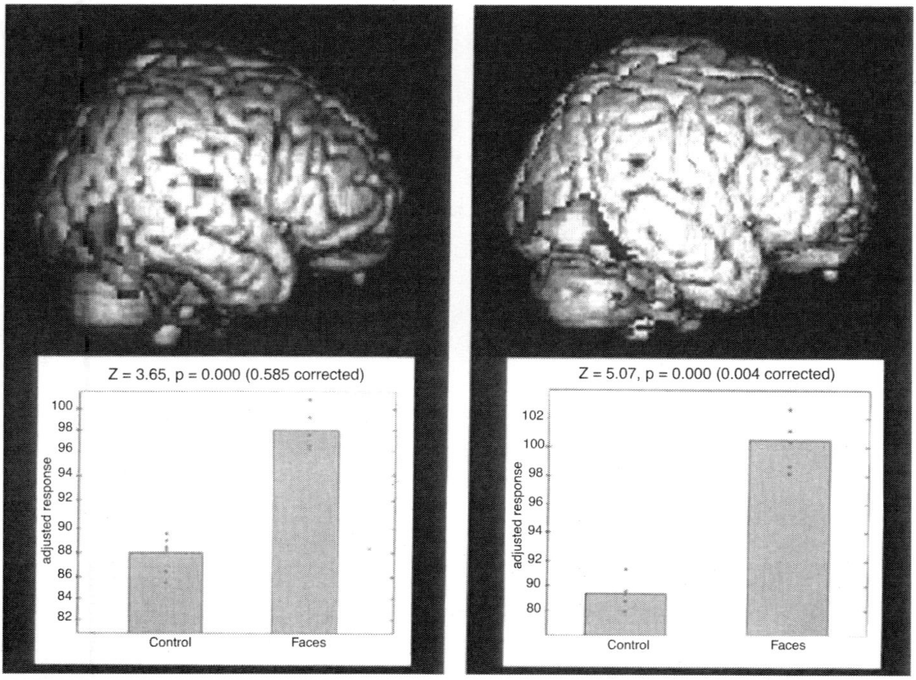

Şekil 21.1: Kate (sol) ve aynı yaşta kontrol kişisinin (sağ) PET taraması. Ayrıca renk katmanına bakın. Elsevier Ltd'nin izni le tekrar türetilmiştir.

lişsel fonksiyonlarının değerlendirilmesini istediler. Onlar için Kate'in entellektüel seviyesini bilmek zordu. Bunu Cambridge'deki psikolog hakkında açıklama yapan diğer bir telefon takip etti. Yetkili hemşire onunla konuştuğunu ve Kate'i görmemize bir itirazı olmadığını söyledi ve böylece bir randevu ayarlandı. Kate'in notlarını okurken hastalığının başlangıcından 5-6 ay ve PET taramasından 1-2 ay sonra bazı farkındalıkları geri kazandığını öğrendik. Tek kelimeleri ve 'fizyoterapiden hoşlanmama' gibi cümleleri söylediği duyulmuştu. 1998 Mayısında, yani hastalığının başlangıcından 11 ay sonra 11 ay geçireceği bir rehabilitasyon merkezine kabul edildi. Oradaki psikolog onu iki kez gördü. Raporunda iyiye yakın okuyabiliyor göründüğünü, zaman ve mekan oryantasyonu olduğunu ama yeni şeyleri öğrenmede problem yaşadığını söyledi. Tek kelime söyleyebiliyordu ama kelime tahtası kullanmayı tercih ediyordu. Sıklıkla ajite ve endişeli oluyordu ve bu onun performansını engelliyor olabilirdi. 1999 Nisanında Kate ailesinin bakımı altında o zamanda beri yaşadığı eve taburcu edildi. Birkaç haftada bir geçici bakımda iki hafta geçirdi. Bilişsel becerilerini değerlendirme isteğini aldığımızda oradaydı.

İlk değerlendirme iki ziyarete yayılan 3 saat sürdü. Bir öğleden sonra hangi testlerin alınacağından veya Kate'in etkileşiminin nasıl olacağından emin olmadan içimizden biri eve gitti. Kate tekerlekli sandalyedeydi ve ciddi dizartri nedeniyle iletişim için harf tahtasını kullanıyordu. Konuşmasını anlamada zorluk çektim ve harf tahtasına ihtiyaç duydum. Kate'e düşünce, hafıza, konsantrasyon ve buna benzer şeylerini değerlendirmek için onu görmemi istediklerini açıkladım. Ona Cambridge'de hastanede olduğunu ve orada bir psikoloğun onu gördüğünü bildiğimi söyledim. Hastaneye değindiğimde Kate endişeli ve ajite oldu. Ağlıyor ve inliyordu ve (harf tahtası yoluyla) hastaneden nefret ettiğini söyledi. Dikkatini başka yöne çekme girişimi olarak Raven'in Standart İlerleyen Matrisini (sözel olmayan akıl yürütme testi) açtım ve test hakkında ona açıklama yaptım. Çok hızlı bir şekilde göreve daldı ve çözümlerin çoğunu buldu. Kate'in tahmin ettiğimden daha akıllı olduğunu ve yanıma yanlış testleri aldığımı farkettim bu yüzden birkaç gün içinde daha fazla testle tekrar geleceğimi söyledim. Kate buna katıldı ve seansın sonunda başında olduğundan daha az rahatsızdı. Sonraki seferde Kate ya doğru cevap/yanıtı gösterme yoluyla ya da harf tahtasında cevabı heceleme yoluyla pekçok testi tamamlamayı becerdi. Hatırladığını hecelemesi için fazla uzun olacağını düşündüğüm için hikaye/yazı hatırlama gibi bazı testlerden kaçındım. Kate testleri yapmaktan keyif aldığını söyledi ve ben evdeki çalışan için bir rapor yazacağımı ve ona ve ailesine de bir kopyasını göndereceğimi söyledim.

İlk değerlendirmenin sonuçları

Kate'e ilk değerlendirme için verilen testler ve sonuçları:

1. Raven'in Standart İlerleyen Matrisi (Sözel olmayan akıl yürütmeyi değerlendirmek için). Skoru, 25. yüzde de yer aldı; maksimum 60 üzerinden 37'ydi ve bu skor ortalamadaydı.
2. Kelimeyi seçme (Premorbit becerisini değerlendirmek için Dil İşlemleme Hızı ve Kapasitesi Testinden). Ona 8 yaş skalası veren skoru 43/60 oldu. Bu düşük ortalama seviyesinde.
3. Wechsler Yetişkin Zeka Ölçeği-Revize (WAIS-R; sözel zekayı değerlendirmek için sadece verbal alt testler). Alttestlerde bireyin yaş skala skorları:

   Bilgi: 8
   Sayı dizisi: 8
   Kelime:7
   Aritmetik: 6
   Anlama: 6
   Benzerlikler: 11

   Verbal IQ: 86 (düşük ortalamada olmasına ve premorbit düzeyinin kesinlikle altında olmasına rağmen, ciddi şekilde bozulmuş değildi)
4. Rivermead Davranışsal Hafıza Testi (RDHT; günlük hafızasını değerlendirmek için: hikaye ve isim öğrenmenin dahil edildiği kısa versiyonu kullanıldı.). Kate'in skoru normal düzeyde 16/18 oldu.
5. Wechsler Hafıza Ölçeği-Revize (WHÖ-R): Görsel Hafıza Dizisi alt testi. Kate'in skoru ileri görsel dizide 7/14 ve geri görsel dizide 6/12 idi. Düşük ortalamada idi.
6. (1) Kelimeler ve (2) yüzler için tanıma hafızası. Kelimeler için Kate ona 6 yaş skalası (düşük ortalama) veren 41/50 ve yüzler için 23/50 yani bozulma ihtimali seviyesi skoru aldı.

Benim kararım, genel resim onun premorbit seviyesinden bir düşüşü yansıtmasına rağmen Kate'in tarih mezuniyeti olmasını ve öğretmenlik eğitimini tamamladığını düşünürsek, sonuçların hiç biri yüzler için tanıma hafızası dışında bozukluk düzeyinde değildi. Kate'in gerçek hayatta yüzleri hatırlama ile problemi olduğuna dair bir kanıt yoktu ve PET taraması çalışmasından tanıdık yüzleri tanımasının normal görünüşte olduğunu biliyorduk. Hiç olmazsa, işlemlemesi düşük ortalamadaydı ve uzun aylar bitkisel/minimal bilinç durumunda kalan biri için bu şaşırtıcı derecede iyiydi. Ben aynı zamanda Kate'in ilk görüşte endişeli olduğunu farkettim ve bu skorunu düşürmüş olabilir. O aynı zamanda görece zayıf görüşe sahip, bu yüzden daha iyi görmesi için materyallerin daha yakın olması veya büyük puntoda olması gerekiyordu.

Daha ileri değerlendirmeler

Ağustos ve Eylül 2000'de, Kate tekrar değerlendirildi. Daha önceki testlerin tamamı her biri yaklaşık bir saat süren üç ayrı ortamda uygulandı. Bu kez duygu durumu daha iyiydi. Endişe göstermeden ona ne olduğunu tartışabildi ve insanlara aptal olmadığını gösterdiği için testleri yapmaktan keyif aldığını harf tahtası üzerinde dile getirdi. Kate'i 50. yüzdede gösteren Raven'in Matris Skoru şimdi 43/60'tı. Kelime seçiminde yaş skalası skorunu 10 (ortalama) veren Kate biraz ilerledi (46/60). Verbal IQ'su 3 puan ilerledi. Hafıza testlerinin çoğunda da ilerledi. RDHT skoru değişmedi ama Tanıma Hafıza Testinde ve WMS-R'da skoru arttı. Yüz tanımada Kate tesadüfün üstündeydi ama hala 5. persantilin altındaydı. İleri sayı dizisi şimdi 90. Persantilde, geri sayı dizisi 59. persantildeydi.

Takip eden yıl boyunca Kate'e ilave testler verildi. Yüz tanıma testleri, duygusal ifadeleri tanıma, isimlendirme testi ve iki yürütücü işlevler testi verdik. Yaş uyumlu kontrollerle karşılaştırıldığında Kate'in duygusal ifadeleri tanımayla özellikle tiksinme ve daha az yaygın olarak korku ve sürprizde bazı zorlukları vardı (2001'de bu test tekrar uygulandığında Kate tüm duygusal ifadeler için normal skalada skor aldı.). Ünlü insanları ve ünlü markaları tanıdı (bu testler McCathy ve ark.,tarafından 1996'da tanımlandı) buna rağmen isimlendirme testinde ortalamada ve iki yürütücü işlevler testinde ortalama üzerindeydi; Wisconsin Kart Eşleme Testinde skoru %100'dü ve Brixton Uzamsal Öngörü Testinde yüksek ortalama menzilinde skor aldı. Böylece onun problem çözme becerisi ve 'iz sürme' becerisi iyi olacak gibi görünüyordu.

Bu sonuçlar cesaret vericiydi. Birkaç ay boyunca ciddi azalmış farkındalık durumunda bulunan genç bir kadın oldukça önemli bilişsel iyileşme gösterdi. Önemli fiziksel engeline ve ciddi dizartrisine rağmen sonuçları genel olarak ortalama menzildeydi. Travmatik olmayan sebepleri izleyen bitkisel durumun uzun süren periyodundan sonra insanların %10'undan azının farkındalığı iyileşir (Giacino ve Kalmar, 1997). Minimal bilinçte olan insanlar için sonuçlar daha iyi olsa da, bu özellikle süren bir travmatik beyin yaralanması (TBI) olan insanlar için doğrudur. (Kate akut dissemine ensefalit geçirmişti.). Giacino ve Kalmar (1997) çalışmalarındaki danışanlar için Engellilik Değerlendirme Ölçeğindeki performansları bildirdiler ama detaylı bilişsel değerlendirme skorlarını bildirmediler. Neredeyse kesin olarak hasar temelde beyin sapıyla sınırlı olduğu ve neokortekste olmadığı için Kate bilişsel olarak iyi görünüyordu. Eylül 2000'de değerlendirme sonrası, Kate benden sonuçları özetleyen bir mektup istedi. Kate ile beraber hala her yere giden aşağıdaki mektubu yazdım.

Kasım 10 2000

İlgili kişiye,

> Kate Bainbridge 1997'de beyin enfeksiyonundan muzdarip olarak alındı. Yaklaşık 6 ay süresince minimal bilinç durumunda kaldı. Bu, gözlerini açabiliyor ve uyku/uyanıklık döngüsü gösteriyor ama iletişim kuramıyor, durumlara cevap veremiyor veya akıl yürütebildiğine dair kanıt göstermiyor anlamına geliyor. Bu sürede Kate önemli ilerleme kaydetti, aslında akıl yürütme ve hafızada oldukça alışılmışın dışında iyileşme gösterdi. Bu kadar uzun süre böyle ciddi bozukluğu olan insanlar nadir olarak Kate'in ulaştığı seviyeyi başarabilirler. Bu kadar ilerlediği için tebrik edilmeli.

Kate ciddi fiziksel engele sahip ve konuşmada sıkıntılı olsa da, düşünme ve akıl yürütme becerisi normal menzil içindedir. Konuşma becerisi ve motor becerilerine bakarak onun zekasını hafife almak insanlar için kolaydır. Bu muhtemelen Kate'in sinirinin bozulmasının kanıtıdır ve onu kızgın yapabilir.

Kate'in durumunda biri için, hayatında tutarlılık ve güvendiği ve onun problemlerini anlayan insanlar tarafından bakılmak önemlidir. Kalıcı beyin yaralanması olan herhangi biri ağlamaya daha hazırdır, daha kolay yorulur ve bazı durumları sinir bozucu bulur. Kate'in başkalarına fiziksel bakım için bağımlı olduğu ve iletişim kurmak için tahtasına ihtiyacı olması göz önüne alındığında, bu eğilimler muhtemelen daha şiddetlidir. O olasılıkla eleştirilmek yerine anlayış ve onaylamaya en iyi yanıtı verir.

Hastalıktan sonraki ilk altı aydan beri nasıl ilerlediği göz önüne alınırsa Kate pek çok bakımdan dikkate değer genç bir kadındır ve entellektüel kapasitesini gösterme olanaklarına ihtiyaç duymaktadır.

Barbara A. Wilson

Kate'in ve ailesinin görüşleri

Kate değerlendirme ve mektup için kesinlikle minnettardı. Kate hastanedeki muameleye çok kızgındı. Onu ilk tanıdığımda öfkeliydi. Ailesi onun öfkesinden bahsediyordu ve bu, kısa zamanda bizim tedavimizin odağı haline geldi. Ekim 2000'de bana şunları yazan bir mektup gönderdi:

> Bana aptal gibi (hastanede) davranıyorlardı, değerlendirmeniz için size çok teşekkür ederim. Oradaki kalışım bana hiç bir şeyi söylemedikleri kesin bir cehennemdi. Ağzımdan vakum kullandılar ve asla bana niçin olduğunu ve ne dendiğini söylemediler benimle asla nefes borum hakkında konuşmadılar (trakeostomi tübü). Onunla olduğum için şanslıyım ve iyi bir hafızam var bu yüzden anlamaya çalışabilirim. Bunu başka birine yapmalarını istemiyorum. Benden zaten çok şey öğrendiler ama insanlara ne yapıyor olduğunuzu söylemek önemli. Size bunun nasıl korkutucu olduğunu anlatamam özellikle ağızdan vakumlama. Tüm acıyı uzaklaştırmak için nefesimi tutmayı denedim. Bana asla beslenme tübüm hakkında bişey söylemediler. Neden yemediğimi merak ettim.

Bu zaman civarında Kate'e onun PET taramasından ve görüntüleme alanında ve bitkisel veya minimal bilinç durumundaki insanlarla ilgili çalışmalarda bunun ne kadar önemli olduğundan bahsettim. Bir gün, Adrian Owen, Kate'in PET taraması hakkındaki makalenin yazarlarından biri Kate'i geçici bakıma gittiğinde ziyaretteydi. Benim Kate'i ziyaret ettiğim zamanda oradaydı. Kate'e onu takdim ettim ve taramayı tartıştılar. Kısa süre sonra Kate bana başka bir mektup yazdı:

> Sizi görmek gerçekten güzeldi ve beynim hakkında söylenenleri duymak iyiydi. İyi olduğumu biliyordum sadece benimle aynı fikirde olan birine ihtiyacım vardı. Gerçekten bunun hakkında düşünüyordum ve bu hastalığın bana ne yaptığı sadece açık hale geldi. Asla çocuk sahibi olamayacağım, ki bununla başa çıkmak gerçekten çok zor, açık hale geldi ve asla tekrar hastaneye gitmek istemiyorum.

Ocak 2001 başların Kate'den başka bir mektup aldım:

> Benim hakkımdaki mektup için çok teşekkür ederim gerçekten yardımcı olacak. İyi olduğumu biliyordum Ekim 1997'nin sonundan beri hafızam iyi. Fizyoterapistin neden çok gürültü yaptığımı sorduğunu hatırlayabiliyorum. Benim çok acı çekmeme sebep oldukları için bağırıyordum. Başka hiç kimsenin benim yaşadığım korkunç zamanları yaşamasını istemem. Sanırım benim vakam insanlara ders kitaplarındaki vakalar gibi davranmamanızı gösterir. Bir

kaç ay boyunca her gün neredeyseniz söylemelisiniz ve sizi duyduklarından emin olmalısınız. Duyma testimde duyma kaybı göstermemesine rağmen bana sadece gürültü gibi geldi. Nerede olduğumu ve neden orada olduğumu bilmemek gerçekten korkutucu idi. Hiç bir doktor bana asla hastalığım hakkında bilgi vermedi. Onunla olduğum ve anlamaya çalıştığım için şanslılar.

Kate bana son zamanlarda ona bir insan gibi değil de bir vücut gibi ve onun için hiç bir umut yokmuş gibi davrandıklarını söyledi. Annesi ilk hastanedeki herkesin çok kibar olduğunu ama neyi olduğunu bilmediklerini söyledi. İkinci hastanede yoğun bakımda ne zaman isterlerse gece veya gündüz dönebilecekleri söylendi. Böylece sürece dahil olduklarını hissettiler. Yaklaşık dört veya beş hafta sonra Kate özel kafa yaralanması koğuşuna taşındı ekip daima konuşmaya istekli ve size karşı dürüst olsa da herhangi bir heyecan hissi yoktu. Şu sözlerle devam etti:

Onlara Kate bugün parmaklarını hareket ettirdi dediğimde çocukların parmaklarını oynatmasına fazla anmal yüklememememi söylediler. Bunun hakkında endişeli hissettim. Onlara bir kez kızdım ve Kate orada değilmiş gibi Kate hakkında konuşmamaları söyledim. Kate konuştu ve İş Terapisti ve biz iletişim kurmayı deniyorduk. Yüzünde bir ifade yoktu. Göz kırpmayı deniyorduk ama doğru şekilde yapamadık. Sonra Evet/Hayır tahtasını kullandık ve sonra kız kardeşi geldi ve keçeli kalemlerle büyük bir bloknot getirdi ve 'seni seviyoruz' gibi şeyler yazdık. TV'den nefret ettiğini keşfettik. Ona eşlik eder diye düşünerek açıyorduk ama nefret etti. Kate bu noktada 'Onu duyamıyordum' dedi. Uzun süre Kate sesleri duydu ama konuşmaları anlayamadı.

Annesi devam etti:

Hastanede bir elimle Kate'in kafasını ve diğer elimle tekerlekli sandalyeyi iterek onu dolaştırmak istiyorum. Bazen ağlamak istiyoruz.

Kate'in babası bir fırsatta çalışanlardan birine Kate için bir bilgisayar almak istediğini söyledi ve ona pek de önemi olmadığı söylendi. Tabiki şimdi bilgisayar Kate için çok önemli. Karşıt olarak kıdemli hemşirelerden biri Kate'in ailesine 'asla vazgeçmeyin' dedi ve Kate rehabilitasyona gittiğinde çok iyi bir sosyal çalışmacıya sahiptiler yani herşey kötü değildi. Aslında aile bazı iyi tedaviler aldıklarını hissediyorlardı ama pek çok şeyle iyi uğraşılmadı. Kesinlikle ilerlemek için mücadele etmek zorundalar.

Kate'e duygusal problemlerinde yardım etmek

Kate bizimle 'Kalıcı bitkisel durumdan bilişsel iyileşme' üzerine bir makale yazdı (Wilson ve ark., 2001). 2000'den beri, Kate eğitimlerinin bir parçası olarak benimle birkaç ay geçiren pekçok klinik psikoloji stajeri tarafından görüldü. Bu insanlar Kate'in karşılaştığı duygusal zorluklara yardım ettiler. Onlardan üçü, Jamie MacNiven, Rebecca Poz ve Fergus Gracey Kate ve benimle birlikte, bu tedavinin bazı görünümleri üzerine bir yazı yayınladık (MacNiven ve ark., 2003). Diğer stajerler, Emma Berry, Emily Miller ve Sarah Ronaghan o zamandan beri Kate ile çalışmaya devam ettiler. Duygusal zorluklar beyin yaralanmasından sonra yaygındır. Kaygı, depresyon, posttravmatik stres tepkileri ve öfke sıklıkla görülür; bilişsel iyileşme duygusal zorluklar tarafından engellenir; davranış problemleri artabilir ve tedavi ve duygusal zorlukların idaresi nöropsikolojik rehabilitasyonun başlıca parçalarından biridir (Prigatano, 1999). Bu tedavi olmadan başarılı bir rehabilitasyon şansını muhtemelen azaltmış oluruz. Beyin yaralanmasının duygusal sonuçları en az üç temal sebepten meydana gelir (Gainotti, 1993): ilk olarak, direk nörolojik hasarın sonucu olarak ortaya çıkabilirler (örneğin, beyin sapı hasarı duygusal dayanıksızlığa sebep olabilir); ikincisi, psikolojik faktörlerden oluşabilirler (örneğin, zayıf hafıza gibi bozulmuş bilişsel fonsiyon özgüven azalmasına sebep olabilir) ve üçüncüsü, psikodinamik faktörlerin sonucunda meydana gelebilirler (örneğin, beyin yaralanması sonrası sosyal izolasyon depresyona sebep olabilir). Bu faktörlerden her birinin Kate'in problemlerine katkısı olmuş olabilir. Tedavi dikkatli değerlendirme ve bu kitabın 13. Bölümünden 20. Bölümüne değinildiği gibi pekçok teoretik modelin değerinin bilinmesini içerir.

Hastanede ilk birkaç ayda Kate pekçok göğüs enfeksiyonu geçirdi. O aynı zamanda tüm gruplarda kas gücü azalması ile spastik paraparezi işaretleri ve hiperrefleksi kanıtları gösterdi. Sonuçta, rehabilitasyonun bu periyodunun ana odağı fizyoterapiydi, daha önce gördüğümüz gibi Kate korkutucu ve acı verici bulmuştu. Bağırma ve rastgele ısırmayı içeren davranışsal zorluklar not edildi ama hiç kimse bilişsel, duygusal ve davranışsal problemlere yardım etmeyi önermedi.

Bilişsel değerlendirme birkez uygulandığında ve onunla çalışılanların çoğunda Kate'in beklenenden daha iyi işlevselliği olduğu açıkça görüldüğünde biz onun duygusal problemleriyle başa çıkmasında yardım etmeyi denememiz gerektiğini farkettik. Kate'in hastalığına psikolojik tepkisi dikkat çekiciydi. Premorbit olarak, Kate ailesi tarafından çok akıllı, kibar, utangaç ve sessiz olarak belirtildi. Öğretme yeterliliğinde yükseklisansın takip ettiği iyi bir ilk mezuniyet başarmıştı, Erkek arkadaşı ile uzun süreli bir ilişkisi vardı. Daha yeni birlikte bir ev almışlardı ve evlenme planları vardı. Kate'in öğretmenlik mesleği istediği kadar zevkli olmasa da öğretme mesleğinde devam etmeyi planlamıştı. Anne babası ve ailesi yakındı. Kate gelecek hakkında düşünen ve mutlu bir hayatı olan genç bir kadındı.

Hastalığının ardından, Kate'in ilişkileri, işi, sosyal varlığı ve kimliği hepsi değişti. Evlilik ve bir aile düşündüğü bir süreçte, hastalığı herşeyi değiştirmiş görünüyodu. Şaşırtıcı olmayan bir şekilde, Kate onun durumunda şok edici değişiklikleri yansıtan düşük duygu durumu, öfke ve kaygı tepkileri yaşıyordu.

Geçici bakımdaki rehabilitasyondaki rehabilitasyon ve dinlenme süresi boyunca Kate içedönük ve depresifdi. Özellikle rehabilitasyon süresince bağırmaya yatkındı ve ciğerlerini ısırdığı biliniyordu- bu sıklıkla onun kişisel bakımına yardım ederken oluyordu. Davranışsal bir açıdan Kate'in davranışı korktuğu ve acı içinde olduğu bakımı sağlayan kişilerle iletişim girişimi olarak görülebilir. Kate'in iletişimdeki zorlukları ve bir iletişim levhasına bağımlılığı onun ve bakıcıları arasında, yanlış anlaşılmalar yaygın olduğu için sıklıkla bir hayal kırıklığı ile sonuçlandı.

Hastanedeki asıl tedaviden beri Kate kendisine davranılma şeklinden dolayı çok kızgın hissetmeye başladı. Bu birkaç yıl boyunca ona ne olduğu konusunda konuşmalarının, dominant teması oldu. Öfke ve düşük duygu durumuna eşlik eden faktörleri belirleme değerlendirmesinin başında Kate şöyle söyledi:

> Herkes (hastane çalışanları) iyi olduklarını düşünüyor, ama öyle olsa bile benim medikal bakımım daha kötü ve daha kötü oldu. Bence yoğun bakım dışında onlar faydasız... Çığlıklarıma hiç dikkat etmedikleri için onların benim canımı yakmaktan (vakum sırasında) ve beni korkutmaktan keyif aldığını düşündüm. Ne kadar öfkeli olduğumu görebiliyor musunuz? Son hastalığımda ciğerlerim iflas etmişti ve zatürre oldum, onların hatasıydı.

Kate'in hissettiği bu öfke ve hayal kırıklığı o sırada direk ailesine, arkadaşlarına ve kendisine de yönelmişti:

> Universiteden eski bir arkadaşımla yeni buluştum ve bu beni gerçekten üzdü. Şimdi ne kadar eksik olduğumu görebiliyorum. Beş yıldır evli ve bir evi ve bir hayatı var... Yapabilseydim yapmak istediğim ağlamaktı ama ağlayamadığım için sadece çığlık atıyorum... Suçlu hissetmekten nefret ediyorum. Önceden özgürdüm ama şimdi başkalarına bağlıyım.

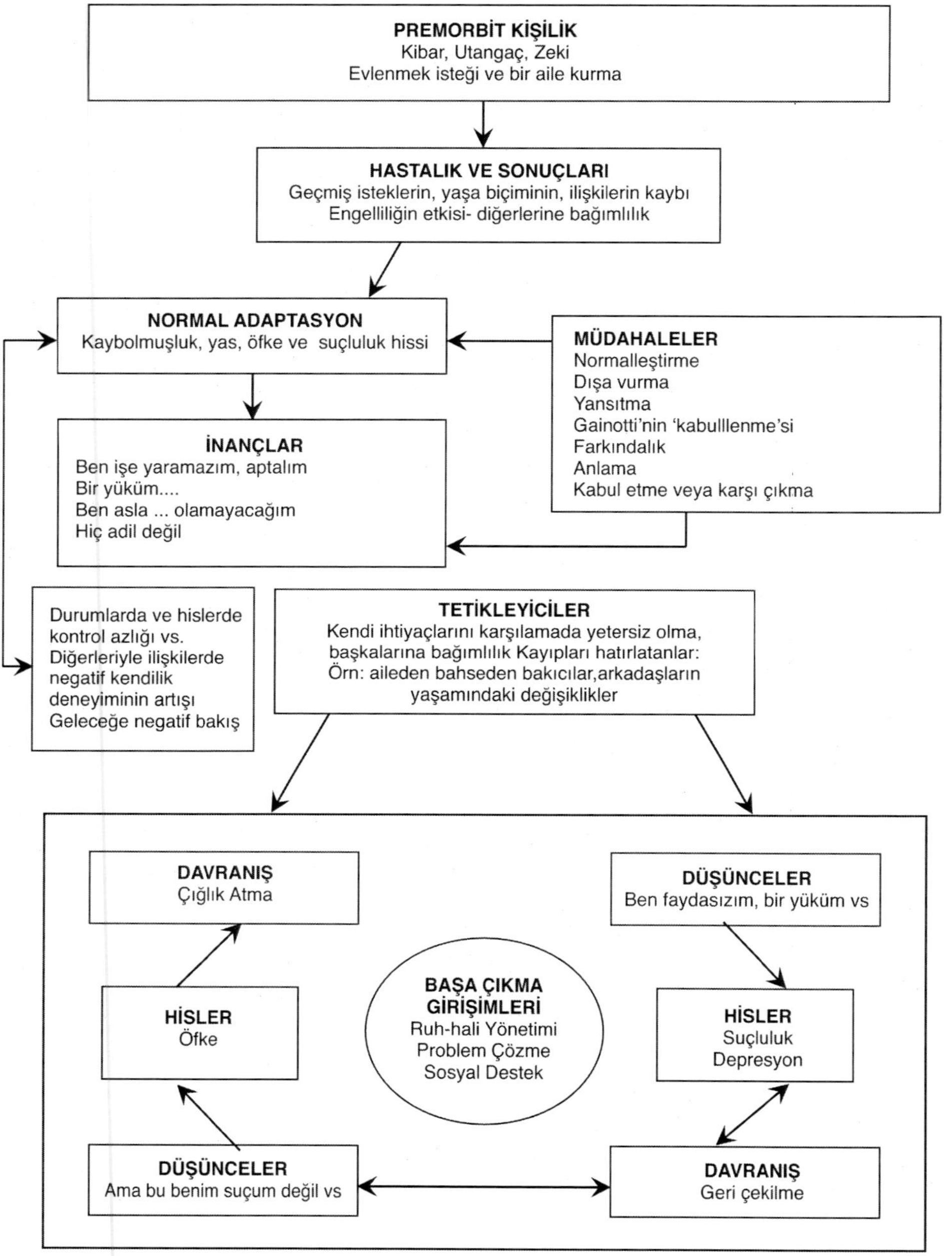

Figür 21.2: Formülasyon diagramı

Bilişsel-davranışsal bakış açısıyla, Kate'in depresyonunun intihar düşüncesi, değersizlik hissi ve negatif düşünce, his, davranış ve fiziksel algı modelini içerdiği düşünülebilir.

Kate'in hayatındaki değişimlere dair içgörüsünün arttığı ve bununla çok şey kaybettiği gerçeği açıktır. Şimdi ve gelecekte hayatındaki değişimleri farketmeye başlamanın muazzam yükü terapiye başladığı noktada açık olmaya başladı. Kate dile getirdi:

Figür 21.3: Kate hastalıktan önce

> Evlenebilmeme yıllar olduğu için depresif hissediyorum. Yapabilirsem... Aynı zamanda biliyorum ki asla bir bebek sahibi olabilecek kadar iyi olmayacağım ki çok fazla istediğim için bununla başa çıkmak çok zor. Zor bir çalışma olduğumu bildiğim için aynı zamanda suçluluk da hissediyorum.

Formülasyon

Kate'in yaşadığı psikolojik sıkıntının formülasyonunda, bakıcılarla süren etkileşim problemleri gibi çevresel faktörler ve negatif düşünce ve kaçınma davranış patternleri gibi içsel faktörler nedeniyle Kate'in geçmişe ve ne kaybettiğine odaklı kaldığı varsayıldı. Kate yaşadığı travmada saplanıp kalmış gibiydi ve bu normalliğin kaybıyla kahrediciydi. Kate'in öz güveni düşüktü, şimdi kendini 'aptal' ve 'yararsız' olarak tanımlıyordu. Formülasyon Kate ile ortaya çıkarılan spesifik düşünce ve davranış patternlerini sağladı. Şekil 21.2'de Kate'in terapi yoluyla bulduğu cevaplar ve problemlere çözümlerle birlikte duygusal iyileşmenin engellerinin (örneğin, Kate'in deneyimleri ve bu deneyimlere tepkileri) diagramatik bir temsilini sunuyoruz. Aslında bunu o şimdiki kimliğine odaklanma ve geçmişi kabullenmek ama devam etmek ve şimdiye ve geleceğe odaklanmaya karar vermek yoluyla yaptı. Şekil 21.3 Kate'in hastalıktan önceki halini gösteriyor.

Müdahale

Bizim müdahalemizin temel amacı Kate'in endişe ve öfkesini azaltmak ve onun kendisini daha

Tablo 21.1: Problemler, hedefler, müdahaleler ve sonuçlar

Problem	Hedef	Müdahale	Sonuç
1.Sürekli kaybolmuşluk hissi, keder, öfke, suçluluk ve depresyon	Hastane deneyiminin kalıcı duygusal etkisinin hafifletilmesi	Kimlik ve kabullenme; normal uyumu kolaylaştırma üzerine odaklanan bilişsel terapi. Öfke yönetimi tekniklerini uygulamadaki talimatlar	6 aylık periyottaki seanslarda hastane ile ilgili deneyimin sıklığı önemli ölçüde azaldı. (Ör; ilk 3 seansın herbiri hemen hemen yalnızca "bana ne yaptılara"odaklandı-son 3 seansı "ben şimdi kimim ve gelecek neyi barındıracak"üzerine odaklanıyor). Takip elde edilen kazançların korunmasını doğrular. Hastane ile ilgili deneyim olmadan kimliğin yeniden oluşturulması. Hislere dair subjektif kendi raporları minimal öfke ve suçluluk tanımlar. Objektif aile ve bakım verenlerin raporu Kate'in hastane ile ilgili deneyiminde daha az öfke ve kederi destekler.
2. Öfke, suçluluk ve depresyonun davranışsal sonuçları (ör; bakım verenlere öfke, vazgeçme)	Kate ve bakım verenler arasında daha yapısal etkileşimin geliştirilmesi	Kate ile empati çalışması – Kate için zararlı davranışları ve deyişleri tanımlama ve öfke olmadan bu duyguları bakım verenlere aktarmak için problem çözme stratejilerini tanımlama (ör; onun yaralayıcı yorumlarına dair alıntıları ile Kate hakkında yayınlanmış yazıyı bakım verenlere gösterme	Kate ve bakım verenler arasında anlayışın arttığına dair onun ve bakım verenlerin raporları. Uyuşmazlık durumlarında Kate'in stratejileri başarı ile kullanmasına dair kanıt (ör; bakım verenlere öfkelenmeden çocukları tartışırken bakım verenden konuyu değiştirmesini isteme). Stratejiler Kate'in etkileşime devam etmesini, vazgeçmenin sıklığının azalmasını ve bakım verene daha pozitif duygular hissetmeyi sağlar.

3. Olumsuz benlik inançları (ör; aptalım, değersizim)	Depresif fikiri devam ettiren negatif inanışların geçerliliğine dair objektif araştırma	Kişisel yapı teorisi, anlatım terapisi ve farkındalık terapisi bazı yeni inanışlara/ düşüncelere meydan okuyarak ilave bilişsel iş ile o an kendisi üzerine odaklanmak için kullanılır.	Daha yüksek kendine saygıya dair kendi raporu. Pozitif kendine saygı geleceğe dair planların artması ile kanıtlandı. Şimdi ve geleceğe odaklanmanın tespit edilmesi- geçmişi kabul etmekle beraber geçmişi geçmişte bırakma Yeni bir dizi inanışların geliştirilmesi (ör; aptal değilim. Deneyimim hiçbir şey için değildir. Benzer problemleri olan diğer kişilere yardım edebilirim.
4. Bağımsızlık ve kontrol kaybı	Bağımsızlık ve kontrolde artış	Apartmanda kendi dairlerini içeren ailenin kendi müdahaleleri	Terapotik çalışmanın güçlendirilmesi. Kendisi ve geleceği hakkındaki yeni inanışlar ve düşüncelerin doğrulanması. Artmış yaşam kalitesi.

iyi anlamasına yardım etmekti. Etkili psikoterapinin anahtar elementi terapötik ilişkiyi geliştirmektir. Bireyle işbirliyi içinde çalışmak, müdahale için temel olarak formülasyonu kullanmak yoluyla terapist ilerlemeyi cesaretlendirebilir. Bu iş birlikçi ilişkiyi geliştirme ve yardım içinde, terapist çeşitli psikoterapötik tekniklerin oluşturulabileceği güvenilir bir çerçeve sunar.

Beyin yaralanması yaşamış birçok kişi rehabilitasyonlarının bir parçası olarak psikoterapiden faydalanma imkanına sahip değil. Bazı insanlar beyin yaralanmasının birini psikoterapiden dışlamak için meşru bir sebep olduğuna ve bilişsel problemlerin seanstan seansa 'aktarımı' engelleyebileceğine inanıyor. Biz aynı fikirde değiliz ve beyin yaralanmasının heterojen doğasının neden formülasyonunun bireyin kapsamlı rehabilitasyonuna birleştirilmesi gerektiğinin iyi bir sebebi olduğunu iddia edeceğiz. Kişinin perspektifinden bireyin durumunun detaylı anlaşılmasının geliştirilmesi yoluyla çoklu teorik perspektiflerin kullanıldığı terapiye uygun hale getirilmiş bir yaklaşım ele alınabilir. Kate ile üstlenilen çalışma, Kate ve onun durumuna uygulamak için her birinin güçlü yönlerinden yararlanmak girişimi içinde bu teoretik perspektiflerin element ve tekniklerini içerdi. Kate ile karşılaşılan spesifik ana problem, her problem için ele alınan hedefler, kullanılan müdahale ve her yaklaşımın çıktıları Tablo 21.1'de gösterildi.

Bireysel inşa teorisi (Kelly, 1955) Kate'e sürekli bir şimdi olarak geçmişi anımsamasının karşıtı olarak şuanda kendini nitelendirmesinde yardım etmek için kullanıldı. Bu özel yaklaşım kişiye dünyayı kendi yollarıyla yaratma imkanı verir ve empoze edilen fikir ve perspektiflerin pasif alıcısı olma hissini azaltır. 'Yapılar' bireyin tuttuğu dünya hakkındaki şablonlardır ve deneyimlenen dünyanın gerçekleri olarak uyarlanır. Bu fikirleri kullanan terapi kişiyi dünyada kendisi hakkında yeni fikirler geliştirmesi için cesaretlendirir (Blowers ve O'Connor, 1995).

Bilişsel terapi (Segal ve ark., 2002) ile birleştirilmiş öfke yönetimi teknikleri (Demark ve Gemeinhartdt, 2002) Kate'in şimdiki kimliğini belirginleştirirken ona spesifik düşünme paternlerine odaklanmasını sağladı. Kişilerarası problem çözme çalışması (Malia ve ark., 1995) Kate'in diğerleriyle özellikle bazı zorluklar yaşadığı bakıcıları ile empati kurma becerisini geliştirmeye odaklandı. Bu potansiyel olarak zor çalışma temelde Kate ve terapisti arasındaki terapötik ilişkinin kalitesi sayesinde mümkün oldu.

Anlatı terapisinden (Nicholson, 1995) fikirlerin kullanılması ve bilinçli farkındalık (Segal ve ark., 2002) teknikleri, yine bilişsel terapi ile birleştirildi, Kate'in şu ana daha fazla odaklanmasını ve geleceği hakkında gerçekçi ve iyimser düşünmesini sağladı. Sonraki spesifik 'problem durumlarına' bakan problem çözme çalışması Kate'e bakıcılarıyla daha başarılı etkileşim sağladı. Kate şöyle belirtti:

> Ne kadar değiştiğime inanamıyorum. Şimdi hayatta olmayı istiyorum ve geleceğe doğru bakıyorum... Hiçbirşey yapmadan kendi kendime oturmak yerine kendimi dolu ve meşgul tutabiliyorum... Sadece kimsenin benim gibi korkunç zaman geçirmesini istemiyorum, şimdi bunun bittiğini görebiliyorum ve umuyorum ki tekrar asla olmayacak... Eskiden ne kadar kızgın olduğumu görebiliyor musunuz ama şimdi kızgın olacak bir şey yok, sadece geleceğe bakmaya ihtiyacım var.

Onun duygusal iyileşmesinde Kate'in ailesinin rolü ihmal edilmemeli. Çok destekleyici ve anlayışlı bir aile ortamında, Kate'e uyum sağlama şansı verildi. Bu destek olmadan Kate'in bu kadar yaygın bir iyileşme göstermesi mümkün olmazdı. Gerçekte, bunun Kate'in daha kötü deneyim yaşamasını engelleyen en önemli koruyucu faktör olduğu ve Kate'in bilişsel ve duygusal iyileşmesinde çok anlamlı bir katkı yaptığı kesindir. Beyin yaralanması olan kişinin çıktılarını pozitif olarak etkilemek amacıyla ailelere kendilerinin ihtiyaç duyduğu desteği vermek hayatidir (Tyerman ve Booth, 2001). Kate'in söylediği gibi:

> Ben anneme ve babama sahip olduğum için çok şanslıyım. Benim annem ve babama sahip olmayan insanlar için çok üzülüyorum hastanede tek başınalar ve onlara bakacak kimse yok annem, babam ve erkek arkadaşıma arkadaşım oldukları için minnettarım... Benim için çok şey yaptılar ve beni daima güldürdüler... Babam onun şakalarına güldüğüm için iyi eğitildiğimi söyler... başta annem ve babam ile Şimdi problemlerime gülebiliyorum ve onlar benim zeki şalgam olduğumu bildikleri için.

1. bölümde tarif edilen rehabilitasyon modelini kullanmak Kate'in nihai başarısını içeren duygusal faktörlerin ve bilişsel rehabilitasyonun değerini bilmek önemliydi. Kate'in rehabilitasyonu yıllar sürdü ve hala yolu var. Yenilerde beyin yaralanması olan insanlar için bir günlük merkeze gitmeye başladı. Oraya gitmeyi seviyor. Özellikle fiziksel engelleri olan insanlar için geliştirilmiş bisikletle özel egzersizler yapmaktan hoşlanıyor. Haftada bir gün gidiyor ama ona ekstra gün için eşlik edecek bir hemşire bulunursa iki güne çıkarmayı umuyor. Kate eğer vakuma ihtiyaç duyarsa bununla başa çıkmasına yardım edecek birine ihtiyacı var. Nöropsikolojik müdahalelere göre Kate her iki haftada bir görülüyor. Hala onun kendine güvenine ve öfkesine yardım ediyoruz. Bu alanlardaki problemler azalsa da, bazen tekrar meydana geliyor. Ek olarak biz Kate'e evi dışında daha özgür olması için yardım etmeyi planlıyoruz. Güncel hedef postaneye güvenli şekilde gidip gelebilmesi ve eğer tekerlekli sandalyesi sıkışırsa bununla nasıl başa çıkacağı. Eğer bu başarılırsa, sonraki hedef tekbaşına kütüphaneye gidip dönebildiğini görmek olacak. Bu bir anayolu geçmeyi içerdiği için, biz Kate'in güvenliğini sağlama ihtiyacıyla bağımsız olma ihtiyacını dengelemeyliyiz.

Kate'ten ve ailesinden son sözler

Kate bana birkaç gün önce dedi ki:

> Hastalığımdan önce denetimde olmayı severdim. Mutluydum ve hayatım için planlar yaptım ki hepsi gittiler. Hastalığım devasa bir şoktu. Asla bu şoku atlatamayacağım. Hayatım tamamen değişti.

Ona şuan ne yapmaktan keyif aldığını sorduğumda Kate:

> Bilgisayarımdan ve e-maillerimden ve Teddy'den (Kate'in kedisi) keyif alıyorum. Feldenkrais fizyoterapiyi seviyorum. Beş yıldır yapıyorum. O Christopher Reeve'in, Süpermen, yaptığı şey. Hala hayvanları seviyorum. Evcil hayvanları seviyorum, sabah kalkmak için bir sebep veriyorlar. Benim için en önemli şey uygun değerlendirme ve duygusal yardım almak.

Kate'in annesi:

> Değerlendirilmemek işsiz olmak gibi, dünyanın bir parçası değilsiniz. Bu inanılmaz şekilde önemli. Bir bakım veren olarak Kate'in herkese inanılmaz derecede kızgın olduğunu hatırlıyorum. Bununla nasıl başa çıkacağımızı bilmiyorduk. Aile ve arkadaşlar yardım etmek istediler ve biz uzak durmalarını, ziyaret etmemelerini söylemek zorunda kaldık. Bunun sona erip ermeyeceğini bilmiyorduk. Daima kızım ve ailenin geri kalanı arasında bölünmüş mü olacaktım? Aile yardım etmek istiyor. Harap olmuş durumdaydılar da, anladıklarını söylüyorlar ama acı hala orada. Bu neredeyse hastalıktan daha kötüydü.

Kate'in babası doktor ilk kez gelip ona Kate'in daima böyle mi olduğunu –sürekli öfkeli- sorduğunda nasıl kızdığını anlattı. O 'Kate'i suçlamayın' dedi.

Kate devam etti

> Yardım beni tekrar normal yaptı ve espri anlayışımı geri getirdi. Anlayan insanların olması önemliydi) Duygusal yardım alana kadar ölmek istedim.

Kate'e beş yıllık süre içinde hayatını nasıl gördüğünü sordum. 'Annem ve babam ve Teddy'nin benimle olmasını umuyorum' dedi, ama iki gün sonra bir e-mail ile bunu ekledi:

> Gelecekte ne istediğim ile ilgili düşünüyordum, gerçekten evcil hayvanlar ve hayvanlardan hoşlanıyorum bu yüzden bir köpek gerçekten güzel olacak. Bir arkadaş olacak. Bir köpeğim vardı ve gerçekten güzeldi ama haylazdı. Beni ağlatırdı , ben onun evcil hayvanıydım. Onu gerçekten özlüyorum ve başka bir tane daha istiyorum. Aynı zamanda benimle olacak bir insan da isterdim, herşey için savaşmaya ihtiyacınız olduğu için. Böyle engelli olduğum için beni isteyecek bir adam göremiyorum, bir köpek sahibi olmalıyım. Bir bakım evinde yaşamayı asla istemem, dünyada olmayı isterim.

Kate, bu hedeflere ulaşmanı umuyoruz.

Kaynakça

Andrews, K., Murphy, L., Munday, R. And Littlewood, C. (1996). Misdiagnosis of the Vegetative State: Retrospective Study in A Rehabilitation Unit. British Medical Journal, 313, 13 16.

Bates, D. (2005). The vegetative State and the Royal College of Physicians Guidance. Neuropsychological Rehabilitation 15, 175–83.

Blowers, G. H. and O'Connor, K. P. (1995). Construing Contexts: Problems and Prospects of George Kelly's Personal Construct Psychology. British Journal of Clinical Psychology, 34, 1–16.

Childs, N.L., Mercer, W.N. and Childs, H.W. (1993). Accuracy of Diagnosis of Persistent Vegetative State. Neurology, 43, 1465–7.

Demark, J. and Gemeinhardt, M. (2002). Anger and it's Management for Survivors of Acquired Brain Injury. Brain Injury, 16, 91–108.

Gainotti, G. (1993). Emotional and Psychosocial Problems After Brain Injury. Neuropsychological Rehabilitation, 3(3), 259–77.

Giacino, J.T. and Kalmar, K. (1997). The Vegetative and Minimally Conscious States: A Comparison of Clinical Features and Functional Outcome. Journal of Head Trauma Rehabilitation, 12, 36–51.

Giacino, J.T. and Kalmar, K. (2005). Diagnostic and Prognostic Guidelines for the Vegetative and Minimally Conscious States. Neuropsychological Rehabilitation, 15, 166–74.

Kelly, G. (1955). The Psychology of Personal Constructs, 1–2. New York: Norton.

MacNiven, J.A., Poz, R., Bainbridge, K., Gracey, F. and Wilson, B.A. (2003). Case Study: Emotional Adjustment Following Cognitive Recovery from 'Persistent Vegetative State': Psychological and Personal Perspectives. Brain Injury, 17(6), 525–33.

Malia, K., Powell, G. and Torode, S. (1995). Coping and Psychosocial Function After Brain Injury. Brain Injury, 9, 607–18.

McCarthy, R.A., Evans, J.J. and Hodges, J.R. (1996). Topographic Amnesia: Spatial, Memory Disorder, Perceptual Dysfunction or Category Specific Semantic Memory Impairment? Journal of Neurology, Neurosurgery, and Psychiatry, 60, 318–25.
332
Section 3: Case Illustrations

Menon, D.K., Owen, A.M., Williams, E.J. et al. (1998). Cortical Processing in Persistent Vegetative State. Lancet, 352(9123), 200.

Nicholson, S. (1995). A Narrative Dance: A Practice Map for White's Therapy. Australian and New Zealand Journal of Family Therapy, 16, 23–8.

Owen, A.M., Menon, D.K., Johnsrude, I.S. et al. (2002). Detecting Residual Cognitive Functionin Persistent Vegetative State. Neurocase 8, 394–403.

Prigatano, G.P. (1999). Principles of Neuropsychological Rehabilitation. New York: Oxford University Press.

Segal, Z.V., Williams, J.M.G. and Teasdale, J.D. (2002). Mindfulness-Based Cognitive Therapy for Depression. New York: Guilford Press.

Shiel, A. (2003). Rehabilitation of People in States of Reduced Awareness. In: B.A. Wilson, ed, Neuropsychological Rehabilitation: Theory and Practice, Lisse: Swets & Zeitlinger, pp.253–69.

Shiel, A., Gelling, L., Wilson, B., Coleman, M. and Pickard, J.D. (2004). Difficulties in Diagnosing the Vegetative State. British journal of Neurosurgery, 18, 5–7.

Teasdale, G. and Jennett, B. (1974). Assessment of Coma and Impaired Consciousness. A Practical Scale. Lancet, 2(7872), 81–4.

Tyerman, A. and Booth, J. (2001). Family Interventions After Traumatic Brain Injury: A Service Example. Neurorehabilitation, 16, 59–66.

Wilson, B.A., Gracey, F. and Bainbridge, K. (2001). Cognitive Recovery from 'Persistent Vegetative State': Psychological and Personal Perspectives. Brain Injury, 15(12), 1083–92.

4. Kısım

22

Sonuçlar
Bu Yaklaşım Etkili midir? Oliver Zangwill Center'da Değerlendirme Ölçümü

Andrew Bateman, çeviren: Miray Budak

Giriş

Bu kitap boyunca kapsamlı nöropsikolojik rehabilitasyona ilişkin ele alınan yaklaşımlar, bütüncül olarak tanımlanambilen kapsamlı bir rehabilitasyon paketinin tamamını oluşturan sayısız unsuru gösteriyor. Rehabilitasyonun sonucu, davranışta objektif veya gözlemlenebilir değişiklikler veya müşteri veya aile üyelerine uygulanan öznel deneyimdeki değişiklikler bakımından kavramsallaştırılabilir. Sonuç ölçümünün odağı, yeniden düzenlenmenin nihai hedefleri (ör. Sosyal katılımla ilgili hedefler) veya değişikliğin altında yatan hipotezler (örn. Farkındalık, telafi stratejisi kullanımı, gelişmiş güven, daha iyi aile ilişkileri) üzerinde olabilir. Ölçüm yöntemleri, gözlem, anket derecelendirmeleri veya bilinçsiz işlemleri (bilişsel ve duygusal süreçler gibi) açıklığa kavuşturmak için tasarlanmış deneysel veya standartlaştırılmış 'örtük' yöntemleri de içerecek şekilde çeşitlendirilebilir.

Program dahilinde, bireysel müdahalelerin kapsamı etkinlikle ilgili çeşitli soruların sorulması için bir dizi metodoloji gerektirir. Bölüm 6'da gösterildiği gibi bireysel unsurlar, dikkat ve hedef yönetimi hakkında belirli sonuç değerlendirmelerine tabi olabilir. Benzer şekilde, vaka incelemelerinde gösterildiği gibi, bireysel hasta sonuçları da incelenebilir. Bununla birlikte, vaka incelememizin bölümlerinde tartışıldığı gibi, bütüncül bir program bağlamında değerlendirilen bireysel unsurların, tüm sürecin bir parçası olarak görülmesi gerekir ve bu, bireysel unsurların etkililiğini izole etmenin çoğu zaman zor olduğu anlamına gelir.

Karşılaştırılabilir bütüncül bilişsel rehabilitasyon programlarını değerlendiren çalışmaları Parente ve Stapleton (1999); Salazar ve ark. (2000); Klonoff ve ark. (2001); Malec (2001) içermektedir. Bu çalışmalar Salazar'ın sınıf 1. çalışmasının daha ciddi yaralanmalara sahip kişiler için organize bir programı desteklediği sonucuna varan (sayfa 1686) Cicerone ve arkadaşları (2005) tarafından da vurgulanmıştır. Bu çalışma askeri personelle sınırlı olduğu için genellemenin zor olduğu belirtilmektedir. Burada listelenen diğer çalışmalar, topluluğun entegrasyonu, toplumsal katılım ve üretkenlik açısından fayda sağladığına dair kanıtlar sağlar.

Yoğun bir program koşulunu savunurken, programın sonuçlarını da bütünüyle incelememiz uygun olur. Eldeki verilerle yalnızca kendi ayarlamamıza özgü soruları cevaplayabiliriz. "Bu program başka bir program tipinden daha etkili midir?" veya "Daha kısa bir sürede aynı sonuçlara ulaşabiliyor musunuz?" gibi geniş sorular, uzun dönemli çok merkezli çalışmaları yürütmek için beklemektedir. Bununla birlikte, şimdilik niceliksel metodolojileri isteyen bu sorular, kendi verilerimizi tecrit ederek açıkça çözülememek-

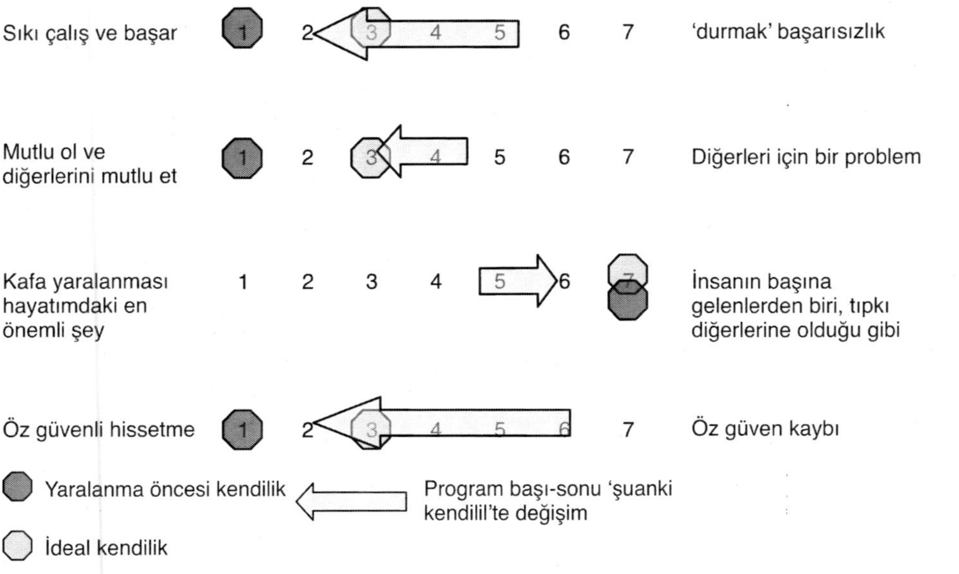

Figür 22.1: Dört hasta tarafından geliştirilen kişisel bir anket formunun özü. İşaretler, "yaralanma öncesi benlik", "ideal benlik" ve "kendini ifade etme"nin hastalarla ayrılan kutupların bulunduğu bir süreklilikteki konumunu göstermektedir. Bu hasta, kendisinin yaralanma öncesi derecelendirmesine doğru ilerleyerek, iki maddede bu puanı aşan "ideal benliğine" doğru ilerledi.

tedir. Program bileşenleri için kanıtlar (Dikkat ve Hedef Yönetim Grubu gibi) başka yerlerden alınmıştır: Sağlanan kanıtların yokluğunda bireysel müdahalelere ilişkin kanıtlar, müdahalelerin hastayla yaptığımız işler sırasında "canlı" test edilmesini sağlayacak şekilde bireysel formülasyonlara dayalı sistematik bir yaklaşımı gerektirir. Yaklaşımımızda, her bir bileşeni haklı göstermeye ve süreci ve sonucu değerlendirmeye çalıştık. Bütün bunlar aracılığıyla, bireyin amaçlarının ve anlamlarının benzersizliğini gözlemleme zorunluluğu ile karşı karşıyayız.

Ayrıca, hizmet değerlendirmesinde niceliksel yaklaşımların, hastaların rapor ettiği fayda hissiyatını yakalamanın tek yolu olmadığını vurgulamak istiyoruz ve bu nedenle hastalarımızın deneyimleri hakkında söylediklerinin kısa bir bölümünü de ekledik. Oliver Zangwill Center (OZC)'de Nöropsikolojik Rehabilitasyon altındaki araştırma, beyin hasarına sahip kişilerin kendilerini' kişisel yapılar 'kullanarak nasıl gördükleri konusunda yeni bir değerlendirme yapıyor. En iyi, Şekil 22.1 referans alınarak gösterilmiştir. Bu, küçük gruplar halindeki hastaların oluşturdğu örnek bir derecelendirme ölçeğinden seçilen birkaç öğeyi göstermektedir. Kendilerine ve gruplarına ilişkin birçok iki kutuplu öğe geliştirmelerine yardımcı olundu. Bireyler, deneyimlerini içeren her yapıdan iki kutbu tartışır; böylece 'mevcut', 'ideal' ve 'yaralanmadan önce' kendilerini aynı devamlılık üzerine haritalayabilirler. Y şekilli modelin düzenleyerek (bkz. Bölüm 4 (Şekil 4.1), s. 50), insanları değişim süreci içine sokarak, kendilerinde ve toplumda mevcut olan ve ideal ben arasındaki tutarsızlık duyularını azalttığımızı savunduk. Programa katılan danışanların bir örneğinde ortaya konan yapıların nitel bir analizi, Gracey ve arkadaşları (2008) tarafından tanımlanmıştır. Rehabilitasyonun başında, orta noktasında ve sonunda ve izlemede hastalara bireysel olarak uygulanan bu program ve ötesi yoluyla bireysel uyuşma konusundaki değişiklikleri değerlendirmemizi sağlar. Hedef kazanımıyla ilgili kayıt bilgisinin yanı sıra değişim sürecini kaydetmeyi amaçlıyoruz. Bu süreç, benlik saygısının değerlendirilmesi, farkındalık değişikliği, ilişki işlevleri, refah ve özerklik ve sıkıntıların azalması gibi bu bölümün ötesinde konuları içermektedir. Y-şekilli model içinde varsayımlanan süreçlere katılmak, becerilerin geliştirilmesi, güvenin artırılması ve bu duygusal düzenleme bileşenleri arasındaki ilişkiyi gözlemlememiz gerektiğini ifade eder. Bu kişisel yapı değerlendirmesinin kullanımıyla ilgili daha ayrıntılı bir açıklama Dewar and Gracey (2007)'de bulunabilir. Beyin hasarını takiben ve nöropsikolojik müdahalede kimlik değişiklikleri üzerine yapılan niteliksel araştırmalar, bu konuyla (Gracey ve Ownsworth, 2008) ilgilenen Nöropsikolojik Rehabilitasyon dergisinin özel bir sayısında da iyi temsil edilmektedir.

Yayınlanan anketleri kullanarak programın etkisini değerlendirmek

Uygun sonuç anketlerinin seçimi açıkça araştırılan popülasyonun özelliklerine göre belirlenmelidir. Barthel İndeksi ve İşlevsel Bağımsızlık Ölçeği (FIM) gibi formlar, program başlamadan önce bu önlemlerin başında tavan skoruna sahip olan hastalarımız için duyarlı olmayacaktır. Bu, edindikleri beyin hasarında belirgin şekilde devam eden sekel deneyimlemedikleri söylemek demek değildir, sadece bu ölçümlerin kapsamındaki alanlara karşı iyi ilerleme kaydettiklerini söylemek demektir.

OZC'de kullanılan anketlerden biri, dokuz alan üzerinde öznel deneyim hakkında bilgi sağlayan 63 maddelik bir araç olan Avrupa Beyin Hasarı Anketi'dir (EBIQ). Beyin hasarı olan gruplar için güvenilir ve geçerli oldukları gösterilmiştir (Teasdale et al., 1997; Sopena et al., 2007). Ön randevuda katılımcılardan ve onların akrabaları/bakıcılarından EBIQ'nun kişisel derecelendirme ve bakıcı derecelendirme sürümlerini tamamlaması istenir. Bu ölçümler daha sonra rehabilitasyon programının sonunda tekrarlanır. OZC ekibi, merkezin kuruluşundan beri bu bulguları, hedef kazandırmanın birincil sonuç ölçütünü ve EBIQ'ya madde bazında verilen cevapları bir sonuç veri tabanında toplar. Toparladığımız veriler şu basit soruları ele almamızı sağlamıştır:

- Katılımcılarımız için hangi hedefler önemlidir?
- Programa katılan hastalar belirlenen hedeflere ulaşıyor mu?
- Anket yanıtları, rehabilitasyonun süresi boyunca değişiyor mu?
- Hedeflere ulaşma ve anketlere verilen yanıtlar arasında bir ilişki var mı?

Hedeflerin belirlenmesi ve hizmet değerlendirmesi

Bölüm 3'te tartışıldığı gibi, katılımcılarla hedef belirlemek, yoğun programımıza girişte kritik bir bileşen oluşturmaktadır. Disiplinler arası takıma yön vermemizi sağlamak, katılımcıların merkezde bulunmalarının sonucunda ilerleme kaydettiklerini bilmelerine imkan vermek ve çalışmalarımızın etkinliği için genel birincil sonuç ölçütü edinmek için hedefler önemlidir. Rehabilitasyonun değerlendirilmesindeki güçlükler çokça tartışılmıştır. Bununla birlikte, bakım paketlerinin katkısını incelemek için bazı girişimler yapılmıştır. Örneğin Liu ve ark. (2004), engellilik derecelerini (Barthel İndeksi gibi) sağlayan sistematik denetim araçlarını hedef kazandırmayla birlikte katılımın bir göstergesi (handikap) olarak karşılaştırmıştır. Ulaştıkları sonuç:

> ... uzun vadeli hedef başarı ve varyanslarının değerlendirilmesi, konvansiyonel özürlülük önlemleri (sayfa 400) kullanımının üzerinde ve beyin hasarından sonra rehabilitasyon süreci ve sonuç hakkında tamamlayıcı bilgiler sağlar.

Buna katılıyoruz ve hasta odaklı bir hedef belirleme sürecine duyulan ihtiyaçın bütüncül rehabilitasyonun belirleyici bir özelliği olduğunu iddia ediyoruz.

Kutu 22.1 Hedef Belirleme Öncelikleri*

Amaç

Bu kesitler arası tanımlayıcı çalışma 2005 yılının başında gerçekleştirildi.
Taburcu hasta grubumuzun yaşam hedeflerini, hastalara yaralanma sonrası daha erken dönemde rehabilitasyon sağlayan ve daha ciddi hasarlarla karşı karşıya kalan başka bir merkezin daha önce yayınlanmış olan verileriyle (Sivaraman Nair ve Wade, 2003), karşılaştırmaya girişildi. Rivermead Yaşam Hedefleri Anketinin ilgi çekici olduğunu düşündük çünkü hedef belirleme süreci, rehabilitasyon hedeflerinin önceliklendirilmesi ve kullanıcı ihtiyaçlarını karşılamak için hizmetler tasarlama potansiyeline sahip oldukları göründü.

Yöntem

Amaç alanlarının göreceli önemi Rivermead Yaşam Hedefleri Anketi ile belirlendi.

Bulgular

Anket döneminde 37 müşteri (yaş 41 ± 17 yıl, 11 kadın) değerlendirildi. Hasar sonrası ortanca süre 24 ay. Hedeflerin "son derece önemli" olarak seçilme sıklığı, aile 28, kişisel bakım 25, eş 25, aile yaşamı 21, mali durum 15, rehber 14, boş zaman 12, iş 11, din 10 idi.

Sonuç

Önceki araştırmalara göre, nörolojik rahatsızlıkları olan kişiler için sıklıkla ilişkiler, kişisel bakım ve ev içi düzenlemeler büyük önem taşımaktadır. Sivaraman Nair ve Wade (2003) kronik veya ilerleyici koşullardaki hasta grubunun %20'sinde işin son derece önemli olduğunu ve %50'sinde hiç önemli olmadığını bildirmiştir.
Aksine, grubumuzun %30'u için iş son derece önemlidir ve sadece %16'sı için bir önem taşımamaktadır. Diğer alanlarda derecelerde benzer kaymalar kaydedilmiştir.

Sivaraman Nair ve Wade (2003) tarafından görülen hastalarla karşılaştırıldığında, iş, din ya da yaşam felsefesine ilişkin 'son derece önemli' derecelendirmelerin sıklığında artış bulunmuştur. Bu gözlem, önceliklerin yaralanmadan sonraki zamana ve düzenlemeye bağlı olarak değiştiğini göstermektedir.

Bulgular, bu kısa anketin yarar ve görünüş geçerliliğini kanıtlamaktadır. Ayrıca, bu çalışma, iyileşme sürecinin farklı aşamalarında olan hasta gruplarının ihtiyaçlarını karşılamak için bir dizi rehabilitasyon hizmetinin önemini vurgulamaktadır. OZC'nin önceliklerini yansıtmak için anketi, psikolojik ve fiziksel refahın önemi hakkında iki soru daha eklemek üzere değiştirdik.*

*Bu veriler, orijinal olarak, Beyin Bozuklukları'nda yayınlanan (Bateman, 2005) Uluslararası Nöropsikoloji Derneği'nin Galway Satellite toplantısında (2005) sunulan bir posterdir.

Amaçları belirlemek için OZC prosedürleri

Danışma formumuzda, başvurucuya "Danışanınızın katıldıktan sonra ne kazanacağını düşünüyorsunuz?" sorusunu soruyoruz. Bu, hedef belirleme yöntemimizin ilk adımı. Aslında, hedef belirleme sürecinde (yönlendiren, göreceli, katılımcı, toplum genel olarak) çeşitli paydaşların bulunduğunu vurgulamak amacıyla.

OZC ile ilk yüz yüze görüşmeden önce, katılımcılar rehabilitasyon hedeflerini belirleme sürecine girmeye teşvik edilir. Onlara, "Rehabilitasyondan neyi kazanmayı umuyor?" sorusunun açık uçlu basit sorusu sorulur.

Bu aşamadaki bir destek mekanizması olarak, son birkaç yıl içinde rehabilitasyon programımızda düşünülebilecek alanların nispi önemini göstermenin bir yolu olarak Rivermead Yaşam Hedefleri Anketi'ni (Sivaraman Nair, 2003, bkz. Kutu 22.1) de ekledik. Bu araç kullanılarak toplanan verilerin analizi yapıldı ve başlangıçtan sonraki zaman arttıkça uzun vadeli nörolojik durumları olan hastaların önceliklerinin değişime uğradığını anlamamızı sağladı.

Rehabilitasyon programına uygun görülen hastalar görüşme, psikometrik ve fonksiyonel değerlendirmelerin ('ayrıntılı değerlendirme') yapıldığı sekiz gün boyunca merkeze geri dönerler. Bu sekiz gün boyunca, hastalar rehabilitasyona ilişkin isteklerini ve hedeflerini yansıtan ve bunlarla ilgili daha ayrıntılı bir şekilde yazmalarını amaçlayan açık uçlu bir görevle yükümlüdür. İlgili bir alıştırmada, güçlü ve zayıf yönleri hakkında yazmaları istenir. Birlikte ele alındığında, bu iki görev, yoğun rehabilitasyon programına devam edip etmeyeceğiniz konusunda diyalog için materyal sağlar. Özel hedefler, hastayla alakalı olarak görüşülürken her uzmanla tartışılır.

Ön değerlendirme randevusundan alınan bilgiler ve daha ayrıntılı edinimler rehabilitasyon programı için planlar oluşturmak amacıyla kullanılır. Program başladıktan sonra, hedefler yeniden gözden geçirilir ve bireysel program koordinatörüyle birlikte çalışmak, hastaya 'akıllı' (belirli, ölçülebilir, ulaşılabilir, gerçekçi, zamanlı) sözlü uzun vadeli hedefler dizisi kurmasını sağlar. Rehabilitasyon yoluyla ilerleme, daha sonra bu uzun vadeli hedeflere yönelik adımları oluşturan kısa vadeli hedeflerin elde edilmesine dikkat çekmek için dokümantasyon prosedürünü kullanarak bu hedeflere karşı haritalandırılır.

Veri tabanı yönetiminin amaçları için hedefler daha sonra 'beyin hasarını anlama', 'günlük faaliyetleri yönetme', 'sosyal ve boş zaman etkinlikleri ve 'mesleki faaliyet' genel başlıkları altında kategorize edilir. Bu hedef kategorilerinin örnekleri Tablo 22.1'de verilmektedir.

Bazıları için, özellikle potansiyel katılımcıların öz farkındalığı düşükse, hedef belirleme zor bir iştir. Rehabilitasyona katılmak için motivasyon eksikliği ortaya çıkarabilir. Bireysel anlamlı hedefler belirlemek için ekstra zaman ayırmaya ihtiyaç vardır. Sonuç değerlendirme amaçlı olarak, zayıf farkındalık nedeniyle gerçekçi olmadığı için, belirlenen hedeflerin bir kısmına ulaşılamayacağına dikkati çekmektedir. Bununla birlikte, bu gibi durumlarda, Bölüm 4'te belirtildiği gibi, gerçekçi olmayan hedeflere "deneysel" bir yaklaşım oluşturmak için gayret gösteririz.

Hedefi kazanmanın değerlendirilmesi için yöntem

Gelişimi kısa vadeli hedefler yoluyla uzun vadeli hedefler doğrultusunda haritalamak için bir varyans kodlama yapısını benimsemiş olsak da, bu, henüz grup analizlerinde değerlendirilmemiş karmaşık bir veri kümesi oluşturmuştur. Bu nedenle, program etkinliği meselesi, 'ulaşılmış', 'kısmen başarıldı' veya 'ulaşılamadı' yanıt kategorileri kullanılarak basitçe ele

Tablo 22.1: Uzun vadeli hedeflerin ana kategorileri

Beyin hasarını anlama
Örneğin. Zorluklarını doğru bir şekilde anladığını gösterme ve bunu iki akraba ve merkez personelinin iki üyesine açıklayabilme.
Günlük etkinlikleri bağımsız olarak yönetme
Örneğin. Belirlenen stratejileri kullanarak gözetim altında haftalık olarak aile için basit bir akşam yemeği hazırlayabilme
Dinlenme etkinlikleri
Örneğin. En az haftalık olarak seçilmiş iki boş vakit aktivitesi olacaktır (oyun havuzu ve ağaç işleri).
İş veya çalışma planları
Örneğin. Bir işyeri araştırmasına katılacak ve altı ay içinde ücretli istihdama dönmek için tanımlanmış bir plana sahip olacak.

alınmaktadır. Bu kategorizasyon, programın yoğun aşaması ve entegrasyon aşaması sonunda hasta ile tartışılır ve kabul edilir. Mümkün olduğu yerlerde, takip eden gözden geçirme randevularında hastalarla hedef kazanımımızı da tartıştık.

Anketlerin uygulanması için yöntem

Ön değerlendirme anketimiz, bir günlük ön değerlendirme randevusundan yaklaşık bir ay önce katılımcılara gönderilir. Onlardan, tamamlanmış 20 sayfa formu randevu öncesinde bize göndermeleri istenir. Form, katılımcıların bakış açılarını, tıbbi geçmişi, sosyal geçmişi, mesleki geçmişi, mevcut zorlukları, ruhsal durumu, fiziksel fonksiyonları, dil ve iletişim ve hedefleri de içeren geniş bir yelpazede toplamayı amaçlamaktadır. Anketin 'hedefler bölümü' Tablo 22.2'de gösterilmiştir.

Bulgular

Katılımcı Bilgisi

Bu bölümün sonraki kısmında yer alan veriler, 2005 yılında 95 katılımcının tamamladığı bir analizle ilgilidir (cinsiyet:%73 erkek). Temsil edilen yaş grupları 16-24 yaş, %19; 25-34, %42; 35-44, %22 ve 45 !, %17 (yani katılımcıların %83'ü 45 yaşın altındaydı). Beyin hasarı etiyolojisi: kapalı kafa yaralanması %77; Serebrovasküler kaza %8; anoksi %6, açık kafa yaralanması %3; Diğerleri %6'dır. Yaralanmadan sonraki zaman (yıl) aşağıdaki gibiydi: <1 yıl, %15; 1-2 yıl, %23; 2-3 yıl, %15; 3-4 yıl, %12; 4-5 yıl, %14 ve 5+ yıl, %21.

Anket Verileri

Sonuç anketi yanıtları rehabilitasyonun süresi boyunca değişiyor mu?

Rehabilitasyondan önce ve sonra EBIQ'nun toplam puanı (yani 24. hafta) Tablo 22.3'te gösterilmektedir.

Tablo 22.2: OZC ön değerlendirme anketinden alınan hedeflerle ilgili sorular. Bu sorular Rivermead Yaşam Hedefleri Anketi'ne ek olarak verilmektedir.

Beyin hasarından önce hangi rolleriniz vardı? (Ör. Aile, iş, boş zaman?)
Gelecekte hangi rolleri almak istersiniz?
Akrabanız/partneriniz ne düşünüyor?
Daha ileri değerlendirme veya rehabilitasyondan ne kazanmak istersiniz? - Lütfen amaçlarınızı listeleyin.
Lütfen bakıcı veya akrabanızın gelecekteki herhangi bir rehabilitasyon için olabilecek diğer hedefleri listelemesini isteyin.
Belirleyebildiğiniz hedeflere ulaşmada engeller nelerdir?
Ne tür bir yardıma ihtiyacınız olduğunu düşünüyorsunuz?

Tablo 22.3. Dysexecutive (DEX) ve Avrupa Beyin Hasarı Anketleri (EBIQ) toplam puanlarındaki değişiklikler

Anket	**Başlangıçtaki Ortalama Skor**	**24.haftadaki ortalama skor**	**Anlamlılık***
EBIQ kendini oylama	116 N = 80	108 N = 46	P < 0.001
EBIQ bağımsız oylama	123 N = 79	117 N = 35	Anlamlı değil
DEX kendini oylama	31 N = 76	24 N = 39	P < 0.001
DEX bağımsız oylama	38 N = 73	31 N = 33	P < 0.001

*Wilcoxon işaret derecesi kullanarak

Hedefe ulaşma

Programa katılan hastalar belirlenmiş hedeflere ulaşıyor mu?

Hastalar için belirlenen 676 hedefin 50'sine (%7) ulaşılamadı. Geri kalan hedeflerin tamamı (%47) veya bir kısmı (%45) elde edildi. En yaygın hedefler olarak 248, günlük hayatın boş vakit aktivitelerini yönetmekle, ikinci olarak 154, beyin hasarının sonuçlarını anlamakla ve 119, iş ya da çalışma becerileri yapmakla ilgili olanlar gelmektedir.

Hedefe ulaşma ve anketlere verilen yanıtlar arasında bir ilişki var mı?

Kendi kendini derecelendirme EBIQ verileri başlangıçta dörde bölündü ve hedef kazanım sıklıkları görsel inceleme ile incelendi. EBIQ üzerindeki yüksek puanlar (> 140), hedeflerin başarısız olma oranları ile anlamlı derecede yüksek değildir. Bunun aksine, tahmin edildiği gibi, düşük puanlar (<100), tam olarak ulaşılan hedeflerin (bkz. Tablo 22.4) daha yüksek bir frekansı ile ilişkilendirilmiş gibi gözükmektedir.

Tablo 22.4: Kendi puanlama EBIQ puanları ile hedefe ulaşma arasındaki ilişki

Başlangıçtaki EBIQ Skoru	Başarılmış	Kısmi Başarılmış	Başarılmamış
1. Çeyrek <94	%63	%36	%1
2. Çeyrek >94-116	%40	%54	%6
3. Çeyrek >117-140	%39	%50	%10
4. Çeyrek >140	%43	%49	%8

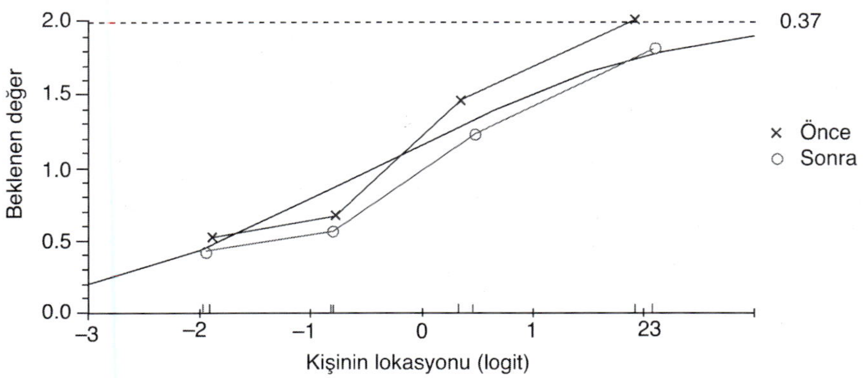

Figür 22.2: Diferansiyel madde fonksiyonu - rehabilitasyon öncesi ve sonrası. Rehabilitasyonun EBIQ 9. maddesine karşı kendi kendini derecelendirme yanıtlarına etkisi (geleceği umutsuz hissettiriyor), üniform diferansiyel madde fonksiyonu, n = 44; F = 4.12, P <0.05.

Hedefe ulaşma ve anket araştırması ile ilgili sonuçlar

Sunulan verilerin eksikliklerini, en azından cevapların boş bırakılmasını kabullenerek, bu analizin tamamlanmasından bu yana geçen üç yılda, takip anketlerinin tamamlanmasını sağlamak için çabalarımızı yeniledik. Bunun için bir asistanın takip anketlerinin sorumluluğunu alması gerektiğini bulduk. Bununla birlikte, sunulan veriler, OZC bütünsel nöropsikolojik rehabilitasyon programının katılımcılarının hedeflerine ulaşmalarında etkili olduğunu ve gerçekten de faydalı olduğunu destekliyor.

Anket verileri modern psikometrik teknikler, yani Rasch analizi kullanılarak sistematik bir şekilde değerlendirilmeye başlandı. Bu analizin tam bir açıklaması bu kitabın kapsamı dışındadır (bu yaklaşımın yararlı yorumları Tesio (2003) ve Pallant ve Tennant'te (2007) bulunabilir) ancak ön bulguların yine de çok yararlı olduğu kanıtlanmıştır. Anketin geçerliliği altölçek özelliklerini inceleyerek gösterilmiştir. Bireysel sorular incelenmiştir. Belki de bu kitapta yer alan konulardan birine özel bir ilgi duyan kişi, beyin hasarından sonra umutsuzluk duygularını ifade etmiştir. Şekil 22.2 EBIQ sorusunun verilerini analiz etmek için kullanılan RUMM2020 yazılım paketindeki bir grafiği göstermektedir: 'Gelecek hakkında umutsuz hissediyor musun?' Bu sorunun rehabilitasyon öncesinde hastalar tarafından rehabilitasyon sonrasında olduğundan daha çok onaylandığı görülmektedir. Bu gözlem, bu hasta örneklemi için anlamlı bir tekdüze diferansiyel madde fonksiyonu (P <0.05) olarak üretilen bu örneklemde ayırt edilebilen dört yetkinlik grubu için geçerlidir.

Katılımcılar bize ne diyor?

Mümkün olduğunda, geçmişteki katılımcılar ile iletişim kurmaya çalıştık. Bu, her Kasım ayında Merkezin Yıldönümü partisine davetiyeleri ve daha yakın bir tarihte bir kullanıcı grubunun kurulmasını içermektedir.

Eski katılımcılardan birinin eşi Clare, şunları söyledi:

> "Beş yıl sonra hala menü planlaması, zaman çizelgeleri, alarmlı hatırlatmalar ve 'Nike stratejisi' için düzenli zamanlarımız var (Bu, kocası, kendi eylemsizliğinden kurtulmak için üstesinden gelmesine yardım etmeye yarayan psikoloğuyla belirlediği bir iç yönerge 'SADECE YAP'). O hala ona içerliyor ama yapmazsak bir kaos-benim dahil olmama–ışıkların tekrar yanmasına-problemleri anlayabilmeme, onların bitmediğine ama problemlerle yaşama becerisi kazanmamıza yardım etti."

Simon, 7 yıl önce, kredi kartı boyutundaki 'ayın hedefleri listesi' gösterdi. Bakım destek görevlileri ile yola devam etmesine yardımcı olmak için kurulmuş bir rutini var. Bakım destek görevlileri, yıllar içinde defalarca değişti (öngörülebileceği gibi). Bu nedenle, programın bir kısmı, Simon ve annesinin, bakım destek görevlilerinin seçimini, mülakatını ve yönlendirilmesini kontrol etmesini gerektiriyordu.

En güçlü müdahalelerden biri rehabilitasyon müdahaleleri başlamadan önce değerlendirme anında gerçekleşir. Bu konuda Robert şöyle yazmıştı:

> "İçimde bulunduğunu düşündüğüm şeyler olumlu özelliklere sahipti. Bu keşif umutsuzluğumdan uzaklaştırdı ve sonunda yaralarımdan sağ kurtulmak için bir olasılık olduğunu keşfetmeme yardım etti ... umutsuzluğun yerine umut."

Julie, post- ensefalit:

> "Önceki ben, beni kim olduğumun belirsiz bir belleğiyle yalnız bıraktı, ancak bazı çalışmalarınız bunu biraz karıştırdı ve bambaşka şeylere bakmamı sağladı. Tamamen farklı bir dünyada yaşadığını hisseden değil - ekibiniz anlıyor ... teşekkür ederim."

Sonunda, programının sonunda Sally'den bir 'teşekkür ederim':

> "Tüm yardım, rehberlik ve desteğiniz için teşekkür ederiz. Hepiniz, istisnasız olarak benim için büyük bir fark yarattınız, koşulsuz kabul ve samimiyetiniz çok şey ifade ediyor ve yaptığınız her şey amacıma ulaşmamda -kendimle rahat olmamda- yardımcı oldu."

Kullanıcı grubu

OZC, eski hastalarıyla her zaman iletişim halinde olma geleneğine sahiptir ve eski hastaların da kendi aralarında bir bağ kurma geleneği vardır. Topluluk toplantısında aldığımız kartpostallar ve mektupları sıkça okuruz. Bazı hastalar ziyarete gelirler ya da rehabilitasyon programının bir parçası olarak öğrendikleri becerileri tekrar ederler. Yıllık Noel Partisi'ni kutladık, davetiyeler geçmişteki tüm hastalara gönderildi ve her zaman iyi bir sonuç elde ettik. Kullanıcıların katılımı, araştırma hibe ve hizmet sunum politikasında kilit bir terim haline geldi.

Mart 2005'de, OZC'den ekibimizden bazı kişiler afazili kişilerin hayatlarıyla yeniden bağlantı kurmalarına odaklanan bir hayır kurumu (www.ukconnect.org) tarafından yönetilen bir kursa gitti. Bu ilham verici eğitim gününe 'İnme ve Afazisi Olan Kişilerle Çalışmaya Yönelik Yaratıcı Çözümler' adı verildi. Bağlantıyı sağlayanlar yaptıkları danışma egzersizlerini açıklarken, afazi olan insanlara çeşitli konulardaki görüşlerini sordu. Gün boyunca yapılan diğer atölye çalışmaları, gelişen hizmetler konusunda düşünmeyi teşvik etti. Bu eğitimi takiben meslektaşlarımızla yapılan görüşmeler, eski hastalarımızla daha fazla çalışma potansiyelini görmemizi sağladı.

Merkezin programı tamamlayan eski hastalarına mektup gönderdik. Eski hastalar bir kullanıcı forumuna sahip olmanın iyi bir fikir olduğunu düşündükleri için bir buluşma tarihi önerdik. İyi bir yanıt aldık; birçok kişi, katılmak istedi, bazıları toplantılara gelemediklerini çünkü çok uzakta yaşadıklarını söyledi, ancak neyin olup bittiğini bilmek istemişlerdi, birkaç kişi daha fazla temas istemediklerini ve tüm deneyimlerini arkada bırakmak istediğini söyledi.

İlk toplantı başarılıydı ve eski hastaların bir kullanıcı forumu oluşturmaya değer olup olmadığı konusunda verdikleri cevap olumluydu. Toplantıdan çok iyi fikir çıktı ve bunun en çarpıcı yanı, insanların sahip oldukları coşku ve enerjiydi ve bir kısmı katkıda bulunmayı – ve de bir şeyleri geri vermeyi ne kadar istediklerini söyledi.

Grubun ortaya attığı fikirler genel olarak aşağıdaki kategorilerdeydi:

- Mevcut hastaları desteklemek (gelecekteki program danışanlarını da içeriyor)
- Destekleyen ilişkiler
- Diğer hizmetler için bilgi ve eğitim
- Merkezin tanıtılması ve pazarlanması
- Program hakkında merkeze geri bildirim.

Toplantıların yapısı hala gelişiyor. Kullanıcı grubu, iki saatlik bir toplantı istediklerini söyledi. İlk yarım saatte grubun karar vermesi için oldu, ardından birkaç personel katıldılar. Başlangıçta akrabalar olmadan, yılda bir kez akrabaların onlara katılmaları için davet edilmesinin faydalı olabileceğinde fikir birliğine vararak üç ayda bir toplanmak istediler. İkinci toplantıda grup, toplantıya başkanlık ederek ve tutanak tutarak grubu daha fazla sahiplenmeye başladı.

- Grup, birbirleriyle temas halinde kalmak ve ilgili konuları tartışmak için bir İnternet forumu kurmaya karar verdi.
- Grup mevcut danışanlarla nasıl konuşabileceklerine ilişkin bazı önerilerde bulundu:
  - Yerel üyelerden biri merkez dışında hastalarla sosyal olarak dışarıda zaten buluşuyordu. O buna devam etmekten ve hastalara söylemekten memnuniyet duyacağını söyledi.
  - Mevcut hastalar bir değerlendirme sürecinde iken iletişim ayrıntılarının bir listesinin ve danışanlara verilmesini faydalı buldukları diğer servislerin bir listesinin derlenmesini önerdiler ve böylece istedikleri takdirde geçmiş hastalar ile görüşebilecekler.
  - Birçok kişi, öğle tatillerinde 'bir günlük değerlendirmeler' için burada bulunan insanlarla tanışmak için düzenli olarak merkeze gelmek istiyorlardı. Bu fikri denemek için bir ay boyunca bir döngü kurdular.
- Birkaç kişi, merkeze pazarlama ve kaynak yetiştirme konusunda bir görevli ile bağlantı kurdu.
- Grup akrabaların destekleme gereğini vurguladı. Zaten merkez tarafından sağlanan desteğe ek olarak bazı öneriler de vardı.
- Grubun üyeleri, profesyoneller ve bakıcılar için öğretilerimize ve atölyelerimize katkıda bulunmaya istekli olacaklarını söylediler.

Rehabilitasyon hastaları programlarını tamamladıktan sonra bu kullanıcı grubunun üyesi olurlar. İlginçtir ki, bu grup geliştikçe, bazı hastalara merkez ile devam eden temas noktasında anlam kazandırmıştır. Programlarının sonunda ani bir şekilde kapanma hissi taşımayacağından, bir hizmetle olan ilişkilerinin bir sonraki aşamasına geçiş için olumlu görüş bildiriyorlar.

Bazı hastaların son toplantı hakkında söylediği şey şudur:

> "Toplantının iyi geçtiğini hissettim ve herkesin gelecek için planlama ve fikirler konusunda benzer düşüncelerde olmasına memnun oldum!"
>
> "Bence mevcut ve gelecekteki potansiyel hastaların erişebilmesi için OZ sisteminden yararlanacak hastaların oluşturduğu bir kullanıcı grup fikri çok güzel ve çok katkıda bulunmaktan memnuniyet duyuyorum."
>
> "Sorunlarımın farkına varmamı sağlayan ve bana 'normal' bir hayat sürme ve 'kaza öncesi' kapasitemde çalışmamı sağlayacak bir şekilde onları telafi etme yöntemleri gösteren OZC idi."
>
> "Toplantılara 'başkanlık edebilmekten' ve bir 'fikirler' perspektifinden toplantıya katkıda bulunmaktan çok onur duyuyorum; Birkaç fikrimin şu anki rehabilitasyon programının organizasyonu tarafından kullanılmasından memnun oldum; gelecek hastaların değerlendirmeleri süresince ve danışanların akrabaları görüşmesinde mevcut danışanların akrabalarının deneyimlerini ve önerilerini aktarması!
>
> (OZC'ın eski hastalarından sözler)

Kullanıcı grubuyla ilgili en heyecan verici şeylerden biri de eski hastaların merkeze olan bağlılığı ve heyecanıdır. Grubun bir parçası olarak ekibin bir üyesi olmak ve üyelerde yaratıcılık ve fikir gelişimine tanık olmak bir ayrıcalıktır.

Bireysel hasta ilerlemesinin ve sonucunun ötesinde: merkezin diğer sonuçlarına ilişkin gözlemler

Merkezin ana faaliyetleri, (a) Değerlendirmeler, (b) Rehabilitasyon, (c) Eğitim, (d) Araştırma ve (e) Yardımcı teknoloji başlıkları altında tanımlanabilir.

Değerlendirme

Merkezin operasyonunun ilk on yılında, geniş coğrafi bölgeden yüzlerce kişiye değerlendirme ve tavsiye sağladık. Kabullerin dağılımını gösteren bir harita Şekil 22,3'te gösterilmektedir.

Araştırma

Merkezin araştırma faaliyetleri, fon araştırması için verilen bağışlar ve nöropsikolojik rehabilitasyon alanına katkıda bulunan birçok hakemli yayınlar aracılığıyla en iyi şekilde kanıtlanmıştır. Bu kitapla basına çıkarken, Merkez'in onuncu hibe alan yeni araştırmacısı bir meslek terapisti ve araştırma görevlisinin istihdam edilmesine başlamıştı. Merkezce finanse edilen araştırma projelerinin bir listesi Tablo 22,5'te gösterilmektedir.

Eğitim

Merkez, her yıl İngiltere genelinde klinisyenleri cezbeden bir dizi eğitim atölyesine ev sahipliği yapmıştır. Personel, Uluslararası Nöropsikoloji Derneği'nde sandalye sempozyumlarına davet edildi. Barbara A. Wilson, Derneğin faaliyetleri ve odağı rehabilitasyona odaklanan bir yıl olan 2006-7'de bu topluluğun başkanıydı. İngiltere'de İngiliz Psikoloji Topluluğu

Tablo 22.5: Oliver Zangwill Center'da araştırma yardımı 1996-2008

Oxford ve Anglian NHS Yönetici Araştırma ve Geliştirme Departmanı'ndan, beyin hasarına sahip insanlar için bir çağrı hizmetinin değerlendirilmesi başlıklı bir proje için 79580 £. (Wilson, B.A., Evans, J.J. ve Emslie, H.) (2 yıl)
Oxford ve Anglian NHS Yönetici Araştırma ve Geliştirme Programı başlıklı proje için £ 40820, Hangi hafıza güçlüğü çeken insanların telafi stratejileri en iyi şekilde kullanır? (Evans, J.J., Wilson, B.A. ve Brentnall, S.) (2 yıl)
NHS Executedive Araştırma ve Geliştirme Programı'ndan başlıklı bir proje için £ 93642, Hafıza bozukluğu olan insanlara yardımcı olmak gerçekleri ve prosedürleri geri çağırır: Kişisel bilgi yönetimi için iki bilgisayar yardımının karşılaştırması. (Wright, P., Wilson, B.A., Evans, J.J. ve Emslie, H.) (2 yıl).
PPP Healthcare'ten: Yaşlı insanlar arasında bağımsızlığı desteklemek için etkileşimli hafıza yardımı olan MemoJog adlı bir proje için 144.000 £. (Newall, A.F., Evans, J.J., Gregor, P. ve Hine, N.) (3 yıl)
NHS Executive Araştırma Geliştirme Programı'ndan başlıklı bir proje için £ 99 058, Beyin hasarında bölünmüş dikkat eksiklikleri belirleme ve anlama. (Wilson, B.A. ve Evans, J.J.) (3 yıl)
İskoçya'nın batısında, NHS Araştırma ve Geliştirme Konsorsiyumu, Boyama Tekrarlayan Sendromun Rehabilitasyonu başlıklı bir proje için £ 39 223: Beyin hasarından sonra muhtemel hatırlama ve hedef yönetimini iyileştirmek için periyodik işitsel uyarı kullanımının araştırılması. (Evans, J.J., Manly, T. ve Kersal, D) (1 yıl)
Norfolk Suffolk ve Cambridge Stratejik Sağlık Otoritesi, Rasch Merkezi Sonuç Analizinde Uygulayıcı İşletme Ödül Programı Araştırma ve Öğrenme (PEARL) ile finanse edilen bir proje için 8996 £. (Bateman, A.) (2 yıl)
Baş Bilim Şube Müdürü, Nörolojik Hastalıkta Bilişsel Motorlu İkili Görevlendirmeyi Geliştirme başlıklı bir proje için 14988 £. (10 ay)
Neurosciences Foundation'dan bir proje için £ 11450, Hedef yönetim aktivitesinin fonksiyonel manyetik rezonans görüntüleme (fMRI) çalışması. (Cullen, B., Evans, J.J. ve Brennan, D.) (6 ay)
Ulusal Sağlık Araştırması Enstitüsü, Hastalar Fayda Programı Araştırması, başlıklı bir proje için, £ 249611, beyin hasarından sonra psikososyal işlevselliğe elektronik olarak iletilen "içerik-özgür" işaretin etkisinin randomize kontrol denemesi. (Gracey, F., Wilson, B.A., Manly, T., Bateman, A., Fish, J., Malley, D ve Evans, J.J.) (3 yıl)
Bugüne kadar toplam hibe geliri, £781368

(Nöropsikoloji Bölümü), Mesleki Terapi Yüksekokulu (Nöro Bölümü), Davranış ve Bilişsel Psikoterapiler İngiliz Birliği ve Chartered Society of Physiotherapy, Çalışmalarımızı öğretmek ve yaymak için OZC ekibinin önemli roller üstlendiğini gördü.

Pek çok klinik psikoloji, mesleki terapi ve konuşma ve dil terapisi stajyerlerinin yerleştirilmesi sırasında gözetim ve eğitim yoluyla daha geniş kapsamlı eğitim faaliyetleri sağlanmıştır. Bir programın tam 12 haftası boyunca gelen ve bizimle çalışan bireyleri içeren bir "Visiting Scholar" programı sunduk. Bu, Kolombiya, Hong Kong, Tayland, İsviçre, İtalya, İspanya ve Almanya da dahil olmak üzere dünyadaki meslektaşlarımızı memnuniyetle karşıladık anlamına gelmektedir.

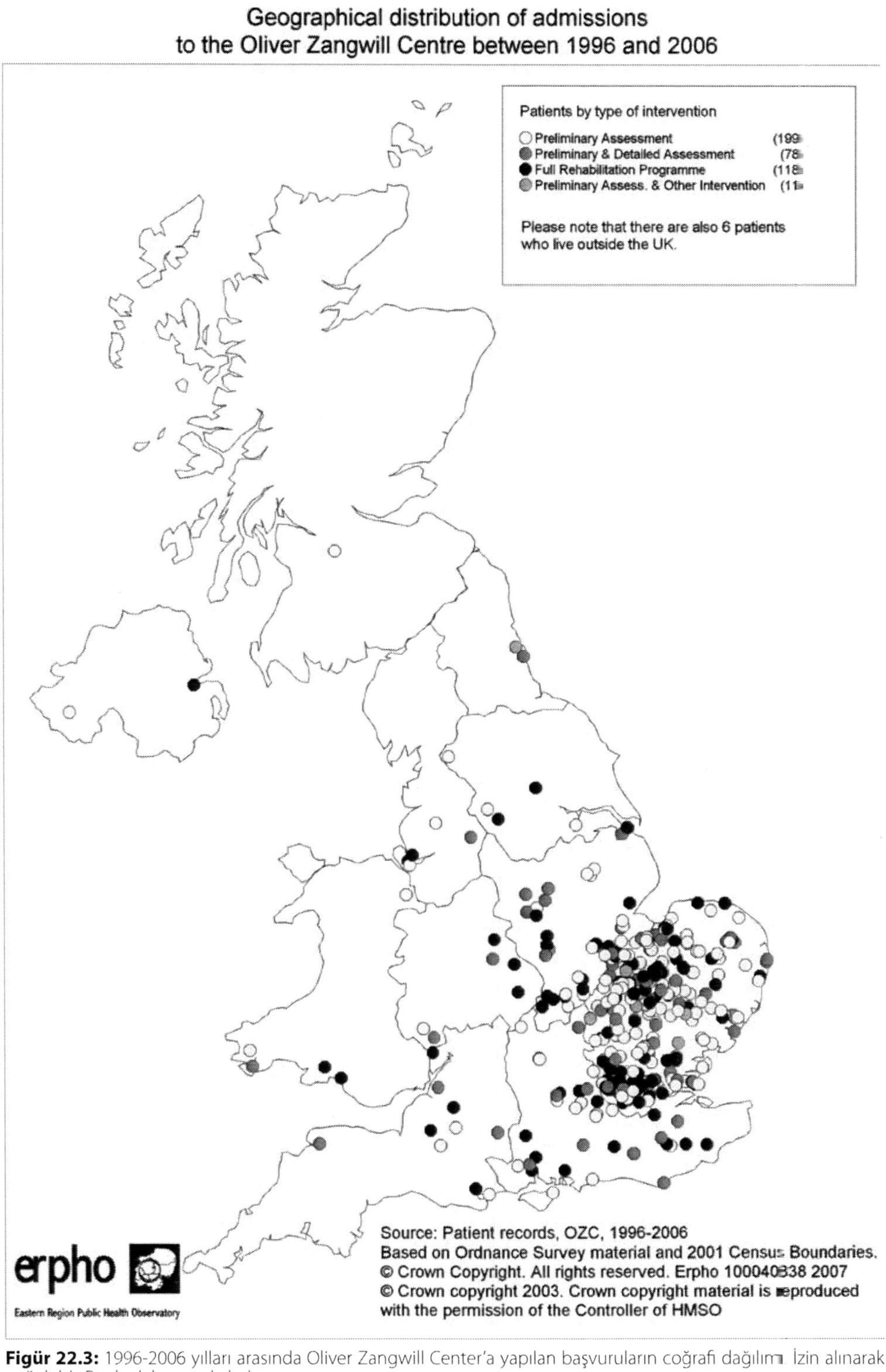

Figür 22.3: 1996-2006 yılları arasında Oliver Zangwill Center'a yapılan başvuruların coğrafi dağılımı. İzin alınarak çoğaltıldı. Renk plakasına da bakın.

Tablo 22.6: NeuroPageTM yayınları

Emslie, H., Wilson, B. A., Quirk, K., Evans, J. J. and Watson, P. (2007). Using a paging system in the rehabilitation of encephalitic patients. Neuropsychological Rehabilitation, 17(4/5), 567–81
Evans, J.J. and Wilson, B.A. (2003). Who makes good use of memory aids? Results of a survey of people with acquired brain injury. Journal of the International Neuropsychological Society, 9, 925–35
Evans, J.J., Emslie, H.C. and Wilson, B.A. (1998). External cueing systems in the rehabilitation of executive impairments of action. Journal of the International Neuropsychological Society, 4, 399–408
Fish, J., Manly, T., Emslie, H.C., Evans, J.J. and Wilson, B.A. (2008). Compensatory strategies for acquired disorders of memory and planning: differential effects of a paging system for patients with brain injury of traumatic versus cerebrovascular aetiology. Journal of Neurology, Neurosurgery, and Psychiatry, 79, 930–5.
Fish, J., Manly, T. and Wilson, B.A. (2008). Long-term compensatory treatment of organizational deficits in a patient with bilateral frontal lobe damage. Journal of the International Neuropsychological Society, 14(1), 154–63
Wilson, B.A., Evans, J.J., Emslie, H.C. and Malinek, V. (1997). Evaluation of NeuroPage: a new memory aid. Journal of Neurology, Neurosurgery, and Psychiatry, 63, 113–15
Wilson, B.A., Emslie, H.C., Quirk, K. and Evans, J.J. (1999). George: learning to live independently with NeuroPage. Rehabilitation Psychology, 44(3), 284–96
Wilson, B.A., Emslie, H.C., Quirk, K. and Evans, J.J. (2001). Reducing everyday memory and planning problems by means of a paging system: a randomized control crossover study. Journal of Neurology, Neurosurgery, and Psychiatry, 70, 477–82
Wilson, B.A., Scott, H., Evans, J.J. and Emslie, H. (2003). Preliminary report of a NeuroPage service within a health care system. NeuroRehabilitation, 18(1), 3–8
Wilson, B.A., Emslie, H., Quirk, K., Evans, J. and Watson, P. (2005). A randomized control trial to evaluate a paging system for people with traumatic brain injury. Brain Injury, 19, 891–94.

Yardımcı Teknoloji

NeuroPage hizmeti, finanse edilen bir araştırma projesinden Wilson ve diğerlerinin sistematik araştırması üzerine kurulmuş ulusal bir klinik hizmet haline geldi. (NeuroPage ile ilgili yayınlanmış makalelerin bir listesi Tablo 22.6'da görülebilir). NeuroPage, Merkez'in başarılı bir küçük işletme unsuru olarak çalışmaya devam ediyor. Son birkaç yıldır merkezdeki bir yönetici tarafından yönlendirilen çağrı cihazları vasıtasıyla günlük programlarını alan bir defada yaklaşık ortalama 30 hastayı tuttuk. En yeni vaka çalışması yayını (Fisher ve ark., 2008), Grafman (2008) tarafından, beyin hasarı nedeniyle yönetici işlev açıkları olan hastalarda sonuçların belirgin ve güvenilir bir şekilde iyileştirilmesi için yeni teknikler bulmak üzere sistematik araştırma yapan dünyanın birkaç merkezinden birinin çıktısı tanımlanmıştır.

Bu tür merkezlerden daha fazlasına ihtiyaç vardır (s. 152). En son aldığımız önemli hibe ödülü, günlük görevlerin başarılmasında cep telefonu vasıtasıyla sağlanan 'içerik ücretsiz ğrı' ilkelerini test etmektedir ve plan, yardımcı teknolojinin sağlanmasını geliştirmek için ı çalışmadan elde edilen bulguları genişletmektir.

onuçlar

on olarak, OZC gibi bir kurumun daha geniş sonuçlarını değerlendirmek de uygundur. alışanların kurucu üyelerinden biri olan Sheila Bremner yakın tarihli bir röportajda, 1996 ılında merkezin nasıl açıldığını hatırladı; deneyimli nörolojik rehabilitasyon klinisyenle- ınde bile nöropsikolojik rehabilitasyon dili yoktu. On yıllık hizmetimiz boyunca, bilgile- ımize göre, sunulmakta olan genel bakım paketi açısından İngiltere'de benzersiz olması ;in, nöropsikolojik rehabilitasyon artık bir hizmet tanımlama seviyesinde gündemin bir arçası olmuştur. Dolayısıyla, merkezin araştırma ve eğitim faaliyetleri aracılığıyla, görü- ,ümüz hastaların ötesinde yararlı bir sonuca ulaşan hizmet sunumunda bir etki yarattığına nanıyoruz. Kesinlikle, şu anda görevli olan ekibin bu merkezin faaliyetlerini yenilemek, .raştırmak ve yaygınlaştırmak arzusudur.

leriye Bakmak

Merkezin mevcut araştırma stratejisi üç ana gruba ayrılmıştır:

1. Çıktılar ve sonuç ölçümü hakkında daha iyi bir anlayış geliştirmeye devam etmek. Yeni değerlendirmeler geliştirmede kaydedilen ilerleme, Avrupa Beyin Hasarı Anketinin psikometrik özellikleriyle ilgili devam eden çalışmalarla ve beyin hasarından sonra kimlik ve sosyal sürecin ölçülmesine yönelik çalışmalarla devam etmektedir. Bu çalışma, meslektaşlarımızın birçoğundan esinlenilerek sonuç ölçüm biliminde değişimlerin geniş kapsamı tarafından yönlendirilmiştir.
2. Yeni terapötik girişimler geliştirmeye devam etmek. Örneğin, en son finanse edilen araştırmamız, hastaların dikkat ve yürütme güçlüklerinin üstesinden gelmesini sağlamak için hedef yönetim tekniklerinin uygulanmasına yönelik çalışmalar içermektedir.
3. Tek vakalı deneysel tasarımlar ve uluslararası çok merkezli iş birlikleri planlaması yoluyla rehabilitasyonun etkisini değerlendirmek için prosedürler oluşturmaya devam etmek.

İlgilenen meslektaşlarımızı, bizimle temasa geçmeye ve beyin hasarından kaynaklanan birçok zorluğun üstesinden gelmek isteyen insanlara kanıta dayalı rehabilitasyon sağlamaya yönelik bu çaba içerisinde işbirliği yapmaya davet ediyoruz.

Kaynakça

Bateman, A. (2005). Life Goals of People Attending Neuropsychological Outpatient Assessment After Acquired Brain Injury. Brain impairment, 6(2), 151–2.

Cicerone, K. D., Dahlberg, C., Malec, J. F. et al. (2005). Evidence Based Cognitive Rehabilitation: Updated Review of The Literature from 1998 through 2002. Archives of Physical Medicine and Rehabilitation, 86, 1681–92.

Dewar, B-K. and Gracey, F. (2007). "Am not was": Cognitive Behavioural Therapy for Adjustment and Identity Change Following Herpes Simplex Encephalitis. Neuropsychological Rehabilitation 17(4/5), 602–20.

Fish, J., Manly, T. and Wilson, B.A. (2008). Long-term Compensatory Treatment of Organizational Deficits in a Patient with Bilateral Frontal Lobe Damage. Journal of International Neuropsychological Society, 14, 154–63.

Gracey, F. and Ownsworth, T. (2008). Editorial. Neuropsychological Rehabilitation, 18(5/6), 522–6.

Gracey, F., Palmer, S., Rous, B. et al. (2008).

"Feeling Part of Things": Personal Construction of the Self After Brain Injury. Neuropsychological Rehabilitation, 18(5), 627–50.
Grafman, J. (2008). Paging Equals Functionality. Journal of The International Neuropsychological Society, 14, 152–3.
Klonoff, P.S., Lamb, D.G. and Henderson, S.W. (2001). Outcomes from Milieu Based Neurorehabilitation at up to 11 Years Postdischarge. Brain Injury, 15, 413–28.
Liu, C., McNeil, J.E. and Greenwood, R. (2004). Rehabilitation outcomes After Brain Injury: Disability Measures or Goal Achievement? Clinical Rehabilitation, 18, 398–404.
Malec, J. (2001). Impact of Comprehensive Day Treatment on Societal Participation for Persons with Acquired Brain Injury. Archives of Physical Medicine and Rehabilitation, 82, 885–95.
Pallant, J.F. and Tennant, A. (2007). An Introduction to The Rasch Measurement Model: An Example Using The Hospital Anxiety and Depression Scale (HADS). British Journal of Clinical Psychology, 46(1), 1–18.
Parente, R. and Stapleton, M. (1999). Development of a Cognitive Strategies Group for Vocational Training After Traumatic Brain Injury. NeuroRehabilitation, 13, 13–20.
Salazar, A.M., Warden, D.L., Schwab, K., et al. (2000). Cognitive Rehabilitation for Traumatic Brain Injury: A Randomized Trial. Defense and Veterans Head Injury Program (DVHIP) Study Group. JAMA, 283, 3075–81.
Sivaraman Nair, K.P. (2003). Life Goals: The Concept and its Relevance to Rehabilitation Clinical Rehabilitation, 17(2), 192–202.
Sivaraman Nair, K.P. and Wade, D.T. (2003). Life Goals of People with Disabilities due to Neurological Disorders. Clinical Rehabilitation, 17(5), 521–7.
Sopena, S., Dewar, B.-K., Nannery, R., Teasdale, T.W. and Wilson, B.A. (2007). The European Brain Injury Questionnaire (EBIQ) As A Reliable Outcome Measure for use with People with Brain Injury. Brain Injury, 21(10), 1063–8.
Teasdale, T.W., Christensen, A-L., Willmes, K. et al. (1997). Subjective Experiences in Braininjured Patients and Their Close Relatives: A European Brain Injury Questionnaire Study. Brain Injury, 11(8), 543–63.
Tesio, L. (2003). Measuring Behaviours and Perceptions: Rasch Analysis as a Tool for Rehabilitation Research. Journal of Rehabilitation Medicine, 35, 105–15.